U0920573

2010

宁波金融年鉴

《宁波金融年鉴》编辑委员会　编

中国经济出版社
CHINA ECONOMIC PUBLISHING HOUSE
北 京

图书在版编目（CIP）数据

宁波金融年鉴.2010/《宁波金融年鉴》编辑委员会编.—北京：中国经济出版社，2011.9

ISBN 978-7-5136-0678-3

Ⅰ.①宁… Ⅱ.①宁… Ⅲ.①金融事业-宁波市-2010-年鉴 Ⅳ.①F832.755.3-54

中国版本图书馆CIP数据核字（2011）第052315号

责任编辑 邵 岩
责任印制 常 毅
封面设计 白朝文

出版发行 中国经济出版社
印 刷 者 北京市京津彩印有限公司
经 销 者 各地新华书店
开　　本 787mm×1092mm 1/16
印　　张 33
字　　数 1160千字
版　　次 2011年9月第1版
印　　次 2011年9月第1次印刷
书　　号 ISBN 978-7-5136-0678-3/F·8827
定　　价 120.00元

中国经济出版社 网址 www.economyph.com 社址 北京市西城区百万庄北街3号 **邮编** 100037

本版图书如存在印装质量问题，请与本社发行中心联系调换（联系电话：010-68319116）

◀1月15日，人民银行宁波市中心支行组织召开宁波市级金融机构负责人会议。

▶3月13日，人民银行宁波市中心支行、国家外汇管理局宁波市分局和宁波市金融学会在金港大酒店联合举办“把握机遇 有效防范汇率风险”报告会。

◀5月14日，人民银行宁波市中心支行召开2009年保密委员会暨保密工作会议。

▶6月24日，人民银行宁波市中心支行、宁波银监局、宁波证监局和宁波保监局在宁波大酒店签订《宁波市一行三局统计信息共享备忘录》。

▶7月8日，人民银行总行行长助理李东荣出席宁波经济金融形势分析座谈会。

◀8月8日，人民银行宁波市中心支行培训中心重装开业。

▶11月11日，人民银行党校上海分校第一期县（市）支行领导干部进修班开学典礼在人民银行宁波市中心支行培训中心举行。

◀11月26日，人民银行宁波市中心支行召开宁波金融IC卡多应用试点工作媒体座谈会。

◀3月2日，宁波银监局召开全体干部职工大会，总结学习实践科学发展观活动。

▶8月6日，宁波银监局组织召开宁波市银行业金融机构负责人会议。

◀11月20日，宁波银监局举办计划单列市银监局局长联席会议。

▶12月15日，宁波银监局举办2009年党课报告会。

▶3月30日，宁波保监局组织召开宁波保险业纪检监察暨行风建设工作会议。

◀7月29日，宁波保监局组织召开上半年宁波保险工作会议。

▶8月，台风“莫拉克”期间，宁波保监局领导赴乡镇考察受损情况。

◀9月21日，宁波保险业组织庆祝新中国成立60周年大型文艺汇演。

◀4月21日，国家开发银行宁波市分行、中国工商银行宁波市分行、中国建设银行宁波市分行、交通银行宁波分行和光大银行宁波分行共同参加宁波市轨道交通1号线一期工程项目银团贷款签约仪式。

▶12月4日，中国农业发展银行浙江省分行市级分行机房预警系统现场推广会在农发行宁波市分行召开。

◀4月20日，中国工商银行总行副行长易会满（左二）在工商银行宁波分行调研期间，会见宁波市市长毛光烈。

▶9月12日，中国工商银行宁波市分行在逸夫剧院举行庆祝新中国成立60周年文艺汇演。

▶12月5日，宁波市城市金融学会第六届会员代表大会顺利召开。

▶12月10日，中国工商银行宁波市分行与中国移动宁波分公司在宁波移动通信枢纽大楼签订战略合作协议。

▶4月3日，中国农业银行宁波市分行在象山县举行金穗惠农卡首发仪式。

◀5月26日，在宁波市融资平台启动仪式暨宁波市外经贸银企对接会上，中国农业银行宁波市分行员工向中小外贸企业介绍出口贸易融资产品。

◀8月5日，浙江省委常委、宁波市委书记巴音朝鲁会见中国农业银行总行党委书记、董事长项俊波。

▶8月5日，中国农业银行总行党委书记、董事长项俊波，宁波市委副书记、市长毛光烈出席高层会谈暨战略合作签约仪式。

◀4月24日，中国银行宁波市分行举办“新时期 新发展 新贡献”大讨论沙龙。

▶8月12日，中国银行宁波市分行与中国移动宁波分公司战略合作协议签约仪式在中银大厦举行。

▶9月19日，中国银行宁波市分行在东钱湖举办“庆建国六十周年·扬中行百年风采”龙舟比赛。

◀10月30日—11月2日，中国银行宁波市分行在第十四届中国宁波国际住宅产品博览会暨宁波市第二届城市金融展上，被评为“2009年宁波市市民最满意银行”荣誉称号。

▶4月18日，交通银行宁波分行组织青年志愿者赴宁海贫困山区岔路镇王爱小学开展献爱心活动。

◀6月10—11日，交通银行总行行长李军到交通银行宁波分行指导工作，并走访宁波雅戈尔集团等企业。

◀9月24日，交通银行宁波分行与宁波港股份有限公司签订银企合作协议。

▶11月21日，交通银行宁波分行组织“展新风 迎世博——服务规范学习竞赛”。

◀1月10日，浦发银行宁波分行志愿者到革命老区——余姚四明山区白鹿村慰问“三老”（老党员、老交通员、老游击队员）人员。

▶6月2–3日，浦发银行总行副董事长陈辛莅临浦发银行宁波分行调研、指导工作。

▶9月17日，浦发银行宁波高新区支行乔迁新址营业。

◀9月29日，浦发银行宁波分行举行“爱国歌曲大家唱”比赛，庆祝新中国成立60周年。

▶5月9日，兴业银行宁波慈溪支行员工到街道、乡镇、社区开展反洗钱宣传活动。

◀8月21日，兴业银行宁波分行理财经理到明东社区向孩子们宣传金融理财知识。

◀9月3日，兴业银行宁波分行邀请市反贪局专家开展预防金融职务犯罪法律讲座。

▶11月27日，兴业银行宁波分行举办2009年度员工运动会。

◀6月3-5日，中国光大银行总行监事长南京明莅临光大银行宁波分行指导工作。

▶8月13-14日，由光大银行宁波分行承办的中央国家机关信访工作第七协作组联席会议在宁波举行。

▶8月25日，光大银行宁波分行举办成立10周年晚会。

◀11月27日，中国光大集团新闻宣传工作会议暨《光大报》通讯员培训班在宁波举办。

▶6月16日，深圳发展银行宁波明州支行开业。

◀9月3−6日，深圳发展银行宁波分行参加宁波市房地产著名企业品牌展暨宁波市二手房交易会。

◀10月28日，深圳发展银行宁波分行与宁波（镇海）大宗货物海铁联运物流枢纽港管委会签订《大宗货物海铁联运物流枢纽港企业供应链融资服务合作协议》。

▶12月17日，作为深圳发展银行总行首批试点机构之一的深圳发展银行宁波中小企业金融事业部开业。

◀3月18日，招商银行宁波分行接待云南银行协会访问团。

▶8月22日，招商银行宁波分行举办点金贸易金融高端客户高尔夫邀请赛。

▶9月27日，招商银行宁波分行与宁波丰华船务有限公司举行全面合作协议签约仪式。

◀11月8日，招商银行宁波分行举办行庆10周年庆典晚宴。

▶12月28日，中信银行宁波小企业金融中心成立揭牌仪式在南苑饭店举行，中信银行总行行长助理张强出席仪式。

◀12月28日，地处江北区清湖路303号的中信银行宁波江北支行开业。

◀8月31日，由民生银行宁波分行主办的“商贷通”产品推介会暨全面支持小企业成长对话会在宁波南苑饭店隆重举行。

▶6月26日，浙商银行宁波分行第五家支行——舟山支行开业。

◀7月6日，浙商银行宁波分行与宁波宁兴房地产集团举行宁波分行新办公大楼签约仪式。

▶5月18日，上海银行总行董事长宁黎明拜会宁波市副市长苏利冕。

▶7月16日，上海银行分行对公营销推进联席会议在宁波召开。宁波、南京、杭州、天津、成都、深圳分行分管行长和代表参加会议。

◀8月11日，上海银行总行行长瞿秋平莅临上海银行宁波分行指导工作。

▶5月26日，杭州银行宁波分行开业。

◀12月11日，杭州银行宁波分行、大榭大桥有限公司和广东长大公路集团公司举行三方工程资金监管协议签约仪式。

◀3月19日，宁波国际银行举行16周年行庆。

▶6月21日，宁波国际银行举办业务持续管理及信息保护培训会。

◀3月25–26日，国务院派驻中国人保集团监事会主席魏礼江莅临人保财险宁波市分公司指导工作。

▶10月17日，人保财险宁波市分公司在逸夫剧院举办司庆60周年文艺汇演。

▶11月4日，宁波市城乡小额贷款保证保险试点工作座谈会在人保财险宁波市分公司召开。

◀12月25日，人保财险宁波市分公司组织召开宁波市政策性农业保险共保体成员大会。

▶5月7日，平安产险宁波分公司“防灾减灾宣传周”拉开帷幕。活动通过专题讲座、知识竞赛等方式，全方位、多角度地开展防灾减灾科普知识宣传。

◀6月30日，平安产险宁波分公司与一汽丰田AAA品牌保险签约仪式在南苑饭店举行。

◀9月5日，2009年中国平安“新农村·新希望”爱心支教活动暨第六届产险客服节开幕式在万豪大酒店举行。

▶9月21日，平安产险宁波分公司在宁波保监局举办的“宁波保险业庆祝新中国成立六十周年文艺汇演”中，凭借《我们的队伍向太阳》荣获“最佳组织奖”。

◀6月5日，中国出口信用保险公司宁波分公司召开贯彻落实5月27日国务院常务会议精神誓师动员大会。

▶7月9日，中国出口信用保险公司宁波分公司与宁波市外经贸局联合召开宁波市纺织服装行业外贸风险防范专题研讨会。

▶ 3月5日，中华财险宁波分公司参加3·15广场咨询活动。

◀ 7月1日，昆仑信托在南苑饭店举行揭牌仪式。

▶ 12月28日，昆仑信托召开党支部暨工会选举大会。

编 辑 说 明

一、《宁波金融年鉴》（2010）力求全面、准确反映2009年宁波市金融业运行情况和各金融机构业务发展改革状况，以供社会各界读者参考和使用。

二、本卷新增杭州银行、温州银行、民泰银行等3家银行在宁波分支机构和联泰大都会、人保寿险、阳光人寿、信泰人寿、浙商财险等4家保险公司在宁波分支机构的资料，

三、本卷采用分类编辑法，共设五个部分。第一部分：改革与发展篇；第二部分：统计篇；第三部分：金融记事篇；第四部分：机构名录篇；第五部分：附录。

四、所有资料均由宁波市各金融机构提供，其中信贷收支统计资料由中国人民银行宁波市中心支行统计研究处提供。本书各金融机构业务综述标题用单位规范名称，此外均可用简称。对各金融机构资料的排序是按惯例进行的，不含名次前后高低之分。

五、在编纂过程中，由于水平有限，难免出现错误和不足，在此敬请读者原谅，同时还请读者多提宝贵意见。

《宁波金融年鉴》编辑部

《宁波金融年鉴》编辑委员会
（2010）

《宁波金融年鉴》编辑部
（2010）

张　卓　张英子　张学立　张银华　张晶晶　张慧彗
陆宇青　陈　声　陈　婷　陈　露　陈尤元　陈慧波
国媛媛　罗碧云　周　琪　周桃勤　郑佳艳　单丽芳
赵　鑫　赵维江　胡　蕾　胡玲玲　柳　俊　钦　琦
俞　霖　俞志乖　姚　屏　袁金仲　袁雅卿　夏国伟
倪蔚蔚　徐　欣　徐　晓　徐中祥　徐灵珊　徐昌振
徐翠萍　黄　坚　黄金世　梁希明　屠益康　董刘琦
蒋世忠　蒋勇生　谢业强　裘戴波　鲍　青　蔡　晋
潘盛夏

序　言

2009 年，面对国际金融危机，宁波金融业认真贯彻落实中央各项政策，按照适度宽松货币政策要求，结合宁波实际，以服务企业促发展为载体，积极探索创新，努力优化金融服务，不断增强工作有效性，有力地支持了经济企稳回升向好的良好发展势头。同时，金融业自身在“保增促调”过程中积极把握机遇，并取得了长足发展。2009 年全市金融业实现增加值 327.03 亿元，同比增长 18%，在服务业增加值中占比 18.3%。金融系统对地方财力的贡献度增强，全年金融业上缴地方税收收入 38.23 亿元，占地方财政收入的 8.8%，比重较上年上升 0.4 个百分点。

中国人民银行宁波市中心支行围绕“保增长、扩内需、调结构”工作部署，采取有效措施，着力保持信贷总量平稳较快增长、帮助企业拓宽融资渠道、创新金融产品、改善外汇管理与服务，有效满足经济发展合理的资金需求，改进对全市开放型经济的金融服务，支持地方经济社会平稳较快发展。结合地方建设和经济结构调整的要求，将 2009 年全市重大项目、重点工程、企业技术改造等的融资需求加以整合，通报各金融机构，促进银政企联动对接。督促金融机构主动与项目实施单位进行对接，加快贷款审（报）批，通过银团贷款、联合贷款等模式，加大对上述领域的信贷投入力度，重点建设项目资金需求得到较好满足。依托金融标准跨行业多应用和快速支付应用技术，推进市民卡工程建设，至 2009 年末已发行市民卡 13.7 万张，涉及餐饮等 14 个行业。提升个人支付结算服务水平，辖内 38 家银行开通同城个人跨行通兑业务，实现付费通业务全市城乡全覆盖，有效缓解银行“排队难”问题。优化出口退税流程，在国库环节上实现退税凭证无纸化，并借助实时清算系统和财税库行横向联网系统，实现出口退税资金审核“1 小时办结”和划拨实时到账，得到国务院领导的重要批示和肯定。通过同城电子票据交换系统汇划预算收入与国库会计核算系统的对接，实现财政部门征收的非税收入、海关部门征收的海关税收等全部预算收入的全面电子化处理。切实履行反洗钱社会责任，开展大额现金监测分析工作，发现可疑现金交易线索 51 条，向公安等部门移送 14 起可疑线索，协助公安部门破获一起特大集资诈骗案。推进农村信用体系建设，启动农户信用档案电子化和信用评分试点工作，共建立农户信用档案 20.37 万户，评定信用户 9.92 万户。简化出口收汇联网核查管理和进出口收付汇差额核销手续，适当放宽远期收汇备案条件，确保企业能及时得到出口退税。

2009 年末，宁波市银行业金融机构本外币资产总额 10317.67 亿元，银行金融资产首破万亿元，创下历史新高，资产比年初增加 2376.68 亿元，同比多增 852.77 亿元；本外币负债总额 9963.25 亿元，比年初增加 2325.44 亿元，同比多增 838.32 亿元。2009 年末，按照贷款五级分类统计口径，全市银行业不良贷款余额 99.24 亿元，比上年增加 19.27 亿元，不良贷款率 1.29%，比年初下降 0.09 个百分点。

证券期货业取得新发展。2009 年，全市 46 家证券营业部累计成交总额 1.84 万亿元，同比增长 68.16%，达历史最高水平。14 家期货经营机构累计代理交易额 2.06 万亿元，比上年增长 66.5%；代理交易量 3112 万手，比上年增长 50%。2009 年底，我市投入证券市场资金合计为 1122.29 亿元，新增 623 亿元，开户数 74.06 万户，新增 8.09 万户。2009 年，证券营业部实现利润总额 15.59 亿元，比上年增长 48%，平均每家利润 3389 万元，比上年增长近 26%，并有两家证券营业部实现利润超亿元。期货经营机构共实现利润总额 5337 万元，比上年增长 99.3%。全市证券期货业对地方财政贡献合计达 2.44 亿元，占地方财政收入的 0.56%。

保险业务稳步发展。2009 年全市实现保费收入 107.44 亿元，同比增长 23.4%。其中，财产险保费收入 51.08 亿元，增长 26.6%；人身险保费收入 56.37 亿元，增长 20.5%。保险公司赔款与给付累计支出 36.29 亿元，同比减少 4.3%。

2009 年是蕴含着重大机遇的一年，也可能是新世纪以来经济发展最为复杂的一年。我们金融业要按照“提高、创新、安全”的要求，增强信心，开拓创新，为地方经济社会发展作出新的贡献。

中国人民银行宁波市中心支行行长　宋汉光

目　录

第一部分　改革与发展篇

第二部分　统计篇

第三部分　金融纪事篇

第四部分　机构名录篇

第五部分 附 录

第一部分

改革与发展篇

·形势回顾·

2009年宁波市金融形势分析

2009年，全市金融业积极贯彻适度宽松的货币政策，充分发挥资金保障与金融服务功能，有力地支持区域经济企稳回升。

一、宁波市金融运行基本情况

（一）存款快速增长，社会流动性宽裕

2009年末，全市金融机构本外币存款余额8241.43亿元，同比增长29.71%，增幅同比提高10.03个百分点；比年初增加1886.53亿元，同比多增814.11亿元。从全国、全省看，2009年末，全市金融机构本外币各项存款余额占全国、全省①的比重分别为1.35%、18.27%，全国、全省占比分别比上年提高0.02个、0.36个百分点。2009年末，金融机构本外币存款同比增速分别高出全国、全省2.04个、2.57个百分点。分结构看：

企事业单位存款增幅快速提高。2009年末，全市企事业单位本外币存款余额3004.13亿元，同比增长38.22%，增幅同比提高31.35个百分点（见图1）；比年初增加826.41亿元，同比多增662.52亿元。其中，企事业单位活期存款余额1953.81亿元，同比增长41.42%，增幅同比提高39.44个百分点，比年初增加572.25亿元，同比多增530.52亿元，占新增企事业单位存款的69.25%。企事业单位存款较快增长原因在于：一是2009年以来银行贷款投放力度大，派生存款效应明显，导致企业事业单位存款较快增长，特别是3月和6月贷款增加额分别创单月增量历史新高，同期企事业单位存款分别增加215.71亿元和163.38亿元，两个月增量占上半年企事业单位存款新增额的77.04%；二是一些大型项目建设资金陆续到位增加企事业单位存款；三是下半年以来企业经营状况有所好转，资金回笼加速，导致企业活期存款大量增加；四是在经济形势不确定性较多的情况下，一些企业资金回流银行以等待投资机会。

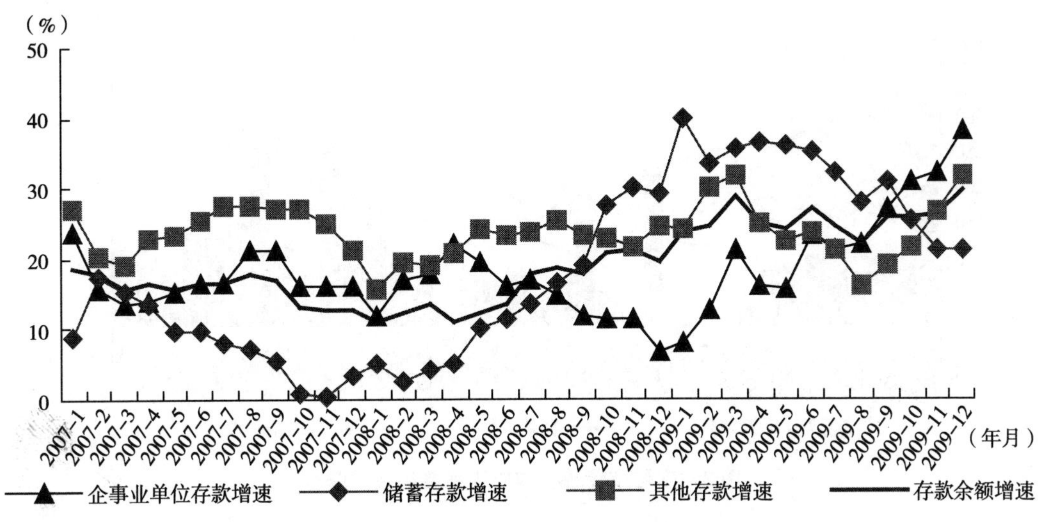

图1　宁波市金融机构各项存款增速势

① 存贷款数据口径为“全部金融机构（含外资）本外币”。

储蓄存款增势高位回落。2009年末，全市储蓄存款余额2901.76亿元，同比增长21.09%，增幅同比下降8.01个百分点；比年初增加504.69亿元，同比少增36.30亿元。储蓄存款增势高位回落的原因主要是：二季度以来，房市火暴、股市回暖，储蓄资金出现明显分流，7月、8月份储蓄存款分别减少19.74亿元、4.86亿元；9月份股市出现较大波动，部分资金回流至银行系统，9月新增储蓄139.74亿元；10月、11月第三方存管净转出27.64亿元、31.70亿元，10月、11月当月储蓄减少77.70亿元、18.33亿元。

其他存款增势"先抑后扬"。2009年末，全市其他存款余额2291.44亿元，同比增长31.68%，增速比上年提高7.2个百分点，比年初增加555.10亿元，同比多增210.14亿元。其他存款增量占全市新增各项存款29.42%，增量比储蓄存款多50.41亿元。其他存款增势呈"先抑后扬"态势，8月以来稳步增长。其原因在于：机关团体存款、财政存款增长较快。8月、9月、10月、11月、12月机关团体存款分别增长27.81%、35.14%、42.05%、46.02%、62.23%；财政存款逆转上半年负增长态势，8月、9月、10月、11月、12月分别增长23.48%、25.40%、53.18%、92.14%、161.32%。

（二）贷款增长迅猛，投向基本合理

2009年末，全市金融机构本外币贷款余额7715.91亿元，同比增长32.70%，增幅同比提高15.51个百分点。金融机构本外币贷款新增1900.33亿元，比上年多增1020.38亿元，是上年增量的2.16倍；全年金融机构资产净卖出128.76亿元（其中贷款净卖出21.64亿元，票据净卖出107.12亿元）。从全国、全省看，2009年末，全市金融机构本外币各项贷款余额占全国比重为1.81%，比上年同期降低0.003个百分点，同比增速比全国低0.29个百分点；本外币各项贷款余额占全省的比重为19.67%，比上年同期提高0.06个百分点，同比增速高出全省0.45个百分点。

贷款投放主要特点：一是适度宽松的货币政策效应显现，信贷增量创历史新高（见图2）。2009年末，全市金融机构本外币贷款余额同比增长32.70%，创2004年6月以来的新高；6月份以来贷款增速一直超过存款增速，贷款总体呈现持续稳步增长态势。二是上半年呈现明显的"季末冲高"现象，而下半年信贷投放相对均衡。3月和6月全市贷款分别增加276.58亿元、360.12亿元，均创历史单月增量新高，同比分别多增230.14亿元、318.45亿元；下半年平均月增量为120.14亿元，7～12月增量分别为144.16亿元、122.96亿元、128.33亿元、85.25亿元、121.91亿元、118.2亿元，投放相对均衡①。三是房地产市场活跃促进个人住房贷款快速增长，2009年个人消费贷款②新增449.74亿元，是上年同期的3.90倍，其中个人住房贷款新增321.61亿元，是上年同期的6.66倍。

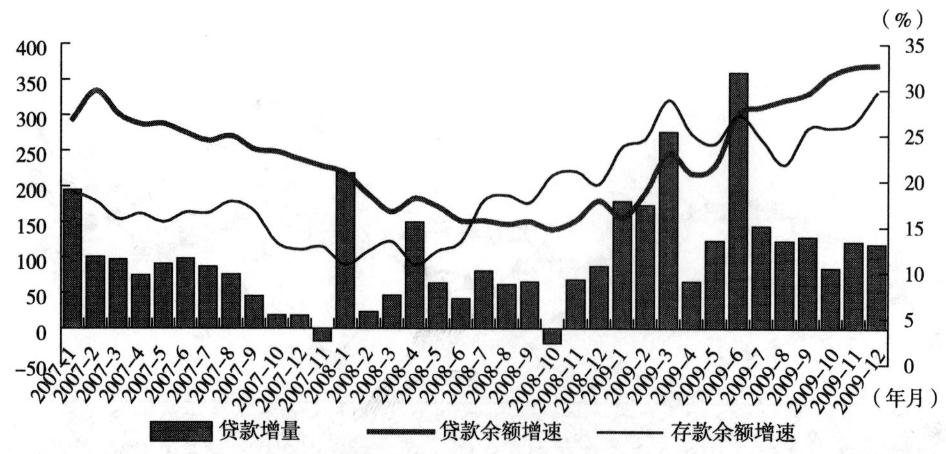

图2　宁波市金融机构贷款增量与余额增势

① 月增量值的标准偏差为19.37，比上半年减少86.75。

② 此处个人消费贷款、个人住房贷款数据来自于《宁波市金融机构个人消费贷款明细表》。

2009年在信贷总量迅猛增长的同时，全市金融机构继续强化结构调整，贷款投向基本合理。主要表现在：

1. 信贷投向与经济基本面基本适应。中长期贷款增势迅猛，充分满足投资项目资金需求。2009年末，中长期贷款余额3205.47亿元，同比增长46.72%，增速同比提高26.43个百分点，比年初增加1011.41亿元，同比多增640.36亿元。从新增贷款占比看，新增中长期贷款量占新增贷款总量53.22%，比上年同期提高11.05个百分点。

短期贷款较快增长，努力满足企业日益增加的流动资金需求。2009年末，全市短期贷款余额3993.36亿元，同比增长23.14%，增速同比提高11.05个百分点，比年初增加758.81亿元，同比多增385.29亿元，占新增贷款总额的39.93%。2009年下半年以来经济呈现企稳回升向好态势，短期流动资金供需逐月增加，7~12月短期贷款呈稳定增长态势，同比增速分别为14.62%、15.58%、18.14%、20.09%、23.51%和23.14%。

票据融资增速减缓。2009年末，票据融资余额332.55亿元，同比增长8.92%，增速同比下降112.52个百分点，比年初增加27.25亿元，同比少增141.03亿元；分季度看，第一、第二、第三、第四季度分别新增77.84亿元、59.92亿元、-81.60亿元、-28.91亿元。票据融资出现减少的主要原因是：下半年以来企业利用票据赚利差的空间缩小，同时银行利用票据冲规模的动机减弱。

2. 新增贷款主要投向实体经济。从全年贷款行业投向数据①看，实体经济贷款普遍增加（见图3）：一是制造业贷款比年初增加317.69亿元，占全部新增贷款的17.05%，有效地支持生产企业的资金需求。二是水利、环境和公共设施管理业贷款比年初增加285.23亿元，占全部新增贷款的15.30%，较好地满足重点建设项目资金需求。三是租赁和商务服务业贷款比年初增加235.12亿元，占全部新增贷款的12.62%。同时，个人贷款较快增长，资金需求得到充分满足。全年新增543.71亿元，占全部新增贷款29.17%，比上半年（16.96%）提高12.21个百分点。

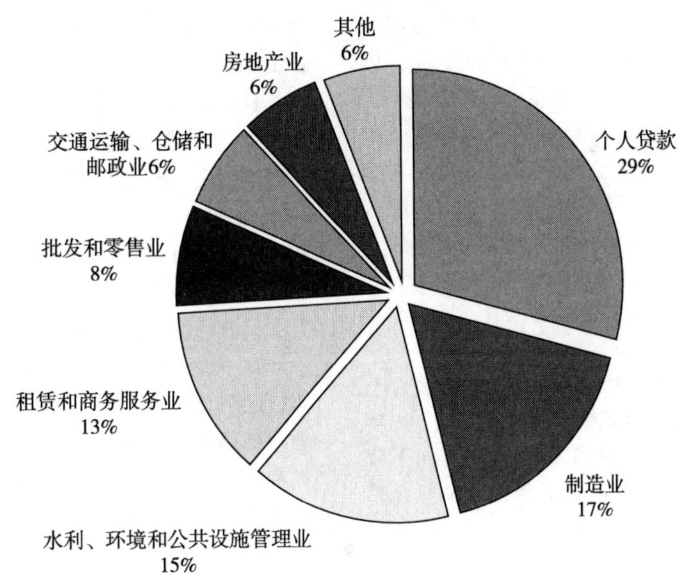

图3　分行业新增贷款占比

从全年中小企业人民币贷款数据②看，中小企业贷款比重趋升、增长较快。2009年末，全市各类企业人民币贷款余额达到5245.62亿元，比年初增加1118.38亿元，其中，大型企业新增172.74

① 贷款行业投向数据口径为“全部金融机构（不含外资）本外币”，由于不含票据融资，与上年不可比。

② 中小企业人民币贷款数据口径为“全部金融机构（含外资）人民币”。

亿元，占15.45%，余额同比减少7.79%，增速比上年下降25.49个百分点；中型企业新增527.95亿元，占47.21%，余额同比增长42.79%，增速比上年提高14.06个百分点；小型企业新增417.70亿元，占37.35%，余额同比增长20.15%，增速比上年提高7.76个百分点。中小型企业新增贷款合计占比达到84.56%，分别比上半年、前三季度上升3.39个、2.79个百分点，余额同比增长30.42%，增速比上年提高11.16个百分点。

（三）人民币贷款利率同比下降，企业融资成本降低

金融机构加权平均利率下降明显。2009年第一、第二、第三、第四季度人民币加权平均利率分别为5.707%、5.711%、5.700%、5.836%，分别比上年同期下降2.036、2.281、2.182、0.744个百分点。2009年加权平均利率呈低位震荡趋势。3月、6月达全年最低点（5.64%），进入四季度后震荡上升，12月达全年最高点（5.84%），但仍较上年同期低0.05个百分点。

企业融资成本降低。在适度宽松货币政策环境下，企业融资成本明显低于上年，且大型企业受益程度高于中小型企业。116家工业企业监测数据显示，2009年末银行短期借款余额288.26亿元，负增长1.05%；2009年企业利息支出16.97亿元，减少13.41%，同比下降49.16个百分点。从企业类型看，2009年，大型企业下浮利率、基准利率贷款占比合计89.42%，同比上升10.8个百分点，较中小型企业分别高出21.24个、55.67个百分点，融资成本优势明显。

（四）不良贷款反弹压力加大，银行赢利能力下降

2009年末，按照贷款五级分类统计口径，全市银行业金融机构不良贷款余额99.24亿元，比年初增加19.27亿元，不良率1.29%，比年初下降0.09个百分点。银行赢利能力下降，2009年全市银行业金融机构税前利润167.60亿元，同比减少0.58%。

（五）证券市场强势反弹，保险业务稳步发展

2009年全市证券成交总额1.84万亿元，同比增长68.16%。2009年末，宁波市证券投资者股票账户数为74.06万户，比年初增加8.06万户；全市证券客户交易结算资金余额为167.54亿元，同比增长53.50%；托管市值954.75亿元，同比增长144.18%。

保险业务稳步发展。2009年全市实现保费收入107.44亿元，同比增长23.4%。其中，财产险保费收入51.08亿元，增长26.6%；人身险保费收入56.37亿元，增长20.5%。保险公司赔款与给付累计支出36.29亿元，同比减少4.3%。

二、当前值得关注的问题

（一）全面回升基础仍不稳固，外向型经济面临新挑战

2009年，宁波经济阶段性触底反弹态势明显，但目前经济全面回暖基础仍不稳固，经济发展的三大动力存在不足。出口形势严峻，民间投资意愿不强，消费拓展难度较大，对辖区经济的平稳较快发展造成不利影响。

1. 出口增速下降明显，外需回升尚需时日。受国际金融危机影响，全球贸易额严重萎缩①；各经济体为转移国内危机，纷纷出台各种贸易保护主义政策，使宁波外贸环境恶化，出口明显下降。2009年宁波累计出口386.5亿美元，同比减少16.6%，增幅同比下降37.7个百分点。2009年累计出口增速分别比全国、全省低0.6和2.8个百分点，且2009年以来宁波各季度累计出口增速均低于全省。据20家进出口企业汇率问卷调查，2009年四季度企业出口订单景气指数②55，比上期下降5.0，企业出口订单不甚乐观。宁波经济外向度高，2005年以来外贸依存度高于110%，外贸出口对宁波经济发展具有重要意义，外向型经济未明显回升，宁波经济全面回升则难以实现。

2. 民间投资意愿回升慢，投资结构有待优化。当前经济转暖主要靠政府投资带动，民间投资、企业投资仍未大面积启动。出于对市场前景的悲观预期和产能过剩的压力，较多企业对经济的未来走势持观望态度，企业扩大再生产能力和投资意愿较弱。2009年宁波工业投资仅增长2.1%，低于全社会固定资产投资增速13.9个百分点。同时，投资结构有待优化。在全社会投资较快增长的背景下，工业技术改造投资却明显下降。2009年宁波工业技术改造投资418.62亿元，同比负增长8.3%，增幅同比下降8.8个百分点；工业技改投资增速自2008年持续下降以来，尚未有明显转正迹象。

① IMF和世界银行等机构估计2009年全球贸易同比减少10%左右。

② 指数越高表明出口订单越多。

2009年工业技改投资占限额以上固定资产投资比重为20.89%，同比下降5.52个百分点。工业技改投资下降不利于企业技术创新，不利于促进经济结构调整与全面回升。

3. 消费制约因素较多，再拓展难度较大。受分配结构、就业形势和收入增长等因素制约，消费再拓展难度增加。一是分配结构存在缺陷，低收入群体消费能力有限，而高收入群体虽然消费能力较强，但进一步扩大消费意愿不强，导致过剩资金多流入房地产、股市等投资领域。二是金融危机以来就业形势不容乐观，居民未来不确定性增加制约消费进一步拓展。116家工业企业监测数据显示，2009年以来样本企业职工人数一直在负增长，12月末职工人数20.36万人，同比减少2.03%，增幅同比下降3.48个百分点。三是居民收入增幅降低限制消费市场空间拓展，2009年宁波市区居民可支配收入增幅同比下降4.2个百分点；农村居民现金收入增幅同比下降3.5个百分点。因此，分配结构、就业压力、收入增长等制约因素，导致消费快速增长动力不足，进而影响到消费拉动经济增长的效果。

（二）资产价格持续高涨，经济主体行为值得关注

为应对国际金融危机冲击，我国实行适度宽松的货币政策，社会资金充裕。同时，石油、农产品等大宗商品在国际市场上的价格持续走高，输入性通胀压力不断增加。因此，社会公众通胀预期逐步加大，导致房价、股价、黄金等资产价格持续上涨。2009年上证综指上涨1456.33点，涨幅达79.98%，成交额较上年放大91%；2009年末宁波老三区和鄞州区商品住宅均价已突破15000元/平方米①，比上年同期上涨42.73%。

另外，资产价格上升又进一步强化通胀预期，深刻地影响着经济主体行为，导致经济主体储蓄意愿以及消费、投资等行为的变化，从而加剧通胀预期的自我实现，使实体经济运行的环境日趋复杂。

1. 居民改变资产配置行为，通胀预期得到强化。一是储蓄活期化趋势日趋明显。2009年末，全市金融机构本外币活期储蓄存款余额同比增长27.34%，增速同比提高11.15个百分点，增量占储蓄存款增加额43.24%，较上年同期提高22.68个百分点。二是住房消费需求得到提前释放。从房价收入比来看，2009年宁波市区居民可支配收入27368元，按人均建筑面积28.85平方米②、市区住宅均价14000元计，房价收入比为14.76，已大大超过公认的国际标准（4～6）。然而，基于房价上涨和通胀预期的考虑，居民纷纷踊跃购房。2009年宁波市六区一手房、二手房分别成交32202套、41025套③，分别是上年的2.68倍、3.30倍。三是居民大量资金进入股市或黄金市场。2009年国际市场上金价累计涨幅接近40%。受此影响，宁波黄金实物买卖成交活跃，2009年本地某知名商场黄金零售额超过1亿元，较上年同期增长一倍。

2. 企业投资观望心态浓厚，实业投资动力不足。总体来看，2009年经济企稳回升的基础得到逐步巩固，但不确定因素仍然很多，企业投资的观望心态依然较浓厚。116家企业景气监测数据显示，企业固定资产投资未明显回升。2009年末，样本企业在建工程余额34.44亿元，同比负增长10.12%，增幅同比下降12.79个百分点，在建工程自2008年5月后一直处于下行态势，尚未出现拐点。另外，2009年以来企业短期投资保持较快增长，12月末样本企业短期投资余额19.76亿元，同比增长311.83%，增幅同比提高315.89个百分点。短期投资大幅增加的原因除用于购进原材料以外，不排除部分资金被企业用于房地产、股票等资产投资。

3. 房地产市场量价齐升，银行个贷迅猛增长。宁波居民人均收入高，金融生态环境优良，个人贷款一直是金融机构的优质资产。2009年以来，受国家及地方政府出台的一系列利好政策影响，宁波房地产市场持续火暴，个人贷款需求大增。金融机构出于安全性、营利性、流动性的综合考虑，个人住房贷款有较大增长。2009年末个人住房贷款④余额增长69.53%，增速创2003年5月以来新高。在个人住房贷款猛增的同时，也进一步助推房价上涨。

（三）宏观环境日趋复杂，区域金融风险不容忽视

从国际看，经济复苏主要依靠政策推动，自主

① 数据来源于《华星月报：2009年12月宁波房地产市场分析》。

② 数据来源于《宁波统计年鉴2009》。

③ 数据来自于宁波市房地产交易中心。

④ 此处个人住房贷款数据来自于《宁波市金融机构个人消费贷款明细表》。

增长能力仍较弱；全球贸易保护主义加剧，国际货币体系弊端凸显；大宗商品价格由低位迅速回升，巨额货币投放带来的通胀压力正逐步释放。从国内看，经济增长过度依赖投资，结构调整进程缓慢；需求回升幅度有限，对外出口出现多年未遇的大幅减少；通胀预期不断加强，资产价格上涨过快。当前国际国内形势变化直接、迅速地影响着宁波经济的发展，使区域金融环境日趋复杂。在此背景下，2009 年以来，全市金融机构积极响应中央号召，认真贯彻执行适度宽松的货币政策，信贷投放创出历史新高，有力地支持区域经济企稳回升。但另一方面，潜在金融风险也不容忽视。

1. 信贷投放持续过大风险。2009 年宁波金融机构本币外币贷款同比增长 32.7%，增量为上年的 2.16 倍。大规模信贷投放，反映重大项目中长期资金以及企业流动资金的真实需求。项目资金的需求具有长期性、企业经营具有连续性，而信贷持续高速增长具有不确定性。下一阶段，信贷可能由集中高投放逐步转向平稳增长，将可能影响项目后续信贷资金获得的可持续性，进而影响信贷资金的安全。

2. 房地产金融风险。2009 年以来，宁波房市快速回暖、升温，房地产交易量价齐升，房地产开发贷款与个人住房贷款也随之快速增长。2009 年末，宁波房地产开发贷款、个人住房贷款①余额分别为 406.61 亿元、793.13 亿元，分别同比增长 36.15%、69.50%，增速分别同比提高 24.92 个、58.07 个百分点。而目前房地产政策已有所调整，居民对房地产预期也可能发生逆转，因此房地产金融风险值得关注。

3. 政府类项目贷款风险。据调查，2009 年全市金融机构对政府背景企业贷款余额比上年增长 72.75%。其中，机关（事业）单位法人、企业（公司）法人贷款余额分别增长 86.13%、71.47%。另据三季度调查，1～9 月份政府性投资项目②新增贷款 390 亿元，其中中长期贷款 360 亿元，从担保方式看，70% 左右为信用或保证方式。单个政府项目贷款的风险虽然相对于其他贷款主体较小，但也要充分考虑政府负债的总体规模和偿债能力，政府类贷款风险不容忽视。

4. 流动性风险。2009 年末，全辖金融机构人民币余额贷存比、新增贷存比分别为 91.85%、93.84%，分别比上年提高 0.5、3.27 个百分点。存贷比对地方法人金融机构放贷能力形成直接制约，对非法人金融机构则会通过资金收益杠杆间接制约其放贷能力。一旦市场资金趋紧、资金价格走高，部分金融机构的流动性就可能紧张。

（中国人民银行宁波市中心支行统计研究处）

① 此处房地产开发贷款、个人住房贷款数据来自于《宁波市金融机构房地产贷款投向统计表》。

② 被调查对象为计划总投资在 5 亿元以上、2009 年有新增贷款的政府性投资项目。

2009 年宁波市货币信贷运行报告

一、主要货币政策执行情况

（一）贯彻传导适度宽松的货币政策，促进区域信贷平稳增长。

2009 年以来，认真贯彻执行适度宽松的货币政策，出台“保增长、扩内需、调结构”的多项政策措施，为区域经济企稳回升创造良好的货币信贷环境。四季度，着力加强对辖内金融机构、特别是法人机构的信贷监测与窗口指导，召集辖内宁波银行、省农信联社宁波办事处等机构座谈会，及时传达中央经济工作会议精神，了解法人机构信贷增长态势、投放节奏安排、资本补充渠道等情况，并就年内和明年的信贷投放提出要求。

（二）优化农村金融政策环境，切实加大金融支农力度。

会同市农办等部门在全市推广农村住房抵押贷款业务，起草提请市政府行文下发实施《宁波市农村住房抵押贷款试点工作实施意见》，有效解决农村居民贷款的抵押难问题，为农民创业提供融资便利。下发《金融支持农村住房改造改建实施意见》，召开相应座谈会。会同市农办等七个部门联合出台农贷风险补偿管理办法，按银行业金融机构农业贷款月均余额的 0.5% 给予风险补偿，市、县两级共 1270 万元农贷补偿资金拨付到位，南部三县和全市 16 个欠发达乡镇受惠。

（三）关注热点领域金融支持，加大信贷结构调整力度。

根据市委市政府区域产业结构调整振兴的部署，引导金融机构加强金融创新、提高金融服务配套能力，加大对区域优势产业、特色产业、战略性新兴产业等的金融支持。联合市外经贸局、银监等部门制定下发《金融支持宁波外包产业发展的若干意见》，指导辖内金融机构创新金融产品，有重点地支持服务外包产业发展。联合市财政、金融办、银监等部门调整小企业贷款风险补偿机制为小企业贷款奖励，做好贷款审核和资金落实工作，对小企业新增贷款进行实地抽查，核实相关数据并落实 2000 万元财政资金。

（四）关注房地产市场变化，加强房地产信贷管理。

密切关注房地产信贷执行情况和房地产新政实施效应，加强政策传导。一是召开房地产金融联席会议，深入分析当前房地产市场波动和未来走势，加强房地产信贷政策宣传，督促、指导金融机构加强信贷管理，“有保有控”，在切实加强对廉租住房、首套自住需求等的信贷支持的同时，关注房地产领域的风险因素，审慎介入房地产开发项目，防范房地产信贷风险。二是深入开展房地产新政实施效应调研，撰写《房地产优惠政策运行效果调查》、《近期宁波房地产市场运行情况分析》等多篇调研信息，为有关部门决策提供参考。

（五）加强货币政策工具管理，充分发挥政策导向作用。

发挥货币信贷政策杠杆作用，提高央行资金使用效率，引导辖内金融机构加大信贷投入力度。2009 年以来，根据辖区实际，申请增加支农再贷款限额 1.4 亿元，全年累计发放支农再贷款 5.67 亿元，同比增加 3.1 亿元。截至 2009 年末，累计办理再贴现 1.76 亿元，共 199 笔，引导金融机构办理 100 万元以下的小面额票据业务，60 家中小企业受益。

（六）推进金融市场向纵深发展，拓宽企业直接融资渠道。

为企业在金融市场融资创造条件，加快创新型融资工具的推广运用，推动符合条件的企业参与直接融资。共促成辖内企业发行短期融资券 28 亿元，其中雅戈尔集团公司 18 亿元，宁波海运 6 亿元，宁波电力 4 亿元。宁波港集团公司 24 亿元中期票据也正在积极推进中。同时，积极研究中小企业集合票据融资模式，不断拓宽企业融资渠道。

二、货币信贷运行中存在的主要问题

在一系列政策措施的作用下，2009 年区域经济不断向好，主要指标降幅持续收窄或由负转正，回升态势总体确立。但是在积极面的背后，仍然存在一些不确定、不可持续的因素，如后续经济平稳增长的制约因素仍然较多、信贷大投放背景下潜在风险不容忽视、信贷结构调整难度加大等，需要引起高度关注。

（一）经济内生动力略显不足，未来走势存在较多制约因素。

一是在宽松政策刺激以及充足流动性供应条件下，房地产等资产价格快速上涨对经济平稳运行造成压力，资产价格风险和物价风险可通过多种形式向货币体系传递，从而影响经济金融平稳运行。二是经济内生动力不足，工业经济增长与新增贷款投入并不匹配。本年度重点新增投资领域为基础设施与房地产，工业投资增速不足1%，与信贷新增30%以上的增速形成较大反差；同时，全市工业总产值及规模以上工业总产值仍同比下降，实体经济从新增贷款投放中的获益仍然有限。三是个别行业的回暖存在一定的偶然性、季节性因素，后续平稳回升仍有待观察。随着欧美国家去库存化进程进入尾声，加之圣诞节临近，境外供销商补货需求回升，订单在四季度被集中释放，但仍以短单、小单为主，外贸企业未来订单保有量仍显不足。四是从长远看，国际经济环境的深刻变化对国内经济发展构成新的挑战。欧美等发达经济体的复苏之路需要一个漫长的过程，且会伴随大幅度的结构调整和改革，在中长期对我国的外需空间形成结构性制约。在国内需求还没有真正有效启动之前，出口导向型的经济战略亟须改变，以提高经济发展的可持续性。

（二）信贷大投放背景下各类潜在风险问题不容忽视。

2009 年区域贷款新增达 1900 亿元，为历史最高增量，在促进经济企稳回升中发挥关键作用，但也产生一系列问题。一是流动性压力增大。2009 年金融机构新增存贷比达到 100.73%，同比提高 18.68 个百分点；年末余额存贷比 93.62%，同比提高 2.01 个百分点。24 家分支机构中，9 家机构余额存贷比超过 100%；法人机构中，宁波银行（法人）、各农村合作金融机构的余额存贷比分别达到 74.21% 和 70.31%。尽管 2010 年整体流动性不会发生逆转，但仍存在资产价格持续上涨对储蓄增长造成分流、监管政策可能变动影响商业银行资本金要求等不可预知因素，从而对后续信贷平稳增长造成较大压力。二是中长期贷款占比持续增高，需关注资产负债期限错配和贷款集中度提高风险。2009 年中长期贷款新增占比达到 53.22%，同比提高 11.05 个百分点，同期储蓄存款活期化程度却呈强化趋势，活期类存款占比 41.90%，同比提高 27.64 个百分点，资产负债期限错配风险加大，给金融机构经营造成压力。三是不良贷款反弹，信贷资产质量下行压力加大。2009 年全辖不良贷款新增比年初新增 20.57 亿元，同比增长 25.12%。在国际金融危机影响下，个别领域和部分行业的风险仍在持续暴露中，可能通过各种途径向金融体系传递。

（三）信贷结构矛盾在局部领域更加突出，信贷资源优化配置难度加大。

一是信贷投向的重点为各类政府类项目，由于受到自有资金偏少、还款来源单一等的限制，相当部分政府类贷款周期长、收益能力差，政府类投资公司可能会陷入“以债养债”的恶性循环；此类贷款的后续资金配套和风险防控考验商业银行信贷管理能力。二是尽管实体经济领域的信贷有效需求略有回升，但仍处于相对低位，由于缺乏持续、稳定的经济增长推动力，中小企业投资意愿和资金有效需求不高，需求低迷对中小企业贷款平稳增长造成影响。三是部分信贷资金脱离实体经济流入房地产市场、资本市场等领域进行投机，除对信贷资金安全造成威胁以外，也可能产生削弱实体经济融资能力、抑制消费信贷发展等不良后果，从而不利于信贷结构和经济结构的优化调整。

三、政策建议

（一）加强对金融机构流动性管理和信贷均衡投放的引导，确保货币信贷增速保持在适度水平。

随着经济企稳回升形势的日益巩固，应加强对日益“沉淀”下来的充裕流动性的关注，保持对流动性增速加快和由此引发资产泡沫和高通胀出现的关注与分析。短期内，应注意研究快速大规模回笼流动性、同时又不至于对经济造成巨大冲击的政策手段，如综合运用公开市场操作、再贴现工具等；中长期内，应确保在经济企稳回升的前提下，促使货币信贷逐步平稳回落，加强窗口指导，着力引导金融机构增加信贷投放的均衡和持续性，避免大起大落和前松后紧，做到总量适度、节奏均衡。

（二）密切关注各领域风险变化因素，有效防范和化解各类风险。

信贷大投放对促进区域经济企稳回升发挥重要作用，但也对后续信贷管理提出更高的要求，要密切关注各领域的风险因素，构筑风险防范的长效机制。一是要加大货币信贷政策宣传引导，督促金融机构严格执行信贷准入标准，加强信贷资金用途审查，从源头上控制住信贷资金的流向，提高对贷款的风险评估和管理能力。二是加强各方的协调沟通，密切关注可能出现的信贷风险和社会风险，合理处置可能出现的资金链问题，避免产生大的连带性风险。三是增强货币信贷管理工作的前瞻性，建立分行业、分区域的信贷风险预警机制，及时发布相关信息，加强信息交流，构筑信贷风险防火墙。

（三）加大信贷政策对薄弱环节、就业、新兴产业、产业转移等的支持，优化调整信贷结构。

加强对信贷政策导向效果评估等政策工具的运用，加大信贷结构调整力度，推动经济结构转型升级，实现由“政策刺激内需增长”向“内需自主性增长”的动力切换。一是积极引导商业银行以各种形式加大对区域优质中小企业和高成长性中小企业的信贷支持，进一步规范信贷行为，促进商业银行信贷投放真正向实体经济倾斜；加大对技术改造、兼并重组、过剩产能向外转移、节能减排、发展循环经济的信贷支持，同时继续限制对“两高”行业和产能过剩行业的贷款。二是积极研究、制定和落实有利于扩大消费的信贷政策措施，有针对性地培育和巩固消费信贷增长点，增加对居民消费贷款的投放，真正有效启动内需。

（中国人民银行宁波市中心支行货币信贷管理处）

2009 年宁波市金融稳定报告

一、金融业与金融稳定

（一）银行业

2009 年，辖区银行业金融机构存贷款规模大幅增长，流动性保持充足。与此同时，不良贷款出现反弹，赢利水平有所下降，房地产信贷占比上升，个别法人机构经营管理水平有待加强。

1. 银行业总体运行情况：

（1）组织体系不断丰富，机构市场份额逐渐分散。2009 年末，宁波辖区共有银行业金融机构 44 家：法人机构 16 家，非法人机构 28 家，其中 2009 年新设两家省内城商行的一级分行。目前已形成国有银行为支柱，股份制银行、城商行和农村合作金融机构为重要组成部分，外资银行、村镇银行、非银行机构为补充的多层次发展的银行体系。截至 2009 年末，全辖银行业金融机构营业网点 1795 个，比上年增加 23 个，覆盖面不断扩大，银行服务密度持续提高。随着行业竞争的加剧，机构市场份额逐渐分散。尤其是股份制商业银行、城市商业银行分支机构的设立和发展，改变了原有的市场结构，四大国有银行与农村合作金融机构的市场份额在竞争中明显缩小。

（2）业务规模扩张迅速，市场深度持续提高。2009 年末，辖区银行业金融机构各项存款余额 8241.4 亿元，当年新增 1886.5 亿元，增幅为 29.7%，同比提高 10 个百分点，其中储蓄存款新增 504.7 亿元；各项贷款余额 7715.9 亿元，当年新增 1900.3 亿元，增幅为 32.7%，同比提高 15.3 个百分点。2009 年末，辖区银行业金融机构资产首次突破万亿元，达 10317.7 亿元，比年初增加 2376.7 亿元，增幅达 29.9%；负债总额 9963.3 亿元，增幅达 30.5%。各机构人均资产规模、平均网点规模均大幅提高。2009 年，辖区新增存贷款额占 GDP 的比重分别达 44.8% 和 45.1%，同比提高 17.7 和 22.7 个百分点，表明银行业对地区经济的介入较深，且呈不断提高态势。

（3）业务创新持续增多，理财产品不断丰富 2009 年，辖区部分银行业金融机构设立中小企业专营机构和个人财富中心，创新产品不断推出，涵盖企业与个人理财、银行卡、信贷、贸易融资等多个方面，为企业和个人客户提供更多投融资选择。但值得注意的是，超过 80% 的创新产品为宁波本级以外机构创设，除宁波银行等本地法人机构外，多数银行业机构受人才和业务权限的制约，极少自主开展差异化创新产品的研发。

2. 当前需关注的问题：

（1）存贷款规模季末冲高现象明显，资产负债期限错配加剧。在银行业当前的存贷款考核机制下，季末总量仍是判断各机构、网点经营绩效的主要标准，这种考核制度迫使一些机构或网点采取非正常方式美化指标，个别机构采取临时性措施，导致资金周期性波动明显，对行业的健康发展和实体经济的平稳运行不利。2009 年，辖内银行业金融机构存贷款规模迅速增长，但存款增量主要来源于企业贷款的派生存款，居民储蓄意愿不强，储蓄存款增长放慢、占比下降，资金来源的稳定性下降；而政府类贷款与按揭贷款的大幅增长，强化资产的中长期化趋势，存贷款期限结构错配问题加剧，个别机构短期流动性风险增大。

（2）业务发展与市场关联密切，资产安全受房地产行业波动影响较大。一方面，在各项刺激住房消费政策的作用和房价上涨预期下，从 2009 年一季度末开始，宁波商品房市场交易持续活跃，带动个人住房贷款和房地产开发贷款的攀升，规模达到历史最高点，占全部贷款的 17%。此类贷款能否正常还本付息，以及贷款出险后能否有效处置抵押物、保全信贷资产，将直接影响银行业金融机构经营发展的稳健性。另一方面，地方政府基础设施建设投资造成各类融资平台的负债大幅增加，由于此类负债业务与土地运作有较强的相关性。一旦房地产市场持续繁荣的态势逆转，房价、地价大幅下跌，将影响银行业房地产信贷资产和政府类贷款的安全，进而对银行业及整个区域金融体系的健康稳定发展造成压力。

（3）不正当竞争行为加剧，合规管理面临较大压力。随着辖区银行数量的增加，各机构竞争压力不断增大。为扩大市场份额，部分商业银行通过调高抵押物估价、高息揽存、房贷返点等不正当手段争取客户和业务，影响银行机构业务稳健发展。个别机构在快速扩张中放松内控与合规管理，导致操作风险发生，给机构声誉造成不良影响，也给区域金融的稳定运行造成隐患。

（4）不良贷款反弹明显，经营效益有待提高。截至2009年末，辖区银行业按五级分类不良贷款余额99.24亿元，比年初增加19.27亿元，增幅为24.1%，但受贷款规模快速增长因素影响，年末总体不良率为1.29%，比上年下降0.09个百分点。由于传统存贷款业务在各商业银行仍处于核心地位，所以存贷款利差仍是各机构的主要收入来源。2009年全行业实现利息净收入272.66亿元，利差占营业收入的85.3%，表明收入对利差的依赖程度仍然较高。受利差收入减少等因素影响，2009年银行业账面利润134.2亿元，较上年减少3.8%，赢利水平有待提高。

（二）证券业

2009年，宁波辖区证券业利用证券市场反弹回升机遇，加快发展速度。全年市场交投活跃、流动性充足，证券期货成交量、投资者开户数等达到历史最高水平，证券期货经营机构稳健性增强，上市公司存量风险逐步化解。但同时市场同业竞争加剧，不规范竞争时有发生，上市公司行业结构性有待调整，经营业绩有待提升。

1. 行业运行稳健性分析：

（1）市场主体总体变化较为平稳，投资者开户数增长较快。2009年末，宁波辖区共有证券业机构49家，期货经营机构14家，证券投资咨询公司1家。年末，辖区股票投资者开户余额数74.06万户，比年初增长12.3%；期货开户余额数10632户，比年初增长49.2%。共有上市公司36家，其中境内A股上市27家，占75%，当年新增1家，即理工监测（002322）；H股及红筹股公司9家占25%。在27家A股上市公司中，中小板企业有10家，占37%。

（2）证券交投十分活跃，市场流动性较为充足。2009年，辖区证券经营机构证券成交总额18393.39亿元，创历史新高，同比增长68.2%。其中股票和基金成交16899.83亿元，占证券成交总额的91.9%；从分交易方式看，网上交易占81%，比上年提高5个百分点。证券成交规模的快速扩大，改善市场主体的赢利能力。2009年，辖区证券经营机构实现利润15.59亿元，同比增长48.1%；指定与证券托管市值954.75亿元，同比增长144.2%，财富效应明显；投资者净流入市场的资金持续增多。

（3）期货业发展势头强劲，经营机构稳健性增强。2009年，随着商品价格触底回升、市场财富效应凸显、投资者交投踊跃，辖区期货业呈现强劲的发展势头，期货代理交易量、期货代理交易额均创出历史最高纪录，其中期货代理交易量3112.34万手，同比增长50.1%；期货代理交易额20566.41亿元，同比增长66.5%。市场的快速发展，对辖区期货经营机构营利性、流动性改善均产生积极影响，全年共实现利润总额5337万元，同比增长99.3%；客户保证金余额18.06亿元，同比新增8.66亿元，增幅为92.1%。

（4）上市公司融资重组活跃，企业存量风险逐步化解。2009年辖区上市公司分别通过银行间市场、证券市场、银行授信等渠道新增融资139.86亿元。其中在证券市场融资19.28亿元，包括境内上市公司首次发行的0.67亿元、增发的13.61亿元，以及发行的公司债5亿元，至2009年末，辖区上市公司已历年累计从境内外证券市场直接融资达258.23亿元，包括境内上市公司185.11亿元，境外上市公司73.12亿元。年末27家A股上市公司总市值1895.48亿元，同比增长189.7%。部分公司通过注资、增发等形式，迅速扩大资本规模。*ST甬成功（000517）由荣安地产借壳上市。国内证券市场第一单发行后撤销行政许可的立立电子事件也得到妥善处置，募集资金按发行价加同期存款利息返还给投资人。

3. 需关注的问题：

（1）证券市场同业竞争加剧，不正当交易时有发生。随着市场主体的不断增多，辖区证券行业竞争日趋激烈，在客户资源相对有限的市场环境下，部分机构缺乏创新及相应的核心竞争力，通过低佣金、低手续费等手段招揽客户，对证券经营机构的发展环境和信誉产生不利影响，同时频繁开户、销户也必将增加不必要的成本，从而不利于证券行业的稳健发展。

（2）期货业风险管理与发展速度不相匹配，市场主体风险防控能力较弱。期货业使用的行情、交易、客户管理系统比较单一，功能不够完善，防范化解合规风险及行情波动引起的行业风险功能不足。随着大量新的投资者进入期货市场，部分投资者风险意识淡薄，自我保护能力不足，市场非理性投资行为上升，风险有所积聚。另外，一些期货品种价格波动对市场形成较大风险，价格发现功能没有被很好地体现，投资者规避价格波动风险的难度很大。

（3）少数上市公司业绩不稳定，房地产类企业占比较高。2009年，在“救市”政策刺激下，虽然辖区多数上市公司业绩开始回升，但仍存有一些亏损或微利的公司面临经营上的风险。部分公司经营业绩不佳，甚至出现亏损，有的则依靠出售子公司保持微利。从产业类别看，辖区27家A股上市公司中，有9家涉及房地产业，敏感行业集中度高，个别上市公司还是辖区若干家银行机构贷款余额最多的单一客户。

（三）保险业

2009年，新的《保险法》开始实施，宁波辖区保险业围绕“防风险、调结构、稳增长”目标，积极应对国际金融危机，市场体系不断扩充，保费稳步增加，中介渠道运行平稳，政策性业务快速发展。但业务发展与效益匹配程度较低，粗放式经营有待改善。

1. 行业稳健性分析：

（1）市场体系稳步发展，经营规模持续扩大。2009年末，共有44家保险公司在宁波辖区设立分支机构，其中产险机构23家，寿险机构21家。保险专业中介机构21家，另有2218家各类保险兼业代理机构。年末保险机构资产总额174.5亿元，同比增长15.6%。保费收入107.44亿元，同比增长23.4%。在各类保险中，车辆险实现保费37.25亿元，同比增长30.4%，对保费增长贡献率高达80.2%，主要是“汽车下乡”和小型车购置税减半政策刺激汽车消费并带动车辆险的快速发展。2009年，辖区保险密度1519元，同比增加256元；保险深度2.6%，同比提高0.4个百分点。

（2）赔付支出涨幅明显回落，经营稳定性有所提高。2009年，辖区保险业各项赔付支出36.29亿元，同比减少4.3%，其中财产险赔款支出25.44亿元，同比增长3.7%；人身险赔付支出10.85亿元，同比减少18.8%。赔付支出整体涨幅回落明显的原因主要是：上年年初雨雪冰冻灾害导致赔款激增，加之寿险处于给付高峰期，形成较大的对比基数。

（3）产险公司扭亏为盈，偿付能力增强。自2009年5月以来，辖区产险公司一直保持赢利状态，全年承保利润率2.72%、承保利润1.06亿元。2009年，辖区产险公司平均综合成本率97.28%，平均综合赔付率62.46%，均同比下降12个百分点；综合费用率34.82%，同比下降1.03个百分点。同时，因“见费出单”工作得到有效推进，应收保费率大幅降低，年末辖区产险公司应收保费1.66亿元，同比减少8.6%。

（4）寿险公司产品结构趋于优化，退保率略有降低。2009年，在低利率等因素的影响下，分红险业务快速发展，保障型业务比重进一步提高。辖区寿险公司分红险保费收入33.66亿元，占比达61.7%，上升11.6个百分点；万能险、投连险均有所减少。同时，续期保费增长较快，新单期缴比例上升，增强可持续发展力。全年辖区寿险公司续期保费23.31亿元，同比增长22.6%；新单保费31.28亿元，同比增长20.0%。2009年，辖区寿险公司退保率下降，全年没有发生一起大面积退保事件。

（5）保险中介总体运行平稳，兼业代理发展快速。2009年，辖区保险中介渠道保费收入66.99亿元，同比增长25.5%，占全辖总保费的62.4%，同比提升1.1个百分点。在各保险中介渠道中，兼业代理仍呈现快速增长的态势，全年保费收入36.56亿元，增长40.6%，占中介业务比重54.6%，同比提高5.9个百分点；保险营销员保费收入27.89亿元，增长11.7%，占中介业务比重41.6%，同比减少5.2个百分点；专业中介机构保费收入2.55亿元，同比增长5.4%，占中介业务比重3.8%，同比减少0.7个百分点。

2. 需关注的问题：

（1）行业市场竞争处于弱势，业务发展与效益存在结构性矛盾。从整个金融业看，辖区保险业仍然处于弱势。2009年，辖区保险业资产仅占全辖金融业总资产的1.7%；保费总收入仅为全辖银行当年新增存款的5.7%，保险覆盖率总体不高。同时，行业结构性矛盾比较突出，市场份额主要集中于少数几家开设时间较长的保险公司，并且行业总体赢利能力偏弱，业务发展与效益不匹配。以扭亏增盈的产险公司为例，发展缓慢的险种却多数有较高的利润贡献率，如企财险、货运险、意外险、家财险等，而与此同时，发展快速的险种却多数没有利润，如车辆险等，2009年，车辆险保费同比增长30.4%，但全年却出现亏损。

（2）同业市场竞争日趋激烈，机构风险管控难度加大。由于市场主体不断增多，且产品和业务同质化严重，在保费总量相对有限的情况下，辖区保险公司参与市场竞争的压力明显加大，部分机构决策粗放、点多线长，偏重保费增长速度，合规经营意识淡薄、风险管理能力薄弱，仍然程度不一地存在违反自律公约、盲目承保、误导消费、人员相互挖角等情况。一些非法保险活动的出现，也在一定程度上干扰保险市场的有序竞争，对保险公司增强风险管控、保持经营稳健性产生影响。

（3）专业中介机构市场份额减少，经营呈低迷态势。相对于兼业代理快速增长的态势，辖区专业中介机构发展明显落后，其所占的市场份额不断缩减，从近3年情况看，其保费市场份额已经从2007年的7.6%下降至3.8%，回落3.8个百分点。由于缺乏创新和先进经营理念，专业中介机构业务拓展较为困难，参与市场竞争能力较弱，赢利水平不高，发展前景尚不明确。

（四）金融业综合经营

1. 金融控股公司与产融结合。金融控股公司是我国当前金融业综合经营的重要形式，大体包括纯粹控股型、金融行业内控股型和产融结合控股型三种。宁波辖区的情况主要属于第三种即产融结合类控股，如中油资产管理有限公司（简称中油资产）控股昆仑信托有限责任公司（简称昆仑信托）、协和石油化工（集团）有限公司（简称协和石化）控股协和银行有限公司（简称协和银行），以及上海易恩实业有限公司控股宁波杉立期货经纪有限公司等。

（1）中油资产与昆仑信托。中油资产是中石油集团旗下重要的资本运营平台，主要致力于对中石油集团公司非油气业务的投资与管理。昆仑信托被中油资产控股（82.18%）后，股东数目由3家增为4家，但股权结构进一步集中。变更注册后，中油资产并没有大幅调整该公司管理团队。虽然资本规模迅速提高，但由于监管评级较低等原因，该公司2009年仍主要从事传统的银信业务，自营PE等创新业务未能开展。

（2）协和石化与协和银行。协和石化于1991年在香港注册成立，注册资金5000万美元，经营范围为投资产业。宁波主要投资于加油站等资产。协和银行设立于1994年12月，是协和石化的全资子公司。截至2009年末，该行在册员工不足20人，95%以上的资产为现金。

（3）其他产融结合情况。截至2009年末，辖区17家法人金融机构中，除昆仑信托等3家外，其余14家法人机构均有民营实业企业参股，但参股比例相对较低，特别是其中9家农村合作金融机构因受入股规定的限制，多数企业持股比例在3%以下，实业企业股权投资较为分散。同时，辖区一些企业（如雅戈尔集团）参与产融结合比较活跃。

2. 交叉性金融业务。2009年，宁波交叉性金融业务稳步发展，调查显示，银证保交叉性业务累计发生额约为5217亿元，同比增长11.0%。其中保证金第三方存管4859亿元，占总金额的93%。

银证合作方面，主要有账户管理（如第三方存管、基金托管）、代理业务（如证券、基金理财产品发售）等；银保合作方面，除传统的银行兼业代理外，一些针对银行信贷产品开发的交叉业务成为跨行业合作的突破口，如出口信用保单项下贸易融资、保单质押贷款等，另外在全国首创小额贷款保证保险业务，全年累计承保100余笔、贷款余额近9000万元，进一步加大辖区银保合作力度。银证保交叉性业务发展目前面临合作领域不宽，深度不够，创新性不足等问题，同时缺乏有效的监测统计和监管，不利于有效开展风险评估、预警和防控。

（五）金融机构改革

2009年，宁波辖区金融业加快改革步伐，政策性金融机构、国有金融机构、农村金融机构改革稳步推进。部分机构股权结构进一步得以优化、内部治理进一步得以完善，新体制、新机制进一步得以深化运行。

1. 政策性金融机构改革稳步推进。国家开发银行宁波市分行在总行股份制转型后，积极探索分支机构的改革路径，在巩固重大建设项目贷款、银团贷款等核心业务的同时，加大同业合作力度，并与地方政府合作，创新出服务中小企业的平台融资、平台担保模式；农业发展银行宁波市分行围绕发展“新农村建设的银行”，加大对涉农类业务的政策性支持，并继续探索发展商业性贷款业务；中国出口信用保险公司宁波分公司与地方政府开展全面战略合作，向辖区外向型企业提供政策性出口信用保险，信保覆盖面和深度都有所提高。

2. 国有银行改革发展不断深入。2009年，农行宁波市分行启动三农业事业部制改革，股改进程加快。工、中、建等已改制国有银行开展内部业务操作、会计流程改造和授权管理机制的改革，经营效率不断提高，同时对网点的布局、设施进行优化调整，强化软硬件配套，以提高对重点地区、高端客户的营销服务能力。

3. 农村合作金融机构改革呈现新局面。2009年，辖区农村合作金融机构积极扩充股本规模、清理合并资格股、引进战略投资者、实施外延投资发展；各机构风险管控得到加强，法人治理结构进一步得到完善。但由于人力资源不足、资产保全水平较低，部分机构发展面临较大压力。

二、金融基础设施与金融稳定

（一）支付清算体系

支付清算系统是经济和金融市场稳健运行的核心基础设施。2009 年，辖区支付系统建设成效显著，支付环境设进一步得到改善，大、小额支付系统、票据电子交换系统等清算渠道更加安全便捷，农村地区支付结算硬件建设不断完善，银行账户管理和支付清、结算管理有效加强，支持辖区经济复苏回升和金融稳定运行。但仍存在个别银行机构技术能力较低、银行卡违法犯罪案件增多、个别银行机构操作风险时有发生，及第三方支付监管建设滞后等问题。

（二）征信体系

2009 年，辖区征信体系建设不断加快，数据质量显著提高，信息采集范围逐步扩大，在社会经济生活中的作用逐步发挥。年末个人征信系统数据覆盖率达到 100%，企业征信系统数据覆盖率为 96.3%，中小企业和农村信用体系建设逐步系统化、规范化，辖区自主建设的银行风险信息共享系统将资产抵押、企业用电等信息纳入，得到金融机构有效利用。但仍存在信息采集机制不完善，信息全面性和更新及时性不高，缺乏信用信息异议处理双向反馈机制等问题。

（三）反洗钱体系

2009 年，辖区实行以风险为本的反洗钱监管，反洗钱力度不断加强。反洗钱网络全面覆盖银、证、保所有金融机构，并形成 5 个常规的反洗钱沟通协调渠道。通过加强风险疑点的针对性监控、部门合作和宣传教育，预防打击辖区洗钱等违法犯罪工作取得明显成效。并通过积极挖掘利用反洗钱监测，有效打击为企业抽逃注册资金等不法行为，社会影响力不断提高。但值得注意的是，目前多数金融机构识别客户基本身份信息缺乏主动性和有效性；部分金融机构对客户的风险等级评定带有主观随意性，且风险分类结果未得到有效运用；部分金融机构对可疑交易报告不够重视。

（四）反假币体系

2009 年，辖区继续推进反假币网络建设，督促金融机构健全反假币服务设施，与公安部门密切配合，联合开展打击制贩假币犯罪专项行动，全年收缴总面额和总张（枚）数同比双双下降，维护辖区人民币流通秩序。需关注的问题有：流通中假币券别以大面额为主，其中 100 元券假币占到收缴总面额的八成以上；经济较发达的县（市、区）假币流通量相对较大；不法分子采取多种渠道以假币兑换真币，给反假币工作带来较大难度。

（五）金融生态

2009 年，辖区金融生态环境持续改善：全年民间借贷保持活跃，有效满足社会主体的资金需求，但由于社会资金缺口显著，民间借贷利率与银行机构的贷款利率利差维持高位波动。小额贷款公司快速发展，当年新成立 8 家，年末全市共有 12 家机构；由于业务开展顺利，各公司可用资金利用率保持高位，部分公司通过增资扩股和向银行融资等形式实现规模扩张。但非法集资、金融诈骗时有发生，金融中介组织发展缓慢、偏离主业等问题亟待改进。

（中国人民银行宁波市中心支行货币信贷管理处）

·业务综述·

中国人民银行宁波市中心支行

中国人民银行宁波市中心支行行长　殷兴山

2009年，面对国际金融危机，中国人民银行宁波市中心支行认真贯彻落实中央各项政策，按照适度宽松的货币政策要求，结合宁波实际，以服务企业促发展为载体，积极探索创新，努力优化金融服务，不断增强工作有效性，有力地支持经济企稳回升向好的良好发展势头。同时，金融业自身在“保增促调”过程中积极把握机遇，并取得长足发展。

切实贯彻落实适度宽松的货币政策 围绕“保增长、扩内需、调结构”工作部署，采取有效措施，着力保持信贷总量平稳较快增长、帮助企业拓宽融资渠道、创新金融产品、改善外汇管理与服务，有效满足经济发展合理的资金需求，改进对全市开放型经济的金融服务，支持地方经济社会平稳较快发展。同时，认真编报和执行信贷增长计划，一至四季度贷款分别增加629.63亿元、549.89亿元、395.45亿元和325.36亿元，近三年来贷款均衡、有序增长逐步向好。法人金融机构的Shibor建设取得突破，辖内宁波银行以Shibor为基准的内部资金转移定价体系正式实施，运行顺利，起到良好的示范效应，其他部分法人金融机构已尝试在同业存款、票据贴现等业务中运用Shibor定价。

金融对重点项目、中小企业支持力度加大 结合地方建设和经济结构调整的要求，将2009年全市重大项目、重点工程、企业技术改造等的融资需求加以整合，通报各金融机构，促进银政企联动对接。督促金融机构主动与项目实施单位进行对接，加快贷款审（报）批，通过银团贷款、联合贷款等模式，加大对上述领域的信贷投入力度，重点建设项目资金需求得到较好满足。探索建立全国首个外经贸企业网上融资平台，在辖内金融机构与近7000家外经贸企业之间搭建一个常态化的融资对接平台，全年共有11项、2.42亿元的融资需求通过平台成交。积极开展“融资洽谈服务月”、“信贷员进厂下乡”、“小银行进小企业”活动，并组织召开融资洽谈会、产品推介会、银汇贸协作洽谈会等70余次，融资金额180亿元。联合市有关部门修订完善小企业信贷风险补偿机制，配合市政府安排2000万元小企业贷款奖励专项资金，鼓励银行业金融机构加大对小企业的信贷投入力度。

金融支持“三农”发展工作有新进展 结合辖区“三农”实际开展工作，在金融支农方面取得显著成效，得到市委领导的充分肯定。创新信贷产品，加强对农村住房改造、改建的金融支持，辖区两家农村合作银行创新性地推出“安居宝”等信贷产品，发放“农房两改”贷款3.43亿元。配合市政府安排500万元风险补偿资金，鼓励金融机构加大信贷支农力度。改进对弱势群体就业的金融服务，制定自主创业小额贷款操作规程，通过调整经办机构、扩展新政实施对象、调高贷款贴息额度、延长担保贷款期限、增加自然人保证模式等措施，推动小额担保贷款逐步向个人创业贷款过渡，全市自主创业小额担保贷款余额和累计发放量均列全省各地市之首。

拓宽企业和农村可供融资担保财物的范围 在全省率先出台股权、专利权质押贷款实施意见，全面推广海域使用权抵押贷款。业务开办以来，海域使用权抵押贷款累计发放51笔，金额6.5亿元；

股权质押贷款累计发放792笔，金额21.62亿元；专利权、商标权质押贷款累计发放18笔，金额5.05亿元。积极推动应收账款质押融资，自应收账款质押登记公示系统上线运行以来，累计发生质押登记和转让登记400多笔，融资额近120亿元。拓展农村有效担保物范围，开展农村住房抵押贷款试点和林权抵押贷款，满足农村地区多层次的资金需求。全市农房抵押贷款余额6000万元，累计发放269笔，累放金额6031万元。推出渔船捕捞证抵押贷款，解决渔民担保难题，共发放渔船捕捞证抵押贷款3.5亿元。改善区域融资结构，3家公司发行短期融资券28亿元，8家中小企业共同发行中小企业贷款集合信托5000万元。加强银保合作，推出小额贷款保证保险业务，已有49个金融网点为无抵押、无担保小额贷款人的生产经营性活动提供融资服务。

加强对金融风险的监测、分析与评估 充分利用金融风险监测双周报、月报等工作制度，加强对金融机构流动性状况、信贷集中度与信贷结构变化的监测，分析金融机构经营稳健性和金融风险特征，准确把握辖区金融稳定状况。加强对政府类融资平台的监测，重点分析评估政府负债的稳健性。进一步完善民间借贷利率监测，把典当、担保等机构纳入监测范围。对15家涉外企业外贸订单变化、应收账款坏账损失、汇兑损益和存货跌价损失、境外投资损益等情况实施按季监测，分析评估外贸企业风险状况。对全市金融稳定状况实施全面评估，就利率风险、信用风险、房地产金融风险等热点问题，通过压力测试等实施定量分析。强化对辖区国有银行分支机构以及农信社改革情况的监测和跟踪，重点关注辖内农信社产权重组、对外投资、不良贷款变动以及辖内行社业务合作等情况，评估改革进展、成效和问题，提出对策建议。积极探索金融稳定合作机制，牵头市有关部门召开宁波市金融稳定协调工作领导小组会议，分析影响辖区金融稳定的因素，增强各部门之间的沟通联系，合力维护区域金融稳定。

完善征信体系，维护辖区良好的信用环境 推进农村信用体系建设，启动农户信用档案电子化和信用评分试点工作，共建立农户信用档案20.37万户，评定信用户9.92万户；9.98万农户得到贷款，余额122.61亿元。推动中小企业信用体系建设，至年末已建立中小企业信用档案43358户。主动开展小企业客户营销，各金融机构对已建立信用档案库但尚未取得贷款的小企业名单，积极组织基层网点查询，显著提高信用档案的应用效率。至12月末，共有2443户入库中小企业取得银行贷款，比年初增加1697户。运用“信用档案+信用评级”模式，为商业银行对中小企业的信贷决策提供有效的辅助手段。全年共对316户建立信用档案的中小企业开展信用评级，其中171户已贷款企业评级后增加贷款，134户原未贷款企业评级后获得银行信贷支持。扩大非银行信息采集，协调电信公司将电信缴费信息纳入信用信息数据库，目前已采集企业环境违法行政处罚、企业欠薪、企业及个人法院判决等各类信息6456条。扩大银行风险信息共享系统覆盖面，目前已采集到房地产抵押查封、电信欠费、银行卡风险、缴库及滞纳税、部分企业资信评级、空头支票处罚、外汇年检、质监信用等12类信息660余万条。

积极开展金融宣传，营造良好的金融发展舆论环境 组织开展“国家助学贷款宣传月”、“诚信兴商宣传月”、“外汇新政与企业汇率避险服务宣传培训月”、“征信知识宣传周”、“全民普及反假货币知识”以及银行卡安全用卡等一系列宣传活动，通过现场咨询、发放宣传资料、播放宣传知识片等多种形式，提升城乡群众金融素质。继续在地方主流媒体实行“每周一报”，并推动在全国性主流媒体上的宣传，围绕产业转型中的金融支持、探索中小企业融资新举措、金融IC卡试点、支付密码器技术、物流金融与航运金融发展等主题在《中国金融》、《金融时报》等媒体进行专题宣传。加强舆情监测和网上评论，对市民卡、信用信息保护、银行卡资金被盗等市民关注的报道及时进行正确的舆论引导。

优化完善支付清算体系 依托金融标准跨行业多应用和快速支付应用技术，推进市民卡工程建设，至年末已发行市民卡13.7万张，签约商户4763家，金融POS改造11144台，涉及餐饮等14个行业，已有10条主要公交线路可受理市民卡。中国银联、商业银行和通信运营商在金融IC卡多应用领域上的首次携手，通过在金融IC卡上集成手机SIM卡功能，使手机具备金融功能，在国内首创金融IC卡手机多应用业务。中国人民银行总行副行长苏宁等领导对宁波金融IC卡建设给予充分肯定，新华社、中央电视台等新闻媒体对金融IC卡进行多方面的报道，其中深度报道10余篇。开发运行宁波市银行卡特约商户收入资金入账系统，商家刷卡收入的销售资金回笼由2天到账提高到1天内到账，涉及商家6000多家，日均清算资金约1.8亿元。开展第四届宁波市银行卡刷卡有奖活动，充分调动各方积极性，推动银行卡业务快速发展。提升个人支付结算服务水平，辖内38家银行开通同城个人跨行通兑业务，实现付费通业务全市城乡全覆盖，有效缓解银行“排队难”问题。积极改善农村地区支付结算环境，制订便农支付工程方案，探索在乡镇建立农村支付结算服务站、实行挂牌服务的新模式，ATM与POS机的乡镇布放率已分别达到89.84%、100%。

做好国库管理和反假币工作 优化出口退税流程，在国库环节上实现退税凭证无纸化，并借助实时清算系统和财税库行横向联网系统，实现出口退税资金审核“1小时办结”和划拨实时到账，得到国务院领导的重要批示和肯定。通过同城电子票据交换系统汇划预算收入与国库会计核算系统的对接，实现财政部门征收的非税收入、海关部门征收的海关税收等全部预算收入的全面电子化处理。密切配合公安机关开展打击制贩假币犯罪“09行动”，协助破获案件22起，其中5起为特大假币贩卖案。

着力维护辖区良好金融秩序 加大对银行卡犯罪活动的打击力度，组织开展整治银行卡违法犯罪“银盾行动”，对信用卡套现商户（尤其是异地套现商户）进行专项清理整治，规范和净化银行卡用卡环境。简化账户年检手续，将银行机构在“信用浙江”、“信用宁波”网站披露的企业年检信息作为账户年检的依据，显著提高工作效率，年检率100%。加强支票信用管理，借助同城支付信息管理系统，进一步简化空头支票行政处罚流程，缩短处理周期，实现零行政纠纷。切实履行反洗钱社会责任，开展大额现金监测分析工作，发现可疑现金交易线索51条，向公安等部门移送14起可疑线索，协助公安部门破获一起特大集资诈骗案。

简化流程，下放权限，改进外汇服务 全面实施出口收汇网上核销，并对信誉良好、无违法违规记录的出口企业逐步开通自动审核功能，实现企业“足不出户”即可完成核销手续，目前网上核销率达99%以上。简化出口收汇联网核查管理和进出口收付汇差额核销手续，适当放宽远期收汇备案条件，确保企业能及时得到出口退税。改革贸易进口付汇异地备案制度，在长三角地区实现“一次备案全年有效”，全年共有42家企业办理1279笔登记付汇业务5.75亿美元。继续推进境外放款业务试点，共审批通过13笔境外放款申请，累计放款金额2718.84万美元。调高出口企业预收货款和进口企业延期付汇的比例限制，有效满足企业预收货款和延期付款的额度需求。简便企业进口预付货款的流程，等值3万美元以下的预付货款不再被纳入比例限制，70%以上的预付货款超比例企业可直接到银行办理超比例预付货款业务。简化贸易信贷和境外投资外汇审批程序，下放外商投资企业异地开立资本金账户审批权限，首开产权交易外汇账户。改进外商投资企业年检工作，建立会计师事务所“代申报”外汇年检机制，提高外汇年检数据质量和工作效率，辖内6199家外商投资企业参检，外商投资企业参检率和通过率均达到98.38%。灵活运用短期外债指标，通过调剂、增拨等方式，满足金融机构短期外债指标需求。

加强对外汇管理的政策宣传 开展“外汇新政与企业汇率避险服务宣传培训月”活动，通过政策宣讲、编写发放企业汇率避险和银行外汇产品介绍宣传资料等形式，提高企业汇率避险意识和能力。开展诚信兴商宣传月活动，编写《外汇法规与外汇检查典型案例》，组织召开“外汇诚信经营座谈会”，加强对社会公众和各涉汇主体的宣传和教育，引导诚信经商、诚信兴商。打击违法违规外汇活动，全年共立案查处各类外汇违法案件71起。各金融机构在外汇业务经营中积极履行代位监管职责，促进辖区外汇业务的规范有序发展。

中国银行业监督管理委员会宁波监管局

中国银行业监督管理委员会
宁波监管局局长　凌　敢

总体情况

1. 资产负债总量大幅增加，经营效益同比保持稳定。12 月末，宁波市银行业金融机构本外币资产总额高达 10317.67 亿元，银行金融资产首破万亿元，创下历史新高，资产比年初增加 2376.68 亿元，同比多增 852.77 亿元；本外币负债总额 9963.25 亿元，比年初增加 2325.44 亿元，同比多增 838.32 亿元。全市银行业金融机构全年共实现税后利润 135.02 亿元，同比减少 3.21%，同比少增 4.48 亿元。辖内银行业金融机构平均资产利润率为 1.74%，较上年同期下降 0.55 个百分点。

2. 资产质量总体保持良好，不良贷款反弹压力较大。12 月末，按照贷款五级分类统计口径，全市银行业不良贷款余额 99.24 亿元，比年初增加 19.27 亿元，同比多增 2.66 亿元；不良贷款率 1.29%，比年初下降 0.09 个百分点。其中，大型银行不良率 1.15%，比年初增加 0.16 个百分点；股份制商业银行不良率 1.07%，比年初下降 0.17 个百分点；城市商业银行不良率 1.24%，比年初下降 0.01 个百分点；农村合作金融机构不良率 2.44%，比年初下降 0.93 个百分点。

3. 信贷规模增长迅猛，投向结构逐步优化。2009 年，全市银行业金融机构信贷规模不断扩张，截至 12 月末，全市银行业本外币各项贷款余额 7715.91 亿元，同比增长 32.7%，增速高于上年同期 14.8 个百分点；全年新增各项贷款 1900.33 亿元，同比多增 1020.38 亿元，创下历史最高纪录。全年新增短期贷款 758.81 亿元，同比多增 385.29 亿元，占新增各项贷款的 39.93%；中长期贷款余额为 3205.47 亿元，同比增长 46.72%，增幅同比提高 26.43 个百分点；全年新增中长期贷款 1011.41 亿元，同比多增 640.36 亿元，占全年新增贷款的 53.22%。

4. 组织体系逐步完善，金融服务能力有效提升。一方面，组织体系逐步完善。一是农村合作金融机构体制改革取得进展。拟订宁波市农村合作金融机构阶段性体制改革方案，积极引导宁波市区信用联社引入慈溪农村合作银行作为战略投资者，完成余姚合作银行和奉化、宁海联社的股权改造工作。二是机构引进和新型机构试点工作稳步推进。渣打银行宁波分行获准筹建，宁波港集团设立财务公司的筹建申报工作稳步推进。三是大力推动机构重组、转制工作。积极推动象山绿叶城市信用社股份制改造和两家外资法人机构的股权改革。另一方面，金融服务能力有效提升。一是新技术的广泛运用提升服务水平。宁波银行在经营管理中广泛运用新网银、CRM 等新技术、新系统，服务渠道和管理手段更趋多元化和现代化。二是服务精细化进一步加强。建行与阿里巴巴携手开办网络银行业务，成功发放小企业网络贷款。临商银行发挥服务物流业的传统优势，专为宁波物流业推出“物流直通车”系列信贷产品。交通银行将航运金融作为特色业务大力发展，制定航运金融发展规划，出台航运业营销指导意见及授信指引。三是注重服务品牌建设，全面提升服务品质。慈溪农村合作银行推广“和美服务工作法”，开展专项竞赛和“和美服务之星”评比活动。招商银行围绕强化服务管理、优化服务流程、规范服务行为、改善网点硬件、塑造良好形象等环节，全面提升服务品质。该分行营业部被评为全国服务百佳示范单位。

监管重点

1. 全面落实国家经济政策，大力支持地方经济发展。在应对国际金融危机冲击的过程中，为全力推动宁波经济平稳健康发展，宁波银监局全面贯彻落实科学发展观，督促辖内银行业金融机构将积极的财政政策和适度宽松的货币政策落到实处，有保有压、统筹兼顾，科学安排信贷投放领域和投放节奏，加大对地方经济的信贷支持力度，认真贯彻各项宏观政策，准确把握“有保有压”、“风险防控”原则，严守风险底线，确保经济金融协调发展。根据政策传导的主要内容、传导对象、时间要求，灵活运用各种监管手段，确保监管政策及时、准确、完整地传导至银行各工作层面、各专业条线、各运行环节。要求各行针对不同发展状况的企业，有区别地予以信贷支持，有效配置信贷资源，做好风险防范与控制的基础，加快信贷投放，增强银行支持区域经济平稳较快发展的社会责任意识。

2. 切实加强信贷风险管理，严守监管底线。一是加强对地方政府融资平台贷款的管理。加强与地方政府沟通，争取对监管政策的支持和理解。加强对银行业金融机构的走访频度和深度，宣传监管政策和明确监管底线。二是防范贷款挪用和违规进入房市、股市风险，下发《银行业金融机构开户企业资金流入证券市场登记报告制度》。强化授信管理，规范贷款资金用途，重点检查贷款“三查”落实情况。三是切实加强票据融资业务监管。组织辖内银行业金融机构全面开展票据业务风险排查，并对5类、18家机构银行承兑汇票风险控制、贸易真实性、操作风险管理等情况进行现场检查。及时下发风险提示，督促机构整改、问责。四是严格要求机构加大不良贷款管理工作力度。加强不良贷款台账管理，建立健全台账监测机制；加大不良贷款清收力度，加大进度督导与考核力度。

3. 有效创新工作举措，加强对薄弱环节的金融支持力度。一是完善供需对接机制，满足小企业融资需求。引导银行调整小企业服务架构，建立53家小企业贷款专营机构，实现融资供需主体对接。鼓励银行根据小企业融资需求特征，合理设置贷款运作模式、简化业务流程，实现产品功能和信贷需求对接。联合宁波市民营企业协会、东南商报社举办首届宁波市中小企业融资洽谈会，实现小企业贷款供需信息对接。二是创新工作机制，确保金融支农落到实处。成立“宁波银行业金融支农推进领导小组”，统一协调金融支农工作，从围绕产品推介、要情发布、媒体宣传等方面制定安排全年十大项支农推进活动，联合相关部门在象山举办“金融支农创新产品展示推介月”活动、深入城乡结合部开展现场金融知识普及教育咨询活动，全面提升银行机构服务“三农”能力。支持引导涉农机构探索发展船舶抵押贷款和海域使用权抵押贷款，完善健全失地农民土地权利证书质押贷款，鼓励推动市区联社在全国率先推出“两权一房”抵质押贷款，有效激活原本沉睡的“静态资产”，拓宽农民融资渠道。

4. 完善金融市场环境，确保金融业稳定运行。一是发挥行政引导作用，强化法律保护体系，严格实施社会信用管理、提高违约成本、增强社会公众诚信意识。二是指导宁波市银行业协会开展工作，切实发挥协会行业自律作用，督促银行业金融机构加强信息科技风险管控，把信息科技风险纳入银行全面风险管理体系。三是主动做好金融维稳工作，重点围绕高风险贷款退出、协解人员上访、理财投诉和信用卡风险等热点问题，加强舆情监测和引导，避免形成不利的舆论氛围。

监管举措

1. 督促各行梳理全面风险管控意识，提升内生管控能力。各银行坚持风险为本理念，持续推进风险管理体系建设，进一步完善管理目标、管理机制和管理手段，不断加大风险管控力度，如中行引入风险主动管理、过程管理和精细管理理念，大力实践“尽责精细化、流程差异化、业务规范化”的风险管理构想。建行以情况通报、风险报告为信息载体，搭建风险预警平台，全年发布风险报告76份。工行加大操作风险查处力度，全年完成检查项目50多个，对26个支行、119人次进行违规积分处理。农行完善风险管理板块，积极推广操作风险报告系统。国开行结合新巴塞尔协议实施，成为系统内第一家进行操作风险评估的分行。省联社宁波办事处积极推进内部控制评价，对9家行社的内部控制健全性、有效性进行梳理和验证，提出260余条整改建议，做出16条处罚意见。在案件风险防控方面，在全辖银行业金融机构中迅速组织开展对担保机构的担保贷款检查、票据和其他负债业务突查、案件风险排查“回头看”等系列防控行动。组织召开风险监管暨案件防控工作会议，严密部署案件防范的工作重点，全面启动农村中小金融机构三年“案件防控治理活动”。

2. 严格实施现场检查，提高现场检查质效。一是丰富现场检查方式。运用委托审计和项目外包的方式，对机构进行授信业务专项现场检查。举行三方会谈，达成落实整改共识。二是提高现场检查针对性。先后开展“区别对待、有保有压”政策执行检查、票据业务风险排查、房地产贷款检查、个人贷款资金流入股市和信用卡业务的一系列现场检查，全年共派出现场检查组67个，累计检查工作量6168人天，共检查银行业金融机构552个，涉及违规资金32.05亿元，提出整改意见435条，责令处分47人。三是狠抓现场检查整改力度。大力推行现场检查整改落实跟踪制度，持续跟踪监测现场检查发现问题的整改落实情况，通过约见高管层进行审慎会谈、着手建立现场检查问题库、开展后续检查等方式，督促机构加大现场检查发现问题的整改落实力度。

3. 切实加强非现场监管，预警和掌握银行业运行动态。一是持续优化监管模式。将亮底监管模式作为持续监管的运作平台，分监管目标设定、执行和总结评价三个阶段抓好与银行管理层的交流和沟通。扩大承诺监管实施范围，细化承诺监管的指标体系，增加承诺现场检查的深度和广度，并对2008年承诺监管情况进行全面的后评价。在推行承诺监管的9家股份制银行中，承诺监管指标基本实现，达到预期效果。二是成立由银行业金融机构人员参加的重点行业监测分析小组、集团客户分析小组，对七大行业跟踪监测分析，实现行业信息共享。三是大力推动银土信息共享，有效防范土地抵押贷款风险。促成10家试点机构分别与宁波市国土资源局签订《银行国土信息查询服务协议》，成功地搭建起银行与国土之间的沟通桥梁。

4. 开展案件排查，加强案件防控工作。一是强化案件防控意识。将案件防控工作要求纳入监管工作交流内容，组织监管处长开展专题讲座，督促银行树立案件防控不能松懈的意识。组织召开风险监管暨案件防控工作会议，通报案件防控严峻形势，严密部署案件防范的工作重点。同时，成立农村中小金融机构案件防控治理工作领导小组，全面启动案件三年“防控治理活动”。二是加强跟踪监测，督促落实监管措施。加强对银行日常业务开展的分析与监测，严格案件防控要求的落实，狠抓执行效果。三是举一反三，化危机为机遇。在2009年3月宁波银行上海分行发生诈骗案件后，保持张弛有度的监管原则，迅速行动，措施明确，科学引导和有效帮扶促其苦练内功，化危机为机遇求得更大发展，达到思想认识到位、发展战略调整到位、关键环节整改到位、案件风险排查到位、责任追究到位五个方面的成效。

中国证券监督管理委员会宁波监管局

中国证券监督管理委员会宁波监管局局长　吕逸君

市场情况

1. 企业发行上市工作取得新突破。2009 年，理工监测实现首发上市，融资 6.27 亿元，3 家上市公司（京投银泰、龙元建设、宏润建设）定向增发和发行公司债，全年直接融资 18.6 亿元；宁波港等 6 家企业 IPO 材料已报证监会，分别申请在主板、中小板和创业板上市；全市新增进入辅导的拟上市公司 6 家，年末拟上市公司达 25 家，另有 70 余家企业处于改制和筹备上市期。在 25 家已进入辅导期的拟上市公司中，既有宁波港这样大型的龙头企业，又有三星电气、海伦钢琴、博威合金等传统行业优势企业，还有 GQY、东方日升、前程石化等新能源、新材料、新经营模式的成长型企业。

2. 上市公司质量取得新提高。一是公司经营业绩大幅增长。2009 年末，全市 27 家 A 股上市公司资产总额 2799.03 亿元，净资产 520.25 亿元，分别较上年末增长 44.16% 和 29.31%；实现营业收入 549.14 亿元，净利润 81.38 亿元，分别同比增长 0.26% 和 78.81%；平均净资产收益率为 15.64%，平均每股收益为 0.558 元，分别同比增长 4.33 个百分点和 23.26%。二是上市公司并购重组呈现新局面。2009 年，*ST 成功、宁波富达、京投银泰 3 家公司完成并购重组，分别涉及标的金额 24.18 亿元、75.84 亿元和 7.89 亿元，合计金额 107.91 亿元。此外，工大首创变更实际控制人，宁波联合、海通集团正在实施并购重组，还有一些上市公司也正在谋划并购重组事项。这些并购重组以实质性重组为主，有效提高上市公司质量，并拓展公司发展空间。三是上市公司运作进一步得到规范。开展“上市公司治理整改年”活动，在全面查找公司治理存在问题的基础上，对存在问题进行整改。同时，宁波市上市公司已连续两年开展“信息披露规范年”活动。上述两项活动提升上市公司规范运作水平，提高上市公司透明度，在资本市场的形象进一步得到提升。

3. 证券期货业取得新发展。一是市场交投活跃，证券期货成交额均创历史新高。全市 46 家证券营业部累计成交总额 1.84 万亿元，同比增长 68.16%，达历史最高水平。股票和基金成交额占全国成交总额的 1.55%。14 家期货经营机构累计代理交易额 2.06 万亿元，创历史新高，比上年增长 66.5%；代理交易量 3112 万手，比上年增长 50%。二是投资热情高涨，投入市场资金明显回升。2009 年末，全市投入证券市场资金合计为 1122.29 亿元，新增 623 亿元，超过 2007 年末的 1081.16 亿元水平。开户数 74.06 万户，新增 8.09 万户。期货投资者持续增加，年末开户数达 10632 户，比上年增长 49.2%，投资者保证金余额 18.06 亿元，比上年增长 92.1%。三是经营业绩大幅提升，对地方财政贡献继续增加。2009 年，证券营业部实现利润总额 15.59 亿元，比上年增长 48%，平均每家利润 3389 万元，比上年增长近 26%，并有 2 家证券营业部实现利润超亿元。期货经营机构共实现利润总额 5337 万元，比上年增长 99.3%。全市证券期货业对地方财政贡献合计达 2.44 亿元，占地方财政收入的 0.56%。四是市场主体逐步增多，网点布局更趋合理。2009 年，全市共新增证券营业部 5 家，期货营业部 4 家。在布局上，位于老三区以外的证券营业部家数所占比例提升至 38%、老三区以外的期货营业部家数也增加至 4 家。

4. 投资者教育取得新成效。一是为配合创业板推出，宁波证监局以普及创业板投资知识、揭示创业板风险为重点全方位开展投资者教育工作。在教育形式上，充分利用广播电台、辖区主要门户网站、主要报纸、电视台等各种媒体，开辟创业板投资者教育专栏，普及创业板知识；在教育内容上，注意选择适当时机开展具有针对性的教育活动，在受理申报材料、审核通过首批公司和首批上市后，分别推出不同的教育内容，使宣传工作取得良好效果，受到证监会投资者教育办公室的好评。二是督促辖区证券经营机构及协会做好创业板投资者教育和适当性管理工作。对辖区证券经营机构负责人进行投资者适当性管理和教育工作的专题培训，并先后两次发文进行部署，要求各机构在通过多种途径做细做实创业板投资者教育工作的同时，加强对投资者的适当性管理，确保创业板推出过程中辖区市场的稳定。三是积极开展市场秩序的规范与引导工作。全面叫停辖区各证券营业部的经纪人营销工作，对以前年度遗留的营销问题督促各证券经营机构全面进行整改与稳妥解决，同时制定辖区实施经纪人制度的有关条件、程序等，规范经纪人实施秩序；要求各证券经营机构公示有关投资者转户、销户的业务流程及投诉路径，不断提高辖区各证券经营机构的服务水平，维护辖区市场秩序。2009 年，宁波证监局登记受理相关股民投诉事项明显减少，未发生赴京、进省及其他重大信访事件，投资者参与市场的投资行为更趋理性。

监管工作

1. 强化健康发展理念，着力提升资本市场服务实体经济发展的能力。2009 年，宁波证监局进一步加强拟上市公司培育和监管，重点抓住创业板启动的契机，并结合宁波经济特点，积极宣传发行上市知识和政策法规，及时通报企业上市进展和面临的形势，帮助做好重点上市企业的沟通衔接工作，鼓励和引导一批成长性好、科技含量高、经营模式新、具有自主创新能力的企业进入改制辅导程序。积极支持符合条件的上市公司根据自身情况开展再融资，改善融资结构；对一些主业不突出、后续发展能力弱的上市公司，积极推动其通过并购重组提高质量。积极推进证券期货营业网点向县市区倾斜，适度引进实力强、规范化水平高的证券期货经营机构，鼓励市场主体做强做大；同时，继续全面深入推进辖区投资者教育工作，制定《2009 年辖区证券期货经营机构投资者教育工作要点》，修改投资者教育考评办法，通过各种新闻媒体，重点组织开展创业板投资者适当性管理的宣传和对非法证券期货案例的剖析，并从投资者教育的内容、对象、方式上提出具体要求，创新教育方式，引导投资者树立正确投资理念。

2. 强化风险为本意识，着力提升防范和化解市场风险能力。2009 年，宁波证监局在日常监管中，更加注重风险管理，更加注重现场监管，更加注重定量监管，更加注重借力监管。有针对性地完善各项应急处置预案，先后对 6 家公司进行巡回检查或专项核查，对 3 家实际控制人变更的上市公司，要求其开展自查及整改等相关活动，对 6 家公司的年报审计进行现场跟踪，并约谈 5 家会计师事务所共 58 人次，有效化解潜在的风险。加强证券期货系统应急准备与应急演练工作，将各机构应急预案制订及演练情况列入现场检查的重点内容，抽查 3 家证券期货经营机构的应急准备与演练情况，及时处置和化解个别公司出现的交易系统风险；与市供电部门签订租用发电车协议，化解大部分证券期货经营机构在双路供电情况下没有配备其他持续供电方式的风险。严格落实好创业板投资者适当性制度，积极落实创业板开户工作中的各项应急预案，确保投资者有序参与创业板投资。

3. 强化快速反应意识，着力提升监管工作的主动性。2009 年，宁波证监局加强对媒体信息的收集和分析，快速处置媒体关注事项和市场主体重大事项。改善媒体信息收集方式，结合辖区资本市场新闻宣传和舆论引导工作实际，形成舆情监控和分析机制，及时掌握互联网、地方媒体和主要财经媒体关于辖区市场的信息；加大对媒体报道事项的核查力度，对媒体报道线索及时进行现场核查，并采取相应的措施。2009 年，共下发问询函 26 份、约谈上市公司董事长 12 人次、下发监管关注函 8 份；同时，制止证券经纪人无序竞争，针对个别证券营业部没有严格遵守证监会有关证券经纪人管理办法的行为进行及时叫停，并约谈相关营业部所属证券公司相关责任人，规范辖区证券经纪营销活动。严厉查处非法证券咨询和非法期货活动，对以炒股软件为名义进行非法证券咨询的行为及时查处，保护投资者合法权益。

4. 强化“三化”管理理念，着力提升监管工作的有效性。2009 年，宁波证监局积极探索监管工作向精细化、规范化和定量化转变，努力使监管工作更加客观、有效。一是精细化，即做到事前有计划、事中有督办、事后有总结。每季度分解工作任务，由局领导牵头组织各处室制订季度工作计划表，明确工作内容、完成时间和责任人；每月局务会议除回顾上月工作外，还着重对一个阶段的工作计划落实情况进行检查，必要情况下由办公室进行督办检查；形成季度务虚会议惯例，务虚会议上每位工作人员对季度工作谈体会、提建议，并形成下步工作思路。二是规范化。通过“制度建设月”等形式，在对各项制度执行情况进行评估的基础上，安排时间完善局内各项办公、办事制度。先后修改完善《宁波证监局财务管理实施细则》等7项办公管理制度和《宁波证监局会计小组工作规则（试行）》等7项业务规则。三是定量化。2009年，宁波证监局进一步完善上市公司信息披露评价办法、证券期货经营机构综合评价、分类监管办法和投资者教育评价办法，建立健全一套定量的评价指标体系，根据评价办法，年末对监管对象进行评价打分，在此基础上进行分类，并将分类结果作为现场检查、行政许可审批的一个重要参考依据，使监管工作从定性向定性与定量相结合的方式转变。

中国保险监督管理委员会宁波监管局

中国保险监督管理委员会
宁波监管局局长 邓俊辉

市场情况

1. 业务发展稳步上行，保费突破百亿元大关。2009年宁波全市实现保费收入107.4亿元，同比增长23.35%，高于全国平均增幅9.52个百分点，增幅在全国排名第6位，并成功跨越保费收入100亿元的历史关口。其中财产险51.07亿元，增长26.61%，人身险56.37亿元，增长20.53%，分别高出全国平均水平3.54个百分点和9.6个百分点。

2. 市场主体增加，行业实力进一步提升。截至2009年末，共有44家保险公司在宁波设立分支机构，较上年末增加3家，其中产险机构23家，寿险机构21家。共有保险专业中介机构21家，兼业代理机构2218家，保险从业人员20074人。行业总资产达174.5亿元，增长15.4%。积累的准备金余额达249.97亿元，比年初增长20.4%。

3. 产险市场实现扭亏为盈。2009年宁波产险公司实现承保利润5951万元，同比减亏增利3亿元，承保利润率2.72%。赢利公司从2008年的2家增至8家。综合成本率97.28%，同比下降13.31个百分点；简单费用率25.45%，同比下降2.43个百分点；综合赔付率62.46%，同比下降12.29个百分点。

4. 人身险业务结构得到有效调整。一是产品结构得到有效调整。2009年度全市以保障功能为主的健康险、意外险、普通寿险及分红险保费收入累计占人身险业务比重达81.2%，比上年上升7个百分点，其中分红寿险保费33.66亿元，同比增长48.96%，占寿险公司总保费的比重达到61.7%，同比上升11.6个百分点。二是渠道结构得到有效调整，个人代理渠道业务增长加快，银邮代理渠道业务增幅明显回落。全市寿险机构个人代理渠道保费30.28亿元，同比增长18.30%，高于全国16.02%的增幅；直销渠道保费3.95亿元，同比下降8.49%，小于全国19.98%的降幅；银邮代理保费19.78亿元，同比增长31.54%，高于全国0.09%的增幅。三是新单期缴占比明显上升，未来发展潜力进一步增强。全市寿险公司新单保费中，趸交19.31亿元，同比增长7.13%，期缴11.97亿元，同比增长48.96%，新单期缴占比为38.25%，，高于全国26.16%的平均水平，同比上升7.43个百分点。

5. 赔付支出基本平稳。2009年，宁波保险业各项赔付支出36.29亿元，同比下降4.26%。其中财产险赔款支出25.44亿元，同比增长3.69%；人身险赔付支出10.85亿元，同比下降18.83%，人身险赔付中，寿险8.84亿元，降幅为23.6%（主要与满期保单数量减少有关），健康险1.46亿元，增长14.96%，意外险5507万元，增长4.49%。

保险监管

1. 市场整顿力度加大。坚持标本兼治、重在治本的工作方针，针对影响保险业发展的非理性竞争、销售误导、财务数据不真实、电话扰民等违规问题，对车险、企财险、银行代理以及电销业务等重点领域开展专项现场检查。全年共派出监管干部114批次，对35家保险公司和保险中介机构进行现场检查。

2. 打击“三假”成效初显。建立打击“三假”（假机构、假保单、假赔案）工作的责任追究和信息报送制度，组织行业对“三假”案件易发重点领域开展专项排查；与市公安局合作建立“宁波市公安局驻保监局联络室”，形成打击“三假”的合力，共同探索构建预防和打击保险违法犯罪活动的长效机制。

3. 行业服务质量得到提升。先后出台《宁波市寿险行业规范化服务指引》、《宁波市车险理赔服务指引》等一系列工作指引和办法，推动保险服务的进一步规范化。督促各公司建立健全理赔（给付）服务质量回访制度，加强理赔服务行为监管；推行车险理赔客户回访制度和重要理赔指标报告制度，组织车险事故出险现场的服务测试，受到消费者的普遍好评。

4. 保护保险消费者利益工作得到加强。以切实保护保险消费者利益为出发点和落脚点，在建立完善保护保险消费者利益调解机制的同时，以信访投诉为抓手，既做到有诉必查、查完必处，又注重以解决纠纷、化解矛盾为主，提高“保消”效率。积极开展深入一线调查处理信访投诉的实践活动，现场成功调处 20 多起信访事项，涉及金额 30 余万元，受到基层政府和信访人的一致好评。2009 年，宁波保监局受理各种涉及保险投诉的来信、来电、来访案件 336 件，处理 336 件，办结率为 100%。

5. 保险业行风建设得到加强。以解决人民群众关心的热点、难点和突出问题为重点，以民主评议行风为推手，联合市政府纠风办共同开展宁波保险业行风评议活动并取得较好效果，人保财险宁波市分公司等一批行风建设先进单位和太平洋寿险宁波分公司镇海支公司业务员林萍等八名文明服务先进个人脱颖而出，受到中国保监会和市政府有关部门的高度肯定。

服务领域不断拓宽

1. 积极服务和支持“三农”政策性农业保险顺利完成三年试点目标，共承保 14 个农险品种。三年累计向全市 83762 个农业龙头企业和农户提供 26.51 亿元的风险保障，支付赔款 5793 万元；参与北仑区、宁海县和象山县新型农村合作医疗经办业务，参保农民累计达 107.3 万人次，基金规模 1.82 亿元，累计共赔付 111.48 万人次，支付赔款 1.83 亿元；开展新农合附加意外伤害保险业务，共为 9.8 万余农民提供意外伤害保障。

2. 保障经济稳健运行。积极配合宁波市基础设施工程建设，完成象山港大桥、宁波绕城高速连接线项目和宁波轨道一号线一期工程的建工险承保工作，为大型基础设施项目起到“保驾护航”的作用。尤其是在宁波进出口贸易受金融危机影响，面临前所未有困难的关键时刻，及时向出口企业伸出援手，全年共计为宁波外贸出口承担 289.7 亿元的风险保障，赔款支出 2.32 亿元，帮助 153 家企业解决融资贷款超过 20 亿元人民币。出口信用保险对宁波市一般贸易出口的渗透率迅速从 2008 年的 4.7% 扩大到近 15%，覆盖面和渗透度较上年翻近两番，为宁波外向型经济发展作出积极贡献。

3. 开展小额贷款保证保险试点工作。在市政府的大力推动和政策扶持下，大胆探索为中小企业解决融资难题的新路子，创造性地在全国第一个开展城乡小额贷款保证保险试点。年末，共支持贷款 104 笔，贷款累计 8757 万元，受到各级领导的高度关注，在全国起到较好的示范作用。

4. 积极参与社会管理。医责险承保范围逐步扩大，自开办以来累计承保 218 家各类医疗机构，成功处理各类医疗纠纷 1202 起，向患方赔付 2384.85 万元，被卫生部冠以“宁波解法”得到广泛宣传和推广。安全生产责任保险和环境污染责任保险试点逐步展开。车险快处快赔机制运作平稳，为有效缓解交通拥堵、保障畅通工程发挥重要作用。

中国农业发展银行宁波市分行

中国农业发展银行宁波市分行行长 王全来

各项业务发展有业绩 一是多方位发挥信贷支农作用，至2009年末，各项贷款余额为40.63亿元，较年初增加4.75亿元。大力支持粮食储备体系建设，做好各级储备粮油增储和轮换的贷款管理工作。全年累放政策性和准政策性贷款5.15亿元，其中累放储备粮贷款1.65亿元，支持各级粮油储备轮换1.91亿公斤。积极支持国有粮食购销企业扩大购销，累放粮棉油收购、调销贷款5.76亿元，调购粮食5.09亿公斤，油脂128万公斤和棉花24.25亿担。加快商业性贷款发展步伐，加大支持新农村建设力度。至2009年末，全行商业性贷款余额24.86亿元，比年初增加5.23亿元，增幅26.64%；商业性贷款占比61.17%，较年初提高6.48个百分点，其中商业性中长期贷款占商业性贷款的比例为57.53%，较年初提高18.54个百分点。全年累放商业性贷款21.42亿元，同比多放2.9亿元，增幅15.66%，其中：累放产业化龙头企业及加工企业贷款12.75亿元；累放小企业贷款1.4亿元，新增农业小企业客户5家，年末小企业客户数达28家。二是积极组织存款，优化负债结构。至2009年末，各项存款余额5.13亿元。积极开展同业合作，共拆出资金169亿元，增加利润643万元。三是中间业务收入大幅提高。2009年实现中间业务收入128.87万元，同比增加52.86万元，增幅69.54%。全年实现保险代理手续费收入88.78万元，同比增加35.34万元；积极拓展国际业务，到2009年末，国际业务结算客户量增至36家。

金融支农服务得提升 一是积极与工行合作开展信用卡和网上银行业务，减少现金结算风险，提高资金使用效率。二是大力推行收购资金非现金结算，增强服务功能。2009年，要求各收储网点进行转账结算，协助离县城较远的收储网点在农行、信用社等金融机构开设辅助账户，借助他们点多、面广的结算优势，为客户提供方便。三是支持全市农业科技项目的培育和发展，与市科技局积极合作，形成各县（市、区）科技局推荐、受理申报、宁波市科技局筛选和农发行调查、审查支持的模式，已向培育库发放流动资金贷款500万元。

防范化解风险见成效 全年清收存量不良贷款2286.5万元。至2009年年末，不良贷款余额20331万元，比年初减少737万元，不良贷款率5%，较年初下降0.8个百分点，实现不良贷款余额和占比双降。

管理工作逐渐精细化 一是完善信贷管理制度和操作流程。制定信贷风险管理等9项制度，严格落实CM2006信贷管理系统的各项内控要求。规范贷前调查、贷中审查审批和贷后检查等操作流程，提高贷审委的办贷效率和办贷质量，开展案件风险“百日大排查”活动。二是加强财务管理，落实内控制度。健全会计内控制约机制，规范会计操作程序。开展反洗钱工作，加强成本管理，经营效益进一步提高，实现账面利润6756万元；收入成本率为14.01%，同比下降5.8个百分点；资产利润率为1.88%，同比下降0.7个百分点。三是加强各大系统的技术支持和服务。完成三级备份网络建设，做好CM2006信贷管理系统、综合业务系统等运行维护工作，为各大系统平稳运行提供技术保障。四是加强固定资产管理，出租闲置固定资产，实现租金收入149万元，加快全行基建项目购建和决算进度。

内部综合改革逐步得到深化 完善业务发展

考评办法，加大考核挂钩力度，引导工资和财务资源合理分配。做好县级支行员工双向选择、竞争上岗试点工作，选取奉化市支行作为试点单位，在试点的基础上，市辖7个支行及分行营业部全部完成员工双向选择，竞争上岗工作。进一步完善市分行机关岗位绩效考核制度，在市分行机关全面推行360度考核评价办法，区别岗位和职级进行考核，实行过程考核和结果考核相结合。

队伍建设进一步得到加强　一是加强党风廉政建设，积极开展“四无”创建活动，认真做好案件风险排查工作。坚持自查自纠，积极整改落实，及时堵塞漏洞，切实提高全行合规经营、风险防范意识，增强员工遵纪守法的自觉性，组织干部赴宁波黄湖监狱接受警示教育，宣传学习四川省南江县纪委书记王瑛先进事迹。认真组织开展“四无”创建活动。严格落实党风廉政建设责任制，层层签订《党风廉政建设责任书》，开展领导干部任前廉政谈话和集体谈话活动，认真做好信访工作。在以北仑区支行开展违规积分管理试点工作的基础上，积极推进违规积分管理工作，建立违规积分台账。二是推进企业文化和精神文明建设。继续开展好深入学习实践科学发展观活动。重点抓好学习实践活动整改方案的制订、落实以及落实情况的回头看工作。切实抓好教育培训工作，市分行举办培训班10期，469人次参加培训；33名业务骨干参加总行为期4个月的《基层行一线员工操作性业务培训班》；189人次参加总行、省行举办金融本科班和省行、地方组织的各种培训学习；2178人次参加总行49期视频培训。通过开展一系列的技术比武和培训，分行荣获省分行技术比武团体第二名，个人单项第一名、第二名的好成绩。加强企业文化建设，积极创建文明单位。开展以“优质服务、文明经营”为主题的文明单位创建活动，全辖各营业机构的服务水平和经营管理能力得到显著提高。

国家开发银行宁波市分行

经营业绩 截至2009年末，贷款余额达402.5亿元，信贷管理资产余额达519.6亿元；全年新入库项目申贷额665亿元，其中重大项目326亿元；全年承诺贷款412.74亿元；全年回收贷款本息96.42亿元，连续34个季度保持本息回收率100%。

银政合作 2009年4月，国开行总行副行长郑之杰与宁波市副市长苏利冕举行高层联席会议，签署《开发性金融合作备忘录》，深化分行与宁波市政府的合作关系。同时，分行主动与市发改委、建委等政府部门进行工作交流，调研发展现状，研究合作方式，密切分行与市政府各职能部门的开发性金融合作关系。另外，积极与各区、县（市）政府接洽，宣传开发性金融理念，推动平台和机制建设。

规划先行参加宁波“十二五”规划总体思路研究论证会，对“十二五”规划的金融领域提出相关建议。同时，在前期深度合作基础上，与市发改委签署合作协议，共同成立规划合作办公室，进一步密切规划合作关系；在综合交通运输、产业发展思路与项目等课题领域开展联合研究。

重大项目 一是对接地方投资拉动项目，新开发浙江逸盛石化、轨道交通、鄞奉路地块改造以及五路四桥增贷等一批重大项目。截至2009年末，分行实现贷款承诺412.74亿元，其中：人民币承诺382.243亿元，同比增长81.4%，完成全年承诺计划额的173.75%；外汇贷款承诺折合4.51亿美元，完成全年承诺计划额的563.75%。人民币及外币承诺量均创历史新高。二是积极组建银团贷款。2009年，相继牵头组建宁波市绕城高速连接线、象山港大桥及接线工程、光明码头通用泊位工程、轨道交通一号线一期工程、穿山疏港高速公路等重大项目的银团。

基层金融 稳步推进金融支农活动，提高服务“三农”水平，大力支持农民安置房、农村饮用水改造、教育设施建设等民生领域项目。化危机为机遇，在各中小企业处于经营最困难时期，探索创新象山“四台一会”和奉化“应急资金周转贷款”模式，与余姚、宁海、江北、镇海等多个县（市）区进行沟通，通过平台借款、政府支持、担保机构担保相结合的模式为众多零散中小企业提供高效的金融服务，满足中小企业发展融资需求。2009年累计发放中小企业贷款7.35亿元，支持近250家企业。此项工作得到市委市政府和监管部门的充分肯定，《上海证券报》、宁波电视台等新闻媒体进行详细报道，全国人大财经委副主任吴晓灵专门听取分行的工作汇报。

国际业务 在做好国别调研和信息报送的同时，加大对政府协定业务的工作力度，加强与驻外使馆和相关中资企业的联系，推动国际业务开发，并取得实质性进展。开发总投资5.3亿欧元的中远希腊比雷埃夫港集装箱码头项目、马其顿斯科普里市海尔LED节能环保路灯改造项目和华为阿尔巴尼亚分公司Eagle mobile设备保理项目。

中间业务 一是积极申请票据贴现、转贴现试点业务并完成首笔业务操作。二是做好协同项目入库。三是与宁波交投正式签订企业债券承销协议，密切客户关系。四是联合浙江省分行推出创新的可循环保理业务内部银团产品，既解决项目资金结构性短缺问题，又培育新的业务增长点。五是成功开立中远希腊比雷埃夫斯港项目经营履约保函和建成履约保函业务。六是启用新的国开行报文管理系统（MPS），国际结算业务量大幅度上升，国际结算收入较上年增长10倍，实现国际结算品种、币种多元化的“双跨越”。

风险管理 一是加强合规性审查。在完善风险内控机制的基础上，推进全面风险管理，加强信用评级报告、债项评审报告以及实施授信管理后的授信报告的合规审查。二是配合完成宁波银监局的新增贷款业务检查和总行信贷局年度信贷检查，针对检查中出现的问题，及时进行沟通、解释和整改；同时，以普查和抽查相结合方式组织信贷管理自查，并对检查发现的问题进行分析总结，提出整改意见。三是结合新巴塞尔协议实施，全面实施操作风险评估与管理工作。四是继续探索有效的联合监督检查方法，制定联合监督检查操作流程图、现场检查工作底稿等一系列工作模板，推行联合监督检查的制度化、程序化和标准化建设。

内部管理　一是加强制度建设，完善绩效考核办法。制定、修订92项规章制度，并汇编成册，进一步理顺项目开发、信用评级和贷款评审等业务流程。完善绩效考核办法，结合总行考核指标和分行年度工作目标与工作重点，针对不同处室制定差异化的目标考核办法，促使各处室和员工挖掘自身潜力，完成工作目标。二是加强办公管理。分行时间资源填报覆盖率和质量比上年有较大提升，公文运转、信息、宣传、保密、档案电子化、应急预案体系等工作有序推进和逐步规范；公务接待、车辆调度、安全保卫等后勤保障作用增强。

党建工作　按照总行党委的部署和要求，积极开展学习实践科学发展观活动“回头看”，在面对经济下行和国开行商业化改革的复杂情况下，学习实践活动为分行统一思想、解决问题、应对挑战提供重要保障。同时，强化纪检监察工作，与副处级以上干部签订《党风廉政责任书》，与全体员工签订《廉洁从业承诺书》；开展“一季一课”，组织员工观看反腐警示教育片等，加强反腐倡廉教育。

企业文化 召开第一届“职代会”，保障职工的民主管理权力，进一步增强员工的主人翁意识；积极开展“职工之家”创建活动；开展摄影、乒乓球、足球、篮球比赛，趣味运动会，送温暖献爱心以及青年文化月等丰富多彩的文体活动，营造良好的企业文化氛围。

中国工商银行股份有限公司宁波市分行

中国工商银行股份有限公司
宁波市分行行长　周志方

经营效益保持良好　实现拨备后考核利润36.30亿元，同比增幅22.48%。本外币各项存款余额846.58亿元，比年初增加109.16亿元，同比多增67.63亿元。本外币各项贷款余额899.39亿元，比年初增加124.04亿元。其中人民币各项贷款余额886.07亿元，人民币贷款均衡率达到59.65%。贷款实收利率为7.58%。实现中间业务收入7.02亿元，较上年同期增长1.73亿元，增幅达到32.70%。在总行对直属分行和省分行营业部的全年绩效考评中名列第四位，经营效益继续在系统和同业中保持领先地位。

市场地位得到巩固　各主要业务领域和重要产品指标进一步得到巩固和提高。2009年末，各项存款余额四大行占比31.07%，各项贷款余额四大行占比33.17%，均居同业首位。中间业务收入四大行占比27.7%，居第二位。各项产品中：企业年金基金托管业务在同业市场占有95%以上的绝对份额；国际结算量完成150.17亿美元，四大行占比25.30%；实现投行业务收入5.04亿元，四大行占比30.26%；贵金属中间业务收入360万元，四大行占比27.64%；新增企业网银客户2896户，同比增长796户，增幅达到38%；实现网银交易金额达到1.09万亿元；牡丹信用卡总有效卡量达到48.2万张，比年初净增23.1万张；实现牡丹信用卡直接消费额19.4亿元，同比增加3亿元，增幅达到18%；全年实现个人理财产品销售达到239.69亿元；实现法人理财产品销售85.77亿元。

风险掌控能力增强　全年退出潜在性风险贷款10.18亿元，其中现金清收3.81亿元。本外币五级分类不良贷款余额4.88亿元，不良率0.54%，资产质量依然走在系统与同业先进行列。努力培育诚信、先进、和谐的内控合规文化，先后组织开展“学规定、促合规”、“提高内部控制执行力”等主题活动。制定《中国工商银行宁波市分行检查工作统筹管理办法（试行）》，进一步加强检查项目统筹管理，提高检查工作的效率和质量。认真组织学习贯彻总行制定的《员工违规行为处理暂行规定》，进一步增强分行员工的内控意识。继续实施分管行长联系制度和分行部室与B、C类支行联系制度，按季召开联系行例会；认真落实领导干部巡查制度，对制度执行情况进行检查通报。实施节假日后首个营业日行长签到制度，掌握节假日后首个营业日的人员动态。加大操作风险管理和案件防范工作力度，做好重点风险领域的合规性检查和审计工作，通过推广违规积分、开展警示教育等多项举措的实施，内控优先管理思想深入人心，全年没有发生重大事故和案件。

各项改革持续深化　通过对县域支行调整网点结构、重设支行内设机构、合理配置人力资源、实行部分业务和管理职能集约化等措施，圆满完成县域支行扁平化管理改革。加速网点升级改造步伐，共计完成27家贵宾理财中心的建设，17家一般理财网点的改装和扩建，完成2家低效网点的优化改造，按照私人银行标准，着手筹建外滩财富管理中心，单一网点的综合经营能力提升，逐步建立起比较完善的网点分层分类服务体系。加大自助银行建设力度，全年新增3家自助银行。以打造高效业务运行平台为目标，实施业务流程改造。顺利将城区全功能银行系统主机柜员、总行和省行统一认证系统柜员管理统一归并到柜员权限管理中心，并纳入监督中心管理。制定《柜员权限管理中心操作流程》，完成城区支行近900名柜员的岗位权限重置。紧密结合集约化经营和扁平化改革实践，按照提高现金营运效率和效益的目标，积极推进现金业务的集约管理，实现101个网点现金调拨和尾箱款的集中接送、95个上门服务企业收款业务集中整点。做好科技维护保障工作，分行业务系统稳定安全运行。

全面构建和谐银行　根据总行统一部署，深入开展学习实践科学发展观活动，分行干部员工特别是各级领导班子成员工作自觉性和坚定性进一步增强。分行上下凝聚智慧和力量，精心编制完成新一轮三年发展规划，绘就科学发展新蓝图。着力培育现代金融企业核心价值观，重塑“自强不息，追求卓越”工行精神，员工凝聚力进一步得到增强。以“奥运服务年”和市级机关作风民主评议等活动为载体，继续强化对内和对外服务，展示上市银行直属分行良好形象和服务水准。在宁波市第三届金融产品展示会上，荣获“2008市民最满意银行”、“2008最具竞争力银行”两项大奖。着力推进和谐企业建设，2008年被宁波市委市政府列入和谐企业创建活动试点单位，创建活动向纵深推进。用实际行动参与抗震救灾工作，切实履行社会责任，获宁波市红十字会颁发的“抗震救灾贡献奖”，辖属西河支行获“红十字事业支持奖”。

中国农业银行宁波市分行

中国农业银行宁波市分行行长　姜瑞斌

经营概况　本外币各项存款835.06亿元，比年初增加161.31亿元；各项贷款834.33亿元，比年初增加183.31亿元。实现中间业务净收入5.6亿元，比上年增加2.12亿元，增长61%；实现拨备前利润20.4亿元。综合绩效考评在31家城市行中位居前列。在中国首届银行业好分行评选中获“最佳风险控制奖”，并蝉联宁波市“最具竞争力银行”。

业务拓展　先后与宁波市政府及其下属的相关部门和区级政府签订合计融资额度超过1000亿元的合作协议，对铁路项目、公路项目、机场搬迁项目、城投项目等过去相对参与较少的政府重点建设项目营销取得重大进展。在宁波市辖属的7个县（市）区分别举行的国库集中支付代理业务招标中全部中标，从根本上改变当地国库集中支付代理业务的市场格局，为下步拓展财政相关业务奠定良好的基础。

结构优化　一是客户结构明显优化，2009年末，分行法人优良客户贷款占比达到87.17%，比年初提高3个百分点；AAA级客户贷款占比达到46.44%，比年初提高10个百分点；三星级以上个人客户28877户，当年新增8934户。二是业务结构明显优化，2009年末，个人贷款占比达到23.97%，提高8个百分点；代理销售基金21.6亿元，比上年增加12.7亿元，增长143%；有效贷记卡发卡量达到256734张，当年新增152200张，增长146%；网银个人注册客户、企业注册客户数分别达266157户和8589户，分别比上年末增长136%和65%。三是收入结构明显优化，全年中间业务收入占比达19.07%，比年初提高7.77个百分点；投行业务收入实现突破，全年实现收入17562万元，比上年增长159%。四是服务渠道明显优化，累计投入12000多万元，完成106个网点硬件转型，完成112个网点的文明标准服务导入；自助设备增加到900多台；电子渠道交易占比达到54.88%，提高11.53个百分点。五是集约经营度明显提高，点均存款达4.18亿元，人均存款达到2136万元，人均利润达52万元。

三农特色服务　设立“三农”金融部，初步建立“三农”业务组织架构，理清有关业务部门职责边界，并结合宁波本地实际，创新开展“三农”业务。以农村城镇化基础设施建设、农业产业化龙头企业、农村商品流通重点企业、县域小企业和中高端农户（渔民）为重点，探索服务“三农”的有效途径。一是推动特色产品发展。重点推广金穗惠农卡和农户小额贷款，创新开展渔船抵押生产经营贷款、城乡小额保证保险贷款等特色业务。2009年末，分行发行惠农卡109798张，激活率达到96.97%；农户小额贷款授信11535户，金额24200万元，发放农户小额贷款2431户，金额13800万元；发放渔船抵押生产经营贷款900多笔，金额12900多万元；发放城乡小额保证保险贷款13笔，贷款累计金额1210万元，为缺乏抵押担保的12家小企业及1位城乡创业者解决“融资难”困境。二是明确支持重点，加大涉农和县域贷款投放力度，重点支持农村基础设施建设、农村城镇化建设。2009年对县域基础设施建设如象山港大桥及接线项目、慈溪中横线项目、宁海甬监线复线项目、奉化四明山公路、余姚329余慈复线等项目，共授信24.36亿元。分行农村基础设施建设贷款余额6.38亿元，比年初增加1.76亿元。三是大力支持农业产业化龙头企业发展。实施“支龙工程”，支持一批产品质量优、市场前景好、品牌知名度高、辐射带动力强的农业龙头企业。对42家宁波市级以上农业龙头企业共授信14.98亿元，用信6.51亿元。四是扩大服务渠道。通过推出电话银行、手机银行、自助银行、网上银行等电子交易渠道和合理布放POS、ATM等自助设备，不断扩大金融服务渠道，大幅提高农村网点服务覆盖，巩固和拓展农村服务网络，已在县域支行安装使用ATM机294台，POS机1621台。自助设备的大量投放，极大地方便农村企业和农民的日常转账、消费和存取款。

内部管理　一是推进作业集中和后台中心建设。成立中心金库和清算中心，中心金库已逐步开展上门服务业务和款项集中清点、集中记账业务，账务由清算中心集中记账下划，切实减轻网点的压力。二是加强风险管理体系建设。随着市分行本级人力资源改革方案落地实施，形成由风险管理部、内控合规部、信贷管理部、资产处置部等部门组成的风险管理板块。全面落实风险报告制度，推广运用操作风险报告系统，明确各部门报告职责，为全面、及时反映分行各类风险状况，满足经营管理需要及外部监管要求提供保证。三是抓内控、促合规，切实防范操作风险。在内控制度方面基本形成决策系统、执行系统、监督系统三大控制体系，内控制度覆盖主要部门、业务、岗位和操作环节。四是深化信贷审批体制改革，推行信贷业务独立审批人制度，改革贷审会制度。制定出台《本级信贷审批体制改革实施办法》，设立信贷业务审查审批中心，建立合议会议，实行双层审议制度；调整贷审会审议范围，提高审议质量和效率；配备信贷业务独立审批人和专职审议人员，建立专家专职审贷制度。五是深化综合绩效考核机制，引导分行绩效考核政策统一实施。总结历年考核办法经验，结合总行的绩效考核办法，对2009年分行综合绩效考核办法进行优化修订，通过调整指标设置、优化产品计价考核办法，重点突出对短腿业务和经营转型指标的考核。还制定《中国农业银行宁波市分行二级支行（分理处）绩效考核指引（试行）》，引导辖内经营机构业务转变经营模式和增长模式，实现发展速度、质量、效益和效率的和谐统一。

队伍建设　一是完成人力资源改革方案的落地工作。根据农行总行人力资源综合改革的方案，对分行机关的内设机构进行调整优化，明确新的组织架构与部室职责。分行机关人员也通过双向选择，重新进行优化配置。各支行也按照人力资源改革方案，实现机构人员的优化整合。二是抓好队伍结构优化。一方面增加招聘录用优秀大学毕业生数量，另一方面通过公开竞聘，加大力度提拔年轻有学历的干部。至2009年末，分行员工本科以上学历占比36.56%；行处级干部本科以上学历占比83.75%；硕士以上学历73人。三是抓好核心员工激励，切出专项工资费用，出台分层落实的核心员工奖励办法，对各级行的突出贡献人员分层落实奖励，在大批中小股份制商业银行增设机构招揽人才的形势下，分行员工特别是核心员工队伍保持核心员工队伍稳定。四是抓好业务素质培训。全年共举办各类培训班526期，培训员工达23055人次。先后组织开展金融理财师（AFP、CFP）培训、行处级干部研修班等，制定出台《员工培训方案》、《员工培训学分管理办法》等，对干部员工参加各类培训实行积分管理，并把培训积分作为职级晋升的参考依据。

中国银行股份有限公司宁波市分行

中国银行股份有限公司宁波市分行行长　钱建忠

综合经营情况　截至2009年末，人民币各项存款余额706.45亿元，较年初新增219.42亿元。外汇各项存款余额68222万美元，较年初新增183万美元。分行人民币各项贷款余额为621.98亿元，比年初新增193.93亿元。外汇各项贷款余额20.49亿美元，较年初新增11.76亿美元。中间业务稳步发展。2009年分行实现中间业务净收入6.84亿元，中间业务净收入占营业收入的24.17%。资产质量保持良好。2009年末，分行本外币不良贷款余额6.29亿元，综合不良贷款率为0.82%，比年初下降0.06个百分点。经营效益平稳增长。2009年分行实现本外币拨备前利润18.67亿元，净利润10.38亿元，成本收入比为26.54%。

业务拓展　公司存款重点营销垄断性、集团性客户、系统性大客户，积极争揽财政事业单位存款；大力吸收拟上市公司募集资金和企业注册资本金，增加公司存款。通过开展金秋立体大营销活动，大力拓展无贷户和中小企业客户存款市场。储蓄存款依托中银理财品牌逐步提升市场份额，以拓展个人VIP客户为抓手，大力营销第三方存管、商银通、代发薪业务，增加资金回流和体内循环。同时通过考核机制、服务营销、管理模式上的创新和改进，如标杆管理的实施、开口营销培训等，调动分行抓储蓄存款的积极性，促进储蓄存款稳步增长。

中间业务发展平稳　一是做好产品组合创新的文章。国际结算加强产品创新和组合应用，加大与海外行联系、合作，利用总行的贸易融资利率政策，扩大贸易融资规模。成功叙做泛美开发银行担保项下福费廷业务，为宁波企业成功办理国际金融公司担保项下福费廷业务，帮助解决企业在“走出去”过程中的融资、担保难题。二是大力拓展优质信用卡市场，并注重产品和服务创新，顺利推出首张地方公务卡。三是利用多种渠道，积极发展代理业务。开展季节性产品销售竞赛、举办贵金属展销会、组织各类营销特训营活动，助推中间业务发展。

改革创新与流程整合　一是倡导全员创新。制定出台产品创新管理办法，设立产品创新论坛，调动分行员工主动参与创新的积极性，从而推动产品创新和业务发展。二是着力在业务品种、流程优化上创新。如在零售贷款业务上努力推进政策、流程以及产品创新，制订《中国银行宁波市分行零售贷款产品业务操作指引》，对涉及房贷等12个方面产品政策进行调整。通过产品整合、包装以及创新，相继推出“金领消贷通”信用循环贷款、“融资宝”个人房屋循环额度贷款等产品。三是成立中小企业业务中心和零售贷款中心。根据市场和客户要求，公司金融板块成立中小企业业务中心、设立行政事业单位团队，实行公司客户的分类营销、分层服务，提高服务效率。个人金融板块成立个人贷款中心，实行个人贷款审批、尽责、放款、档案管理等中后台流程集中，优化业务流程，提高工作效率。四是实施对私业务授权集中，节约人力资源，防范操作风险。五是着力系统开发，做好市民卡金融IC卡、网点运营管理优化、出口预退税管理系统等40多个项目投产，充分发挥支持保障作用。

队伍建设与人才培养　把人才培育作为一把手工程来抓，制定优秀人才选拔管理和培养使用办法，并召开优秀人才培育工程推进大会，建立复合型、专业领军型人才、优秀“四经”人才等人才库，以“四经”队伍建设为重点，加快对三类优秀人才的培养培育。开展中层副职后备人才选拔，加强中层管理人员的梯队建设和干部储备。突出营销队伍建设，分层次、分类别、多形式、多渠道，用好培训资源。选派中高层管理人员参加总行战略管理专题研讨班和海外培训；组织专业领军型人才赴厦门大学学习深造，提高专业水平。一系列人才培养措施为实现分行的可持续发展提供坚实的人才保证。

企业文化建设　开展“新时期、新发展、新贡献”主题活动，通过形势分析来找准定位，坚定发展的信心与决心，不断加快发展步伐，提升竞争能力。同时引入对标管理方法，从分行到支行分别将系统内外有可比性的先进单位作为标杆，分不同层面、维度、指标实施对标管理。加大对外宣传力度，提升中行品牌知名度。举办中银论坛、贸易金融产品介绍会、中小企业融资服务银企对接会等活动，积极推介中行特色产品、服务。在宁波市第二届城市金融展评选活动中，中行宁波市分行被评为“2009 年宁波市市民最满意银行”荣誉称号。积极参加市政府牵头的甬港经济合作论坛、宁波国际金融服务中心南区奠基仪式等活动，进一步密切与市政府的合作联系，在政府平台上展现中行良好的品牌形象。在宁波市评选“创建服务型机关、促进企业发展”先进集体活动中，成为全市唯一一家当选的商业银行。

中国建设银行股份有限公司宁波市分行

中国建设银行股份有限公司
宁波市分行行长 刘丽华

综合经营业绩 全年实现拨备前利润23.95亿元，同比增幅7%，创历年最好水平。在充分计提拨备的基础上，实现税前利润19.66亿元，同比增速7.5%；经济增加值9.59亿元，成本收入比32.66%，净利息收益率3.19%，资产利润率1.69%，系统排名均列前茅。实现账面利润增长4.68%，增幅位居四大行首位；利润总额排名四大行第二位，较上年上升一位。全年实现中间业务净收入7.48亿元，市场占比26.08%，排名四大行第二位。中间业务收入占主营业务收入20.8%，比上年末提升1.82个百分点，收入结构持续优化。全口径存款余额达到941.47亿元，新增228亿元，同比多增近百亿元，创历史最高水平，实现存款总量位居四大行第二位的历史性突破。

信贷结构持续优化 全年新增贷款165.8亿元，余额达到839.2亿元，继续位居四大行第二位。其中，个人贷款余额216.32亿元，成为全市首家个贷超200亿元的银行。严格落实总行结构调整要求，全年共退出公司类贷款8.7亿元，完成总行年度退出计划。A级以上公司类非贴现贷款余额占比94.1%，同比提升2.3个百分点，客户结构不断优化。

资产质量跃居四大行首位 2009年末不良贷款余额6.18亿元，较年初下降212万元；不良贷款率0.74%，较年初下降0.18个百分点。其中个人不良贷款率继续保持系统最低，获得“个人贷款资产质量风范奖”。全年共处置不良资产2.8亿元。

战略性业务突破性增长 国际业务市场份额逆市提升，四大行占比较年初提升0.64个百分点。投行业务超常规增长，移植推广全系列开放式理财产品，全年累计发行理财产品63亿元；信用卡发卡迈上新台阶，全年净增客户9.3万户，实现消费额41.78亿元；电子渠道占比跳跃式提升，年末电子银行占比达64.6%，比上年提升35.2个百分点。造价咨询业务巩固市场领先优势，实现造价咨询类业务收入8178万元。

基础管理水平与社会形象大幅提升 分行连续三年保持无案件、无重大违规和责任事故的安全稳健运行局面。服务质量跨越式提升，总行神秘人检查得分排名跃居系统第4位，同比上升18位，实现进入系统前五的年度目标。分行成为唯一一家连续4年获得中国人民银行宁波市中心支行金融机构综合评价A类的银行；连续14年保持省级文明单位称号，连续6年保持省级文明行业称号；在宁波“2009年金融品牌榜评选”中，唯一荣获“最具竞争力银行”、“客户最满意银行”两项大奖。

内控与风险管理 在加快信贷投放的大背景下，分行始终坚持稳健经营方针，确保信贷资产安全。坚决落实总行结构调整要求，严格执行信贷准入退出政策，全面完成总行年度退出计划。加强风险预警和防范，依托对公信贷客户风险预警管理系统，持续加大预警客户跟踪监测和控制工作，积极化解潜在风险。认真开展和配合做好总行信贷资产质量检查、宁波银监局重点现场检查等各类检查工作，持续关注大额贷款集中度上升、小企业贷款、房地产贷款等信贷业务风险，确保资产质量安全。深入推进问题整改和案件防控，建立健全案件防控及整改重点联系行制度，定期召开分支行分层的案件防控联席会议；深入开展“讲合规、防案件”系列主题活动，组织基层合规建设大讨论，努力营造良好合规氛围；强化内审外查发现问题整改和督查，全年共办理内审外查整改项目 20 个、涉及问题 836 个，问题整改率达 97.42%。强化操作风险关键点控制，大力推进全辖营业主管统一管理改革，及时适应柜面操作风险管理新要求；推进“平安支行”、“平安网点”活动开展，营造分行安全运营的良好氛围；完成全辖集中监控系统建设，实现对营业网点及重点部位 24 小时监控管理。

党的建设　按照总行“新观念、新思路、新要求”的工作要求，进一步增强领导人员服务意识、责任意识等“六个意识”。通过组织党委中心组学习、参加总行中心组视频学习、举办领导力提升培训班等方式，系统学习中央经济工作会议、党的十七届四中全会等重要会议精神，提升现代商业银行理论水平和经营管理能力。持续转变工作作风，将基层调研作为开展工作的重要手段，推行部门服务责任制，开展“最受基层欢迎部门”评比活动，推动分行服务基层和客户效率的提高。落实反腐倡廉责任制，抓好党风廉政建设，构筑拒腐防变牢固防线。

员工队伍　分行坚持“以人为本”，不断优化人员结构，强化支行领导班子建设，全年对班子成员调整 43 人次，选拔、推荐 90 人进入后备干部队伍并进行重点培养，其中 17 人走上领导管理岗位。继续开展专业技术岗位聘任工作，分行共 244 人报名参加竞聘，其中通过资格审查 167 人。深入推进大规模“培训年”活动，全年共举办境内外各类培训 151 期，培训 11754 人次，员工素质进一步得到提升。分行具有理财师资格员工 235 人，总量居同业第一位。开展千人岗位技能比赛，员工整体业务技能得到有效提升，在柜面业务技能竞赛中，荣获团体第二名、列四大行第一位。同时，努力打通员工职等晋升渠道，建立短期合同工择优职等晋升、派遣工择优转签劳动合同机制。新录用应届毕业大学生 79 名，全部充实至重点业务、关键岗位和经营一线，人员结构得到优化。

企业文化建设　分行不定期地开展多样化企业文化建设，举行分行首届“十大优秀青年”评选，举办国庆 60 周年暨行庆 55 周年职工文艺汇演，开通内部流程用户之声系统，构建良好的沟通交流平台和压力释放途径；召开首届员工子女“希望之星”表彰大会，营造关爱员工的良好氛围。分行广泛组织开展“文明城市、文明单位、文明窗口、文明行业创建”活动，创建活动成果丰硕。分行营业部、慈溪支行、宁海支行被评为总行级文明单位，分行营业部在“中国银行业文明规范服务百佳示范网点”创建活动中荣获“创建鼓励奖”，成为四大行中唯一一家获奖单位。

交通银行股份有限公司宁波分行

交通银行股份有限公司宁波分行行长　熊克宁

经营业绩　截至2009年末，分行总资产达到355.58亿元，较年初增长58.72亿元；存款余额339.01亿元，较年初增加56.01亿元，增幅19.79%；贷款余额309.35亿元，较年初增加82.16亿元，增幅36.16%。不良贷款7.71亿元，不良率2.49%；经营利润7.07亿元。国际结算量突破50亿美元，增长1.1%，高于全市外贸进出口增幅11.5个百分点。

业务发展　一是紧紧抓住宁波市政府基本建设投资拉动明显的发展机遇，落实营销“早、准、快”，加大交通运输、公共设施等重点营销项目的拓展力度。成功营销宁波轨道交通1号线一期工程、宁波绕城高速连接线等项目。存贷款业务稳步增长，增量创分行历史新高。二是挖掘个人财富市场潜力，强化网点常态化销售能力，配足人力，提升素质，引入竞争机制，促使个人金融业务发展优势显现，多项指标进位明显，市场份额提升较多。三是克服宁波市外贸大幅下降的不利因素，以产品突破带动，主动营销，深挖潜力，国际业务仍然保持优势。四是积极尝试，努力寻找新的增长点。抓住上海“两个中心”建设契机，以北仑港为依托，加大航运金融业务发展力度。产品系统推陈出新，推出本外币交叉理财、DF与NDF结合产品、外汇利率掉期业务、国内信用证等国际业务新品种；成功发放宁波市首笔专利权抵质押贷款，适时推出公私理财产品和世博系列产品，完成特色网银同城跨行转账、付费通、手机银行特色业务等开发，搭建银承汇票集中处理平台，上线核心账务前端整合系统，优化业务操作流程。

优化结构　一是零贷业务占比提高较快。加强对小企业、个人消费贷款的金融支持，小企业信贷业务实施专业化道路探索，设立分行小企业信贷服务中心、6家支行小企业服务中心和1家小企业信贷专营机构，完善组织架构、实施专项考核、简化小企业、个人贷款授信审批流程，促进零售信贷业务较快增长。二是行业结构有所改善。重点支持公共设施管理业、交通运输和仓储业、水煤气行业和领域。三是客户结构进一步得到优化。抓基本结算户、第三方存管户和代发工资户，壮大客户群体；积极拓展普通账户，挖掘优质客户的业务潜力；以高位营销、公私联动、交叉销售为手段，重点培育对私中、高端客户群体。

内部管理　一是前移管理部门的业务发展职能。通过加大管理部门考核与业务指标挂钩力度，管理部门出思路、想办法，并深入一线开展营销和拓展工作，建立业务指标分析例会制度，对各业务条线和经营单位的指标完成情况进行跟踪分析，推动管理部门服务发展的理念逐步形成。二是强化全面风险管理建设。把好授信准入关，明确调查要求和方法，加强审查环节的把关力度；严肃贷后管理，将贷后管理纳入客户经理考核，坚持月度贷款的风险预报及逾期贷款报告跟踪制度。建立专职清收队伍，采取抵押物拍卖、重组和核销等多种手段，加大清收力度。推进案件防控专项治理工作，内外审结合，积极开展票据业务、新增贷款等专项检查，及时整改各类问题。完善各项制度和措施，创建会计工作示范行，落实治安保卫责任制，推进信息技术的制度化和规范化，加强合规管理和合规文化建设，确保资金、人员和信息安全。三是推进服务质量提升工程。出台服务质量考核办法，推出管理部门服务承诺制，将服务承诺履行情况作为考核与绩效挂钩，开通网上点评渠道，继续执行“一对一”评价的信息通报制度，切实提高管理水平和工作效率。在2009年宁波市民心中最佳金融品牌评选活动中，被评为“宁波市最佳服务银行”。四是加强人才队伍建设。注重发挥党组织的领导核心作用，出台《交通银行宁波分行干部员工培养管理办法》，建立高级经理和经理级后备人才库；录用行员82人，为各网点配齐三类个金销售人员；举办各类培训班；开展争创文明、先进评选、技能比武、劳动竞赛、创建学习型组织，以及趣味运动会等活动，积极营造氛围。

上海浦东发展银行股份有限公司宁波分行

上海浦东发展银行股份有限公司
宁波分行行长　楼戈飞

经营业绩　2009年末，本外币一般性存款497.21亿元，比年初增加120.65亿元，增长32.04%；各项贷款余额367.79亿元，比年初增加65.28亿元，增幅21.58%。2009年末，分行总资产660亿元，比年初增加193亿元。实现账面利润8.2亿元，业务利润14.23亿元。照贷款五级分类，分行本外币不良贷款余额合计8563万元，不良率为0.23%。

离岸业务　浦发银行是经中国人民银行批准的有资格经营离岸银行业务的四家股份制银行之一。作为总行离岸业务在当地对外联系的窗口，2009年，分行采取各种有效措施支持区域中资企业主动“走出去”参与国际经济技术合作和竞争，并提供给客户全面的金融产品、功能完善和高效的网银业务处理以及收费相对较低的服务。浦发银行离岸银行服务充分满足区域“走出去”企业要求本国银行提供跟随金融服务的迫切需求，为“走出去”企业跨国贸易、投资等跨国经营活动的蓬勃发展充当坚实的海外金融服务后盾，助力企业海外发展积极应对金融危机，有力促进宁波当地外贸企业离岸、在岸关联业务的健康发展。2009年，宁波分行离岸国际结算量、离岸客户数等指标均名列浦发系统中第一位。

中小企业服务　一是认真落实小企业金融服务的“六项机制”，促进中小企业金融业务的健康发展。分行成立中小企业金融业务推进委员会，由行长任主任，公司银行和风险主管行长任副主任，并成立由公司银行和风险部门共同参加的推进委员会办公室，着力推进中小企业金融业务发展。另外，根据监管部门和浦发银行总行关于中小企业金融业务专营体系建设的要求，分行设立中小企业业务经营管理中心，与分行公司银行业务管理部合署办公，负责市场企划管理和分行中小企业营销管理，对中小企业业务营销团队进行管理和考核。二是在激励和监督机制方面，分行结合中小企业业务的工作实际，对中小企业业务的授信业务给予一定倾斜，鼓励客户经理积极拓展小企业贷款；同时，在风险衡量上给以更大的宽容度。三是搭建银企交流平台，构建新型银企关系。2009年，分行开展“信贷员下厂入户服务月”、“银企对接促融资活动服务月”等活动，以支行为单位组织客户经理主动走进企业的工厂、车间开展走访调研，逐户了解企业的生产经营情况和融资需求，通过实地走访企业了解情况，加强发展银企关系，并根据实际情况有效缓解中小企业融资难题。截至2009年末，分行中小企业贷款户数1913户，同比增长6.16%；中小企业贷款余额115.28亿元，同比增长23.47%。

金融支农　一是加大县级经营网点建设，网点覆盖面不断提高，自助银行及ATM的铺设也逐步进入农村区域，有力支撑分行金融支农的工作发展。二是调整信贷投向政策，鼓励信贷支农。适当调整信贷投向，将信贷支农明确作为2009年信贷重点支持对象，加快支农类贷款的审批速度。三是调整分行对支行转授权制度。为加强支农金融工作力度和提高基层经营机构审批效率，分行根据区域信用状况、经济发展水平、支行资产质量、风险控制人员配比、日常合规操作等综合因素，对下属经营机构实行有限授权、差别授权。四是调整内部激励政策。进一步调动支行和客户经理营销农村信贷的积极性。截至2009年末，分行涉农贷款余额97.23亿元，比年初增加23.68亿元。

产品创新　一是积极探索办理海域使用权、股权、专利权抵（质）押贷款等信贷产品创新业务，截至2009年，分行办理海域使用权抵押贷款2户，贷款余额2400万元。二是根据监管部门及总行的指导，创新小企业流动资金贷款还款方式，适当运用贷款延期等方式，缓解小企业还款压力。三是完善个人经营性贷款管理办法，促进个人经营性贷款发展。制定出台《个人经营性贷款实施细则》，在原办法的基础上和控制风险的前提下，简化部分操作手续，为各分支行积极拓展私营业主、中小企业主优质资产业务提供有力的政策支持。2009年末，分行个人经营性贷款余额名列浦发系统第一位。

兴业银行股份有限公司宁波分行

兴业银行股份有限公司宁波分行行长　黄忠斌

经营业绩　截至2009年末，分行资产总额389.53亿元，比年初减少16.51亿元；本外币存款余额201.60亿元，比年初增加35.62亿元，增长21.46%，其中人民币各项存款余额199.76亿元，比年初增加34.48亿元，增长20.86%；本外币贷款余额192.53亿元，比年初增加29.7亿元，增幅18.24%；税前账面利润30267.45万元，同比减少8.79%。年末不良贷款余额45052.64万元，比年初减少29362.35万元，不良贷款率为2.34%，比年初下降2.23个百分点。

市场拓展　一是积极拓展优质资产。充分发挥批发业务优势，加大优质政府投资类项目投放力度。截至2009年末，政府信用项目贷款余额59.69亿元，比年初增加20.48亿元。二是全力打好对公负债业务攻坚战。通过加大双线费用配置力度，开展公司存款竞赛活动，积极拓展对公存款。年末，分行本外币公司存款余额为126.74亿元，比年初新增18.99亿元。三是推进储蓄存款拓展阵地战。精心筹划部署旺季揽储，抢占储蓄市场的“制高点”；创新产品，开展交叉营销，保证揽储活动全年不停滞；公私联动，挖掘机构客户资源，拓展代发工资业务；狠抓高端客户，提高第三方存管客户有效卡。

风险管理　一是实施异地信用业务退出，优化信贷资产结构。退出绍兴、嘉兴地区信用业务26965万元。二是完善体制机制建设，提高风险预警和处置能力。实行风险经理派驻制，健全和完善独立贷后管理工作机制；制订风险容忍度指标实施方案，加强风险监控评估和分析结果的应用；实施信贷投向限额管理，控制贷款集中度风险；完善抵质押物评估业务操作规程，有效防范抵质押物评估风险。三是加强授信后管理，提高信贷风险管理能力。全年共累计实施授信后双线检查412户次，检查本外币授信额度162.41亿元，超额完成信贷客户数和授信额度双100%的覆盖目标。四是因户施策打好不良资产清收歼灭战。全年清收转化不良贷款73522万元，其中现金收回69667万元，接收抵债资产2930万元。

信息科技建设　一是认真做好各生产系统和网络的维护、管理工作，保障各项系统稳健运行。在“两会”期间实行24小时值班制度，保障“两会”期间的信息系统稳定可靠运行；成功上线分行信息发布系统；为新设支行搭建网络系统平台；加强对信息安全管理、网络安全、生产安全运行管理，及时消除隐患，确保科技安全运行。二是积极配合总行及人行市中心支行的要求，确保各新系统顺利上线，同时提高分行自身软件开发能力，为业务创新发展奠定坚实的基础。三是按照应急演练预案，积极开展各项场地、设备故障及应用系统应急演练，验证分行应急处理流程和处理能力。

企业文化建设　发挥各级党组织、工会、团委等组织作用，积极开展丰富多彩形式多样的企业文化活动，努力推进具有兴业特色的企业文化。在新中国成立60周年之际，开展行史巡展、读书征文、诗歌吟诵、《建国大业》电影观摩等系列活动，使分行员工接受深刻的爱国爱行教育，进一步树立健康向上的价值观和行为准则。从关爱员工身心健康出发，开展“全行动起来、兴业更精彩”全员健身活动，举办2009年员工运动会，在丰富员工文体生活，提升员工身体素质的同时，进一步推进团队建设，打造团队合力，提升团队战斗力和凝聚力。此外，始终坚持承担企业公民的社会责任，开展“慈善一日捐”、“爱心报卡”捐赠、为贫困地区捐献衣物等公益活动，在弘扬兴业银行“回报社会、奉献爱心”优良传统的同时，也进一步提升分行的社会形象。

中国光大银行股份有限公司宁波分行

中国光大银行股份有限公司宁波分行行长　杨　明

主要业绩　截至2009年末，分行总资产达到396.13亿元，比年初增加62.73亿元；一般性存款余额212.7亿元，比年初增加41.42亿元；贷款余额252.99亿元，比年初增加59.24亿元；实现中间业务收入1.07亿元，中间业务收入占营业收入的比例达17.29%；不良贷款率0.4%；实现账面利润4.31亿元。

机构网点　一是推进物理网点建设。2009年新开异地县域支行慈溪支行、宁海支行；三江支行、兴宁支行、分行营业部完成改造或搬迁。二是推进自助网点建设。2009年新增自助设备62台，自助设备达到132台；新建离行自助服务网点44个，自助服务网点达到85个。

合规建设　一是健全内控管理组织机制。完善内部控制和合规风险预警管理委员会，以各单位负责人为成员，同心协力抓好内控工作，每个季度至少召开一次由分行领导和所有管理部门的负责人组成的委员会会议，对分行存在的合规风险进行商讨解决并督办。二是落实合规责任。签订合规责任状、安全保卫责任状，加强合规建设和安全保卫工作。三是加大合规检查力度。采取现场检查和非现场检查相结合的方式，开展中介机构管理情况专项检查、案件风险排查及安全保卫检查等15项次合规检查，找出在经营管理操作中存在的薄弱环节或相关问题，并进行整改。四是建立案件风险排查常态工作机制。按照银监会要求开展案件风险排查，并建立常态工作机制，一季度一次进行排查，2009年度没发现重大的经济案件，也没有出现安全事故。

和谐企业文化　通过确立“以内部培养为主，外部引进为辅”的用人原则，公推和竞聘相结合的方式，优化用人机制，提高用人透明度。在兼顾基本业务和重点业务基础上，绩效考核向战略重点倾斜，向调整业务结构、改变增长方式倾斜，向政府类项目、财政类存款、非授信客户存款、代发类业务、交叉销售等重点倾斜。优化分配机制，强化正向激励作用。围绕分行整体发展思路，按照向营销一线倾斜的原则，结合员工职业生涯规划，精心设计员工培训课程体系。主办各类培训活动共计20场，参加总人数超过2000人次。主动承担社会责任，积极回报社会。2009年分行员工积极参与各类自愿捐款活动，共捐款10.92万元，体现银行企业良好的社会责任意识。大力开展创建活动，全面提升品牌形象。2009年分行荣获宁波市贸易金融旅游系统首批“和谐企业”荣誉称号和全市窗口服务行业“创三优一满意”文明优质服务竞赛活动优秀组织单位荣誉称号，分行团委荣获“宁波市先进团组织”称号，余姚支行被评为总行级“先进基层党组织”，鄞州支行荣获浙江省级“工人先锋号”称号，江东支行喜获“巾帼文明岗”荣誉称号等。

阳光服务年　为推进“阳光服务年”工作，分行围绕组织保障、落实责任、严格考核、督促检查等重点环节，成立六个专项工作小组；加强内外部宣传，在总行内部媒体发稿16篇，同时在宁波当地报刊媒体发稿19篇；先后在行内和宁波全市范围内开展阳光服务年“金点子”有奖征集活动，10条获奖“金点子”都提交相关职能部门，结合分行实际付诸实施；开展向同业学习调研活动，推广晨迎制度、举手服务等“十项做法”，得到社会各界的广泛好评；开展客户座谈会、行长当大堂经理、行领导拜访重点客户、员工和家属座谈会等为内容的倾听计划。“阳光服务年”活动工作顺利开展，分行“内部员工对外部客户服务的意识、管理部门对一线部门服务的意识、领导对员工服务的意识”明显增强，“抓服务，提效率”蔚然成风，分行服务质量进一步提高，客户满意度稳步提升。

深圳发展银行股份有限公司宁波分行

深圳发展银行股份有限公司宁波分行行长　洪　卉

经营业绩　截至2009年末，各项贷款余额达到143.57亿元，比年初增长17.3%；存款余额148.05亿元，比年初增长19.07%。2009年净利润为28217万元，比上年同期增加62955万元。2009年不良贷款余额为13575万元，不良贷款率为0.95%。

公司业务　进一步拓展以“1+n”供应链金融理念为核心的公司业务，依托宁波市现代化港口优势，积极构筑“总对总”合作模式下的专业港口、专业市场贸易融资平台。采用“非标仓单质押+第三方保证人对出单人出单责任担保”模式，与余姚塑料城管委会、东方国际物流有限公司签署战略合作协议；并与镇海港埠分公司及宁波中远物流进行物流监管合作，打造贸易融资专业港口平台；设计、开发“海铁联运”贸易融资营销模式，与宁波（镇海）大宗货物海铁联运物流枢纽管委会签署战略合作协议，为相关企业提供贸易融资业务，扩大贸易融资企业目标群。同时，大力推广公司电子结算产品，2009年11月13日，通过中国人民银行开发的全国商业汇票系统成功办理第一笔电子银行承兑汇票业务。此外积极营销新型的复合化公司产品，推动公司业务朝线上化发展，成为成功叙做企业法人账户透支的第一家分行。2009年末，公司网银户已达482户，电子票据签约户122户。

合规建设及风险管控　建立覆盖分行部室及网点的专、兼职合规员及专职反洗钱报告员队伍，并积极摸索合规文化建设，将合规学习纳入新入行员工教育的必修课程，通过举办分行合规工作会议和反洗钱大会，向分行员工普及合规知识，构筑风险防控的第一道防线。安排落实分行行长、支行行长参加总行的“合规论坛”，围绕合规主题展开讨论，营造领导率先垂范的合规氛围。在风险管控方面，实行对城区外支行派驻风险经理制度，按照调查、审查、贷后工作前移的思想，逐步履行风险经理职能；突出城区内支行分管公司业务副行长（副总经理）风险管理和信贷合规责任，进一步发挥其管控辖内公司业务整体发展的作用。与此同时，进一步完善信贷考核的调整系数指标，出台客户经理风险金管理办法，使得资产质量及信贷考核真正落实到客户经理个人，进一步强化信贷考核指导力，从而形成业务发展和风险管控齐头并进的良好局面。2009年，实现全辖网点的社会化押运；顺利上线事后监督系统、新终端整合系统、商票系统等8个系统，完成个人存取款、五项流程优化、登记簿清理等25项业务流程优化工作，有效降低运营管理风险。

人力资源管理　着重打造“学习型银行”，提高员工队伍素质，2009年，举办各类培训近3000人次。工会继续推广“业务导师制”计划，业务优秀的老员工对新入行员工进行一对一的实际业务指导和培训，提高新员工入职的效率，并取得明显的成效。自7月份开始，行党委开展“加强干部队伍素质建设，做好分行干部下基层”活动，抽调部分后备干部及现职干部到支行或其他部门一线岗位进行为期三至六个月的工作、学习，充分了解、体验一线员工的工作环境，为基层业务发展、业务创新、员工能力发挥提供良好的工作平台。在绩效管理上，进一步完善薪酬改革，将基本绩效与超额绩效考核相分离，制定科学有效的《员工绩效管理实施办法》，使用平衡记分卡式的KPI和MBO指标体系以及员工360度综合测评来综合考核员工的工作能力和成果，体现公平、公正的考核目标，激发员工工作积极性。

招商银行股份有限公司宁波分行

招商银行股份有限公司
宁波分行行长　王　麟

经营业绩　2009年末，分行资产总额达到453.79亿元，比年初新增81.61亿元，增长率为21.93%。分行自营存款余额235.93亿元，比年初新增47.96亿元，增长率为25.51%。分行自营贷款余额333.12亿元，比年初新增113.76亿元，增长率为51.86%。按"五级分类"口径，不良贷款余额为5.78亿元，比上年末新增2.96亿元，不良率为1.74%，较上年上升0.46个百分点。累计实现营业净收入10.51亿元，比上年末增长11.10%。累计实现税前利润4.62亿元，同比增长21.18%。

零售银行业务　将零售银行作为分行业务主要发展模式之一，业绩实现快速增长。2009年末，管户总资产1万元以上客户新增9594户，增幅达39.49%；个贷客户新增6200户，增幅达106%，余额比年初增加44.17亿元，达到77.58亿元，增量、存量均位居辖内同类股份制商业银行第一位。年末管理客户总资产89.87亿元，新增40.58亿元，增幅82.34%；储蓄余额新增11.89亿元，增幅49%，年度增量在当地辖内同类股份制商业银行排名第一位；实现零售银行营业净收入2.15亿元，占比20.48%，比上年提高4.79个百分点；中间业务收入5391万元，同比增长1182万元。零售业务条线已基本形成大堂经理、低柜理财专员、贵宾理财经理、个贷客户经理、产品经理、大堂引导员等六大序列，针对不同客户群、不同渠道、不同业务和产品组合开展团队营销活动，提升营业厅的差异化竞争优势。2009年分行财富管理中心荣获"宁波市最佳财富管理中心"称号，在宁波市第三届金融产品展中，"金葵花"理财品牌荣获宁波市"最深入百姓理财品牌奖"，分行信用卡荣获"宁波市最受欢迎信用卡"称号。

公司银行业务　公司银行业务以"精准营销、精诚服务、精细管理"为指导思想，实现稳步发展。2009年末分行人民币对公存款时点余额199.98亿元，比年初新增36.06亿元，增幅达22%。继续以"政府行"、"资本行"、"同业行"、"结算行"四行项目为营销目标，积极加强银政合作、银企合作、银银合作。取得宁波理工监测等企业IPO上市募集资金存款5亿元；成功发行铁道部100亿元中票而实现债券承销和分销收入3000万元。自2009年10月28日中国人民银行推出电子商业汇票系统（ECDS）后，积极营销，抢占先机，成功开出宁波地区首张ECDS电子商业汇票，并荣获总行"2009年度票据业务竞赛突出贡献奖"。

风险管理能力和定价管理水平　实施"尽快放款项目通道、绿色通道、应急通道"，提高审批效率；授信业务向行业专业审贷转变，提高审贷人员精准审贷能力。年内分行累计审批授信金额544亿元，审批金额和笔数比上年分别增加40%和200%，均创历史新高。加强分行风险预警和直查，强化退出和风险有效防范措施；应用IT技术，研发利息提示短信系统和贷款逾期短信提示系统，有效排查信用风险；坚持集中核保制度，在放款中心安装会计验印系统，成功堵截两起合同公章与预留公章不符的授信业务；积极推进不良资产的诉讼集中管理，狠抓不良资产清收。通过诉讼累计收回现金1.8亿元，成功化解浙江华联三鑫石化有限公司风险资产2.3亿元，累计收回宝诚系企业不良贷款9700万元，并因成功清收"甬成功"企业不良贷款而受到总行表彰；推出信贷资产综合定价模式，严格控制高资本消耗的敞口承兑等业务。

基础管理　队伍建设方面，2009 年分行在编员工人数由 607 名增加到 748 名，队伍进一步壮大。优化薪酬福利体系，员工薪酬水平得到提高。同时通过培训等渠道，提高队伍素质，加强班子建设。绩效考核与基础信息管理方面，制定并实施新的绩效考评体系和费用及资产负债考核管理办法。全面调整修订批发、零售客户经理考核办法，提高客户经理展业积极性。不断完善基础信息管理的制度建设，提高统计精度与时效性，荣获总行“二○○九年度统计与信息管理先进单位”称号，连续三年荣获人行宁波市中心支行“金融统计工作优胜单位”称号。会计管理方面，持续开展“强化执行力，优化制度流程”系列活动，柜员合规操作意识得到明显加强；同时在柜员中深入开展“五比”活动和实行柜员积分管理制度，努力提升柜员综合素质，分行还首次在人行宁波市中心支行举办的银行业金融机构支付结算知识竞赛中获得团体奖，并有两人分获个人二、三等奖。个人跨行通存通兑、指纹识别、事后监督影像等系统全面上线，业务检查力度不断得到加强，确保全年无案件和结算事故。合规管理方面，强化法律事务管理，规范管理流程，健全法律事务档案；通过短信、邮件、函件、风险点梳理、编制反洗钱手册、错误档案等多种形式持续进行合规和普法宣传与警示。员工合规经营意识得到提高。纪检监察与案件防控方面，进一步加强党风廉政建设，加强进人用人环节的监督与信访核查。组织行部负责人与分行一把手签署《反腐倡廉安全保卫及案件防范责任书》，增强行部负责人的风险警觉意识；开展案件风险排查与案件专项排查活动，加强员工异常行为管理与违规案例专项教育；组织安全保卫相关应急预案演练，全年无案件事故发生。信息技术管理方面，通过各种技术改造手段和应急防范演练，强化计算机安全防范建设，确保分行系统运营安全和网络通信顺畅。后台研发能力有所提升，支持完成安邦保险的 CBS 系统、结息日短信提醒系统等多个项目的开发上线。

中信银行股份有限公司宁波分行

中信银行股份有限公司
宁波分行行长　夏年炉

经营情况　2009 年末，全辖资产总额比年初增加 40.9 亿元，增幅 19.2%，各项存款比年初增加 44.5 亿元，增幅 25.8%，年增量居宁波中小股份制银行第二位。年末，全辖不良贷款余额比年初减少 6627 万元，不良贷款率比年初下降 0.55 个百分点。

信用风险防范和化解　一是加大清收力度与主动化解风险“双管齐下”。为严格控制不良贷款率、坚决防止发生大额不良贷款和不良资产大幅快速反弹，分行在法律保全部单设基础上增配人员，在异地支行均成立信贷管理部，切实加大不良贷款清收力度，促使超额完成全年清收计划，为分行资产质量处于同业较好水平起到关键作用，并在清收过程中主动化解不良贷款 1.35 亿元。二是进一步健全全辖风险预警化解运作机制。实行机构、业务部门“一把手”信贷客户调研制度，区分企业的清偿性风险或暂时性困难，全年共排查授信企业 1002 户，涉及授信金额 210 亿元，有效掌握信贷资产质量的底数。三是认真实施“区别对待、有保有压”的信贷政策。在全面风险排查基础上区分客户，对一批重点客户继续实行“双保”（保规模、保优惠价格）倾斜政策，对前景较好但遇到暂时困难的企业不但坚决不压贷、还对部分企业主动新增授信 3 亿多元，支持企业顺利度过困难期；对“两高一剩”企业继续予以果断退出。

全面提升内在竞争力　一是坚持选择、保持并不断扩大优质客户群，不断优化信贷投向和客户结构。进一步全面实施“双指定”政策，提升准入企业品质关，及时出台增强营销竞争力的信贷政策指引，进一步明确营销方向，提升客户营销竞争力。二是继续完善对公业务产品经理队伍建设，加大产业金融业务推动力度。宁波分行已形成一支包括各对公主线业务的 17 人产品经理队伍，年内重点拓展港口物流、船舶市场、海运业、钢铁和供应链金融业务市场。三是零售业务继续围绕“坚持、加强、提升”要求，强化以理财为特色的零售银行基础功能，加大储蓄工作力度。零售专业队伍建设继续稳步推进，年末理财经理、零售客户经理产能已占全辖零售管理资产总量的 34%，其中持有总行认可理财专业证书人数的占比已达到 90%。四是国际业务、资金资本市场业务努力在重点客户、重点产品上取得突破。国际业务狠抓有效客户和战略客户营销，全年新增外汇业务有效客户 44 家，资金资本市场业务大力拓展有持续性交易的核心客户群体，加强分行资金经理与机构重点客户的沟通联系，加强产品的组合运用，提升整体营销合力。五是持续抓好小企业业务体系建设，促进小企业专营化经营能力的提升。通过建立起小企业专职审查官队伍、制定完善小企业业务专门的考核激励机制、不断优化小企业授信业务审批流程和核算系统、加快小企业金融产品创新等途径，促进小企业专营化模式的深化与完善。六是继续大力推动票据贴现业务发展。进一步强化票据中心建设，加强票据贴现定价管理，不断提高票据业务利润贡献度。

内控合规工作　继续加强审计合规管理，深入开展案件风险排查工作。全年对辖属机构开展各类审计项目 21 个，审计发现问题整改率达 100%；抓好“百日风险大排查”等专项活动的落实，全辖投入排查人数 267 人次，排查网点覆盖面达到 100%，对发现问题及时整改，成功堵截风险事件；全年接受集团监事会、总行专项审计和宁波银监局专项检查等业务合规检查活动，分行各项管理状况总体上均得到各检查组的肯定评价。分行强化“行长挂帅、纪检委员、营业经理协助”的齐抓共管的案件防控工作机制建设；率先探索在机构支部设置纪检委员以加强案件防范源头治理的做法，对协助支行党支部及时了解员工思想动态、管好人起到一定作用；深入开展“六禁”教育活动，引导干部员工增强职业操守意识。

企业文化和精神文明建设 以健全基层党组织建设为抓手做好党建工作；年内召开中二届一次职代会；深入开展各类“争创”活动，分行再度在宁波市银行业第二届综合业务技能大赛中取得佳绩，余姚支行党支部被总行评为先进基层党组织，分行工会、慈溪支行工会分别获得市财贸工会和总行工会表彰，并有多家单位和个人分别获得各级“文明窗口”、“青年文明号”及先进个人荣誉。深入开展帮扶结对、慈善捐助、慰问英属等系列活动；加强舆情管理，做好品牌宣传，在年第三届宁波金融展金融品牌评选活动中，分行蝉联“最佳理财银行”称号。

中国民生银行股份有限公司宁波分行

中国民生银行股份有限公司
宁波分行副行长　方海良（主持工作）

综合经营业绩　截至2009年末，分行各项存款余额109亿元，比年初净增30亿元，增幅38%。各项贷款余额149亿元，比年初净增46亿元，增幅44.7%。全年实现责任利润1.5亿元，较上年同期增长450万元。年末，不良贷款余额1.72亿元，不良贷款率为1.15%。

经营管理体制改革　实施精细化管理措施，打造简洁、高效的风险管理体系，营造“后台围着前台转，分行围着业务转”的氛围。一是大力推进管理标准化。制定标准化的个贷流程，并实现个贷的厅堂受理；组织推进档案集中管理，实现档案资料集中化和标准化管理。二是加强定价管理引导。组织梳理定价体系，引导经营部门实施各类产品综合开发，提升客户整体回报。三是加强信贷审批政策引导。严格按照信贷调控要求，做到有保有压，主动对信贷业务区域、期限、行业等作出宏观指引，不断优化信贷结构。

业务和产品创新　2009年，分行结合市场需求继续加强产品创新，推进产品升级优化。先后开发保费代付系统、电话支付系统、四方物流项目、“智付通”结算工具、对公及零售CRM系统等。自7月份“智付通”项目正式上线以来，分行采取组建“智付通”业务直销团队与支行销售团队双轮并驱的方式，加快对宁波批发市场的批量开发，并与商贷通业务对接，在监控客户现金流的基础上挖掘商机，成为拓展微小客户市场的重要工具。年末，共发展“智付通”商户1200户，累计交易金额4.8亿元，实现商户存款余额3000万元。

内控和风险管理　在强化合规经营的基础上，不断加强全面风险管理，努力提升风险与收益的平衡能力。信贷风险防范方面。一是注重对宏观经济形势研判和顺应监管要求，不断完善授信预警、退出机制。年内对多晶硅、汽车合格证质押、保证金账户冻结以及电动车行业的多个风险进行预警，切实加强授信风险防范。二是建立健全各项管理制度，夯实授信管理基础工作。有针对性地加大对信贷投向、贷后资金流向、授信企业风险状况、抵押物管理等薄弱环节的监控力度，增强信贷风险管理的深度和广度。三是创新贷后检查方式，提高风险预警能力。认真组织现场、非现场风险排查工作，较好地完成各种常规管理和专项检查工作。四是大力清收问题贷款。截至2009年末，已清收不良贷款6060万元，并收回和化解有问题贷款消除潜在的信贷风险，因此被总行评为“清收工作先进单位”。

员工培训　在重点培训方面，专门邀请渣打银行、咨询公司专家授课，对中层经理作重点培训，提升中层的经营管理能力；开展两期厅堂服务培训，学习优秀餐饮行业服务经验，强化全员服务意识。在常规培训方面，开展各序列新业务推动类培训、新产品培训、岗位提升培训等培训43场，参训人员2000多人次。分行代表队在年度同业各类比赛中表现突出，成绩优异。在宁波市银行业务技能大赛上，获得团体第三名、两个单项个人第一名；在浙江省银行机构“学业务、强能力、促服务”支付结算知识竞赛决赛中，获得团体三等奖及对私业务类个人一等奖。

工会工作　分行工会在启动首届职代会（员工）代表大会的筹备工作的同时，继续深化员工关爱活动，组织员工体检疗养，坚持开展走访慰问活动，及时捎去组织关怀，以增强员工归属感和凝聚力。在总行工会组织的“团结协作，再创辉煌”劳动竞赛评比活动中，两个支行分别获得杰出集体奖、优秀集体奖；三名员工获得杰出个人奖、优秀个人奖。在迎国庆60周年职工书画摄影大赛中，分行两名员工书法作品分获一、二等奖。慈溪支行营业部被宁波市总工会、宁波市文明办授予“宁波市优质文明服务窗口——工人先锋号”荣誉称号。

广东发展银行股份有限公司宁波分行

广东发展银行股份有限公司
宁波分行行长　王天云

经营情况　2009年末，分行总资产余额150.35亿元，比上年增加23.21亿元，增长18.26%；本外币各项存款余额为144.33亿元，比上年增加24.81亿元，增长20.76%。本外币各项贷款余额为110.73亿元，比上年增加17.97亿元，增长16.23%。年末不良贷款按五级分类口径余额为2.08亿元，不良贷款率为1.88%，较年初降低0.58个百分点。全年实现财务收入6.32亿元，其中中间业务收入7404万元，实现利润总额2.41亿元。

公司业务　在政府实施巨额投资拉动经济增长的政策引导下，分行坚持发展“两头”企业的信贷政策。一方面，开展对基础设施类企业和大客户的合作，并将基础设施类项目确定为信贷业务的重要发展方向之一。2009年末，分行累计开发政府类项目20个，贷款授信31.3亿元。另一方面，分行坚持中小企业市场定位，积极发展信用较好、具有发展潜力的优质中小企业。通过配备人员，突出小企业管理和营销职能，年初推出小企业开发考核措施，并提出小企业的区域服务、系统服务、批量服务、主动服务四项要求，通过服务建立与小企业客户沟通渠道。分行于下半年针对性地推出小企业专业融资模式“好融通”，以进一步方便中小企业的融资需求。截至年末，分行共新增中小企业授信客户383户，授信金额67.3亿元。

个人业务　抓住机遇发展个人业务，个贷业务实现较快增长。2009年，分行抓住时机发展个人业务。2009年新增理财通卡2万张，累计发卡13.4万张；新增发信用卡7.3万张，累计发卡27.8万张。在个人理财方面，全年新增贵宾客户490户，累计贵宾客户850户。在加强理财产品营销的同时，分行抓住时机加强基金代理销售，全年共计销售2.81亿元基金。2009年，分行进一步加强与中国人寿等保险公司的合作，开展代理保险业务，全年完成标准保费收入934.9万元。在个人贷款方面，分行抓住下半年房市升温的时机，积极开展个人贷款业务，尤其是个人按揭贷款。通过主动营销、优化个贷操作流程、提高服务效率等措施，分行个贷业务实现较快发展。2009年末个人贷款余额16.81亿元，新增个贷6.41亿元，增长61.63%。

业务创新　2009年，分行安装浙江省首台驾车型ATM设备。推出“好融通”中小企业信贷业务模式。正式上线“集中式个人贷款业务管理系统”（PMS），该系统能实现与其他数据集中平台、短信平台、影像系统、人行个人信用信息管理数据库系统、住房公积金管理系统的数据交换，并依托分行会计核心系统，实现个人贷款业务的全流程自动化处理。

机构建设　2009年，分行对内部组织架构进行重新设置。根据《广东发展银行宁波分行组织架构设置管理办法（试行）》和《关于做好分行组织架构调整工作的通知》的要求，分行对本级部门架构进行系统化科学设置，调整后分行分13个部门。在网点建设方面。2009年8月，分行第二家异地支行慈溪支行顺利开业，弥补了分行在宁波慈溪地区的网点空白。2009年分行加强自助网点的建设，全年共新建自助网点14个，其中离行式自助银行7个，离行式单点自助6个、附行式自助银行1个，通过加快物理网点的建设，进一步扩大分行的辐射范围，提高服务质量，不断满足客户需求。

浙商银行股份有限公司宁波分行

浙商银行股份有限公司宁波分行行长　张叶艺

经营业绩　2009年全辖各项业务的发展势头迅猛，提前实现第一个五年规划的规模类目标。分行总资产达到130.22亿元（含舟山支行数据，下同），比年初增加54.26亿元。各项存款余额115.36亿元，同比增加44.65亿元，增长63.13%；各项贷款余额92.58亿元，同比增加36.62亿元，增长65.44%。全年实现营业增加值20354万元，比上年增加5103万元；实现考核净利润8911万元。考核不良资产率0.14%，同比下降0.04个百分点。

公司业务　在存款方面，紧紧围绕"建行五周年，存款冲百亿"的主题，通过开展存款竞赛、"农村包围城市"营销战略、业务联动带动存款的方式、重点客户名单制管理等措施，抓重点客户的营销和新设机构的推动，实现存款高速增长，增幅创历史新高，同时负债结构调整成效显著。分行在总行"存款超八百亿，迎五周年行庆"活动的最终综合得分排名中列第三位。在贷款方面，分行明确"加快业务发展，做大业务规模"的要求，通过统筹存贷比和票据比例、上调贷款营业增加值结构比例、适当下调贷款借款成本等政策配套，突出发展导向，优化资源配置，同时实行重点资产客户名单制管理和贷款每周预报跟踪制度，切实提高项目营销的针对性和贷款投放有效性。

小企业业务　小企业银行业务成为全年资产业务发展增长亮点，并取得"质量"双丰收。一是打造专营团队，建立立体的小企业银行业务专营模式。小企业银行服务完成对辖内6家支行业务范围的全覆盖。二是重视业务宣传，强化品牌推广，重点抓住新产品创新点的宣传。三是建立广泛的业务沟通渠道，搭建营销平台。四是创新营销方式，实现多赢。在慈溪率先推行"银村结对"，为那些经营情况良好却无抵押物的小企业提供融资渠道，响应"家电下乡"拉动内需的号召、支持"三农"，有力地扶持家电下乡配套生产的小企业，破解小企业抵押不足的融资难题，得到当地小企业主的欢迎和政府的高度肯定，也引起当地媒体的热情关注。2009年，单户1500万元及以下小企业贷款余额增幅达83.38%，比分行各项贷款增幅高出17.94个百分点，贷款户数1154户，同比增加845户，增长273.46%。

投行业务　2009年7月份，分行设立宁波投资银行部。全年宁波投资银行部按照分行既定基本工作思路"搭架子、建渠道、打基础"，实现机构资产管理业务、并购和银团贷款业务、非金融工具发行业务、财务顾问业务等各项业务全面起步，创造开局良好，更为公司业务的良性发展开拓一个新的渠道。

支行建设　分行在2009年初的工作会议上明确"做强支行"目标，并列入分行的2009年度工作重点。在目标管理上，分别提出支行加快实现存贷业务突破10亿元和加快小企业银行业务发展的目标要求；在管理思路上，集中有限资源，在人力资源、资金规模、考核激励给予适当倾斜，并建立支行行长季度经营管理分析例会制度；在工作措施上，分行班子成员多次深入支行调研，帮助支行解决运营中的突出问题，有力地推进支行发展。

风险管理　2009年，分行坚持"驾驭风险，创造价值"的风险管理核心理念，强化以风险防范为重点的各项内控管理工作，实现稳健经营、安全经营。全年的重点工作是集中力量，积极做好对不良贷款的清收处置。2009年共依法清收处理预警贷款6起，涉及授信金额6500万元；年末不良贷款率为0.72%，资产质量继续保持良好水平。

内控管理 全年围绕分行内控管理与案件防范工作会议的精神，以“强化基础，防控风险”为中心，突出防控的六项重点工作和四点工作要求，强化制度执行，切实提高内控有效性，严防操作风险和案件风险发生。强化检查整改，结合总行、宁波银监局的外部检查和分行各条线的内部检查，针对薄弱环节按照“严肃处理、积极整改、注重提高”的原则重视整改提高；完善内控管理体系设立稽核中心，投产非现场监测预警系统；创新内控管理方法，推行分支行的行长、分管行长、会计主管试行“四个一”制度。

团队建设 首度推行中层干部公开竞聘活动，实行工作岗位“双向选聘”，为员工选择职业生涯，施展才华提供机会。同时，建立员工职级薪酬晋升激励机制，促进优秀人才脱颖而出，最大限度发挥个人价值。在人才引进方面，重点是加强营销人员的引进，壮大营销队伍，为分行发展充实新的力量。全年新增营销人员89人，占新增人数的69%，使分行全辖的营销人员占比达到48%，超过浙商银行的平均水平。

企业文化建设 围绕着孕育“以做事做好事为原则，以负责、勤奋、务实、大气为基本要求，以你好我好大家好为目标”的浙商银行企业文化，分行组织开展五周年行庆系列活动，以员工羽毛球比赛、书画大赛、演讲比赛、文艺汇演等多种形式，展示员工的风貌，增强员工的信心和凝聚力。2009年，分行成功创建市级文明单位，成为宁波市10家全国性股份制商业中第二家获此殊荣的银行。同时涌现出一批优秀员工，如王山松被评为宁波市“我身边的文明之星”。

华夏银行股份有限公司宁波分行

华夏银行股份有限公司宁波分行行长　魏开文

主要业绩　2009年各项存款余额为57.07亿元，比上年增加15.84亿元，增幅为38.43%，增幅居系统内第五位。各项贷款余额为64.28亿元，比上年增加21.37亿元，增幅为49.78%，增幅居系统内第6位。实现拨备前利润1.13亿元，比上年增加0.16亿元，增幅为16.46%，增幅居系统内第六位。

存款成本降低　通过出台结构调整相关考核政策，加大对非保证金存款的营销力度和政策倾斜，以及对银票业务贸易背景真实性的审核把关，存款结构有所优化。2009年末保证金类存款占比下降至69%，结算存款占比提高9个百分点，吸存方式多元化的局面有所改观。通过提高企业结算存款回报，控制非保证金存款定活比例，配套出台相关考核政策。年末，分行定期类存款占比比年初下降20个百分点，存款付息率为1.74%，比上年末下降1.07个百分点，降幅在系统内居第三位。

外部形象　一是重视机构建设，加快开设城区和县域支行，以"2+1"速度进行网点布设，即开业2家支行，筹建1家支行。二是加强与政府和监管部门的沟通交流，严格落实监管部门的整改建议，确保监管评级不降级。三是加大广告宣传，设立机场广告，组织参加第二届宁波城市金融展，被人行宁波市中心支行评为"2009年金融宣传工作先进集体"。分行机构建设逐步迈入良性发展的轨道，外部形象进一步得到提升，为业务发展提供基础支撑。

营销机制　根据总行要求进一步完善公司业务营销组织架构，强化公司业务部的营销组织推动能力；初步建立解决问题机制，把客户经理座谈会作为分行重视营销工作，提升营销位势，着力解决问题的平台；建立分行领导定期走访客户制度，累计走访重点区域和重要客户50家，进一步贴近市场，深入一线；优质服务长效机制建设进入起步阶段。投入产出机制方面，建立客户经理按季动态管理考核机制，给予相应的薪酬和职级，全年分行客户经理降级降档和淘汰25人次，转正15人次，提级26人次。同时制定管理部门考核办法，打破吃大锅饭的分配模式。优化人力资源配置，人员配置向一线倾斜，全年新增一线营销人员51名，二线向一线前移1名，目前营销人员占比较上年提高9个百分点。

合规运营　加强制度梳理，完善内控体系，全年出台新办法22个、修订5个、废止21个。试行合规风险监测管理工作，合规运行水平有所提升。同时加强会计内控管理，对重要风险节点强化远程实时监控，强化风险节点管理。上线升级转贴现和电子验印系统，提高业务处理质量，2009年分行会计业务差错率比上年同期下降43%，年终决算系统内排名第三位，被人行宁波市中心支行评为货币流通和反假货币先进单位。行政运行机制方面，按照总行"深化行政运行机制改革，提高工作质量和办事效率"的工作要求，分行重点在加强执行力建设和提高工作效率等方面下工夫，对于推诿拖沓和交办无果等情况，分行建立首问责任制。制定《宁波分行执行力建设督查办法》，强化督办检查，提高行政运转效率；利用视频、短信、NOTES等现代工具提高办事效率；规范会议管理，提倡少开会、开短会，着力解决实际问题，提高办会效率；上线OA系统，利用系统资源厉行节约，提高办公效率。

信贷风险　主动转变观念，对授信调查、审查、审批、放款等环节进行优化，取消专职审批人实地走访企业的环节，建立专职审批人联系业务部门制度，切实提高解决问题的能力。同时建立问题贷款处理机制，分行班子定期听取问题贷款专题汇报，一户一策制订处置方案，并扎实开展风险排查15次。此外还加强对客户经理的授信业务培训，提高识别和处置风险的能力。由于措施到位，2009年分行授信业务运行平稳，年末分行逾期、欠息、展转贷款均为零，收息率100%；年末关注类贷款余额较年初下降1.34亿元，不良贷款3240万元。

中国邮政储蓄银行宁波分行

中国邮政储蓄银行宁波分行行长　陈建宏

经营业绩　2009年，全市邮政金融业务总收入4.58亿元，比上年增加1.1亿元，同比增长24.38%，其中自营业务收入1.7亿元，比上年增加6550万元，同比增长62.33%。2009年实现利润1542万元。

内部管理　启动"合规管理年"活动，深入开展规章制度梳理、小额贷款合规风险评估、机构合规评估、反洗钱工作评价、"合规学习月"以及"合规在我心中"知识竞赛活动。全年开展各类合规学习活动200余次，员工风险防范意识明显增强。采取现场检查和非现场检查相结合的方式，相继开展反洗钱、代理业务、小额贷款等专项检查，投入审计检查力量2112人次，全年未发生邮政金融资金案件和安全生产事故。积极实施"人才强行"战略，全年招聘38名本（专）科应届毕业生，充实到一线、专业管理和营销岗位；引进3名专业人才，充实到风险控制等岗位。建立员工职业晋升通道，全年完成优秀劳务工转聘为在岗职工16名。有重点、分层次、多样化组织高管人员、支行长及营销人员的金融知识、服务规范、法律法规以及业务技能培训，全年举办各类培训班40期，参训人员达到3000余人次，其中13期为中高级管理人员专题讲座。

基础设施建设　全年完成3家机构筹建、3家机构开业以及54家机构更名、临时停业和迁址工作。启动店面改造工程，完成分行办公楼搬迁，完成福明路、桑田路、慈城等3个新增网点的购置和租赁工作，为有效调整客户结构、提升服务中高端客户能力打下坚实基础。全年新增自动取款机28台、存取款一体机2台，自助设备同比增长20%，有效缓解窗口营业的压力。电子服务渠道建设取得新进展，全年电话银行加办户数达到13.5万户，交易量达到39万笔。电话银行交易量的迅速增加，为客户开辟一条方便快捷的电子化交易渠道，减轻营业网点的服务压力。顺利完成集中PDS综合布线系统、图像监控系统、KVM系统等9个系统的中心机房建设，初步完成分行模式同城票据、国库税行横向联网系统的需求编写、测试环境搭建、线路设备调试等工作，完成公司业务系统和储蓄业务系统互联项目上线验证测试、储蓄系统2.0版本改造、分行OA系统上线等工程，有力地支撑业务发展。

党建和精神文明　分行邀请市委宣讲团上课，组织专题学习5次，领导班子成员在党委中心组做专题发言3次，编辑专题简报9期，发布各类宣贯信息52条，收到各类合理化建议29条。做好经常性的党员教育、培养和发展工作，全年发展党员4名，10名预备党员转正，3名同志被确定为入党积极分子并参加培训。成立分行党风廉政建设工作领导小组，制定出台《治理商业贿赂领导小组》、《从业人员亲属回避制度》等一系列管理规章制度，通过签订《党风廉政建设责任书》，组织党员干部观看廉政建设展览，认真落实"一岗双责"规定。2009年慈溪支行徐淑君、余姚支行褚海青、宁海支行金海霞3名信贷员被总行评为"全国优秀信贷员"，分行渔船抵押贷款产品被总行评为"金雁奖"优秀营销项目。

宁波银行股份有限公司

宁波银行股份有限公司董事长　陆华裕

综合业绩　2009年末，总资产达1633.52亿元，增长58.19%；各项存款1107.52亿元，增长45.30%；各项贷款818.64亿元，增长66.54%。全年实现净利润14.57亿元，增长9.44%；净资产收益率为14.96%，同比下降0.16个百分点；每股收益0.58元，同比增加0.05元。不良贷款率0.79%，同比下降0.13个百分点。

以市场为导向，灵活推进各项业务持续发展　推出“商盈100”现金管理品牌，并通过推介会、广告宣传等方式着力打造“商盈在线”、“商盈有方”、“商盈理财”三大特色子品牌，进一步提升公司银行的品牌影响力。以“商盈在线”为依托，积极推进公司网银业务，集团账户、网上支付、批量扣款、在线核查、电子对账、国际业务等网银功能得到广大客户的认可与好评，成为营销、服务客户的新渠道。通过发行结构性存款、固定期限理财等“商盈理财”产品，有效拉动公司条线存、贷款及中间业务的持续增长。各分支行积极创新批量化零售公司业务营销模式，通过政府平台销售、沙龙式销售、抱团式销售、转介销售、链式销售等多种模式，批量开发客户取得新突破，资产业务快速发展，溢价水平、赢利能力保持稳定，战略转型和品牌推广效果明显，得到主流媒体的持续关注。产品创新持续推进，金色池塘的产品体系更加完善，互助融、业链融、小额贷等新产品成功上市，初步取得市场认可。电子渠道使用率不断提升，服务功能不断得到优化和创新。主动调整发卡策略，初步实现信用卡业务的盈亏平衡。以赢利为中心，提高目标客群标准、收缩本卡销售规模，取消发卡数量考核制度。积极探索个人小额信贷和消费金融发展模式，实现信用卡业务向中高端业务转型。在风险可控的前提下，积极发展人民币、外币做市商交易。全年共拓展91家交易对手，荣获银行间外汇市场“年度最佳做市商”称号。按照“风险可控、成本可算、结构透明”的原则，加快产品开发的进度，以提高资产收益率和中间业务收益，全年为流动性管理、资产投资管理、个人条线、公司条线和金融市场条线开发25个新产品。积极拓展同业业务渠道，初步建立以国有商业银行和股份制银行为主，城商行、农商行、农联社、信用社、外资银行为辅的同业合作格局。

以效率为准则，不断优化机构管理模式　进一步完善总行二级部的设置，重点充实加强总行审计部、风险管理部、监察保卫部等中后台风控力量；设立分管风险和运营副行长，全面负责各类业务的风险管理；设立审计部、监察保卫部等风险控制部门，双线考核，双向报告；将运营部由垂直管理改为矩阵式管理，双线管理，双向报告。分条线下达年度工作计划及考核激励办法，并对各级机构进行成本收入比的考核，加强预算管理，提高分支行赢利水平。各分行主动适应市场需求，不断完善组织架构优化管理流程，积极开展产品创新与服务创新，加快融入当地主流市场，推进分行地区业务的快速发展。有计划推进网点建设工作，开设苏州分行，获准筹建温州分行，年末网点总数达88家。

以风控为保障，确保各项业务稳健运行　实施审批流程改革和再造，坚持区域审批和行业审批相结合，适时优化调整零售公司、个人银行业务及分行公司银行业务审批权限，提高授信业务审批效率。对分行信贷业务、表外业务和中间业务进行风险排查，加强行业风险预警工作。加强风险资产的转化与处置，清收不良贷款3.17亿元。制定《外包业务风险管理政策》，明确签订外包协议的程序、外包业务风险管理要求等，确保外包业务操作有章可循。做好操作风险的识别、评估、监控和报告工作，实施案件风险排查，做好大额存款进出情况、银行承兑汇票和大额授信业务的排查工作，确保银行和客户资金安全。完成合规风险管理系统、印章管理系统开发工作，积极应对操作风险。定期形成分析报告，做好日常的存贷款监控与预判工作。每季对流动性风险、利率风险和汇率风险实施压力测试，以验证该行资产负债结构的抗风险能力。定期召开资产负债会议，加强对流动性风险的监测与管理。有效监控市场风险限额，确保交易账户市场风险处于可控范围之内。搭建防范市场风险的内部控制框架，有效发现异常交易。全力跟进资金新产品的风险识别、计量和控制手段，实时了解新产品的风险状况。开发市场风险计量模型，为市场风险的资本占用进行定量分析。制定并实施《宁波银行声誉风险管理办法》，加强对声誉风险的管理。

以科技为引领，努力探索先进经营管理手段　根据业务发展的需要，加大科技投入的力度，实施多方面的系统建设。启动优化更新核心系统，以支撑未来业务的发展。完成手机银行的开发与上线，进一步丰富客户服务渠道，提升客户服务能力。开发电子商业汇票业务处理系统，满足客户开展电子商业汇票、纸质商业汇票登记查询和商业汇票公开报价等业务的需要。开发电子国债系统，发债品种更加丰富、债权管理更加科学、购买兑付更加方便、任务调剂更加灵活、监管更加有力。开发新办公系统，提高工作效率。开发客户服务中心二期，增加个人信贷业务、质检系统、电子表单系统和升级知识库等主要功能。引进 Oracle 财务管理系统，以实现大总账管理、多套账管理，支持多维度费用核算。

以人才为支撑，积极构建人性化员工管理模式　本着人力资源也像业务资源一样需要精心经营的理念，不断提升经营管理水平。在借鉴国际先进银行经验基础上，构建符合该行发展的职位体系、薪酬体系和机构考核指标体系，实施人力资源咨询项目，推进人力资源战略管理，强化人力资源优化整合，提高人均劳动生产率。在积极引进各类人才的同时，对部分人员岗位进行优化调整，提高生产效率，控制人工成本。加快人才培养，推进内部人才梯队建设，组织开展宁波地区支行行长助理、行长后备人才选拔，更新后备人才库。加强宁波银行大学建设，初步建立比较完善的培训体系，建立起一支由 154 人组成的讲师队伍，开发 164 门课程，实现网络学习平台顺利上线。

以文化为基石，着力塑造基业长青的价值认同　围绕“诚信敬业、合规高效、融合创新”的文化理念，以“激情、奉献、荣誉”为精神追求，着力倡导“为宁波银行事业而奋斗”的价值纲领。在全行范围内开展金融危机主题讨论，加强员工危机意识、风险防范意识和责任意识教育，探索开源节流、提高赢利的方法，收到明显效果。在 2008 年度先进标兵和团体中选拔 10 名代表进行巡回演讲，开展企业文化宣讲活动。设立金点子信箱，建立创新长效机制，积极鼓励员工对业务创新、机制创新、制度创新和文化创新出谋划策。开展以“激情、奉献、荣誉”六字精神追求为主题的“好书大家读”活动。为庆祝新中国成立 60 周年，在全行范围内组织以“展示风采、争创佳绩、献礼国庆、共赢未来”为主题的国庆文艺汇演。形成有宁波银行特色的企业文化体系。主动履行企业公民责任，积极投身社会公益事业，品牌知名度不断得到提升。2009 年，荣获宁波市政府“宁波慈善奖”，“中国最具社会责任金融机构”奖，中华慈善总会“中华慈善突出贡献单位奖”等。

上海银行股份有限公司宁波分行

上海银行股份有限公司宁波分行行长　沈业贵

综合业绩　2009年末，总资产规模达104.7亿元，增长45%；本外币存款余额87.56亿元，增长27%；本外币贷款余额88.46亿元，增长51%。信用卡新增发卡3.35万张，国际结算量为4.51亿美元，结售汇2.29亿美元，中间业务收入1463万元。实现利润6441万元。

管理措施　从健全机制着手，逐步建立从周一行长例会、经营形势分析会、行长办公会、党委会到职工代表大会的分析决策部署机制。领导班子内部坚持民主集中制，重大问题集体决策，并形成会议纪要。每月拟订工作动态和工作计划，做到工作有计划、有布置、有检查。着力健全业绩购买资源机制，促进主要业务有效快速发展。制定实施部门KPI考核、支行KPI考核、客户经理考核、员工考核等系列考核办法，初步建立全方位、全覆盖的考核体系。6月以来，分行上下理清思路、统一思想、明确目标，加强高层营销、联动营销和全员营销，以加快发展为目标，根据不同时期的业务发展要求，先后组织"百日营销"和"旺季营销"活动，市场份额得到一定提升。拟定实施《上海银行宁波分行公司客户信贷准入管理实施细则》，健全信贷准入、退出机制，建立风险与经营"双线"会商制度，从源头上控制信贷风险。加强贷后管理，加大贷后检查频度与力度，加强资产分类管理和动态风险预警，初步建立起有效的风险预警及快速反应机制；加大对不良资产问责、奖罚力度，出台《上海银行宁波分行不良资产责任认定处罚办法》、《上海银行宁波分行不良资产处置奖励实施细则》，增强分行风险防范意识，激发员工化解不良资产积极性。通过诉讼、重组、协调等多种形式，调整充实律师事务所，积极化解和清收不良资产，全年回收12863万元。对历年来内外部审计检查出来的问题进行认真的分析梳理，分别从综合管理、对公授信业务、对私授信业务、外汇业务等方面列出细目，明确责任部门、整改时限和整改措施。

人力资源管理　针对客户经理组织开展多次针对性很强的业务和营销技能培训，对每次培训做到有计划、有考试、有档案。加强对分行营销团队管理，制定实施《2009年度分行营销团队KPI考核办法》。2009年末，金融理财师（AFP）达11名，本年新增3名，实现每个网点至少有1名金融理财师。根据业务发展需要，组织参加行内外培训60期，共计1480人次，人均6.3次。多次组织"迎世博，强素质，比技能"等业务竞赛活动。通过培训和竞赛，提高员工综合素质，11月份在全省银行机构"学业务、强能力、促服务"支付结算知识竞赛中，荣获团体二等奖。

企业文化　建立服务监督机制，牢固树立"分行为支行服务、二线为一线服务、分行为客户服务"的理念，在服务规范、服务效率、服务能力、服务安全、服务设施、服务环境等诸方面进行摸索，并取得一定的成绩，在竞争激烈的金融同业中树立讲品牌、讲信誉、讲质量、讲效率的社会形象。7月份聘请礼仪专家组织开展柜面文明服务礼仪培训。培训采取互动学习方式，结合柜面服务案例，着重介绍各种服务礼仪知识，提高员工服务质量，分行营业部保持中国银行业千家文明服务示范单位称号。加强群团组织建设，开展系列文体、劳动竞赛、合理化建议和读书活动，从工作、生活等多方面关爱员工，营造和谐工作环境，进一步增强凝聚力。组队参加宁波市财贸工会的国庆文艺会演，并获得二等奖，分行营业部荣获总行“共青团示范集体”称号。员工队伍素质和内部管理得到进一步加强，全年安全无事故、无有效投诉，在各类竞赛和活动中获得多项荣誉。

包商银行股份有限公司宁波分行

包商银行股份有限公司宁波分行行长　陈立平

综合业绩　2009年末各项存款余额46.18亿元，增长79.13%；各项贷款余额33.9亿元，增长66.1%。实现账面利润3161万元，较年初增长4429万元。

微贷业务　结合宁波实际，努力突出“没有抵押物也可以贷款”的微小企业贷款经营理念，取得良好的品牌效应，全年累计发放微小企业贷款860笔，金额2.68亿元。通过“扫马路”、“扫楼梯”方式，由客户经理携带宣传单、展架、海报等，深入市场、社区逐户宣传营销，全年累计直面营销次数近1000次。积极参加各类银企见面会，深受企业代表关注，并当场签订多份意向协议书。根据总行战略部署，对微小企业金融部组织框架进行相应调整，优化组织结构，实施标准化操作流程，在部门内新设三个业务室、一个综合管理室和一个培训室。为更好地细分市场、服务客户，进一步明确营销方向，以宁波的几大专业商品市场为依托，在原有产品基础上大胆创新突破，以特定的优质市场业主为目标客户群，灵活准确地运用微小企业信贷技术注重对客户财务数据的分析，推出“包商即日贷”产品，即无抵押无担保贷款，得到甬城各大商品专业市场欢迎。在总行的支持下，根据不同层次客户的贷款需求，分行于10月份推出“珍珠贝”微小企业贷款系列产品，进一步丰富微小企业贷款内容。

公司业务　以效益为中心，立足中小企业，坚持走“一体两翼”的发展模式，努力增强公司业务核心竞争力。“一体”是指打造包商银行的品牌，“两翼”是指制度创新和经营创新，“一体两翼”就是通过制度创新和经营创新，实现差异化竞争。2009年发放中小企业贷款1044笔，累计金额6.59亿元，占公司类贷款总额的21.51%。建立行长室、营销部门负责人、客户经理“三位一体”的多层次营销方式，通过交叉营销和重点营销，有力地强化营销效果，市场竞争力得到加强。在贷款投向上，加大对政府支持行业、重点项目的投放力度。成立分行票据中心，积极与他行建立同业授信的申报工作，打通分行票据业务渠道，为下一步成功争取票据同业授信业务奠定基础。

国际业务　积极参加人行宁波市中心支行和市外经贸局联合建设的中小企业贸易融资平台，发布产品及企业对接见面会，成立贸易融资推动中心，积极开展对宁波市进出口业务排名前100强的企业的营销工作，取得一定成效。在总行系统内率先开立NRA账户（境外机构境内银行外币账户），并成功办理该类账户的国际结算业务。设计账户数据信息提取系统，极大地提高数据信息的效率和准确性。

风险管理　根据工作需要及内控要求，增设人力资源管理部、营业部、风险管理部，成立风险管理委员会。增加风险管理规章制度21项，制定实施授信审批规章制度6项，确保各项工作有章可循，有据可查，全面地提升分行风险管理水平。根据“审贷分离”原则，建立较为完善的贷审会制度，实行授信业务专职审查，施行授信审查人绩效考核，确保授信审查审批质量；同时，审贷人员还参与对重点授信客户的实地调查，以剖析授信项目的主要风险点，研究提出风险规避和防范措施，完善授信方案；积极开展行业、贷款项目的回访调研工作，及时撰写调研报告，发布风险提示、预警信息，对分行贷款的投向、行业准入退出、信贷结构的调整提出专业意见。

党建及企业文化建设　制定实施《深入贯彻落实科学发展观活动实施方案》，在党员学习理论知识基础上，开展各种形式的民主生活会、党员交流学习会、撰写心得体会。领导班子不断加强和改进中心组理论学习，率先垂范，带领分行员工力做业务拓展的先锋。组织党员和入党积极分子到四明山祭扫革命先烈，使党员干部的心灵受到净化和洗礼。以责任追究和重要环节监督为重点，通过开展“述职述廉、廉政谈话、警示教育”等活动，推动党风廉政建设深入开展。上半年，分行工、团组织相继成立。通过办公区域的局部改造，解决新进员工的办公场所问题；在经费十分有限的情况下，开办职工食堂，得到全体员工的拥护。坚持“规范出精品，管理出效益”的工作思路，加强员工业务培训，规范员工日常行为。引导青年团员开展丰富多彩的文体活动，组织首届员工羽毛球比赛。下半年，新一届行领导班子及时召开分行员工大会，通过摆问题、找差距、转观念、理思路、出措施、抓落实，理顺工作关系，稳定人心，员工工作热情进一步高涨。

临商银行股份有限公司宁波分行

临商银行股份有限公司宁波分行行长　卢立富

综合业绩　2009年末各项存款余额31.78亿元，其中储蓄存款2.5亿元，各项贷款余额22.78万元，其中个人贷款4468万元，办理国际结算14137万美元，实现账面利润3255万元。

业务拓展　牢固树立“发展是硬道理”的观念，广泛开展业务营销活动。按照“了解的客户、熟悉的市场”的授信准入原则，对经济效益好、发展前景广的企业，在确保风险控制的情况下予以信贷支持，以逐步扩大银企合作面。开展“我为临商，精彩夏天”百日储蓄竞赛活动，发动全体员工参与联动，有力推动业务的发展。在遵循总行规定的基础上，制定适合分行的国际业务管理办法和操作规程，调动一切积极因素，主动营销，国际业务得到全面展开。发挥临商银行服务物流业的特长，积极响应市政府关于“加快发展现代物流业，打造全国性物流节点城市”的号召，不断探索支持宁波物流业发展之路。在宁波物流协会的大力协助下，通过调研和分析，专为宁波物流业推出“物流直通车”系列产品信贷融资业务，深受宁波物流企业的欢迎。通过系统建设、产品开发、队伍建设、交叉营销，大力发展个人业务有效客户群体，初步实现公私业务齐头并进的良好势头。

内控建设　按照“全面风险管理”的理念和“全面、审慎、有效、独立”的内部控制原则，制定科学的内控政策、目标及评价办法，作为内控建设和管理的纲领性文件。制定转授权办法，完善覆盖信用风险、市场风险、操作风险的全面风险管理体系和合规管理体系，建立严格的制度执行监督与评价机制。加强合规审查，全面分析分行所辖各类授信客户的风险点，以便有的放矢，及时化解风险隐患。加强财务会计管理，规范业务行为，防范结算风险。明确制度健全、执行有力、内控严密、持续有效的案件防控工作目标，成立案件防控工作领导小组，建立健全案件防控责任制度。建立社会治安综合治理领导小组等安全工作组织，按照“谁主管，谁负责”的原则和“一级抓一级、层层抓落实”的要求，逐级签订《安全工作目标管理责任书》；制定《临商银行宁波分行安全保卫工作实施细则》、《临商银行宁波分行营业场所安全操作规程》，组织消防培训、营业网点安全操作规程培训及分行安全制度培训；加强安全检查，对发现的问题及时落实整改措施；开展营业网点防抢劫预案演练，机房停电应急预案演练，票据电子交换系统危机处置演练，提高处置突发事件能力。制定《分行保密工作实施细则》，实施保密工作责任制，与各部门签订保密责任状，组织分行员工进行保密知识考试，开展保密工作自查工作。

人力资源管理　制定《临商银行宁波分行人力资源管理暂行规定》，明确员工招聘、岗位竞聘、晋升、离职等程序。完善激励约束机制，通过全面绩效考核，推动分行业务和内控建设的全面发展。制定年度培训计划，落实培训内容，开展业务技能、财务管理、大额与可疑交易、反洗钱、账户管理、国际业务、网银等专业培训和法律法规系列培训，安排柜员持证上岗考试和信贷业务从业人员上岗资格考试等。2009年累计组织各类培训69次，受训700多人次。下发《关于加强员工道德风险管理的通知》，规范道德风险管理工作，切实加强对员工的动态管理，预防因员工道德风险引起操作风险。

企业文化建设　在实际工作中，不断强化员工服务意识，灌输服务理念，开展月度服务明星评选、柜员月度考核、季度业务测试，组织礼仪培训等，努力提升服务水平，树立窗口形象，以良好的服务，弥补分行网点少、结算业务不够通畅的不足。结合平安宁波建设，在小区内参与公益性宣传活动，以提高临商银行在居民中的知名度；参加宁波市首届中小企业融资洽谈会、江东区银企对接洽谈会、宁波市外经贸企业投资洽谈会，在支持当地企业、促进经济发展的同时，提升分行在宁波企业中的知名度；参与新中国成立60周年和宁波解放60周年庆祝活动，扩大分行在市民中的知晓度。开展“提合理化建议和产品名称征集”活动，发挥员工主人翁作用。组织员工参加读书活动、征文比赛、羽毛球比赛等文体活动，丰富员工的文化生活，增强员工凝聚力。

浙江泰隆商业银行股份有限公司宁波分行

浙江泰隆商业银行股份有限公司
宁波分行行长　颜利红

综合业绩　截至2009年末，各项存款余额17.1亿元，各项贷款余额8.8亿元，贷款户数1096户。其中100万以下小额贷款余额4.0亿元，占总贷款余额的46%，户数917户，占贷款总户数的83%。贷款主要投向商贸、制造和建筑等行业，三类行业年末贷款余额分别占32%、31%和24%。资产质量完好，尚无不良贷款。

组织架构和系统建设　分行设办公室、市场管理部、风险管理部、运营管理部、营业部、人力资源部、企划部、创业发展部等八个部门，并于2009年11月30日在慈溪观海卫镇开设观海卫支行。2009年末，分行共有员工138名。建立健全风险合规管理网络、内部控制管理网络、反洗钱管理网络及行风行貌监督管理网络。1月初开办网上银行业务，同时配合总行完成银联的上线工作，2月份开始办理票据业务，4月份开办信用卡业务，5月份开办国际结算业务。分别于3月份、6月份正式开通同城票据交换对公、对私业务，6月中旬开办同城票据交换外币业务，仅用半年时间就完成结算系统建设，速度领先于同期开业的几家城商行。

经营特色　树立“市场第一”、“一线为市场，后勤为一线”的服务理念，着力落实总行“三三制”、服务承诺制并继承泰隆17年来“查三品、看三表”的优良做法，通过大量数字化“硬信息”和社会化“软信息”的有机结合，以更加务实的态度和灵活的手段分析客户的成长潜力和偿债能力。针对小企业有效抵押物不足及贷款需求“短、频、快”等特点，建立高效的审批机制和多方位考察企业经营状况的综合指标体系，推行“额小、期短”“笔笔清”的贷款模式，实行存贷挂钩积数定价的一户一策定价技术等特色做法，迅速开辟宁波地区的小企业、个体经营户市场，形成稳定的客户群体。开发并推广创业通、融易通及道义担保等创新特色产品，有效地迎合小企业及个体工商户的多元化信贷需求。开展金融服务进社区活动，探索零售业务批发做的途径，组建专营团队，重点推进“支农、支小、送服务下乡”等工作的开展。通过对专业市场及优质客户的深度挖掘，实行口碑宣传，以点带面发展上下游行业链。全年开出银行承兑汇票169笔，票面余额11921万元。

内部控制和风险管理　以“审慎经营、稳健发展”为经营理念，努力提升精细化管理水平。参照总行制度体系，结合宁波实际情况，不断搭建和完善制度框架；高标准、严要求，注重细节化管理。着力于完善风险控制体系和控制机制建设，建立健全风险控制网络。各部门都设有风险管理兼职人员，建立定期的风险管理交流会议制度，实现风险信息的快速交流和反馈；将各职能部门的业务管理、检查监督纳入风险控制体系，加强分行内部自查机制建设，构筑从各业务部门、风险管理部到柜面的三道防线。着眼于案件防控，开展“百日大排查”工作，多次召开操作性风险专题培训、教育会议。与当地公安、工商、税务、街道、社区等部门沟通和联系，初步搭建外部了解客户信息的平台和通道，了解客户的整体经营情况，为风险管理打下坚实的基础。建立大额贷款集体商议机制，对500万元以上贷款的审批，市场部、风险部、营运部等相关部门共同商议，共同为贷款“把脉会诊”。注重贷后检查的持续跟进，坚持每月有贷后的专项检查工作；发挥窗口指导作用，做好风险提示；建立分行信息共享机制，提高信息透明度。规范员工管理，从内部防控道德风险。开业至今，未发生重大风险事件。

队伍和品牌建设 坚持“品牌企业先树立品牌员工”的指导思想，大力营造有利于人才脱颖而出的创新环境，提拔一批年轻有为的骨干员工到领导岗位。注重人才储备和梯队建设，为进一步发展做准备，做好人才的“选”“育”“用”“留”工作。通过实战培训、帮带指导、举办“百家讲坛”、“模拟营销”等多种形式，交流学习心得及成长体会，促进泰隆企业文化和理念对新员工群体的熏陶与教育。做到激励与约束并重，预防与监督并举，制度管理和人文关怀同步。对违规行为实行“零容忍度”，根据信贷岗位的特殊性，规定员工的“双十禁令”，并成立行规行貌监督检查小组，定期、不定期进行检查，基本形成良性自律的工作氛围。在严格执行各项规章制度的同时，营造人文关怀、打造泰隆特色“家文化”工作氛围，以党、工、团、妇组织为平台，开展羽毛球赛、篮球赛、拔河比赛等各种群体性文化活动，增强员工凝聚力。员工在工作之余，能享受到带薪休假、培训等权利。通过联席工作会议、行长接待日等形式，促进分行上下和谐、平等交流。结合宁波的经济特点，努力打造具有分行特色的企业文化，逐步在选择的领域逐步形成品牌优势。大力推进“文明单位、青年文明号”等各类创建工作。利用新闻造势、规模蓄势、效益强势，使得品牌形象进一步得到提升；积极承担社会责任，寒、暑假期间为二号桥市场的经营户子女义务辅导，在年末开展向江东区各街道外来务工者及城市特困户的捐助活动等，在提升企业形象的同时获得社会各界的认可。

杭州银行股份有限公司宁波分行

杭州银行股份有限公司宁波分行行长　邵为民

发展概况　2009年5月26日，杭州银行宁波分行正式成立，宁波分行是杭州银行的第五家跨区域分行、省内第二家分行，秉承总行“诚信、创新、效率、尊重、责任”的核心价值观，认真贯彻执行总行三年发展战略，建立健全内部控制机制，加强各类风险防范，积极应对外部复杂的经济金融环境，针对宁波经济现状，选择业务突破口，制定切合实际的发展战略，坚持外树形象、内强管理，取得各项业务和谐稳健发展的良好开局。截至2009年末，分行本外币各项存款余额311634万元，本外币各项贷款余额219254万元，国际结算量达17120万美元，不良贷款率为零，实现拨备前利润927.73万元。

业务拓展　根据总行工作会议精神，积极应对国家宏观调控政策，结合宁波区域经济环境，明确公司业务发展重点，将效益、信誉良好的中型企业客户定为主要客户群体，适度争揽大公司客户，夯实业务发展基础，做大做强公司业务。积极推动星火计划与卓越计划的本地实施，尤其在星火计划上取得阶段性突破，为明年服务新农村建设打下扎实基础。截至2009年末，分行公司存款客户数343户，存款余额29.39亿元，公司贷款客户数104户，余额20.31亿元；办理商票贴现7.38亿元，银票贴现2.66亿元；银行承兑汇票余额7.02亿元；保函业务5.09亿元。相继制订出台《零售业务相关规章制度》，与宁波知名房产公司签订按揭合作协议，并派员上门签单收单，提供高质量的按揭服务。通过积极开展金融进社区活动和发动全员营销，开展公私联动，并取得良好效果。6月组建专职小企业客户经理队伍。前期主要着手分行周边市场小企业的调研及总行模式、产品在宁波的推广工作。通过组织分行各营销团队客户经理培训、座谈会等方式，积极推动小企业业务发展，现已经建立两个合作项目，一个合作平台，已经陆续开展联保贷款、货押贷款等业务，在小企业产品上有所突破。

内部管理　2009年，分行按照“垂直管理为主、条块结合”的要求和“总—分—支”双向矩阵报告模式，初步建立分行垂直风险管理体系。实行风险总监委派制度，按照“专业化、集约化、垂直化”原则，组建分行风险管理与合规部，建立涵盖信用风险、市场风险、操作风险、合规风险等在内的分行全面风险管理组织体制和机制，实行专业化经营。坚持“审贷分离”原则，建立分行贷审会制度，强化“后台管理”理念，实行授信业务专职审查、审批制度。积极组织开展各类风险合规检查工作，通过各项检查及时发现分行各项业务发展中存在的问题和潜在的风险隐患，并按规定落实整改，有效防范各类操作风险发生。分行注重加强会计结算操作管理，根据分行运营操作特色，不定期出具规范公司信贷操作流程等相关事项的工作联系单，以明确日常业务中需要协调解决的问题。通过完善和细化岗位责任制，保证会计结算内控管理，使内控制度的触角延伸到会计核算的每一个角落。

科技支撑　建立完善一系列计算机运行和管理规章制度，并注重加强信息平台建设，为分行各项业务正常运行提供全面的技术支撑。目前总、分行广域网络、综合业务处理系统、银联清算系统、银监主线、人行城市金融互联网络以及人行实时清算系统等运行稳定。2009年10月，分行加入宁波市财税库银计算机横向联网系统，用于纳税数据的自动扣缴，12 月，宁波同城清算系统分行接口成功上线，从而进一步丰富分行结算支付手段，加快结算速度。

企业文化　为传承弘扬杭州银行优秀企业文化，分行领导班子坚持秉承“务实、人本”文化精髓，率先垂范，精诚团结，带好队伍，不搞“一言堂”。鼓励员工畅所欲言，积极进言。积极组建各类社团活动，目前已成立瑜伽协会、羽毛球协会和钓鱼协会，鼓励开展各具特色、形式多样、有益身心健康的企业文化活动，本年度已成功组织“读一本好书、捐两本爱书”活动、参加总行双庆文艺汇演、组织全员劳动竞赛、登山比赛暨农家乐、拔河比赛，以及开展“职工书屋”等活动。通过开展“慈善募捐、金融服务进社区”活动，积极引导全体员工树立社会责任意识，对社会自觉承担责任，在经营中促进社区和谐，努力塑造负责任的公众银行形象。

温州银行股份有限公司宁波分行

温州银行股份有限公司宁波分行行长　张志勇

2009年2月6日，温州银行宁波分行正式对外营业。

经营情况　2009年末，分行总资产23.21亿元，人民币存款余额20.85亿元，人民币贷款余额16.23亿元；不良资产为零，实现利润285.2万元。

人力资源管理　建立健全人力资源管理机制，保障分行发展所需人才的储备、使用、管理纳入有序管理。一是加强建章立制，明确管理要求，理顺管理流程；二是注重人力资源精细管理，不断完善员工入职、异动等人事管理流程，强化前端管理，控制劳动风险；三是根据分行业务发展需要，分批次、有重点地引进同业优秀人才，并着眼未来分行业务发展，逐步建立人才梯队建设和后备人才培养机制；四是重视培训工作；五是坚持以业绩为导向，建立“德、能、勤、绩”考评相结合的综合评价体系，形成分行内部良性竞争机制。

信息科技　分行以系统基础建设为重点，以提升信息化管理水平为目标，充分发挥技术支持、安全保障和信息服务三项职能。主要是计算机信息电子化基础建设和改造成效显著，分行中心机房建设、网络系统建设、UPS电源和精密空调的管理工作全面完成，创造良好的办公运行环境。各业务软件的推广和维护工作，完成多项系统的上线、推广和维护工作，为业务发展提供有力的科技保障。

风险管理　以控制信用风险为首要任务，根据总行经营策略和分行的信贷政策，审慎、稳健地开展信贷业务，积极主动优化资产负债结构，努力提高识别、计量、监测和控制风险水平，完善各项信贷规章制度，初步确立相对科学合理的信贷管理体制，为分行今后业务的快速健康发展奠定稳固的指导思想基础，推进各项制度建设，完善信用风险识别手段，合理运用风险分散、风险规避、风险转移、风险补偿各种措施，降低信贷业务违约概率和损失可能性，保证分行信贷资产安全。

合规建设　开展内控合规文化教育活动，从业务关键节点、重点人员和突出问题入手开展内控合规文化建设，形成浓厚的内控合规文化。明确岗位责任制和问责制，建立相应的激励约束机制，促进依法合规经营。开展合规业务培训辅导，将合规培训与岗位技能的培训和业务风险控制能力培训结合起来，提高员工工作质量和增强合规风险意识，规范操作行为，努力构建分行内控合规文化。

企业文化　深入开展企业文化建设活动，弘扬家园文化。组织开展走进社区反假币宣传活动，提高识别假币的能力；积极开展文体小组活动，丰富职工的业余生活；召开分行民主生活会，积极开展批评和自我批评，形成相互帮助、共同提高的民主氛围；关爱员工，在员工生日时送上生日蛋糕，对有需要的员工开展慰问活动，让员工体会到温州银行大家庭的温暖。

浙江民泰商业银行股份有限公司宁波分行

浙江民泰商业银行股份有限公司
宁波分行行长　董　明

浙江民泰商业银行前身是成立于1988年的温岭市城市信用社。2006年8月18日，经中国银行业监督管理委员会批准，正式改建为浙江民泰商业银行。目前在省内设舟山分行、杭州分行、宁波分行，在台州辖区设有一个营业部和15家支行。在省外设有成都分行，发起设立江苏邗江民泰村镇银行。

2009年12月17日，浙江民泰商业银行宁波分行在东港喜来登酒店举行开业典礼。原省委副书记梁平波、宁波市副市长苏利冕、台州市副市长徐仁鹤、浙江画院院长张华胜、台州市政府副秘书长陈连清、宁波市金融办主任姚蓓军、人行宁波市中心支行副行长谢伟江、宁波银监局副局长吕碧琴、台州银监分局局长林奇、金华银监分局局长章银根、舟山银监分局局长陈兆水、鄞州区人大常委会副主任张世华、鄞州区副区长王洪平等领导出席庆典仪式。

民泰银行始终坚持“服务中小企业，服务个体经营户，服务城乡居民”的市场定位，力求为中小企业的发展提供最便捷、最可靠、最贴心的金融服务。经过不断实践与探索，民泰银行在中小企业尤其是小企业金融服务上做出自己的特色，建立一套“效率高、管控严、风险小”的小企业信贷服务模式。

象山国民村镇银行有限责任公司

象山国民村镇银行有限责任公司
董事长　马亚芬

主要业绩　2009年末，各项存款余额2.46亿元，比年初增加1.2亿元，各项贷款余额1.82亿元，比年初增加8488万元，实现营业收入1280万元，税前利润458万元；代理保险近10万元，代理鄞州银行蜜蜂卡327只，授信金额5069万元，代理国际结算业务260万美元。

2009年6月开始涉足渔船抵押贷款，受到广大渔民的欢迎，至2009年末余额已达1236万元。本着“做小、做散”的服务理念，重视农户贷款的发放，支持农民创业和农村建设。2009年末农户贷款余额为7388万元，比上年增加3988万元，增长率为117.29%。

经营管理　按照审慎合规经营要求，在发展过程中不断弥补内控制度建设空缺，初步形成统一法人、集体决策、分级授权、责任明确、控制有力的内控管理机制。为防范案件的发生，首先对该行年初贷款存量作一次全面检查，对集中度过高的渔业类贷款进行行业结构调整，释放行业风险，对单户贷款过高进行稀释，从年初的户均145万元下降至86万元，抵押率从年初的8%提高36.02%。邀请发起行对该行进行内部检查，制定和完善大量的规章制度。调整贷审会成员，完善贷审会制度，突出贷审会在信贷风险管理中的核心地位。11月，接受监管部门对成立一年来的经营情况进行全面检查，针对内、外部检查发现的问题，举一反三，按条线认真进行追踪检查及再整改工作。此外，开展诸如防挤兑等预案活动，检查柜面业务中不合理风险隐患，确保稳健经营。

机构建设　首先是在城区设立支行（分理处），构建业务增长新板块。丹城支行于6月18日开业。7月末，根据丹城支行的发展情况，董事会对原先经营网点布局方案进行重新评估，并作出调整，决定先在石浦、丹城两个中心城区各增设一个网点，与原有网点相互呼应，形成合力，保持在中心城区的良好发展势头。经一届三次董事会批准，8月13日，在原有综合部、业务发展部、营业部等三个职能部门的基础上重新调整扩充为综合办公室、计划财务部、业务管理部、营业部等四个部门。实现结算为主向经营为主转变，建立大营业部机制；分离综合管理部、营业部中有关职能，设立计划财务部，管理职能为计划资金、财务管理、结算管理、资金清算中心等；扩充业务发展部，设业务管理部，职能为信贷管理、风险管理、合规、文化建设及团体、个人银行业务营销等。

慈溪民生村镇银行股份有限公司

慈溪民生村镇银行成立于2008年12月30日。截至2009年末，银行各项存款余额5.33亿元，各项贷款余额5.19亿元，总资产6.89亿元，并在成立当年实现赢利。

制度建设 自成立以来，该行一直十分重视制度建设，根据经营状况和管理能力，参照民生银行的相关规定，先后制定和实施30多个规章制度，涉及信贷风险管理、会计业务管理、人力资源管理、财务资金管理、计算机管理、安全保卫工作等各个方面，基本覆盖风险管理的各个环节，做到各项业务有章可循，责任追究有法可依。

团队建设 经过调整后，该行内部管理机构为“一室三部”，即办公室、风险管理部、计划财务部、科技结算部，有两个经营机构，即营业部和古塘支行。截至2009年末，该行拥有员工57人。该行特别注重引进高学历、高素质的人才，先后招聘和引进国际注册会计师3名，通过国家司法考试2名，高中级职称5名，硕士学历4名，为该行长远发展储备必要的人才。同时，在团队建设中大力倡导和谐文化，创造良好的团队氛围。11月，该行组织开展对入行半年以上员工的全员家访活动，所有中层以上干部由行长亲自进行家访。通过开展全员家访活动，增进员工的凝聚力和归属感，也能及时掌握员工的动态。12月，全行开展全员述职和民主评议活动。该行还组织开展客户经理及会计人员的业务培训，对会计人员实行上岗资格认证制度和季度考试相结合的日常管理，对客户经理进行贷前调查、授信报告撰写、贷后检查等方面的集中培训，外请专家进行点评，在较短的时间内提升员工的业务能力，并以轮岗的方式选拔风险管理人员到民生银行进行培训。

业务创新 在确保风险可控的前提下，该行先后推出农户联保贷款、中小企业经营者联保贷款、设备按揭贷款、二手车按揭贷款、新农村建设贷款等产品，千方百计筹集资金满足“三农”及微小企业的资金需求，先后向周巷镇云城村等五个村经济合作社发放贷款1010万元，用于支持农房两改和村级集体经济事业，发放中小企业及经营者联保贷款2.5亿元，发放设备按揭贷款22笔，共计1085.8万元。与慈溪市汇丰担保有限公司等5家担保公司签订业务合作协议，截至2009年末，银行发放由专业担保公司担保的贷款4559万元。

内控建设 制定《授信工作操作规程》、《个人小额贷款管理办法》等制度，加强对授信工作的流程管理，坚持风险经理参与贷中审查工作，放款核保工作由监控经理为主完成，坚持面签制度，有效控制风险。截至2009年末，所有贷款均为正常类，不良贷款率为零。严格执行会计业务各项规定，努力减少各类差错，严控操作风险。制订《2009~2010年案件防控治理工作实施方案》，提出三年内零案件率的总体工作目标。实施《员工报告个人重要事项暂行规定》、《员工异常行为监督报告制度》，成立员工异常行为监督管理工作组，对员工8小时内外的行为进行日常监督管理。组织两个经营机构的营业部开展消防、反抢劫演习，提高应急管理能力。同时，根据监管部门的要求，开展产业结构调整中的信贷风险、案件风险、政府融资平台信用风险、房地产行业信贷风险，个人贷款违规流入资本市场、银行流动性风险等六大风险的排查自查工作，开展贷款风险、利率费用风险、流动性风险的压力测试工作，根据人行宁波市中心支行《宁波辖区金融机构风险监测制度》的要求，对2009年度经营发展的稳健性及存在的风险进行全面、审慎的自我评估。

履行社会责任 以服务“三农”、服务微小企业为办行宗旨，坚持正确的经营方向，坚持“做小、做散”。在政策导向上，对纯农业贷款、50万元以下小额贷款在创利上给予客户经理20%的上浮优惠。在贷款投向上，农村种植业和养殖业、农产品加工贷款、新农村建设贷款和农户经营性贷款比例达到71.35%。2009年末，200万元以下贷款户数占比达79%，户均贷款129.9万元。尤其是农户联保批量贷款模式，既使农户贷款手续变得十分简单、方便，又降低经营成本，有效控制信用风险，受到当地镇、村的一致好评。慈溪电视台、慈溪电台还进行现场报道。同时，积极参与金融知识普及和宣传活动。在周巷花墙门社区设立反假币联络站，多次上街下村开展“反假币、反洗钱”宣传活动和金融咨询服务活动。积极参加周巷镇组织的服务中小企业下村工作组，现场为中小企业提供金融服务，为农村普及金融知识，创造良好的农村金融环境作出积极的贡献。

宁波国际银行

宁波国际银行董事长　黄鹏年

经营概况　截至2009年末，宁波国际银行总资产3.12亿美元，较上年增长11%。其中各项存款1.69亿美元，各类贷款及贸易融资1.32亿美元，分别较上年增长57%和92%，实现利润总额291.8万美元，全年无不良资产和风险事故发生。

国际业务　2009年，完成4.06亿美元的贸易融资和6.37亿美元进出口单证项下的国际结算量，分别较上年增长20%和1%。在汇款业务上，2009年仍然以公司客户为主营对象。全年完成203.28亿美元的汇款业务，其中汇入款104.1亿美元，汇出款99.2亿美元。2009年，该行净增客户数2257个，年末客户总数达14423个，客户结构仍然以贸易类企业和个人为主，境外注册公司及境内个人是主客户群。

风险防范各　继续实施从严的风险管理政策，狠抓内控建设，高度关注员工的思想动态和行为规范。通过几年系统的制度建设，以及人性化的队伍管理，目前该行内部无严重的违规违法事件发生，员工精神面貌积极向上，企业文化得到进一步的提升。“绿色环保、关爱社会”成为新老员工的共识。在良好的企业文化倡导下，在不断健全的内控制度制约下，2009年不良资产继续保持零的纪录，各类风险事件也得以有效控制，全面完成监管部门和董事会下达的风控目标。

恒生银行（中国）有限公司宁波分行

恒生银行（中国）有限公司
宁波分行行长　邓汉英

发展概况　恒生银行（中国）宁波分行是恒生在内地开设的第9家分行。开业以来，一向秉承母行五项经营原则：提供优质服务；雄厚资本及流动资金；借贷审慎；严格控制成本；有效而具效率的运作。截至2009年末，分行总资产11.67亿元，各项存款余额4.6亿元，贷款余额5.86亿元。2009年办理各项结算业务量26.68亿元。

经营管理　一是加大开拓展高端客户群。二是重点落实监管当局的各项要求与指引。内控方面加大风险防控力度，强化制度的执行和员工道德方面的教育。三是推出多样化的个人理财产品和服务。

教育培训　截至2009年末，分行共有员工42人。分行持续对各级员工进行各种类型的网上和现场培训，一方面增强员工对本身业务的认知与服务意识，另一方面提升自身素质和道德观念，以保证提供高效的服务，维护优质服务的品牌形象。

汇丰银行（中国）有限公司宁波分行

汇丰银行（中国）有限公司
宁波分行行长　曹　磊

汇丰银行（中国）有限公司宁波分行于2009年2月19日正式开业。分行集对公和对个人金融服务于一身，提供人民币及外币服务，包括向中外资企业提供广泛的商业银行服务，以及为个人客户提供以“卓越理财”为主的个人财富管理服务。截至2009年末，分行贷款余额超过5亿元人民币。

业务概况　2009年，分行公司信贷业务发展稳健，在各项风险管理措施落实到位的情况下，综合信贷质量状态良好，无不良贷款发生。在国际贸易服务与融资服务方面，分行凭借汇丰的全球网络来满足宁波本地客户日益增长的国际化需求。在定位客户时，分行运用汇丰的品牌及国际网络服务优势，将在海外有国际需求的中资企业作为客户。在个人业务方面，分行成功推出一系列个人理财产品，截至2009年末，分行拥有购买个人理财产品的客户39人，金额1692万元人民币，且未出现任何客户投诉现象。6月通过银行保险兼业代理业务，与中国平安、中德安联等国内知名保险公司合作推出共计6款面向分行卓越理财客户的保险产品，范围涵盖医疗、旅行、教育金等保障，为客户进行个人和家庭财务规划提供有力的支持，从而获得客户好评。2009年，分行共销售各类保险产品10件，年化保费总计人民币105.5万元；同时，为更好地帮助客户在充分地了解自身风险偏好、了解产品、了解市场环境的前提下管理自身财富，分行在2009年推出新一代的个人理财系统。

信贷业务管理　分行通过合理控制信贷投放节奏、加大存量信贷资产的监控力度、把好新增客户的筛选力度等方式防范和控制信用风操作风险管理上。在总行的统一领导下，遵循汇丰集团范围内通用的操作风险管理框架要求。在声誉风险管理上，致力于通过一贯地强调妥善管理各类风险来保护银行的良好声誉及在公众心目中树立审慎经营、遵纪守法的形象。加强销售流程管理和风险提示以及投资者教育，维护客户对分行服务的信心；严格依照汇丰集团的媒体政策，采取非常严格的做法，管理对媒体发表的言论。为确保以高度负责和专业的方式向公众传达银行的策略和业务情况，每一家分行均有指定的、参加过专门培训的发言人；积极履行企业社会责任，提供慈善捐赠，支持环境保护，这也有助于维护银行的良好声誉。

合规风险管理　在合规风险管理上，主要集中在推进新法规执行、新产品合规性审查以及银行业务合规咨询几个方面。为使分行能够及时、充分了解新出台规定的背景和精神，更好地帮助行内各部门认识法规对业务的影响从而在开展业务中将合规风险降至最低水平，分行在各业务部门均设立专门的合规联络员，第一时间将新出法规和政策传递至相关部门，并同时抄送分行的管理层。分行开展的每一项新业务在推出之前，都必须经过合规部的合规审核以确保该项业务的开展符合法律法规的要求，同时确保向监管部门提交的申请材料符合相关规定。在银行业务合规咨询方面，除人力资源和财务方面的合规问题外，分行合规部门负责整个分行业务方面的合规问题咨询。对于较为复杂的合规咨询，分行合规人员会同总行合规部进行沟通，确保对咨询解答的准确性和有效性。同时对于法律规定不够明确的问题，合规部门作为银行的合规咨询联络部门，会统一向监管部门进行进一步请示并及时反馈给业务部门。针对业务部门经常提出的问题及重大事项的问题，合规部门会进行整理并在分行会议或相关部门会议上提出，供业务部门在操作中参考执行。合规部在2009年进行或组织一系列的合规检查，包括月度开户文件检查、季度风险客户检查、反洗钱专项检查、半年度合规认证等。

人力资源管理 2009年分行秉承汇丰的惯例，注重行内后台与前线协调管理，通过适时的员工培训、考核、行内各项会议等方式在分行传达合规的重要性。在监管部门的悉心指导下，分行2009年度各项经营管理运行状况良好。在员工管理上，分行所有新员工在入职时，均须向人力资源部领取一份列有所有入职必修课程的清单，且必须在试用期满前完成所有课程的考核。对于正式入职后的员工，通过发布通知的方式，不时要求全体员工对合规及风险相关的必修课程进行重温。此外，员工还须接受其部门相关的专业课程培训及考核。

中国人民财产保险股份有限公司宁波市分公司

中国人民财产保险股份有限公司
宁波市分公司总经理 毛寄文

2009年，中国人民财产保险股份有限公司宁波市分公司累计实现保费收入17.38亿元，同比增长26.26%；实收保费17.59亿元，同比增长28.38%，应收保费率2.81%，同比下降1.54个百分点。

强化赢利能力建设，持续推进效益发展 第一，加强车险经营，车险保效益得到有效落实。一是促成全行业全面实施车险见费出单；二是对市区4S店车险业务实行车险专管专营；三是推进车险手续费跟单，实行车险代理手续费“集中审核、集中支付”。第二，加强与政府合作，推进非车险业务稳步发展。一是与市环保局、安监局、教育局合作，分别推进环境污染责任险、安全生产责任险、职校生实习责任险等项目的开发；二是完成政策性医疗责任险和农险、农房险的承保工作，并得到政府的充分肯定；三是在确保电力、电信、移动、杭州湾大桥等大项目续转业务量增质改的同时，努力抓好“中提升”等大项目的保险服务，首席承保宁波市轨道交通1号线一期工程险等一批新的大项目。第三，加强团队建设，提升专业化销售水平。一是规划销售人员职业生涯，制定《销售人员与销售团队基本法》；二是加强专业团队建设，成立电子商务营业部、总公司货运险挂钩团队、市级直属政策性医责险团队；三是推动各单位成立银保团队，拓展银行代理渠道。

提升管控能力，依法合规经营 第一，健全内部财务管理，提高资源配置效率。一是组织开展财务业务数据真实性检查和税收自查工作；二是积极推广无现金收付，加强财务管控，防范经营风险；三是引入费用资金预算管理，提前规划费用资金使用渠道。第二，规范承保理赔工作，强化经营风险管控。一是开展对自留额内标的的风险和再保成本分析，实施“先分保后出单”；二是建立定期集中审议机制，对特殊、通融赔案实行全年额度控制；三是实行未决数据定期集中清理核对与日常化管理相结合，加强未决管理实时监控、常态管理。第三，推广应用各类信息技术系统，夯实公司管理基础。一是积极推广使用新车险理赔系统，加强理赔风险管控；二是推进作业流程标准化和作业矩阵决策支持系统试点，构建作业流程标准化管理平台与差异化承保平台；三是使用销售管理系统，提升公司销售管理水平；四是推行数据日清日结制度，强化数据全流程监控管理。

加强内部检查，强化激励约束 第一，优化资源配置，进一步加强产品线考核激励措施。一是对车险业务实行费用资源差异化配置，加大续优业务的考核和奖励力度；二是完善非车险业务指引考核评价机制，加大对有效益业务的倾斜力度。第二，完善考核办法，加强绩效考评管理，逐步建立“以贡献定薪酬”的考评激励机制。第三，整合公司监审、业务、财务等部门的力量，针对影响公司经济效益的突出问题和制约公司有效管理的薄弱环节，充分发挥效能监察和效益审计的预警与建设作用。

深化企业文化建设，提升队伍素质 第一，围绕60周年司庆，积极创建和谐企业文化。一是组织系统广大员工，深入开展共同愿景大讨论活动，确定“建设效益一流，管理卓越，发展和谐、客户信赖、员工满意的现代保险公司”为公司的共同愿景；二是利用各种媒体资源，加大公司品牌宣传推广和新闻报道工作力度，举办“盛世中国、人保同行”客户答谢晚会、“真情映辉煌”司庆文艺汇演等各项庆祝活动；三是大力倡导“诚信创品牌、合规创价值”的经营理念，积极创建依法合规的企业文化。第二，加强人才储备开发，积极落实“培训年”工作。第三，开展销售人员培训，提升全员综合能力。一是组织各层级的管理人员、销售人员参加“管理人员学习实验室”研修班，地市经理等培训班；二是进一步改进 KPI 指标体系，完善考核管理办法，对各级管理人员实行以效益为中心的多维度考核；三是制定支公司领导班子民主生活会实施办法，强化支公司领导班子民主决策、合规经营的理念和行为。

创新客服工作，增强服务社会能力 第一，创新客户服务举措，开展特色服务活动。一是举行“60 年风雨同舟”客户答谢会、“客户职场参观日”等活动；二是制订服务方案，实施“百分尊贵，十分精彩”的差异化服务体系；三是定期开展客户回访，按季分析客户市场。第二，加强客户服务标准化建设，妥善处理客户投诉。一是制订《客户服务手册》，对客服人员作出行为标准化规定；二是推广应用 CRM 系统，逐步建立完整的客户信息档案，实行客户实名制；三是建立和完善信访投诉处理机制，每季通报客户投诉处理情况，解决突出问题。第三，深入开展行风建设，增强服务社会能力。一是制定并启动行风建设实施方案，向社会共聘请 8 位行风监督员，自觉接受社会对行风建设的监督评议；二是开展“服务创品牌，满意在人保”优质服务竞赛和“岗位大练兵”竞赛活动；三是落实“保增促调”的政策，积极开展小额贷款保证保险试点，为宁波中小企业的发展提供有力的支持；四是积极参与宁波“慈善一日捐”等公益活动。

中国太平洋财产保险股份有限公司宁波分公司

经营概况　2009年，公司实现保费收入10.75亿元，累计保费同比增长34.2%。公司市场份额20.98%，同比提升1.56个百分点。公司综合成本率94.63%，同比下降2.77个百分点。四大非车核心业务全部赢利，实现承保利润1820万元。

业务发展　在车险业务经营上，面对宁波市场车险业务普遍亏损的大背景，首先在车险精细化管理上下工夫，做好车险精细化管理文章，把发展有效益的车险业务、控制车险综合成本率作为主要任务，通过综合拓展、交叉销售、4S店业务发展、启动电销等策略的协同运用，不断拓宽车险渠道业务；主动实施优质业务发展策略，稳妥经营交强险业务，有意识地发展效益型附加险。同时把握公司整体车险业务发展节奏，加强业务质量管理实时监控，逐步实现全司上下由粗放的业务扩张向精细化经营车险的发展方式转变，有效遏制车险亏损的不利局面，实现车险赢利。在非车险业务发展上，公司点面结合，全方位立体化推进非车险业务持续发展。2009年非车险业务总量达3.61亿元，同比增长9.9%，在太保系统列第九位。企财险、工程险、船舶险、责任险、货运险、家财险等继续保持较快发展。2009年持续深入开展“两重”项目的组织推进和落实工作。2009年实现“两重”业务项目累计169项，目标完成率105%，重大客户及其他可续保的重大业务续保情况良好；参与承保宁波市轨道交通1号线一期工程、绕城高速连接线项目、宁波市机场快速干道、宁波和义大道购物中心一揽子有影响的保险等项目；同时，继续推进多渠道展业策略的积极实施，积极发展各类中介代理业务和交叉销售业务。

内控管理　一是理赔、财务集中管理按计划推进。2009年，公司分批开展理赔集中管理工作，在多方面考虑新体制与原有制度稳定衔接的基础上，成功实现全辖公司的理赔大集中，实现理赔管理体制和运行机制深化改革的有序开展；财务集中管理也于11月正式启动，四大工作要求和目标正在稳步有序推进中。二是坚持通过加强绩效考核体系建设来推动价值传导。以关键绩效指标（KPI）实现为目标，强化公司经营管理的各项工作。特别是强化综合成本率引导，坚持把管控综合成本率作为实现公司可持续价值增长的主攻方向，加强对综合成本率的综合管控。三是进一步夯实业务管理基础，实施承保科学管控把好进口第一关。以执行新《保险法》为契机，对保险产品进行二次大切换及六次单证切换，按计划确保P09渠道管理系统和P09再保系统上线运行。同时，根据行业要求按时实施车险见费出单、车险展业费用等多项自律公约的落实，通过保险协会的多次专项检查并获得好评。四是严把合规关口，以检查促进合规，增强合规意识，确保公司安全运行。积极配合做好保监局的现场检查工作，注重完善合规责任体系，根据检查重点完善合规建设，严格执行财务合规管理制度，使业务合规向财务合规深入。结合打击“三假”的工作目标和检查内容，对机构、赔案、保单进行全面排摸，进一步完善内控管理，促进公司依法合规经营，“打三假”工作取得阶段性成果。2009年，公司合规达标率为100%。

队伍建设　从理论学习、党课教育，到基层调研、检查剖析等，各项工作认真开展，突出各级领导干部这个重点和实践特色，并取得较好的工作成效。通过学习实践切实强化“五项意识”：发展意识、合规意识、风险意识、绩效意识和守法意识，提高引领公司科学发展的领导能力、经营管理能力。在素质工程建设方面，重点提升关键岗位、业务岗位的培训教育。逐步提高从业人员的素质能力，提高业务人员的销售能力。面对10月1日实施新《保险法》，公司采取积极应对、提前准备的措施。举行承保、理赔、财务、合规等条线的专业培训，确保新《保险法》实施后各项工作顺利进行。同时，加强团队凝聚力和企业文化建设，关切民生，关注民意，倾听员工的合理关切和诉求，努力营造和谐氛围。

品牌形象建设　一是公司通过建立党委、党组和党支部党风廉政建设责任制，形成一级抓一级，层层落实的工作机制，深入针对服务水平、服务质量、工作态度、办事效率、社会责任以及制度建设为主要内容的自我检查、自我剖析、自我纠正，集中力量解决各类突出问题，对各项承诺采取实时跟踪，确保承诺实施的准确到位。二是积极倡导各级党组、党支部和群团组织深入开展“争先创优”、“双十佳服务明星”、“巾帼文明岗”等创建活动，开展服务明星季度评比活动，启动核心业务劳动竞赛，挖掘培养先进集体和典型人物，充分发挥争先创优活动的示范性和辐射作用，营造岗位间“比、学、赶、帮、超”的良好工作氛围。2009 年，公司党委、宁海支公司党组侯忆权被集团党委授予“先进党组织”、“优秀共产党员”称号；客户服务部被授予太平洋产险系统“2009 年十佳服务团队”称号；鄞州支公司营业大厅被宁波团市委授予“青年文明号”荣誉称号。三是广大干部员工在立足本职的基础上，更展现良好的综合素质和高尚的思想品质。在新中国成立 60 周年之际，公司总经理室成员及广大员工参加宁波保险业庆祝新中国成立 60 周年文艺汇演，获得大赛的最高奖项——“最佳表演奖”。同时，公司还立足社会公益，每年积极参加宁波市“慈善一日捐”活动，并为林萍基金会捐款 40835 元。

中国平安财产保险股份有限公司宁波分公司

中国平安财产保险股份有限公司
宁波分公司总经理　朱国平

2009年，公司共实现保费收入52503万元，同比增长59.1%。其中，实现车险保费收入40495万元，财产险10262万元，意健险1747万元。截至2009年末，实现利润2308万元；市场占有率10.26%，同比增长2.26个百分点。

转变发展思路，深化改革力度　一是不断加大改革力度，扎实推进各项工作机制创新，逐步建立和完善行之有效、科学严密的决策机制、执行机制、激励约束机制、员工考评机制、资源配制机制和风险管控机制。二是深化渠道改革力度，科学配置各种销售渠道资源，不断优化业务结构，建立专业化渠道发展模式，积极推广电话销售模式，探索发展网上销售等新的渠道模式。三是以优化保险业务结构为重要目标，不断转变发展方式的形式和内容。加大产品创新力度，不断推出平安特色产品，提高产品价值含量。四是积极拓宽服务领域，主动服务地方经济社会，充分发挥保险业风险保障功能。五是认真开展消费者教育工作。通过建立保护消费者利益的长效机制，强化内部服务流程和责任追究机制，进一步提升服务水平。

依法合规经营，持续防范风险　一是依托平安集团强大的后援平台，不断强化数据集中管控，理赔接报案系统、单证系统已实现与核心业务系统全面对接，业务、财务、再保数据集成管理、无缝链接、实时互动。二是财务应收管理方面，公司采用“借单控制，问题应收，停止出单”的具体做法，“前清后堵”，通过制度规范管理，合理控制新应收的产生，截至2009年末，公司将应收率控制在0.78%，确保保费收入据实全额入账，切实防范资金风险。三是规范理赔流程，保护消费者合法权益。建立健全规范的理赔服务标准和理赔流程，保险消费者对公司恶意拖赔、惜赔、无理拒赔等行为的投诉明显下降。同时关注和防范理赔环节风险，严厉打击虚假赔案，为净化行业环境作出一定贡献。

加强队伍建设，发挥专业优势　一是加大引进人才的力度，建立并完善人才培养机制，注重对后备力量的培养，使全体员工明确自己的定位和发展的方向，做到人尽其才，才尽其用。二是加强机构高管人员的管理，坚持以“德、才、绩、能”为任用标准，以“年轻化、知识化、专业化、平安化”为基本原则。在中层干部中开展目标问责，帮助理清工作思路，促使每位干部认真思考自身机构、部门队伍建设及成长情况，强化各级干部目标规划以及执行的力度，为公司持续健康发展提供保障。三是建立分层级的培训体系，重点加强承保、理赔、核保、财务等专业人才的培训体系建设，同时加快潜力人员的培养速度，主要采取选定人员进行“多岗轮换、职位锻炼、目标问责、考核晋级”等方法促使潜力人员迅速成长，培养造就专业人才队伍。四是重视销售队伍的教育管理，严格执行“竞争、激励、淘汰”制度，使绩优人员脱颖而出，低绩效人员迅速淘汰，同时全面持续开展新《保险法》及相关法律法规、职业道德、行业规范、营销技能等方面的学习培训，以不断提升销售人员的整体素质和守法经营意识，为公司可持续发展储能助力。

坚持品质经营，提升赢利能力　财产险方面，以“优化结构、双控成本”为目标，因势利导，突破竞争。培养专职的财产险风控人员，在财产险业务承保前进行风险查勘，并与消防、气象、水利、市政、防汛等部门建立联系，提供风险控制防灾防损建议，承保工作中强化防灾防损和企业风险查勘服务，承保后进行风险跟踪，全流程最大限度防范风险，确保财产险利润的达成。意健险方面，以“调结构、保利润”为目标，以选优剔劣为手段，核心产品占比持续提高，业务结构得到进一步改善，可持续营利性增强。在探寻发展路径的同时，大力改善承保品质，风险筛选能力和业务管控能力得到显著增强。理赔工作中，继续贯彻落实保监会打击“三假”专项工作与防范车险理赔环节风险等有关要求，在保监局、行业协会的指导下，联合交警、公安、法院等单位，加大打击假赔案力度，以车险理赔欺诈案件为重点，严厉打击骗保骗赔行为，加大车险接报案、查勘、核损、支付等各环节风险管控力度，严格控制车险理赔的“跑、冒、滴、漏”，净化理赔环境，保护保险消费者合法权益，推动保险行业健康发展。在运营上加大运营改革集中力度，通过运营改革项目，形成“规范、标准、高效、集约化的运营”模式：调整查勘、医疗、柜面作业模式，从而突出风险案件的核心管理；理顺流程，加强公司后台管理和对三级机构的管控；通过运营架构改革实现流程优化，使服务水平不断提高，运营成本得到有效降低，赢利能力进一步增强。

创新客户服务，提升公司品牌　一是推出创新产品满足公众多样化的保险需求。2009 年平安重点推出月缴型家庭综合保障产品和甲型 H1N1 流感综合保险产品，同时积极开发意健险新产品，服务“三农”、参与社会管理、健全社会保障体系，专项服务产品包括村民保险、老年人保险、补充工伤保险等，最大程度上满足客户的保险需求，保障消费者的合法利益。二是为服务经济社会发展贡献力量。先后承保宁波市绕城高速公路连接线工程、宁波市轨道交通 1 号线一期工程、宁波象山港公路大桥及接线工程、宁波穿山至好思房公路工程、宁波市机场快速干道工程等重要市政工程项目保险，切实发挥保险保障职能。三是践行平安服务承诺，切实服务广大消费者。2009 年平安产险面向全国推出“平安车险，万元以下，资料齐全，三天赔付”服务承诺，作为业界首例承诺服务，平安凭借全年超过 99% 的达成率以及均结案时间 0.46 天达成时效，向广大消费者交上一份满意的答卷，不断凸显专业价值的同时，塑造保险业良好的外部形象，提升公司品牌的同时，更好地发挥服务消费者职能。四是大力开展形象工程塑造、门店工程建设，狠抓基础服务，落实规定动作，强化过程管理，培养主动服务意识，不断提升品牌形象。同时，加强基础业务培训考核，有效提高员工技能。五是以信访投诉为抓手，完善信访处理组织架构，理顺处理流程，提高处理时效，做到“有诉必查、查完必处”，建立信访投诉处理的长效工作机制，做到“早发现早化解”，从源头上控制信访矛盾发生，同时做好日常信访接待工作，不断提高信访工作处理水平，确保公司健康发展。

中国出口信用保险公司宁波分公司

中国出口信用保险公司宁波分公司总经理　陈小萍

密切关注外贸形势　自金融危机发生以来，公司充分利用年度、季度、月度工作会议等进行动员，要求全体员工认清形势，积极作为，以“服务质量年”活动为抓手，努力发挥出口信用保险的政策性功能，帮助外贸企业建立健全风险保障机制，保持外贸增长、稳定市场份额。特别是2009年5月27日，国务院常务会议后，公司及时组织员工学习国务院常务会议精神，以及总公司贯彻落实国务院常务会议精神的相关工作部署，要求大家紧急行动起来，以强烈的荣誉感、责任感和使命感，努力完成国家赋予的任务目标。公司专门成立840任务领导小组，出台工作指引、制订承保应急方案、建立业务督导体系等五项措施，使大家更好地进入工作状态。绝大多数员工主动放弃休假，全身投入完成上级下达的任务目标。2009年，公司累计完成政策性信用保险任务40.9亿美元，同比增长153.4%，超额完成国家下达的40亿美元政策性信用保险任务。政策性信用保险对一般贸易出口的覆盖率超过15%。

开展系列宣传和培训　在外贸持续下滑形势下，宣传推广好中央、地方政策，鼓励引导宁波企业用足用好出口信用保险政策，帮助企业增强出口信心，提高出口综合竞争能力，破解外贸企业“有单不敢接”的难题，确保宁波市出口市场份额是工作的重中之重，也是公司义不容辞的职责。为让出口企业充分了解、享受信保扶持政策，公司除通过电台、报纸等媒体开展常规宣传外，还抽调理赔、承保、客户服务等各条线的专业力量，组成专门的讲师团，采取自行组织、政府搭台、商协会引荐、银行合作等多种方式，全方位加大政策宣传和业务培训力度。2009年组织开展各类政策宣讲、业务培训超过50场次，培训人员达到4500人次左右。信保政策培训已被列为外贸单证、外贸会计培训班的固定课程。

扩大出口信用保险的支持面　一是积极争取总部资源，提高承保能力。受国际金融危机影响，一些国外进口商由原来先付款再发货，改为赊销采购，并要求更大的信用额度和更长的信用期限，而众多出口企业则担心收款风险不敢接单。为有效解决企业“有单不敢接、有单无力接”困难，公司不断加强与总部的沟通联系，争取更多的授信资源，为宁波出口企业“灵活结算方式、增强国际竞争力”提供坚强保障。二是深化客户合作，加大支持深度。随着金融危机的不断深入，企业风险控制的难度不断加大，为帮助企业解除后顾之忧，公司推行“调费扩保”政策，借助国务院政策落实的有利时机，引导企业扩大投保面，实现风险保障全覆盖。三是突出重点行业，强化支持力度。宁波是国内三大家电生产出口基地之一。金融危机期间，公司持续跟踪行业动态，及时向家电企业提供国外知名买方的风险预警，努力扩大信用保险在宁波市家电出口名牌企业中的覆盖率，为宁波市家电名牌企业在市场竞争中处于相对有利地位提供强大支持。在信用保险政策的协助下，部分出口名牌家电企业出口逆势增长，市场份额稳步扩大。四是拓展承保区域，扩大支持面。随着金融危机的不断蔓延，老买家、大买家出险频频发生，给外贸企业业务造成极大的冲击。为帮助企业走出困境，公司通过调整保险费率、开放买方信用限额授信条件等方式，支持、引导外贸企业积极开拓非洲、东南亚、拉美、独联体国家等新兴市场，降低对美国、日本、欧盟三大主要出口市场的依赖性，效果显著。五是降低保险费率，减轻企业负担。2009年，按照国家统一部署，公司根据企业投保规模、出口业务结构、结算方式等特点进行差异化、结构性下调费率。费率优惠降低企业的风险管理成本，使更多的企业享受到出口信用保险的政策“阳光”。六是试点小企业保单，扶持中小企业持续发展。针对宁波市出口企业“千军万马”的特点，通过与北仑、镇海、余姚等地的政府合作，鼓励中小企业联合投保。在江东、奉化等地区，公司积极与当地商会、贸促会搭建中小企业联合投保平台，通过政策优惠和承保模式创新，实现对中小企业的集约化保障和服务。

充分发挥出口信用保险功能 一是帮助出口企业解决融资难题。2009年，公司与中国银行、农业银行、工商银行、建设银行、民生银行、招商银行等签订全面合作协议，或开展业务交流培训，共同帮助出口企业特别是中小企业了解和运用“信保融资”这一新型融资工具，扩大融资规模，加快资金周转。2009年信用保险已累计帮助宁波市153家企业融资贷款超过20亿元人民币。二是调查买家资信情况，帮助企业知己知彼开展贸易。充分发挥中国信保全球企业数据库的优势，为出口企业提供海外买家名单和采购信息等重要资讯，帮助企业把握贸易机会，开发新市场和新客户，增订单，上规模，提效益。2009年，共帮助宁波市企业调查超过1.5万个国外买方的资信情况。三是及时给予企业损失补偿，帮助企业渡过难关。公司通过增加专职理赔人员，简化流程，开通绿色通道等措施，加速处理企业上报的可损案件，及时给予损失补偿，帮助企业渡过难关。2009年，公司累计受理可损案件279件，报损金额3557.5万美元，累计赔付案件140件，同比增长81.8%，支付赔款1257.4万美元，同比增长96.0%。四是加强商账追收，积极帮助企业海外维权。2009年，公司共为企业追回坏账479万美元。五是借助专业优势，帮助企业提高外贸风险管控水平。为帮助企业应对金融危机，公司专门建立大限额跟踪机制，加大对企业海外应收账款的跟踪和定期排查力度，并随时向企业发布风险动态、国别风险和行业风险等信息，把出现信用风险异动状况的国外买家列入“黑名单”，及时向投保企业发出预警，避免企业发生不必要的损失。公司还编发《金融危机跟踪专报》53期，并提出有针对性的风险防范建议，受到社会各界的广泛好评。

开展服务质量年活动 一是完善服务规范并抓好落实。公司重新改版客户经理展业承保与客服规范，修订完善保单承保、限额承保、出口申报等业务流程，完善客户咨询跟踪反馈制度，建立客户投诉责任追究机制，从而规范客户经理的营销展业和客户维护工作，减少流转环节，提高客户需求响应速度。二是加强员工培训提高服务技能。公司继续深入开展以基础业务知识和基本业务技能为内容的“双基”业务学习，继续坚持“每月课堂”制度，推行处室双周学习制度，落实客户经理理赔业务实习制度，有效提高员工服务技能。三是采取有力措施加快业务受理。面对业务快速发展和骤增的可损理赔案件，公司业务管理部门提高工作时效，加快保单、批单、限额审批速度，全力支持业务发展；理赔追偿部门加大内部挖潜力度，通过案件定期交流，疑难案件集体会商，提高工作效率，加快理赔速度。在案件大幅增加的情况下，赔案处理速度较上年同期缩短18天。四是积极参与保险业行风建设。2009年，宁波保监局组织开展全市保险行业行风建设活动。公司积极参与，制订详细的工作方案并做好落实，员工的精神风貌焕然一新，受到保监局领导的高度认可，因此被评为“行风建设先进单位”。

大众保险股份有限公司宁波分公司

大众保险股份有限公司宁波分公司总经理　陈燕平

经营业绩　公司全年累计实现保费收入12137.72万元，同比增长1.05%，其中：车险10442.10万元，占比86%；非车险1695.62万元，占比14%；赔款支出7590.14万元，综合赔付率69.09%，较上年同期下降13个百分点。

风险管控　一是认真开展财务业务数据真实性自查自纠工作。按照中国保监会明确的自查内容，对发现的问题及时进行整改，尤其是对违规经营，坐支保费，虚挂应收的分支机构负责人作通报批评、处罚、撤换等处分。二是建立和完善一系列规章制度。四次修订《费用报销管理办法》，进一步完善稽核审计制度，制订年度合规工作计划，建立干部员工职务（岗位）过错责任追究实施细则。三是开展合规经营考核评价活动，对照“市场行为控制、财务控制、承保控制、理赔控制、其他控制”五大方面考评细则内容，认真对照、逐项检查、整改和落实。

市场拓展　公司从改革销售体制着手，市场成本由过去公司考核分配至各业务经营单位，各业务经营单位再考核分配至业务员的三级考核分配模式，改为由公司考核分配至各业务经营单位和直接考核至业务员相结合的考核分配模式，克服过去有的经营单位成本管理失控，市场运作费用支撑不足，有限的费用成本没有被很好地用在“刀刃”上的弊端；同时，在对业务员的直接考核分配中，通过一定比例费用率与增长率、应收率、赔付率挂钩考核分配，有效利用费用杠杆让每一个业务员感到既有压力，又有动力。公司成立中介部，对渠道业务开始实行上下联动方式管理，以进一步提高销售的组织化程度，增强公司对业务的掌控能力。

经营服务　与行风建设相结合开展客户服务月活动，从拟订活动方案，进行宣传发动，具体的布置落实、检查整改，到迎接宁波保监局、市纠风办明察暗访、考核评定、总结提高，公司上下共同做大量工作。在提升服务、树立形象上起到潜移默化的作用，举办一系列的业务技术培训和岗位练兵以及技术比赛测评活动，分三类等级评选出单项技术能手共12人；2009年6月和10月，在宁波保监局、宁波保险行业协会组织的全市车险理赔服务质量测评中理赔人员到达现场分别仅用时8分钟、18分钟，成绩排名两次居全市第一位；在2009年全市车险理赔服务质量测评中，总分位居第二位；公司本部营业厅被保险业行风建设考评组评定为“文明服务窗口”。

队伍建设　一是干部队伍建设方面，通过组织召开月例会和专题会议活动，引导各级干部的效益观念，提升管理水平，增强责任意识，对业务部门负责人，根据经营情况和实际工作能力，动态调整。二是员工队伍建设方面，开展岗位练兵，培育员工服务意识，提升服务技能，年终考评先后选拔出三个优秀团队、六位“价值贡献奖”员工、六位服务明星、八位核心员工，表彰一批在工作中表现突出的员工，通过树立榜样，引领积极向上的奉献精神。三是培训工作方面，组织员工对新《保险法》、《保险从业人员行为准则》、《公司员工合规手册》、《公司员工奖惩管理办法》以及各项规章制度等进行学习，采取集中与分散结合的方法，如利用周例会学习，集中培训学习等。组织员工参加总公司的合规手册考试一次，参考率96%，通过率93%。

企业文化　制订一系列文体活动计划，组织职工参加野外拓展训练、元旦长跑等各种有益的文体活动，丰富职工的业余生活，促进职工的身心健康；组织合唱队参加由宁波保监局、保险行业协会举办的“歌唱祖国”歌咏比赛，获得“最佳台风奖”；组织员工参加宁波市财贸工会举办的职工游泳比赛，获得女子自由泳第四名的成绩。在公司内通过墙报、宣传画廊、职工摄影展等，对先进人物及时表彰并亮相，树立学习榜样，增强员工“树正气、强责任、促和谐”的工作氛围。在一年一度的“一日捐”活动中共募集捐款10350元，全部款项被列入“救急救难”基金，对有特殊困难和临时困难的职工进行一次性帮困。

中华联合财产保险股份有限公司宁波分公司

中华联合财产保险股份有限公司
宁波分公司总经理　周　波

2009年，公司共实现保费收入24403万元，累计支付赔款20559万元，综合赔付率74.2%，应收保费率0.95%。

内部管控体制转型　第一，建章立制。2009年启动集中管理工作后，公司迅速组织各管理职能部门根据总公司集中管理指导意见和方案对公司成立以来所有的制度进行修订整理，并结合集中管理操作流程和办法出台新的制度，形成管理制度和考核培训两大类制度汇编。其中管理制度分为财务、业务、客服、综合文秘、稽核监察、信息技术六大类集中管理运行办法，分别涵盖各条工作线上的组织架构、工作职能、工作流程和相关制度，考核培训主要就公司所有关键岗位的考核办法和教育培训制度进行汇总编辑。第二，突出重点。2009年集中管理工作的重点一方面是对已经集中的环节进行查缺补漏，另一方面是严格按照总公司统一部署落实客服和财务的集中管理步骤。业务管理方面，紧密关注集中后的热点、难点问题，与总公司保持积极沟通；客服方面，建立以报案为重点的客户服务集中管理体系和以核损、核价、核赔为重点的理赔集中管理体系，理赔流程更加科学、合理；财务管理方面，对公司34个银行账户进行清理整顿，取消支公司所有收入、支出账户，整个公司账户精减至7个，实现真正意义上的零现金管理，有效规避现金支付和保管的风险。第三，强化举措。一是严格落实费用据实列支要求，规范费用报销程序和手续，极大提高票据的合理、合法性；二是再造标准核算流程，设计出适合本公司实情和特点，并简洁明了、统一规范费用支付台账，确保经营数据的真实性；三是全面实行费用预算管理，加强对资金的集中管控；四是成立复勘小组，定期召开案例分析会，加大对机动车事故车辆查勘定损的管控力度。

控制承保风险　一是及时调整业务政策，全力支撑业务发展转型。2009年初，公司在总结往年和其他公司先进考核机制的基础上，继续实行险种差异化费用考核方案；下半年，公司在车险行业自律的基础上，根据实际情况及时调整核保政策，鼓励营业机构做大做强效益型险种，确保业务稳定健康发展。二是严格控制承保关口，坚决剔除不良业务。根据总公司车险核保政策，公司结合宁波车险行业自律公约，对现行的车险核保政策进行部分调整，特别对多次出险车辆、高价值车辆、老旧车型、划痕险等非效益车型或险别加强控制。三是积极拓展业务渠道，树立公司品牌形象。经过不懈努力与4家银行恢复合作关系，同时连续第四年获得宁波市市级行政事业单位机动车辆定点保险资格，并自成立以来第一次获得宁波市江东区行政事业单位机动车辆定点保险资格，保持公司在政府机关保险领域的一席之地。

夯实基础性管理工作　一是严肃“两核”日常检查机制和领导责任制。公司建立每日抽查两核情况工作机制，对抽查结果进行登记，对发现的问题及时整改，严格加强退保注销管理，其中车险当期保单注销率为2%，车险当期保单退保率为1%，严格批单管理，同时进一步加强保单录入标准，确保保单基本信息要素完整真实。二是认真贯彻落实新《保险法》。通过多种方式组织学习、宣传新《保险法》，同时在实践中加以应用，承保方面，重新设计印刷投保单证，强化销售环节的正确引导和宣传，切实维护保险双方的合法权益；理赔方面，根据保监局制定的《宁波市机动车辆保险服务指引》规定对公司理赔流程环节上做补充规定；财务方面，理赔款资金均通过网银、支票倒付（单位）或转账（个人）支付至被保险人账户，不再转入专、兼业中介机构、个人代理人账户。从9月1日起取消所有修理厂代索赔权，所有赔款一律支付给被保险人。三是继续做好应收保费清理工作。以车险的“见费出单”为契机，对应收保费进行专项清理和催收。通过找相关责任人谈话催讨、制订还款计划、暂扣经营单位和个人费用以及采取法律途径等方式，分类处理，跟踪追缴。截至2009年末，公司应收保费较年初减少580.04万元，应收保费率较上年末下降0.13个百分点。四是进一步提升信息技术运作水平。2009年完成公司全大市的内外网隔离；对原“可结费用计算系统”进行改造，实现自动逐单计算销售费用，为公司统一向销售人员结算费用提供依据；自主开发“个人业务综合查询系统”，为公司销售人员创建快捷的个人业务管理平台；根据宁波保监局要求启用新的手续费支付模块，实现代理人手续费零现金支付。五是妥善处理信访投诉。2009年公司共处理涉及理赔、承保、业务员诚信、服务态度、规范经营等各方面投诉案件31起，每一起案件公司都高度重视，并严肃查找信访投诉案件发生的原因，逐一制订妥善的解决方案，所有案件均得到圆满答复，有效缓解客户与公司之间的矛盾，为公司在特殊时期维护公司品牌提供有力保障。

领导班子和员工队伍建设 一是认真开展教育培训。2009年，公司共开展培训15次，总课时超过200节，参训人数614人次，均超额完成全年计划目标。全年的教育活动中，尤以新《保险法》和《保险公司中介业务违法行为处罚办法》的实施为契机，切实加强领导班子依法合规经营意识。为严防触及“高压线”，严肃领导责任，公司多次召开专题会议，对新《保险法》和《中介业务违法行为处罚办法》进行培训学习。二是强化考核，加大处罚力度。2009年实行集中管理后，公司对核保、接报案、报价、查勘定损、核损、理算、核算等关键岗位研究出台较为明细的考核办法，在此基础上还建立起对考核人的责任制，确保考核制度的贯彻落实，尤其是加强对“两核”工作的考核力度；2009年8月，对各经营单位总经理绩效薪酬实行月度考核兑现，将各机构主要负责人薪酬与经营成果紧密挂钩，实行正面激励，促进业务发展。虽然员工大面积流失，但公司仍然坚持对员工队伍的整顿，果断处理违纪行为，树立公司制度权威，全年共对6名违反工作纪律、造成工作失误的员工进行处罚通报。

提高理赔服务质量 第一，创新手段，提升专线水平。一是启用录音监听，及进发现专线与客户交流中存在的问题，并及时进行指导改进；二是通过专线公告持续发布报案要求，引导新手尽快掌握接线要领；三是及时调整岗位设置，设立单独回访岗，确保结案案件100%的回访率。第二，加强未决清理工作，提高经营数据的准确性。公司制定《未决赔案清理方案》和《规范未决赔案系统操作的通知》，确保未决案件及时、真实、完整地在核心系统中反映，截至2009年末，确认不赔并进行零结案处理的赔案共3.27万余起。加强对理赔各项指标的管控，其中对于超过48小时报案的案件一律要求通过“补报案程序”受理，从而提高及时报案率。第三，积极贯彻落实打击“三假”活动。加强与行业、经侦的联络，加大打击“三假”尤其是骗赔案件的力度，制定《定期上报疑似骗赔案件制度》，对于骗赔案件一经发现立即上报行业和经侦。截至2009年末，共查处假赔案10起，涉案金额达32.18万元。第四，严格防范理赔风险。公司分别出台针对火灾道德风险、交强险、按揭车辆理赔风险等等的防范办法，加强规范化管理，严防虚假理赔产生。

企业文化建设 首先，圆满完成科学发展观学习实践活动。根据总公司党委统一部署，公司于2009年3月至8月分三个阶段开展为期6个月的学习实践活动。活动中，公司结合自身实际，围绕动员准备、学习调研、分析检查、整改落实等重点阶段和重点环节，有计划、分步骤地开展学习实践科学发展观活动。其次，认真开展行风建设活动。公司制订活动方案，认真贯彻落实，特别是将行风建设与公司建立规范化、标准化的服务体系相结合。一是在95585专线中开展“微笑”活动，提升专线服务品质；二是制订《机动车辆保险理赔服务质量测评方案》，跟踪监测查勘理赔服务实况，加大查处问题的惩治力度；三是建立客户问卷调查制度，及时搜集客户对公司服务质量的反馈信息，同时确保案件出险的真实性；四是在全司系统弘扬“林萍精神”，组织“迎司庆、献爱心”活动，营造学习先进的良好氛围。最后，充分发挥组织优势，开展文化活动。2009年7月，公司党委开展“庆七一鼓士气 聚合力向前行”主题党员活动，在特殊时期利用本次活动凝聚人心、鼓舞斗志；公司纪委继续在全市系统开展“家庭助廉”、“第十一个廉政教育月”活动等，加强党风廉政建设；公司工会组织员工积极参与市总工会举办的“创三优一满意”文明优质服务竞赛活动，公司员工获得嘉奖；公司团委热情参与宁波保监局开展的行风精神演讲比赛、新《保险法》知识竞赛和歌咏比赛等一系列活动，并取得优异成绩。

中国大地财产保险股份有限公司宁波分公司

中国大地财产保险股份有限公司
宁波分公司总经理　吕家麒

经营业绩　全年共实现保费收入46169万元。其中车险27845万元，非车险15190.17万元，人身险3133.39万元，全险种精算自留满期赔付率为56.9%，为六年来最低。全年总成本率为96.05%，共实现账面利润1777.87万元。

业务拓展　险种结构得到不断的调整和优化。车险实行严格的差异化的费用政策，主动放弃高风险业务3000多万元。与10多家银行签署合作协议，银行代理业务达到863万元；代理机构续签24家，新增21家，代理业务达到8307万元，在大地系统排名第三位；全年共实现电话销售保费收入1700多万元，在大地系统排名第二位。

理赔服务　夜间案件的第一现场率达到100%；积极应对诉讼案件，通过诉讼，成功拒赔或者少赔的案件占总的诉讼案件的比例超过30%；开展理赔工作服务竞赛，全年共纠正处理虚假赔案142件，减少损失315余万元。

内部管理　2009年共上报宁波保监局黑名单10人，向司法部门报案16人次。强化审计监督，2009年共完成审计项目15个，其中经理经济责任审计8个，常规审计1个，专项审计4个，后续审计2个，共发现问题113点，提出审计建议55条，处罚建议3条。

华安财产保险股份有限公司宁波分公司

经营业绩 公司全年实现保费收入6637.82万元，同比增长867.38%，累计赔案5400多件，累计赔付1152万元，同比增长613.99%。

机构建设 公司继续探索门店营销模式。2009年末，共有支公司4家：余姚、奉化、慈溪和北仑支公司，传统营销服务部2家：镇海和宁海营销服务部，门店式营销服务部4家：丽晶国际、东海花园、江城世家和丰泽华庭营销服务部。

人力资源 公司坚持“宁缺毋滥、用人所长”的原则，遵循“用理想吸引人，用文化留住人，用待遇回报人”的理念，有选择、有步骤地引进人才。2009年末，共有在编员工115名。

客服建设 公司客服部按照总公司的统一要求，缩短案件理赔时效，由原来的12天立案改为9天立案，减少理赔环节，简化理赔手续，升级理赔系统，为5000元之内的小额赔款客户提供方便；同时，在宁波保监局的指导下，建立信访工作机制，成立信访小组，分管班子领导任组长，各部门机构负责人为组员，合规人员任调解员。

企业文化 公司秉承总公司“责任、专业、奋进”的经营理念和“华安保险与您共成长”的发展思想，大力开展企业文化建设。每一个新进入公司的员工都要接受以“责任、专业、奋进”为核心的华安企业文化的训导，使新员工懂得“华安是大家的”，认识到“华安是一个负责任的企业”。充分发挥党、工、团组织在企业经营与管理中的作用，积极开展一系列丰富多彩、团结向上的文化娱乐活动，增强员工的向心力和凝聚力。

安邦财产保险股份有限公司宁波分公司

安邦财产保险股份有限公司宁波分公司
副总经理　余煜忠（主持工作）

经营业绩　2009年，公司全年实现保费1.06亿元，同比减少3.29%；其中车险保费1.02亿元，占96.47%；非车险保费376万元，占3.53%。全年受理理赔案件4.07万件，已决赔款支出8918.34万元。实现利润总额978.10万元，同比增长244%。

风险管控　开展打击虚假赔案专项整治活动，打击虚假案件40余起，涉及金额为6万元；拒赔案件30起，涉及金额160万元；处理盗抢车案3起，涉及金额为45万元，目前已经全部追回处理并过户到安邦名下；追偿案件8起，涉案金额为65万元。开展“清未决”活动，2009年末，未决存量从1万多件降为1194件。全年已决40101笔，未决639笔，全年综合结案率为141.72%，取得显著成效。

企业文化　为使每位员工在“六个人人”的机制中感受到家的温暖，享受到快乐的工作氛围，推动公司健康、可持续发展，总公司在2009年7月起设立“安邦家文化基金”。公司每年专项拨付10万元，“家文化”的实施，反响明显，使得全员活动更加精彩丰富，有力地提升员工归属感和凝聚力。

永安财产保险股份有限公司宁波中心支公司

永安财产保险股份有限公司
宁波中心支公司总经理 许继革

经营情况 全年保费收入4832.22万元，同比减少13.57%。其中车险保费收入4181.61万元，同比减少14.19%；非车险保费收入650.61万元，同比减少9.32%。在车险中，交强险保费963.38万元，同比减少19.43%；商业险保费收入3218.23万元，同比减少12.49%。全年累计赔款4003.43万元，同比减少17.69%。其中，车险赔款支出3545.87万元，同比减少20.80%。全年赔付率48.5%，同比下降20.8个百分点。

人事管理 通过“三定”方案的实施，公司内勤管理人员由年初的93人精减至58人，精减比例达到38%，人力成本得以大幅压缩，薪酬保费率降至4%以下，员工劳动合同签订率达到100%，全面杜绝临时工、编外人员的用工情况。

客服管理 实行客服集中管理，客服人员由公司集中统一管理，所有理赔权限上收中支管理，四级机构仅保留3000元以下的小额预付要限，减少因四级机构客服从业人员技能不足和无专职客服人员给客户带来的不便，同时解决因分级授权造成流转烦琐、时效低下的问题。加强查勘车管理，在二季度，公司查勘车辆GPS系统全部安装就位，正式实施全省统一调度，由95502客服专线平台在接报案后即时通过短信平台将报案信息和调度指令发送给查勘定损人员，以减少二次调度，提高查勘调度时效，减少客户等候时间。改变赔款支付方式，除小额赔案外，取消现金支付，一律通过网银直接支付给被保险人，一方面方便被保险人，减少被保险人为领取赔款而多次奔波；另一方面提高结案效率，减少骗赔的可能，切实维护被保险人和公司利益。切实履行社会责任，做好莫拉克台风出险标的查勘理赔工作，共受理报案19起，已赔付17起，合计金额85348元，有效地承担社会风险，履行企业责任。

天平汽车保险股份有限公司宁波中心支公司

天平汽车保险股份有限公司宁波中心支公司
副总经理　蒋　蓉（主持工作）

经营概述　公司营销模式含有分销代理、车行业务、综拓业务、渠道业务及电销业务，开创以分销代理为主体，各种营销方式共同发展的营销格局。2009年共实现保费业务收入6077万元。

队伍建设　一是从年龄、学历、专业及职称等方面优化员工结构；二是对员工加强专业技能培训，弘扬企业文化，营造良好的工作氛围；三是通过例会制度、拓展训练等形式向全员传递企业理念、公示企业经营情况、强化沟通合作意识，增强员工对公司活动的关注性和参与性。

客服建设　一是推出贵宾室服务，提升服务品位和客户体验满意度。同时完善保单配送网络及服务网点建设，为客户投保或理赔提供最便捷的服务。二是重新调整查勘队伍，结合公司非核心外包模式，通过优化查勘队伍，加强查勘配置，统一服务形象，提升服务品质和时效。

内控建设　在业务管理强化风险管控能力上，健全业务审批制度。在应收保费制度上实行“零”应收政策。在单证管理上，严格单证申领流转程序持行；对各出单点进行单证管理考核，并实行相应的奖惩制度，单证管理成效突出。在理赔管理上，建立专业化的理赔队伍，加强员工考核力度、强化案件审核力度。在财务管理上实行严格的财务制度，协助总公司做好常规稽核、审计工作。

华泰财产保险股份有限公司宁波分公司

华泰财产保险股份有限公司
宁波分公司总经理 宋正光

经营业绩 全年实现保费收入2728.19万元，同比减少6.7%。其中：车险保费1739.84万元，同比减少11%；非车险保费988.35万元，同比增长2%。

业务管理 落实公司绩效管理制度促进业务发展，先后出台《直销系列绩效考核办法》、《直销系列工资核定办法》、《公司业务系列绩效考核及工资发放办法》、《应收管理办法》等多项管理措施，规范销售的行为和奖罚措施；并加强以核保为销售指导，发挥核保人的核心作用，使销售人均产能较上年上升40%。

理赔服务 一是规定查勘定损员24小时×365天保持手机畅通并给予查勘定损服务。二是做好节假日值班安排，保证报案电话接通率100%。三是出台多项理赔便捷服务措施，改进客户服务。

阳光财产保险股份有限公司宁波市分公司

阳光财产保险股份有限公司宁波市分公司
副总经理　缪君秋（主持工作）

经营情况　全年保费收入8237万元，其中：车险实现保费6699万元，占81.3%；财产险实现保费1137万元，占13.8%；意外险实现保费400万元，占4.9%。综合赔付率为65.21%，其中车险赔付率为68.55%，财产险综合赔付率为27.13%，意健险综合赔付率为55.31%。

业务管理　明确业务销售“红黄蓝”费用匹配政策和全年经营目标考核办法。巩固车险市场，加大非车险拓展力度。编制车险生命表，深化目标市场管理；调整业务结构，突出财产险业务发展重点，推动银保业务发展，加入宁波市农险共保体；加大专属渠道管理，严控成本，严把业务质量关；加强跟单结算工作的准备、落实、实施。开展“奋战31天，牛年我最牛”和“再战30天，奋斗新4月”的月度销售挑战赛、“销售人员2009年上半年业务竞赛”等活动。

客户服务　理赔服务工作继续围绕“挤压理赔水分”与“客户感觉满意”两个根本开展。通过制定工时费标准，车险案件查勘严格实行“人车合影”，加大“红色案件”现场到达率考核，建立客户回访制等一系列理赔制度，进一步完善理赔流程，以及加强对制度执行的监督。根据打击“三假”工作方案相关要求，对案件和风险进行逐个排查，认真总结“三假”案件发案特点和规律，深入分析其总是产生和长期存在的原因。

企业文化建设　一是对公司所有团队、人员的名称内容、基本信息等进行逐一梳理，进一步加强销售人员考核，促进价值发展；二是根据总公司的组织架构改革要求，公司于7月份设立出单管理部，为加快单证的流转速度，减少单证风险，结合新《保险法》的条款变化，对所使用过的50余种条款及单证进行全面清理，不断完善车险出单流程，提高单证管理水平；三是结合宁波保险业行风建设活动方案部署，进一步提高依法经营意识，提高从业人员队伍素质，提升公司良好的公众形象；四是加强组织建设，增强队伍凝聚力。为壮大销售人员队伍，开展“1+1”增员活动，在注重人才引进同时对管理类员工进行人员优化工作。组织户外拓展培训和庆祝新中国成立60周年歌唱比赛，并获得大合唱“最佳台风奖”。

渤海财产保险股份有限公司宁波分公司

渤海财产保险股份有限公司宁波分公司
副总经理　陈　峰（主持工作）

经营业绩　全年实现保费收入4695.82万元（含台州、温州、舟山地区），其中车险4436.07万元，占94.47%；非车险242.96万元，占5.17%；意健险16.79万元，占0.36%。全年综合成本率108.85%，综合赔付率76.77%，承保利润亏损541.32万元。

业务管理　车险方面，制定适合当地特点的核保政策，以费用及核保政策差异化的方法控制赔付率较高的交强险及私家车的车损险占比，保证业务品质的同时业务量有所增加。财产险方面，调整小企业企财险的核保政策，业务继续精挑细选，防患风险，严控综合赔付率，财产险业务是公司贡献承保利润的主要险种。意健险方面，公司一直在努力拓展业务，坚决按照公司的承保要求开展业务。

内部管控　一是调整职场租金，陆续撤销镇海、江东营销服务部等机构，调整余姚、慈溪中心支公司等机构的办公职场，减少租金成本60多万元。二是调整人员岗位，降低人力成本，清理不合格编内外人员30余人，节约人力成本约50万元。三是节约开支，管控管理运作费用。出台新的管理运作费管理办法，每月对管理运作费合理预算，严格将管理运作费控制在预算范围内。四是降低保单取得成本，有效降低车险经营外部成本，改善车险整体亏损局面。

企业文化建设　围绕“外树形象、内练苦功、提升服务”总体工作部署，结合行风评议标准，制订公司行风建设工作实施方案，扎扎实实开展行风建设工作。聘请行风监督员，召开座谈会，接受监督，及时整改落实存在的问题。部署“夏日激情”活动安排，开展“摄影大赛、演讲比赛、歌唱红色歌曲”等活动，点燃夏日工作激情。

中银保险有限公司宁波中心支公司

中银保险有限公司宁波
中心支公司总经理　李孟光

队伍发展　逐步对内勤人员、业务人员进行人员结构调整：内勤岗位配备，能一人多岗的尽量一人多岗，分流富余人员；业务系列人员，无自身业务，单靠营销买单，且以车险为主人员通过培训逐步向银保系列转型，并通过业务考核逐步优胜劣汰。

客户服务　加强理赔管理，加快理赔速度，努力提高理赔质量和服务水平，强化对投诉案件的追踪回访工作。全年共处理投诉案件 16 起，投诉的重点主要集中在赔款速度及定损时效（占 50%）和核损金额与客户预期有差距（占 31%）。针对投诉中所反映的问题，除积极向上级公司沟通外，希望下放权限，改善流程，加强后台支持外，对本机构的部门设置，人员配备进行优化，如成立服务中心将原来分属理赔、财务、业务等各个不同职能部门的人员统一管理，提高工作效率。

都邦财产保险股份有限公司宁波分公司

都邦财产保险股份有限公司宁波分公司
总经理助理 陈 飞（主持工作）

经营业绩 全年共实现保费收入7555.39万元，同比减少21.7%。其中企业财产险保费收入332.01万元，货运险保费收入42.94万元，家财险保费收入68.90万元，责任险保费收入42.50万元，车险保费收入6561.14万元，意健险保费收入393.03万元，工程险保费收入35.08万元，保证险保费收入16.54万元。

内部管理 完善内控制度，制定《都邦保险宁波分公司核保政策（2009）》、《都邦财产保险股份有限公司宁波分公司单证管理规定》、《都邦保险宁波分公司手续费支付管理办法》、《都邦财产保险股份有限公司宁波分公司支票管理制度》、《现金流量项目核算管理规定》、《都邦保险宁波分公司手续费支付管理办法》等一系列制度，推进业务规范发展。

品牌建设 积极参加宁波市保险行业协会“3·15消费者权益日”广场宣传活动、端午节假期新《保险法》广场宣传等活动，并取得良好的宣传效果。按照宁波保监局和总公司的要求积极在公司网站、宁波市保险行业协会网站发表简讯，并被宁波保监局采用和《证券日报》及部分知名网站转载。此外，3月底成功完成CBA全明星周末宣传活动；组织迎各类联欢活动、三八妇女节活动、周末踏青旅游等业余活动，为广大员工创造更多的沟通交流机会，营造快乐的公司文化氛围。

民安保险（中国）有限公司宁波中心支公司

民安保险（中国）有限公司
宁波中心支公司总经理　周孟国

2009年，公司实现保费收入9760万元，保费达成率近140%；综合赔付率58.35%，其中车险满期赔付率59.65%。

渠道建设　在销售队伍建设方面，公司形成以直销渠道为主，代理渠道、银保渠道、直复营销渠道为辅的展业架构。本部直销渠道现有业务团队7个，销售人员89名。积极向业内引进优秀销售人员为公司注入新的力量，做到在“换血”中不“失血”，提升销售人员整体素养。

组织建设　财务工作依旧延续首年度“高效、合规”的工作作风，使得公司各项经营成本得到严格有效的控制，为公司达成新“两率”指标提供有力的保证。行政人事部在任务多、人事变动多的情况下，尽力确保公司后勤服务。公司承保室在今年严把承保质量关，严格控制非效益车型、险种的承保。公司理赔室秉承“赔付率就是公司生命力”的理赔客服工作指导思想，经过近两年的磨合与历练，基本建成理赔体系，工作效能得到很大的提高。新设立客服文档室，将财务、承保、理赔各项单证的工作进行统一管理。

合规经营　2009年初，在各部门积极配合下完成保监会关于财务、业务数据真实性的自查工作，与总公司合规管理部积极沟通。四月份，迎来建司以来中国太平集团的第一次常规稽核，配合稽查组对公司各经营环节进行严格检查，增强管理内勤人员的合规意识和风险防范意识。年中，根据保监会工作要求，坚决落实打击“假机构、假保单、假赔案”工作，再一次审视公司合作中介资格，杜绝销售假保单，杜绝公司造假赔案，防范客户假赔案理赔。

企业文化　促进全体员工恪守集团“诚信·专业·价值”的核心价值观，积极开展“集团核心价值观大讨论”。诚信是企业核心价值观的基石，专业是企业经营的保障，价值是企业追求的目标。坚持把集团的核心价值观作为公司一切经营活动必须遵守的最高准则，坚持把集团的核心价值观和总公司提出的“八字方针”作为公司制订与实施各项工作方案的基本依据。

太平财产保险有限公司宁波分公司

太平财产保险有限公司
宁波分公司总经理　奚志敏

2009年9月29日，太平保险有限公司宁波分公司正式更名为太平财产保险有限公司宁波分公司。

经营业绩　2009年，公司实现保费收入12727万元，同比增长121%，占宁波市场2.5%。其中，实现车险保费10326.5万元，同比增长150%；非车险保费2400万元，同比增长76%。2009年综合赔付率为69.8%。

机构发展　6月，镇海支公司、奉化支公司、慈溪支公司等三家三级机构均通过宁波保监局验收并顺利开业。至此，公司已形成以公司本级营业部为中心，镇海、奉化、慈溪为重要组成部分的机构网络体系，为公司业务健康发展、客户服务和品牌推广搭建良好的平台。

销售体制改革　在承保方面以“剔除劣质业务、优化险种结构、降低赔付率”为工作重心，通过销售费用差异化投入、细化各车型承保政策等措施严把承保质量关。在理赔服务方面，依托95529全国服务电话平台，狠抓内部管理，通过及时立案、查勘第一现场、限时结案等措施提高理赔服务质量，同时对疑难案件加大调查力度，压缩理赔水。

安诚财产保险股份有限公司宁波分公司

安诚财产保险股份有限公司
宁波分公司总经理　王春生

经营业绩　2009年，公司实现保费收入10594.31万元，比上年度增长269%；实现非车险保费收入1042.16万元，占总保费的9.84%；赔款支出3414.45万元，综合赔付率60.99%，综合成本率97%。2009年被总公司评为“先进集体和经营达标单位”。

业务发展　公司围绕“精细管理、算账经营、逆向思维、创新发展”十六字工作主题，提出“两升两降”的工作思路，即“提升规模险种（车险）出效益，提升效益险种（非车险）上规模，降低综合费用率，降低综合赔付率”。随着保险市场进一步规范，监管力度空前加大，公司借助于这一有利环境，进一步加大员工对新《保险法》学习和车险行业自律公约执行力度，树立合规经营意识；公司针对市场变化制定和完善新的销售管理考核体系，采取劳动竞赛等激励手段，逐步推进效益险种的规模发展。防范风险、优化销售模式，积极拓展和扩大市场份额的占有率，已同市级2家银行、21家代理机构及政府采购中心建立良好的合作关系，确保业务增长、稳健发展。

内部管理　树立合规理念，完善内控制度，增强全员依法经营意识。加强对财务、核销等制度及规范操作流程的管控落实，积极引导各机构运用便捷、安全的手段，努力实现非现金收付，严格做到据实列支。对于重要单证，要求做到“账账相符、账实相符、定期核销”，确保系统数据与台账一致。对中介代理业务，在流程及管控上按规定严格把关，为代理业务规范化发展创造有利条件。按内部管理要求，对各机构实行常规稽核检查和专项稽核；建立健全责任追究制度，对内部稽核中发现问题或违规的，严格追究相关机构和人员的责任，确保各项制度落到实处。在承保工作中，优化险种结构，实现“承保有利润，经营有效益”的目标，结合公司的年度经营目标，制定承保指引，加强指导和管控，充分发挥“两核”委员会在重大风险管控、指导核保及技术支持方面的重要作用。加强承保系列人员专业知识培训、落实岗位职责，降低差错率，主动改善车险结构，控制和降低交强险在车险中的比例；增加商三险及其附加险的比重等；做好每一笔非车险保前的风险查勘和风险识别工作，加强现场承保查勘，化解风险、提高承保质量。加大“打假”、“挤水”力度，加强理赔队伍建设，严格执行理赔纪律，实施理赔监督制度，业务部门经理参与理赔监督工作，极大地提高第一现场查勘的准确率。风险管控和内部管理工作显成效。

整体形象　根据公司长远发展目标的需要，继续营造浓郁的企业文化氛围，引导员工精确理解企业管理、文化理念等的深刻内涵，并使之融入于员工实际工作。加强职业道德、促进廉洁从业，充分利用和发挥宣传栏、通讯稿、公众宣传材料等作用，通过多种形式、多种层面向社会各界广泛宣传，推广公司形象，提高社会知名度。新开设奉化、北仑、余姚、镇海、象山支公司，目前已有7家支公司，销售网络已基本覆盖宁波市县（市）区，全面提升公司的服务能力和整体形象。

长安责任保险股份有限公司宁波中心支公司

主要业绩 2009年实现保费收入4270.38万元。本年赔款支出1181.72万元，简单赔付率27.67%。本年三项费用合计1694.69万元，三项费用率39.68%。承保利润71.20万元。

精细化管理 加大承保的管控力度、提高承保业务质量。严格控制出租车、特种车及10吨以上货车的承保，对多次出险的车辆加费或增加免赔条件承保，提高车价50万元以上的车辆的承保条件，控制承保100万元以上的高价车等。加强投保时的现场勘查，对四级以上工业险及800万元以下的企财险业务（单保房屋除外）在勘查现场后再决定承保与否及承保的条件，根据总公司的承保指引，控制小保额的企财险保单。为有效分摊风险，增加保费的充盈率，对投保人数在50人以下的保单在费率上不予优惠且适当上浮，并规定每单最低保费为2000元，控制危险工种的团意险业务的保额及承保。

质量管理 一是数据指标管控通过一年的努力，整体上各项数据指标均较为健康良好。结案率从不到75%提高到80%，快速结案给公司树立良好的形象；同时，及时立案率和及时登录率两项指标也一直处于非常健康的状态。二是培训工作取得一定成果客服部共安排大型集中培训两次，培训对象为系统内所有理赔内外勤。其中，查勘定损系列培训两次，保险法培训和医疗及重大赔案处理技能培训各一次。通过培训，使得各岗位的经验教训得到充分交流，使得工作效率得到大幅度提高，工作中存在问题也得到及时解决。三是“百日打假”初显成效，根据总公司工作要求，进行为期100天的“百日打假”活动。“百日打假”旨在排除虚假赔案和赔案中隐匿水分，降低理赔成本。从理赔数据上看，赔付率下降2个百分点。

中国人寿财产保险股份有限公司宁波市中心支公司

主要业绩 2009年，公司实现保费收入13739.4万元，其中非车险业务2554.9万元，占比18.6%，综合赔付率为56.98%。

队伍建设 一是注重队伍的融合。针对公司初建，员工来自多家公司，企业文化、思想观念、工作习惯多元化会集的情况，公司加大对中国人寿“成人达己，成己为人”企业文化的宣导，使员工了解和认同国寿文化，树立以“诚信、责任、奉献”为核心的价值观念，并对公司的发展形成共同的愿景，增强员工对公司的向心力。二是注重管理考核。通过严格的制度化管理和考核，提升员工的精神面貌、建立工作的规范，尤其是销售队伍的基本法考核，对积淀销售中坚力量起到积极的作用，也有效地扭转销售人员把销售工作简单化，只会“拼价格、给回扣”的销售习惯。三是注重教育培训。公司坚持“教育培训是员工最大福利”的理念，在费用紧张的情况下，挤出30多万元费用投入教育培训，举办四期全市销售主管培训班和一期经营管理培训班，累计组织“岗位大练兵”等各种形式的培训30余次，有效地促进队伍综合能力的提高，并荣获总公司“大练兵”活动组织三等奖。

销售能力 一是注重基础管理。在销售队伍管理上大力推行例会制度，包括团队的晨会（夕会）、周例会和营业机构的周例会、月例会以及市公司的大早会。以这些多种形式的例会为平台，对公司的各项政策、制度、行业监管信息、销售技能及专业知识进行学习与宣导，同时注重收集来自销售队伍的信息并针对性地调整例会的内容，使队伍在潜移默化中提升素质，统一思想认识。二是加强销售激励。出台两次业务企划方案和推动方案，有力地促进业务的发展。尽管公司销售团队组建时间不长，但通过这些竞赛推动，团队战斗力及凝聚力明显增强，销售人员的责任感明显地增强，各个销售团队及机构均形成为集体的荣誉并肩作战的良好销售氛围。三是以管理引导销售。公司通过对营销基本法进行修订，对基准保费调节系数、非车险业务津贴等因素加大对非车险业务的投入力度，加强对非车险业务占比、日历年度赔付率等指标的考核等措施，让销售人员主动地去管控风险，主动地去选择销售的方向。

管控能力 一是强化业务管控。在承保管理上，严格执行各项管理制度和政策，规范各环节的操作，较好地控制业务风险。尤其对于车险业务，公司在年初制定“五不保、五慎保”承保政策之后，又以业务数据分析为基础，在8月份进一步完善车险承保政策，根据险种、车型、车龄、客户性质把车险业务划分为鼓励承保、正常承保、控制承保、禁止承保四类，并将业务类型与销售费用挂钩，以达到控制劣质业务流入、提高车险业务质量的效果。在理赔管理上，通过加强审核监控，严格制度执行，强化对理赔工作各个环节的管控力度，遏制“跑、冒、滴、漏”的情况。二是强化内控监督。开业以来，针对单证管理、印章管理、反洗钱等重点风险管控环节，先后组织四次专项审计和多次检查抽查，对审计检查中发现的问题明确整改责任、实行追踪复查，并在内控制度上进行针对性的完善。经过一年多以来的运作，初步形成流程明确、责任清晰、风险点管控较为全面的内控体系。三是强化制度落实。在加强执行力建设、严格各项制度政策在落实执行基础上，加大公司各部门对口营业机构督导工作的力度，一方面，建立督导工作例会制度，并根据不同时期的工作重点及时调整督导工作的主题，增强工作的针对性；另一方面，将督导联系的对象从机构班子延伸到团队主管和销售骨干，建立多层面、多角度的信息反馈渠道，在促进制度政策落实同时，为进一步的修订调整积累参考建议，推进管控能力的不断完善。

服务能力 一是狠抓客户服务承诺的落实，制定《车险理赔服务时效规定》和《内部服务承诺》，强化服务管理的时效性。二是加强营业厅建设，不断改善营业厅服务条件，并设置车险理赔服务中心，为客户提供便利。三是强化营业厅柜面管理，出台《综合柜员考核管理办法》，明确对柜员服务工作的要求，并统一进行管理考核，促进服务技能的提升。四是提升理赔工作效能，在实行车险查勘理赔集中管理的基础上，大力推行车险 GPS 移动调度定损系统，优化车险理赔服务资源的配置，促进效能提升。经过前期的努力，公司的客户服务管理能力得到较为显著的提升，在宁波当地的客户服务质量检查中获得较好的成绩并荣获总公司“2009 年度客户服务能力达标竞赛三等奖”。

合规经营 一是把依法合规经营上升到政治高度，迅速统一管理队伍和员工队伍的思想。二是加强对销售队伍的引导和教育，扭转销售人员原有的不良展业习惯，规范销售行为。三是针对在财务业务数据真实自查工作中发现的问题，认真查找症结、分析原因，及时出台整改措施，推动公司合规经营管理的有效落实，从而避免遭受处罚，实现公司的平稳健康发展。

浙商财产保险股份有限公司宁波中心支公司

浙商财产保险股份有限公司
宁波中心支公司总经理　栗茂文

浙商财产保险股份有限公司宁波中心支公司于2009年8月11日开始筹建，10月9日正式取得开业批复。2009年保费收入674.46万元，车险占比93.5%，非车险占比6.5%；全年累计支出赔款3.17万元，车险预估偏差率186.16%。

推进队伍建设，提高人才素质　一是引进优秀人才，增强队伍实力。公司高度重视人才引进和培养工作，努力做到"机制引才、制度用才、培训育才、环境留才"。在管理人才引进方面，公司多措施、高起点、高标准地引进一批管理经验丰富、富有创业激情、认同企业文化的管理人员。在销售团队组建方面，公司紧盯一流公司、一流人才，坚持用浙商保险干事创业的广阔平台、用人才引进的积极政策、用机构领军人物的感召力吸引优秀人才加盟浙商财险，迅速提高公司综合销售能力，为提高综合产能奠定较好的人才基础。二是强化技能培训，提高队伍素质。在全系统广大员工中广泛开展新《保险法》等法律法规、监管政策和规章制度培训与学习，着力提高员工适应新环境新形势的能力和素质，提高员工政策水平。公司先后组织销售系列、客服系列等各级各类培训20多次，使基层前线人员对浙商保险的企业文化、运营方式与管理要求有更深的认识和理解。通过以练代训的方式加强核心业务系统、财务管理系统操作的培训，提高员工专业化操作技能。

践行合规经营，夯实管理基础　一是突出机构规范运行。公司特别强调经营的依法合规，在筹建期间主动向当地监管部门汇报工作，接受监管部门指导，并及时进行机构主要人员任命的报批报备。二是完善制度流程，加强内部管理。公司各级机构、各部门高度重视建章立制和理顺流程，根据职能分工修订制定承保理赔、行政人事、合规稽核等各个领域的一系列规章制度和实施细则，并在开业后对重要规章制度进行全面的梳理、修订与完善，使公司重要活动流程都有章可循，有力提高内控水平，切实做到用科学的制度管理公司，用严格的内控防范风险。

全面建设理赔体系，提高理赔质量和服务水平　一是建立理赔体系，狠抓理赔队伍建设。成立客服工作小组，加强理赔定损人员管理、接报案中心和前台理赔管理、核价核损理算及内部事务管理、服务培训管理、考核工作管理等，加大制度和流程执行及考核力度。对查勘人员实行统一管理、统一培训、统一评级、统一考核机制。二是建立车险理赔质量检查机制，每月进行已决案件的抽查，对差错案件的责任人进行处罚，纠正偏差，提高赔案质量。开展未决赔案清理工作，实行责任跟踪、限期结案的办法进行考核监督。三是建立严格把控机制。在理赔部负责人的领导下，严格管控，拒绝假赔案、虚赔现象，并且加强重案、核价核损、医核等重要环节的管控。

探索创新迈出步伐，全面开展各项工作　一是逐步推进管理体制创新。在资源分配渠道上减少环节，实行"省管县"扁平化管理框架；"销售与理赔相分离"、理赔保持相对独立性的管控模式等随机构开设逐步推进，并根据监管要求与实际情况不断地完善与丰富。二是制定周密的市场开发战略，寻找新的市场增长点。按照市场需求的阶段性，将保险市场细分为现有市场、潜在市场，然后在细分的基础上对不同的市场采取不同的开发战略。对于现有市场，根据公司控制与支配能力的大小，将其细分为有完全优势的市场和有部分优势的市场。对于有完全优势的市场，制定梯度开发战略，对该市场进行逐级和深度开发，实行系列化产品创新。对于有部分优势的市场，制定渗透开发战略，进一步挖掘市场潜力。对于潜在市场，制定相应的发掘战略，在开展市场调查、收集大量市场信息的基础上，推进保险产品的改造创新，将潜在市场转化为现实市场，并迅速占领该市场。

中国人寿保险股份有限公司宁波市分公司

中国人寿保险股份有限公司宁波市分公司
副总经理　张忠平（主持工作）

主要业绩　2009年，公司实现保费收入164077.92万元，同比增长14.58%；代理集团保费收入10099.67万元。寿险首年保费收入99598.75万元，同比增长11.46%；首年期交保费收入31135.38万元，同比增长54.13%，其中个险10年期以上期交保费9255.06万元，同比增长120.64%。

银保渠道　一是承担公司规模重任。截至2009年末，银保渠道保费收入81156.93亿元，占股份总保费的49.46%。新单保费收入77504.58亿元，同比增长28.77%，市场份额42.25%，稳居市场龙头地位。二是撑起新单期交半壁江山。截至年末，银保渠道实现新单期交保费1.54亿元，同比增长471%。三是强化渠道成本管控。积极拓展"三效"产品，扩大个险期交业务和意外险产品的销售，深入挖掘银保渠道的创费能力。据统计，通过银保渠道销售的"三效"产品近2000万元，借意险业务达300多万元，个险期交保费近400万元。

客户服务　一是加强人员管理和队伍建设。强化岗位服务标准，坚持"周例会、月度分析会、月度测试"制度。开展"提升服务品质，争创一流电话中心"的竞赛活动，通过开展座席人员满意度调查活动，提高整体服务水平。二是制定客户服务质量考核办法，加大对客户回访、会办单处理时效、国寿1+N服务和"国寿鹤卡"发放工作的考核力度，极大地提高新单回访成功率。三是积极开展附加值服务。通过VIP客户的体检、导医导诊服务、机场贵宾通道服务等，努力打造"国寿1+N""亲和、品质、尊贵"的品牌形象。全年共开拓特约商家25家，累计49家，涵盖"医、食、住、行、玩、用"六大方面。四是加强客户服务宣传工作，通过《东南商报》、《上品生活》杂志、宁波电视台、公司网站等进行外部宣传；全年先后隆重举行"国寿鹤卡"首发日活动、"中国人寿姚明杯"趣味篮球运动赛、"发短信，看电影"活动以及特约商家特惠超值服务活动、"国寿客户宁海养生体验之旅"等活动。

信息技术　一是完成总部新系统新版本的上线及推广工作，及时做好各应用系统的补丁升级工作，逐步完善现有各应用系统的使用功能。二是围绕业务销售及内部管理需要提供信息技术支持。实现团代人员一体化系统的业绩查询、绩效计算、基本法考核、业务员保单管理、指标分析等功能。开发两处汽车站旅客意外险、雅戈尔动物园旅游意外险相关出单支持系统。三是强化队伍建设及基础环境建设，以进一步优化资源配置。

销售督察　组织、开展第二届"诚信我为先——09心启航"、诚信合规教育、销售督察专项检查等工作，举办三期全市系统销售督察工作培训会议，编制十二期销售督察简报、一期销售督察简讯和七期"诚信我为先"活动简报。实现新版风险预警系统、营销员信用评价系统、销售督察信息管理系统的顺利上线。

人才建设　召开首次人才工作会议，基层班子进行较大范围的调整，分支机构涉及27人，其中交流12人，有9位新人进入营业机构班子，14人职务得到晋升，4人职务作调整，使营业机构班子成员学历和专业化水平得到进一步提高，年龄也有所下降。规范员工岗位聘任。梳理各营业机构员工岗位，统一员工《岗位说明书》和《业绩目标合同》，明确员工岗位工作职责。举办一期《社保基础知识》、《劳动合同法》和公司三项制度等内容培训班，布置工资预算管理和员工现金福利管理等工作。夯实教育培训工作。积极开展员工教育，举办两批新进员工培训班，对全市员工进行保险知识视频培训，组织并策划在宁波大学的“教师节活动”，再一次提升兼讲的荣誉感，初步建立覆盖各销售渠道及各类人员的教育培训制度，规范工作流程。

企业文化建设　加强企业文化建设。按照创建“学习创新型、资源优化型、成长增值型”公司的要求，全年举办“国寿大讲堂”6 期、“国寿大晨会”25 期；组织“我与中国人寿”征文活动，共收到稿件 22 篇；3 月上旬成功组织全市系统“诚信与敬业”演讲比赛，组织本部全体女职工进行全面体检，建立困难职工档案和大龄青年档案，实施“鹊桥”行动，全面启动全市系统“职工书屋”创建活动，制订“职工书屋”三年创建计划，因地制宜新建立“职工之家”等活动场所。8 月份成功召开全市系统二届一次职代会，出台《员工考勤与假期管理暂行办法》、《员工学历教育和金融保险资格考试管理办法》和《本部员工上班期间行为规范管理办法》。着力完善全市系统团组织体系，加强青年工作和人才培养，并于 10 月末前完成组织框架建设；成功组织 60 周年司庆系列活动。公司先后被宁波市总工会、宁波市文明办以及消协评为全市窗口服务行业“创三优一满意”文明优质服务竞赛活动优秀组织单位，消费者信得过单位，是全市保险企业中唯一的一家；信息技术部被总公司颁发“2007～2008 年度最佳进步奖”，财务管理中心连续第四次囊括全国系统“2008～2009 年度财会工作质量考核评比银奖”（其中 2 年金奖）；江东支公司被总公司评为“金花建功集体”，虞简萍同志被保监会评为“全国保险系统劳动模范”，郑旸同志被总公司评为“百朵金花”。

中国太平洋人寿保险股份有限公司宁波分公司

中国太平洋人寿保险股份有限公司
宁波分公司总经理　陈兴土

经营业绩　全年共完成各项人身险保费收入78007万元，同比增长2.5%，标准保费71978万元，同比增长10.4%。其中核心业务个人营销传统分红期缴10364万元，同比增长7.1%。短期意外险保费收入4768万元，同比增长8%。

业务管理　2009年，个险条线销售队伍增长迅速，营销人力从年初的1466人发展到年末的2010人。团险条线继续巩固渠道意外险优势。宁波市政府相继出台医保规定，对宁波市场的学平险业务造成巨大冲击。学平险改造小组再次对学平险进行调整和改造，继续占领市场。银保条线积极开拓代理渠道，调整业务结构，保持队伍稳定银保期缴起步阶段取得可喜的成绩。13个月继续率、25个月继续率、计划达成率三项重要指标全面超过总公司标准，被总公司评为2009年度“优秀单位”。

培训管理　在考核制度到位的基础上逐步下放代资考辅导培训，并严抓培训通过率，确保人力增长。推动落实衔接训练工作，帮助支公司建立一支衔接训练讲师队伍，全面推行衔接训练培训。

风险管理　制订合规、风险管理及纪检监察工作的年度工作计划，明确工作目标和工作重点，建立兼职合规队伍，完善各项合规制度，加强合规知识培训，各项合规KPI保持正常范围。在新《保险法》出台后，组织各机构、部门学习，在全司举办《保险法》知识竞赛，选择人员参加宁波保监局竞赛活动中，均取得优异成绩。

行政管理　一是积极推进人力资源改革，从根本上改变过去形式上集中管理而实际分散管理的状况。全面梳理、规范公司组织架构，公司设12个部门，各支公司统一设综合、个、团、银等4个室；在此基础上按照总公司的要求完善全体员工的职位体系和岗位职责，重新核定每个员工的职位、职衔、个人等级，并出台《支公司经营等级评定办法》。改革员工薪酬绩效考核体系，建立全辖统一的员工全薪架构和员工福利标准，并建立各部门、各机构和业务条线的KPI指标体系，并初步建立全员个人KPI考核指标，为进一步推动绩效文化建设奠定基础。加强人力资源规范管理。5月份，顺利实现e－HR系统上线，并出台员工招聘、中层干部退出等一系列管理制度，同时通过开展“鲲鹏计划”，初步建立后备干部人才库。二是深入落实全面预算管理，并着重在“深”和“细”上做文章，同时按照成本属性在固定与变动分离的成本控制方式基础上，积极实施分支公司的矩阵式管理模式，通过优化资源配置提高资源使用效率，基本达到预期目标，除银保渠道外，全年大部分KPI指标均明显优化。三是机构网点改造建设。四是信息技术管理。2009年，在全系统IT综合考评中，公司信息技术工作继续保持前三名的地位。今年以来，为积极应对意外险经营标准实施和电子化出单的要求，信息技术部全力以赴，为稳定意外险业务渠道发挥重要作用。面对宁波社会对电话邀约的强烈反映和监管要求，公司仅用一个月时间开发“电话呼叫管理系统”，受到宁波保监局的高度肯定，极大地支持个险业务发展。

营运管理　2009年，公司营运条线按照“提高效率、优化服务、规范作业”的思路，切实转变工作作风，提升综合服务能力，完善各项制度和流程。为提升专业化服务水平，营运部以职场改造为契机，按照总公司标准化柜面建设的要求，梳理各项业务流程、制定各类突发时间应急预案，加强客户服务的软硬件建设，并且通过制定和完善全体营运员工的 PDCA 学习计划和考核评奖制度，提高各岗位的综合效率。同时，营运条线建立与各机构、业务部门的沟通机制，上门收集和听取意见，加强对业务一线的支持。下半年开始，营运部门不满足于营运要求，从专业角度对核保、保全、理赔等进行专业化分析，为公司决策提供依据，从而真正起到立足营运、服务业务的作用。

企业文化　一是切实转变工作作风。从小事做起，提高执行力。二是创造条件，加强团队建设。开展大拓展、大培训和群智运动会，实现自我突破和熔炼，组织教师节沙龙、青年员工联谊会等，加强干部员工之间的交流和沟通。开展读书活动、演讲比赛、歌咏比赛等多种形式的活动，为员工提供施展才艺的平台。三是以新职场改造为契机，改善办公条件，规范职场行为，实施现代化、标准化的工作要求。四是大力宣传、学习“林萍精神”。作为英雄的诞生地，公司大力宣传、学习“林萍精神”，并组织捐款，推出“林萍爱心保单活动”，成立林萍工作室，树立太保林萍服务品牌。

中国平安人寿保险股份有限公司宁波分公司

中国平安人寿保险股份有限公司
宁波分公司总经理 韩 晓

经营业绩 2009年个险总保费收入达13.13亿元，其中个险新单保费收入3.56亿元，同比增长42%。2009年共向客户给付、赔付各项保险金超过2亿元，通过95511电话回访、举办客服节活动等多种渠道推行客户服务，切实保障客户利益。2009年银行代理总保费收入1.64亿元，同比增长212%。

机构网点建设 公司共有营业区4个，营业部28个，支公司2家，营销服务部16个，市场覆盖宁波大市。为合理利用资源、使有限资源发挥最大效用，2009年对一些营销网点进行合理规划，全年完成7个职场装修、7个职场租赁，避免职场租赁面积、租金的浪费，使市场分布更趋合理化、效益化。

代理人队伍建设 2009年末，公司保险代理人人数达3901人。在人力稳健提升的同时，公司更注重代理人队伍的综合素质发展和基础管理建设。为树立公司良好形象，规范业务人员从业行为，2009年总公司重新修订《业务人员品质管理办法》，更加明确和细化代理人在展业过程中违规行为的处理依据。在基础管理建设方面，公司加强对代理人员参会和培训要求的管理，并制定相关管理办法及落实措施。在代理人资格考试、衔接培训、岗前培训、转正培训等环节，严格按照公司管理制度执行，为保证代理人队伍的质量及健康发展和持续经营打下坚定的基础。

内勤管理人员建设 2009年末，公司共有内勤专业人员307人，大专以上学历人员占比为92%。公司有计划地进行潜力干部储备工作，建立潜力人才库，实行干部阶梯化管理；加强考核调薪工作；进一步规范员工入司、离司流程、各类人事制度，完善员工劳动关系的维护和管理工作。在招聘及用人工作上，充分体现原则性与灵活性的结合。既严格按照公司的编制要求、核人标准等硬性指标进行招聘，同时考虑实际的用人需求，做好人员的储备、定岗及调配工作，人力编制执行率及人力资源费用预算执行率都保持在较为健康的指标状态。

泰康人寿保险股份有限公司宁波分公司

泰康人寿保险股份有限公司
宁波分公司总经理　包嘉懿

整体业务　2009年，总保费收入37133万元，同比增长23.71%。其中营销新契约保费收入3855万元，同比增长26.81%；团险保费收入9094万元，同比增长21.90%；银保保费收入18035万元，同比增长19.64%；续期保费收入6148万元，同比增长38.47%。

专业化运营　公司以"夯实基础、专业化运营、提高四条业务线综合竞争力"为宗旨，积极探索谋发展。积极引进优秀的职业经理人，搭建完善的组织架构，提升各系列专业化运作能力和训练能力。公司规模逐步扩大，重视以企业文化凝聚团队，分批、分层级做泰康文化培训、全体员工工作压力心理培训，让所有员工解公司目标，关注公司成长，提高员工综合素质，强化员工职业精神，培养一批忠于公司、勇于挑战的干部梯队，全体内外勤伙伴团结一心，在队伍规模和业务总量上保持稳健的发展势头。

品牌维护　公司积极参与社会公益事业。4月，公司连续第二年组织开展"失聪儿童助学活动"。活动得到宁波市慈善总会、海曙区残联的大力支持和帮助，共资助三名失聪儿童，捐赠人民币6000元。8月，公司响应宁波保监局和宁波市保险行业协会号召，组织为林萍基金募捐，全体员工踊跃捐款，共募得款项32000元。

新华人寿保险股份有限公司宁波分公司

新华人寿保险股份有限公司
宁波分公司总经理　胡柏保

核心业务　全年共实现规模保费收入3.31亿元，同比增长22.3%。全年新核心期缴业务实现保费收入1.2亿元，同比增长106%，新单期缴占比达到56.5%，开业以来首次进入寿险市场期缴三甲。

合规建设　一是机构健康协调发展，经营实力不断提升。机构整体实力增强，大部分机构业务规模位居当地市场前列，同时部分机构在银行代理等渠道实现业务突破。二是前后先合规经营深化，管理能力迈上新台阶。从渠道来看，公司在银行代理渠道以期缴业务为切入点，实施期缴业务百分百回放。从后援来看，从业务角度全面加强风险环节控制，实现风险控制前置，建立和完善突发事件应急机制。三是风险控制体系逐步完善，融入公司经营管理。公司将风险控制逐步融入各职能部门，风险体系逐步完善，有效防范业务风险。

内涵式发展　一是实施差异化产品策略，尤其是在个险、银代等渠道推出的“尊享人生”、“金钱柜”、“吉星高照”等产品，得到广大消费者的高度青睐，同时公司通过不断完善产品体系，调整和优化产品政策。二是提升后援体系。通过推进流程集中变革，加强IT系统稳定运营和管理，深入开展客户服务活动，有效地支持业务发展，提升运营效率。三是推行行风建设，通过多次作风整顿，加强员工培训，特别的管理干部培训。公司骨干队伍逐步稳定，队伍凝聚力增强，呈现和谐发展态势。

团队建设　一是完善人才发展体系。贯彻公司人才导向，建设人才评价、选拔、培训发展的标准；推动职业发展体系运转、完善职业发展通道、完善晋升流程。二是构建和完善分层次的培训体系。加大培训力度，强化各项系统培训，加大培训投入力度，整合内外部培训资源，加强专业领域的技能培训、大力提高培训效果。三是加大员工交流力度。采取“横向交流、上下交流”的形式，通过重点加强对系统内中层管理和专业骨干的交流，扩宽人才锻炼成长空间。同时通过选拔、轮训使年轻干部了解实际业务运作，得到实际锻炼。四是提升绩效管理水平。推广绩效改善项目，为公司各机构绩效管理提供制式化的指导，通过制订和完善表彰方案、强化绩效管理。

品牌打造　随着公司运营实力的提升，公司建立立体化的服务网络、标准化的服务制度及创新化服务内容，形成强大的服务支持能力。坚持从“小”处着手的服务理念，使每个细节之处都体现出新华公司“以客户为中心”的服务承诺。公司着眼于“强化支持、控制风险、降低成本、提高效率”的要求，通过职能整合、流程整合、架构整合、系统整合、人员整合，加快建立起规范有序、统一高效的后援集中运营体系，同时将标准的服务内容、服务动作以最大限度、最大广度、最快速度普及所有客户。公司通过建立核保、理赔集中处理作业模式，各类分红报告账单的快速集中处理措施，将减少客户等待时间，提高办理时效；“保单一号通”、“保单无障碍迁移”、“保全失单保障”等创新服务举措，既简化业务流程，又提高服务效率；通过采取异地赔付全国通赔、理赔款提前支付、小额简易快速理赔等新举措，使公司理赔服务更趋透明完善。

太平人寿保险有限公司宁波分公司

太平人寿保险有限公司
宁波分公司总经理 罗国华

经营业绩 2009年，公司实现保费收入12358.67万元。其中，个人业务总保费4804.20万元。银保期缴保费收入1897.66万元，同比增长258.5%，保费规模位居宁波市场第四；团体业务规模保费收入693.11万元，同比增长23.5%。

管理创新 一是信心工程。包括：振奋精神。规范员工日常礼仪，强调员工着装、职场礼仪等日常规范内容，要求全体员工树立积极阳光的心态，以良好的精神面貌面对工作，微笑面对同事；早会形式变更，按标准姿势并排站立，全员答到，齐唱司歌、企业文化，让太平人寿的愿景、使命、理念等深入每位员工心中；美化职场环境，新增绿色植物，更换职场文化标语，从细微处全面营造积极向上职场氛围。营造企业文化。积极组织开展旅游、拓展活动，加强员工间的了解度，增添员工间的和谐度。成立瑜伽、乒乓球、羽毛球等兴趣小组，并将周五下午定为工会活动日等，营造一种“工作积极、生活健康、价值认同”的家园文化。强化队伍素质。通过举办专业技能培训、管理干部研修班等一系列岗位进修班来强化内勤队伍建设。个险、银保系列定期开展特色新人班，对新人进行全方位的岗前培训和专业化训练营，旨在全面提升营销队伍的综合素质。二是专业工程。包括：设置周冠王奖项及周万元人力项目，通过周开单抽奖激励方案提升每周活动率。落实总公司“1.3.5”工程，提升业务员及讲师的综合素质能力。各营销服务部结合地区实际，积极探索并拓宽增员渠道，充分利用公司出台的补贴政策引进优秀人才。充实督导培训人力，坚持每日夕会，定期举行客户经理技能提升班，强化客户经理的营销水平，规范销售活动，严防误导。深化专业化队伍共建项目，借助“练鹰计划”，深化与工行、建行、中行等渠道的合作。通过举办多期特色期缴训练营，与各渠道开展培训活动，形成工行、中行两大主力渠道齐头并进，宁波银行、建行、邮储、交行、招行、稳步提升的局面。深化销售支援体系，普及银保通的使用率。工、农、建和交行均上线，提升银保通的出单率，严格银保通有价单证管理，对账以及盘点工作，并对手工单实行前置回访，从源头上控制风险，确保风险管理。秉承“诚信服务”的宗旨，全面提升服务水平。运营服务部不断优化客服服务，提升运营指标，深入开发运营客服系统。逐渐完善理赔定点医院的铺设，实行理赔探望，提高理赔时效，新增退费转账银行。

合规经营 公司认真贯彻落实监管部门的指示，并根据各监管部门的要求，积极开展合规工作，不断完善合规管理体系、梳理各项流程，合规管理体系基本形成。经过多次集中的合规和新《保险法》知识培训，全体内外勤员工的合规意识显著提高，推进公司合法合规经营工作的顺利开展，有效防范经营风险。6月，人行宁波市中心支行对公司展开为期10天的反洗钱现场检查。现场检查书面反馈材料显示，公司制定完善反洗钱内控制度体系，设计简洁明了的可疑交易分类标准提示牌，制定较为详细的客户和转户风险等级划分标准，并定期对新契约客户进行等级分类，定期有针对性地对员工进行反洗钱宣传和培训工作等。

品牌宣传 公司坚持“用心经营、诚信服务”的经营理念，积极参与各项活动，加大力度提升品牌形象。3月15日，公司在中山广场进行现场咨询服务活动；8月，公司组织“关爱客户送温暖”

援助陈桂林一家特别活动；公司领导三次做客宁波广播电台经济娱乐频道《理财早八点》节目，与听众就保险相关知识进行探讨。

争先创优 公司在全体员工的共同努力下取得优异的成绩，赢得来自市监管部门、媒体、同行以及总公司的关注和肯定。在总公司奖项评比中，公司多次荣登奖牌榜。其中，宁海营销服务部荣获“先进集体”的称号，综合管理党支部获得“先进党支部”称号，运营服务部获“2009 年先锋管理团队”等荣誉称号，团体运营管理中，宁波业务总部获得“2009 年度服务品质明星奖”。此外，公司在宁波市场上多次受到上级部门的肯定，有 3 位营销员和客户经理被评为 2009 年宁波市“保险行业优秀寿险营销员”和“优秀银代客户经理”等。

民生人寿保险股份有限公司宁波中心支公司

经营业绩　2009年，公司实现保费收入1183.09万元。其中，个人代理渠道新单标保458.22万元，同比增长14.4%。个险续期保费收入677.53万元。从渠道结构分析，2009年主要销售渠道为个人代理，个险保费收入达458.22万元，同比增长14.4%；银邮渠道销售1.56万元，同比下降99.59%；公司直销保费收入7.92万元，同比下降16.98%。

内部管理　一是个人业务序列强化组织优化，完善激励机制，加强业务督导，夯实基础管理，提升队伍产能。完善激励机制，以绩效为导向，注重营销管理干部的引进和内部培养。坚持人才是第一生产力，第四季度引进优秀的管理干部（C类干部）3名，并内部选拔提升2名干部。二是续收工作围绕“坚实组织，强化管理，收展并重，效率经营”的主题，加强基础建设，提高作业能力。续收管理标准化，严格落实续期管理流程，控制风险；推动零现金缴费，提升续期指标；队伍建设规范化。通过培训、例会、竞赛推动等方式，加强对服务意识、行为准则、品质管理的考核，打造一支基础扎实的续收团队。三是提升后援保障能力和综合管理水平。财务部紧抓会计基础达标工作，强化预算管理，努力降低财务风险。总体费用预算控制较好，截至2009年末预算执行率为97.5%。开展行政整顿工作、理顺办公流程。制定并遵守印发《合同管理制度》、《印章管理制度》、《重大突发事件报告》及《应急处理办法》等重大内控管理制度。加快客服体系建设。落实“非常6+1”快速理赔机制，实行简易案件全部做到即时给付，显示民生人寿“客户至上、真诚服务”的理念。

中宏人寿保险有限公司宁波分公司

中宏人寿保险有限公司宁波分公司总经理　夏邦于

企业文化　公司遵循于外资保险公司的本土化建设，秉承“专业诚信，以客为尊”的宗旨，利用中宏人寿保险有限公司在产品创新、市场营销、营销员培训和管理、客户服务方面的成功经验，为家庭、个人、团体提供个性化、多样化的产品和全面的服务。“以人为本”一直是中宏保险的重要信条。2009年，公司总保费收入4344.17万元。

人力资源管理　公司从香港、台湾、上海业务机构引进一批经验丰富的核心专业人士，新的分支机构均拥有多年从事海内外保险业务经验的管理人员，促进中宏的整体发展。公司从培训、激励、考核等多方面采取措施，提升人员素质、拓展销售渠道，加强营销员队伍建设，严格做到“持证上岗率100%，培训后展业”的要求，力图做得更好、更强、更专业。

客户服务　公司一直把客户服务建设作为可持续发展的一个重要内容，把客户对公司的满意度作为衡量公司客户服务工作优劣的一个重要标准。提高客户服务质量最重要的是建立畅通的客户服务沟通平台，给客户了解公司的机会，给公司与客户交流的渠道；同时，公司客户服务部通过为客户提供附加服务，突出个性化、差异化的服务功能，真正体现“服务客户”的深刻内涵。

生命人寿保险股份有限公司宁波分公司

生命人寿保险股份有限公司宁波分公司
总经理　杨先聪

经营业绩　2009 年，公司保费收入 4042 万元，其中个险规模保费 1638 万元，同比增长 46.00%；银代规模保费 2358 万元；团险标准保费 45.49 万元，同比增长 126.2%。

业务发展　截至 2009 年末，公司在宁波开设本级、宁海、余姚、慈溪、象山等五个营销服务部，并拥有一支 20 名客户经理的销售团队；引进优秀的银代管理干部，网点铺设逐渐完善。公司以个险、银代、团险为主要销售渠道，个险销售渠道运作情况良好，增长势头平稳。其中，个险主要以分红险、传统寿险为主要产品，大力发展内涵价值高的业务，全面停售万能险、投连险；银行险大力发展期缴类业务，实施内涵价值考核；团体保险以短期效益险为主导，以效益为目标。同时，在业务转型过程中，个险业务渠道抓住发展机遇，实现跨越式发展。

内部管理　2009 年，公司在总公司新一届董事会领导方针指引下，加大治理力度，在前期完善法人治理结构调整的基础上，坚持以完善治理机制为长期重点。从而实现由治理结构到治理机制，由“决策制衡”到“决策科学”的根本转变，由“经营管理”向“管理经营”转变，转变的核心就是“精细化管理”和“算账经营”。业务经营管理思路推行“优战略、调结构；促发展、创价值；抓治理、防风险；重落实、见成效”。工作成效方面讲“四见”，即“见效应”、“见效率”、“见效果”、“见效益”；用人机制方面讲“四用”，即“用德”，“用才”，“用勤”，“用专”；工作态度方面讲“四心”，即“爱心”、“信心”、“齐心”、“决心”。以营销为导向，以公司专职销售队伍为导向，做真正有价值的业务，培养真正有价值的队伍。

中德安联人寿保险有限公司浙江分公司宁波营销服务部

队伍建设 公司高度重视寿险代理人队伍的建设，致力于打造专业、诚信、敬业的精英团队。公司寿险代理人已壮大到357人，其中资深经理9人。公司代理人全部实现持证上岗，持证率达100%，得到宁波保监局的充分肯定。受金融危机的影响，公司对代理人管理模式进行第二次转型，减少在新人方面的成本投入，并对产能低的业务人员进行清理以便建立一支精简高效的业务队伍。

银保渠道建设 银行代理业务一直是中德公司成立后的重点发展方向，中德安联进入宁波以后，充分利用总部的强大资源支持，迅速与甬城的各大银行建立业务合作关系。2009年实现对持续经营模式的调整，逐渐向高档客户群发展，新开拓汇丰等外资银行，并削减没有产能的银行网点。2009年末，银保业务网点数86个，完成期缴保费256万元；总保费561.08万元。

员工发展 “成就员工”是中德安联的公司使命之一，公司以此为出发点，在员工聘用中坚持学历、能力和潜力并重原则，坚持“德才兼备、以德为主”的标准。2009年末，公司共有员工21人，其中大学本科以上7人。公司设立销售服务专员、营销服务经理、培训专员等各种岗位，分期分批到总部进行业务知识和服务技能的各种培训，进一步提升员工自身素质，促进员工队伍整体服务水平的快速提高，保证公司运作的高效、优质。

机构建设 公司本着“稳步发展、持续经营”的宗旨，逐步在宁波大市范围内铺设三级机构。秉承“成熟一个、发展一个”的原则，2006年在宁波本级营销服务部顺利开业后，已陆续开设宁海营销服务部和余姚营销服务部；由于2008年、2009年经营环境的急剧转变，公司迅速调整机构建设步伐，暂时停止准备开设的象山和慈溪两个营销服务部。

光大永明人寿保险有限公司宁波营销服务部

业务概况　2009年，全年保费收入4972.73万元，同比增长103%。其中，个人营销保费收入936.06万元，同比增长42%；银行代理实现保费收入4036万元，同比增长162%；团体业务保费收入0.67万元，同比减少55%。

客户服务　公司秉承“以客为尊”的服务理念，以市场为先导，时刻铭记顾客利益至上，确保售前售后都为客户提供同样的高品质服务。设立全国统一咨询热线95105698，提供客户咨询并落实100%客户回访。与国际SOS紧急救援中心共同合作，针对公司VIP客户推出一项高附加值服务——光大永明国际救援服务。开通电话保单变更服务，简化客户办理保单变更手续，同时开通全国通赔服务，客户可以在光大永明全国的任何一个分支机构办理理赔手续，并且500元以下无任何疑义的案件在2小时内进行赔付。

合规经营　公司高度重视合规经营，严格执行总公司的《合规工作规定》、《反洗钱管理办法》和《反恐管理办法》，并积极开展相关的培训和学习，让公司所有员工在日常工作中做到合法合规。

合众人寿保险股份有限公司宁波中心支公司

经营业绩 2009年，公司完成总保费1944.67万元，同比减少34.57%，其中公司新单保费收入合计1030.64万元。个人营销总保费1652.9万元，同比增长19.5%，营销员人力286人；银行代理249.5万元，同比减少84.13%；团体业务42.27万元，同比减少49.93%。

队伍建设 对代理人队伍的建设严格按照《个人寿险业务人员基本管理办法》实行，致力于打造专业、诚信、敬业的精英团队。对代理人的入司、转正、晋升、考核、清退按照标准流程操作。公司代理人实现100%持证上岗，并加强对业务员的培训工作。截至2009年末，共有保险代理人员286人。此外，公司认真贯彻落实总公司的人力资源绩效考核和管理工作，有计划地进行潜力人员培养和储备工作，建立潜力人才库，实行干部阶梯化管理；同时加强人力资源基础管理工作，进一步规范员工入司和离司流程、各类人事制度，完善员工劳动关系的维护和管理工作。

客户服务 针对保险业“理赔难”的通病，公司通过推出“24小时受理电话报案、咨询”、“上门服务”、“延滞支付利息”、“预付赔款”、“简单案件即时结案”以及“结案通知及回访”等六大服务举措，完善自身服务流程，将“理赔难”变为“理赔易”，重塑保险理赔服务新形象。在实际理赔过程中，严格按照总公司的服务要求和操作流程开展工作，2009年全年共受理理赔案件86件，赔付金额42.8万元。

平安养老保险股份有限公司宁波分公司

平安养老保险股份有限公司
宁波分公司总经理　张　强

经营业绩　2009 年，公司达成短险业绩 4818 万元，同比增长 9.6%。长险和企业年金业绩 5737.02 万元，同比增长 14.74%。企业年金新签约客户 15 户。

业务发展　2009 年，公司在巩固与工行、交行、光大、招行等良好合作的同时，新开拓与农行、中行、建行、中信银行的合作，并全市集合计划业务领域处于行业领先地位。特别是与建行和中行的合作，取得很大进展，使得平安成为宁波年金市场上与银行合作最广泛的保险公司。公司拥有员工 73 人，增加一名营销总监，营销能力明显加强。此外，新产品和新渠道开发为公司长期发展注入新鲜血液，全年新渠道业务实现保费 100 多万元。

客户服务　IT 全国联网系统实现升级，客户可以及时查询和跟踪。本着“关爱客户，让每颗心灵拥有平安”的精神，成功举办平安养老第二届客服节，获得社会各界的好评，扩大平安养老在宁波的知名度，也提高平安的社会公益形象。在统括客户服务上表现优秀，成为平安服务的一大特色。通过满意度调查，服务专员获得所有统括客户的一致好评，并且得到统括客户的来信表扬。服务专员陈秋萍在总公司的品质竞赛中荣获“星级服务专员”称号。依托优质的服务手段和服务团队，公司的客户数稳步增加，业绩也得到有效增长。

综合金融平台建设　一个客户、一个账户、多个产品、多种服务是平安销售发展的目标。认真贯彻集团的布置，从培训入手，经过多种形式、多种方式的培训，培养综合金融经理 15 人，综合金融销售专员 13 人，专业人才的培养为综合金融平台的建立奠定基础。采用一系列推动方案，鼓励业务员在做好主营业务的同时，推销产险、个险等方面业务。另外，公司领导还与集团资产管理公司、信托公司和平安银行联系，为宁波的优质企业牵线，寻求更多的合作机遇，得到市政府领导的重视和好评。

信诚人寿保险有限公司浙江省分公司宁波营销服务部

信诚人寿保险有限公司浙江省分公司
宁波营销服务部总经理　徐建华

经营业绩　2009年，公司共完成新单规模保费4762.38万元，新单标准保费（APE）1953万元。共完成续期保费548.55万元，续保率55.9%。在个人业务方面，达成APE485万元。在银保业务方面，全年实现规模保费4319.69万元，APE 1468万元，任务达成率209.5%，其中期缴（APE）占比达67%。

队伍建设　公司共有一位总经理，四位中层干部。下设五个部门，分别为营销业务发展部、营销业务培训部、营销业务行政及支援部、客户服务部、银行保险部。截至2009年末，共有内勤员工17人，银保客户经理20人，其中渠道经理2人；外勤营销员127人，其中业务经理及以上外勤主管7人。

风险管控　针对银行保险业务电话回访发现销售误导等问题，公司建立《银保电话回访及回执管理规定》，对电话回访主现的问题及时进行反馈，及早处理解决，并且与客户经理甚至银行销售人员的绩效进行挂钩，有效地防范风险。在电话回访方面，加大回访力度，加快回访速度，保证在犹豫期内完成回访。在回访内容上，从单纯地回访新单，增加到续期提醒等内容，在提升服务同时，进一步控制风险。此外，在投保时所有保单中规范使用“人身保险提示”，分红产品增加“新型产品信息确认书”，投连产品增加《风险测试表》和《投资交易确认书》，对投保信息和投连险的投资风险均作明确提示。

客户服务　2009年，公司主要通过建立“客户学校”模式，以公益事业为出发点进行客户联谊活动，宣传公司品牌，积累准增员和准客户。3月8日妇女节，举办“女性健康讲座”，邀请宁波大学医学院附属医院妇科专家钱榕开展女性健康讲座，到场客户约30人。4月12日，邀请到杭州育才中学周勇来我市青少年宫开展“轻轻松松写作文”专题讲座，到场客户约200人。5月10日母亲节，在中信国际大酒店，与宁波银行江东支行联合举办母亲节活动，邀请江东区妇保院余鹰燕进行“妇女常见病防治讲座”。6月6日，和中信银行合作在青少年宫举办“60分钟抵达客户心灵”活动，邀请到宁波市教育科学研究所史耀芳讲授“如何和孩子沟通”讲座，现场到场客户约150人。9月12日，组织“九周年客户答谢会”，现场到场客户36人。此外，公司开发退信和退费短信通知功能，便于客户及早了解退费动态。借信诚成立9周年之际，开展“聆听百日行”活动，旨在回访老客户、服务老客户、提升续保率、进行二次开发，共回访客户近400人。

嘉禾人寿保险股份有限公司宁波分公司

嘉禾人寿保险股份有限公司
宁波分公司总经理　岑必成

经营业绩　全年银保保费 8823.7 万元，其中趸交保费 4140.7 万元，占总保费的 46.9%，期缴保费 4683 万元，占 53.1%。团险业务发展平稳，全年团体保费 161.66 万元。个人代理标准保费收入 212.43 万元。

机构建设　一是加强银保网点和队伍建设。公司与中国银行、农业银行和工商银行开展“开口训练营”活动，得到各行领导高度认同；银保内外勤队伍不断扩大，截至 2009 年末，客户经理团队拥有员工 51 人，人均网点数 2.67，持证率 100%，人均保费 170 万元；经过一年的磨炼，队伍更趋成熟，为业务发展提供有力保障。二是团险业务实行包干制，实现年底费用有结余。三是制定个险业务人员发展规划。确定以脉冲增员为主的组织发展模式和新人一年培训教育训练体系，以宁海机构为脉冲试点，取得初步成效；同时积极引进人才，各层级人员逐步到位。

内部管理　组织全体内勤员工认真学习新《保险法》，积极开展“行风建设”活动，制定和实施《绩效考核管理办法》，结合总公司《“红、黄、蓝”牌处罚办法》，初步建立切实可行的行风奖惩办法和激励约束。严格遵照总公司费用管理制度实行预算管理，杜绝费用超支，严格报销制度，严把资金关，确保保费真实性和合规合法性。切实抓好“两核”体系建设，强化核保核赔制度，提高核保核赔人员素质。

企业文化　公司通过各项活动，丰富职工文化生活，树立典型先进人物，号召员工不断加强学习，进一步增强团队的凝聚力、向心力。热心公益事业。6 月 7 日，公司组织青年志愿者在宁波中学参加高考护考活动，为考生和家长提供矿泉水、遮阳伞、座椅、防暑药品和扇子等各类夏日用品，送去清凉和便利，得到考生和家长的一致称赞，受到媒体普遍关注，宁波电视台新闻《看看看》栏目进行独家报道，浙江少儿频道转载，《鄞州日报》头版发表《志愿者在行动》。公司参加宁波电台《保险一点通》节目，作为嘉宾主持《如何用压岁钱给小孩子买保险》、《2009 年如何选择保险产品》、《买保险时应该注意事项》、《“不差钱”看保险的重要性》、《从意外事故的发生看意外伤害保险》等共 5 期节目，受到听众好评；在《现代金报》发表《保险，先重保障再谈投资》、在《北京科学城》发表《从 <不差钱> 看保险的重要性》等文章，对普及保险知识起到积极作用。7 月 13 日，公司组织向林萍同志学习主题早会，并自发向“林萍基金会”捐款 1 万元。

海康人寿保险有限公司浙江分公司宁波营销服务部

海康人寿保险有限公司浙江分公司
宁波营销服务部总经理　王　辉

经营业绩　2009 年，新单保费收入 1813.23 万元，其中银邮代理新单保费收入 1765.2 万元，直效营销新单保费收入 48.03 万元。公司有农业银行、中国银行、宁波银行和上海银行 4 个渠道 27 个网点。2009 年，营业收入 1800.46 万元，营业支出 1929.25 万元；赔付支出 7671.34 元，退保金 479.68 万元。

内部管理　严格按照上级公司有关规定，结合自身实际，引进和采用科学管理体系，出台一系列行之有效的规章制度和考核办法。在制定各种考核办法时，始终遵循突出效益和长期赢利能力考核原则，努力调整险种结构，从规模型向效益型转变。对经营过程中出现的各种问题，一经查实，轻者批评教育，重者严肃处理，决不姑息，使内控管理水平得到较大提升。

队伍建设　以人为本，培育和建设优秀保险职工队伍。加大培训力度、挖掘内部潜力，努力做到优势个体与协调团队的有机结合。从领导做起，用“雷厉风行、求真务实”的工作作风，“吃苦耐劳、乐于奉献”的工作态度，“严于律己、诚信为本”的做人原则，“爱岗敬业、熟练精湛”的工作能力，取信于民、赢取客户。从各方面严格要求员工，时刻让职工保持危机感，让职工深入了解与市场“共存共亡”的道理，彻底改变“观望”态度，以更加积极主动的姿态参与市场竞争。经过几个月的磨炼，公司职工队伍经受锻炼和考验，朝着优秀目标不断迈进。

联泰大都会人寿保险有限公司浙江分公司宁波营销服务部

机构人员 2009年6月18日，联泰大都会人寿保险有限公司浙江分公司宁波营销服务部正式开业。截至2009年末，公司有员工20人，其中客户经理16人，渠道经理3人，主管1人；另有20名外勤营销员，全部拥有资格证书，持证率为100%。

业务拓展 在渠道上，公司与工商银行与招商银行签署合作协议，2009年主要在市区网点开展业务。协助招商银行举办关于保险销售技能提升的培训，获得招商银行各层级领导及理财经理热烈反响；继续开展与工商银行的培训合作；在产品上，公司抓住市场投资环境逐步转好的契机，以投连销售为主打，获得银行理财经理和客户认同，大大提升规模保费，为完成全年业绩指标作出重要贡献；期缴产品（如吉祥无忧等）继续作为销售突破重要产品，也为完成业务指标起到推动作用。

中国人民人寿保险股份有限公司宁波市分公司

中国人民人寿保险股份有限公司宁波市分公司从2008年11月9日开始筹备，12月23日获得宁波保监局开业批文，2009年2月2日正式开业。开业仅8个月，公司总保费收入突破亿元大关，期缴保费突破千万元大关，意外险保费突破200万元大关。

机构建设 在机构建设过程中，公司严格执行宁波保监局有关规定，加强筹备风险管控，保证筹建质量。2009年，鄞州、慈溪、余姚三家支公司开业；海曙、宁海获批筹建，进入开业验收阶段；象山、北仑支公司筹建获总公司批准，并向宁波保监局申报筹建。机构建设稳步推进为业务迅速启动和超常规跨越式发展奠定坚实基础。

人才培养 开业以来，公司按照“人员精干”要求，致力于“引才、留才、用才、育才”，始终将选好配强各级管理骨干放在队伍建设首位，推动人才队伍不断成熟和发展壮大，宁波市内勤管理人员发展到35人，团险、互动、银保和个险外勤销售人员队伍发展到295人。在队伍建设的过程中，全面贯彻低成本和可持续队伍发展战略，以“规模效益型发展”为目标，以“优青新”的人力结构模式为基础（“优”是指各级机构经营班子和部门负责人在同业要优秀；“青”是指一般管理岗位人员要求从业经历三年以内，年龄26岁以下年轻人为主；“新”是指以无从业经历或应届大学毕业新人为主要培养对象），以整合利用人保财险资源实现交叉销售战略联盟为依托，注重过程管理，强化结果考核，努力打造一支学习创新能力最强，忠诚度最好的一流队伍。

业务与成本 公司根据总公司提出的“突出抓好个险、互动业务发展和已有客户二次开发工作”要求，增强渠道创费能力和发展后劲，在业务拓展中强化分散性、风险型、期交业务。在抓好结构调整同时，按照“规模效益化”指导思想和“三零四平五赢利”经营目标，认真贯彻落实勤俭节约、精打细算、艰苦奋斗经营之道，进一步加强绩效考核指标的激励引导作用，强化成本核算意识，不断完善成本管控措施，使具有人保寿险特色的勤俭节约、艰苦奋斗经营之道深入人心。

内部管理 公司在保持业务快速发展同时，高度重视依法合规经营。一是以学习贯彻新《保险法》为契机强化合规。认真研究《保险法》修订后对公司经营影响，按保监局和总公司相关要求，通过下发新《保险法》实施方案，组织《保险法》知识考试、广泛收集意见建议和结合实际梳理规范相关制度和业务流程，促进管理规范和业务发展。二是推行全面风险管理。严格按照总公司提出的包括制定公司风险管理基本制度、健全公司风险管理组织体系、明确风险管理责任等九项重点工作举措要求，制定《省级分公司2009年度经营绩效考核合规经营指标考核办法》，认真完成全面风险管理风险事项识别与监测等工作，不断提升风险管理能力，保障公司持续健康发展。三是加强业务风险管控力度。认真落实监管部门关于银邮业务发展各项要求，进一步规范代理手续费支出方式，严格遵守行业协会在手续费支出方面的统一行动，促进业务良性发展。四是加强资金管理。严格落实“收支两条线”管理有关规定和要求，全面推行“零现金”管理，取得较好成效。五是加强对基层指导和监督检查。通过对收付费管理、单证抵押金管理、宣传资料管理、业务质量、财补支出、费差损等进行专项审计或检查，强化对各类风险的分析、排查，及时发出风险预警和风险提示，坚决杜绝各类违规行为，为整体业务健康快速发展提供坚实保障。

阳光人寿保险股份有限公司宁波中心支公司

阳光人寿保险股份有限公司
宁波中心支公司总经理　王　霆

公司概况　阳光人寿保险股份有限公司是阳光保险集团股份有限公司下属专业子公司。阳光保险集团股份有限公司是国内七大保险集团之一，由中国石油化工集团公司、中国南方航空集团公司、中国铝业公司、中国外运长航集团有限公司、广东电力发展股份有限公司等大型企业集团于2005年发起组建，注册资本金37亿元人民币。阳光人寿保险股份有限公司成立于2007年12月17日，是主要经营人寿保险、健康保险和意外伤害保险等一切人身险业务的全国性专业寿险公司，注册资本金6.6亿元人民币。9月21日，阳光人寿保险股份有限公司宁波中心支公司正式成立，通过个险、银行代理两大渠道，提供从传统储蓄型、保障型产品到非传统分红型产品的完整产品系列，以满足客户多元化、个性化服务需求，并为个人、企业等客户提供特定需求的保险解决方案，以便捷、快速、准确的服务为客户提供意外、医疗及养老等保障。2009年实现保费收入1034.98万元。

人力资源建设　一是代理人队伍建设。在招募部分优秀同业人员基础上，重点对没有保险从业经验的新人进行培养，通过培训一支认同阳光文化的生力军，为公司未来发展奠定坚实基础，截至2009年末，公司有保险代理人员70人。二是银行保险客户经理队伍建设。坚持资源型和专业型人才并重，前期招募部分优秀同业人员，后期制订大学生人才培养计划，以自身培养为主，截至年末，公司银行保险客户经理20人。三是内勤管理人员建设。以同业推荐为主，自主招聘为辅，主要通过相关文化培训和岗位技能培训培养内勤人员，截至2009年末，公司内勤专业人员23人，大专以上学历人员占比为100%。

品牌建设　推出“简易案件立等可取”承诺，对简易案件操作限制在半小时以内，充分满足客户需求；并提出3个工作日内对材料齐全、责任明确的理赔案件结案。对于投保重疾或医疗险的客户，公司接到住院报案后第一时间内派专业服务人员探视，并指导客户进行理赔手续和资料准备。把“WE CARE”作为客服理念，信守承诺、礼仪服务、便捷高效、关怀体贴。公司推出“温暖柜面、礼仪为先”口号，要求柜面服务100%礼让客户，并为客户提供家一般温暖的客服环境。

信泰人寿保险股份有限公司宁波中心支公司

经营业绩 2009年7月10日，信泰人寿保险股份有限公司宁波中心支公司正式开业。2009年末，保费收入913.06万元。其中，个险保费收入177.85万元，银保保费收入735.21万元。

内控管理 公司参照上级公司各项内控管理制度和精神，逐步建立并完善公司内部管理制度。公司正在执行的内控管理制度累计9类202项，其中，行政管理类制度43项，人力资源管理制度16项，财务管理制度47项，运营管理制度38项，个人业务管理制度25项，培训管理制度9项，团险业务管理制度11项，银行保险业务管理制度11项，中介管理制度2项。

队伍建设 一是内勤队伍。公司下设总经理室、人事行政部、财务部、运营部、个人业务部、银保等部门，拥有内勤员工19人。二是外勤队伍。在个险方面，截至2009年末，公司拥有个人代理人151人，营销员持证率达100%，累计承保规模保费177.85万元，人均保费1.18万元；在银保方面，公司拥有银保客户经理12人，销售网点16个，人均网点1.33个，客户经理持证率为100%，全面累计承保保费735.21万元，人均保费61.27万元。

培训体系 公司营销培训体系由六个紧密相联阶段构成：新人岗前培训（含代理人考试辅导）、衔接训练、转正培训、主任晋升培训、主任研修培训、部经理晋升培训、部经理研修培训。六个阶段培训内容涵盖国家保险监管制度、公司文化与制度、公司产品与销售、诚信教育与品质管理、营销策略、基本法、组织发展、推销技巧等相关内容，给员工提供晋阶式前瞻性管理和业务技能教育与训练。

中国人民银行宁波经济技术开发区支行

2009年，支行辖区（宁波市北仑区、镇海区、宁波保税区、宁波大榭开发区）主要经济指标稳步回升，工业降幅持续缩小，企业效益明显好转，投资消费增长较快，经济转好的态势进一步显现。金融运行继续保持较快发展态势，存贷款总量同比多增，增长幅度明显上升，贷款结构明显向大中企业或项目倾斜，贷款结构长期化趋势明显，贷款增量逐季减少。

经济运行概况 辖区实现地区生产总值827.79亿元，同比增长2.4%。

1. 工业降幅持续缩小，企业效益明显好转。辖区规模以上工业企业完成工业总产值3116.44亿元，负增长9.5%；主营业务收入3106.36亿元，负增长8.1%；利润总额194.77亿元，增长216.0%。企业增利主要是大中企业生产明显回升。北仑区规模以上工业企业利润总额88.39亿元，增长600%；镇海区规模以上工业企业利润总额87.28亿元，增长367.8%。

2. 固定资产投资增长平稳，房地产开发明显回升。辖区固定资产投资完成额549.71亿元，增长12.5%。其中北仑区完成265.21亿元，同比增长5.8%；镇海区完成223.21亿元，增长33.0%。房地产开发投资完成52.58亿元，增长22.3%。其中北仑区房地产投资21.46亿元，增长12.8%；镇海区30.12亿元，增长37.1%。

3. 利用外资回落明显，外贸进出口跌幅收窄。辖区新批三资企业90家，总投资16.84亿美元，负增长46.8%；合同利用外资10.10亿美元，负增长23.4%；实际利用外资9.01亿美元，负增长2.0%。外贸进出口总额251.12亿美元，负增长13.0%。其中进口总额143.63亿美元，负增长3.8%；出口总额107.50亿美元，负增长23.0%。

4. 国内贸易增长稳定。北仑、镇海两区社会消费品零售总额129.37亿元，增长17.8%。

5. 财政收支平稳增长。辖区预算内财政收入合计191.27亿元，增长8.6%，其中地方财政收入88.45亿元，增长8.4%；预算内财政支出合计86.94亿元，增长11.3%。

金融运行概况 2009年末，辖区金融机构本外币各项存款余额1058.98亿元，同比增长20.6%，增幅上升4.8个百分点，比年初增加180.83亿元，同比多增60.89亿元。本外币各项贷款余额924.36亿元，同比增长17.5%，增幅下降0.5个百分点，比年初增加137.87亿元，同比多增17.01亿元。与全市相比，我辖区存贷款增长居末位，各项指标增长明显低于全市平均水平。

1. 北仑区本外币各项存款余额621.98亿元，同比增长17.6%，增幅上升0.2个百分点；本外币各项贷款余额570.64亿元，同比增长11.7%，增幅下降0.7个百分点。

2. 镇海区本外币各项存款余额419.17亿元，同比增长26.7%，增幅上升12.2个百分点；本外币各项贷款余额338.15亿元，同比增长31.9%，增幅上升12.4个百分点。

人民币存款 2009年末，辖区金融机构人民币各项存款余额1030.17亿元，同比增长22.2%，增幅上升6.3个百分点，比年初增加187.20亿元，同比多增71.61亿元。

3. 企业存款增长明显回升。2009年末，企业存款余额418.03亿元，同比增长25.4%，增幅上升23.4个百分点，比年初增加84.27亿元，同比多增77.88亿元。其中企业活期存款余额289.28亿元，同比增长33.7%，增幅上升38.9个百分点，比年初增加72.91亿元，同比多增84.73亿元；企业定期存款余额128.75亿元，同比增长10.1%，增幅下降8.4个百分点，比年初增加11.37亿元，同比少增6.84亿元。

4. 二季度起储蓄存款增长势头回落，活期化趋势增强。2009年末，储蓄存款余额406.12亿元，同比增长19%，增幅下降9.6个百分点，比年初增加64.70亿元，同比少增11.3亿元。三季度储蓄存款增加11.56亿元，其中活期储蓄增加6.88亿元，定期储蓄增加4.68亿元；四季度储蓄存款增加7.75亿元，其中活期储蓄增加7.60亿元，定期储蓄增加0.14亿元。从余额结构看，储蓄存款活期化趋势明显，2009年末储蓄活期存款余额110.77亿元，同比增长27.5%，增幅上升14.9个百分点，比年初增加23.92亿元，同比多增14.18亿元；定期存款余额295.34亿元，同比增长16.0%，增幅下降19.2个百分点，比年初增加40.78亿元，同比少增25.48亿元。

人民币贷款 2009年末，辖区金融机构人民币各项贷款余额860.94亿元，同比增长14.5%，增幅下降7.3个百分点，比年初增加108.89亿元，同比少增26.61亿元。贷款增长结构呈现新的特点，中长期贷款、大中企业贷款占比明显上升，中小企业贷款增长不多。

1. 中长期贷款增加较多，短期贷款明显少增。2009年末，短期贷款余额419.56亿元，同比增长2.0%，增幅下降16.8个百分点；比年初增加8.88亿元，同比少增56.54亿元。中长期贷款余额407.06亿元，同比增长33.8%，增幅提高9.6个百分点；比年初增加102.40亿元，同比多增42.65亿元。票据融资余额33.93亿元，同比少增11.67亿元，同比下降5.7个百分点；比年初减少2.06亿元，同比少增11.67亿元。

2009年人民币新增贷款中，短期贷款占比为8.2%，中长期贷款占比为94.0%。新增中长期贷款量占比比上年提高49.9个百分点。

2. 2009年下半年贷款明显少增。一季度我辖人民币贷款新增54.36亿元，二季度新增42.36亿元，三季度减少6.58亿元，四季度新增18.75亿元。贷款少增主要原因一是市场回暖，企业货款回笼速度加快，效益提高，对贷款需求明显减少；二是工业企业普遍采取去库存化工作，主要原材料库存中进价较高的已普遍作调整，减少库存资金占用，随之也减少对银行贷款的需求；三是企业重组后，贷款结构调整，减少对本地银行贷款的需求，如宁波钢铁公司8月份从上海华宝信托引入委托贷款45亿元后归还北仑区6家银行的贷款21.6亿元；四是大型三资企业引进利率较低的外汇银团贷款置换大量人民币贷款，如台塑关系企业等。

3. 个人消费贷款增势强劲。2009年末，个人短期消费贷款余额35.24亿元，同比增长60.4%，增幅上升65.2个百分点，比年初增加13.60亿元，同比多增14.57亿元；个人中长期消费贷款余额73.67亿元，同比增长53.5%，增幅上升28.1个百分点，比年初增加25.35亿元，同比多增15.62亿元。个人消费贷款新增38.95亿元，比上年多增30.19亿元，占全部人民币新增贷款的35.8%，而其余额仅占全部人民币贷款的12.7%。

外汇存贷款 2009年末，外汇存款余额4.22亿美元，同比减少18%，增幅下降40个百分点，比年初减少0.93亿美元，同比少增1.86亿美元；外汇贷款余额9.29亿美元，同比增长84.3%，增幅上升109.5个百分点，比年初增加4.25亿美元，同比多增5.93亿美元。随着大中工业企业生产形势的好转，进口需求增加，对外汇贷款的需求随之回升。同时由于同档次美元贷款利率低于人民币贷款的现状，以及对人民币升值预期，许多企业纷纷通过外汇贷款置换人民币贷款来降低资金成本，目前包括上海、宁波等地的商业银行及外资对我辖大中型三资企业的外汇贷款实行优先供给。

人民币贷存比 2009年末，全辖人民币贷存比为83.57%，比年初下降5.64个百分点；2009年人民币新增贷存比为58.17%，比上年下降59.05个百分点。其中北仑区人民币贷存比为87.99%，比年初下降9.07个百分点；2009年人民币新增贷存比为42.24%，比上年下降80.56个百分点。镇海区人民币贷存比为77.09%，比年初上升0.82个百分点；2009年人民币新增贷存比为80.11%，比上年下降25.43个百分点。

银行机构赢利水平 2009年全辖银行机构账面利润26.08亿元，同比减少2.18%，其中北仑区银行机构账面利润14.88亿元，同比减少9.76%，镇海区银行机构账面利润10.91亿元，同比增长14.96%。影响目前银行机构赢利的主要因素有四个：一是存贷利差缩小，二是贷款少增，三是贷款主要投向大中企业，利率上浮幅度被压缩，四是由于进出口贸易始终处于负增长状态，银行中间业务收益明显减少。

国际收支及外汇管理（不包括宁波保税区） 2009年辖区国际收支总规模143.44亿美元，同比下降31.7%。其中外汇流入72.20亿美元，比上年减少21.93亿美元，下降23.3%；外汇流出71.24亿美元，比上年减少44.6亿美元，下降38.5%。外汇顺差0.97亿美元。

1. 办理外商直接投资1.90亿美元、注册资本1.02亿美元，同比分别下降73%、74%。经验资询证外商投资资本6.05亿美元，同比下降32%；利润再投资0.67亿美元，同比增长31%。在外债流入中签约1.99亿美元、提款1.12亿美元、结汇0.53亿美元同比也分别下降57%、74%、48%。

2. 经常项下外汇收支133.08亿美元，占外汇收支总量的93%，比上年减少64.04亿美元，同比下降32.5%。其中货物贸易收入64.678亿美元，比上年减少17.78亿美元，同比下降21.4%；货物贸易支出62.49亿美元，比上年减少47.59亿美元，同比下降43.2%。

3. 进出口累计161.46亿美元，比上年减少30.28亿美元，同比下降15.8%；进出口货到核销累计137.36亿美元，比上年减少31.12亿美元，同比下降18.5%。

4. 服务贸易收支2.50亿美元，比上年减少1.19亿美元，同比下降32.2%。其中服务收入1.03亿美元，服务支出1.47亿美元，同比分别下降19.5%、81.5%。

5. 对私收支达到0.92亿美元，同比上升0.8%，其中收入减少23%，支出增长46.9%。外汇支出较为明显的是个人的出国旅游、教育等，占对私总支出的2/3，同比上升33%。

6. 对约翰迪尔公司外债结汇资金违规使用情况快速开展调查，共收集各类证据878份，对约翰迪尔外债违规资金1358万美元结汇人民币9792万元违规事实交于市分局处罚。对3家外资企业外汇资本金结汇人民币使用情况进行检查，发现其中一家公司疑似资本金回流3笔、金额人民币1151.5万元，并对汇往义乌地区违规使用可能性较大的27笔、金额人民币7160.35万元资本金结汇情况上报分局继续核查。

征信管理 2009年累计发放贷款卡1438张。提高征信信息系统应用，累计受理企业信息查询80户，受理个人信用报告查询903户。积极推进贷款大户企业的信用评级工作，配合市远东资信评估公司对辖区工、农、中、建四大商业银行进行走访，促进贷款大户的资信评估工作进度。

金融机构综合业务检查 支行对镇海光大银行和北仑交通银行组织开展人民币反假及管理、代理经理国库、反洗钱、人民币账户管理、支付清算、财政存款缴存、金融统计、征信、外汇等业务的综合现场检查，并对两家银行违规问题进行处罚。支行全年累计对3家银行进行国库代理专项检查，3家银行进行账户管理专项检查，7家银行进行人民币专项检查，4家银行进行国际收支专项检查。

中国人民银行慈溪市支行

经济运行主要情况 2009年是慈溪经济发展经受严峻考验的一年。面对国际金融危机持续蔓延所带来的巨大挑战，全市人民在市委、市政府的正确领导下，深入贯彻落实科学发展观，同心协力，逆势而上，砥砺奋进，共克时艰，全市经济回升向好态势得到确立巩固，经济社会继续呈现和谐共进的良好发展格局。全年完成地区生产总值（GDP）626.24亿元，列省内十六强县（市、区）第四位。按可比价计算，同比增长8.2%，增速比2008年回落0.6个百分点，但比2009年前三季度和上半年增速分别回升1.2和2.8个百分点。其中，第一产业实现增加值31.39亿元，同比增长5.1%；第二产业实现增加值372.14亿元，同比增长5.5%；第三产业实现增加值222.71亿元，同比增长13.4%。三次产业增加值比例由上年同期的4.7:62.1:33.2调整为2009年的5.0:59.4:35.6。

1. 工业生产逐步回升。全年累计完成工业总产值2212亿元，同比增长0.3%，其中规模以上工业总产值1030.83亿元，列省内十六强县（市、区）第六位，同比下降1.1%，降幅比1~11月收窄1.8个百分点；完成工业销售产值和出口交货值分别为981.26亿元、334.14亿元，同比分别下降1.8%、15.1%，降幅比1~11月分别收窄2.6个、3个百分点；工业产销衔接状况良好，全年规模以上工业企业产销率达到95.19%，实现利税59.19亿元，同比增长10.6%，其中实现利润总额33.08亿元，同比增长16.6%；主营业务收入938.98亿元，同比下降2.9%；工业经济效益综合得分196.92分，同比提高4.98分；节能降耗减排积极推进，2009年全市万元GDP综合能耗预计下降4.5%，规模以上工业32个行业中有25个行业的单位产值能耗实现不同程度下降。

2. 固定资产投资较快增长。全年累计完成全社会固定资产投资首破200亿元关口，达216.08亿元，同比增长10.1%，增幅比上年提高2.5个百分点，但比1~11月增幅回落6.4个百分点，投资增速有所放缓。从三大主导行业看，制造业累计完成投资111.65亿元，同比增长11.4%；房地产业累计完成投资33.45亿元，同比增长32.9%；基础设施累计完成投资44.02亿元，同比下降6.6%。全年新增投资项目762个，累计完成投资102.97亿元，同比分别增长56.1%和35.0%。

3. 市场消费增长平稳较快。全年累计实现社会消费品零售总额达246.87亿元，总量位居全省各县（市、区）榜首，同比增长14.77%，扣除价格因素实际增长14.5%，增速比上年提高4.4个百分点。从区域看，城市消费品市场实现零售总额103.26亿元，同比增长15.75%，农村消费品市场实现零售总额143.61亿元，同比增长14.08%，城市市场增速快于农村消费品市场1.67个百分点；从行业看，批发零售业实现零售总额221.09亿元，同比增长15.78%，住宿餐饮业实现零售总额25.78亿元，同比增长6.82%，其增速相差8.96个百分点。汽车旺销是拉动社会消费快速增长的重要因素，受国家优惠政策及居民消费升级等因素影响，全市29家在报汽车销售企业年零售额达50.4亿元，占社会消费品零售总额的20.4%，同比增长42.6%。全年居民消费价格总水平累计同比下降0.4%，但降幅自上年6月份后呈持续收窄、缓慢回升态势。全年工业品价格下降1.8%，但12月份同比上涨2.9%，与11月份环比上升0.2%。工业品价格指数和居民消费价格指数上行，从一个侧面也显示慈溪经济已呈现进一步向好、回暖的趋势。

4. 自营出口触底回稳。2009年，慈溪外贸总额达60.9亿美元，比上年下降11.4%，比前11月降幅收窄3.6个百分点。其中出口51.38亿美元，同比下降14.9%，降幅比前11月收窄2.4个百分点，出口降幅低于全国、宁波1.1个、1.7个百分点；全年累计进口9.52亿美元，同比增长13.2%，增速比前11月大幅回升12个百分点。数据显示，慈溪外贸继续保持全省、宁波各县（市、区）前列。全年完成实际利用外资38149万美元，列全省各县（市）、区第二位，同比下降5.8%。全年累计完成合同外资78528万美元，同比下降22.7%，降幅比2008年回落22.8个百分点。

5. 财政收入保持平稳增长。全年完成财政一般预算收入达 91.00 亿元，同比增长 5.81%，比 2008 年增速回落 8.7 个百分点，但比前三个季度分别提高 9.5、7.7 和 7.1 个百分点。其中地方级财政收入完成 49.10 亿元，同比增长 13.04%；中央级财政收入完成 41.90 亿元，同比下降 1.57%，比 1~11 月降幅收窄 3.01 个百分点，比 2008 年增速回落 9.1 个百分点。

6. 城乡居民收入稳步增长。2009 年全市城镇居民人均可支配收入 28311 元，同比增长 7.3%，比上年增速回落 0.2 个百分点；农村居民人均纯收入 13538 元，同比增长 10.4%，比上年增速提高 0.2 个百分点。全市城镇居民人均生活消费支出 17734 元，同比增长 11.6%，农村居民人均生活消费支出 10365 元，同比增长 7.4%。

金融运行主要情况 2009 年是“十一五”规划实施的关键年，也是 21 世纪以来我国经济发展最为困难的一年。全市金融机构在上级部门和市委、市政府的领导、支持下，坚持以科学发展观统领工作全局，以党的十七大、十七届四中全会和中央经济工作会议精神为指导，全面贯彻执行适度宽松的货币政策，紧紧围绕市委、市政府“保增长、扩内需、调结构”的决策部署，努力优化金融服务，在应对全球金融危机的背景下，结合慈溪实际，以“服务企业促发展”活动为载体，积极探索创新，不断增强工作有效性，各项工作取得新的进展。

1. 银行存贷款总量迅猛增长。2009 年，全市金融机构本外币各项存款余额突破千亿元大关，达到 1009 亿元，比年初增 217 亿元，同比增长 27.5%；本外币各项贷款余额 853 亿元，比年初增 210 亿元，同比增长 32.8%，增速同比提高 17.9 个百分点，增量在宁波辖区位居第一位，较好地满足地方经济社会发展的资金需求。

2. 保险业务快速增长，证券业持续回暖。2009 年，慈溪保险业保费收入屡创新高，始终位居宁波各县市区第一位。截至 2009 年末，全市保险机构共实现保费收入 13.6 亿元，同比增长 28.1%，其中财险保费收入 7.5 亿元，寿险保费收入 6.1 亿元。我市证券业各项指标均也大幅增长，全市证券机构全年实现股票基金交易额（含新股申购交易量）1811.3 亿元，同比增加 979.6 亿元；新开户数达到 11949 户。

3. 中小企业担保业务较快发展。2009 年，被纳入地方政府政策扶植的 11 家中小企业信用担保公司发生担保业务 2839 笔，累计担保金额为 37.7 亿元，同比增长 89.9%。

4. 现金净投放增速由负转正。2009 年，全市现金投放 192.1 亿元，同比下降 1.7%；现金回笼 98.7 亿元，同比下降 15.9%；现金净投放 93.4 亿元，同比增长 4%，比上年同期提高 6.9 个百分点。

5. 不良贷款有所上升，反弹压力加大。截至 2009 年末，全市银行业金融机构不良贷款余额 5.4 亿元，比年初增 2.1 亿元，不良率 0.6%，比年初上升 0.1 个百分点。本年前三季度，不良贷款余额和不良率双双逐月回落。由于华泰公司贷款陆续到期，合计约 2 亿元贷款反映到次级和可疑类，导致不良贷款反弹。

6. 金融效益显著，对慈溪经济社会贡献不断加大。据统计，2009 年全市银行机构共实现账面利润 23.2 亿元。按不变价格计算，预计金融业增加值约为 29.6 亿元，同比增长 14.3%，占第三产业的比重达到 13.3%。据测算，2009 年金融业的税收贡献值达到 4.1 亿元，较上年同期增 1.6 亿元，金融业对 GDP 的贡献率达到 8.6%，较上年同期提高 1.9 个百分点。

主要金融工作开展情况

1. 加大信贷结构调整力度，迎合经济发展实际需求。2009 年来，在贷款总量快速增长的同时，全市银行机构切实强化结构调整，信贷投向经济发展中的热点以及长期以来的薄弱环节。主要表现在：

（1）中长期贷款增势迅猛，政府性项目资金需求得到充分满足。截至 2009 年末，全市中长期贷款余额 211.2 亿元，同比增长 47.5%，比上年同期提高 32.7 个百分点；比年初增 67 亿元，是上年同期增量的 3.6 倍，占全部新增贷款的 32.8%。其中，中国人民银行监测的市重点实事工程授信 88.4 亿元，比年初增加 34 亿元，贷款余额 59.4 亿元，比年初增加 10 亿元。

（2）短期贷款保持较快增长，推动实体经济较快发展。截至 2009 年末，全市人民币短期贷款余额 596 亿元，同比增长 30.3%，比上年同期提高 15.7 个百分点；比年初增 139.7 亿元，同比多增 81.5 亿元，占全部新增贷款的 68.4%。如果剔除个人消费贷款，新增短期贷款中有 113.4 亿元进入实体经济，较好地满足企业生产经营的流动资金需求。

（3）中小企业贷款呈较快增长态势。2009 年末，全市小企业贷款余额104.8亿元，比年初新增35.7亿元，同比增长51.8%，增速高于贷款平均增速19.2个百分点。各银行机构提高中小企业金融服务的重视程度，较多银行设立或筹建小企业信贷专营部门或机构，进一步加大对中小企业的金融扶持力度。同时，加大对小企业贷款的考核力度，对小企业贷款规模进行专门核算，单独下达小企业贷款考核指标，以保证增量。

（4）农业贷款比重显著上升。截至2009年末，农业贷款余额65.2亿元，比年初增加32.9亿元，同比增长101.7%，增速高于贷款平均增速69.1个百分点。其中，小农业贷款余额52亿元，比年初增加19.1亿元，完成新农村建设考核目标任务的466%。

（5）个人消费贷款大幅攀升。截至2009年末，全市个人消费贷款余额131.7亿元，比年初增60.2亿元，同比多增49.9亿元，同比增长84.1%，较上年同期上升67.5个百分点。其中，个人住房消费贷款77.6亿元，比年初增45.3亿元，同比多增40.8亿元，同比增长140.3%，增幅同比上升124.2个百分点。

2. 金融创新动力强劲，新业务不断开发。

（1）农业银行推出“全额人民币存单质押贷款”。对有信用证付汇的企业，以对应的全额人民币存单进行质押后，远期购汇，利率为同期的LIBOR利率，甚至可以减点，人民币存款利率三个月为1.71%、一年为2.25%，同期的LIBOR利率为0.28%、1.26%左右，企业以较低的远期售汇价锁定成本的同时，可以产生大于1%的收益。

（2）中国银行推出进口付汇项下的“汇利达”产品。在进口开证、TT付汇时用对应的人民币全额进行质押，押汇后对外支付，再签订1年期的远期购汇，锁定汇率，2009年共办理该业务产品5672万美元。

（3）合作银行积极推出农村住房抵押贷款。在调查研究的基础上，加强与地方政府有关部门的协调，出台《农村住房抵押贷款管理办法和实施细则》。

（4）光大银行、浙商银行等机构推出小企业新型联保贷款模式。企业自愿组合联保体，组内企业与银行共同签订信用担保协议，相互间签订承担贷款连带责任，并按贷款总额的10%～30%的比例缴纳担保金，组内企业向银行申请贷款，银行对组内企业等额或不等额授信。截至2009年末，辖内银行机构发放新型联保贷款近17亿元，其中，浙商银行和光大银行分别发放2.6亿元和1.7亿元，很好地缓解无抵押、无担保中小企业融资难问题。

（5）“N+1+N”供应链融资业务得到较快发展。鼓励辖内银行机构把慈溪前100强企业作为产业链融资核心企业，并把核心企业与其上下游配套中小企业贯通起来，由银行机构为整条产业链提供金融支持。目前工商银行国内买方和卖方融资余额已达4亿元，中信银行对裕人针织授信2亿元买方信贷，取得很好的社会反响。

3. 提升金融服务水准，促进经济社会发展。

（1）优化流程，提高退税资金到账速度。积极推进财税库行横向联网系统的应用，纳税人足不出户就可以缴纳税款，大幅缩短办税时间；同时，进一步完善出口产品退税的国库业务流程，出口企业的退税资金到账时间从原需3天缩减为1小时，有效提高退税资金的到账速度。

（2）平台推动，实时完成资金的存入与转出。依托小额支付系统，积极推动跨行通存通兑业务的实施。现在社会公众可以就近选择银行营业网点，对个人存款账户办理现金存取、转账和账户信息查询，在一个银行网点的窗口及时进行资金实时入账，这样既保障客户的支付安全，又实现各银行网点资源的共享，进一步提高银行机构的整体服务水平。

（3）方便公众，实行“一卡通”缴费。2009年7月推出“付费通”业务，首期开通电费、电话费2个费种，共有工、农、中、建、宁波银行等近20家银行机构开办此项业务。截至2009年末，通过该系统交纳电费用户达到49.6万户，其中委托缴纳电费共144万笔，金额9.6亿元，日均0.8万笔，金额536.3万元，通过银行网点现金实时缴纳电费2.3万笔，日均128笔。

（4）实时提醒，维护良好的信用记录。在全省率先实行个人贷款还款提醒机制，制定《慈溪市个人贷款还贷提醒办法》，要求辖内银行机构在还款日前必须免费为客户提供还款短信、电话或信函提醒服务，减少借款人因疏忽产生负面信用记录的现象。

4. 加强协调管理，维护区域良好金融秩序。

（1）改善银行卡受理环境。建立银行卡风险联防机制，加强对银行卡发放、交易的监测和管理，对违规使用银行卡的持卡人、违规营销银行卡的银行人员、违规办理业务的特约商户实行黑名单制度。联合银监办、公安局和工商局，组织各银行开展集中打击银行卡违法犯罪“银盾行动”和安全用卡路演宣传活动。

（2）加大对中小企业信贷支持力度。组织开展中小企业信贷政策导向评估，切实提高信贷支持中小企业的有效性，引导银行机构进一步增强中小企业信贷管理弹性，完善审贷模式，建立健全中小企业授信业务考核机制。

（3）完善《慈溪市银行业国际业务同业公约》。约定新设机构在办理结售汇业务市场准入后即成为会员，重新明确违约责任，并对6家银行执行公约情况进行现场督导，重点核查结汇优惠幅度执行情况，切实维护辖内外汇市场秩序。

（4）开展综合评价工作。根据《慈溪市金融机构综合评价办法》，对辖内21家金融机构2009年贯彻执行中央银行各项政策措施及各类业务指标情况进行综合考评，评定建设银行慈溪支行、慈溪农村合作银行、民生银行慈溪支行、上海银行慈溪支行四家机构为2009年度慈溪市金融机构综合评价A类行。

5. 加大宣传培训力度，进一步提高金融认知程度。

（1）加强外汇政策宣传，疏通政策传导机制。通过开办贸易信贷登记管理政策及进出口收付汇核销培训班，举办外汇新政和企业汇率避险产品宣讲会等形式，帮助银行和企业进一步理解与掌握相关外汇管理政策。

（2）积极开展“金融知识送下乡”、“征信知识宣传周”、“生源地助学贷款宣传月”等活动。采取现场咨询、图片展示、真假币对比、资料分发等形式，有效普及相关金融知识。截至2009年末，累计发放生源地助学贷款106笔，发放贷款100万元。

（3）积极参与市政府组织的“夏令购物节”、“金秋购物节”宣传咨询活动，大力推广银行、保险、证券各项业务，进一步增强全民的理财能力和信用观念。

（4）举办金融知识培训班。对辖内23家银行机构的198位对公网点业务主管在支付结算、反洗钱、征信管理等方面进行培训，进一步提升银行从业人员的业务素养。

6. 广泛开展各类活动，着力营造和谐金融氛围。举行全市金融系统庆祝新中国成立60周年大型歌咏晚会，银行、保险、证券等机构1200多名员工参加合唱表演，进一步激发广大金融员工的爱国热情，丰富员工业余文化生活。举行全市金融系统职工羽毛球比赛，增进员工间的沟通与交流，充分发扬全市金融员工的团队协作和拼搏精神。组织辖内金融机构参加慈溪市第三届职工技能运动会点钞项目比赛，充分展示金融员工精湛的业务技能和良好的精神风貌。继续推进和谐企业创建工作，根据市委、市政府《关于开展和谐企业创建工作的实施意见》要求，进一步做好和谐企业创建辅导工作，引导辖内金融机构积极参与创建活动，进一步扩大活动的覆盖面。工商银行、中国银行慈溪支行、慈溪农村合作银行被评为2008年度慈溪“和谐企业”称号。

中国人民银行余姚市支行

基本情况

1. 2009年全年实现地区生产总值500.69亿元，按可比价计算增长8.5%。在生产总值中，其中第一产业增加值29.61亿元，增长3.6%，第二产业增加值286.63亿元，增长5.6%，二产中工业增加值269.74亿元，增长5.3%，第三产业184.46亿元，增长14%。人均GDP也跃上6万元大关，达到60031元，折合美元达到8788元。财政一般预算收入72.65亿元，同比增长3.4%，其中地方级收入39.03亿元，增长17.1%。

2. 全市规模以上工业企业实现总产值826.68亿元，同比增长3.03%，呈现逐季加快的趋势。已连续五个月实现单月正增长，结束2008年10月份金融危机以来单月连续下降10个月的局面。其中12月份增长37.3%。全市规模以上工业企业实现利税58.83亿元，同比增长3.6%，实现利润35.35亿元，同比增长8.6%。增幅比上半年分别回升19.7个百分点和25.7个百分点。

3. 全年共完成全社会固定资产投资173.34亿元，同比增长11.5%，比上年高出3.3个百分点。其中：工业投资完成72.82亿元，增长6.4%，增幅比上年提高6.5个百分点。

4. 房地产开发投资33.52亿元，增长25.7%；全市限额以上基础设施投资40.37亿元，增长13.9%。从产业投入方面来看，第三产业完成投资99.06亿元，增长15%，占全社会固定资产投资比重57.2%。

5. 全年共实现社会消费品零售总额185.53亿元，增长16.2%。家用电器、通讯器材、家具建材、服装、金银珠宝类商品成为居民消费热点。在开发商优惠让利、政府搭台暖市、房贷新政等多重因素持续作用下，蓄集较长时间的刚性需求被加快释放，商品房销售量大增。

6. 全年商品房销售面积95.23万平方米，增长60.4%，全年销售额61.78亿元，增长99.1%。全市住房平均销售价格比2008年增长24%，每平方米价格平均上涨1200元。全年市区居民消费价格指数（CPI）为99.7%，同比下降0.3%。

7. 由于国际经济形势还未企稳转好，外需尚未明显恢复，国际市场需求萎缩的状况使得外贸出口仍处于低迷状态。全年实现进出口总额50.54亿美元，同比下降5.4%，其中自营出口37.22亿美元，同比下降14.4%，降幅进一步收窄。全市进口总额13.31亿美元，同比增长34%，增速比上年高出20.26个百分点。

8. 存贷款增量创历史新高，存贷比持续上升。2009年末，全市金融机构本外币存款余额762.59亿元，比年初增加192.21亿元，增长33.7%；贷款余额679.7亿元，比年初新增205亿元，是上年同期增量的2.4倍，增长43.19%；无论是增量还是增幅，均创历史新高。

9. 外汇存款稳定增长，外汇贷款持续增长。至2009年末，全市金融机构外汇各项存款余额1.39亿美元，比年初增加3882万美元，同比多增3075万美元。外汇各项贷款余额4.03亿美元，比年初新增2.97亿美元，增幅为279.65%。外汇贷款增加的主要原因：一是部分进出口贸易融资产品价格下降，但仍存在本外币利差空间，同时人民币升值预期比较稳定，企业外汇贷款需求增加；二是部分企业在手订单增加，一部分生产经营资金需求表现为外汇资金；三是金融机构加强对资金综合运用管理，主动营销外汇贷款。

10. 外汇收支规模小幅下降，银行结售汇小幅增长。2009年，全市外汇收支累计541553.98万美元，同比下降2.31%。其中，外汇收入381587.52万美元，同比下降12.79%；支出累计159966.46万美元，同比上升36.94%；收支顺差221621.06万美元，同比下降30.9%。从全年走势看，总体不景气，但逐步复苏的势头强劲，一季度跌至低谷，二季度开始回升，到四季度收支总规模基本达到上年水平。2009年，全市结售汇累计422596.04万美元，同比上涨7.86%，其中结汇累计331323.43万美元，同比下降1.58%；售汇累计91272.61万美元，同比上涨65.45%；结售汇顺差累计240050.82万美元，同比下降17.26%。外汇流入增长幅度低于外汇支出增长幅度，收支顺差收窄，净收汇与上年同期相比下降24.06%，国际收支平衡压力缓解。

货币信贷

1. 根据余姚实际提出金融支持经济各项措施，确保适度宽松的货币政策在辖内得到贯彻落实。根据国家货币信贷政策和上级行有关信贷投向意见，围绕余姚市委、市政府有关促进经济平稳较快发展的决策部署，出台《关于贯彻落实适度宽松货币政策，促进余姚市经济平稳较快发展信贷指导意见》，转发《关于积极应对国际金融危机挑战进一步加强我市开放型经济金融服务的若干意见》等支持服务企业发展的金融政策文件。组织开展“万名信贷员下厂入户”活动，指导辖内银行紧密结合实际，开展“深入基层、加强服务、同舟共济、共克时艰”、“走进基层、走进企业，帮助破解融资困难、破解经营困难”、“走千家、访万户、共成长”等形式多样的主题活动，通过“一对一帮扶”、“面对面座谈”等服务方式，与企业和农户加深交流、加强合作，摸清企业和农户目前生产经营面临的主要问题及原因，掌握企业和农户的各类生产发展资金需求，为企业和农户破解生产经营难题和融资难题。根据当前就业的实际和上级推动小额担保贷款的意见，制定《余姚市自主创业小额担保贷款及贴息实施办法》。通过一系列政策的落实，使适度宽松的政策在余姚得到较好地贯彻执行。

2. 通过“窗口指导”，促使辖内金融安全有效运行。通过组织召开银行行长联席会议、金融工作座谈会、信贷科长季度例会、重点走访银行及个别约见谈话等形式，多渠道传达贯彻落实货币信贷政策，进行有关政策宣传和行业风险提示。制定实施《余姚市银行机构综合评价办法》，对辖区银行业金融机构货币信贷与征信管理、金融稳定与统计、货币流通管理、支付结算（反洗钱）与国库管理、外汇管理、综合事务等六项内容进行综合评估，促使银行业金融机构依法例规经营，维护余姚金融稳定，保持金融发展的良好生态环境。加强征信管理，推进信用信息服务体系建设。开展征信知识宣传周活动，共举办培训（讲座）2次，参加人数210人；进行户外宣传48次；有179个商业银行网点参加宣传；张贴宣传海报200张，发放宣传资料800份，增强社会信用意识。

3. 做好信贷政策导向效果评估，引导信贷结构调整。与市金融办、市财政局、银监余姚办一起修订《余姚市银行业支持地方经济发展信贷有效投入考核办法》，按季发布银行支持小企业、农业贷款、票据融资等相关信贷信息，加大金融机构对中小企业支持、对“三农”支持、对担保公司合作的考核力度，促使信贷资金流向经济实体，优化信贷结构。与经济发展局、银监办等部门组织举办银企洽谈会、重点项目推介会、金融产品推介会等银企沟通平台，让各大银行负责人与企业家们面对面交流，共同会商融资担保问题，促进银企双方开展实质性协作，有85家企业通过上述活动获得融资授信7.35亿元。

4. 建立塑料城企业网上融资平台，缓解小企业融资难。针对当前余姚小企业融资难的实际情和银企沟通存在的一些问题，人行余姚市支行与余姚中国塑料城管委会合作，依托目前塑料城成熟的网上交易市场，搭建塑料城企业网上融资平台。平台有政策宣传、银行产品发布、企业融资需求信息等板块，并建立银企互动模块，银行与企业之间进行多向相互选择，利用网络资源实现企业融资需求与银行信贷供应对接，使银企之间实时互动、洽谈，提高融资需求的满足率和成功率。自2009年12月15日开通以来，塑料城1400多家企业、辖内19家商业银行、1家小额贷款公司及5家担保公司已在网站上注册。有17家企业提出融资需求，金额为5610万元，经金融机构对接后，已成功融资4860万元。从而开辟银企沟通新通道，切实为缓解中小企业融资难问题做一些探索与尝试。设想将进一步拓展塑料城企业网上融资平台的服务内涵，尝试建成余姚市金融服务中心。

金融稳定

1. 认真落实金融稳定工作职责和岗位责任制，制定并完善有关风险处置操作规程，做好涉及金融稳定的各项应急预案，建立健全金融稳定协调机制，营造金融稳定与发展的良好的金融生态环境。

2. 继续实施辖内法人银行业金融机构流动性风险和整体性风险监测制度，对其风险状况开展监测和分析。做好工业企业经济监测工作，加强与有关企业的联系，提高报表报送的及时性和准确性。完善民间借贷利率监测体系考核制度，及时准确地做好资料和数据的收集、汇总。

3. 积极推进辖内金融体制改革。密切关注辖内国有商业银行股份制改革情况，跟踪了解相关动态与各项内部改革措施的落实情况。继续做好农村信用社改革试点资金支持工作，继续做好票据兑付后的监测考核工作。

征信管理　切实加强征信管理。确保企业信用信息基础数据库信息完整、数据准确。认真做好贷款卡的发放和信息录入工作。通过贷款卡年审，及时更新企业基础信息和财务数据，为金融机构防范风险发挥更好的作用。年审期间，及时准备年审资料，采取多种措施，克服时间紧，工作业务量大，操作人员紧张等困难，通过层层发动，广泛宣传，及时沟通，建立按旬贷款卡年审进度通报制度等措施，确保支行贷款卡年审工作保质保量地完成，使支行贷款卡年审率超过以往任何一年，实现超过90%的预定目标。2008 年度应年审企业 5725 家，实际参加年审的企业 5310 家，年审率达 92.75%。认真组织开展征信知识宣传周活动。本次活动共举办培训（讲座）2 次，参加人数 210 人；进行户外宣传 48 次；有 179 个商业银行网点参加宣传；张贴宣传海报 200 张，发放宣传资料 800 份；向现场咨询的 1740 人进行征信知识宣传。通过多种渠道的宣传，使个人的诚信意识不断得到提高，对自己的信用状况的关注度不断加强，本人查询信用报告的数量日趋增加。到 11 月末，查询 725 人次，同比增加 458 人次，增长 171.54%；提出异议申请并及时修改错误信息后予以答复 9 人次，同比增加 8 人次。及时为新进入的金融机构开通信用信息基础数据库，帮助并指导他们充分利用数据库的信息，来积极开拓业务，防范信贷业务风险。尝试与市房管中心共享企业房产抵押及查封有关信息。积极为金融机构提供风险信息查询服务。

外汇管理

1. 加强金融机构外汇市场准入管理，密切监测市场外汇流动情况。按照《国家外汇管理局关于调整银行即期结售汇业务市场准入和退出管理方式的通知》规定，做好银行即期结售汇业务市场准入备案或核准方式调整的相关工作及其他结售汇相关业务准入的备案审核工作。通过现场验收，完成对辖内 2 家机构即期结售汇业务的审批（备案），1 家机构远期结售汇业务备案，15 家机构即期结售汇机构信息变更备案，组织实施对外汇指定银行的外汇业务现场检查。认真监测企业外汇流动情况。根据总局有关要求，以已经导入的 1848 家进出口企业档案数据为基础，顺利完成全辖 1929 家企业的档案信息清理工作，其中补录完整 1730 家，注销 199 家，通过基础档案的登录，密切监测社会外汇流动情况，预防外汇资金不合规流动。

2. 积极做好外汇政策相关宣传工作。继续贯彻落实出口收结汇联网检查和贸易信贷登记管理政策，辅导并帮助企业做好货物贸易项下出口预收货款、进口预付货款、进口延期付款、出口延期收款四项工作的合同登记、提款登记工作。加强对外政策宣传和培训，联合塑料城管委会、中国银行余姚支行、余姚市国税局对塑料城 200 多家中小企业负责人及财会人员进行外汇政策讲解及有关外汇业务操作培训。根据中支统一部署，举办“外汇新政与汇率避险产品宣讲会”，300 多位企业负责人及财务主管、银行国际业务部主管及业务人员参加此次宣讲会，余姚市内相关媒体进行宣传和报道。

金融服务

1. 加强货币流通管理，组织辖区银行开展反假货币“六个一”专题活动。为进一步推动 2009 年农村反假货币宣传，与市电影放映公司沟通并签订相关协议，在全市各主要乡镇、街道（社区）和行政村开展反假货币知识电影巡回放映活动，共累计播放反假货币知识专题宣传片 40 余场，并在《余姚日报》商旅·金融开辟专栏，及时跟踪报道“反假”宣传活动情况、人民币防伪知识等，积极向社会普及反假货币知识。在各银行开展“反假”征文和知识竞赛活动，加强金融机构的“反假”队伍建设。召开声势浩大的反假币总结表彰大会，推动全市反假币工作。

2. 通过开展一系列活动，辖区内反假人民币工作得到较大成效，人民币流通环境得到改善，全年共收缴假币 1 万多张，收缴金额 10 多万元。开展“银盾行动”，打击信用卡犯罪活动。根据《宁波市联合整治银行卡违法犯罪“银盾行动”指导意见》，支行联合银监、公安、工商等有关单位成立联合整治银行卡违法犯罪“银盾行动”行动小组，对余姚的银行卡违法犯罪活动进行集中打击。在 9 月份对 5 家涉嫌套现商户所在地开展集中打击，并取得一定的成果。收缴 3 台异地 POS 机，对其中一家本地 POS 机商户，进行盘查警告和现场宣传。在 5 家涉嫌套现商户经营场所的街道逐户分发宁波市联合整治银行卡违法犯罪“银盾行动”宣传资料，规范信用卡市场。

3. 大力推动新型结算工具的应用，缓解农村结算难现象。针对当前农村结算比较突出的问题，建立农村结算服务站 38 家，鼓励金融机构拓展农村金融服务内容。4 月，在支行的大力推动下，首先安排余姚市供电局、余姚市电信局、余姚市自来水公司加入“付费通”网络，实现电费、水费、电话费“一卡通”。到目前已采用委托扣款的用户已达67万户，办理业务500多万笔，大大节约银行柜台资源，提高金融服务效率，解决农村地区金融网点少、服务内容少、交纳公用事业费来回跑银行的难题。与银联公司合作，在余姚市开展刷卡有奖销售活动，鼓励城乡居民运用银行卡办理结算，推动银行卡的使用，活动共刷卡69771笔，金额7753.3万元，使城乡居民对新型结算工具的便利性、快捷性等功能有较好的认识，对新型结算工具的使用兴趣有明显提高。

内部管理和教育

1. 切实落实各项内部制度，注重制度执行的实际效果。以案件专项治理活动为契机，结合支行内设机构调整和人员变动实际，认真开展对各类规章制度的重新梳理，仔细排查支行保卫、发行等重点部位的风险点，在制度修订和学习中进一步提高干部员工对执行制度的自觉性。在专项治理过程中，我们做到与员工思想教育活动、与开展“小金库”专项治理活动、与“制度落实年”回头看活动、内控安全大检查活动四结合，确保案件专项治理活动取得较好效果。

2. 通过进一步加强内部考核与监督检查，加强责任追究等形式，落实要害岗位人员考核，进一步提高员工的工作责任性、办事效率和工作质量。

3. 加强反腐倡廉建设，不断完善惩防体系。深入贯彻落实中纪委全会和上级行纪检监察工作会议精神，坚持“标本兼治、综合治理、惩防并举、注重预防”的方针，以完善惩治和预防腐败体系为重点，毫不动摇地推进反腐倡廉工作。加强党风廉政教育，把党风廉政教育纳入支行思想政治教育范畴，有重点、分层次地开展形式多样的反腐倡廉教育活动，增强教育的愉悦性和感染力。以领导干部作风建设为重点，严格党的政治纪律、财经纪律和廉政纪律，以优良的党风促行风。积极组织开展“制度落实年”活动，着力提高制度的执行力，增强干部员工严格执行制度的自觉性，努力在全行上下营造按制度操作、照制度办事、靠制度管人、在制度面前人人平等的氛围。

中国人民银行奉化市支行

经济运行概况 2009年度，我市工业经济继续低位运行，经济复苏进程较慢。一是工业经济低位运行，经济效益好转不明显。年末，全市规模以上工业企业累计完成工业总产值301.58亿元，同比下降6.4%。二是投资有所回升，外贸出口回落明显，消费增长较为平稳，全市固定资产投资70.12亿元，同比增长11.9%，增幅比宁波市平均水平低4.1个百分点；自营出口贸易回落明显，年末，实现自营出口总额14.01亿美元，同比下降10.6%；消费需求增长较为平稳，实现社会消费品零售总额69.21亿元，同比增长15.2%。三是财政收入降幅减缓，支出增幅回落，财政收支趋于平衡，2009年全市实现财政一般预算收入27.17亿元，同比增长7.6%，增幅比上半年提高5.7个百分点。财政一般预算支出20.44亿元，同比增长11.4%，增幅比上半年回落6.9个百分点，财政收支趋于平衡。

金融运行情况

1. 存款平稳增长，企业存款活期化倾向明显，储蓄存款定期化减弱。2009年末，全市金融机构本外币各项存款余额为213.45亿元，比年初增加47.45亿元，同比多增22.21亿元，同比增长28.58%，增幅同比上升10.65个百分点。企业存款实现快速增长，活期化倾向明显。年末，全市金融机构本外币企业存款余额为66.59亿元，比年初增加19.70亿元，其中活期存款增加17.40亿元，占企业存款增量的88.32%。储蓄存款稳步增长，定期化倾向持续减弱。年末，全市金融机构本外币储蓄存款余额为116.49亿元，比年初增加19.50亿元，定期储蓄存款余额比年初增加6.53亿元，同比少增3.58亿元，同比增长10.96%，储蓄存款活期化趋势明显。

2. 在积极的财政政策和适度宽松的货币政策背景下，各项贷款总体呈现高速增长态势。2009年末，全市金融机构本外币各项贷款余额235.82亿元，比年初增加71.02亿元，同比增长43.09%，增幅同比提高21.58个百分点。人民币各项贷款高速增长，贷款增势趋于相对平稳，各月的贷款增速都在20%以上。政府类贷款和个人中长期消费贷款的快速增长带动中长期贷款大幅增长，全市金融机构本外币中长期贷款比年初增加36.78亿元，同比增长73.54%，中长期贷款增量占全部贷款增量的比例为51.79%。金融支持经济社会薄弱环节的力度进一步加大，中小企业金融服务得到不断加强，年末，全市中小企业贷款余额103.42亿元，比年初增加21.51亿元，同比增长26.27%，增幅上升15.85个百分点，有力地支持中小企业的发展。

主要工作 认真执行适度宽松的货币政策，促进区域经济金融平稳较快发展。一是认真贯彻适度宽松的货币政策，加强对辖区经济金融运行情况分析。每季度通过由政府经济部门和金融机构信贷资金管理部门组成的经济金融运行分析会和货币信贷窗口指导会议，及时传达央行货币政策。围绕经济金融运行中出现的新问题，认真完成经济金融运行分析报告和货币信贷政策执行报告。二是有效运用货币政策工具，加强窗口指导。根据不同时期的货币信贷政策，紧密结合辖区经济实际，适时推出金融政策意见。进一步完善信贷政策导向效果评价办法，制定《2009年奉化市中小企业信贷政策导向效果评估制度》。加强窗口指导，支持企业发展，组织“银企对接融资洽谈服务月”活动、“担保机构特别服务日”活动、“创建服务型机关，促进企业发展”活动，妥善解决部分中小企业融资难问题。

加强调查研究和统计工作。一是加强统计工作，为经济金融形势分析研判提供基础，由专人及时收集、审核工业监测企业的财务报表，确保上报数据的及时性和准确性；做好企业家问卷调查及工业监测企业季度分析工作，不断提高监测质量；开展对全市6个民间利率监测点的业务辅导工作，按季做好民间利率监测工作。二是强化金融统计职能，努力为货币政策的有效实施提供支持。认真编制《2008年统计年报》，及时准确地完成月度金融统计报表，并不断提高统计分析质量；在结合月度金融统计报表的基础上，继续汇编《奉化市金融数据一览表》。

加强外汇管理，推动改革创新。一是加强外汇现场监管及非现场监管工作。加强对涉外金融机构和企业的现场监督，全年组织开展五项外汇业务现场检查。加强非现场监测，做好服务贸易外汇业务非现场监测预警指标的设置以及系统上线运行工作，开展实时预警监测，防范异常资金通过服务贸易渠道流入。二是加强政策宣传培训，完善外汇考核机制。年初组织召开外汇管理工作会议，传达贯彻上级局外汇管理工作会议精神，开展“外汇新政与企业汇率避险宣讲会”活动，对外汇管理新政策进行政策解读。强化考核机制，全面推进银行外汇业务考核工作。根据总局的考核管理办法，结合奉化实际制定《奉化市外汇指定银行外汇业务考评管理办法》，全面加大对银行执行外汇政策的监管力度。三是推动改革创新，大力促进贸易便利化，改进和完善出口收结汇联网核查方式，允许在企业来料加工超比例收汇，针对确已出口但因数据传输时滞造成可收汇额不足的情况先结汇后核查，简化收结汇联网核查手续。调整企业出口货款预收汇比例和进口货款延期付汇比例，允许企业已登记的5万美元以下的小额预收货款和延期付款不受比例限制。

积极推进反洗钱、征信体系建设，维护良好金融秩序。一是不断推进辖区反洗钱工作的开展，实施客户风险等级划分工作，指导辖区金融机构根据自身情况切实做好客户风险等级划分工作，完善身份识别程序和措施。发挥非现场监管手段，督促金融机构应按规定格式及时报送反洗钱非现场监管报表及相关反洗钱工作信息。开展对财产保险公司的反洗钱现场检查，开展对中国人民财产保险股份有限公司奉化支公司的反洗钱专项现场检查。二是加强征信管理，推进信用信息服务体系建设。认真做好贷款卡的日常办理工作，新办理各类贷款卡817张。积极做好贷款卡年审工作。组织开展2008年贷款卡年审工作，贷款卡年审合格1380张，年审率达到94.52%。

加强支付结算管理和国库管理，提高金融服务水平。一是加强支付结算管理。通过不定期地组织召开全市金融服务工作会议、会计科长联席会议等形式，及时传达上级行有关工作精神，提出辖区开展结算工作的新要求，商讨和解决结算工作中存在的问题，规范辖内支付结算行为，保证支付结算渠道畅通；促进非现金支付工具和支付方式的推广使用，做好跨行通存通兑业务、付费通业务的宣传工作，妥善解决部分网点因现金缴付量较大而造成柜面较忙的情况。继续抓好辖区空头支票行政处罚工作，提高辖区的社会信用。根据支行实际，重新修订《空头支票行政处罚管理办法》。积极开展“便民支付工程”工作，根据奉化市实际情况制订《奉化市2009年便农支付工程实施方案》和《奉化市便农支付工程宣传活动方案》，在奉化裘村镇、锦屏街道、岳林街道和西坞街道建立4个乡镇支付结算服务站，落实责任行和责任人，具体做好对所在地企业和老百姓的支付结算知识培训和宣传工作。积极开展银行卡整治的“银盾”行动，加大银行卡安全使用知识宣传力度。二是规范银行账户管理，落实账户实名制。制定《奉化市银行结算管理员管理办法》，规范银行账户管理；完善开户操作流程，进一步规范核准类账户日常行政许可行为。制定《新开户操作流程和支行的开户审批权限》，加强对预算单位专用账户的审核，防止多头开户情况的发生；做好账户实名制工作，对全市运行正常的10019个账户的法定代表人身份真实性分核查、疑义信息核实段和问题处理三个阶段进行核实；开展账户知识培训，举办人民币银行结算账户知识培训班，全市金融机构各网点的会计主管和临柜人员共100多人参加此次培训，取得较好的效果。三是强化业务检查监督，保障国库资金安全，做好内部管理制度建设，强化风险防范，认真做好国库业务的检查工作，堵塞内部管理漏洞，加强对经收处和国库集中收付业务的监督管理。四是认真做好人民币反假宣传工作。推进城市和农村两个反假网络建设，扩大反假货币网络建设工作成果，开展银社共创反假货币社区活动；配合公安开展打击假币犯罪专项行动，按“属地管理”的原则，及时收缴金融机构收缴的假币；组织做好“全民普及反假知识”宣传活动，营造良好的反假宣传氛围。

中国人民银行宁海县支行

经济运行情况 2009年，宁海县实现生产总值235.55亿元，比上年增长8.5%，其中第一产业增加值25.2亿元，增长4.8%；第二产业增加值131.65亿元，增长6.9%；第三产业增加值78.7亿元，增长12.3%。财政一般预算收入34.46亿元，增长7%，其中，中央级财政收入16.56亿元，增长0.1%；地方财政收入17.91亿元，增长14.4%。城镇居民人均可支配收入和农民人均纯收入分别达到25946元和11367元，分别增长10.5%和10%。全国县域经济基本竞争力百强县排名66名，比上年提高1位。成功创建宁波市首个国家可持续发展实验区。

1. 开展“服务企业推进年”活动，保增促调取得成效。开展以“千名干部进企业、服务企业促发展”为主题的扶贫帮困行动，引导企业树信心、调结构、拓市场、保运行。在实施“40+18”条工业扶持政策的基础上，及时出台12条补充意见，新增财政扶持资金1500万元，全年扶持资金总额达到1.6亿元。全面落实临时性下浮社保费缴纳比例、取消和停征行政事业性收费等措施，为企业减负2.7亿元。建立县、乡镇（街道）两级联动担保新机制，成立兴宁中小企业发展促进中心，全年提供担保和应急周转资金14亿元。通过这些措施的实施，帮助企业逐步实现经营好转，其中规模以上工业企业实现产值362.9亿元，增长2.2%；实现利润27.6亿元，增长29.7%；效益综合考评全市第一。组织1000余家次企业参加内销展会以及各地“宁波周”活动，在北京、上海等地举办宁海外贸产品内销展示洽谈会，支持企业建立国内市场营销网络，新增营销网点1500多个，规模以上工业企业内销增长8.7%。启动实施服务业提升发展倍增计划，制定出台《促进服务业发展的决定和若干意见》，明确十大重点发展产业，服务业增加值占GDP比重提高0.8个百分点，拉动全县经济增长4.2个百分点。全年实现旅游收入46.4亿元，增长20%，通过省旅游经济强县验收。打造循环农业宁海模式，新增土地、林地流转6.3万亩，实现农业增加值25.2亿元。扎实推进节能减排，万元生产总值综合能耗下降5.7%，化学需氧量和二氧化硫排放量分别削减7.3%和6.9%。

2. 开展“重大项目推进年”活动，增强项目推进合力。集中出台土地收储、征地拆迁等方面政策文件14个，建立县、街道两级拆迁办，加强拆迁力量。全年完成全社会固定资产投资89.9亿元，增长15.2%，其中社会性投资66.4亿元，占总投资的73.8%。推进宁东创新工业园、宁海湾循环经济开发区建设，完成基础设施投入2.7亿元；国华宁海电厂二期、海螺水泥二期技改总投入27.5亿元。规划构建“一环八射、三纵七连”的大交通体系，抓好双盘三山涂、西店新城围垦和颜公河干流调蓄池等项目前期。

3. 开展“城市建设推进年”活动，统筹城乡协调发展。实施“三改三联三突破”城市发展战略，加快旧城和城中村改造，完成东门片二期、环岛节点拆迁，共完成城市拆迁30万平方米。完成15公里燃气管网铺设，可供气用户达到1.1万户。开展省园林城市创建，新增城市绿地面积3.5万平方米，拆除违法违章建筑面积1.6万平方米。深化“净化大地、美化家园”活动，建成县级全面小康村24个、环境整治村65个、电气化村103个。实施农村住房制度、林权制度改革和农村金融创新，研究出台“四权一房（船）”抵（质）押贷款政策并进行试点。

金融运行情况

1. 各项存款大幅增长，存款结构有所变化。全县金融机构人民币各项存款余额224.8亿元，比年初增加55.67亿元，同比多增19.39亿元；余额同比增长32.92%，增幅较上年同期提高5.61个百分点。从存款结构上看，呈现以下特点：

（1）企业存款增速较快。人民币企业存款余额72.04亿元，较年初增加18.7亿元，同比增长35.13%，增幅比上年同期提高17.91个百分点。

（2）储蓄存款稳定增长。人民币储蓄存款余额89.94亿元，较年初增加18.85亿元，同比增长26.51%。

（3）其他类存款快速增长。人民币其他类存款余额25.61亿元，较年初增加9.55亿元，同比增长59.13%。

2. 各项贷款继续快速增长，投向结构更趋优化。全县金融机构人民币各项贷款余额294.98亿元，比年初增加83.83亿元，同比多增39.44亿元；余额同比增长39.7%，增幅较上年同期提高13.27个百分点。其中全年基本建设贷款增加19.11亿元，占新增贷款的比例22.8%；新增工业企业贷款29.74亿元，同比多增12.29亿元，占新增贷款的比例35.48%；新增消费类贷款32.92亿元，占新增贷款的39.27%；农业贷款余额11.75亿元，比年初增加3.01亿元。

货币政策执行情况

1. 贯彻好“保增促调”宏观调控措施。及时出台《2009年宁海辖区货币信贷工作指导意见》，引导各金融机构围绕县政府“6+6”产业导向，加大对模具、文具等行业龙头、宁海湾循环经济开发区等基础设施的信贷投入，优化产业结构。配合政府部门举行2010年企业重点项目推介会，有重点地组织辖内银行业金融机构分别与梅林街道、茶院乡举办银企洽谈会，并取得预期效果。协调全县各金融机构深入开展“信贷员进厂入乡”活动，推动各金融机构开展金融产品创新。协助县政府成立兴宁中小企业发展促进中心，筹集资金1亿元，主要解决企业转贷时的资金周转问题。深入农村、企业、重点实事工程和金融机构开展调查研究，当好地方政府参谋。配合政府部门稳步推进“四权（农村土地承包经营权、股份经济合作社股权、海域使用权、林权）一房（船）”抵（质）押贷款，切实推进农村改革和发展。建立“四权一房（船）”抵（质）押贷款风险基金，在不同乡镇推进“四权一房（船）”抵（质）押贷款试点工作，深入推进土地、林地流转，促进农业增效、农民增收。

2. 积极构建和谐金融环境。加强辖区农信社试点改革工作、民间借贷利率监测及风险监测评估，关注辖内重要经济指标、金融指标等情况变动对宁海金融稳定的影响。重视信用体系建设，全年完成贷款卡年审2899个，新发放贷款卡944张，提供个人征信查询1555人次，企业征信查询66人次。规范结算账户的开立，共核准人民币银行结算账户2951户，撤销1571户，变更2498户。严格空头支票处罚，下发空头支票行政处罚告知书1246份，决定书597份，不予处罚通知书1142份，收缴罚款59.98万元。开展人民币反假业务宣传活动，配合公安机关开展打击假币犯罪“09活动”，两次联合公安部门组织辖内金融机构开展打击假币犯罪广场宣传，分发宣传资料3000余份。全辖共收缴假人民币8188张，金额668481元。加强反洗钱非现场监管，向太平洋财产保险公司宁海支公司等20家保险公司发出“反洗钱非现场监管质询通知书”，共有17家保险公司进行补报。同时对各行上报的可疑交易信息及时进行分析，并按规定转报上级行或移送有关部门，其中移送外汇管理部门3件，外汇管理部门查处1件。联合开展“银盾行动”，严厉打击银行卡套现行为，共收缴异地套现POS机14台。

3. 加强外汇管理。贯彻落实促进贸易投资便利化的各项政策措施，支持和指导辖区涉外企业应对金融危机。开展“企业汇率避险服务宣传培训月”活动，举办一场“外汇新政与汇率避险产品宣讲会”，辖内12家银行业金融机构分管行长、公司业务部门负责人和200多家企业相关负责人参加。主动缩短出口企业对临时额度申请的审批时间，全年累计审批结汇和付汇临时额度115笔，累计金额2493.92万美元。同时积极推广网上自动审核，目前全县已有300多家企业实行网上自动审核。开展跨境资金流动的监测，建立监测工作台账和工作报告制度。全年上报个人结售汇大额及异常监测报告53篇，累计核查金额6061.34万美元，移交检查岗位立案查处36笔，涉案金额163.74万美元。加大对外汇违规行为的查处力度，共立案处理5家，涉案金额166.77万美元，行政处罚17.46万元。

4. 改善金融服务水平。改善农村支付结算环境，引导县联社在深圳镇马岙村重新设立分社，解决当地村民金融服务需求。在深圳镇长洋村铝灰加工交易市场布放电话POS机，减少现金交易量。联合县供电局、水务集团、电信公司举办第一期付费通委托缴费抽奖活动。配合财政部门继续推进财政国库管理制度改革，分期分批将57家一级预算单位纳入集中支付体系。组织开展对辖内8家金融机构及网点的人民币收付业务现场检查。对辖内各金融机构货币流通业务考核实行通报制度，完成对七家监测点的数据监测预警分析。开展激活沉淀硬币活动和银行员工家庭及亲友兑换、储蓄硬币活动，新增两家硬币预约收兑点。

中国人民银行象山县支行

经济运行概况 2009年，全县经济运行回升向好，地区生产总值237.11亿元，同比增长8.1%。其中一、二、三产业增加值分别为36.57亿元、115.54亿元和85.01亿元，比上年同期分别增长3.4%、7.4%和11%。

1. 工业运行继续回升。全县规模以上工业增加值96.98亿元，同比增长5%。规模以上工业总产值342.5亿元，同比增长3.5%，实现销售产值321亿元，同比增长2.5%，产销率为93.71%，同比下降0.9个百分点。

2. 投资、消费增长较快。全社会固定资产投资92.44亿元，同比增长21.6%，其中房地产开发投资额26.23亿元，同比增长38.8%。社会消费品零售总额91.73亿元，同比增长16.3%。

3. 财政收入和居民收入稳定提高。全县一般预算财政收入30.01亿元，同比增长9.8%，其中地方财政预算收入16.71亿元，同比增长12.6%。一般预算财政支出23.16亿元，同比下降3.9%。全县城镇居民人均可支配收入26431元，同比增长9.8%，农民人均现金收入11159元，同比增长9.3%。

金融运行情况 2009年，在适度宽松的货币政策作用下，全县货币信贷总量快速增长。贷款投放持续加速，存款增长波动中趋缓。截至2009年末，全县本外币各项存款余额206.08亿元，比年初增加50.16亿元，同比多增22.04亿元，余额同比增长33.26%；本外币各项贷款余额288.5亿元，比年初增加91.77亿元，同比多增53.97亿元，是上年同期贷款增量2.43倍。存贷款增速继续在全市保持领先，增幅分别高于全市平均值4和18个百分点。

1. 存款同比多增，增速振荡回落。年末，全县人民币各项存款余额204.24亿元，比年初增加49.64亿元，比上年同期多增21.52亿元，同比增长33.2%，增速提高11个百分点。但从增长时序看，上半年呈快速增长态势，1~6月各项存款新增46.78亿元，占全年存款增量的94.2%。其中一季度存款新增32.2亿元，超过2008年全年存款增量。下半年开始振荡回落，7~12月仅增加2.86亿元，其中7月、8月、10月、12月四个月出现环比负增长。2009年存款增长的主要特点是：

（1）派生效应明显，企业存款持续快速增加。2009年末，全县企业存款余额67.77亿元，新增20.55亿元，占全部新增存款的41.4%，增量是上年同期的4.66倍。其中企业活期存款新增15.14亿元，同比多增13亿元。企业存款增势强劲的主要原因：一是贷款的大量投入，企业融资环境相对宽松，资金面较为宽裕。二是政府性项目贷款的大量增加，部分贷款资金沉淀，相应派生大量存款。三是当前工业经济仍处于恢复性增长阶段，企业投资意愿不强，一些优势企业资金闲置较为明显。四是随着经济回暖向好，企业产销持续回升，需相应提高账户流动资金额度，以满足日益增长的支付和周转需要。

（2）房市股市分流影响，储蓄存款增势高位趋缓。2009年末，全县人民币储蓄存款余额87.39亿元，新增19.07亿元，同比多增6.37亿元，占全部新增存款的38.4%。其中活期储蓄新增14.88亿元，同比多增6亿元。从各季度增长情况看，增势高位趋缓且呈下滑态势。一季度新增15.35亿元，占全年储蓄存款增量的80%，后三季度仅增加3.72亿元。一季度储蓄存款快速增长，主要是春节因素所致。二季度以来出现明显高位回落的主要原因是受房市、股市分流的影响。据县证券交易营业部统计，上年全县证券交易额376亿元，比上年同期增加116亿元，同比增长1.44倍，其中股票成交额362亿元，增加128亿元，同比增长1.55倍。结算保证金余额增长1.73倍。房市经过2008年的徘徊后，上年以来交易逐渐火暴，出现价涨量升的快速增长态势。城区房价新开楼盘普遍超过每平方米万元以上。随着房市、股市的回暖，居民投资信心增强，储蓄意愿有所减弱，导致二季度以来银行储蓄存款逐渐回落。

（3）票据融资规模收缩，其他存款明显少增。2009年末，全县金融机构人民币其他存款余额28.52亿元，比年初增加5.35亿元，同比少增5.3

亿元，其他存款增量占全部新增存款的10.78%，低于上年同期27个百分点。近年来，以银行承兑汇票保证金存款为主的“其他存款”快速增长，在全部新增存款中的比重持续上升，2008年占到37.87%。上年下半年以来，票据融资规模逐步收缩，年末承兑汇票未到期余额19.65亿元，同比减少8亿元。保证金存款由少增逐步转为负增长，四季度三个月“其他存款”均呈现净下降态势。

2. 贷款投放力度加大，增速持续上升。为积极应对国际金融危机，提高区域经济发展能力，全县各金融机构积极贯彻适度宽松的货币政策，各项贷款快速增长，金融支持经济力度显著增强。2009年末，全县金融机构人民币贷款余额285.2亿元，比年初增加91.86亿元，是上年同期增量的2.4倍，增量超过2006年初的全县信贷总规模。从横向比较看，贷款增幅高于全市平均18个百分点，比南三县的宁海、奉化分别高8.2和5个百分点。增量比宁海、奉化分别多8亿元和21.71亿元。从县内各金融机构情况看，贷款普遍多增，以国有银行为主导，贷款增量占全县总增量的80%，排名前三位的是农行、中行、工行，贷款分别比年初增加22.21亿元、17.16亿元和13.34亿元。

(1) 信贷支持力度显著增强，放贷均衡性有所提高。上年以来，在经济下行压力较大的情况下，全县各金融机构为稳定经济、提振信心创造宽松的融资环境。一是贷款增量增幅再创历史新高。2009年末全县新增人民币贷款91.86亿元，是上年同期增量的2.4倍。2006年以来，全县贷款增幅一直处于全市领先地位，年平均增长率保持在30%以上，2009年贷款增幅达到48%，高于前三年贷款平均增幅15个百分点以上。年末全县贷款总规模比2006年初翻3.4倍。二是放贷均衡性提高，增速持续上升。据前三年全县信贷统计资料显示，贷款早投放势头比较明显，一般上半年发放贷款占到全年新增贷款比重的75%～80%，其中一季度放贷占全年比重45%左右。年度信贷投放呈现“前松后紧”态势，均衡性欠佳。但从2009年各季度贷款发放情况看，在适度宽松的货币政策作用下，各金融机构贷款进度把握合理，放贷均衡性明显提高，一季度贷款新增30.2亿元，二季度新增22.67亿元，三季度新增27.4亿元，四季度新增11.7亿元。贷款呈逐月攀升态势，下半年贷款增量占年度比重为42.56%，比往年提高约15个百分点。三是银行业资金运用充分。上年末，全县金融机构人民币余额存贷比（不含票据融资）达到139.63%，比年初提高14.18个百分点，高于全市余额存贷比50%。

(2) 信贷结构有所调整，投向基本合理。上年以来，全县金融机构在贷款总量快速增长的同时，切实强化结构调整，信贷投向基本合理。主要表现：

①信贷投向重点与经济面基本适应。全县金融机构认真领会适度宽松货币政策的内在要求，信贷结构调整与当前经济面基本适应。一是充分满足重点领域投资资金需求。各金融机构按照县委县政府“保增促调”工作部署，积极介入政府投资项目，政府主导性投资项目资金需求得到充分满足。至2009年末，全县中长期基本建设贷款（不包括期限3年以下的贷款）余额39.8亿元，新增16.53亿元，同比多增12亿元，是上年同期增量的3.5倍。据中国人民银行征信系统显示，全县政府各类融资平台，在县内外各金融机构贷款余额达78亿元，其中贷款规模在5亿元以上的有6家，余额41.5亿元。县内金融机构对当地政府融资平台贷款占到一半以上，贷款总量达45亿元，其中2009年新增25亿元左右（包括部分短期贷款）。二是继续加大对消费信贷扶持力度，积极满足个人投资和消费性融资需求。截至12月末，全县个人消费贷款余额102亿元，比年初增加34.78亿元，同比多增14.48亿元，占全部人民币贷款增量的37%。其中个人住房贷款余额60亿元，新增24亿元，占消费贷款增量的69%，有效推动居民消费增长。三是合理满足企业流动资金需求。上年以来，受工业经济低位运行、效益滑坡影响，企业有效需求相对不足，短期贷款比重一度趋降，但进入二季度以后，随着工业经济止跌企稳，金融机构适时加大流动资金的投放力度。至年末，全县新增人民币短期贷款40.41亿元，其中增加工业企业流动资金贷款22.78亿元，占全部新增贷款的25%。企业流动资金贷款较多增加的主要原因：一方面工业产销持续回升，企业流动资金需求增加；另一方面，在票据融资收缩的情况下，金融机构相应加大短期贷款投放力度。

②新增贷款主要投向实体经济。2009年末，全县金融机构对实体经济信贷投入达58亿元，占全部新增贷款的63%。从人民币短期贷款行业投向看，实体经济普遍多增。一是工业类贷款（包括工业贷款、乡镇企业贷款、私营企业及个体贷款以及部分其他短期贷款）新增23亿元，比上年同期多增10亿元；商业贷款新增1.65亿元，而上年

同期为下降0.47亿元，同比多增2.12亿元；建筑业贷款新增2.4亿元，同比多增4.12亿元。

（3）信贷支农创新取得新进展。县内各涉农金融机构积极开展信贷支农业务创新，加大对“三农”的信贷投入力度，如县农村信用联社开办农民房抵押贷款，渔船捕捞证抵押贷款，农村党员、妇女、青年创业贷款等“六大创新”贷款，新增创新贷款余额1.94亿元，2009年末农业贷款余额新增5.5亿元。县农行为农民发放“惠农卡”1100余张，授信金额超过6000万元，并发放渔船抵押贷款1.6亿元，新增农贷2亿多元。县邮储银行积极向上级行争取支农贷款指标，新发放农业贷款近5000万元。中国人民银行改善支农再贷款管理办法，扩大支农再贷款的对象和范围，发挥中国人民银行支农再贷款的导向作用，为县农村信用联社追加支农再贷款1.4亿元，支持农信社信贷支农业务创新。至年末，全县涉农金融机构对“三农”贷款余额达28.65亿元，新增9.23亿元，农贷余额和增量比重均超过10%。

浙江省农村信用社联合社宁波办事处

浙江省农村信用社联合社宁波办事处主任　张初础

2009年，全市农村合作金融机构按照“保增长、防风险、促调整、强合作、重创新”的总体思路，积极探索支农新模式，推进发展战略转型，调整业务结构，规范内控机制，有力地推进全市农村合作金融机构持续又好又快地发展。

业务数据　全市农村合作金融机构各项存款余额1002.62亿元，比年初增加166.99亿元，增幅19.98%，完成综合发展计划的187.63%，其中：集体存款增加79.80亿元；同比多增82.35亿元；储蓄存款增加87.19亿元，同比少增34.64亿元。各项贷款余额704.93亿元，比年初增加121.42亿元，增幅20.81%，完成综合发展计划的173.46%，其中小农业贷款增加40.60亿元，增幅26.19%，同比多增19.09亿元，小农业贷款增幅大于新增贷款近5.38个百分点。不良贷款余额13.08亿元，比年初减少1.54亿元，占比1.86%，比年初下降0.65个百分点。实现业务收入56.11亿元，同比减少5.52亿元，减幅8.96%；业务支出38.22亿元，同比减少7.59亿元，减幅16.57%；2009年末税前利润总额17.89亿元，同比增赢2.08亿元，增幅13.14%。

业务发展

1. 确立“三保一调”业务策略。办事处及时制定信贷业务“保客户、保市场、保发展、促调整”的信贷策略，各行社结合当地实际，分别制定实施意见，在拓展市场上以注重小额、流动、分散和拓面增量，强化调整信贷结构，坚持有保有压，区别对待的信贷政策；加强经营风险预警机制，规范操作流程强化信贷管理等切实有效的管理手段和方法，都取得明显的成效。

2. 巩固农村阵地。强化资金组织工作。全市农村合作金融机构组织开展各类劳动竞赛，优化网点布局，开展规范化服务活动，实行存款工作目标责任制，加大考核力度。一年来，存款实现快速增长。二是推动信贷增量扩面。扎实开展“支农推进年”活动，深入开展“走千家、访万户、共成长”活动，组织发动全市广大干部和信贷人员深入农村基层，主动上门提供金融服务，以实际行动“送政策、送资金、送服务、送温暖、送信心”。

3. 推进金融产品创新。从技术工具着手创新金融产品，丰收贷记卡和小额贷款卡顺利发行，大力发展特约商户，加大对农村地区ATM、POS机等自助设备投入力度。从服务手段着手创新金融产品，大力推广党员、青年、妇女等创业小额贷款，积极探索农村住房、海域使用权、大型农机具、渔船捕捞证、林权、土地承包经营权等抵押贷款业务。从管理、合作着手进行创新，奉化、象山联社自营国际业务顺利开业，网上银行业务在慈溪、余姚合作银行进行试点。

合规管理

1. 以风险为导向，不断提高审计水平。组织开展宁海、象山等8家行社总部的内部控制审计评价，开展2期计算机辅助审计。各行社不断提高审计工作实效，开展形式多样审计项目创新。开展对9家联社、合作银行的2008年度年报审计的抽查审计，组织开展有关行社领导班子经济责任后续审计。

2. 以风险管理为基础，强化合规建设。目前全市农村合作金融机构合规风险管理框架基本构建成形，三级联动机制初步形成。按季开展监管评级内部测评工作。各行社开展大额贷款授信执行情况专项合规检查、重点业务风险检查、由担保机构担保的贷款质量检查、利率执行合规性等合规性检查项目。

3. 以内控为目标，深化案件防控长效机制。全面落实案件防控责任，牢固树立“大安全”意识，制订《2009～2011年案件防控治理工作计划》、《2009年案件防控治理工作方案》，认真组织开展案件防控治理“回头看”彻查以及案件风险“百日大排查”活动，对排查发现的风险隐患及时采取改进措施。抓好安全保卫工作，深入落实安全防范责任制，部署开展安全生产专项督查，加强节假日期间的安全检查，有效保证业务安全运行。

强化管理

1. 推进深化改革。推进组织形式改革，辖区5家联社积极、稳妥做好组建农村合作银行各项准备工作；加强资本管理。余姚、象山两家行社完成股本转增；进一步拓宽改革思路和举措，加强战略合作互助，市区联社成功引入慈溪农村合作银行战略投资；鄞州银行跨区域设立的首家支行北仑支行正式开业。

2. 强化财会管理。注重会计工作质量，建立完善相关制度，组织财会大检查和各专项检查。组织开展会计基础工作验收，目前，有3家支行达到省会计工作一级标准，34家支行（信用社）达到会计工作二级标准，110家支行（信用社）达到会计工作规范化标准。

3. 切实提高科技管理水平。认真做好核心系统改版的后续工作，平稳实现管理转型和技术结构转型；加强计算机系统安全运行，组织全市计算机信息安全自查，做好信息安全等级保护工作；组织开展应急演练，制定相关的应急预案；组织实施网络改造，强化网络安全管理。

4. 探索建立特色业务开发新模式。以特色信息管理平台建设为契机，逐步探索出“办事处牵头，重点行社为主，成果共享”的特色业务开发新模式。目前，以慈溪合作银行为主发起行的特色信息管理平台已进入开发阶段，以余姚合作银行为主发起行的自助终端缴费业务已完成业务需求的编写，以市区联社为主发起行的市民卡业务也已进入前期准备阶段。

人本管理

1. 加强作风建设。以领导班子和党员领导干部为重点，全面开展深入学习实践科学发展观活动，高度重视，精心组织，稳步推进。采取集中学习会、组织知识测试和组织大讨论等多种形式，举行读书会，到基层进行专题调研，召开领导班子专题民主生活会暨专题组织生活会，深入学习实践科学发展观活动取得较好的成效。

2. 加强队伍建设。加强领导班子建设，做好慈溪合行、市区联社班子调整和充实，建立县级行社领导班子后备干部库。进一步深化和完善薪酬分配体系，制定完善各类员工绩效考核办法。加强教育培训，建立内部培训师资库，继续加大与高等院校、职业培训机构的合作力度，组织信贷从业人员、会计从业人员资格考试。组织开展内部培训师、科技清算、财务会计、内部审计、理财业务、信用卡、信息宣传等培训。抓好员工行为动态管理，严格执行重要岗位轮换及强制休假制度，组织开展对重要岗位、敏感环节工作人员行为排查工作。

3. 加强企业文化建设。坚持以人为本，进一步形成既有共性又有各自特色的文化体系。充分发挥各级工会、共青团组织的桥梁、助手作用，组织开展技术比武、志愿服务等形式多样的活动。组织宁波市农村合作金融机构“战略与管理——科学发展”主题演讲比赛，宁波代表队还荣获全省农村合作金融机构“战略与管理——科学发展”辩论比赛一等奖。巩固文明服务成果，各行社积极提升优质文明服务水平，社会反响良好。慈溪城北支行、象山丹城信用社、北仑新矸信用社被省农信联社评为“浙江省农村合作金融系统文明服务单位”。

象山县绿叶城市信用社有限责任公司

经营业绩　通过全社上下的共同努力，全年经营指标基本完成。2009 年末资产总额达到 19.20 亿元，比上年增加 2.31 亿元，增长 13.68%；全年实现账面税后净利润 1416 万元，与上年同比增长 13.28%；年末各项存款总额达到 17.25 亿元，比上年增长 15.01%；年末各项贷款余额 11.93 亿元，比上年增长 23.7%。年末，不良贷款率为 2.09%，比上年下降 0.87 个百分点。

风险管理　在信用风险管理上，树立“安全、合规、稳健”的经营理念，坚持为小客户服务市场定位；采取“有保有压”政策，主动退出非目标客户。在流动性风险管理上，进一步完善流动性监测、控制体系，加强预警管理、备付金管理和准备金管理，严格控制存贷比例和授信集中度，各项流动性指标处于良好状态。在市场风险管理上（本社经营活动主要涉及利率市场风险），根据央行存贷款基准利率和市场利率变化，加强调控管理，适时调整本社执行存贷款利率，及时控制和化解市场风险，使市场风险处于可控范围之内。在操作风险管理上，强化制度完善和监督检查力度，实施员工轮岗和强制休假制度，实行岗位制约和计算机自动制约；强化业务操作技能培训；强化库房和运钞管理，实行安全工作各门部一把手负责制，签订《安保工作目标管理责任书》，全年没有发生重大操作事故，没有发生操作损失。在信息系统风险管理上，针对本社信息基础较薄弱状况，继续加强投入，不断完善管理制度，改造完善信息系统，强化日常运行管理，整体信息系统运行情况良好。在案件风险管理上，强化员工社会道德和职业操守教育，全体员工签署履行银行业公约、社会道德、职业操守、廉洁自律等承诺书，加强案件防控教育与培训，实行案件防控工作一把手负责制，组织实施案件防控检查，对票据业务、结算业务风险进行专项排查，及时整改存在问题，保障经营安全运行。

小企业服务　2009 年，全社贷款客户 2082 户，户均贷款 58.85 万元，比上年增加 1.4 万元。其中，小企业贷款客户为 1409 户。累计向小企业发放贷款 3667 亿元，而年末贷款余额 122522 万元，占贷款总余额 50.70%；银票余额 24514 万元，比年初增加 4954 万元。2009 年，全面完成信贷系统、银行卡系统和短信通知系统建设，并运行正常。通过加强投入，完善现有系统，开发新系统，使本社信息科技水平有较大提高，基础设施日益增强，服务功能不断增加，服务水平继续提高，有力支持经营管理不断发展，大大方便小企业的服务需求。

基础设施　2009 年，全社加大基础设施建设投入力度，在下列方面取得明显进展：进一步扩大结算汇路，新增四家分社以独立机构码加入同城票据清算，在全市范围内办理跨行通存通兑业务和水、电、电话缴费等支付业务，完成开办绿叶借记卡业务准备工作，设置 ATM 机 4 台；制订与调整信贷资金计划，正确指导开展各项业务，合理制定、安排、调度信贷资金和库存现金，及时制订和调度票据贴现、转贴现计划；利率定价管理水平不断提高，高度关注市场利率变化情况，根据存贷款基准利率及同业利率的变动情况，不断完善利率定价模型，及时调整本社执行利率，合理平衡业务发展与业务收入关系。

各项荣誉　2009 年，该社荣获“2008 年度、2009 年度浙江省依法治企先进单位”称号、通过“宁波市文明单位”复评、获得“2009 年度辖内金融机构货币流通综合业务考核优秀（第一名）”；城西分社荣获“宁波市青年文明号”称号。

昆仑信托有限责任公司

昆仑信托有限责任公司总裁　王　亮

经营业绩　截至2009年末，公司资产总额407995万元，净资产396912万元。按资产五级分类标准，不良资产139万元，不良资产率0.03%。公司营业收入42955万元，比上年同期增加31243万元，同比增加266%，其中利息净收入4579万元，手续费及佣金净收入22563万元，投资收益8456万元，公允价值变动收益7357万元。公司实现利润36467万元，同比增加553%，净利润27348万元，同比增长586%。

固有业务　本着“安全合规、结构优化、提高效益”的原则积极操作，开展优质企业贷款及各类债券、股票等金融产品投资业务。固有业务年化收益率达到10.73%。另外，配合信托业务发展，积极以固有资金参与各类结构化信托项目，提高资金收益，发挥联动效应。

信托业务　2009年末，公司存续信托项目192个，信托财产的总规模为595.92亿元，比年初净增加210.08亿元，增幅54.78%。其中：单一资金信托项目138个，规模570.95亿元，比年初增加205.28亿元，增幅56%；集合资金信托项目21个，规模14.89亿元，比年初增加11.71亿元，增幅368%；财产信托项目33个，规模10.08亿元。全年新增信托项目310个，规模为649.65亿元。其中：单一资金类236个，金额622.5亿元；财产类54个，金额12.6亿元；集合资金类20个，金额14.55亿元。信托业务结构方面，2009年股权类信托业务收入6400万元，收入占比29%；房地产信托业务收入5600万元，占比25.8%，信托业务收入结构有明显改观。从信托报酬率来看，属于主动性管理的资产约为167亿元，占信托资产规模的28%，较2008年18%的比例有明显提升。

风险管理　审批阶段，强调审核要点全面、前中后台联动、向监管部门报告及时；在中后期管理阶段，通过出台《信息披露管理办法》、《操作风险管理办法》，推动项目的中后期管理的规范化，同时通过组织各部门开展操作风险自查，对存在的问题进行认真分析并落实整改措施。另外，根据发展需求，公司正在组织制定内控与风险管理体系框架，结合信托行业特点，分别从控制环境、风险评估、控制活动、信息与沟通和监督五个要素对风控体系进行完善。

合规管理　在项目决策过程中，重点进行信托业务方案设计与合同文本的合规审查。本年度共审查信托项目101个，固有项目11个。在项目实施阶段，共对45个已成立项目进行合规检查。另外，为促进合规管理工作，公司还举办信托法律法规、内控与风险管理体系、财务管理体系及流程、稽核审计流程及要点等方面的培训，并通过考试等方法向全员贯彻合规经营理念。

队伍建设　10月，公司党委成立，公司党建工作迎来全新的发展局面。公司一方面本着“高起点、快节奏”的原则，迅速建立健全党支部、团委和基层工会，使公司党建工作拥有组织上的保证；另一方面重点针对公司重组过渡期的实际情况，大力加强在思想、文化、制度和管理上的融合。在思想上，要求全体员工把考虑问题的出发点统一到公司董事会的决策上来，统一到公司发展的大局上来，领导班子要带头做好表率；在文化上，努力探索把中国石油“重实效、讲奉献”的大庆精神铁人精神，与金融机构的职业精神、市场意识有机结合起来；在制度和管理上，做到既符合外部监管机构的监管要求，也要按照集团公司的各项管理制度规范运作，达到内外部管理要求的有机结合。同时，公司高度重视廉政建设，加强对重大决策的监督，坚持“三重一大”民主决策、科学决策，将干部员工的廉洁自律情况作为公司内部举报制度的重点内容，加强群众监督。公司党委成立后，设立纪律检查委员会，进一步加强对党员干部廉洁自律情况的监督检查。

华融金融租赁股份有限公司宁波分公司

主要指标　2009年，公司全年共签订租赁合同23份、合同金额13亿元，全年共实现业务投放11.34亿元，比上年增加3.47亿元，增长44.07%。年末，公司资产总额119929.77万元，比年初增加39880.38万元，增长49.82%。负债总额115929.77万元，比年初增加76049.39万元，增长52.44%。实现利润总额4846.48万元，比上年增加859.42万元，增长21.56%；实现净利润4171.02万元，比上年增加1264.67万元，增长43.51%。年末不良资产率0.37%，比上年下降0.02个百分点。

业务工作　公司立足船舶租赁专业定位，明确业务发展思路，大力拓展航运市场，重点开发造船、船舶运输、船舶工程类租赁项目，全年签订船舶类租赁合同16份，合同金额11.9亿元；完成船舶类租赁业务投放10.45亿元，占全年投放量的89.32%。船舶专业租赁业务取得重大突破，专业特色更加特出，专业定位更加确定，业务专业化程度进一步提高，专业业务对公司整体业务发展的推动作用更加凸现。根据公司战略，基于自身专业定位，积极对接华融办事处业务平台。2009年各家办事处共计推荐船舶专业类租赁项目25个，签订租赁合同11份，合同金额7.59亿元。办事处推荐业务已成为公司整体业务发展和船舶专业租赁业务发展的一个主动推动力。2009年公司全年共完成自营业务投放5.01亿元，推荐办事处业务完成投放0.6亿元。与上年相比，2009年公司自营业务签约额增长27.59%，基本上保证自营业务的稳步发展。

风险管控　2009年，全球金融经济风暴深入演化发展，公司主要的市场拓展领域造船、海运业受到重创并陷入低谷，行业风险有集中爆发和深化蔓延的趋势。在此情况下，公司在总公司和有关部门的正确指导和大力支持下，细致分析行业风险及其发展趋势，采取果断措施及时应对市场行情变化，着重提高风险识别和管控能力，积极防范和处置业务风险，并在重点抓好风险管理的基础上努力化危为机，抓住市场低谷船价低位的机遇期促进反周期投资，在业务快速发展的同时维持资产质量的总体安全运行。

融资工作　2009年，公司依靠总公司的有力支持，积极利用当地资源，沟通相关银行业机构，努力扩大公司在当地金融市场的融资渠道，推进融资本地化工作进程，融资工作取得一定成绩。公司与中信银行宁波分行、鄞州银行、浙江银行、民生银行、光大银行等银行的合作正在进行或洽谈中，探讨合作范围包括客户资源共享、应收租赁款保理等。

·市场运行·

2009 年宁波市金融市场运行报告

2009 年宁波市金融市场交投活跃，同业拆借、债券回购、现券交易、黄金外汇交易均不同程度的出现增长；辖内新增 1 家同业拆借交易成员，企业发行直接债务融资工具，成效良好。

一、同业拆借量上升，交易集中在短期品种

2009 年，辖内同业拆借交易量达到 671.3 亿元，较上年大幅增长 376.5 亿元，增幅达到 1.28 倍，11 月、12 月两月交易量突增，合计达 354.83 亿元，占全年总交易量的 52.86%（图 1）。从交易品种看，主要集中在 1 天和 7 天短期品种，全年分别累计交易 396.9 亿元、127.3 亿元，占总交易量的 59.13%、18.96%。与上年相比，2009 年出现 1 年期品种的拆借交易，累计交易 20 亿元，占总交易量的 2.98%。从交易主体看，主要集中在宁波银行、宁波鄞州农村合作银行两家机构，全年成交量分别为 552.3 亿元、119 亿元，较上年分别增长 284.6%、10.7%。

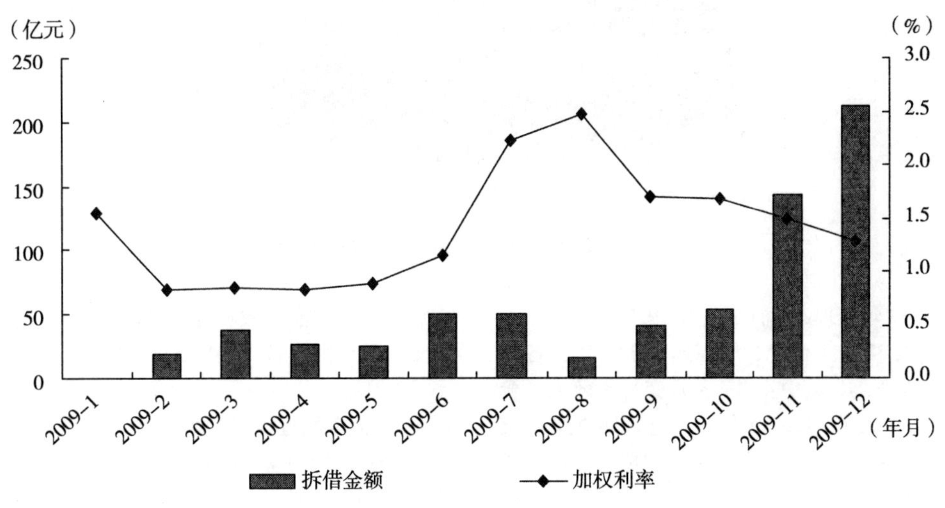

图 1　2009 年宁波市同业拆借交易量价走势

总体来看，2009 年辖内同业拆借交易量大幅猛增与宁波银行有关，随着异地分支机构的开张，该行规模迅速扩大，日常资金摆布需求上升较快，此外，该行资金交易部门搬迁到上海后，同业拆借的对手增多，也促进同业拆借交易量的上升。

二、债券回购交易量小幅上升、现券交易量大幅下跌

1. 全年债券回购累计交易 7567.27 亿元，较上年大幅增长 2882.61 亿元，增幅达 61.5%，其中正回购成交 5040.5 亿元、逆回购成交 2526.7 亿元，较上年分别增长 36.84%、152.4%，从月度趋势看，债券回购量价呈震荡上升趋势，上半年流动性极为宽松的情况下，回购加权利率保持在 1% 以下的低

位运行，下半年流动性相对上半年有所收紧，回购加权平均利率开始回升保持在1.2%以上的水平（图2）。从交易品种看，主要集中在1天和7天的短期品种，全年分别累计交易5706.3亿元、1219.1亿元，占总成交量的75.41%、16.11%（图3）。

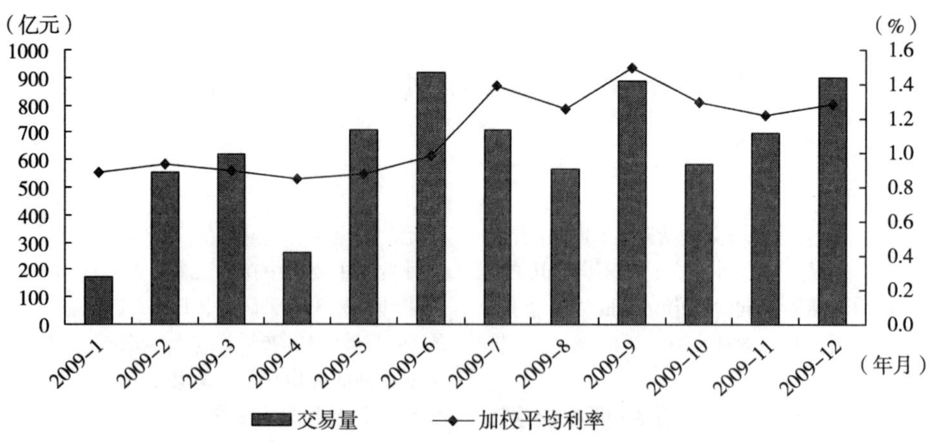

图2 2009年宁波市债券回购量价走势

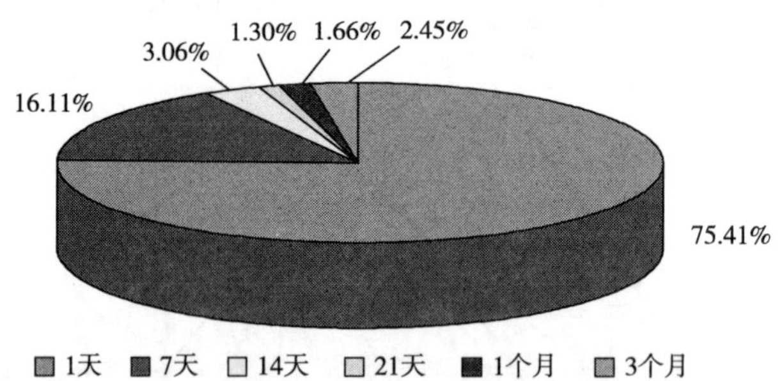

图3 2009年债券回购交易品种结构

2. 2009年，现券累计成交6599.2亿元，较上年大幅增长3780.7亿元，增幅达134.14%，各月交易量分布不均，其中4月、8月交易量较大，分别为1170.5亿元、1133.4亿元，进入四季度后交易量大幅下滑，其中10月份仅有118.9亿元（图4）。从交易品种看，一年以内短期债券交易量最高为3164.03亿元，占总成交量的47.95%，10年以上长期债券交易量最少为609.08亿元，占总成交量的6.23%（图5）；各券种中，国债最高，全年成交3154.1亿元，占总成交量的47.8%，其次为央行票据2536.5亿元，占总成交量的38.44%，金融债券交易量最少为908.6亿元，占总成交量的13.77%（图6）。从交易主体看，主要集中在宁波银行、宁波鄞州农村合作银行两家机构，其中宁波银行全年累计交易现券1825.87亿元，占成交量的27.7%，宁波鄞州农村合作银行交易量高于宁波银行，全年累计交易4773.37亿元，占总成交量72.3%。

3. 债券发行情况。2009年，宁波市累计发行企业短期融资券28亿元，同上年持平，其中雅戈尔集团有限公司发行18亿元，宁波海运股份有限公司、宁波电力开发公司分别发行6亿元和4亿元。宁波银行发行50亿元的5年期金融债券。

总体来看，2009年债券交易量较上年有大幅增长，这与辖内宁波银行、宁波鄞州农村合作银行加大债券交易力度有关，两家机构2009年债券自营交易在银行间债券市场的排名分别为42名和54名。同时，两家机构也存在通过代持交易等方式增大交易量的情况，因此9月份总行加大债券异常交易监管力度后，四季度债券交易量出现大幅下降。

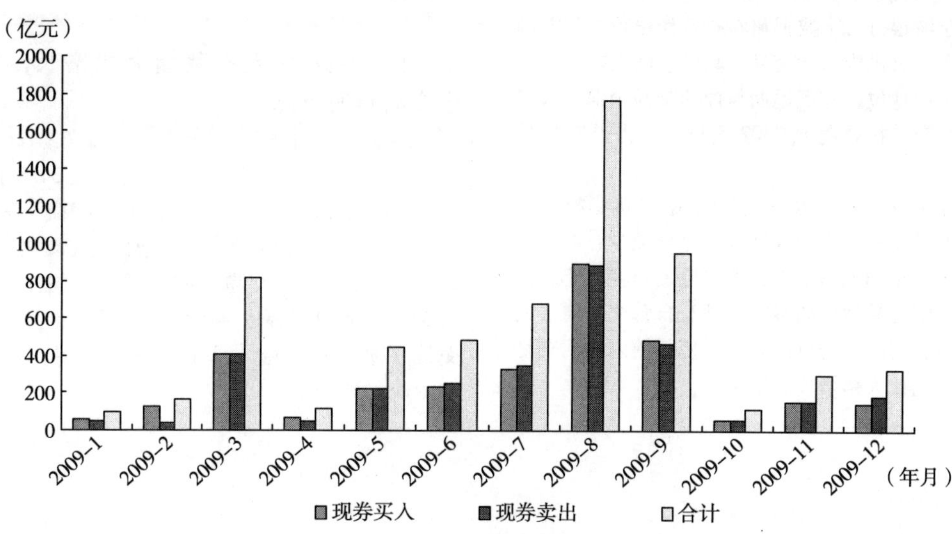

图4 2009年宁波市现券交易量走势

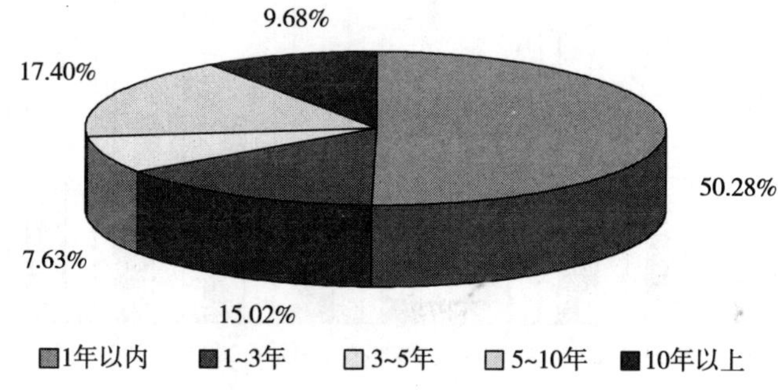

图5 2009年债券分期限占比情况

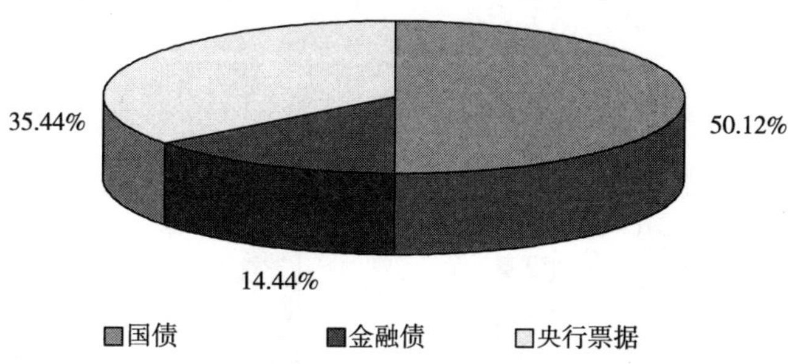

图6 2009年各券种占比情况

三、外汇交易量小幅减少

2009年，外汇即期交易累计折合美元2392.3亿元，较上年大幅增长1790亿元，增幅达297.5%，其中买入总量折合1021.1亿美元，增幅为273.1%，卖出总量折合1371.2亿美元，增幅达317.8%，走势上看震荡上升趋势，前三季度交易量成逐月增高，8月达到全年最高点折合美元288.48亿元，四季度有所回落，12月交易量折合美元235.8亿元较1月上涨381%（图7）。从交易币种看，美元保持绝对优势地位，全年即期交易量为2380亿元，占总交易量99.5%。从交易主体看，主要有宁波银行、宁波鄞州农村合作银行、宁波国际银行等6家机构参与交易，其中宁波银行交易量占绝对主导地位，外汇远期与掉期交易全部由其完成，即期交易折合美元2302.5亿元，占总交易量的96.2%。

总体来看，由于2009年受金融危机影响，宁波对外贸易总额下降导致结售汇总额减少，但外汇交易量较上年仍大幅增长，主要原因是辖内宁波银行取得外汇交易做市商资格，外汇自营交易增量大幅超过结售汇减少的负面影响，使得辖内外汇交易整体出现同比大幅增长的情况。

四、实物黄金交易量大幅增长，账户金交易有所下降

2009年辖内累计完成各类黄金交易21432.8千克，较上年增长12.2%，成交金额34.8亿元，较上年增长38%，由于辖内兴业、招商、深发等机构推出各类实物黄金产品，增长量主要集中在实物黄金，全年累计交易1588.7千克，同比大幅增长5410千克，增幅达340.5%，而账户金交易累计交易17509.5千克，同比下降3075.4，降幅为17.6%（图8）。

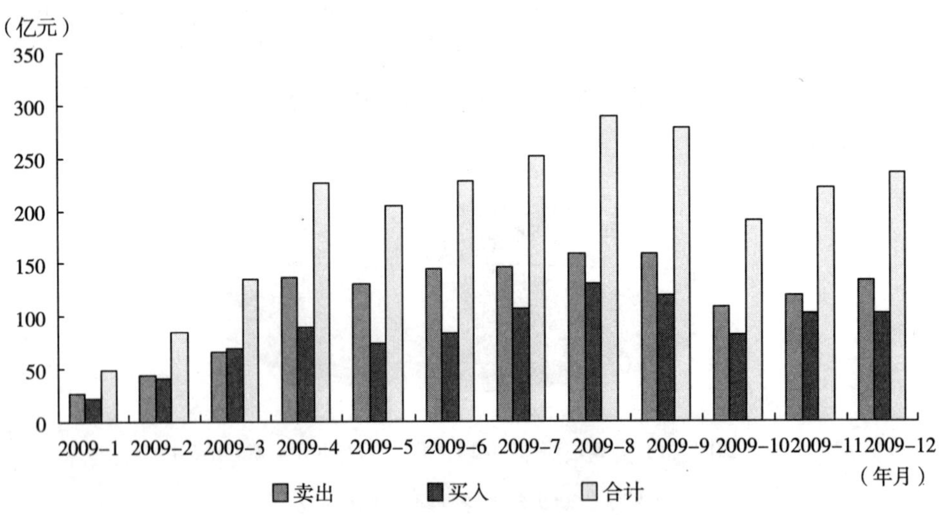

图7 2009年宁波市外汇即期交易量走势

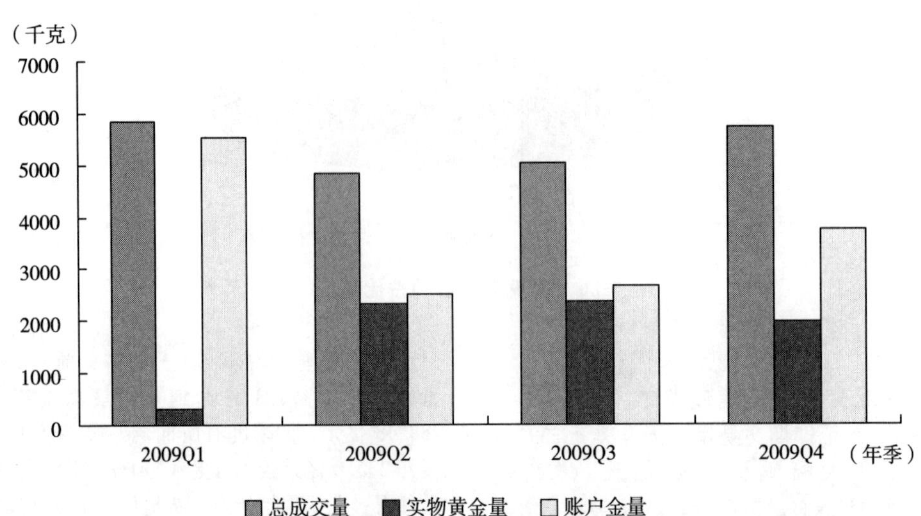

图8 2009年宁波市黄金交易走势情况

分机构看，全年新增兴业、招商、广发、深发、华夏等5家商业银行的分支机构，交易量最大的为工行宁波市分行，全年累计交易7339.8千克，占总交易量的34.2%，其次为建行宁波市分行、中行宁波市分行，分别累计交易4771.3千克、4318.5千克，占总交易量的22.26%、20.1%，兴业银行宁波分行独家推出黄金交易所个人黄金延期交收产品，全年交易量增长较快，累计交易量为4044千克，占总交易量的18.9%。

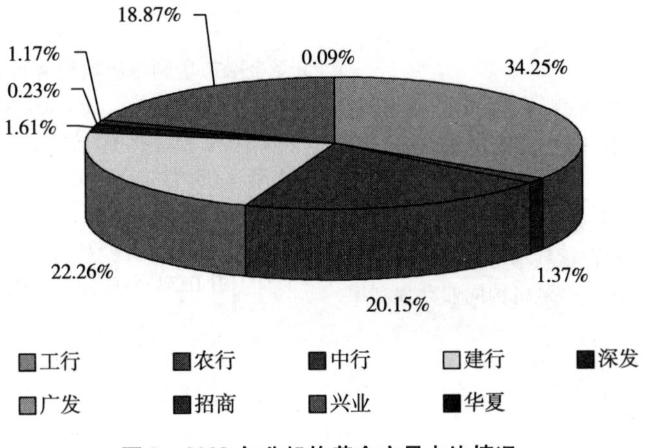

图9　2009年分机构黄金交易占比情况

总体来看，2009年黄金价格不断走高，并创出历史新高激发辖内投资者投资黄金的热情，与此同时，各家商业银行推出各类黄金产品，推动辖内黄金交易量的增长。由于实物黄金交易品种的丰富，如个人黄金延期交收产品的推出，一定程度上分流账户金的交易量，使得全年出现实物金交易量增长、账户金交易量减少的局面。

（中国人民银行宁波市中心支行货币信贷管理处）

2009年宁波市利率政策执行报告

一、全年人民币储蓄存款利率按基准利率执行，金融机构同业存款利率小幅上升

2009年虽然资金较为充裕，辖内各家金融机构为稳定存款来源，储蓄存款利率均按基准利率上限执行。与储蓄存款相比，金融机构同业存款利率受金融市场利率影响较为明显，全年同业存款利率呈低位上行趋势。其中金融机构同业活期存款加权平均利率保持在1%左右的水平，12月较1月小幅上升0.03个百分点，定期存款加权平均利率前低后高的趋势相对明显，6月开始逐渐升高，10月达到全年最高点2.957%，12月回落至1.908%，较1月上升0.31个百分点（图1）。

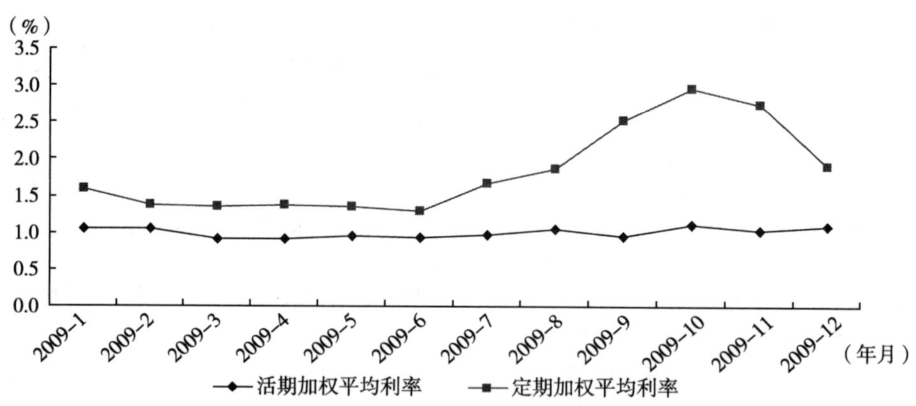

图1　2009年宁波市金融机构同业存款加权平均利率走势

二、全年金融机构人民币贷款加权平均利率震荡上升，上浮利率贷款占比高于基准、下浮利率贷款占比；大型企业下浮利率贷款占比高于中小型企业

1. 金融机构人民币贷款加权平均利率呈逐月低位震荡上升趋势。2009年基准利率没有进行调整，在适度宽松货币政策环境下，辖内金融机构人民币贷款加权平均利率低位运行，全年3月、6月为最低点5.64%，进入四季度后逐月上升，12月达到全年最高点5.84%，较1月上升0.09个百分点。分期限结构看，3年（含）以下中短期贷款加权平均利率呈震荡上升趋势，而3年以上中长期贷款加权平均利率呈震荡下行趋势，其中6个月（含）以下短期贷款加权平均利率上升最多，12月为5.81%，较1月上升0.26个百分点，3~5年（含）中长期贷款加权平均利率下降最多，12月为5.6%，较1月下降0.55个百分点（图2）。

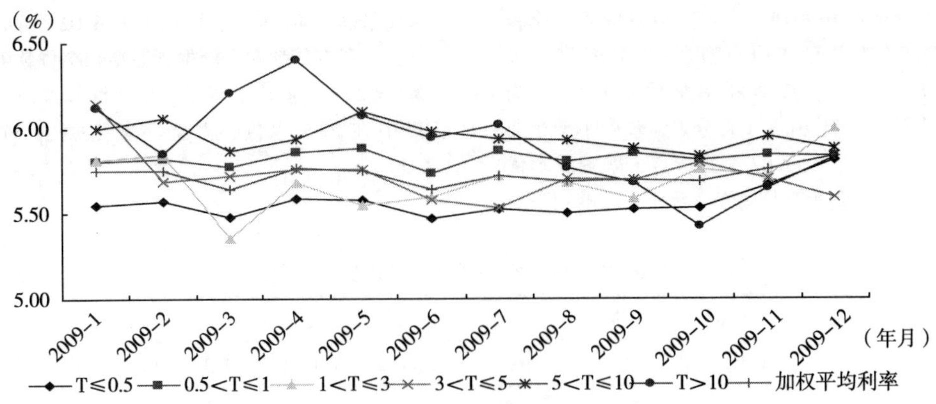

图2 2009年宁波市金融机构分期限贷款加权平均利率走势

2. 上浮利率贷款占比高于基准利率、下浮利率贷款占比。2009年，宁波市金融机构发放的全部贷款中，上浮利率贷款为54.46%，同比下降12.06%，较基准利率、下浮利率贷款占比分别高出26.35个、37.04个百分点。上浮利率贷款中，浮动幅度集中在30%以内，占全部贷款发生额的43.09%。分期限结构看，一年（含）以内短期贷款上浮利率贷款比例较高，3年以上中长期贷款下浮比例较高，各期限中，6个月（含）以内短期贷款中上浮利率贷款占比最高为66.9%，10年以上长期贷款中基准利率贷款占比最高为54.94%，3~5年（含）中长期下浮利率贷款占比最高为41.03%（表1）。

表1 2009年分期限贷款利率浮动占比情况 （单位:%）

	下浮	基准	上浮					
	[0.9，1]	1	小计	(1，1.1]	(1.1，1.3]	(1.3，1.5]	(1.5，2]	2以上
T≤0.5	13.40	19.70	66.90	17.35	33.44	15.29	0.57	0.25
0.5<T≤1	14.92	29.96	55.12	23.18	21.67	10.06	0.09	0.12
1<T≤3	28.36	36.57	35.07	14.99	11.66	8.41	0.01	0.01
3<T≤5	41.03	41.15	17.82	15.32	2.47	0.03	0.00	0.00
5<T≤10	35.08	44.46	20.46	15.37	4.99	0.11	0.00	0.00
T>10	36.18	54.94	8.88	5.16	2.46	1.26	0.00	0.00
合计	17.42	28.12	54.46	19.66	23.43	10.98	0.24	0.15

从全年走势看，下浮利率贷款与上浮利率贷款占比呈上升趋势，四季度较一季度分别上升2.14个、3.96个百分点，基准利率贷款占比呈下降趋势，四季度较一季度下降6.1个百分点（表2）。

表2 2009年各季贷款利率浮动占比情况 （单位:%）

	下浮	基准	上浮					
	[0.9，1)	1	小计	(1，1.1]	(1.1，1.3]	(1.3，1.5]	(1.5，2]	2以上
2009年一季度	16.84	30.54	52.62	17.81	26.89	7.70	0.09	0.13
2009年二季度	15.93	29.36	54.71	21.51	22.45	10.40	0.23	0.12
2009年三季度	17.94	28.10	53.96	20.97	21.58	10.90	0.35	0.17
2009年四季度	18.98	24.43	56.59	18.42	22.71	14.98	0.32	0.17

3. 大型企业基准利率、下浮利率贷款占比较高，融资成本明显低于中小型企业。2009 年，大型企业下浮利率、基准利率贷款占比合计为 89.42%，同比上升 10.8 个百分点，较中小型企业分别高出 21.24 个、55.67 个百分点，融资成本优势明显；中型企业所有贷款发生额中，基准利率贷款占比最高为 46.98%，同比上升 6.02 个百分点；小型企业所有贷款发生额中，上浮利率贷款占比最高为 66.25%，同比下降 10.18 个百分点，上浮幅度集中在 30% 以内，占全部发生额的 54.59%（表 3）。

表 3　　2009 年分企业类型贷款浮动占比情况　　（单位：%）

	下浮	基准	上浮					
	[0.9，1)	1	小计	(1，1.1]	(1.1，1.3]	(1.3，1.5]	(1.5，2]	2 以上
大型企业	53.78	35.64	10.58	8.36	2.20	0.02	0.01	0.00
中型企业	21.20	46.98	31.82	21.97	8.05	1.77	0.02	0.00
小型企业	8.81	24.94	66.25	26.34	28.25	11.27	0.22	0.17

从全年走势看，大型企业、中型企业下浮利率比例上升趋势明显，12 月较 1 月分别高出 24.87 个、17.63 个百分点，小型企业各类型比例基本保持稳定。总体来看，适度宽松货币政策环境下，企业融资成本明显低于上年，大型企业受益程度高于中小型企业。

4. 中小型金融机构贷款利率整体高于大型金融机构。2009 年金融机构的规模与利率浮动幅度成明显的负相关性，城商行、城乡信用社、村镇银行上浮利率贷款占比高于国有商业银行、政策性银行及股份制商业银行。国有商业银行、政策性商业银行、股份制商业银行全年下浮利率与基准利率贷款占比合计分别高达 71.88%、89.92%、55.78%；城商行、城乡信用社、村镇银行发放的贷款利率以上浮利率为主，其中，城乡信用社上浮利率贷款占比为 98.24%，村镇银行、城商行的上浮利率贷款比例也分别高达 97.23%、65.65%；邮政储蓄银行全部为上浮利率贷款，且 2 倍以上的贷款占全部发生额的 44.36%，远远超过其他机构，这与其业务以个体经营性贷款为主，贷款对象多数为个体经营者有关（表 4）。

表 4　　2009 年分机构类型贷款浮动占比情况　　（单位：%）

	下浮	基准	上浮	(1，1.1]	(1.1，1.3]	(1.3，1.5]	(1.5，2]	2 以上
国有商业银行	30.43	41.45	28.12	21.24	6.70	0.17	0.00	0.00
股份制商业银行	20.36	35.42	44.22	29.03	14.90	0.25	0.03	0.00
城市商业银行	11.46	22.88	65.65	19.51	36.86	8.16	0.98	0.14
政策性银行	15.39	74.53	10.08	6.91	1.41	1.75	0.00	0.00
城乡信用社	0.03	1.73	98.24	7.41	49.05	41.16	0.30	0.32
外资商业银行	0.00	17.99	82.01	75.54	6.47	0.00	0.00	0.00
邮政储蓄银行	0.00	0.00	100.00	0.00	55.64	0.00	0.00	44.36
村镇银行	1.00	2.27	97.23	1.29	26.14	46.62	21.14	2.05
合计	17.42	28.12	54.46	19.65	23.43	10.98	0.24	0.15

三、个人住房贷款以浮动利率贷款为主，利率低位下行

2009 年，受房地产市场快速增长影响，辖内个人住房贷款发生额同比出现大幅增长，其中浮动利率贷款占比达 92.35%，远远高于固定利率贷款。从利率水平看，个人住房贷款中下浮利率贷款比例较高为 92.15%，其中下浮区间集中在 15% ~ 30%，占全部发生额的 85.89%；走势上，1 月加权平均利率 4.62% 为全年最高点，此后逐月震荡下行，12 月加权平均利率为 4.31%，较年初下降 0.31 个百分点（图 3）。

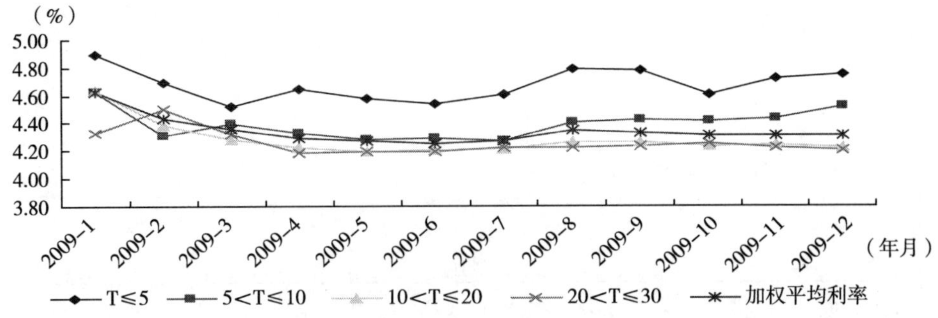

图 3　2009 年宁波市个人住房贷款加权平均利率走势

分期限看，期限越长，利率水平越低，全年 5 年以上贷款加权平均利率维持在 4.3% 左右，较基准利率下浮 28%，表明个人住房利率下浮幅度扩大至 30% 后，2009 年全辖发放的个人住房贷款利率基本实行一浮到底。

四、票据贴现、转贴现利率走势前低后高

2009 年适度宽松货币政策环境下，辖内票据贴现、转贴现利率较上年大幅下降，银票贴现、转贴现利率水平基本维持在 3%、2% 以下，商票贴现利率水平维持在 4% 以下。从全年走势看，票据贴现、转贴现利率呈现上半年下降、下半年逐步上升的趋势，其中银票贴现、转贴现利率分别在 6 月、5 月达到全年最低点，12 月较 1 月分别上升 0.58 个、0.12 个百分点；商票贴现利率的最低点出现在 5 月，此后逐渐升高 11 月达到全年最高点（图 4）。

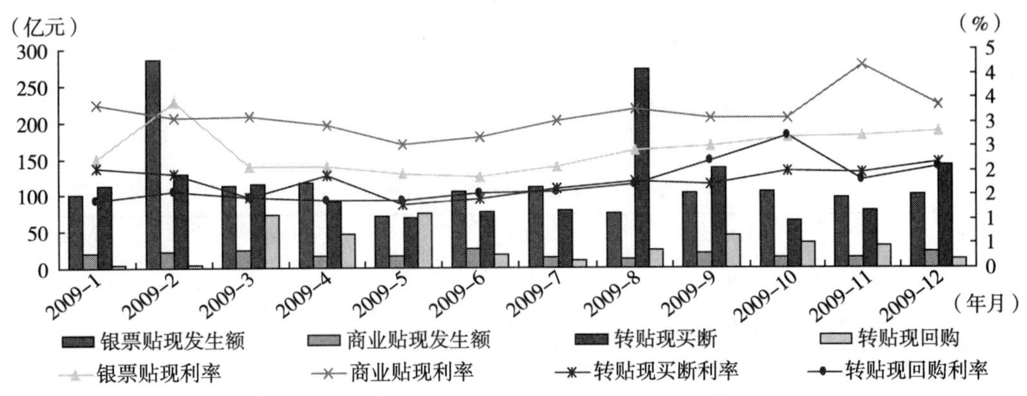

图 4　2009 年宁波市金融机构票据贴现、转贴现利率量价走势

票据贴现、转贴现利率走势与其利率形成机制及信贷规模有关，目前贴现、转贴现利率定价已经高度市场化，普遍采用 3 个月 Shibor 加点的形式确定，上半年在银行间市场流动性较为宽裕的情况下 Shibor 水平较低，推动贴现、转贴现利率低位运行，甚至出现转贴现利率低于同期限定期存款利率

的现象，下半年由于新增信贷低于上半年，商业银行普通压缩票据融资规模，从而推动贴现、转贴现利率上升。

五、美元存款利率低位运行，贷款加权平均利率震荡下行

2009 年，受美联储低利率政策影响，辖内以Libor为基准定价的美元存款、贷款利率保持低位运行。全年美元贷款加权平均利率呈震荡下行趋势，12 月为 1.75% 较 1 月下降 1.85 个百分点，辖内大额美元存款以活期为主，存款加权平均利率保持在 0.2% 的低位水平运行，1 年以上小额存款利率集中在 1% ~1.5%（图 5）。

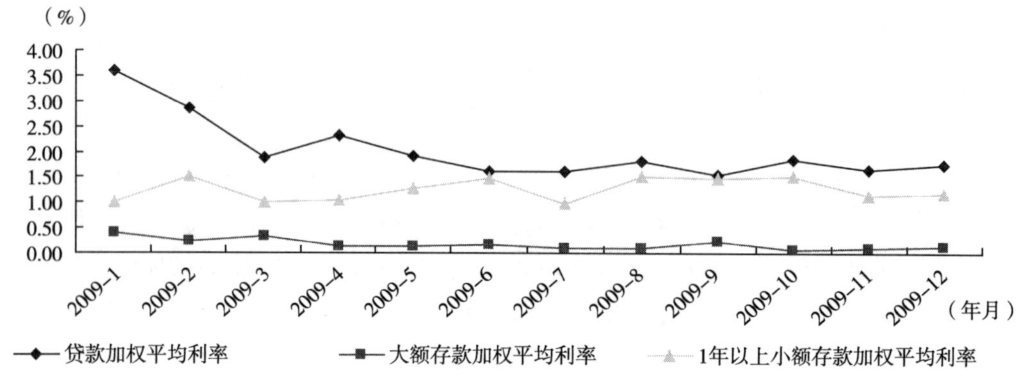

图 5　2009 年宁波市美元存、贷款利率走势

目前 1 年以内小额存款仍受上限管制，2005 年以后基准利率没有进行调整，但辖内商业银行在具体执行过程中，会根据市场环境的变化进行调整，尤其是 2008 年金融危机爆发后，随着美联储利率政策的变化，辖内小额美元存款利率也进行多次调整，市场化特征明显，表明放开小额外币存款上限管制的时机已成熟。

六、民间借贷利率先升后降，与金融机构利差有所收窄

2009 年辖内民间借贷加权平均利率总体呈高位运行，从一季度的 13.53% 上升到二季度的 14.12%，三、四季度开始逐季下降，四季度达到全年最低为 12.73%。全年民间借贷利率主要集中在 10% ~15%，占全部监测发生额的 38.6%，其次为 10% 以内，其比例为 32%，25% 以上的占比较少仅为 1.4%。分类型看，农户样本加权平均利率二季度达到全年最高点 15.38%，四季度回落至 13.66%，其他样本加权平均利率低于农户样本加权平均利率，二季度达到全年最高点 13.41%，四季度回落至 12.29%（表 5）。

表 5　2009 年宁波市民间借贷利率情况　（单位：亿元）

	2009Q1	2009Q2	2009Q3	2009Q4
农户	15.029	15.357	14.506	13.662
其他样本	12.679	13.413	13.323	12.293
合计	13.532	14.123	13.718	12.733

以转贷为主的民间借贷期限集中在 7 天以内，利率集中在月利率 2% ~6%，走势上，前三季度维持在月利率 3.5% 左右的水平，四季度下降至月利率 3% 左右的水平。民间借贷加权平均利率与金融机构加权平均利率的利差呈先升后降趋势，二季度利差最大为 8.412 个百分点，四季度收窄至 6.959%（图 6）。

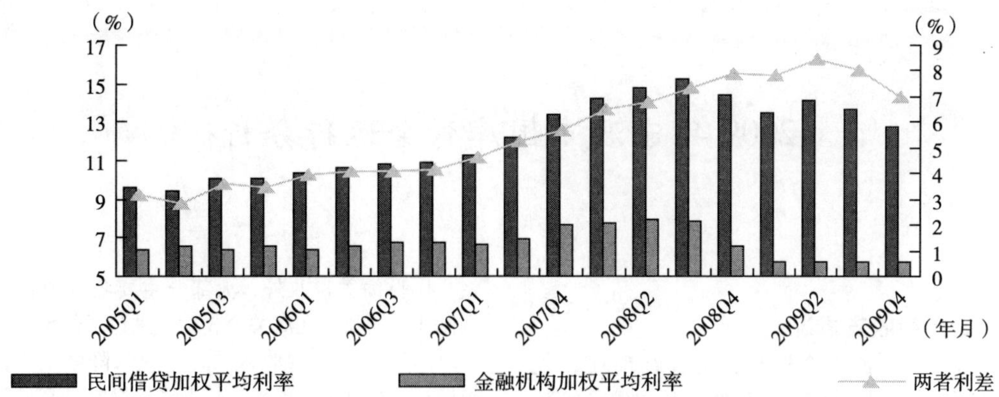

图6　2009年宁波市民间借贷利率及与金融机构利差走势

七、全年利率政策效果简析

2009年在适度宽松货币政策环境下，金融机构存贷款基准利率没有进行调整，处于2004年以来的最低水平，为经济复苏发挥较大的作用。

首先，低利率水平降低辖内市场主体的融资成本。2008年5次减息的作用在2009年得到充分体现，金融机构贷款加权利率水平保持在5.7%左右，较2008年大幅下降1.89个百分点，处于2005年以来的最低水平。金融机构利率水平的降低也带动辖内民间借贷利率水平的下行，全年民间借贷利率水平较上年下降1.15个百分点。金融机构与民间借贷利率水平的降低，减少辖内市场主体的融资成本，有利于促进辖区居民消费、企业投资的增长，从而有效推动辖区经济的复苏。

其次，推动金融机构进一步完善利率定价机制。2007年以来，存贷款基准利率非对称调整增多，累计缩减基准利差0.54个百分点；同时，由于计结息规则、存贷款利率调整后执行的滞后效应等导致2009年金融机构实际利差较2008年大幅缩减。在存贷利差为主要收入来源的情况下，利差的缩减对金融机构的经营构成较大的压力，促使其进一步完善利率定价机制，提高定价水平，如辖内部分中小法人金融机构意识到利率市场化改革、存贷利差收窄将是大势所趋，主动增加技术投入、进行管理制度改革来提高风险定价能力。

（中国人民银行宁波市中心支行货币信贷管理处）

2009年宁波市国库资金运行分析

一、国库收支概况

2009年，宁波市全辖共收纳各级预算收入1841.41亿元，同比增长25.78%，其中中央级预算收入为721.87亿元，同比增长4.32%，地方级预算收入为1119.54亿元，同比增长45.01%；办理一般预算支出506.10亿元，同比增长15.1%，办理基金预算支出403.95亿元，同比增长104.4%，办理社会保险基金支出125.75亿元，同比增长1.62%；年末全辖国库库存数为149.07亿元，同比增长175.34%。

1. 除海关税收外，大部分主要收入项目都实现同比正增长。在海关税收中，进口增值税增幅为-21.67%，在主要收入项目中收入降幅最大，关税增长-2.41%，出现小幅下降。增幅最高的是消费税，同比增长171.16%；其次是非税收入和契税，增幅分别为117%和59.15%；营业税增幅较为平稳，增长13.75%；其余主要预算收入项目收入增幅基本与2008年持平，个人所得税、社保基金收入、企业所得税、国内增值税的增幅分别为4.28%、1.97%、0.58%和0.14%。

表1　　2009年预算收入各主要项目增长情况表　　（单位：亿元）

项目	进口增值税	关税	营业税	国内增值税	消费税
2009年	417.89	39.75	129.77	313.88	166.71
2008年	533.52	40.73	114.08	313.44	61.48
增幅（%）	-21.67	-2.41	13.75	0.14	171.16
项目	企业所得税	个人所得税	契税	社保基金收入	非税收入
2009年	142.87	66.77	31.99	125.78	544.37
2008年	142.05	64.03	20.10	123.35	250.86
增幅（%）	0.58	4.28	59.15	1.97	117.00

2. 中央级预算收入总体增幅虽不大，但呈现出较为明显的前低后高的走势。2009年1~12月，中央级预算收入为721.87亿元，同比增长4.32%。从图1可知，2009年前7月的中央级预算收入虽均低于2008年同期，但从8月份开始，连续5月超过上年同期。从时间进度来看，上半年共收纳中央级预算收入313.22亿元，占全年总量的43.39%，下半年共收纳中央级预算收入408.64亿元，占全年总量的56.61%，呈现出明显的前低后高的增长势头。

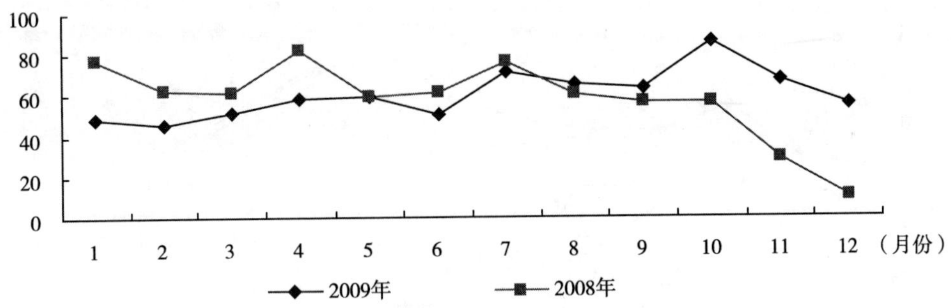

图1 2008 年、2009 年 1～12 月份中央级预算收入分月走势图（单位：亿元）

3. 地方级预算收入总体增幅较高，在时间进度上前低后高的走势更为明显。2009 年 1～12 月份，地方级预算收入为 1119.54 亿元，同比增长 45.01%。从图 2 来看，地方级预算收入的上升趋势是非常明显的，从 6 月份开始，我市地方级单月预算收入连续 6 月超过 2008 年同期，12 月单月预算收入达到 209.14 亿元，为近 4 年来单月收入最高值。从时间进度上来看，上半年共收纳地方级预算收入 400.75 亿元，占全年总量的 35.8%，下半年共收纳地方级预算收入 718.78 亿元，占全年总量的 64.2%，收入前低后高的走势更为明显。

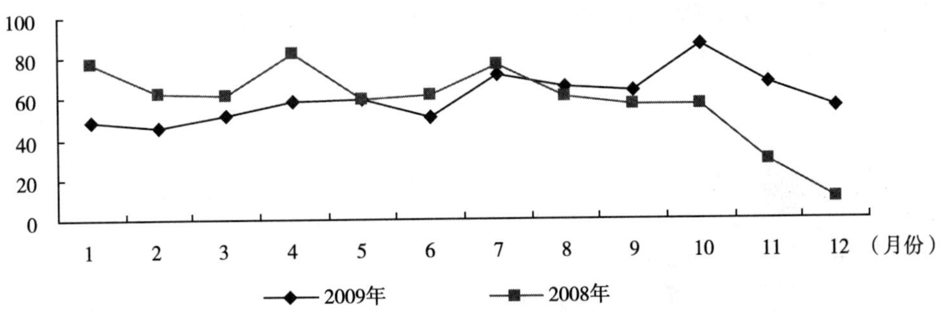

图2 2008 年、2009 年 1～12 月份地方级预算收入分月走势图（单位：亿元）

二、国库收支特点

1. 海关税收总体呈现较大幅度的负增长。2009 年 1～12 月份共入库海关税收 457.64 亿元，而 2008 年此数据为 574.25 亿元，同比增长 -20.31%。其中，进口环节增值税 417.89 亿元，占海关税收的 91.31%，而 2008 年此数据为 533.52 亿元，同比增长 -21.67%；关税收入 39.75 亿元，占海关税收的 8.69%，而 2008 年此数据为 40.73 亿元，同比增长 -2.41%。从进口环节增值税这一海关税收的主体来看，1～12 月单月增幅分别为 -58.94%、-52.29%、-28.77、-42.75%、-40.27%、-39.35%、-33%、-21.17%、-3.89%、-1.81%、78.22% 和 120.22%。从时间进度上看，总体负增长的幅度逐渐缩小，从 11 月份起，单月收入连续 2 个月超过上年同期。从总体上看，进口货物增值税占中央级预算收入的比重从 2008 年的 52% 下降到 2009 年的 40%，下降 12 个百分点，海关税收下降的主要原因是构成宁波市进口主要项目的原油、铁矿砂等物资进口数量和价格的双重下降。

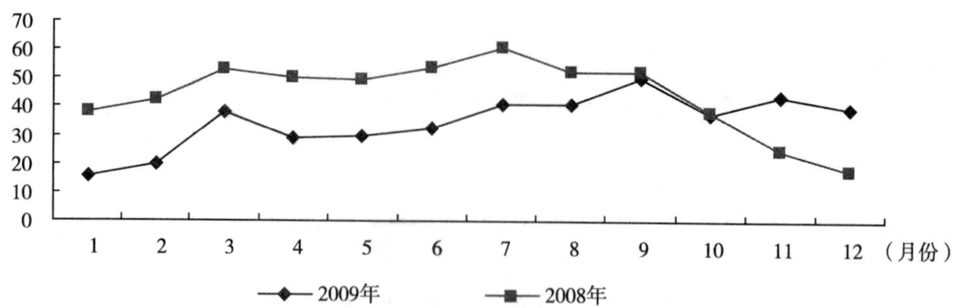

图3 2008年、2009年1~12月份进口环节增值税分月走势图（单位：亿元）

2. 消费税大幅增长，在中央级预算收入构成中的比重有较大上升。2009年，全市消费税收入为166.71亿元，而上年同期此数字为61.48亿元，同比增长171.16%，其中，成品油消费税为115.09亿元，占消费税总额的69.04%，而上年同期则无成品油消费税这个税目。根据国务院《关于实施成品油价格和税费改革的通知》和财政部有关规定，提高成品油消费税税率，新增收入专项用于取消养路费等收费后的公路养护支出，因此直接促进消费税的大幅增长。烟产品消费税收入较快增长的原因是5月份以来国家提高烟产品消费税税率，全年受此项因素影响增收7.5亿元。受以上两个因素的影响，全市消费税占中央级预算收入的比重也从2009年的6%上升到2009年的16%，上升10个百分点，在中央级预算收入构成中成为仅次于进口环节增值税和国内增值税的第三大收入构成项目。

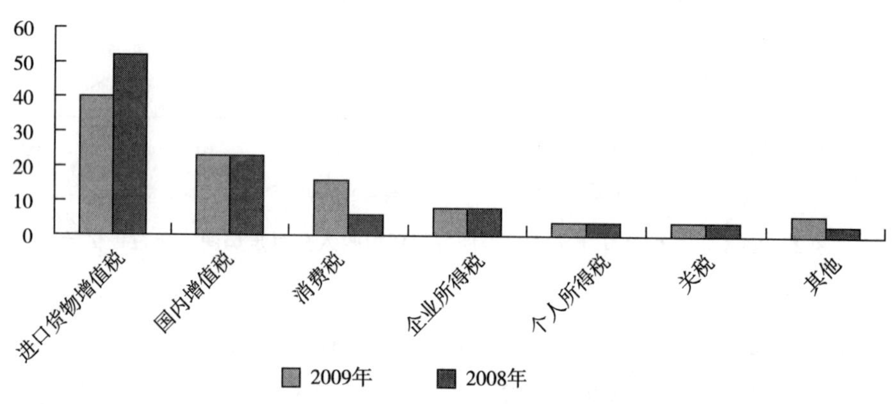

图4 2008年、2009年中央级预算收入构成项目占比变化图（单位:%）

3. 三大流转税税种中国内增值税收入同比基本持平，消费税增长很快，营业税增长较快。2009年，全市国内增值税收入为313.88亿元，同比增长0.14%。国内增值税增幅较低的主要原因有以下几点：一是从2009年1月1日起实施增值税转型改革，企业购置机器设备所含的进项税额纳入增值税抵扣，全年全市完成全社会固定资产投资2004.2亿元，同比增长16.0%，增加企业购进设备的进项税额，此项因素使全年增值税减收约19亿元；二是将小规模纳税人的征收率由6%和4%统一下调为3%，此项因素使全年增值税减收约3亿元；三是2008年因成品油价格倒挂而形成的留抵税额顺延到2009年抵扣，也在一定程度上影响今年的增值税收入；四是工业增速的下降，全年全市实现全部工业总产值10309.6亿元，比上年下降1.6%。

2009年，全市消费税收入为166.71亿元，而上年同期此数字为61.48亿元，同比增长171.16%。2009年，全市营业税收入为129.77亿元，而上年同期此数字为114.08亿元，同比增长13.75%。今年营业税的增收点主要在建筑、房地产业和金融保险业，全年建筑业营业税23.3亿元，增收1.6亿元，增长7.6%；房地产业营业税入库36.7亿元，增收8.7亿元，增长31.14%；金融保险业受国家适度宽松的货币政策及扩大基础设施投资的影响，贷款总量有较大的提高，全年营业税入库27.1亿元，增长15%；由于运费尤其是海运业运费受经济影响下降较大，因此交通运输业营业税入库10.6亿元，减收1.2亿元，增长-10.5%。以上三个税种总收入610.36亿元，占全部预算收入的33.15%。

4. 两大所得税收入年末均实现逆转，与2008年相比略有增长。2009年，全市共入库企业所得税142.87亿元，同比增长0.58%。从时间进度来看，一季度入库企业所得税29.51亿元，同比增长-33.02%，上半年入库企业所得税73.04亿元，同比增长-16.46%，前三季度入库企业所得税105.69亿元，同比增长-10.87%，全年入库企业所得税142.87亿元，同比增长0.58%，基本实现逆转，与2008年基本持平。收入增长缓慢除宁波市2009年经济总体困难，企业普遍赢利不高以外，还受以下几个因素影响：一是企业所得税新税法税率下调减少收入约8.3亿元，二是高新技术企业享受企业所得税优惠政策减少收入约4.5亿元。

个人所得税的情况也较为类似，2009年共入库个人所得税66.77亿元，而2008年此数据为64.03亿元，同比增长4.28%，从时间进度来看，一季度入库个人所得税21.45亿元，同比增长-5.21%，上半年入库个人所得税36.4亿元，同比增长-4.29%，前三季度入库个人所得税51.54亿元，同比增长-1.21%，全年增长4.28%，在年末实现收入的逆转。个人所得税增长较慢主要有以下几个原因：一是个人所得税的工资薪金扣除标准从2008年3月1日起由1600元/月提高到2000元/月；二是从2008年10月8日起个人所得税中利息所得税这一税目暂免征收，以上两项因素影响个人所得税约2.7亿元；三是由于企业所得税和个人所得税的政策衔接过程中存在税率的差异（个人所得税税率35%，企业所得税税率25%），一些私营独资企业和合伙企业转办有限责任公司的现象不断增多，个体工商户个人所得税税基受到较大影响，此税目全年入库14.45亿元，下降13.17%。此外，受二手房交易的影响，房产转让所得大幅提升，全年财产转让所得个人所得税入库4.9亿元，增长120.85%，其中房屋转让所得税收3.26亿元，同比增长211.4%，这成为个人所得税较大的一个增收因素。

5. 非税收入在年内快速增长，成为地方级预算收入中占比最大的收入项目。2009年，全市共入库非税收入544.37亿元，而2008年此数据为250.86亿元，同比增长117%。从时间进度来看，收入逐季提高，仅四季度当季就入库非税收入315.66亿元，占全年非税收入的57.99%。其中12月份当月非税收入入库数达到173.93亿元，占全年非税收入总数的31.95%，成为12月份所有收入项目中数额最大的部分。从地方级预算收入的构成来看，非税收入占地方级预算收入的比重从2008年的32.49%上升到2009年的48.62%，而税收收入占地方级预算收入的比重从2008年的47.71%降为2009年的36.15%，非税收入取代税收收入成为地方级预算收入中最大的收入构成项目。

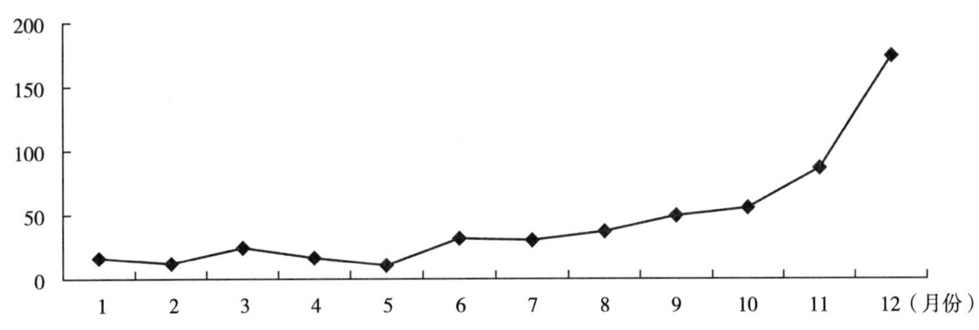

图5　2009年1～12月份非税收入分月走势图（单位：亿元）

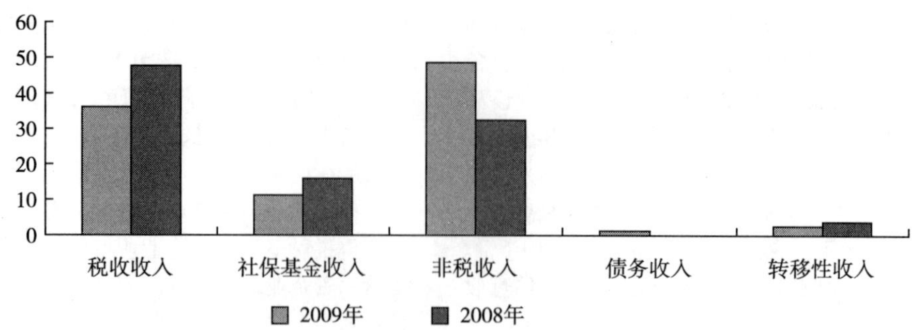

图6　2008 年、2009 年地方级预算收入构成项目占比变化图（单元:%）

6. 社会保险基金收入和支出出现较小幅度的负增长。2009 年 1 ~ 12 月，全辖入库社会保险基金收入 125.78 亿元，而上年同期此数据为 123.35 亿元，同比增长 1.97%。从时间进度来看，前 11 个月都呈现同比负增长，而在年末终于实现逆转。2009 年 1 ~ 12 月，社会保险基金支出 125.75 亿元，而上年同期此数据为 123.73 亿元，同比增长 1.62%，也在年末实现正增长。从收入和支出数字来看，两者数字较为接近，究其原因，主要是因为社会保险基金收支目前实行现收现付制，因此收入数基本上等于支出数。至于 2009 年 12 月份当月社保收支较 2008 年 12 月份当月增长较大主要是因为以下原因：宁波市有关政策规定，2008 年 12 月和 2009 年 1 月暂停征收社会保险基金的企业缴纳部分，因此 12 月份当月收支同比增长较快。

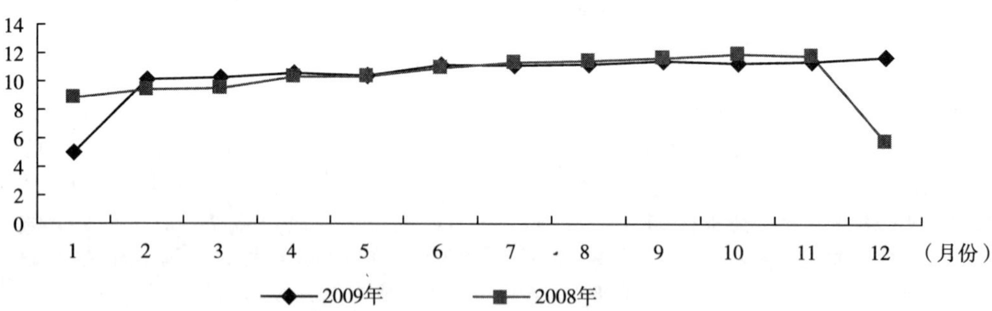

图7　2008 年、2009 年 1 ~ 12 月份社保基金收入分月趋势图（单位：亿元）

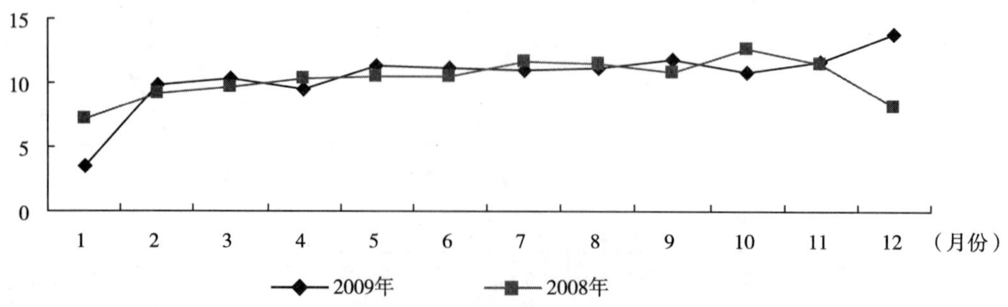

图8　2008 年、2009 年 1 ~ 12 月份社保基金支出分月趋势图（单位：亿元）

7. 退库总额略呈负增长，出口退税仍占主体地位。2009 年共发生各类退库 333.33 亿元，同比增长 -2.93%，其中中央级退库 300.22 亿元，同比增长 -4.97%，占全部退税额的 90.07%，地方级退税33.10亿元，同比增长20.49%，占全部退税额的9.93%。其中，技术性差错退库5.20亿元，同比增长-0.66%；计划亏损补贴退库9.42亿元，同比增长-8.20%；先征后退15.36亿元，同比增长12.10%；减免退库9.39亿元，同比增长-20.91%；汇算清缴退库11.43亿元，同比增长-30.21%。

表2　　2009年国库退库情况表　　（单位：亿元）

项目	出口产品退库	技术性差错退库	计划亏损补贴	先征后退	减免退库	汇算清缴退库
金额	274.72	5.20	9.42	15.36	9.39	11.43
占比（%）	82.42	1.56	2.83	4.61	2.82	3.43

在各类退库中，占比最大的是出口货物退库，数额为274.72亿元（包括免抵调减增值税71.72亿元），而2008年此数据为285.14亿元（包括免抵调减增值税58.70亿元），同比增长-3.67%，占全部退库额的82.42%。其中主要是出口产品退增值税，数额为274.71亿元，此外还有出口消费品退消费税121万元。出口退税与出口的形势是密切相关的，全年宁波市外贸进出口总额608.1亿美元，同比下降10.4%，其中出口386.5亿美元，同比增长-16.6%，由于从2008年下半年开始国家连续7次调高出口退税率，因此出口退税额同比增长-3.67%。

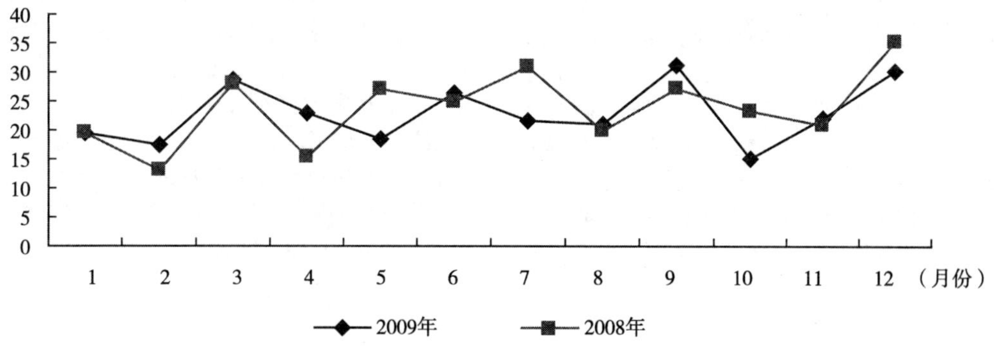

图9　2008年、2009年1~12月份出口货物退税分月走势图（单位：亿元）

8. 一般预算支出增长平稳，重点用于改善民生及推动社会事业稳步发展。2009年1~12月份，全市共发生一般预算支出506.10亿元，同比增长15.1%。2009年以来，全市各级财政部门调整优化财政支出结构，加大对民生的保障力度，有力推动各项社会事业的发展，及时拨付中央财政代理宁波市发行的15亿元地方债券资金。全年交通运输支出35.3亿元，增长45%；采掘电力信息等事务支出35.9亿元，增长30.7%；粮油物资储备等管理事务支出16.6亿元，增长111.6%；农林水事务支出35.5亿元，增长16.3%；城乡社区事务支出64.8亿元，增长15%；教育支出77.1亿元，增长14.9%。拨付地震灾后恢复重建资金3.6亿元，有力地支持地震灾区灾后恢复重建工作；同时，大力压缩一般性支出，2009年全市一般公共服务支出76.6亿元，增长6.8%，低于支出平均增幅8.3个百分点。

9. 国库月均库存余额在下半年一路快速走高。2009年1~7月份，国库库存余额基本上都低于2008年同期，而从8月份开始，国库库存余额快速增长，到11月份达到顶点，最高值为11月16日的270.13亿元，为历史新高，而2008年的最高值为7月16日的152.38亿元。就全年库存均值而言，2009年库存均值为131.03亿元，2008年库存均值为116.52亿元，同比增长12.45%。从国库存款利息数来看，2008年国库存款利息数为7358万元，而2009年此数据为4658万元，同比下降36.69%。国库存款利息大幅下降的原因是：从2008年四季度开始，国库存款的年利率从原先的0.72%下调为0.36%，因此导致全辖国库存款利息收入的大幅下降。

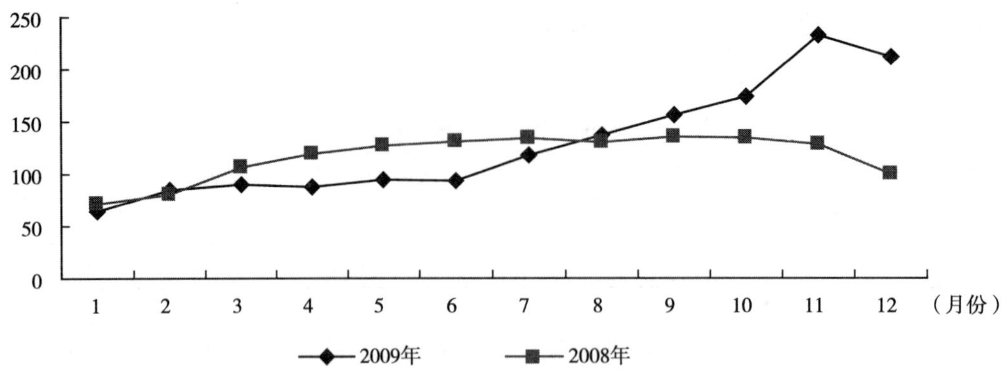

图10 2008年、2009年1~12月份国库月度库存均值走势图（单位：亿元）

三、值得关注的问题

1. 土地出让金收入在下半年高速增长，但2010年可能会增长乏力。2009年共收纳土地出让金460.06亿元，而2008年此数据为183.61亿元，同比增长150.56%。从时间进度上来看，1~7月份土地出让金收入94.15亿元，而2008年同期此数据为114.03亿元，同比增长-17.43%。但从8月份开始，随着土地成交量和成交单价的快速上升，宁波市的土地出让金也快速增长，尤其是12月份当月收入数达163.30亿元，接近于2008年全年的数量，占2009年土地出让金总收入的35.50%。土地出让金的快速增长也直接促进国库库存的快速增长，如10月21日和11月11日，由于土地出让金分别入库18.99亿元和21.47亿元，因此导致该日国库库存余额的大幅攀升，攀升幅度均超过10%。土地出让金经过2009年的高速增长，目前基数已经很大，近期，房产交易的营业税优惠部分被取消，中央银行上调存款准备金率，这些有可能是房地产市场将要迎来新一轮调控的信号，房地产市场在2010年如遇较大的市场调整，土地出让金有可能会出现增长乏力的现象。

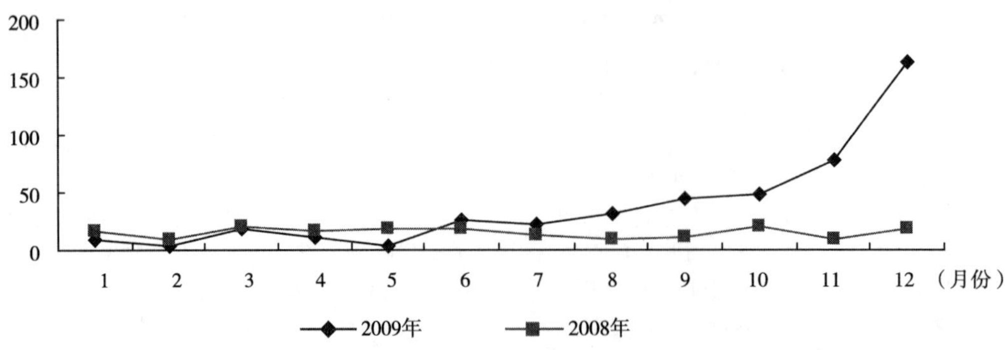

图11 2008年、2009年1~12月份土地出让金收入分月走势图（单位：亿元）

2. 与房地产有关的税收增长较快，但高基数有可能影响2010年的增长。2009年，房地产营业税入库36.7亿元，增长31.14%；契税入库31.99亿元，同比增长59.15%；房产税、土地使用税和耕地占用税入库分别为13.26亿元、21.14亿元和5.21亿元，分别增长16.42%、20.66%和134.68%。与房地产相关的税收增长也间接反映今年房地产市场的快速升温，前11个月宁波市商品房销售额和销售面积分别增长140.1%和100.4%。受房产优惠政策取消预期的影响，二手房交易火暴，11月份当月二手房成交量接近5000套，继6月、7月份以来再创历史新高。据统计，宁波市区

11 月初商品住房成交均价 11602 元/平方米，其中老三区达到 15000 元/平方米，涨幅在全国 35 个大中城市中与杭州并列第三名。但明年宁波市的房地产市场有可能出现一轮新的调整，与房地产有关的税收能否在高基数的基础上保持可持续性的增长值得关注。

3. 重点企业对我市税收的影响较大。从重点企业情况看，受成品油价税费改革和烟产品消费税政策调整影响，中石化镇海炼化、浙江中烟公司宁波制造部、中海石油大榭公司三家重点企业 2009 年入库各项税收及教育费附加 218.3 亿元，增收 127.5 亿元，增长 140.3%，其中：地方部分完成 27.4 亿元，增收 12.5 亿元，增长 83.4%。

4. 中央政府代地方政府发行债券增加地方可用财力和国库库存。2009 年 7 月 9 日，财政部代地方发行债券款项拨付至宁波，数额为 15 亿元，因此当天的国库库存数增长较快，达到 114.35 亿元，较上一日增长 18.88 亿元，增长 19.77%。此项因素使得 1～7 月份地方级预算收入增幅提高 3 个百分点，也直接促进 7 月份地方级当月收入较 2008 年 7 月增长 21 个百分点，1～7 月份地方级预算收入累计数在全年首次实现正增长。在地方级预算收入主要项目构成中也首次出现债务收入这一收入项目，占 2009 年地方级预算总收入的 1.34%。

（中国人民银行宁波市中心支行国库处）

2009年宁波市现金运行分析

2009年，宁波市现金净投放260.36亿元，比上年增加6.75亿元，增长2.66%，增幅同比回落4.4个百分点，全年现金净投放规模再创历史新高。人行宁波市中心支行发行库的现金投放回笼总量合计1050.64亿元，比上年增加22.32亿元，同比增长2.17%。2009年的现金流通主要特点表现为：全年现金净投放同比小幅增长，受国际金融危机和宏观调控等因素影响，上半年现金净投放下降，下半年现金净投放回升，现金投放量和现金回笼量均较上年有所增加，现金投回总量比上年略增。

一、全年现金投放回笼基本情况

2009年，宁波市全辖累计现金投放655.5亿元，比上年同期增长2.26%，累计现金回笼395.14亿元，比上年同期增长2.01%，现金投放回笼轧差后，累计现金净投放260.36亿元，同比增长2.66%。分季度看，一季度现金净投放68.39亿元，二季度现金净投放42.9亿元，三季度现金净投放94.211亿元，四季度现金净投放54.85亿元。与上年同期比较，四个季度现金净投放量同比分别增加-1.69亿元、-2.22亿元、19.59亿元和-8.92亿元。

从2009年各季度现金净投放变化情况看，一、二季度现金净投放逐季回落，现金净投放增加较多主要集中在第三季度，单个季度增幅高达26.25%，四季度现金净投放再现回落，季度的现金净投放特点表现为“一季度、二季度持续下降、三季度大幅增长、四季度重现降势”。一、二季度的现金净投放下降主要受到地方经济下滑的影响，随着国内经济形势趋好，三季度现金净投放增势强劲，第四季度的现金净投放同比回落则主要受到两个方面的因素影响：一是2009年国庆长假八天，比上年多一天，国庆假期市场消费需求形势喜人，导致10月份现金净回笼大幅上升，当月现金净回笼13.25亿元，同比多回笼15.12亿元，减少四季度的现金净投放量；二是2009年节前旺季现金投放回笼在日期规律与上年稍有不同，每年12月的月度现金投放实际上受到次年春节因素影响，由于2009年春节正月为1月25日，部分节前现金在2008年12月份就开始投放，而2010年的春节正月在次年2月14日，节前的大量现金投放在2009年12月份尚未启动。

二、现金投放回笼的主要特点

1. 从现金投放回笼分地区情况看，市区以现金大量回笼为主，下辖各县区为现金大量投放。根据宁波市现金收支统计数据，2009年，市区（老三区）现金净回笼101.17亿元，宁波市7个下辖县（市、区）累计现金净投放357.95亿元，其中：慈溪98.75亿元、开发区85.62亿元、余姚65.93亿元、鄞州区55.43亿元、象山17.13亿元、宁海23.66亿元、奉化24.48亿元。宁波辖内各县区中，慈溪现金净投放居全市第一位，开发区居第二位，象山县居于末位。

2. 农村地区现金大量投放与中心城区现金大量回笼的格局依旧。从全市金融机构现金收支情况看，我市农村合作银行和农信社、农业银行是现金投放的主要金融机构，工商银行是现金回笼的主要金融机构。

2009年，宁波市农村合作银行和农村信用合作社现金收支轧差后累计现金净投放252.24亿元，农业银行现金净投放128.39亿元，两家合计现金净投放380.63亿元；工商银行现金收支轧差后累计现金净回笼154.23亿元。四大国有商业银行中，中国银行、建设银行的现金收支情况为，中行现金净投放25.52亿元，建行现金净回笼22.09亿元。

其他商业银行现金收支轧差后合计净投放26.94亿元，其中现金投回量较大的商业银行为：宁波银行净投放57.41亿元，交通银行净投放18.92亿元，浦发银行净投放16.26亿元，中信银行净回笼17.06亿元，招商银行净回笼17.12亿元。

三、影响现金投放回笼的因素分析

2009年是宁波市经济发展形势较为严峻的一

年，由于国内经济受金融危机等复杂多变的国际环境影响，特别是今年年初以来我市的工业生产和出口交货值增速回落，外需持续减弱，地区经济发展出现下滑势头。随着中央政府的全面落实扩大内需、促进经济平稳较快发展的十项措施和应对国际金融危机一揽子计划，加强货币政策与财政政策、产业政策协调配合等宏观调控措施的陆续出台，全市上下积极应对国际金融危机带来的挑战，有效贯彻落实“保增长、扩内需、调结构、保民生”的一系列政策措施，经济快速下滑的势头得到明显遏制，经济运行回暖，呈现出向好态势，主要表现为投资高位运行，消费稳定增长，工业经济复苏加快，服务业贡献份额扩大，港口生产逐渐回升，居民收入持续增长，物价水平缓慢回升，就业形势稳定趋好，地区经济运行表现出较为明显的先降后升态势，带动社会现金流通需求稳步上升。

1. 在地方政府“保增长、保全局”相关政策措施下，我市经济发展态势基本良好，经济增速和规模好于预期，现金净投放继续小幅增长。2009年，宁波市全年实现 GDP 4214.6 亿元，比上年增长 8.6%。工业生产增长加快、企稳回升渐趋明朗，全年全市实现全部工业总产值 10309.6 亿元，特别是第四季度，分别比一季度、上半年和前三季度回升 17.1 个、11.0 个、7.2 个百分点。全年全社会固定资产投资完成 2004.2 亿元，比上年增长 16.0%，增速同比提高 7.8 个百分点；消费品零售总额稳步增长，国家扩大消费一揽子政策取得积极效果，汽车家电下乡、以旧换新、汽车燃油税调整、节能产品补贴等措施有效地激发居民的消费热情，消费市场日益升温，全年全市实现社会消费品零售总额 1434.4 亿元，比上年增长 15.9%，同比提高 5.6 个百分点。总体上看，尽管地区经济发展受到金融危机等宏观环境变化的不利影响，但是宁波市认真贯彻落实“保增长、扩内需、调结构、保民生”的一系列政策措施，地区经济保持稳定发展态势，推动现金净投放需求。

从工业利润情况看，工业企业经济效益加速回升，全市规模以上工业企业实现增加值 1617.3 亿元，比上年增长 3.0%，实现利润和利税总额 452.7 和 846.5 亿元，比上年分别增长 98.9% 和 75.2%，增速同比提高 143.4 和 100.0 个百分点。工业经济效益综合得分为 225.3 分，比上年提高 26.6 分。

从财政收入情况看，全年全市实现财政一般预算收入 966.2 亿元，比上年增长 19.2%，增速同比提高 7.2 个百分点。其中：地方财政一般预算收入完成 432.8 亿元，增长 10.9%。

从固定投资情况看，全年全社会固定资产投资完成 2004.2 亿元，比上年增长 16.0%，增速同比提高 7.8 个百分点。2009 年宁波市抢抓机遇，拉开全市协调发展的大框架，甬台温铁路、北仑集装箱第二通道、舟山大陆连岛工程宁波连接线等项目建成投运，“中提升” 80 多个重大项目进展顺利，研发园区、南部商务区初具形象，东部新城、梅山保税港区等重大项目加快推进。

从外贸形势情况看，对外贸易仍面临一定的困难，但出口降幅逐步收窄。2009 年市政府出台优化外贸环境发展 30 条意见，开展外贸出口“增订单、保市场”专项行动，对外贸易下滑势头趋缓，全年全市实现外贸自营进出口总额 608.1 亿美元，比上年下降 10.4%。其中出口 386.5 亿美元，比上年下降 16.6%；进口 221.6 亿美元，比上年增长 3.1%。

2. 金融机构存款和贷款同比大幅增长，较为宽松的信贷环境带动现金需求。2009 年，全市各金融机构人民币存款余额 8083.94 亿元，比年初增加 1866.2 亿元，同比增长 30.04%；人民币贷款余额 7424.9 亿元，比年初增加 1751.2 亿元，同比增长 30.89%。在国际金融危机影响下，央行实施适度宽松的货币政策，对全市货币信贷规模和流向产生较大的影响，存贷款规模双双大幅增长，促进金融机构现金收支活动，带动地区现金需求。

3. 居民收入继续增长，全社会铺底的现金投放需求持续增长。2009 年，宁波地区经济稳定发展，社会平均工资水平持续稳步增长，市区居民人均可支配收入 27368 元，比上年增长 9.2%；农村居民人均纯收入 12641 元，增长 10.4%。宁波市的国民收分配中城乡居民收入增速首次超过 GDP 的增速，全市城镇、农村居民收入的持续刚性增长，进一步扩大社会铺底的现金流通量。

（中国人民银行宁波市中心支行货币金银处）

2009 年宁波市企业商品交易价格变动分析

2009 年，人行宁波市中心支行监测的 206 种规格品价格总体呈缓慢回升态势。钢材呈现 W 形走势、筑底回升；塑料价格指数触底反弹、稳步走高；水产品价格呈现明显的季节性波动，剔除季节性因素，全年运行稳中趋降。

一、价格总体企稳回升

1. 从价格总指数看，2009 年 12 月份，宁波市商品交易价格总指数①为 122.45，比上年同期回升 6.98（图 1）。按月度时间序列看，2009 年 1 ~ 3 月，受全球金融危机影响，206 种规格品的价格整体回落明显，3 月份 206 种规格品的价格总指数一度探底至 114.12，较 2008 年峰值（6 月）127.06 累计回落 12.94（图 1）。二季度以来，在区域经济持续回升向好、经济运行质量持续提升的带动下，规格品价格呈现企稳回升态势，再加上受上年同期基数较低的因素影响，价格总指数持续稳步走高。此外，由图 1 中价格总指数与宁波市 CPI 的走势对比中，可以发现价格总指数与 CPI 有较强的正相关性。

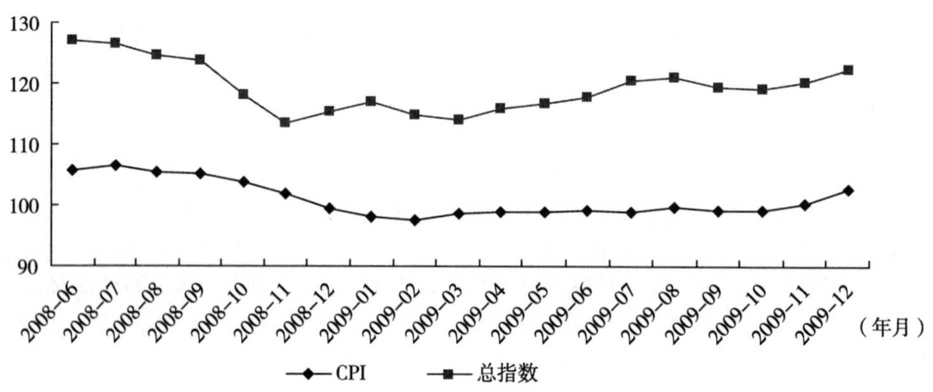

图 1 2008 年 6 月以来宁波市企业商品价格指数与 CPI 走势

2. 从规格品价格变动情况看，2009 年上涨的规格品有 52 种，较上年增加 23 种；下跌的有 36 种，较上年增加 10 种；持平的有 118 种，较上年减少 33 种（表 1）。

表 1 2009 年度宁波市 206 种规格品价格变动情况表

	价格上涨情况			价格持平情况	价格下跌情况		
	上涨	涨幅 >20%	涨幅 >10%	持平	下跌	跌幅 >20%	跌幅 >10%
当年	52	14	21	118	36	2	6
比上年	+23	+10	+18	-33	+10	+2	+2
占比（%）	25.24	6.80	10.19	57.28	17.48	0.97	2.91
代表品	水产	线型乙烯	酒糟	药品	阀门	农用氯化钾	钢管

① 商品交易价格总指数是以 2003 年 12 月为基期，将 206 种规格品分为 12 大类，分别计算类指数定基指数，再赋以权重合计成总指数。

二、钢材价格指数呈现 W 形筑底回升走势

继 2008 年下半年钢材价格出现大幅下挫以后，2009 年上半年钢材价格继续探底，4 月份钢材价格指数为 97.10，为近三年以来的最低点（图 2）。下半年以来，尽管钢材价格指数在 10 月份再次探底至 101.44，但总体而言仍保持企稳回升的走势。12 月份，钢材价格指数为 106.20，比年内低点回升 9.1。

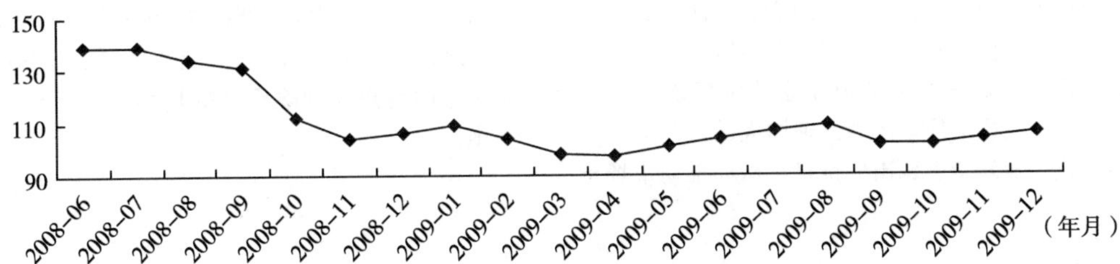

图 2　2008 年 6 月以来宁波市钢材价格指数走势

2009 年钢材价格出现二次探底的主要原因在于受国际金融危机影响，国内外经济形势不容乐观，钢材需求持续减弱，使得钢材价格回升缺乏动力，且一度跌至成本线以下。从国际市场上看，全球主要发达国家经济进一步衰退，新兴工业国家经济增长大幅降低，导致钢材需求持续减弱。据 IMF 的预测，2009 年全球经济增长将回落至 0.5%，这是“二战”后最低的经济增长率。尽管世界各国相继出台一系列的刺激经济增长的措施，但是经济暂时还难以摆脱衰退。另外，经济的大幅下滑重创制造业，使全球钢铁生产和需求增长都呈现萎缩态势。WSA（世界钢铁协会）秘书长 3 月初曾表示，全球钢铁需求已减少 20% 左右，钢铁行业产能利用率仅为 50% ~60%。资料显示，从全球主要产钢国来看，只有中国是正增长，剔除中国产量后，全球粗钢产量同比下降 37.2%。

下半年钢材价格出现企稳回升的主要原因在于：一是国内原材料价格持续走高。随着原煤价格的上涨，下半年以来上海、唐山、平顶山、云南、贵州等地的焦炭价格都出现明显上涨，钢坯、废钢等原材料价格也出现不同程度的上浮。二是进口矿价恢复性上涨。2009 年国内钢材需求回暖、库存回旋余地大、钢厂产量保持高位，导致铁矿石进口量大增。再加上日韩、欧洲钢铁行业开始复苏，铁矿石供给出现分流，来华矿石资源趋减。而 2010 年度的铁矿石谈判困难重重，三大矿山涨价呼声极高。进口矿价格走高，对钢材价格企稳形成一定的成本支撑。三是钢材需求稳步回升。受国内宏观经济回升向好趋势不断巩固、国际经济逐渐转好等因素刺激，国内固定资产、房地产投资方面继续向好，成为支撑钢材需求的关键因素。

三、塑料价格指数触底反弹，稳步走高

2009 年初，塑料价格指数基本延续 2008 年下半年以来连续下挫的走势。1 月份，塑料价格指数下跌至 86.38，为 2003 年 12 月以来监测数据的最低点（图 3）。然而，自二季度开始，塑料价格就出现触底反弹走势，12 月份，塑料价格指数为 127.75，比年初回升 41.37。

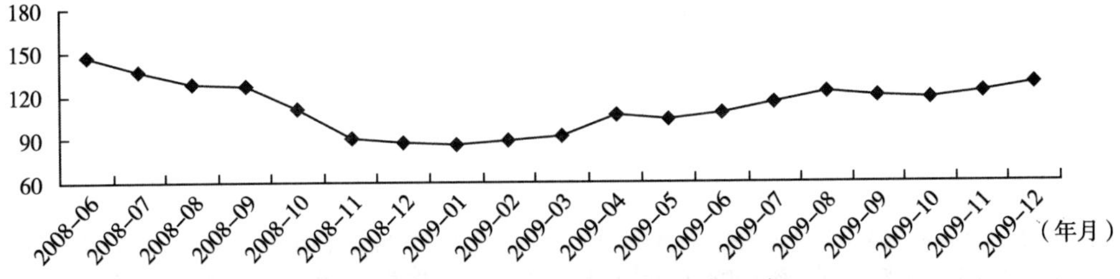

图 3　2008 年 6 月以来宁波市塑料价格指数走势

一季度，受原油及原料价格震荡、国际金融危机及春节等因素的影响，下游加工企业开工率普遍不高，塑料需求的持续滞缓，这是年初塑料价格指数探底的主要原因。

二季度以来，塑料价格稳步走高的主要原因在于：一是主要经济体国家经济下滑速度放缓，向市场放出世界经济复苏在即、原油需求可能增加的预期；同时，欧佩克减产、美国等发达国家大幅增加原油库存的利好消息推动国际原油价格创出年内新高。二是在生产成本压力逐渐增大的情况下，国内各石化企业纷纷上调出厂价格，从而推动市场价格水涨船高。三是2008年底以来塑料市场被压抑的需求集中释放，拉动需求的提升。

四、水产品价格指数季节性波动明显

2009年，水产品价格总体稳中趋降。12月份，水产品价格指数为167.63，比年初下跌7.47，剔除季节因素①，实际下跌13.50（图4）。全年来看，水产价格波动的季节性特点明显，年初和年中出现年内高点，剔除季节效应后，指数运行较为平稳。

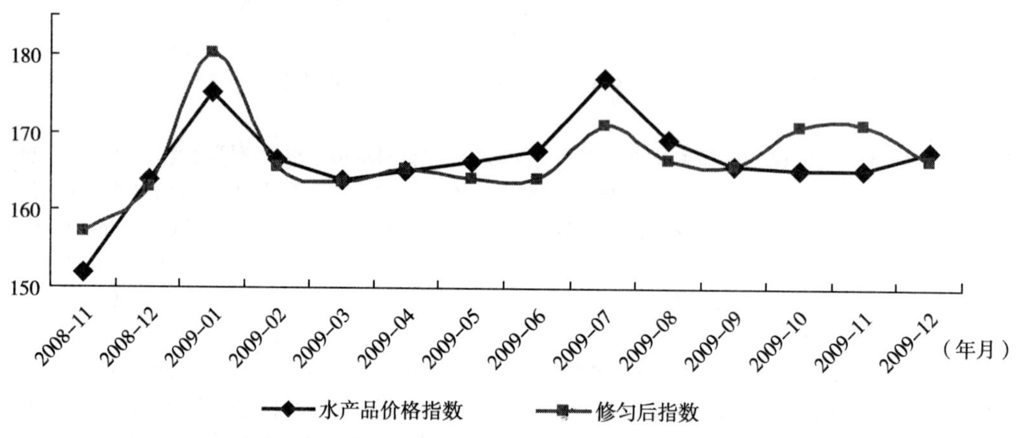

图4 2008年11月以来宁波市水产价格指数走势

春节因素是水产价格年初大幅上涨的主要原因。2009年初，受冰冻雨雪灾害带来的运输受阻等方面的影响，修匀后价格指数涨幅仍然较大。5~8月，因东海休渔，水产价格出现有一定程度的上涨。9~11月，因东海重新开渔，远洋渔货大量上市，水产价格有所回落。

（中国人民银行宁波市中心支行统计研究处）

① 修匀后指数是指剔除季节因素后的价格指数，用以反映去除季节影响后的价格运行特点。具体计算方法是将水产品价格指数除以季节指数。这里，季节指数的计算方法为：将2003年以来，月份（1~12月）的指数分别算术平均，然后比上所有月份的算术平均值而得。

2009年宁波市银行家问卷调查分析

2009年，人行宁波市中心支行共组织实施四次银行家问卷调查，19家银行机构（含农村信用社）参加调查。调查表明：宏观经济企稳回升态势基本确立，经济主体信心日益增强，通胀预期持续加大；银行家对“适度宽松”的货币政策感受加深，货币政策调控认可度有所提高；贷款需求平稳，贷款投放高位回落，信贷结构变动明显；银行头寸有所宽裕，资产质量稳中有升，经营状况继续向好。

一、宏观经济企稳回升态势基本确立，经济主体信心日益增强，通胀预期持续加大

1. 经济回升向好趋势不断巩固。调查显示，四季度宁波市银行家对当前全国经济形势的感受指数①为44.12，这是自2009年1季度跌到历史低位（28.95）之后连续第三个季度回升（图1）。认为当前全国经济形势偏冷的银行家占比由一季度的78.95%降至四季度的31.58%，下降47.37个百分点；认为当前全国经济形势正常的银行家占比由一季度的10.53%上升至四季度的47.37%，上升36.84个百分点。四季度银行家对宁波本地经济形势感受指数为44.72，比2008年四季度历史最低点（29.17）回升15.55。

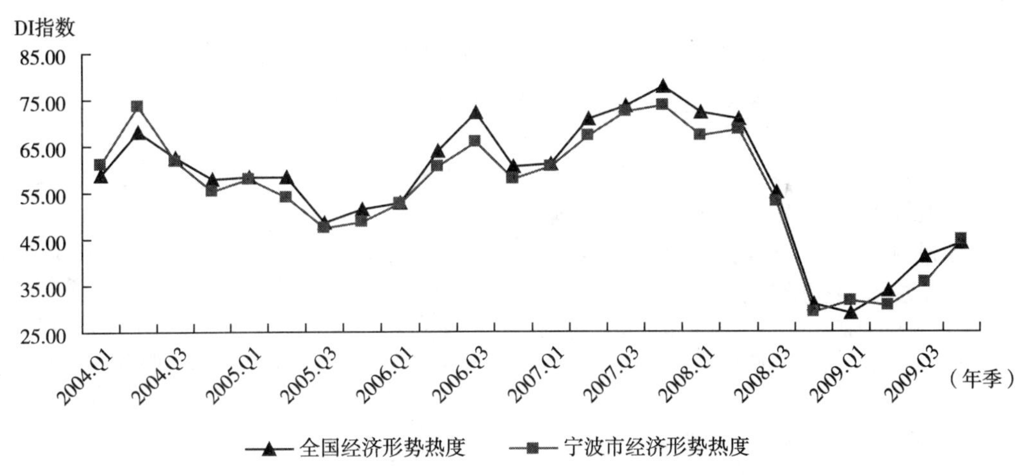

图1 当前经济形势感受指数变动趋势

2. 预期宏观经济继续企稳回升，经济主体信心日益增强。调查显示，本季度银行家对全国经济预期指数已连续4个季度回升，由上年历史低点（29.41）回升至四季度的48.61，上升19.20；四季度宁波本地经济预期指数也由上年同期的27.78回升至48.68，上升20.90（图2）。预计2010年全国经济形势正常的银行家占比为57.89%，预计2010年宁波市经济形势正常的银行家占比为63.16%。

值得注意的是，当经济大幅下滑趋势得到抑制并转入企稳回升通道后，投资过快增长和巨量新增信贷的负面作用将会更多地显露出来，加剧本已存在的周期性、结构性产能过剩，进而成为未来经济稳定、持续增长的障碍。调查显示，四季度，10.53%的银行家认为目前宁波经济形势偏热，该比例较三季度上升5.27个百分点；另分别有

① 经济形势感受指数越大，说明经济越热。

15.79%的银行家认为2010年全国、宁波市的经济形势偏热，该比例分别较三季度上升10.53个百分点。

3. 通胀预期持续加大。2009年，银行家物价预期指数①延续2008年四季度以来触底反弹走势（图2），涨幅逐渐增大，总体物价预期指数、投资品价格预期指数、消费品及服务价格预期指数比一季度分别上升32.89、36.84、23.68。四季度预期总体物价有所上涨的银行家占比为84.21%，比一季度大幅上升78.95个百分点。其中，预期投资品价格有所上升的银行家占比为78.95%，比一季度大幅提高73.69个百分点；预期消费及服务价格有所上涨的银行家占比为52.63%，比一季度大幅提高52.63个百分点。

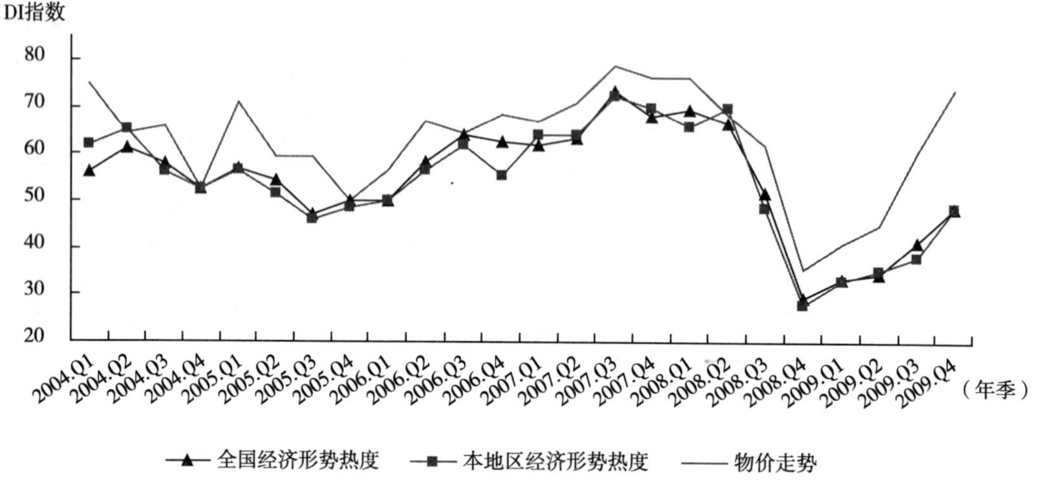

图2 经济形势预期指数与物价预期指数变动趋势

二、银行家对“适度宽松”的货币政策感受逐渐加深，货币政策调控认可度有所提高，加息预期有所减弱

1. 银行家对“适度宽松”的货币政策感受加深，货币政策调控认可度有所提高。今年以来，在经济下行压力较大的背景下，我国坚定不移地实施适度宽松的货币政策，信贷总量快速增长，为稳定经济、提振信心创造宽松的融资环境。银行家货币政策感受指数②自上季度从历史高点回落后再次上探至63.16（图3），这说明银行家普遍认为四季度货币政策相对三季度更为宽松。调查显示，认为四季货币政策偏松的银行家占比为52.63%，货币政策适度的银行家占比为47.37%，认为2010年货币政策将继续适度的银行家占比为57.89%，认为下季度政策将偏紧的银行家占比为26.32%。此外，89.47%的银行家认为目前引导信贷投向的政策有一定效果，5.26%的银行家认为效果显著，两者合计达94.73%，该比例较一季度提高10.52个百分点。

2. 利率政策认可度显著提升，加息预期有所减弱。调查显示，银行家对目前利率政策的认可度显著提升，四季度认为利率水平总体上适度的银行家占比为84.21%，比一季度大幅提高21.05个百分点。其中，认为存款利率水平适度的银行家占比为78.95%，认为贷款利率适度的银行家占比为68.42%。

此外，预期利率水平与四季度总体基本持平的银行家占比为57.89%，较三季度增加10.53个百分点；预计利率水平有所上升的银行家占比为42.11%，较3季度减少10.53个百分点（图4）。四季度以来加息预期有所减弱的原因主要在于：一是今年信贷投放大幅增加，社会整体资金杠杆水平明显提高，加息将加大社会主体的利息负担，不利于国内经济全面复苏。二是在人民币升值预期不断加大、国内股市和房市或已存在泡沫的背景下，加

① 物价预期指数越大，表明物价预期越高。

② 货币政策感受指数越大，表明预期货币政策越松。

息可能导致更多的热钱流入，进而对国内的货币市场与资本市场产生更大的冲击和压力。

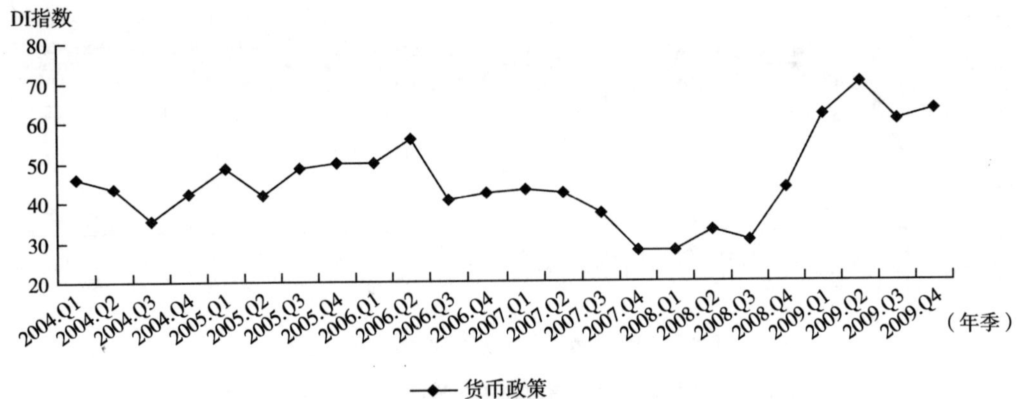

图3　银行家货币政策感受指数

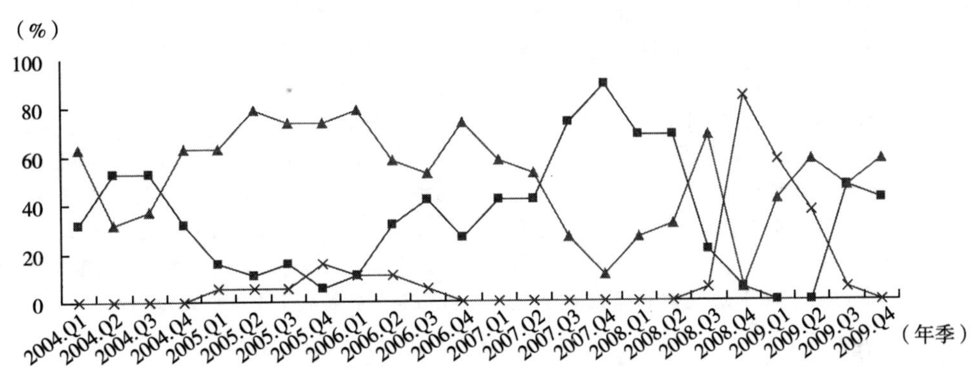

图4　判断利率未来走势的银行家占比变化

三、贷款需求较为平稳，投放高位回落，信贷结构变动明显

1. 贷款需求平稳，贷款投放回落。调查显示，四季度总体贷款需求景气指数①为72.22，已连续三个季度保持在该水平上，较2008年四季度历史低位（56.94）回升15.28（图5、表1）。银行贷款投放景气指数②为72.22，较三季度回落1.39，但较2008年四季度历史低位（52.78）上升19.44。从贷款审批条件来看，四季度审批条件基本不变的银行占比为89.47%，比三季度提高10.53个百分点。四季度银行贷款投放未继续延续前三季度快速扩张的趋势，这一方面是由于多数银行已超额完成全年的贷款任务，贷款投放“冲规模”动机明显降低；另一方面，2009年以来，建筑业、房地产业等行业和基础设施建设等政府性投融资平台项目信贷投放急剧增加，投资过热隐忧显现，银行对信贷准入趋于严格；此外，资本充足率、存贷比等约束和风险管理的客观要求使银行审慎放贷成为理性选择。

① 贷款需求景气指数越大，表明贷款需求越旺盛。

② 贷款投放景气指数越大，表明贷款投放越多。

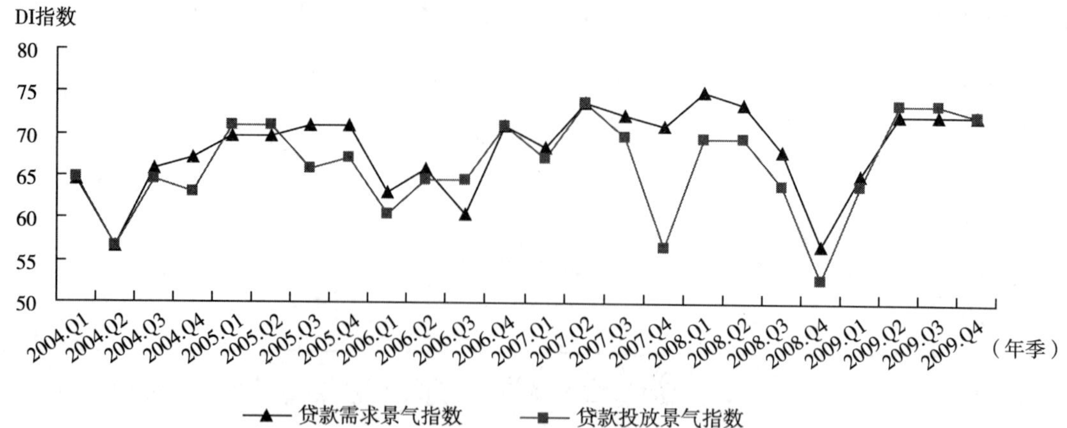

图5　贷款需求景气指数和贷款投放景气指数变动趋势

2. 贷款需求和投放结构变化明显。分行业看，制造业贷款需求景气指数与投放景气指数上升明显，四季度贷款需求和投放景气指数较一季度分别提高11.77、7.36；非制造业贷款需求景气指数和投放景气指数较一季度分别增加5.88、2.94，其中，房地产贷款需求景气指数和投放景气指数较一季度分别增加4.68、1.56。

分规模看，大型企业贷款投放景气指数自三季度达到历史最高水平（71.43）后，四季度大幅回落12.5；中型企业贷款需求景气指数和投放景气指数分别比一季度增加8.83、8.83；小型企业贷款投放景气指数为68.06，连续四个季度稳步回升，较2008年四季度历史低位（51.39）上升16.67。

分用途看，企业经营周转贷款、个人购房贷款的需求增加较为明显，而固定资产贷款有所减弱。四季度，个人消费贷款需求景气指数较一季度提高25.00，投放景气指数较一季度提高25.00；其中个人购房贷款需求景气指数较一季度提高29.68，投放景气指数较上季度提高28.12。

表1　　银行贷款需求、投放景气指数

分类	项目	贷款需求景气指数			贷款投放景气指数		
		四季度	比一季度	比上年同期	四季度	比一季度	比上年同期
分行业	农业贷款	61.76	-1.48	4.41	61.76	-2.95	8.82
	制造业贷款	64.71	11.77	7.36	64.71	11.77	17.65
	非制造业贷款	69.12	5.88	13.24	67.65	2.94	23.53
	其中：电气水生产和供应	53.12	-6.26	-6.26	53.12	-4.69	6.24
	建筑业贷款	62.50	0	4.69	59.38	3.13	17.19
	房地产业贷款	64.06	4.68	7.81	57.81	1.56	15.62
	水利环境公共设施管理业贷款	60.94	-6.25	0.00	57.81	-10.94	9.37
	教育贷款	53.12	-1.57	0.00	53.12	-1.57	3.12
分规模	大型企业贷款	60.71	-3.58	1.78	58.93	-8.93	3.57
	中型企业贷款	66.18	8.83	11.77	66.18	8.83	16.18
	小型企业贷款	69.44	2.77	8.33	68.06	6.95	16.67

续表

分类	项目	贷款需求景气指数			贷款投放景气指数		
		四季度	比一季度	比上年同期	四季度	比一季度	比上年同期
分用途	固定资产贷款	63.89	5.07	13.89	62.50	-2.21	15.44
	经营周转贷款	69.44	4.16	5.55	68.06	1.39	12.50
	个人消费贷款	76.56	25	31.25	75.00	25	31.25
	其中：个人购房贷款	78.12	29.68	40.62	76.56	28.12	35.94
	总体上	72.22	6.94	15.28	72.22	8.33	19.44

四、银行头寸有所宽裕，资产质量稳中有升，经营状况继续向好

1. 银行头寸有所宽裕。四季度，银行资金头寸景气指数①为55.26，较上季度回升6.58，较历史低点2007年四季度（32.89）上升22.37（见图6）。其中，二季度银行资金头寸景气指数为64.47，为调查期以来最高点。头寸的变化，一方面是得益于央行2008年连续下调准备金率的政策，另一方面，与股市、房市持续低迷、资金回流入银行有关。调查显示，四季度银行总体资金来源景气指数②较三季度上升1.31（图7）。其中储蓄存款景气指数继连续两个季度下降后今年首见反弹，四季度较三季度上升1.39；企业存款景气指数则延续前期持续下滑走势，四季度较三季度下降2.63。

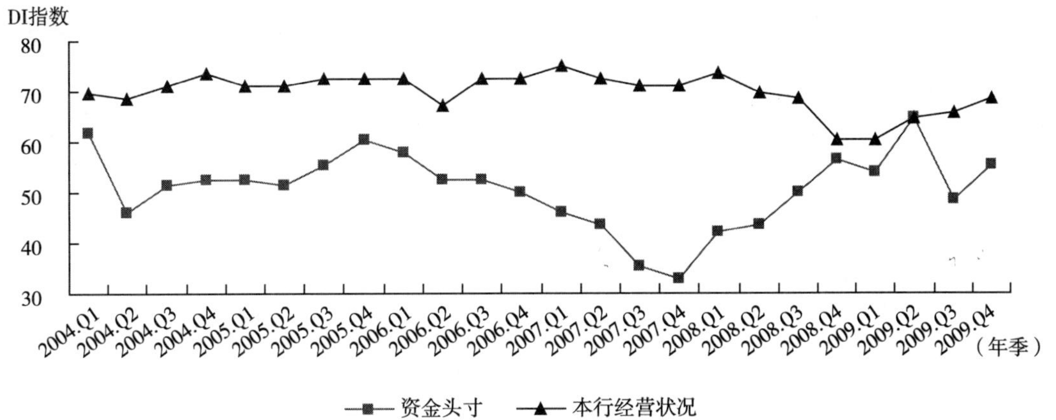

图6 银行资金头寸景气指数和银行业景气指数变动趋势

2. 资产质量稳中有升，经营状况继续向好。调查显示，四季度认为该行个人客户贷款逾期增加的银行家占比为21.05%，比三季度下降15.79个百分点；认为该行企业客户贷款逾期增加的银行家占比为15.79%，比一季度下降15.79个百分点。

从银行经营状况看，总体业务、中间业务需求量景气指数较上季分别减少1.39；财务指标持续回升，四季度净利息收入、存贷利差收入、手续费收入、营业收入景气指数较一季度分别提高21.05、10.53、10.52、15.79，人均利润景气指数较一季度增加15.79。

① 资金头寸景气指数越大，表明资金头寸越宽裕。

② 资金来源景气指数越大，表明资金来源越充足。

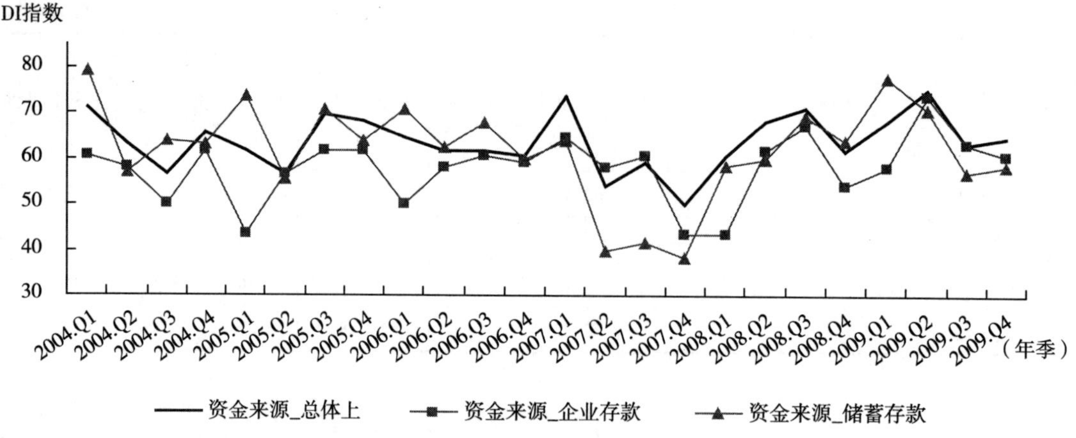

图7　银行资金来源景气指数变动趋势

在上述因素的综合作用下，四季度银行业景气指数①延续上季回升走势，较一季度提高5.27（图6）。调查显示，认为四季度银行业总体较好的银行家占比为68.42%，比一季度上升21.05个百分点；认为四季度本行经营情况较好的银行家占比为73.68%，比一季度上升31.57个百分点。

（中国人民银行宁波市中心支行统计研究处）

① 银行业景气指数越大，表明银行运行状况越好。

2009年宁波市小额贷款公司运行情况分析

2009年，宁波市小额贷款公司第一批试点工作顺利完成，第二批试点工作稳步推进。总的来看，宁波市小额贷款公司整体运行平稳，资产质量较好，市场定位明确，优先满足中小企业和农户生产经营的资金需求，在支持中小企业和“三农”方面发挥应有的作用，为促进地方经济发展贡献一定的力量。

一、全市小额贷款公司概况

2009年，宁波市新开业小额贷款公司8家。截至2009年末，全市共有12家小额贷款公司家正式开业（表1），贷款余额22.90亿元，其中，不良贷款余额0.02亿元，不良率0.10%。2009年累计发放贷款94.45亿元，累计受益客户6401户；实现营业收入2.18亿元，净收入0.80亿元，资本收益率为5.99%。

表1　　2009年底宁波12家小额贷款公司概况　　（单位：亿元）

试点公司名称	开业日期	注册资本	融资余额	贷款余额
宁海县华信小额贷款公司	2008－12－15	2.0	1.00	2.82
象山汇鑫小额贷款公司	2008－12－19	1.0	0.50	1.62
慈溪市融通小额贷款公司	2008－12－20	3.0	0.75	3.39
奉化市爱伊美小额贷款公司	2008－12－28	1.5	0.60	2.25
海曙永鑫小额贷款公司	2009－1－5	1.0	0.44	1.36
北仑金石小额贷款公司	2009－1－6	2.0	0	1.44
镇海本盛小额贷款公司	2009－1－18	2.0	0.50	2.22
江北佳和小额贷款公司	2009－3－6	1.5	0.28	1.79
余姚市舜宇汇通小额贷款公司	2009－4－22	2.0	0	2.09
江东区韵升小额贷款公司	2009－5－8	1.0	0.12	1.15
鄞州汇金小额贷款公司	2009－11－12	2.0	0	1.96
慈溪金汇小额贷款公司	2009－11－30	2.0	0	0.81
汇总	–	21.0	4.19	22.90

二、资金流向分析

1. 融资余额逐季走高，个别公司增资扩股。由于旺盛的小额贷款需求，加上小额贷款公司自有资金有限，部分小额贷款公司通过银行业金融机构融入资金，融资余额逐季走高（表2）。分公司看，2009年末共有8家公司从银行融资，其中宁海县华信小额贷款公司和象山汇鑫小额贷款公司的融资余额达到“50%”的上限。

表 2 宁波小额贷款公司融资家数和融资总余额

季度	一季度末	二季度末	三季度末	四季度末
家数	2	4	7	8
融资余额（亿元）	0.75	2.50	3.61	4.19

另外，在年中允许小额贷款公司提前增资扩股的背景下，针对旺盛的融资需求，慈溪融通小额贷款公司完成宁波辖区小额贷款公司的首次增资扩股，注册资本由 2 亿元提高到 3 亿元，增资幅度为 50%。据了解，此次增资扩股，并没有增加新的股东，各股东持股比例也没有改变。

2. 贷款集中度偏高，“大户”余额大多超限。2009 年末，12 家公司贷款共有贷款客户 2081 户，贷款余额 22.90 亿元，户均贷款 110.0 万元。其中单户余额 100 万元（含）以下 1773 户，占总户数的 85.2%，单户余额 100 万元（含）以下的余额 11.58 亿元，占总余额 50.6%，户均贷款 65.3 万元。单户余额 100 万元以上 308 户，占总户数的 14.8%，单户余额 100 万元以上余额 11.32 亿元，占总余额的 49.4%，户均贷款 367.5 万元（表 3）。

分公司看，奉化爱伊美和宁海华信两家公司的大户比例控制在 30% 以内，海曙永鑫、慈溪融通、慈溪金汇和象山汇鑫 4 家公司的大户比例在 30% ~40%，江东韵升、江北佳和、北仑金石和余姚舜宇汇通 4 家公司的大户比例在 40% ~70%，镇海本盛和鄞州汇金两家公司的大户比例在 80% 以上。

表 3 2009 年末小额贷款公司大户余额与比例 （单位：万元）

公司简称	单户金额 100 万元（含）以上余额	单户金额 100 万元（含）以上余额占比（%）
海曙永鑫	4760	34.9
江东韵升	6889	59.7
江北佳和	12422	69.3
北仑金石	9290	64.6
镇海本盛	18745	84.6
鄞州汇金	19170	97.8
余姚舜宇汇通	8400	40.3
慈溪融通	12480	36.8
慈溪金汇	2500	30.9
奉化爱伊美	5880	26.2
象山汇鑫	4895	30.3
宁海华信	7750	27.5
汇总	113181	49.4

3. 从贷款期限看，短期周转特性明显。由于小额贷款公司目标客户（中小企业、农户和个体工商户）的资金需求具有“短、小、频、急”的特点，大多数是临时性周转资金，宁波市小额贷款公司发放的贷款期限基本上在 1 年以内。年末，期限在 3 ~6 个月（含）的贷款余额最多，为 13.59 亿元，占 59.3%；期限在 1 个月（含）以内的贷款余额 2.04 亿元，占 8.9%；期限在 1 ~3 个月（含）和期限在 6 ~12 个月（含）的贷款余额分别为 3.52 亿元和 3.71 亿元，占比分别为 15.4% 和 16.2%；期限在 1 年以上的贷款余额只有 0.04 亿元，占 0.2%。

4. 从贷款对象看，企业贷款占主导。2009 年末，12 家小额贷款公司企业贷款余额 12.51 亿元，占总贷款余额的54.6%。个人贷款余额10.39亿元，占总贷款余额的45.4%，其中农户贷款余额4.80亿元，占总贷款余额的21.0%；城镇居民和个体工商户贷款余额5.59亿元，占总贷款余额的24.4%（表4）。分公司看，除奉化爱伊美、象山汇鑫和宁海华信的企业贷款比例低于个人贷款比例外，其他9家公司的企业贷款比例均高于个人贷款比例。

表4　　2009年末按贷款对象分的贷款余额　　（单位：万元）

公司简称	个人贷款				企业贷款	
	余额	占比（%）	其中：农户贷款			
			余额	占比（%）	余额	占比（%）
海曙永鑫	6134	45.0	380	2.8	7510	55.0
江东韵升	4396	38.1	10	0.1	7144	61.9
江北佳和	2416	13.5	583	3.3	15509	86.5
北仑金石	4778	33.2	1225	8.5	9610	66.8
镇海本盛	8049	36.3	1087	4.9	14110	63.7
鄞州汇金	5626	28.7	1530	7.8	13980	71.3
余姚舜宇汇通	8190	39.3	6120	29.4	12660	60.7
慈溪融通	13187	38.9	3249	9.6	20730	61.1
慈溪金汇	3360	41.6	450	5.6	4720	58.4
奉化爱伊美	15285	68.0	14265	63.5	7185	32.0
象山汇鑫	11653	72.0	4971	30.7	4525	28.0
宁海华信	20855	73.9	14105	50.0	7375	26.1
合计	103929	45.4	47975	21.0	125058	54.6

5. 从贷款用途看，主要支持工业生产。2009年末，12家小额贷款公司22.90亿元的贷款余额中，用于工业的贷款12.44亿元，占54.3%，用于农林牧副渔的4.94亿元，占21.6%，用于服务业贷款和其他贷款分别为3.41亿元和2.11亿元，分别占比14.9%和9.2%（表5）。分公司看，农林牧副渔贷款比例最高的是奉化爱伊美，达60.9%；工业贷款比例最高的是慈溪融通，达87.0%；服务业贷款比例最高的是北仑金石，达36.2%。

表5　　2009年末按贷款用途分的贷款余额　　（单位：万元）

公司简称	农林牧渔业贷款		工业贷款		服务业贷款		其他	
	金额	占比（%）	金额	占比（%）	金额	占比（%）	金额	占比（%）
海曙永鑫	380	2.8	4470	32.8	4490	32.9	4304	31.5
江东韵升	10	0.1	4689	40.6	2795	24.2	4046	35.1
江北佳和	610	3.4	10399	58.0	6411	35.8	505	2.8
北仑金石	3925	27.3	5253	36.5	5210	36.2	0	0.0
镇海本盛	70	0.3	15140	68.3	6067	27.4	882	4.0
鄞州汇金	2046	10.4	13630	69.5	2700	13.8	1230	6.3

续表

公司简称	农林牧渔业贷款		工业贷款		服务业贷款		其他	
	金额	占比（%）	金额	占比（%）	金额	占比（%）	金额	占比（%）
余姚舜宇汇通	8830	42.4	9940	47.7	2080	10.0	0	0.0
慈溪融通	3289	9.7	29523	87.0	1105	3.3	0	0.0
慈溪金汇	450	5.6	4350	53.8	0	0.0	3280	40.6
奉化爱伊美	13695	60.9	6775	30.2	1850	8.2	150	0.7
象山汇鑫	4971	30.7	4525	28.0	0	0.0	6682	41.3
宁海华信	11100	39.3	15730	55.7	1400	5.0	0	0.0
合计	49376	21.6	124424	54.3	34108	14.9	21079	9.2

6. 从贷款方式看，以担保贷款为主。2009 年末，12 家小额贷款公司 22.90 亿元的贷款余额中，保证贷款 18.10 亿元，占 79.0%，抵押（质押）贷款 4.76 亿元，占 20.8%，信用贷款余额仅 380 万元，占 0.2%，其中海曙永鑫、江东韵升和镇海本盛分别有 60 万元、10 万元和 310 万元的信用贷款余额（表 6）。抵押贷款较少的主要原因是小额贷款公司的客户有效抵押（质押）物不足。担保贷款较多的主要原因是：从客户的角度来说，担保条件更容易提供；从小额贷款公司的角度看，提供担保是控制风险的次优选择。

表 6　　2009 年末按贷款方式分的贷款余额　　（单位：万元）

公司简称	贷款方式		
	信用	抵押（质押）	保证
海曙永鑫	60	7869	5715
江东韵升	10	4271	7259
江北佳和	0	5460	12465
北仑金石	0	1170	13218
镇海本盛	310	9479	12370
鄞州汇金	0	2316	17290
余姚舜宇汇通	0	220	20630
慈溪融通	0	935	32982
慈溪金汇	0	0	8080
奉化爱伊美	0	7315	15155
象山汇鑫	0	2100	14078
宁海华信	0	6490	21740
合计	380	47625	180982

三、利率执行情况

2009 年，12 家小额贷款公司都能够严格执行人民银行的利率政策。其中，最高利率为 21.24%，是同档期人民银行基准利率的 4 倍；最低利率为 5.31%，均在法律规定范围内。

分月份看，年化加权平均利率在 14.227% ~ 16.123%，其中最高为 2 月份的 16.123%；最低为 5 月份的 14.227%（图 1）。自 9 月份以来，加权平均利率已经连续上行 4 个月。

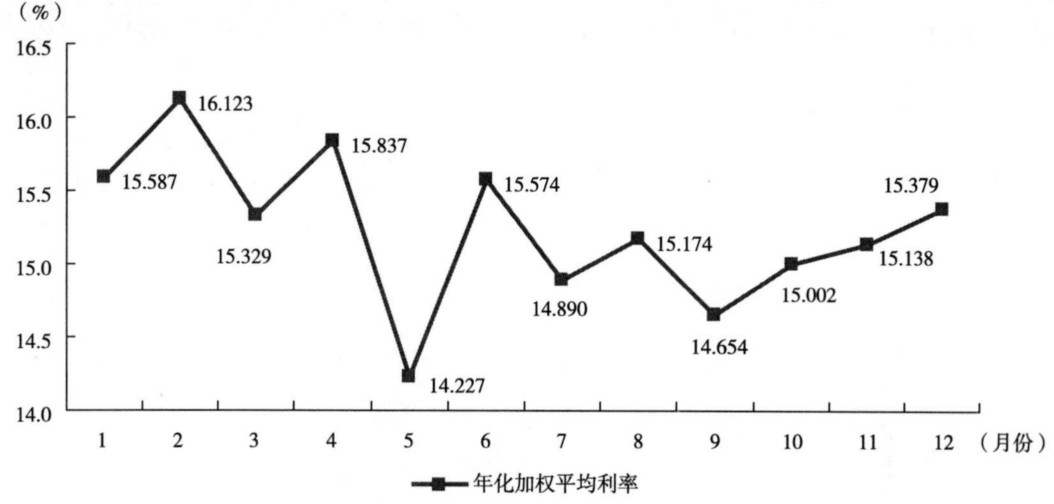

图 1　2009 年宁波小额贷款公司加权平均利率走势

分公司看，加权平均利率差异很大，以 12 月份为例，江北佳和和镇海本盛 2 家公司的加权平均利率在 11% ~12%，余姚舜宇汇通和奉化爱伊美 2 家公司的加权平均利率在 12% ~14%，海曙永鑫、江东韵升、鄞州汇金、慈溪融通和慈溪金汇 5 家公司的加权平均利率在 14% ~17%，北仑金石、象山汇鑫和宁海华信 3 家公司的加权平均利率在 19% ~20%（表 7）。

表 7　12 月份小额贷款公司贷款利率比较　（单位:%）

公司简称	加权平均利率	最高利率	最低利率
海曙永鑫	16. 12	18. 00	9. 60
江东韵升	14. 78	18. 00	12. 00
江北佳和	11. 79	19. 20	5. 31
北仑金石	19. 31	21. 24	9. 72
镇海本盛	11. 94	18. 00	7. 20
鄞州汇金	15. 31	19. 44	12. 00
余姚舜宇汇通	13. 38	19. 44	11. 25
慈溪融通	14. 78	19. 44	11. 59
慈溪金汇	15. 13	18. 00	9. 72
奉化爱伊美	14. 00	16. 00	10. 00
象山汇鑫	19. 66	21. 24	5. 94
宁海华信	19. 25	19. 44	15. 60

（中国人民银行宁波市中心支行统计研究处）

第二部分

统计篇

·金融业务综合统计·

（一）信贷

表 1　　宁波市金融机构（含外资）本外币信贷资金来源运用分月统计

2009 年

汇率：6.8282　　单位：万元

项目	年初	一月	二月	三月	四月	五月	六月	七月	八月	九月	十月	十一月	十二月	比年初增减
一、各项存款	63549024	65982022	68251075	72200827	72966529	74140441	76936217	76800183	77110269	79165321	78881764	80308586	82414306	18865282
1. 企事业单位存款	21777213	21144921	22229912	24387034	24684990	25063971	26697759	26736790	27301937	27970466	28184872	28951193	30041300	8264087
（1）活期存款	13815549	13008744	14245231	15779296	15802252	16203380	17494087	16798072	17458311	17063844	18003836	18489134	19538058	5722509
（2）定期存款	7961664	8136177	7984682	8607737	8882738	8860591	9203672	9938718	9843625	10906622	10181037	10462059	10503243	2541578
2. 储蓄存款	23970695	26193703	26412881	27020574	27096235	27330736	27829285	27631859	27583229	28980673	28203661	28020356	29017634	5046940
（1）活期储蓄	7968055	8771010	8350255	8463179	8438900	8444172	8845987	8735773	8816784	9507765	9197636	9324191	10150505	2182450
（2）定期储蓄	16002640	17422692	18062626	18557395	18657335	18886564	18983298	18896087	18766445	19472909	19006025	18696165	18867129	2864489
3. 信托存款														
4. 委托存款	437732	347275	308994	314049	327590	330874	332018	356746	362724	376853	409492	453146	440994	3263
5. 其他存款	17363385	18296123	19299288	20479170	20857713	21414860	22077156	22074788	21862379	21837329	22083738	22883892	22914377	5550993
二、所有者权益	2752000	2518194	2308206	2362722	2480759	2517661	2942773	2811188	2895271	2953114	3039896	3161143	3265272	513271
其中：实收资本	614931	614961	614959	614942	614847	614912	871544	871551	871536	871506	871492	871480	893205	278274
三、其他	-6325232	-6711331	-7024106	-8245333	-8537346	-8485510	-8073773	-6324635	-5113389	-5211412	-4002732	-3355922	-3928641	2396591

续表

项目	年初	一月	二月	三月	四月	五月	六月	七月	八月	九月	十月	十一月	十二月	比年初增减
资金来源总计	**59975793**	**61788885**	**63535175**	**66318216**	**66909942**	**68172592**	**71805217**	**73286736**	**74892151**	**76907023**	**77918929**	**80113808**	**81750937**	**21775144**
一、各项贷款	58155722	59950518	61686304	64452063	65112801	66349665	69950902	71392546	72622162	73905441	74757967	75977062	77159070	19003349
1. 短期贷款	32345473	32633134	33438773	34750297	34429876	34976851	36775406	36633223	37175168	38237444	38604081	39467477	39933618	7588145
2. 中长期贷款	21940621	22839853	23439590	24950814	25676194	26115027	27295251	28694859	29407726	30169276	30777282	31297547	32054739	10114117
3. 信托贷款														
4. 委托贷款														
5. 其他贷款	713705	702079	662811	747023	754150	951005	1270623	1315217	1468304	1706424	1815316	1815548	1686227	972521
6. 票据融资	3053041	3643118	3982531	3831431	4075012	4123322	4430627	4569389	4393244	3614596	3387538	3230450	3325505	272464
7. 各项垫款	102880	132334	162598	172498	177569	183460	178995	179859	177719	177700	173750	166041	158981	56101
二、有价证券及投资	1820072	1838367	1848872	1866153	1797141	1822927	1854315	1894190	2269989	3001582	3160962	4136745	4591866	2771795
资金运用总计	**59975793**	**61788885**	**63535175**	**66318216**	**66909942**	**68172592**	**71805217**	**73286736**	**74892151**	**76907023**	**77918929**	**80113808**	**81750937**	**21775144**

表 2

宁波市金融机构（不含外资）本外币信贷资金来源运用分月统计

2009 年

汇率：6.8282　　　　单位：万元

项目	年初	一月	二月	三月	四月	五月	六月	七月	八月	九月	十月	十一月	十二月	比年初增减
一、各项存款	63444408	65885402	68149093	72097758	72838462	74008112	76804271	76675423	76981853	79039070	78752627	80168507	82268646	18824239
1. 企事业单位存款	21737312	21114522	22198952	24356618	24654771	25031709	26671939	26712674	27279244	27952474	28166629	28918467	30012165	8274853
（1）活期存款	13810148	13004690	14235009	15772604	15796073	16190617	17479473	16784359	17446771	17053490	17993469	18476355	19528750	5718602
（2）定期存款	7927164	8109832	7963943	8584014	8858698	8841091	9192466	9928314	9832473	10898984	10173161	10442112	10483415	2556250
2. 储蓄存款	23947156	26169444	26388667	26995276	27068901	27301914	27800309	27601742	27551716	28948482	28169088	27987873	28986171	5039015
（1）活期储蓄	7965950	8767879	8345525	8458022	8432453	8436924	8837442	8728477	8808457	9499139	9186408	9313548	10139454	2173505
（2）定期储蓄	15981206	17401565	18043141	18537254	18636448	18864990	18962867	18873265	18743259	19449343	18982681	18674325	18846717	2865510
3. 信托存款														
4. 委托存款	437732	347275	308994	314049	327590	330874	332018	356746	362724	376853	409492	453146	440994	3263
5. 其他存款	17322208	18254160	19252481	20431815	20787199	21343615	22000004	22004261	21788170	21761261	22007417	22809021	22829316	5507108
二、所有者权益	2623653	2389883	2180028	2234615	2352996	2389809	2814749	2683035	2767252	2825361	2912158	3033394	3137618	513965
其中：实收资本	493307	493307	493307	493307	493307	493307	757606	757607	757607	757607	757606	757606	779317	286010
三、其他	-6140042	-6534619	-6849017	-8071269	-8354895	-8306512	-7929670	-6184215	-4952974	-5062865	-3861320	-3225962	-3807772	2332270
资金来源总计	**59928019**	**61740667**	**63480105**	**66261104**	**66836563**	**68091409**	**71689349**	**73174244**	**74796131**	**76801566**	**77803465**	**79975939**	**81598492**	**21670473**
一、各项贷款	58109767	59904120	61633069	64396862	65041385	66270545	69837144	71282302	72528333	73802210	74644736	75841426	77008832	18899065
1. 短期贷款	32330013	32615750	33416446	34728928	34407240	34952654	36730009	36588362	37139019	38194240	38551825	39396740	39859211	7529197
2. 中长期贷款	21921035	22820263	23420000	24930851	25643187	26082000	27265646	28667256	29380051	30144907	30752625	31272867	32029958	10108923
3. 信托贷款														
4. 委托贷款														
5. 其他贷款	702796	692654	651494	733154	738377	929109	1231868	1277436	1438300	1670768	1778998	1775328	1635177	932380
6. 票据融资	3053041	3643118	3982531	3831431	4075012	4123322	4430627	4569389	4393244	3614596	3387538	3230450	3325505	272464
7. 各项垫款	102880	132334	162598	172498	177569	183460	178995	179859	177719	177700	173750	166041	158981	56101
二、有价证券及投资	1818253	1836547	1847036	1864242	1795177	1820865	1852205	1891941	2267798	2999355	3158730	4134513	4589661	2771408
资金运用总计	**59928019**	**61740667**	**63480105**	**66261104**	**66836563**	**68091409**	**71689349**	**73174244**	**74796131**	**76801566**	**77803465**	**79975939**	**81598492**	**21670473**

表 3 宁波市金融机构（不含外资）本外币信贷资金来源运用分县统计

汇率：6.8282　　2009 年　　单位：万元

	全市合计	市区	开发区	鄞州区	奉化市	余姚市	慈溪市	宁海县	象山县
一、各项存款	82268646	36715493	10589849	10768822	2134491	7625866	10089741	2280079	2064306
1. 企事业单位存款	30012165	15576880	4427556	2990957	665908	2513514	2404758	742118	690473
（1）活期存款	19528750	9839942	3060209	2078678	474591	1735162	1347553	525744	466871
（2）定期存款	10483415	5736939	1367347	912279	191317	778352	1057205	216374	223602
2. 储蓄存款	28986171	8872417	4092669	4560340	1164852	3433483	5074578	905819	882012
（1）活期储蓄	10139454	2942277	1116615	1357324	503855	1089546	1922775	589103	617959
（2）定期储蓄	18846717	5930140	2976054	3203016	660998	2343936	3151803	316716	264053
3. 信托存款									
4. 委托存款	440994	296236	51492	22959	3	29115	39453	1615	122
5. 其他存款	22829316	11969960	2018133	3194566	303727	1649754	2570951	630526	491698
二、所有者权益	3137618	1485244	304735	385940	83768	260978	408908	90579	117467
其中：实收资本	779317	573588	32890	56316	8983	15000	50258	11704	30578
三、其他	-3807772	1306287	-1635465	-2031139	140524	-1069083	-1825413	597827	708690
资金来源总计	**81598492**	**39507024**	**9259119**	**9123623**	**2358783**	**6817760**	**8673235**	**2968485**	**2890464**
一、各项贷款	77008832	35342255	9243596	8894319	2358204	6796887	8525471	2962981	2885118
1. 短期贷款	39859211	14921531	4430642	5591164	1418490	4266139	5995498	1618289	1617458
2. 中长期贷款	32029958	17423633	4147745	2731719	915322	2177255	2120044	1321124	1193117
3. 信托贷款									
4. 委托贷款									
5. 其他贷款	1635177	810105	317510	94903	12291	188603	169470	9212	33083
6. 票据融资	3325505	2059380	342145	466479	12102	153130	238825	12262	41182
7. 各项垫款	158981	127607	5555	10054		11759	1635	2094	278
二、有价证券及投资	4589661	4164768	15522	229304	579	20874	147764	5503	5346
资金运用总计	**81598492**	**39507024**	**9259119**	**9123623**	**2358783**	**6817760**	**8673235**	**2968485**	**2890464**

表 4 宁波市金融机构（含外资）人民币信贷资金来源分月统计

2009 年

单位：万元

项目	年初	一月	二月	三月	四月	五月	六月	七月	八月	九月	十月	十一月	十二月	比年初增减
一、各项存款	62177326	64590875	66788904	70506633	71451837	72665353	75460658	75378996	75603276	77652768	77357688	78710126	80839363	18662037
1. 企业存款	20806896	20169138	21186321	23128066	23642672	24064408	25692913	25803678	26262291	26917510	27139144	27838379	28990483	8183588
（1）活期存款	13115324	12378563	13525894	14993927	14991698	15413553	16694644	16014860	16587444	16295511	17185230	17627113	18709900	5594576
工业存款	2238778	1839452	2099921	2486358	2600678	2626741	2814190	2553511	2450701	2538421	2646891	2712023	3031223	792444
商业存款	2450151	2213828	2453795	2140457	2114023	2145367	2199608	2162889	2329290	2238351	2344851	2456229	2519136	68985
建筑企业存款	951642	919706	1005253	1252451	1332133	1477954	1714228	1818679	1921421	1770750	1968463	2022427	1978838	1027196
城镇集体企业存款	59346	66277	77305	82321	73836	72343	56277	64263	60814	53002	79542	61623	84754	25408
乡镇企业存款	18018	14004	13620	12310	13462	13033	11496	12884	11818	17259	5488	9218	8640	-9378
三资企业存款	537911	481212	546181	745844	693583	747896	766108	727758	850516	835764	863405	939195	1121288	583377
私营企业及个体户存款	247031	235508	256699	542152	524827	492135	564924	548250	458354	480947	496096	507422	550858	303827
其他企业存款	6602555	6597333	7055799	7720518	7630786	7818986	8545410	8095923	8476397	8338032	8766651	8906662	9395712	2793157
单位卡活期存款	5319	8394	8214	6383	4537	7909	9581	18594	18300	13720	5260	4497	11637	6318
外资机构活期存款	4573	2849	9107	5133	3834	11189	12820	12109	9833	9266	8582	7816	7815	3242
（2）定期存款	7691571	7790575	7660427	8134139	8650973	8650855	8998269	9788818	9674847	10621999	9953914	10211266	10280583	2589012
企业定期存款	7327803	7418370	7381169	7745091	8221880	8240036	8615733	9337557	9219913	9970408	9268047	9512289	9567421	2239618
单位银行卡定期存款	119	119	81	80	76	76	76	76	68	68	68	68	67	-51
其他定期存款	329150	345742	258438	365244	404977	391243	371253	440780	443713	643884	677922	678961	693266	364116
外资机构定期存款														
2. 财政存款	596180	814575	900463	956224	1055889	1010878	1017731	1292619	1525868	1566768	2076975	2280216	1557916	961736
3. 机关团体存款	2674492	2606325	2822120	3011593	3123208	3362712	3439906	3474136	3579773	3761477	3782362	3913999	4338833	1664341

续表

项目	年初	一月	二月	三月	四月	五月	六月	七月	八月	九月	十月	十一月	十二月	比年初增减
4. 储蓄存款	23678028	25903896	26114967	26712959	26784766	27022370	27512701	27317566	27271238	28673178	27889401	27707596	28695587	5017559
（1）活期储蓄	7876395	8684516	8258726	8368097	8341262	8351539	8746230	8637020	8718068	9413053	9098167	9225734	10039311	2162916
（2）定期储蓄	15801633	17219380	17856241	18344863	18443504	18670830	18766471	18680546	18553169	19260125	18791234	18481863	18656276	2854643
5. 农业存款	1830426	1805339	1847139	1949843	1929614	1986950	2184945	2220962	2277850	2290410	2441161	2466205	2472494	642068
6. 信托存款														
7. 委托存款	437041	346577	308298	313356	326892	330172	330638	353902	358449	370576	402769	446181	434164	-2877
8. 其他存款	12154264	12945025	13609596	14434590	14588797	14887863	15281824	14916133	14327807	14072849	13625877	14057549	14349885	2195621
二、金融债券	65010	65010	65010	65010	65010	65010	565000	565000	565000	565000	565000	565000	565000	499990
三、应付及暂收款	1515009	1297960	1152384	1337848	1181443	1713521	1366125	1301559	1378558	1496675	1515768	1731113	1706085	191077
其中：应付利息	689652	669857	647639	674574	657942	664659	715984	710158	690626	724406	713218	693564	731206	41554
四、同业往来（来源方）	290466	281909	373110	299640	323956	362164	350486	526929	490883	472737	473005	368759	403733	113267
五、行内资金往来（来源方）	0	0	0	0	0	0	0	0	0	0	906030	305742	0	0
六、各项准备	653887	656217	672533	737822	743558	741904	784830	811507	813410	902267	895228	898818	906241	252354
其中：贷款损失准备	650707	653025	669152	734484	740047	738360	781570	808173	810039	898847	891595	895187	901354	250647
七、所有者权益	2571334	2373237	2161598	2229051	2341812	2376674	2804642	2659041	2740381	2795120	2880000	2999567	3100356	529021
其中：实收资本	476272	476272	476272	476272	476272	476272	740571	740572	740572	740572	740571	740571	762282	286010
八、其他	-5157319	-4037707	-2842191	-3649976	-3858395	-4097502	-5743347	-5393345	-5868799	-5712076	-6797635	-5363918	-5475586	-318267
资金来源总计	**62115713**	**65227501**	**68371348**	**71526027**	**72249220**	**73827123**	**75588395**	**75849688**	**75722709**	**78172491**	**77795085**	**80215207**	**82045192**	**19929479**

表 5

宁波市金融机构（含外资）人民币信贷资金运用分月统计

2009 年

单位：万元

项目	年初	一月	二月	三月	四月	五月	六月	七月	八月	九月	十月	十一月	十二月	比年初增减
一、各项贷款	56737117	58575112	60377143	62866079	63630287	64543075	67682968	69022758	70074990	71024856	71748181	72929630	74248698	17511581
1. 短期贷款	31976678	32300003	33120398	34238176	34064338	34451431	36082182	35873936	36388888	37335015	37674499	38483134	38935023	6958345
（1）工业贷款	12195066	12146669	12541951	12944677	12785825	12722265	13139315	12890806	12957094	13151282	13070383	13331615	13520897	1325831
（2）商业贷款	2969060	3031251	3089129	3131160	3110739	3192580	3244088	3273915	3315242	3401980	3479843	3593163	3726613	757552
（3）建筑业贷款	1205217	1243043	1304509	1343132	1358508	1308416	1365788	1243154	1256894	1237253	1308255	1353500	1361121	155905
（4）农业贷款	1534425	1563179	1574493	1624739	1642373	1661631	1715102	1755005	1805743	1883128	1930919	1857336	1973828	439403
（5）乡镇企业贷款	3369374	3377968	3414849	3522151	3527650	3580399	3732611	3743707	3807164	3940019	4043306	4141661	4051506	682132
（6）三资企业贷款	1110514	1079831	1073337	1099756	989274	959775	965075	941113	965437	1008866	979304	989738	964825	-145689
（7）私营企业及个体贷款	1114434	1114540	1118525	1180497	1174205	1245284	1390617	1447923	1527742	1671447	1703667	1737876	1797137	682704
（8）其他短期贷款	8478589	8743523	9003604	9392063	9475764	9781081	10529585	10578314	10753572	11041040	11158822	11478244	11539095	3060506
其中：个人短期消费贷款	2681341	2641004	2649185	2787464	2847013	2985783	3145759	3243461	3358335	3485171	3551882	3738764	3899115	1217774
2. 中长期贷款	21576658	22478246	23087485	24603803	25307070	25769002	26966770	28370721	29082847	29853353	30461967	30996702	31761404	10184746
（1）基本建设贷款	11666148	12212168	12618114	13726414	13913092	13941187	14334177	14772371	15247921	15488898	15645518	15736846	15664348	3998201
（2）技术改造贷款	126671	128653	133975	133557	133653	151985	146175	160015	169329	158035	163623	160393	157765	31094
（3）其他中长期贷款	9783839	10137425	10335396	10743832	11260326	11675830	12486418	13438335	13665598	14206420	14652827	15099463	15939291	6155452
其中：个人中长期消费贷款	5273461	5308990	5294528	5444457	5622090	5801899	6259035	6765204	7029415	7384995	7582548	8015044	8552972	3279511
3. 信托贷款														
4. 融资租赁	77841	78395	79483	74581	60963	70620	78619	82943	87787	100726	106631	108646	119097	41256
5. 委托贷款														

续表

项目	年初	一月	二月	三月	四月	五月	六月	七月	八月	九月	十月	十一月	十二月	比年初增减
6. 票据融资	3048401	3638888	3980253	3829683	4072850	4120622	4427832	4566559	4389174	3609963	3383242	3225811	3320130	271730
其中：贴现	3048401	3638888	3980253	3829683	4072850	4120622	4427832	4566559	4389174	3609963	3383242	3225811	3320130	271730
7. 各项垫款	57539	79580	109525	119835	125066	131400	127565	128599	126295	125799	121842	115338	113044	55504
二、有价证券及投资	2468823	2628313	2956921	2769838	2658615	2836952	2798725	2651556	2822072	3560028	3673380	4667298	5075652	2606829
三、应收及预付款	452601	534322	854439	509305	553956	632248	562403	687416	752004	760875	788167	1101970	678565	225964
其中：应收利息	119225	179966	236130	134901	181493	238110	139190	201177	252899	158503	233404	275520	163247	44022
四、同业往来（运用方）	75184	9214	214	3219	3939	55536	96050	168586	109600	57613	100215	108094	72426	-2758
五、行内资金往来（运用方）	730813	1317247	2566176	3681933	3900212	4269041	2946244	1724902	256287	942388	0	0	865841	135028
六、金银占款														
七、外汇占款	448797	369086	402178	494949	328681	276155	317808	391200	485169	497219	221039	113649	-246820	-695617
八、固定资产	842459	856408	859466	865522	862865	861840	866113	878113	888721	899642	919568	940941	954866	112407
九、库存现金	359919	937799	354811	335183	310664	352276	318083	325158	333866	429870	344534	353625	395964	36045
资金运用总计	**62115713**	**65227501**	**68371348**	**71526027**	**72249220**	**73827123**	**75588395**	**75849688**	**75722709**	**78172491**	**77795085**	**80215207**	**82045192**	**19929479**

表 6

宁波市金融机构（不含外资）人民币信贷资金来源分县统计

2009 年

单位：万元

项目	全市合计	市区	开发区	鄞州区	奉化市	余姚市	慈溪市	宁海县	象山县
一、各项存款	80786993	35917655	10301674	10665680	2109778	7531120	9967193	2247966	2045927
1. 企业存款	28962841	15053593	4180299	2915403	649404	2448076	2316848	720416	678802
（1）活期存款	18702086	9428189	2892835	2018932	458634	1683722	1259840	504178	455754
工业存款	3031223	1518581	527770	242484	84258	282453	196890	93065	85721
商业存款	2519136	1385767	330522	221656	49482	235385	164434	47545	84346
建筑企业存款	1978838	1085520	261801	240719	57188	122289	94659	37628	79034
城镇集体企业存款	84754	30098	4826	2730	1241	38612	4075	843	2330
乡镇企业存款	8640	3263	82	387		4853	55		
三资企业存款	1121288	413369	358271	184222	9242	54421	59399	16169	26194
私营企业及个体户存款	550858	198107	79311	108696	20987	64625	46165	20798	12169
其他企业存款	9395712	4791109	1329023	1017023	236235	879812	688637	288127	165746
单位卡活期存款	11637	2375	1230	1014	2	1271	5526	3	215
外资机构活期存款									
（2）定期存款	10260755	5625404	1287464	896471	190770	764354	1057008	216237	223048
企业定期存款	9567421	5097063	1234907	827729	180820	758751	1034713	213271	220167
单位银行卡定期存款	67	13	21	11				16	6
其他定期存款	693266	528327	52536	68731	9950	5602	22295	2950	2875
外资机构定期存款									
2. 财政存款	1557916	1144488	152528	231964	9252	808	17014	257	1605
3. 机关团体存款	4338833	2000126	549699	663898	137921	276310	330865	280307	99707
4. 储蓄存款	28674160	8694211	4061167	4537358	1157047	3405897	5042990	899390	876100
（1）活期储蓄	10033814	2880512	1107734	1350186	501449	1080823	1911074	585851	616185
（2）定期储蓄	18640347	5813698	2953433	3187172	655598	2325074	3131916	313540	259915
5. 农业存款	2472494	193663	230511	1111063	85150	257770	400040	89890	104408
6. 信托存款									
7. 委托存款	434164	290297	50905	22877	3	28968	39377	1615	122
8. 其他存款	14346585	8541277	1076565	1183117	71002	1113291	1820059	256090	285183
二、金融债券	565000	500000		40000		25000			
三、应付及暂收款	1705629	1100941	138412	139408	25257	105188	146097	24931	25394
其中：应付利息	730787	433330	59464	64663	12382	62277	78805	10311	9554
四、同业往来（来源方）	459371	377426	309	16260	5	31874	22427	11	11059
五、行内资金往来（来源方）		1635555			256225			755983	818474
六、各项准备	906140	478633	91367	103134	29091	56487	83677	27563	36188
其中：贷款损失准备	901252	474029	91255	103068	29091	56468	83652	27559	36131
七、所有者权益	3082042	1447915	296643	382940	83570	259360	404985	90608	116020
其中：实收资本	742282	536553	32890	56316	8983	15000	50258	11704	30578
八、其他	－5437827	－2185909	－733743	－641850	－116847	－532796	－963784	－128070	－134827
资金来源总计	**82067348**	**39272215**	**10094662**	**10705572**	**2387080**	**7476233**	**9660596**	**3018991**	**2918234**

表 7

宁波市金融机构（不含外资）人民币信贷资金运用分县统计

2009 年

单位：万元

项目	全市合计	市区	开发区	鄞州区	奉化市	余姚市	慈溪市	宁海县	象山县
一、各项贷款	74194714	33858746	8609391	8747742	2345238	6521560	8310209	2949792	2852035
1. 短期贷款	38892053	14362913	4195559	5540372	1417815	4183829	5959794	1614312	1617458
（1）工业贷款	13520897	4124322	1389874	1896579	540945	1799433	2503310	687293	579142
（2）商业贷款	3726613	1867843	427978	434857	47116	453628	337689	70235	87267
（3）建筑业贷款	1361121	880303	38914	187700	36941	105273	34025	22149	55816
（4）农业贷款	1973828	67448	154863	483259	171993	182577	652283	117486	143918
（5）乡镇企业贷款	4051506	378882	458906	1280737	125492	598843	1038688	95785	74173
（6）三资企业贷款	964825	377095	212395	122137	10446	38981	178817	24870	85
（7）私营企业及个体贷款	1797137	693481	116256	153177	119477	159830	255457	129773	169686
（8）其他短期贷款	11496125	5973539	1396374	981926	365405	845264	959526	466722	507370
其中：个人短期消费贷款	3899114	1359860	352364	303162	228487	339986	603527	362494	349233
2. 中长期贷款	31750390	17230677	4070639	2731719	915322	2176202	2111591	1321124	1193117
（1）基本建设贷款	15664348	9050449	2202005	1121660	397890	989355	950790	554140	398060
（2）技术改造贷款	157765	93185	23872	3000	4200	1800	18700	12007	1000
（3）其他中长期贷款	15928277	8087043	1844762	1607059	513232	1185047	1142100	754977	794057
其中：个人中长期消费贷款	8551958	3950729	736734	988871	357701	530315	713259	603581	670769
3. 信托贷款									
4. 融资租赁	119097	119097							
5. 委托贷款									
6. 票据融资	3320130	2056846	339305	466479	12102	153130	238825	12262	41182
其中：贴现	3320130	2056846	339305	466479	12102	153130	238825	12262	41182
7. 各项垫款	113044	89213	3888	9171		8400		2094	278
二、有价证券及投资	5075652	4327165	23690	486514	4665	38874	174197	10028	10518
三、应收及预付款	677801	435849	65441	77413	6511	22490	60280	5527	4289
其中：应收利息	162483	112987	10736	11291	2929	7354	9222	4246	3719
四、同业往来（运用方）	149426	77000	216	54710	5000		2500	10000	
五、行内资金往来（运用方）	865841		1347515	1185056		806910	992596		
六、金银占款									
七、外汇占款	-246820	-271379	-40138	53767	1694	4545	3214		1476
八、固定资产	954866	720197	46326	56278	8497	43363	43339	14982	21883
九、库存现金	395869	124637	42221	44092	15474	38490	74261	28661	28033
资金运用总计	**82067348**	**39272215**	**10094662**	**10705572**	**2387080**	**7476233**	**9660596**	**3018991**	**2918234**

表 8

宁波市金融机构（含外资）外汇信贷资金来源分月统计

2009 年

单位：万美元

项目	年初	一月	二月	三月	四月	五月	六月	七月	八月	九月	十月	十一月	十二月	比年初增减
一、各项存款	200699	203443	213833	247838	221933	215896	215981	208010	220604	221490	223206	234131	230653	29954
1. 单位活期存款	102453	92159	105199	114889	118762	115600	117016	114634	127484	112510	119888	126263	121285	18832
其中：中资企业存款（活期）	55176	54325	64374	66215	72184	68911	68912	66018	72340	68434	70897	73496	68082	12906
外商投资企业存款（活期）	21996	16196	15376	20415	16922	17155	22849	18858	24917	15714	17781	19043	16703	－5292
2. 单位定期存款	39518	50541	47420	69281	33958	30697	30065	21940	24707	41679	33263	36734	32609	－6910
其中：中资企业存款（定期）	12163	21567	18371	18770	12731	8530	8706	5114	6296	20007	14279	18856	15562	3399
外商投资企业存款（定期）	6370	7998	10720	23778	15496	17104	15715	13464	13395	16635	15481	12490	8638	2268
3. 储蓄存款	42821	42382	43568	45000	45637	45133	46339	46001	45671	45028	46025	45811	47164	4343
其中：定期存款	29410	29733	30183	31091	31331	31575	31737	31547	31221	31159	31457	31389	30880	1469
4. 信托存款														
5. 委托存款	101	102	102	101	102	103	202	416	626	919	985	1020	1000	899
6. 其他类存款	10008	12366	10962	11933	13439	14236	11370	15027	11646	10215	12028	12857	15876	5868
7. 境外存款	5797	5893	6583	6634	10034	10127	10989	9992	10470	11139	11019	11446	12719	6922
二、境外筹资	281	281	281	281	281	281	253	253	253	253	253	253	226	－55
三、同业存放	486	442	490	1173	1358	2695	1514	1970	4255	3913	2169	7124	6026	5540
其中：境外同业存放	44	18	8	691	867	654	588	273	2480	1127	488	1130	515	471
四、应付及暂收款	42127	40220	35614	33385	35405	24571	21807	26606	25073	33093	50808	64458	69276	27148
其中：应付及预提利息	1751	1441	1285	1236	1033	1055	1092	1108	1165	1313	1455	1538	1315	－436
五、同业拆入	2229	2414	2020	2639	2872	3292	4232	4368	3682	2970	3168	4334	4315	2086
其中：境外同业拆入	2229	2414	2020	2639	2872	3292	4232	4368	3682	2970	3168	4334	4315	2086
六、外汇买卖	40315	32696	49076	65956	58139	53821	60012	59961	73686	80194	41017	24021	－31687	－72002
其中：结售汇	13282	9214	－4613	－2375	－10850	－5918	－15558	6954	29890	26125	22275	19952	2615	－10667
七、境内联行存放	0	0	0	0	369	65777	116175	113054	105545	129824	156406	157625	179477	179477
八、境外联行存放	122	0	0	6074	6729	10167	15442	17747	17077	20337	21648	18600	7564	7441
九、证券业务款项														
十、各项准备	6928	6857	6834	6742	6599	7140	7651	7776	8007	8384	8624	9106	8681	1753
其中：贷款损失准备	3869	3799	3776	3769	3625	4167	4678	4802	5033	5410	5650	6133	5782	1912
十一、所有者权益	26434	21199	21440	19554	20359	20635	20219	22269	22674	23136	23417	23667	24152	－2282
其中：实收资本	19869	19866	19866	19868	19878	19871	18750	18750	18750	18750	18750	18750	18750	－1119
十二、其他	－23091	－27425	－49488	－64150	－75827	－74089	－78980	－79188	－59333	－50519	－24983	－15430	17912	41002
资金来源总计	**296530**	**280126**	**280102**	**319491**	**278217**	**330185**	**384306**	**382825**	**421524**	**473076**	**505734**	**527889**	**516593**	**220063**

表 9

宁波市金融机构（含外资）外汇信贷资金运用分月统计

2009 年

单位：万美元

项目	年初	一月	二月	三月	四月	五月	六月	七月	八月	九月	十月	十一月	十二月	比年初增减
一、各项贷款	207562	201142	191456	232008	217218	264415	331962	346851	372873	421817	440794	446366	426228	218666
1. 短期贷款	53960	48718	46560	74916	53559	76901	101469	111132	115101	132147	136141	144180	146246	92286
（1）境内短期贷款	53847	48685	46420	74834	53092	76148	98783	108837	114826	131745	135571	143424	145436	91589
其中：中资企业贷款（短期）	31423	29084	28652	31412	36509	53118	64895	71887	77984	87071	90734	98856	97134	65710
外商投资企业贷款（短期）	16971	16357	15818	27869	9559	12458	20372	23355	24027	27382	28328	31740	34693	17722
（2）境外短期贷款	113	33	140	83	466	754	2686	2295	276	401	570	756	809	697
2. 中长期贷款	53253	52882	51493	50763	54084	50645	48081	47442	47558	46262	46179	44066	42959	-10294
（1）境内中长期贷款	53253	52882	51493	50763	54084	50645	48081	47442	47558	46262	46179	44066	42959	-10294
其中：中资企业贷款（中长期）	8437	8358	7354	6329	6248	5977	5479	5171	5174	4718	4721	4723	6491	-1946
外商投资企业贷款（中长期）	21176	20953	20874	20637	24980	23157	22996	22657	22498	21790	21725	20718	20548	-628
（2）境外中长期贷款														
3. 进出口贸易融资	92629	90801	84904	97965	101162	128451	174100	179987	201717	234756	249870	249642	229163	136534
4. 票据融资	679	619	333	256	317	395	409	414	596	678	629	679	787	108
其中：贴现	534	506	251	236	216	223	201	370	311	411	411	427	416	-118
5. 融资租赁														
6. 信托贷款														
7. 委托贷款														
8. 各项垫款	6634	7715	7762	7704	7693	7620	7528	7503	7528	7600	7602	7427	6728	94
9. 境外筹资转贷款	407	407	404	404	404	404	377	373	373	373	373	373	346	-62
二、有价证券及投资	266	266	268	280	288	302	309	329	321	326	327	327	323	57
三、应收及预付款	40498	34508	31526	37878	36005	36815	33643	24306	24168	28412	45657	61259	66073	25575
其中：应收及预付利息	1932	2002	2226	2104	2354	2391	1858	1933	2188	2182	2637	2861	1819	-113
四、存放同业	28387	30807	29628	22739	20708	24964	15041	8116	21388	19026	15478	16304	20294	-8094
其中：存放境外同业	28387	30807	29628	22739	20708	24964	15041	8116	21388	19026	15478	16304	20294	-8094
五、拆放同业	1117	1475	693	707	684	264	268	149	151	172	183	229	225	-892
其中：拆放境外同业	1117	1475	693	707	684	264	268	149	151	172	183	229	225	-892
六、存放境内联行	15485	8960	23389	22562	0	0	0	0	0	0	0	0	0	-15485
七、存放境外联行	60	121	23	231	34	37	78	18	32	7	17	25	4	-56
八、证券业务占款														
九、库存现金	3154	2847	3118	3087	3279	3389	3006	3056	2591	3317	3278	3379	3446	292
资金运用总计	**296530**	**280126**	**280102**	**319491**	**278217**	**330185**	**384306**	**382825**	**421524**	**473076**	**505734**	**527889**	**516593**	**220063**

表 10

宁波市金融机构（不含外资）外汇信贷资金来源分县统计

2009 年

单位：万美元

项目	全市合计	市区	开发区	鄞州区	奉化市	余姚市	慈溪市	宁海县	象山县
一、各项存款	216990	116845	42204	15105	3619	13876	17947	4703	2692
1. 单位活期存款	121066	60302	24512	8750	2337	7533	12846	3158	1628
其中：中资企业存款	67932	36683	12408	4739	868	3444	7520	1452	819
外商投资企业存款	16634	6351	5763	1338	207	1043	1276	461	195
2. 单位定期存款	32609	16334	11699	2315	80	2050	29	20	81
其中：中资企业存款	15562	8855	6396	143	80	1	28	20	39
外商投资企业存款	8638	3524	1414	1800		1900			
3. 储蓄存款	45694	26099	4614	3366	1143	4040	4626	941	866
其中：定期存款	30223	17053	3313	2320	791	2762	2912	465	606
4. 信托存款									
5. 委托存款	1000	870	86	12		21	11		
6. 其他类存款	15876	12646	1293	522	59	230	426	583	116
7. 境外存款	745	594	0	140		1	10		
二、境外筹资	226	226							
三、同业存放	9208	8652	9	446	10	83	3		6
其中：境外同业存放	442			442					
四、应付及暂收款	69069	42906	8112	8363	460	2198	6832	188	11
其中：应付及预提利息	1307	968	125	92	12	42	22	37	8
五、同业拆入	8033	8033							
其中：境外同业拆入	531	531							
六、外汇买卖	-31687	-35285	-5878	7874	248	667	471		216
其中：结售汇	2615	-983	-5878	7874	248	667	471		216
七、境内联行存放	168591	96830	48283			22820	12024		1684
八、境外联行存放	7564	2948	1979			2636			
九、证券业务款项									
十、各项准备	8366	4298	457	416	12	763	1341	534	545
其中：贷款损失准备	5473	4297	457	126	12	298	214	36	33
十一、所有者权益	8139	5467	1185	439	29	237	574	-4	212
其中：实收资本	5000	5000							
十二、其他	28101	16406	4886	5303	78	225	907	220	77
资金来源总计	**492599**	**267325**	**101238**	**37946**	**4455**	**43504**	**40099**	**5640**	**5442**

表 11

宁波市金融机构（不含外资）外汇信贷资金运用分县统计

2009 年

单位：万美元

项目	全市合计	市区	开发区	鄞州区	奉化市	余姚市	慈溪市	宁海县	象山县
一、各项贷款	412132	217262	92880	21466	1899	40322	31525	1932	4845
1. 短期贷款	141642	81810	34428	7439	99	12054	5229	582	
（1）境内短期贷款	141642	81810	34428	7439	99	12054	5229	582	
其中：中资企业贷款	96111	57584	19545	5608		9682	3109	582	
外商投资企业贷款	32473	20181	7583	1381	99	1933	1297		
（2）境外短期贷款									
2. 中长期贷款	40943	28259	11292			154	1238		
（1）境内中长期贷款	40943	28259	11292			154	1238		
其中：中资企业贷款	6391	5644	593			154			
外商投资企业贷款	18634	17396					1238		
（2）境外中长期贷款									
3. 进出口贸易融资	221686	100853	46500	13899	1800	27621	24819	1349	4845
4. 票据融资	787	371	416						
其中：贴现	416		416						
5. 融资租赁									
6. 信托贷款									
7. 委托贷款									
8. 各项垫款	6728	5623	244	129		492	240		
9. 境外筹资转贷款	346	346							
二、有价证券及投资									
三、应收及预付款	65872	38999	8139	6734	424	2813	7589	653	521
其中：应收及预付利息	1729	1128	233	63	7	211	75	4	9
四、存放同业	11243	8831		1659		129	624		
其中：存放境外同业	11243	8831		1659		129	624		
五、拆放同业									
其中：拆放境外同业									
六、存放境内联行				7999	2075			2976	
七、存放境外联行	4	4							
八、证券业务占款									
九、库存现金	3349	2229	219	88	57	240	361	79	76
资金运用总计	**492599**	**267325**	**101238**	**37946**	**4455**	**43504**	**40099**	**5640**	**5442**

表 12

2001～2009 年宁波市金融机构个人消费贷款明细表

单位：万元

行列名称	2001 年	2002 年	2003 年	2004 年	2005 年	2006 年	2007 年	2008 年	2009 年
个人消费贷款	849547	1421486	2319200	3088380	3233683	4308666	6833288	7954597	12452480
个人住房贷款	613759	986155	1462895	2155037	2406901	2782732	4199514	4679376	7933110
个人住房装修				107802	63017	31356	17240	106887	169960
汽车贷款	70879	137201	244473	205596	143679	136665	206517	273265	328073
助学贷款	2701	5174	7873	8036	10237	12336	14186	12313	11450
大件耐用消费品	299	5950	3599	71	277	80			
旅游贷款	2390							5	
其他贷款	159519	287005	600361	607198	602465	1332275	2350344	2662733	3726520
个人卡透支				4640	7107	13222	45487	220019	283367

注：2009 年起含外资银行。

表 13

宁波市金融机构（不含外资）个人消费贷款分县统计表

2009 年

单位：万元

行列名称	全市合计	市区	开发区	镇海	北仑	大榭	鄞州区	奉化	余姚	慈溪	宁海	象山
个人消费贷款	12451450	5310967	1089098	289324	790773	9002	1292033	586189	870301	1316786	966075	1020002
住房贷款	7933096	3599479	703780	168086	529280	6414	1017919	297461	482169	775859	456163	600266
个人住房装修贷款	169960	80734	5331	513	4818		26680	4733	2619	19046	16974	13843
汽车贷款	328073	188160	13613	8799	4814		3644	1632	38320	74135	6805	1764
助学贷款	11450	10101	188		188		219	125	122	466	222	6
大件耐用消费品贷款												
旅游贷款												
其他贷款	3725505	1149154	366178	111921	251670	2588	243570	282232	347067	447278	485907	404119
个人信用卡透支	283367	283339	7	5	2		1	7	3	2	4	4

表 14

宁波市金融机构（不含外资）个人消费贷款分机构统计表

2009 年

单位：万元

行列名称	全市	工行	农行	中行	建行	交行	中信	光大	华夏	广发	深发	招商	浦发	兴业	民生	浙商	宁波	上海	包商	温州	泰隆	临商	杭州	城信	农村合作	村镇	邮储
个人消费贷款	12451450	1940920	1586220	1648946	1989906	452997	197254	532813	34891	124540	309900	618647	564518	277039	116854	13042	1675696	60451	14042	1413	1403	3583	7864	15371	165456	2479	95205
个人住房贷款	7933096	1216166	1124945	1391546	1522464	347988	147382	323871	7486	109800	199947	521118	132696	263853	82305	2756	237129	19506	9969	318	505	2124	2254	6227	164982	1787	93972
个人住房装修	169960	5		7060	2	18593		251		2031		3288		324			125427		2553			1269		8529		567	61
汽车贷款	328073	5204	17109	55136	150948	26211	16	39053		1195		2677	427	148			27129		1520		370	190		615		125	
助学贷款	11450	6177	351	396	2271	50	579						1152												474		
大件耐用消费品																											
旅游贷款																											
其他贷款	3725505	713369	425406	194807	314165	60142	49278	169638	27405	11514	109953	91564	428603	12714	34549	10286	1022761	40945		1095	528		5610				1172
个人卡透支	283367		18408		56	13							1640				263250										

表 15

2001～2009 年宁波市金融机构不良贷款情况表

单位：亿元、%

项目		2001 年	2002 年	2003 年	2004 年	2005 年	2006 年	2007 年	2008 年	2009 年
不良贷款额	本外币	154.91	132.16	106.95	83.11	81.33	68.71	69.55	86.16	99.24
	本币	125.28	106.97	84.85	79.46	75.49	62.28			
	外币	29.63	25.19	22.10	3.65	5.83	6.43			
不良贷款率	本外币	14.30	8.74	4.95	3.20	2.64	1.76	1.40	1.48	1.29
	本币	12.11	7.32	4.10	3.21	2.56	1.67			
	外币	67.97	50.44	23.69	3.04	4.50	3.52			

注：2001～2003 采用“一逾两呆”分类。

2004～2006 年主要金融机构采用“贷款五级”分类。

2007 年起全部金融机构采用“贷款五级”分类。

（二）金融市场

表 16

宁波市金融机构资金融通业务统计表

2009 年

同业拆借统计　　单位：万元

期限结构	2009 年 1 月		2009 年 2 月		2009 年 3 月		2009 年 4 月		2009 年 5 月		2009 年 6 月	
	拆借金额	加权利率	拆借金额	加权利率	拆借金额	加权利率	拆借金额	加权利率	拆借金额	加权利率	拆借金额	加权利率
1 天	2000	1.5500	173200	0.8445	263000	0.8067	130000	0.8038	176000	0.8169	374440	0.9052
7 天					62440	0.9628	129410	0.8722	40540	0.9480	78470	1.0141
14 天			11000	0.5000	44540	0.9300	4540	0.9500	8970	0.9464	30000	1.2200
21 天											4540	1.1600
1 个月									20000	1.0100		
3 个月											20000	1.7000
合计	**2000**	**1.5500**	**184200**	**0.8239**	**369980**	**0.8479**	**263950**	**0.8235**	**245510**	**0.8870**	**507450**	**1.1569**

期限结构	2009 年 7 月		2009 年 8 月		2009 年 9 月		2009 年 10 月		2009 年 11 月		2008 年 12 月	
	拆借金额	加权利率	拆借金额	加权利率	拆借金额	加权利率	拆借金额	加权利率	拆借金额	加权利率	拆借金额	加权利率
1 天	100000	1.3775	60000	1.0577	229660	1.1714	270000	1.2153	878000	1.1951	1313000	1.1719
7 天	168480	1.6085	75920	1.3718	147610	1.3530	100000	1.2157	50000	1.2200	420000	1.1615
14 天	200000	1.6078									30000	1.4000
21 天												
1 个月							30000	1.8000	300000	1.7116	226800	1.7492
3 个月	10000	1.7300							70000	1.7464	66500	1.8591
4 个月	20000	2.6134							130000	1.8403	64000	1.8300
12 个月			20000	2.8000	30000	2.0000	130000	2.3231				
合计	**498480**	**2.2317**	**155920**	**2.4775**	**407270**	**1.6929**	**530000**	**1.6792**	**1428000**	**1.4817**	**2120300**	**1.2859**

表 17

宁波市金融机构再贴现及相关数据统计表

2009 年

单位：万元

项目	商业汇票				贴现				再贴现			
	余额	比同期	年累计发生额	比同期	余额	比同期	年累计发生额	比同期	余额	比同期	年累计发生额	比同期
银行承兑汇票	14968006	2377758	34194953	6452220	2946780	340628	23888009	4515062	15302	15302	17511	14776
工商银行	631392	-30637	1471327	-111055	60096	-246228	2757092	1533219				
农业银行	712465	174682	1585718	350563	607064	-21070	4016805	-915917				
中国银行	1214518	402617	2871078	1052990	178414	112023	648943	491346				
建设银行	978997	359546	3145485	1812309	182654	2600	620904	92387				
其他银行	8434767	393121	18824898	1469031	1192127	690202	10272830	3536363	14925	14925	17134	17134
政策性银行	4900	-2500	17200	7920	302	-898	1124	-11591				
城市商业银行	2362020	935056	4808989	1682796	142014	-150376	1044554	-502709	377	377	377	377
城市信用社	18075	1704	34503	4068	23263	14757	113402	85690				
农村信用社	610872	144169	1435755	183598	560846	-60382	4412355	206274				-2735
信托（财务）公司												
其他非银行金融机构												
商业承兑汇票					377207	-71931	3198870	-1020357	100	100	100	100
总计	**14968006**	**2377758**	**34194953**	**6452220**	**3323987**	**268697**	**27086879**	**3494705**	**15402**	**15402**	**17611**	**14876**

表 18

宁波市金融机构票据转贴现业务相关情况统计表

2009 年

单位：万元

项目	余额	比同期	年累计发生额	比同期
一、银行承兑汇票	14968006	2377758	34194953	6452220
其中：保证金	7209989	406272	—	—
存单质押	1339277	702713	—	—
二、贴现及买断式转贴现	3323987	268697	27086879	3494705
1. 企业贴现	1656912	38735	12701553	875969
其中：异地	174544	-435606	815188	28224
银行承兑汇票	1402457	153324	10443045	1565230
商业承兑汇票	254455	-114589	2258508	-689261
2. 买断式转贴现（转入）	1667075	229962	14385326	2618736
其中：异地	496489	185382	7567948	2296878
系统外	570888	172271	8648824	2482968
银行承兑汇票	1544323	187304	13444964	2949832
商业承兑汇票	122752	42658	940362	-331096
3. 买断式转贴现（转出）	—	—	16949453	1194813
其中：异地	—	—	10909478	1146820
系统外	—	—	7219320	1076788
三、回购式转贴现	—	—	—	—
1. 买入返售票据	663894	-545915	3635911	280128
其中：异地	663894	-545915	3484996	266566
系统外	663894	-545915	3635911	564705
国有银行	0	0	519124	514124
其他商业银行	140815	-134464	1075652	172402
外资银行	0	0	0	0
其他金融机构	523079	-411451	2041135	-406398
2. 卖出回购票据	227955	-275412	2582158	905081
其中：异地	227955	-275412	2430755	1027604
系统外	227955	-241912	2053164	466658
国有银行	227955	157780	1063832	719414
其他商业银行	0	-433192	1417006	316142
外资银行	0	0	0	0
其他金融机构	0	0	101320	-130475
四、再贴现	15402	15402	17611	14876
其中：卖出回购票据	100	100	100	100
商业承兑汇票	100	100	100	100

表 19

宁波市证券业股票、基金、国债交易业务统计表

2009 年

单位：万元

项目名称 机构名称	A 股代理成交额	基金（封闭式）代理成交额	B 股代理成交额（折人民币）	国债代理成交额	权证代理成交额	其他债券、证券代理成交额	代理成交额合计
太平洋证券宁波中山东路证券营业部	696944. 16	6874. 57	2101. 64	2147. 04	11456. 43	10623. 39	730147. 23
齐鲁证券宁波中兴路证券营业部	1497387. 59	4428. 25	16412. 50	158. 14	78151. 16	0. 00	1596537. 64
国信证券宁波百丈东路证券营业部	1723845. 11	7812. 73	851. 13	548. 78	75286. 97	40. 00	1808384. 72
财通证券宁波天童北路证券营业部	2270161. 03	5989. 95	635. 19	1054. 80	152291. 73	292. 50	2430425. 20
齐鲁证券慈溪天九街证券营业部	3887060. 58	13175. 31	1689. 21	562. 17	114437. 93	0. 00	4016925. 20
金元证券宁波灵桥路证券营业部	1752010. 66	3403. 05	145. 17	2973. 81	114621. 34	0. 00	1873154. 03
方正证券宁波镇明路证券营业部	3025940. 87	2492. 22	1168. 45	113. 05	92300. 60	117. 94	3122133. 13
国泰君安证券余姚阳明西路营业部	1711562. 78	146737. 54	179. 15	497. 25	221004. 03	0. 00	2079980. 75
山西证券宁波百丈东路营业部	1365278. 05	5949. 23	8389. 82	388. 19	101314. 73	0. 00	1481320. 02
民族证券宁波中山西路营业部	3440217. 50	49858. 26	1778. 61	0. 00	430526. 65	862. 18	3923243. 20
光大证券解放南路营业部	7686843. 17	30972. 61	5064. 33	3343. 63	584000. 70	0. 00	8310224. 44
光大证券中山西路营业部	3982961. 35	36429. 88	6739. 95	5652. 90	127641. 10	0. 00	4159425. 18
光大证券彩虹南路营业部	4204157. 02	17751. 78	3737. 12	934. 59	594531. 46	0. 00	4821111. 97
光大证券灵桥路营业部	3903759. 77	22549. 92	4185. 63	3346. 30	284874. 35	0. 00	4218715. 97
光大证券槐树路营业部	3339989. 35	109537. 95	3000. 91	2526. 65	80004. 83	0. 00	3535059. 69
光大证券孝闻街营业部	5507001. 44	392821. 86	7423. 21	24080. 90	204249. 65	0. 00	6135577. 06
光大证券新契营业部	4398007. 68	22208. 04	12416. 26	2721. 62	213205. 62	0. 00	4648559. 22
光大证券镇海城关镇营业部	4699678. 58	27955. 10	11300. 79	9320. 79	245617. 92	0. 00	4993873. 18
光大证券慈溪浒山营业部	10389275. 32	123915. 57	23970. 33	3512. 52	341256. 80	0. 00	10881930. 54
光大证券奉化南山路营业部	3906401. 83	13532. 33	6319. 85	3299. 52	120656. 03	0. 00	4050209. 56
光大证券象山丹城步北路营业部	4017825. 69	10227. 27	2801. 18	770. 42	132006. 12	0. 00	4163630. 68
光大证券慈溪新城大道营业部	554469. 76	4016. 01	0. 00	684. 19	17773. 75	0. 00	576943. 71
光大证券宁海徐霞客大道营业部	4116567. 05	5691. 88	3943. 12	1062. 67	286016. 30	0. 00	4413281. 02

续表

项目名称 / 机构名称	A股代理成交额	基金（封闭式）代理成交额	B股代理成交额（折人民币）	国债代理成交额	权证代理成交额	其他债券、证券代理成交额	代理成交额合计
光大证券余姚阳明西路营业部	69033.89	516.89	0.00	17.32	711.17	0.00	70279.27
海通证券宁波解放北路营业部	5448437.08	30147.73	46946.01	13861.79	169531.90	15120.08	5724044.59
海通证券宁波百丈东路营业部	3419327.04	16406.87	8903.63	6810.16	866748.12	51413.70	4369609.52
银河证券宁波大庆南路营业部	7522544.46	34467.84	19900.53	11197.93	257245.56	254.14	7845610.46
银河证券宁波解放南路营业部	9937545.76	125963.60	17808.50	7881.94	660770.46	616.46	10750586.72
银河证券宁波翠柏路营业部	5052484.67	31645.79	18607.21	12711.92	435000.09	0.00	5550449.68
银河证券长春路营业部	2491835.78	18826.53	16917.97	4030.80	61681.94	0.00	2593293.02
申银万国宁波大梁街营业部	5390539.10	39470.22	22397.38	2832.24	107594.47	0.00	5562833.41
申银万国宁波中山东路营业部	3211297.95	16978.54	20586.36	13714.07	147566.17	0.00	3410143.09
国泰君安宁波彩虹北路营业部	8637747.83	56006.97	27917.08	10378.08	1280910.24	0.00	10012960.20
中信金通证券宁波江东北路营业部	5526054.28	46776.94	24145.01	21430.99	232640.73	180710.00	6031757.95
华泰证券宁波柳汀街营业部	3733849.65	19798.96	9381.44	2202.34	796515.96	0.00	4561748.35
中信金通证券余姚营业部	8629521.97	21428.68	0.00	12019.19	604629.04	0.00	9267598.88
中信建投证券曙光路营业部	3605957.22	11394.36	3759.23	2876.17	127272.07	6155.19	3757414.24
爱建证券人民路营业部	799641.01	4703.05	521.72	203.21	20987.71	0.00	826056.70
爱建证券中山西路营业部	1936037.75	7401.22	4654.07	2219.86	47741.11	0.00	1998054.01
爱建证券石板巷营业部	3056872.82	16941.65	2867.81	5571.89	344740.86	0.00	3426995.03
爱建证券兴宁路营业部	1121355.32	2403.59	4908.04	255.61	81118.85	0.00	1210041.41
广发证券宁波环城西路营业部	2475117.43	38184.63	2126.14	37736.84	157986.05	723.54	2711874.63
浙商证券宁波四明中路营业部	71833.88	52.95	210.14	0.29	1836.42	1094.68	75028.36
南京证券宁波锦寓路营业部	54565.79	0.18	99.87	0.00	134.68	0.00	54800.52
招商证券宁波福明路营业部	1218619.49	1740.57	871.65	387.91	72665.00	330.00	1294614.62
安信证券宁波和义路营业部	1500470.99	18465.08	8418.60	140735.22	3189176.96	0.00	4857266.85
合计	**166988037.50**	**1624054.15**	**386201.94**	**378775.70**	**14288431.76**	**268353.80**	**183933854.85**

表 20

宁波市期货交易业务统计表

2009 年

单位：万元

机构名称	交易金额
宁波杉立期货经纪有限公司	43019700
其中：宁波杉立期货经纪有限公司慈溪营业部	12303756
浙江省永安期货经纪有限公司宁波营业部	33984477
南华期货经纪有限公司宁波营业部	25983321
上海浙石期货经纪有限公司宁波营业部	5707461
光大期货有限公司宁波营业部	12684426
浙江大地期货经纪公司宁波营业部	29008976
浙江大越期货经纪有限公司余姚营业部	12939905
中国国际期货经纪有限公司宁波营业部	6974428
浙江省永安期货经纪有限公司余姚营业部	5677838
南华期货经纪有限公司慈溪营业部	11546130
浙江天马期货经纪有限公司宁波营业部	10774177
国泰君安期货有限公司宁波营业部	4882508
东海期货有限责任公司宁波营业部	2480725
合计	**205664071**

表 21　　宁波市同城支付清算人民币业务量统计表

2009 年　　单位：笔、万元

行名	电子交换		手工交换	
	往账笔数	往账金额	提出笔数	提出金额
人民银行	1957224	20197113	0	0
国开银行	514	781988	0	0
农发银行	3898	343228	38	2761
工商银行	3554179	65472102	6399	72315
农业银行	2136535	55006784	10498	69478
中国银行	1079456	25475061	4178	54663
建设银行	1799995	53924424	3934	60796
交通银行	681393	24451251	2214	35490
浦发银行	555149	19727859	1750	34715
深发银行	52359	4574831	172	4677
广发银行	78828	5327767	205	2813
光大银行	99307	7144917	304	3911
招商银行	214256	9496674	519	5616
中信银行	151828	11825726	403	10171
兴业银行	109639	7317623	160	4703
民生银行	72979	5080652	130	677
浙商银行	22523	2290927	30	1446
华夏银行	8228	1096798	5	184
邮储银行	4851	419885	822	6917
宁波银行	2456327	57481639	8375	79937
上海银行	19424	2537232	34	583
包商银行	3863	621055	0	0
临商银行	3707	471166	10	949
温州银行	1714	1141845	0	0
泰隆银行	9004	502829	12	2682
杭州银行	1824	379791	1	1
省联宁波	2127745	32406014	8285	77912
鄞州银行	3696818	15996709	1822	19016
象山绿叶	57480	1327774	216	1741
民生村镇	290	24073	0	0
恒生银行	1466	49496	0	0
汇丰银行	569	24947	0	0
其它机构	20292680	835726	0	0
合计	**41256052**	**433755906**	**50516**	**554154**

表 22 **宁波市银联成员机构基本情况表**

2009 年止 单位：张、个

机构名称	总发卡量	信用卡	借记卡	ATM
工商银行	2789963	528003	2261960	373
农业银行	4498656	220806	4277850	627
中国银行	1879040	339950	1539090	202
建设银行	2876788	371181	2505607	442
交通银行	962884	209465	753419	166
浦发银行	872266	377336	494930	166
广发银行	382272	245275	136997	61
光大银行	909167	157268	751899	122
招商银行	1101720	345655	756065	117
深发银行	344714	33913	310801	14
中信银行	441989	128381	313608	81
兴业银行	376097	159587	216510	47
民生银行	343235	172039	171196	72
宁波银行	2931330	831149	2100181	187
邮储银行	3946101	0	3946101	181
浙商银行	16999	0	16999	5
鄞州银行	1001792	59167	942625	153
上海银行	77330	58091	19239	8
华夏银行	15321	4163	11158	5
宁波农信	917528	8324	909204	238
泰隆银行	10094	1124	8970	3
临商银行	770	0	770	2
温州银行	3550	462	3088	2
杭州银行	1188	159	1029	2
合计	**26700794**	**4251498**	**22449296**	**3276**

·金融机构业务统计·

（一）银行

1. 资产、负债

表 23

宁波银行资产负债表

2009 年

单位：元

资产	期初数	期末数	负债及所有者权益	期初数	期末数
资产：			负债：		
现金及存放中央银行款项	13346726265.07	21106693356.26	同业及其他金融机构存放款项	594017350.41	18864307371.39
存放同业款项	6444372416.24	8818769457.43	拆入资金	133048500.00	9035021079.00
拆出资金	880167000.00	536550000.00	衍生金融负债	152272011.44	1028347193.07
交易性金融资产	1575561080.00	622410320.93	卖出回购金融资产款	10621096632.00	6952573869.66
衍生金融资产	225572210.81	1029475099.74	吸收存款	76221739664.41	110752461498.14
买入返售金融资产	9718457880.00	8227171094.64	应付职工薪酬	120967161.42	121367484.91
应收利息	427812841.75	477100780.09	应交税费	151927090.83	270218507.03
发放贷款和垫款	48466377755.41	80767830156.32	应付利息	461330593.89	671543869.26
可供出售金融资产	113775850.00	1814758860.00	预计负债	19065928.17	0.00
持有至到期投资	14102996773.68	11735106625.81	应付债券	0.00	4971339901.84
应收款项类投资	1000000000.00	25628003934.42	递延所得税负债	88966003.87	314934244.64
长期股权投资	13250000.00	13250000.00	其他负债	5893756162.39	627768220.36
投资性房地产	197047940.77	456072217.85	负债合计	94458187098.83	153609883239.30
固定资产	835962808.28	926722817.14	所有者权益：		
无形资产	85900041.50	97886578.59	股本	2500000000.00	2500000000.00
递延所得税资产	107205899.37	314631010.92	资本公积	3918671554.23	3898205241.70
其他资产	5722003858.04	779433506.78	盈余公积	376193807.74	521938344.55
			一般风险准备	389167244.12	558167906.61
			未分配利润	1620970916.00	2263671084.76
			所有者权益合计	8805003522.09	9741982577.62
资产总计	**103263190620.92**	**163351865816.92**	**负债和所有者权益总计**	**103263190620.92**	**163351865816.92**

表 24

象山县绿叶城市信用社资产负债表

2009 年

单位：元

资产	期初数	期末数	负债及所有者权益	期初数	期末数
资产：			负债：		
现金及存放中央银行款项	176810348.23	185025686.86	向中央银行借款		
存放同业款项	422499905.01	419264261.51	同业及其他金融机构存放款项	100000000.00	100000000.00
贵金属			拆入资金		
拆出资金			交易性金融负债		
交易性金融资产			衍生金融负债		
衍生金融资产			卖出回购金融资产款		
买入返售金融资产			吸收存款	1406629240.36	1624701799.84
应收利息	3468497.50	2731588.06	应付职工薪酬	286160.19	19390.73
发放贷款及垫款	963922661.04	1193435531.76	应交税费	3674587.43	3973871.76
可供出售金融资产			应付利息	10028360.41	6140251.71
持有至到期投资	42147588.67	41990594.43	预计负债		
长期股权投资			应付债券		
投资性房地产	13049727.26	1250127.47	递延所得税负债	4662869.52	4815309.74
固定资产	52599740.45	61345862.32	其他负债	1723355.38	4724217.36
无形资产	6138379.85	6141328.05	负债合计	1527004573.29	1744374841.14
递延所得税资产			所有者权益：		
其他资产	8693144.71	9147546.30	实收资本（股本）	139000000.00	139000000.00
			资本公积	14871077.45	14490052.01
			减：库存股		
			盈余公积	5593734.09	6080241.19
			一般风险准备		
			未分配利润	2860607.89	16387392.42
			外币报表折算差额		
			归属于母公司所有者权益		
			少数股东权益		
			所有者权益合计	162325419.43	175957685.62
资产合计	**1689329992.72**	**1920332526.76**	**负债和所有者权益总计**	**1689329992.72**	**1920332526.76**

表 25

宁波市农村合作金融机构资产负债表

2009 年

单位：元

资产	期初数	期末数	负债及所有者权益	期初数	期末数
流动资产：			流动负债：		
现金及周转金	944485473.44	1066563369.93	短期存款	20498864377.11	26594578058.11
存放中央银行款项	15339194499.25	18048696813.32	短期储蓄存款	28865581821.84	33659192312.41
专项央行票据			向中央银行借款	331170000.00	471170000.00
央行专项扶持资金	941510000.00	941510000.00	央行拨付专项票据资金	941510000.00	941510000.00
存放同业款项	13363906933.36	14228979064.31	同业存放款项	3393546287.21	3463855176.06
存放联行款项			联行存放款项	14927870.85	49435339.26
拆放同业		72002643.26	同业拆入	130000000.00	234898550.00
拆放金融性公司			卖出回购证券款	39315000.00	
买入返售资产	1734800000.00	2059600000.00	金融性公司拆入		
短期贷款	49130331135.37	60576892721.56	应解汇款	53225875.28	79150308.21
待处理抵债资产	442302809.74	424324751.29	汇出汇款	1568803882.66	1340908609.20
应收账款	26991803.31	44206210.68	应付账款	1078231392.19	994037311.75
拨付营运资金			拨入营运资金		
其他应收款	216243231.29	345109801.39	其他应付账款	717409903.40	657737450.50
贴现	6222268436.09	5743890890.22	应付工资	72360762.42	55135668.33
短期投资	495482623.91	1511885069.86	应付福利费		
待处理流动资产净损失			应缴税金	282065103.65	245374407.51
一年内到期的长期投资			应缴代扣利息税	4941496.35	1062196.33
预计资产	4667027977.93	6006970891.91	应付利润	1076261.14	1107281.58
流动资产合计	93524544923.69	111070632227.73	预提费用		
			发行短期债券		
长期资产：			一年内到期的长期负债	23879855801.06	28398741322.71
中长期贷款	1536275719.66	2864444136.27	预计负债	4667027977.93	6006970891.91

续表

资产	期初数	期末数	负债及所有者权益	期初数	期末数
逾期贷款	198414127.64	154436587.12	流动负债合计	86539913813.09	103194864884.37
呆滞贷款	1212618176.04	1130645766.92	长期负债：		
呆账贷款	50739591.00	22661600.00	长期存款	841349398.59	658409425.03
减：贷款呆账准备	2084482575.57	2160398662.23	长期储蓄存款	4010907004.65	4485440808.41
长期存放银行款项	0.00	0.03	保证金	2681836516.88	3665055496.90
长期投资	5187675723.10	5805655086.44	发行长期债券	675120000.00	666866666.00
固定资产原值	1708384526.33	1720352501.66	长期借款		
减：累计折旧	715786975.86	800109337.02	长期应付款		
固定资产净值	988812427.47	920243164.64	待转资产价值		
固定资产清理	6592042.76	43654.55	长期负债合计	8209212920.12	9475772396.34
在建工程	293609455.90	232276168.32	负债总计	94749126733.21	112670637280.71
待处理固定资产净损失	1200000.00	1200000.00	所有者权益：		
长期资产合计	7391454688.00	8971207502.06	实收资本	1707070727.00	1974184262.87
			其中：股本金	1707070727.00	1974184262.87
无形、递延资产：			资本公积	126107563.90	188263562.72
无形资产	111164432.45	413910227.12	盈余公积	706200933.21	1107372714.62
递延资产	17965885.05	21892597.06	其中：公益金	1280237.74	
无形、递延资产合计	129130317.50	435802824.18	一般准备	1901567847.01	1933242651.22
			本年利润		
			未分配利润	1855056124.86	2603942081.83
			减：未弥补历年亏损		
			所有者权益合计	6296003195.98	7807005273.26
资产总计	**101045129929.19**	**120477642553.97**	**负债及所有者权益总计**	**101045129929.19**	**120477642553.97**

表 26

宁波国际银行资产负债表

2009 年

单位：美元

资产	期初数	期末数	负债及所有者权益	期初数	期末数
资产：			负债：		
现金及存放中央银行款项	16845427.00	17434390.00	同业存放款项	465185.00	746793.00
存放同业款项	167375224.00	151721186.00	吸收存款	107577575.00	179953125.00
拆出资金	59654804.00	77337100.00	应付职工薪酬	53364.00	110793.00
以公允价值计量且其变动计入当期损益的金融资产	2661300.00	3230400.00	应交税费	269839.00	291576.00
应收利息	1785939.00	817487.00	应付利息	66850.00	34734.00
发放贷款和垫款	31270602.00	60742101.00	递延所得税负债		57600.00
固定资产	1125735.00	846562.00	其他负债	51827664.00	8175793.00
无形资产	181812.00	153114.00	负债合计	160260477.00	189370414.00
递延所得税资产	84675.00		所有者权益：		
其他资产	218546.00	212924.00	实收资本	100000000.00	100000000.00
			储备基金	7499935.00	7718061.00
			一般风险准备	2583107.00	2898043.00
			未分配利润	10860545.00	12508746.00
			外币折算差额		
			所有者权益合计	120943587.00	123124850.00
资产总计	**281204064.00**	**312495264.00**	**负债及所有者权益总计**	**281204064.00**	**312495264.00**

表 27

象山国民村镇银行资产负债表

2009 年

单位：元

资产	期初数	期末数	负债及所有者权益	期初数	期末数
资金及周转资金	5494650. 98	6128705. 24	短期存款	53685808. 28	160267014. 59
存放中央银行款项	9025122. 58	21893055. 89	短期储蓄存款	73113920. 98	85768168. 68
存放同业款项	92565853. 84	119051486. 66	应付账款	59981. 71	266013. 89
短期贷款	97150000. 00	182030000. 00	其他应付款	80465. 80	52287. 56
减：呆账准备	971500. 00	1880300. 00	应付工资	350000. 00	420000. 00
其他应收款	80551. 46	170282. 50	应交税金	88325. 53	83218. 57
流动资产合计	203344678. 86	327393230. 29	应缴代扣利息税	590. 51	
固定资产原值	899195. 00	1236594. 70	流动负债合计	127379092. 81	246856703. 29
减：累计折旧	37806. 86	239242. 92	长期储蓄存款	1700. 00	35000. 00
固定资产净值	861388. 14	997351. 78	长期负债合计	1700. 00	35000. 00
长期资产合计	861388. 14	997351. 78	负债合计	127380792. 81	246891703. 29
递延资产	1803831. 57	1658810. 80	所有者权益		
无形、递延资产合计	1803831. 57	1658810. 80	实收资本	80000000. 00	80000000. 00
			盈余公积		1720000. 00
			未分配利润		1437689. 58
			减：未弥补历年亏损	1370894. 24	
			所有者权益合计	78629105. 76	83157689. 58
资产总计	**206009898. 57**	**330049392. 87**	**负债及所者权益总计**	**206009898. 57**	**330049392. 87**

表 28

慈溪民生村镇银行资产负债表

2009 年

单位：元

资产	期初数	期末数	负债及所有者权益	期初数	期末数
资产：			负债：		
现金及银行存款	644918.00	4990432.08	向中央银行借款		1000000.00
存放中央银行款项		53628362.26	联行存放款项		
贵金属			同业及其他金融机构存放款项		50000000.00
存放联行款项			拆入资金		
存放同业款项	100006250.00	105704860.70	交易性金融负债		
拆出资金			衍生金融负债		
交易性金融资产			卖出回购金融资产款		
衍生金融资产			吸收存款	644918.00	533186188.13
买入返售金融资产			应付职工薪酬		
应收款项类金融资产			应交税费		567277.00
应收利息		302420.80	应付利息		3146785.76
其他应收款		843019.99	其他应付款	465184.45	851101.28
发放贷款和垫款		514661710.80	预计负债		
可供出售金融资产			应付债券		
持有至到期投资			递延所得税负债		
长期股权投资			其他负债		
投资性房地产			负债合计	1110102.45	588751352.17
固定资产		3116944.89	所有者权益（或股东权益）：		
在建工程			实收资本（或股本）	100000000.00	100000000.00
固定资产清理			其中：国有资本		
无形资产		1415196.77	外商资本		
商誉			资本公积		
长期待摊费用		4240464.09	减：库存股		
抵债资产			盈余公积		15206.02
递延所得税资产			一般风险准备		136854.19
其他资产			未分配利润	−458934.45	
			外币报表折算差额		
			归属于母公司所有者权益合计		
			少数股东权益		
			所有者权益（或股东权益）合计	99541065.55	100152060.21
资产总计	**100651168.00**	**688903412.38**	**负债和所有者权益（或股东权益）总计**	**100651168.00**	**688903412.38**

2. 经营成果

表 29 **宁波银行损益表**

2009 年 单位：元

项目	金额	项目	金额
一、营业收入	4175505112.87	业务及管理费	1727595401.43
利息净收入	3553900055.22	资产减值损失	421768664.65
利息收入	5382436705.26	其他业务成本	906045.00
利息支出	1828536650.04	三、营业利润（亏损以“-”号填列）	1752769216.93
手续费及佣金净收入	451520159.30	加：营业外收入	15914878.68
手续费及佣金收入	521118609.41	减：营业外支出	18969844.75
手续费及佣金支出	69598450.11	四、利润总额（亏损总额以“-”号填列）	1749714250.86
投资收益（损失以“-”号填列）	14790272.10	减：所得税费用	292268881.76
公允价值变动收益（损失以“-”号填列）	37610757.93	五、净利润（净亏损以“-”号填列）	1457445369.10
汇兑收益（损失以“-”号填列）	102105751.74	六、每股收益：	
其他业务收入	15578116.58	（一）基本每股收益	0.58
二、营业支出	2422735895.94	（二）稀释每股收益	0.58
营业税金及附加	272465784.86		

表 30 **象山县绿叶城市信用社损益表**

2009 年 单位：元

项目	金额	项目	金额
一、营业收入	66365699.48	业务及管理费	38561824.98
利息净收入	62917603.00	资产减值损失	3844371.14
利息收入	93974426.75	其他业务成本	324877.37
利息支出	31056823.75	三、营业利润	19115837.98
手续费及佣金净收入	-168936.81	加：营业外收入	70130.00
手续费及佣金收入	395817.34	减：营业外支出	58157.36
手续费及佣金支出	564754.15	四、利润总额	19127810.62
投资收益	1309005.76	减：所得税费用	4966307.36
其中：对联营企业和合营企业的投资收益		五、净利润	14161503.26
公允价值变动收益		归属母公司所有者的净利润	
汇兑收益		少数股东损益	
其他业务收入	2308027.53	六、每股收益	
二、营业支出	47249861.50	（一）基本每股收益	
营业税金及附加	4518788.01	（二）稀释每股收益	

表 31　　宁波市农村合作金融机构损益表

2009 年　　单位：元

项目	金额	项目	金额
一、营业收入	5299922757.01	三、营业税金及附加	160183200.25
利息收入	4575844368.77	四、营业利润	1513550671.15
金融机构往来收入	584536994.18	加：投资收益	250838217.60
手续费收入	110534984.64	营业外收入	60905432.18
其他营业收入	29006409.92	减：营业外支出	35814964.77
二、营业支出	3626188885.61	加：以前年度损益调整	-61619.23
利息支出	1626584066.45	五、利润总额	1789417736.93
金融机构往来利息支出	168058807.21	减：所得税	462722779.99
手续费支出	39626643.83	六、净利润	1326694956.94
营业费用	1134227099.06	盈余社数	9
其他营业支出	657692269.06	盈余金额	1789417736.93

表 32　　宁波国际银行损益表

2009 年　　单位：美元

项目	金额	项目	金额
一、营业收入		二、营业支出	
利息收入	4711642	营业税金及附加	296312
利息支出	286659	业务及管理费	5239478
利息净收入	4424983	营业支出合计	5535790
手续费及佣金收入	2633965	三、营业利润	2741089
手续费及佣金支出	379885	加：营业外收入	179406
手续费及佣金净收入	2254080	减：营业外支出	2562
投资净损失		四、利润总额	2917933
公允价值变动净收益	569100	减：所得税费用	736670
汇兑损益	1028716	五、净利润	2181263
营业收入合计	8276879		

表 33

象山国民村镇银行损益表

2009 年

单位：元

项目	金额	项目	金额
一、营业收入	12803593.10	三、营业税金及附加 5331 科目	683349.29
利息收入	12375938.55	四、营业利润	4495024.70
金融机构往来收入	381582.98	加：营业外收入	89407.00
手续费收入	46071.57	减：营业外支出	1000.00
二、营业支出	7625219.11	五、利润总额	4583431.70
利息支出	1121582.80	减：所得税	1028566.08
手续费支出	143217.30	六、净利润	3554865.62
营业费用	5237758.41		
其他营业支出	1122660.60		

表 34

慈溪民生村镇银行损益表

2009 年

单位：元

项目	金额	项目	金额
一、营业收入	13747016.76	（二）业务及管理费	6931806.39
（一）利息净收入	13355477.70	（三）资产减值损失或呆账损失（转回金额以“－”号填列）	5198603.14
利息收入	17322724.55	（四）其他业务成本	
利息支出	3967246.85	三、营业利润（亏损以“－”号填列）	684465.88
（二）手续费及佣金净收入	82273.06	加：营业外收入	100.25
手续费及佣金收入	83079.86	减：营业外支出	26.43
手续费及佣金支出	806.80	四、利润总额（亏损以“－”号填列）	684539.70
（三）投资收益（损失以“－”号填列）		减：所得税费用	73545.04
其中：对联营企业和合营企业的投资收益		五、净利润（亏损以“－”号填列）	610994.66
（四）公允价值变动收益（损失以“－”号填列）		归属于母公司所有者的净利润	
（五）其他收入	309266.00	少数股东损益	
汇兑收益（损失以“－”号填列）		六、每股收益：	
其他业务收入	309266.00	（一）基本每股收益	
二、营业支出	13062550.88	（二）稀释每股收益	
（一）营业税金及附加	932141.35		

3. 信贷

表 35 **宁波市银行信用社本外币信贷资金来源运用分机构统计（一）**

汇率：6.8282 2009 年 单位：万元

项目	国开	农发	工行	农行	中行	建行	交行	中信	光大	华夏	广发	深发	招商	浦发	兴业
一、各项存款	638651	40535	10767438	8350550	7448174	8964609	3390080	2024672	2127000	570680	1443289	1480481	2063491	4972069	2016008
1. 企事业单位存款	638352	33885	3058278	2932134	3328207	2965042	1872909	769974	813591	284089	649137	377235	1123589	2286434	860421
（1）活期存款	604868	33685	2530694	2202573	2026941	2094588	1124294	528180	527295	104006	406283	245976	690375	1227062	447217
（2）定期存款	33484	200	527585	729560	1301266	870454	748614	241794	286296	180083	242854	131259	433214	1059372	413204
2. 储蓄存款	0	0	3884351	4829925	2832163	3269753	750343	404939	320367	61144	187379	190211	315125	636829	268544
（1）活期储蓄	0	0	1322977	2205234	793248	1251871	252895	87492	95720	7967	54904	49641	207413	187143	42065
（2）定期储蓄	0	0	2561373	2624691	2038915	2017882	497447	317448	224648	53178	132474	140570	107712	449685	226478
3. 其他存款	299	6650	3824809	588491	1287804	2729814	766829	849759	993042	225447	606773	913034	624777	2048806	887043
二、债券发行及境外筹资	0	0	0	0	0	1544	0	0	0	0	0	0	0	0	0
三、应付及款	3802	1065	344718	736680	125164	111073	164876	26186	23415	16040	17319	20930	31388	101642	33264
其中：应付及预提利息	365	0	198039	70684	75565	59211	20049	8133	13960	2058	5453	6879	11196	50938	17606
四、卖出回购资产	0	0	0	0	0	0	0	0	0	225913	0	0	0	0	0
五、向中央银行借款	0	0	0	0	0	0	0	0	0	0	0	0	0	0	0
六、同业往来	130142	36000	184983	722987	633823	450125	53914	144341	4755	0	0	146823	20195	1393485	80053
七、代理境内贷款资金	0	0	0	42000	0	0	0	0	0	0	0	0	0	0	0
八、各项准备	0	0	44158	168376	109198	326	18123	19316	57839	7129	9693	7770	61684	46237	40672
其中：贷款损失准备	0	0	44107	148511	108971	0	18123	19316	57839	7129	8976	7576	61534	44592	40391
九、所有者权益	80106	6756	256272	125559	103824	13920	69136	28347	29556	8373	20226	28218	27649	81573	30267

续表

项目	国开	农发	工行	农行	中行	建行	交行	中信	光大	华夏	广发	深发	招商	浦发	兴业
其中：实收资本	0	0	0	0	0	0	0	0	0	0	0	0	0	0	0
十、其他	3285569	326981	148635	-450151	-317178	-851396	-397193	-267825	435495	75514	-295561	18538	1099904	-1981458	-253284
资金来源总计	**4138270**	**411337**	**11746205**	**9696001**	**8103005**	**8690201**	**3298937**	**1975037**	**2678061**	**903651**	**1194965**	**1702759**	**3304311**	**4613549**	**1946980**
一、各项贷款	4025247	406289	11247927	8343252	7618991	8392985	3093523	1889645	2529911	642845	1107260	1435725	2973034	3677939	1925341
1. 短期贷款	796311	263096	3883921	4308485	2655302	2865596	1731776	1322034	1145049	513272	821379	757561	1452735	2466709	939188
2. 中长期贷款	3228837	142990	7042456	3166459	3996735	5235578	1196013	359866	1162604	128144	199257	504114	984226	1166749	793657
3. 其他贷款	0	0	246578	113183	753534	82361	48318	19860	44964	1429	11062	4855	41352	16046	6819
4. 票据融资	99	203	64825	747329	194834	184694	93441	183350	172145	0	69983	161199	494721	26960	162034
5. 各项垫款	0	0	10146	7796	18586	24756	23975	4535	5149	0	5579	7996	0	1475	23643
二、有价证券及投资	0	0	33316	21741	14768	16225	0	14039	6525	789	637	50000	0	44664	498
三、应收及预付款	12428	198	4313	666445	35338	38851	141503	5645	4642	13261	6284	10574	5242	54752	3562
其中：应收利息	6903	0	4046	15755	26002	17392	1307	3308	4410	0	1092	2326	4719	11633	2867
四、买入返售资产	0	0	0	0	0	0	0	28853	0	227653	0	139949	240654	0	0
五、存放中央银行存款	100594	4238	401937	581558	68917	46160	30766	14893	68247	12544	74523	50083	66938	144463	12495
六、同业往来	0	561	6664	18192	321435	160426	19490	16238	60706	6201	3252	15005	12700	676745	2723
七、库存现金	1	51	52047	64813	43556	35554	13655	5724	8030	358	3009	1423	5743	14985	2361
资金运用总计	**4138270**	**411337**	**11746205**	**9696001**	**8103005**	**8690201**	**3298937**	**1975037**	**2678061**	**903651**	**1194965**	**1702759**	**3304311**	**4613549**	**1946980**

表 36

宁波市银行信用社本外币信贷资金来源运用分机构统计（二）

2009 年

汇率：6.8282　　单位：万元

项目	民生	浙商	邮储	宁波	上海	包商	温商	泰隆	临商	杭商	民泰	城信	农合	村镇	外资
一、各项存款	1522265	950919	2160996	7650144	794696	461820	208685	171028	317807	311632	29241	172470	10026213	76924	145660
1. 企事业单位存款	644870	485247	103927	4580309	399847	338992	191730	118321	186732	182989	11656	92122	667949	14197	29135
（1）活期存款	462490	241890	84670	3262599	131590	126484	58019	81579	98343	114430	10546	39712	15525	6837	9307
（2）定期存款	182380	243357	19257	1317710	268257	212508	133711	36742	88389	68559	1110	52410	652424	7360	19828
2. 储蓄存款	213796	74462	2049705	2133882	77662	26050	15999	40708	24662	17740	17585	51911	6254100	36836	31463
（1）活期储蓄	55280	24433	806263	721445	17380	5281	4554	33190	3157	3430	11483	33123	1853611	8254	11051
（2）定期储蓄	158516	50029	1243442	1412437	60282	20769	11445	7518	21505	14310	6102	18788	4400489	28582	20413
3. 其他存款	663599	391210	7364	935952	317187	96778	956	11998	106412	110903	0	28437	3104165	25891	85061
二、债券发行及境外筹资	0	0	0	500000	0	0	0	0	0	0	0	0	65000	0	0
三、应付及款	14019	4473	-2571	115655	8748	1400	1244	678	668	1197	1	1295	193167	539	1871
其中：应付及预提利息	8806	87	16478	61650	7246	1400	941	198	480	915	1	614	99399	341	479
四、卖出回购资产	0	0	0	149500	0	0	0	0	0	0	0	0	0	0	0
五、向中央银行借款	0	0	0	0	0	0	0	377	0	0	0	0	47117	100	0
六、同业往来	30280	112097	0	2689984	80948	0	0	0	0	0	0	0	72884	5000	26335
七、代理境内贷款资金	0	0	0	0	0	0	0	0	0	0	0	0	0	0	0
八、各项准备	31756	0	0	86843	29265	0	0	15	0	2195	0	3235	216040	708	2255
其中：贷款损失准备	31731	0	0	85898	29265	0	0	15	0	2195	0	3179	216040	708	2211
九、所有者权益	32129	9475	0	962333	686	3163	285	556	3255	-1270	-482	17595	780695	18331	127654
其中：实收资本	0	0	0	250000	0	0	0	0	0	0	0	13900	197417	18000	113888

续表

项目	民生	浙商	邮储	宁波	上海	包商	温商	泰隆	临商	杭商	民泰	城信	农合	村镇	外资
十、其他	396916	-212746	-1911726	555552	10794	-76019	-44088	-62603	-74769	-42330	-28253	-6957	-278750	-141	68097
资金来源总计	**2027365**	**864219**	**246699**	**12710010**	**925136**	**390364**	**166126**	**110050**	**246961**	**271423**	**507**	**187638**	**11122366**	**101460**	**371872**
一、各项贷款	1943894	763698	185428	5488192	884452	339010	132741	87986	227769	219250	0	122522	7049291	70189	150239
1. 短期贷款	1120592	523137	70432	4269909	621266	310298	127067	87207	202000	183901	0	96435	6239363	69789	74408
2. 中长期贷款	813837	233563	114996	969937	239653	24732	131	358	23700	28716	0	2824	219825	0	24781
3. 其他贷款	0	368	0	103625	1093	2048	0	27	2069	3523	0	0	12967	0	51050
4. 票据融资	1892	5449	0	138846	16402	0	5543	393	0	3110	0	23263	574389	400	0
5. 各项垫款	7572	1181	0	5875	6038	1932	0	0	0	0	0	0	2747	0	0
二、有价证券及投资	0	0	0	3963996	0	0	0	0	0	0	0	4199	731755	0	2206
三、应收及预付款	4663	1975	696	63649	5285	39	589	0	14	36	1	490	39063	132	2139
其中：应收利息	3566	1411	557	59630	1478	39	237	0	0	0	0	273	4422	30	1382
四、买入返售资产	0	10000	0	277050	0	0	0	0	0	0	0	0	205960	0	0
五、存放中央银行存款	41393	54253	17729	1970949	31338	47319	29581	16255	5140	35601	0	15317	1804864	7552	17997
六、同业往来	32503	33004	25163	908913	3192	3870	2927	4155	13918	16324	23	41926	1193203	22476	198535
七、库存现金	4912	1288	17684	37262	870	126	288	1655	120	212	483	3184	98230	1112	756
资金运用总计	**2027365**	**864219**	**246699**	**12710010**	**925136**	**390364**	**166126**	**110050**	**246961**	**271423**	**507**	**187638**	**11122366**	**101460**	**371872**

表 37

宁波市银行信用社人民币信贷资金来源分机构统计（一）

2009 年

单位：万元

项目	国开	农发	工行	农行	中行	建行	交行	中信	光大	华夏	广发	深发	招商	浦发	兴业
一、各项存款	636182	40420	10603928	8262607	6982340	8846583	3308592	1982008	2002003	565760	1431906	1470300	2016281	4875853	1997550
1. 企业存款	635883	33770	2930427	2854773	3055041	2869523	1809002	742145	706463	280739	641578	374531	1088246	2218118	844976
（1）活期存款	602399	33570	2443482	2132949	1787517	2011177	1079830	501931	475257	102220	398902	243272	668142	1167595	444745
工业存款	602399	0	631857	0	221331	418493	50290	39559	146158	9763	41849	41241	99858	70870	117096
商业存款	0	33570	276297	0	739982	152800	41851	68915	114872	10284	79760	28764	44008	90718	12145
建筑企业存款	0	0	289771	0	204067	579358	12498	0	0	18424	86258	27669	45035	0	140392
城镇集体企业存款	0	0	0	0	25435	0	0	0	0	53	21817	232	1332	27302	0
乡镇企业存款	0	0	0	0	0	0	0	0	0	1	0	0	0	5300	0
三资企业存款	0	0	144518	0	393926	0	0	47999	0	16722	34313	36700	190141	134462	0
私营企业及个体户存款	0	0	0	0	173540	19859	1198	9852	0	1178	18767	16166	50084	122261	413
其他企业存款	0	0	1101039	2123388	29236	840453	973804	335605	214131	45786	116138	92500	237684	715223	174699
单位银行卡活期存款	0	0	0	9560	0	214	189	0	96	10	0	0	0	1459	0
（2）定期存款	33484	200	486945	721824	1267524	858347	729172	240214	231206	178519	242676	131259	420104	1050523	400231
企业单位存款	33484	200	330490	721824	1267456	793654	599172	240214	231206	178519	242676	131259	377986	1050523	400231
单位银行卡定期存款	0	0	0	0	67	0	0	0	0	0	0	0	0	0	0
其他定期存款	0	0	156455	0	0	64693	130000	0	0	0	0	0	42118	0	0
2. 机关团体存款	0	0	1208691	203566	0	1640361	95106	41727	127210	1756	46513	96952	41492	706912	0
3. 储蓄存款	0	0	3855328	4822452	2651048	3255285	736966	400381	305482	60982	185221	186852	303715	619369	265605
（1）活期储蓄	0	0	1312719	2204816	731874	1248441	250604	86221	92729	7964	54597	47620	198816	178608	40307
（2）定期储蓄	0	0	2542609	2617637	1919174	2006845	486362	314160	212753	53019	130624	139232	104899	440761	225299
4. 农业存款	0	0	170	0	2924	4356	0	0	0	0	1	395	0	0	2514
5. 其他存款	299	6650	2609312	381816	1273327	1077057	667518	797756	862848	222282	558593	811570	582828	1331454	884456
二、代理财政性存款	0	10915	276089	234080	816	20990	386	0	0	0	60	0	0	3206	0

续表

项目	国开	农发	工行	农行	中行	建行	交行	中信	光大	华夏	广发	深发	招商	浦发	兴业
三、金融债券	0	0	0	0	0	0	0	0	0	0	0	0	0	0	0
其中：政策性金融债券	0	0	0	0	0	0	0	0	0	0	0	0	0	0	0
四、应付及暂收款	3802	1065	342853	420715	118841	93073	91939	26155	23244	16034	10047	13002	31190	79082	33205
其中：应付及预提利息	365	0	197821	70600	70101	59029	19593	8106	13789	2052	5385	6859	11169	49975	17574
五、卖出回购资产	0	0	0	0	0	0	0	0	0	225913	0	0	0	0	0
六、向中央银行借款	0	0	0	0	0	0	0	0	0	0	0	0	0	0	0
七、同业往来	130142	36000	178158	718893	420543	449585	53692	110052	4004	0	0	146823	20195	1372973	80053
1. 同业存放	130142	36000	178158	718893	420543	449585	53692	110052	4004	0	0	146823	20195	1372973	80053
2. 同业拆借	0	0	0	0	0	0	0	0	0	0	0	0	0	0	0
八、行内资金往来	3075003	311087	0	0	0	0	0	0	345551	65631	0	9725	1011858	0	0
九、委托存款及委托投资基金（净）	0	0	458	86	0	26	59368	187816	150589	0	0	0	0	28608	3971
1. 委托存款及委托投资基金	0	0	1604	368856	326788	571339	99770	402866	212909	0	25647	10870	42299	64701	27071
2. 减：委托贷款及委托投资	0	0	1146	368770	326788	571313	40402	215050	62320	0	25647	10870	42299	36093	23100
十、代理金融机构委托贷款基金	0	0	0	42000	0	0	0	0	0	0	0	0	0	0	0
其中：中央银行委托贷款基金	0	0	0	0	0	0	0	0	0	0	0	0	0	0	0
十一、各项准备	0	0	42515	148630	85688	326	17898	18997	54712	7108	9693	6411	58973	46237	36212
其中：贷款损失准备	0	0	42465	148511	85469	0	17898	18997	54712	7108	8976	6217	58823	44592	35931
十二、所有者权益	75570	6755	252209	123123	98348	14580	67714	26201	28218	8246	19215	26723	28373	78412	31628
其中：实收资本	0	0	0	0	0	0	0	0	0	0	0	0	0	0	0
十三、其他	8668	5095	-109864	-219581	-58942	-14182	-60101	9692	-5459	7777	-24485	6887	5466	70901	-9776
资金来源总计	**3929367**	**411337**	**11586346**	**9730552**	**7647634**	**9410982**	**3539487**	**2360921**	**2602862**	**896469**	**1446436**	**1679871**	**3172336**	**6555272**	**2172844**

表 38

宁波市银行信用社人民币信贷资金来源分机构统计（二）

2009 年

单位：万元

项目	民生	浙商	邮储	宁波	上海	包商	温州	泰隆	临商	杭州	民泰	城信	农合	村镇	外资
一、各项存款	1512555	907180	2160642	7526724	792176	461096	208569	170065	317035	310819	29241	172470	10009935	76924	52370
1. 企业存款	638864	444097	103927	4506626	397662	338357	191641	117700	186070	182176	11656	92122	652531	14197	27643
（1）活期存款	458793	206206	84670	3196673	129405	125904	57930	80958	97742	113617	10546	39712	107	6837	7815
工业存款	10999	54299	5225	386763	34775	21656	4235	6045	3205	7640	0	5618	0	0	0
商业存款	76070	19311	19646	546720	22294	20316	12772	51476	42417	9103	0	5044	0	0	0
建筑企业存款	0	73170	12233	419651	35450	4112	12176	4952	8891	4020	0	711	0	0	0
城镇集体企业存款	5751	0	0	0	3	0	0	0	2330	0	500	0	0	0	0
乡镇企业存款	0	0	0	0	3339	0	0	0	0	0	0	0	0	0	0
三资企业存款	70304	0	0	0	56	21426	0	0	3306	27415	0	0	0	0	0
私营企业及个体户存款	75803	0	1102	0	17930	2	527	16984	410	92	9817	8181	0	6692	0
其他企业存款	219865	59426	46464	1843538	15558	58392	28220	1501	37183	65347	229	20158	0	145	0
单位银行卡活期存款	0	0	0	1	0	0	0	0	0	0	0	0	107	0	0
（2）定期存款	180071	237891	19257	1309953	268257	212453	133711	36742	88328	68559	1110	52410	652424	7360	19828
企业单位存款	180071	237891	19257	1009953	268257	212453	133711	36742	88328	68559	1110	52410	652424	7360	0
单位银行卡定期存款	0	0	0	0	0	0	0	0	0	0	0	0	0	0	0
其他定期存款	0	0	0	300000	0	0	0	0	0	0	0	0	0	0	0
2. 机关团体存款	34508	47724	7293	0	1903	0	0	0	7585	3269	0	0	26169	95	0
3. 储蓄存款	211568	72323	2049351	2129874	77327	25961	15972	40708	24662	17740	17585	51911	6253656	36836	21427
（1）活期储蓄	54825	24394	806190	720202	17332	5192	4554	33190	3157	3430	11483	33123	1853174	8254	5497
（2）定期储蓄	156744	47929	1243160	1409672	59995	20769	11418	7518	21505	14310	6102	18788	4400482	28582	15929
4. 农业存款	0	680	72	16706	504	0	0	0	15	0	0	0	2429564	14593	0
5. 其他存款	627614	342355	0	873518	314780	96778	956	11657	98703	107634	0	28437	648015	11202	3300
二、代理财政性存款	0	0	0	3899	0	0	0	0	0	0	0	0	1843	1001	0

续表

项目	民生	浙商	邮储	宁波	上海	包商	温州	泰隆	临商	杭州	民泰	城信	农合	村镇	外资
三、金融债券	0	0	0	500000	0	0	0	0	0	0	0	0	65000	0	0
其中：政策性金融债券	0	0	0	500000	0	0	0	0	0	0	0	0	0	0	0
四、应付及暂收款	13984	4468	-2572	113006	8748	1400	1244	678	668	1197	1	1295	177558	539	457
其中：应付及预提利息	8772	87	16477	60523	7246	1400	941	198	480	915	1	614	99358	341	420
五、卖出回购资产	0	0	0	149500	0	0	0	0	0	0	0	0	0	0	0
六、向中央银行借款	0	0	0	0	0	0	0	377	0	0	0	0	47117	100	0
七、同业往来	30280	112097	0	1339761	80948	0	0	0	0	0	0	0	23707	5000	0
1. 同业存放	30280	112097	0	912461	80948	0	0	0	0	0	0	0	23707	5000	0
2. 同业拆借	0	0	0	427300	0	0	0	0	0	0	0	0	0	0	0
八、行内资金往来	368362	0	0	776671	0	0	0	0	0	0	0	0	0	0	0
九、委托存款及委托投资基金（净）	0	0	0	1081	0	0	0	0	0	0	0	0	2174	0	0
1. 委托存款及委托投资基金	480	0	4982	288553	30000	0	11912	0	0	0	0	3000	55923	0	0
2. 减：委托贷款及委托投资	480	0	4982	287472	30000	0	11912	0	0	0	0	3000	53749	0	0
十、代理金融机构委托贷款基金	0	0	0	0	0	0	0	0	0	0	0	0	0	0	0
其中：中央银行委托贷款基金	0	0	0	0	0	0	0	0	0	0	0	0	0	0	0
十一、各项准备	31756	0	0	86843	29265	0	0	15	0	2195	0	3235	216040	708	102
其中：贷款损失准备	31731	0	0	85898	29265	0	0	15	0	2195	0	3179	216040	708	102
十二、所有者权益	32155	9275	0	932787	986	3170	285	556	3166	-1250	-482	17595	779070	18331	18314
其中：实收资本	0	0	0	212965	0	0	0	0	0	0	0	13900	197417	18000	20000
十三、其他	6017	747	-1911484	526616	3571	18450	53	7216	9819	8813	9325	-6957	-65604	-1143	-8545
资金来源总计	**1995109**	**1033767**	**246586**	**11956888**	**915694**	**484116**	**210151**	**178907**	**330688**	**321774**	**38085**	**187638**	**11256840**	**101460**	**62697**

表 39

宁波市银行信用社人民币信贷资金运用分机构统计（一）

2009 年

单位：万元

项目	国开	农发	工行	农行	中行	建行	交行	中信	光大	华夏	广发	深发	招商	浦发	兴业
一、各项贷款	3816094	406289	10976105	8187788	6219781	8213207	3012751	1854585	2466648	640708	1092429	1424909	2848904	3609828	1868824
1. 短期贷款	701910	263096	3880240	4284268	2108367	2806982	1715869	1306835	1138371	512564	817610	752242	1369957	2415668	895691
（1）工业贷款	0	0	1753074	2539295	1105689	1353336	912903	486204	383256	59655	147957	252775	72727	1097170	599625
（2）商业贷款	0	167285	429391	423750	206591	239067	359151	212070	159165	20385	126160	67677	36686	317884	32929
（3）建筑业贷款	0	0	90376	83671	27942	352470	83590	26189	28720	59009	50550	11700	23000	13000	159775
（4）农业贷款	0	0	100	24706	0	2000	5907	0	0	0	0	0	1500	0	0
（5）乡镇企业贷款	0	0	0	0	0	0	0	700	0	0	0	0	0	0	0
（6）三资企业贷款	0	0	279172	0	182336	0	0	95010	98310	41355	40332	94584	66832	0	0
（7）私营企业及个体贷款	0	0	169243	329269	24150	64210	22113	44135	44195	5550	103476	55379	97544	0	798
（8）其他短期贷款	701910	95811	1158884	883577	561659	795899	332205	442526	424725	326610	349135	270127	1071668	987614	102564
其中：个人短期消费贷款	0	0	342038	546460	116001	294493	24479	37537	106217	27405	23907	72937	110128	422123	16754
2. 中长期贷款	3114086	142990	7022855	3152423	3907415	5210723	1186860	359866	1155776	128144	199257	504114	984226	1165725	793657
（1）基本建设贷款	2608717	0	4452326	1366609	1890009	2869907	463269	123864	47000	10000	9000	186359	390335	297300	187000
（2）技术改造贷款	0	0	0	0	29330	76695	32697	4000	0	0	0	0	3000	4000	42
（3）其他中长期贷款	505369	142990	2570529	1785814	1988076	2264122	690894	232002	1108776	118144	190257	317755	590891	864425	606615
其中：个人中长期消费贷款	0	0	1598882	1039621	1532945	1695413	428519	159717	426596	7486	100633	236963	508519	142395	260284
3. 票据融资	99	203	64825	747329	194834	184694	90600	183350	169612	0	69983	161199	494721	26960	162034
其中：贴现	99	203	64825	747329	194834	184694	90600	183350	169612	0	69983	161199	494721	26960	162034
4. 各项垫款	0	0	8184	3768	9166	10808	19422	4535	2889	0	5579	7354	0	1475	17442

续表

项目	国开	农发	工行	农行	中行	建行	交行	中信	光大	华夏	广发	深发	招商	浦发	兴业
二、有价证券及投资	0	0	33316	21741	14768	16225	0	14039	6525	789	637	50000	0	44664	498
三、应收及预付款	12058	198	4311	331128	30509	38621	74194	5265	4478	13261	1334	2633	4423	32793	3441
其中：应收利息	6610	0	4045	15693	21224	17173	763	2928	4246	0	1003	2285	3900	11066	2746
四、买入返售资产	0	0	0	0	0	0	0	28853	0	227653	0	139949	240654	0	0
五、存放中央准备金存款	100594	4238	56065	105851	65338	25898	29992	14151	66874	12544	74444	50080	66619	144300	12486
六、存放中央银行特种存款	0	0	0	0	0	0	0	0	0	0	0	0	0	0	0
七、缴存中央银行财政性存款	0	0	345872	475708	3579	20262	773	743	1373	0	79	3	319	163	9
八、同业往来	0	561	9	1626	219012	150733	527	11849	49480	1174	2576	11086	6568	673980	1388
1. 存放同业	0	561	9	1626	201512	150733	527	11849	49480	1174	2576	11086	6568	673980	1388
2. 拆放同业	0	0	0	0	17500	0	0	0	0	0	0	0	0	0	0
九、行内资金往来	0	0	120165	501394	1063075	911522	408246	438332	0	0	270277	0	0	2035603	284103
十、代理金融机构贷款	0	0	0	42000	0	0	0	0	0	0	0	0	0	0	0
其中：代理人行专项贷款	0	0	0	0	0	0	0	0	0	0	0	0	0	0	0
十一、库存现金	0	51	50503	62880	31566	34515	13005	5411	7484	339	2695	1211	4849	13892	2095
十二、外汇占款	621	0	0	436	7	0	-1	-12305	0	0	1965	0	0	49	0
资金运用总计	**3929367**	**411337**	**11586346**	**9730552**	**7647634**	**9410982**	**3539487**	**2360921**	**2602862**	**896469**	**1446436**	**1679871**	**3172336**	**6555272**	**2172844**

表 40

宁波市银行信用社人民币信贷资金运用分机构统计（二）

2009 年

单位：万元

项目	民生	浙商	邮储	宁波	上海	包商	温州	泰隆	临商	杭州	民泰	城信	农合	村镇	外资
一、各项贷款	1943894	762149	185428	5381180	874735	336962	132741	87617	225700	214020	0	122522	7034228	70189	53984
1. 短期贷款	1120592	523137	70432	4268263	612642	310298	127067	86866	202000	182194	0	96435	6237267	69789	42970
（1）工业贷款	117281	303161	0	1594251	388504	103192	78359	5650	83102	83725	0	7	0	0	0
（2）商业贷款	0	51864	0	635837	83135	49191	13865	6110	76035	12385	0	0	0	0	0
（3）建筑业贷款	0	9800	0	179063	32520	110110	2000	2530	5000	9550	0	106	0	450	0
（4）农业贷款	0	1720	22317	11402	3480	59	0	535	300	0	0	0	1841652	58149	0
（5）乡镇企业贷款	0	0	0	0	2600	0	0	0	0	0	0	0	4048206	0	0
（6）三资企业贷款	36239	0	0	0	1500	2680	0	0	0	26475	0	0	0	0	0
（7）私营企业及个体贷款	514022	52301	47024	16436	22246	13508	3802	70896	3512	1635	0	82982	0	8711	0
（8）其他短期贷款	453050	104291	1091	1831274	78657	31558	29041	1145	34051	48424	0	13340	347409	2479	42970
其中：个人短期消费贷款	29697	10311	1091	1513551	40945	2341	1323	1045	3383	5384	0	13340	133745	2479	1
2. 中长期贷款	813837	233563	114996	969937	239653	24732	131	358	23700	28716	0	2824	219825	0	11014
（1）基本建设贷款	360500	148500	0	75776	136400	11478	0	0	10000	20000	0	0	0	0	0
（2）技术改造贷款	0	0	0	6000	2000	0	0	0	0	0	0	0	0	0	0
（3）其他中长期贷款	453337	85063	114996	888161	101253	13254	131	358	13700	8716	0	2824	219825	0	11014
其中：个人中长期消费贷款	87157	2731	94114	161906	19506	11701	90	358	200	2480	0	2031	31711	0	1014
3. 票据融资	1892	5449	0	138846	16402	0	5543	393	0	3110	0	23263	574389	400	0
其中：贴现	1892	5449	0	138846	16402	0	5543	393	0	3110	0	23263	574389	400	0

续表

项目	民生	浙商	邮储	宁波	上海	包商	温州	泰隆	临商	杭州	民泰	城信	农合	村镇	外资
4. 各项垫款	7572	0	0	4134	6038	1932	0	0	0	0	0	0	2747	0	0
二、有价证券及投资	0	0	0	3963996	0	0	0	0	0	0	0	4199	731755	0	0
三、应收及预付款	4655	1973	696	58603	5066	39	589	0	14	36	1	490	38947	132	764
其中：应收利息	3559	1409	557	56134	1259	39	237	0	0	0	0	273	4422	30	763
四、买入返售资产	0	10000	0	277050	0	0	0	0	0	0	0	0	205960	0	0
五、存放中央准备金存款	41329	54253	17729	1902353	31338	47319	29581	16255	5140	35601	0	15201	1792096	7552	7021
六、存放中央银行特种存款	0	0	0	0	0	0	0	0	0	0	0	0	0	0	0
七、缴存中央银行财政性存款	64	0	0	61836	0	0	0	0	0	0	0	116	11887	0	0
八、同业往来	904	20364	25102	521050	1055	3180	2920	1635	13583	16051	23	41926	1117424	22476	832
1. 存放同业	904	20364	25102	481050	1055	3180	2920	1635	13583	16051	23	41926	1117424	22476	832
2. 拆放同业	0	0	0	40000	0	0	0	0	0	0	0	0	0	0	0
九、行内资金往来	0	183897	0	0	2746	96490	44039	71745	86131	55861	37578	0	218527	0	0
十、代理金融机构贷款	0	0	0	0	0	0	0	0	0	0	0	0	0	0	0
其中：代理人行专项贷款	0	0	0	0	0	0	0	0	0	0	0	0	0	0	0
十一、库存现金	4263	1131	17631	36320	754	126	281	1655	120	205	483	3184	98107	1112	96
十二、外汇占款	0	0	0	-245500	0	0	0	0	0	0	0	0	7909	0	0
资金运用总计	**1995109**	**1033767**	**246586**	**11956888**	**915694**	**484116**	**210151**	**178907**	**330688**	**321774**	**38085**	**187638**	**11256840**	**101460**	**62697**

表 41

宁波市银行信用社外汇信贷资金来源分机构统计（一）

2009 年

单位：万美元

项目	国开	农发	工行	农行	中行	建行	交行	中信	光大	华夏	广发	深发	招商	浦发
一、各项存款	362	17	23946	12879	68222	17285	11934	6248	18306	721	1667	1491	6914	14091
1. 单位活期存款	362	17	12772	10197	35064	12216	6512	3844	7621	262	1081	396	3256	8709
其中：中资存款	0	17	6124	0	33602	0	564	1867	5798	19	333	291	2533	2128
外商投资企业存款	362	0	6553	0	1462	0	0	1804	0	2	220	105	217	2140
2. 单位定期存款	0	0	5952	1133	4942	1773	2847	231	8068	229	26	0	1920	1296
其中：中资企业存款	0	0	5575	0	1041	0	130	0	5008	216	0	0	1920	0
外商投资企业存款	0	0	0	0	3401	0	2717	0	0	0	0	0	0	0
3. 储蓄存款	0	0	4251	1094	26525	2119	1959	668	2180	24	316	492	1671	2557
其中：定期存款	0	0	2748	1033	17536	1616	1623	482	1742	23	271	196	412	1307
4. 其他存款	0	0	972	455	1527	1177	616	926	437	206	244	603	67	1528
5. 境外存款	0	0	0	0	165	0	0	579	0	0	0	0	0	1
二、境内中长期筹资	0	0	0	0	0	0	0	0	0	0	0	0	0	0
三、卖出回购资产	0	0	0	0	0	0	0	0	0	0	0	0	0	0
四、境外筹资	0	0	0	0	0	226	0	0	0	0	0	0	0	0
五、向中央银行借款	0	0	0	0	0	0	0	0	0	0	0	0	0	0
六、中央银行存款	0	0	0	0	0	0	0	0	0	0	0	0	0	0
七、应付及暂收款	0	0	273	46274	926	2636	10682	4	25	1	1065	1161	29	3304
其中：应付及预提利息	0	0	32	12	800	27	67	4	25	1	10	3	4	141
八、同业存放	0	0	1000	600	23250	79	33	5022	0	0	0	0	0	3004

续表

项目	国开	农发	工行	农行	中行	建行	交行	中信	光大	华夏	广发	深发	招商	浦发
（1）境内同业存放	0	0	1000	600	23250	79	33	5022	0	0	0	0	0	3004
（2）境外同业存放	0	0	0	0	0	0	0	0	0	0	0	0	0	0
九、同业拆入	0	0	0	0	421	0	0	0	110	0	0	0	0	0
（1）境内同业拆入	0	0	0	0	0	0	0	0	0	0	0	0	0	0
（2）境外同业拆入	0	0	0	0	421	0	0	0	110	0	0	0	0	0
十、委托基金存款（净）	0	0	0	0	0	0	72	71	857	0	0	0	0	0
十一、外汇买卖	91	0	-1185	64	0	0	0	-1802	0	-1	291	0	0	-3
其中：结售汇	91	0	0	64	0	0	0	-1670	0	-1458	291	0	0	7
十二、境内联行存放	29588	0	14667	6456	115577	7770	1074	0	0	310	0	82	11931	0
十三、境外联行存放	0	0	0	0	7564	0	0	0	0	0	0	0	0	0
十四、各项准备	0	0	241	2892	3443	0	33	47	458	3	0	199	397	0
其中：贷款损失准备	0	0	241	0	3442	0	33	47	458	3	0	199	397	0
十五、所有者权益	664	0	595	357	802	-97	208	314	196	19	148	219	-106	463
其中：实收资本	0	0	0	0	0	0	0	0	0	0	0	0	0	0
十六、其他	-19	0	1473	5063	2175	35	524	16	538	0	0	200	163	400
	0	0	0	0	0	0	0	0	0	0	0	0	0	0
资金来源总计	**30685**	**17**	**41010**	**74585**	**222380**	**27934**	**24559**	**9921**	**20490**	**1052**	**3171**	**3352**	**19328**	**21259**

表 42

宁波市银行信用社外汇信贷资金来源分机构统计（二）

2009 年

单位：万美元

项目	兴业	民生	浙商	邮储	宁波	上海	包商	温商	泰隆	临商	杭商	民泰	城信	农合	外资
一、各项存款	2703	1422	6406	52	18075	369	106	17	141	113	119	0	0	2384	13662
1. 单位活期存款	362	541	5226	0	9655	320	85	13	91	88	119	0	0	2258	219
其中：中资存款	180	283	5226	0	7082	221	0	7	91	88	2	0	0	1475	149
外商投资企业存款	182	44	0	0	2573	99	0	6	0	0	84	0	0	782	69
2. 单位定期存款	1900	338	800	0	1136	0	8	0	0	9	0	0	0	0	0
其中：中资企业存款	0	338	800	0	516	0	8	0	0	9	0	0	0	0	0
外商投资企业存款	1900	0	0	0	620	0	0	0	0	0	0	0	0	0	0
3. 储蓄存款	430	326	313	52	587	49	13	4	0	0	0	0	0	65	1470
其中：定期存款	173	260	307	41	405	42	0	4	0	0	0	0	0	1	657
4. 其他存款	11	216	66	0	6697	0	0	0	50	16	0	0	0	61	0
5. 境外存款	0	0	0	0	0	0	0	0	0	0	0	0	0	0	11974
二、境内中长期筹资	0	0	0	0	0	0	0	0	0	0	0	0	0	0	0
三、卖出回购资产	0	0	0	0	0	0	0	0	0	0	0	0	0	0	0
四、境外筹资	0	0	0	0	0	0	0	0	0	0	0	0	0	0	0
五、向中央银行借款	0	0	0	0	0	0	0	0	0	0	0	0	0	0	0
六、中央银行存款	0	0	0	0	0	0	0	0	0	0	0	0	0	0	0
七、应付及暂收款	9	5	1	0	388	0	0	0	0	0	0	0	0	2286	207
其中：应付及预提利息	5	5	0	0	165	0	0	0	0	0	0	0	0	6	9

续表

项目	兴业	民生	浙商	邮储	宁波	上海	包商	温商	泰隆	临商	杭商	民泰	城信	农合	外资
八、同业存放	0	0	0	0	44521	0	0	0	0	0	0	0	0	7130	73
（1）境内同业存放	0	0	0	0	44521	0	0	0	0	0	0	0	0	6688	0
（2）境外同业存放	0	0	0	0	0	0	0	0	0	0	0	0	0	442	73
九、同业拆入	0	0	0	0	36060	0	0	0	0	0	0	0	0	72	3784
（1）境内同业拆入	0	0	0	0	36060	0	0	0	0	0	0	0	0	72	0
（2）境外同业拆入	0	0	0	0	0	0	0	0	0	0	0	0	0	0	3784
十、委托基金存款（净）	0	0	0	0	0	0	0	0	0	0	0	0	0	0	0
十一、外汇买卖	0	0	0	0	-30300	0	0	0	0	0	0	0	0	1158	0
其中：结售汇	0	0	0	0	4133	0	0	0	0	0	0	0	0	1158	0
十二、境内联行存放	5364	3301	0	0	0	1432	0	0	282	226	691	0	0	0	10886
十三、境外联行存放	0	0	0	0	0	0	0	0	0	0	0	0	0	0	0
十四、各项准备	653	0	0	0	0	0	0	0	0	0	0	0	0	0	315
其中：贷款损失准备	653	0	0	0	0	0	0	0	0	0	0	0	0	0	309
十五、所有者权益	-199	-4	29	0	4327	-44	-1	0	0	13	-3	0	0	238	16013
其中：实收资本	0	0	0	0	5000	0	0	0	0	0	0	0	0	0	13750
十六、其他	0	0	12	11	-8	28	300	0	0	0	0	0	0	200	339
	0	0	0	0	0	0	0	0	0	0	0	0	0	0	0
资金来源总计	**8529**	**4724**	**6447**	**63**	**73063**	**1785**	**405**	**17**	**423**	**352**	**807**	**0**	**0**	**13468**	**45279**

表 43

宁波市银行信用社外汇信贷资金运用分机构统计（一）

2009 年

单位：万美元

项目	国开	农发	工行	农行	中行	建行	交行	中信	光大	华夏	广发	深发	招商	浦发
一、各项贷款	30631	0	39809	22768	204916	26329	11829	5135	9265	313	2172	1584	18179	9975
1. 短期贷款	13825	0	539	3547	80099	8584	2330	2226	978	104	552	779	12123	7475
（1）境内短期贷款	13825	0	539	3547	80099	8584	2330	2226	978	104	552	779	12123	7475
其中：中资企业贷款	0	0	0	150	66895	0	2330	729	978	0	0	779	11843	7475
外商投资企业贷款	13825	0	539	1249	12041	0	0	1026	0	0	0	0	280	0
（2）境外短期贷款	0	0	0	0	0	0	0	0	0	0	0	0	0	0
2. 中长期贷款	16805	0	2871	2056	13081	3640	1340	0	1000	0	0	0	0	150
（1）境内中长期贷款	16805	0	2871	2056	13081	3640	1340	0	1000	0	0	0	0	150
其中：中资企业贷款	0	0	0	0	6217	0	24	0	0	0	0	0	0	150
外商投资企业贷款	16805	0	0	0	1829	0	0	0	0	0	0	0	0	0
（2）境外中长期贷款	0	0	0	0	0	0	0	0	0	0	0	0	0	0
3. 进出口贸易融资	0	0	36112	16576	110236	11836	7076	2909	6585	209	1620	711	6056	2350
4. 票据融资	0	0	0	0	0	0	416	0	371	0	0	0	0	0
其中：贴现	0	0	0	0	0	0	416	0	0	0	0	0	0	0
5. 各项垫款	0	0	287	590	1380	2043	667	0	331	0	0	94	0	0
6. 境外筹资转贷款	0	0	0	0	120	226	0	0	0	0	0	0	0	0
二、投资	0	0	0	0	0	0	0	0	0	0	0	0	0	0
1. 购买有价证券	0	0	0	0	0	0	0	0	0	0	0	0	0	0

续表

项目	国开	农发	工行	农行	中行	建行	交行	中信	光大	华夏	广发	深发	招商	浦发
其中：购买境外有价证券	0	0	0	0	0	0	0	0	0	0	0	0	0	0
2. 其他投资	0	0	0	0	0	0	0	0	0	0	0	0	0	0
其中：投资境外	0	0	0	0	0	0	0	0	0	0	0	0	0	0
三、应收及预付款	54	0	0	49108	707	34	9858	56	24	0	725	1163	120	3216
其中：应收及预付利息	43	0	0	9	700	32	80	56	24	0	13	6	120	83
四、买入返售资产	0	0	0	0	0	0	0	0	0	0	0	0	0	0
五、存放中央银行	0	0	0	0	0	0	0	0	0	0	0	0	0	0
其中：缴存准备金	0	0	0	0	0	0	0	0	0	0	0	0	0	0
六、存放同业	0	0	970	2426	15000	1420	2777	643	1644	736	99	574	898	405
（1）存放境内同业	0	0	951	2426	15000	1420	2777	643	1644	736	99	574	898	405
（2）存放境外同业	0	0	20	0	0	0	0	0	0	0	0	0	0	0
七、拆放同业	0	0	0	0	0	0	0	0	0	0	0	0	0	0
（1）拆放境内同业	0	0	0	0	0	0	0	0	0	0	0	0	0	0
（2）拆放境外同业	0	0	0	0	0	0	0	0	0	0	0	0	0	0
八、存放境内联行	0	17	0	0	0	0	0	4042	9477	0	129	0	0	7503
九、存放境外联行	0	0	4	0	0	0	0	0	0	0	0	0	0	0
十、库存现金	0	0	226	283	1756	152	95	46	80	3	46	31	131	160
资金运用总计	**30685**	**17**	**41010**	**74585**	**222380**	**27934**	**24559**	**9921**	**20490**	**1052**	**3171**	**3352**	**19328**	**21259**

表 44

宁波市银行信用社外汇信贷资金运用分机构统计（二）

2009 年

单位：万美元

项目	兴业	民生	浙商	邮储	宁波	上海	包商	温商	泰隆	临商	杭商	民泰	城信	农合	外资
一、各项贷款	8277	0	227	0	15672	1423	300	0	54	303	766	0	0	2206	14097
1. 短期贷款	6370	0	0	0	241	1263	0	0	50	0	250	0	0	307	4604
（1）境内短期贷款	6370	0	0	0	241	1263	0	0	50	0	250	0	0	307	3795
其中：中资企业贷款	3232	0	0	0	149	1263	0	0	50	0	150	0	0	89	1023
外商投资企业贷款	3138	0	0	0	57	0	0	0	0	0	100	0	0	218	2220
（2）境外短期贷款	0	0	0	0	0	0	0	0	0	0	0	0	0	0	809
2. 中长期贷款	0	0	0	0	0	0	0	0	0	0	0	0	0	0	2016
（1）境内中长期贷款	0	0	0	0	0	0	0	0	0	0	0	0	0	0	2016
其中：中资企业贷款	0	0	0	0	0	0	0	0	0	0	0	0	0	0	100
外商投资企业贷款	0	0	0	0	0	0	0	0	0	0	0	0	0	0	1914
（2）境外中长期贷款	0	0	0	0	0	0	0	0	0	0	0	0	0	0	0
3. 进出口贸易融资	999	0	54	0	15176	160	300	0	4	303	516	0	0	1899	7476
4. 票据融资	0	0	0	0	0	0	0	0	0	0	0	0	0	0	0
其中：贴现	0	0	0	0	0	0	0	0	0	0	0	0	0	0	0
5. 各项垫款	908	0	173	0	255	0	0	0	0	0	0	0	0	0	0
6. 境外筹资转贷款	0	0	0	0	0	0	0	0	0	0	0	0	0	0	0
二、投资	0	0	0	0	0	0	0	0	0	0	0	0	0	0	323
1. 购买有价证券	0	0	0	0	0	0	0	0	0	0	0	0	0	0	0

续表

项目	兴业	民生	浙商	邮储	宁波	上海	包商	温商	泰隆	临商	杭商	民泰	城信	农合	外资
其中：购买境外有价证券	0	0	0	0	0	0	0	0	0	0	0	0	0	0	0
2. 其他投资	0	0	0	0	0	0	0	0	0	0	0	0	0	0	323
其中：投资境外	0	0	0	0	0	0	0	0	0	0	0	0	0	0	323
三、应收及预付款	18	1	0	0	739	32	0	0	0	0	0	0	0	17	201
其中：应收及预付利息	18	1	0	0	512	32	0	0	0	0	0	0	0	0	91
四、买入返售资产	0	0	0	0	0	0	0	0	0	0	0	0	0	0	0
五、存放中央银行	0	0	0	0	990	0	0	0	0	0	0	0	0	129	1607
其中：缴存准备金	0	0	0	0	990	0	0	0	0	0	0	0	0	129	857
六、存放同业	196	4628	1851	9	48945	313	101	1	369	49	40	0	0	10600	21220
1. 存放境内同业	196	4628	1851	9	40134	313	101	1	369	49	40	0	0	8188	12169
2. 存放境外同业	0	0	0	0	8811	0	0	0	0	0	0	0	0	2412	9051
七、拆放同业	0	0	0	0	2000	0	0	0	0	0	0	0	0	498	7734
1. 拆放境内同业	0	0	0	0	2000	0	0	0	0	0	0	0	0	498	7509
2. 拆放境外同业	0	0	0	0	0	0	0	0	0	0	0	0	0	0	225
八、存放境内联行	0	0	4346	46	4579	0	4	15	0	0	0	0	0	0	0
九、存放境外联行	0	0	0	0	0	0	0	0	0	0	0	0	0	0	0
十、库存现金	39	95	23	8	138	17	0	1	0	0	1	0	0	18	97
资金运用总计	**8529**	**4724**	**6447**	**63**	**73063**	**1785**	**405**	**17**	**423**	**352**	**807**	**0**	**0**	**13468**	**45279**

表 45

中国人民银行宁波市中心支行人民币信贷资金来源运用分县统计

2009 年

单位：万元

项目	全市合计	市区	开发区	鄞州区	奉化市	余姚市	慈溪市	宁海县	象山县
一、财政存款	1004630	1004630							
其中：中央财政存款	0	0							
地方财政存款	1004630	1004630							
二、金融机构缴存准备金存款	4932074	4932074							
1. 政策性银行	104832	104832							
2. 国有商业银行	253151	253151							
3. 股份制商业银行	567071	567071							
4. 城市商业银行	2067587	2067587							
5. 城市信用社	15201	15201							
6. 农村信用社	726320	726320							
7. 资产管理公司	0	0							
8. 其他金融机构	1197913	1197913							
三、金融机构特种存款	0	0							
四、邮政储蓄转存款	0	0							
五、商业银行划来财政性存款	922784	922784							
六、卖出回购证券	0	0							
七、中央银行债券	0	0							
八、货币发行	0	0							
九、国家资本	0	0							
十、其他	-6796969	-6796969							
资金来源总计	**62519**	**62519**							

续表

项目	全市合计	市区	开发区	鄞州区	奉化市	余姚市	慈溪市	宁海县	象山县
一、金融机构贷款	62519	62519							
1. 政策性银行贷款	0	0							
2. 国有商业银行贷款	0	0							
3. 股份制商业银行贷款	0	0							
4. 城市商业银行贷款	0	0							
5. 城市信用社贷款	0	0							
6. 农村信用社贷款	47117	47117							
7. 资产管理公司贷款	0	0							
8. 其他金融机构贷款	0	0							
9. 再贴现	15402	15402							
其中：国有商业银行	0	0							
二、专项贷款	0	0							
三、金银占款	0	0							
四、外汇占款	0	0							
五、有价证券及投资	0	0							
六、买入返售证券	0	0							
七、存放金融机构	0	0							
	0	0							
资金运用总计	**62519**	**62519**							

表 46

国家开发银行宁波市分行本外币信贷资金来源运用分县统计

2009 年

汇率：6.8282　　单位：万元

	全市合计	市区	开发区	鄞州区	奉化市	余姚市	慈溪市	宁海县	象山县
一、各项存款	638651	638651							
1. 企事业单位存款	638352	638352							
（1）活期存款	604868	604868							
（2）定期存款	33484	33484							
2. 储蓄存款									
（1）活期储蓄									
（2）定期储蓄									
3. 其他存款	299	299							
二、债券发行及境外筹资									
三、应付及款	3802	3802							
其中：应付及预提利息	365	365							
四、卖出回购资产									
五、向中央银行借款									
六、同业往来	130142	130142							
七、代理境内贷款资金									
八、各项准备									
其中：贷款损失准备									
九、所有者权益	80106	80106							
其中：实收资本									

续表

	全市合计	市区	开发区	鄞州区	奉化市	余姚市	慈溪市	宁海县	象山县
十、其他	3285569	3285569							
资金来源总计	**4138270**	**4138270**							
一、各项贷款	4025247	4025247							
1. 短期贷款	796311	796311							
2. 中长期贷款	3228837	3228837							
3. 其他贷款									
4. 票据融资	99	99							
5. 各项垫款									
二、有价证券及投资									
三、应收及预付款	12428	12428							
其中：应收利息	6903	6903							
四、买入返售资产									
五、存放中央银行存款	100594	100594							
六、同业往来									
七、库存现金	1	1							
资金运用总计	**4138270**	**4138270**							

表 47

中国农业发展银行宁波市分行本外币信贷资金来源运用分县统计

汇率：6.8282　　2009 年　　单位：万元

	全市合计	市区	开发区	鄞州区	奉化市	余姚市	慈溪市	宁海县	象山县
一、各项存款	40535	4714	7759		4361	7626	5465	4353	6257
1. 企事业单位存款	33885	3873	5042		4011	7004	5375	3797	4782
（1）活期存款	33685	3873	5042		4011	7004	5375	3597	4782
（2）定期存款	200							200	
2. 储蓄存款									
（1）活期储蓄									
（2）定期储蓄									
3. 其他存款	6650	841	2717		350	622	90	556	1475
二、债券发行及境外筹资									
三、应付及款	1065	628	97		81	86	61	36	76
其中：应付及预提利息									
四、卖出回购资产									
五、向中央银行借款									
六、同业往来	36000	25000			2000				9000
七、代理境内贷款资金									
八、各项准备									
其中：贷款损失准备									
九、所有者权益	6756	-107	1464		1267	2046	506	440	1139
其中：实收资本									

续表

	全市合计	市区	开发区	鄞州区	奉化市	余姚市	慈溪市	宁海县	象山县
十、其他	326981	41470	51525		47349	82725	35232	31280	37399
资金来源总计	**411337**	**71704**	**60845**		**55059**	**92483**	**41264**	**36109**	**53871**
一、各项贷款	406289	67190	60759		54991	92393	41136	36096	53724
1. 短期贷款	263096	67190	39356		18491	41393	35136	36096	25434
2. 中长期贷款	142990		21200		36500	51000	6000		28290
3. 其他贷款									
4. 票据融资	203		203						
5. 各项垫款									
二、有价证券及投资									
三、应收及预付款	198	124	11				58	5	
其中：应收利息									
四、买入返售资产									
五、存放中央银行存款	4238	4238							
六、同业往来	561	149	68		51	84	67	3	138
七、库存现金	51	4	8		16	7	3	4	9
资金运用总计	**411337**	**71704**	**60845**		**55059**	**92483**	**41264**	**36109**	**53871**

表 48

中国工商银行宁波市分行本外币信贷资金来源运用分县统计

汇率：6. 8282　　2009 年　　单位：万元

	全市合计	市区	开发区	鄞州区	奉化市	余姚市	慈溪市	宁海县	象山县
一、各项存款	10767438	5122661	1588727	1252542	291893	874725	913983	406942	315966
1. 企事业单位存款	3058278	1323865	727457	280814	70353	254643	208897	104370	87880
（1）活期存款	2530694	1135628	559241	195679	56776	232995	173541	96186	80648
（2）定期存款	527585	188236	168216	85135	13578	21648	35356	8184	7232
2. 储蓄存款	3884351	1684938	579293	407368	164593	390955	357743	154712	144748
（1）活期储蓄	1322977	517540	171762	125540	75580	112841	123464	101646	94605
（2）定期储蓄	2561373	1167398	407531	281827	89013	278114	234280	53066	50144
3. 其他存款	3824809	2113858	281977	564360	56947	229127	347342	147860	83338
二、债券发行及境外筹资									
三、应付及款	344718	326144	5093	2508	1008	3371	2213	2985	1397
其中：应付及预提利息	198039	198039							
四、卖出回购资产									
五、向中央银行借款									
六、同业往来	184983	106042	45284	9345	1076	2440	5911	2322	12564
七、代理境内贷款资金									
八、各项准备	44158	44158							
其中：贷款损失准备	44107	44107							
九、所有者权益	256272	50794	63132	35156	13393	30427	28714	18768	15888
其中：实收资本									

续表

	全市合计	市区	开发区	鄞州区	奉化市	余姚市	慈溪市	宁海县	象山县
十、其他	148635	-243559	151503	-119589	99960	-22571	-93381	198701	177572
资金来源总计	**11746205**	**5406239**	**1853738**	**1179962**	**407330**	**888391**	**857440**	**629717**	**523386**
一、各项贷款	11247927	4938283	1846652	1177187	406254	885054	853159	624427	516913
1. 短期贷款	3883921	1174892	681383	545348	231859	293004	496452	236688	224294
2. 中长期贷款	7042456	3602218	1065782	622646	172382	566332	335270	387146	290681
3. 其他贷款	246578	95879	95135	5523	2013	25577	20198	593	1661
4. 票据融资	64825	59094	4352			140	1239		
5. 各项垫款	10146	6199		3670					278
二、有价证券及投资	33316	33316							
三、应收及预付款	4313	3949	80	60	17	116	7	75	10
其中：应收利息	4046	3834	58	53	14	12	2	71	3
四、买入返售资产									
五、存放中央银行存款	401937	401009				316	16	597	
六、同业往来	6664	6664							
七、库存现金	52047	23019	7007	2716	1060	2906	4258	4618	6463
资金运用总计	**11746205**	**5406239**	**1853738**	**1179962**	**407330**	**888391**	**857440**	**629717**	**523386**

表 49

中国农业银行宁波市分行本外币信贷资金来源运用分县统计

2009 年

汇率：6.8282　　　　单位：万元

	全市合计	市区	开发区	鄞州区	奉化市	余姚市	慈溪市	宁海县	象山县
一、各项存款	8350550	1981912	1087924	1652752	366224	959342	1554359	392440	355596
1. 企事业单位存款	2932134	891625	411174	661209	103327	236939	343566	151115	133179
（1）活期存款	2202573	599084	301872	582835	78493	190936	262006	98566	88783
（2）定期存款	729560	292542	109303	78374	24834	46003	81560	52550	44396
2. 储蓄存款	4829925	948890	593381	958167	248806	655635	1069171	195453	160421
（1）活期储蓄	2205234	436287	230210	386680	121603	270219	501886	136702	121648
（2）定期储蓄	2624691	512603	363171	571487	127203	385416	567286	58752	38772
3. 其他存款	588491	141397	83369	33377	14091	66768	141622	45871	61997
二、债券发行及境外筹资									
三、应付及款	736680	371796	109322	93693	9240	39166	100198	6368	6898
其中：应付及预提利息	70684	20536	10224	12398	2681	8771	11394	2568	2111
四、卖出回购资产									
五、向中央银行借款									
六、同业往来	722987	141222	114925	37205	45987	70465	236184	35542	41456
七、代理境内贷款资金	42000	42000							
八、各项准备	168376	35816	28059	22584	9062	15017	34886	10349	12603
其中：贷款损失准备	148511	35697	28059	20602	9062	11844	27191	6948	9108
九、所有者权益	125559	－56605	23653	44269	11412	32340	35856	17542	17094
其中：实收资本									

续表

	全市合计	市区	开发区	鄞州区	奉化市	余姚市	慈溪市	宁海县	象山县
十、其他	-450151	643956	-254513	-477025	-33925	-196106	-395312	55255	207519
资金来源总计	**9696001**	**3160097**	**1109371**	**1373479**	**408000**	**920224**	**1566171**	**517494**	**641166**
一、各项贷款	8343252	2216308	1002156	1278633	398730	874827	1438111	502487	631999
1. 短期贷款	4308485	607718	461034	791518	294795	667164	889257	270713	326285
2. 中长期贷款	3166459	999097	509333	474855	101396	170104	385258	229782	296634
3. 其他贷款	113183	11490	20704	10663	188	14694	46305	487	8652
4. 票据融资	747329	591672	10612	1596	2351	22866	116299	1505	428
5. 各项垫款	7796	6331	473				992		
二、有价证券及投资	21741	12512	2473	3179	3	1223	2348	3	
三、应收及预付款	666445	333427	99541	83653	6770	34070	97497	6444	5043
其中：应收利息	15755	3207	1850	2076	861	2454	2924	973	1410
四、买入返售资产									
五、存放中央银行存款	581558	565029				4399	8741	3390	
六、同业往来	18192	16565					1626		
七、库存现金	64813	16256	5201	8014	2496	5705	17848	5170	4124
资金运用总计	**9696001**	**3160097**	**1109371**	**1373479**	**408000**	**920224**	**1566171**	**517494**	**641166**

表 50

中国银行宁波市分行本外币信贷资金来源运用分县统计

2009 年

汇率：6. 8282　　　　单位：万元

	全市合计	市区	开发区	鄞州区	奉化市	余姚市	慈溪市	宁海县	象山县
一、各项存款	7448174	3294896	1236631	749406	221992	726777	705139	197730	315603
1. 企事业单位存款	3328207	1469152	591979	340044	91415	301825	299024	85617	149151
（1）活期存款	2026941	715028	454652	247818	64926	193610	169345	60855	120708
（2）定期存款	1301266	754124	137327	92226	26488	108215	129679	24763	28443
2. 储蓄存款	2832163	1194086	479153	324255	114855	261534	285589	79175	93517
（1）活期储蓄	793248	292590	111266	78163	40893	84409	93438	41583	50906
（2）定期储蓄	2038915	901496	367887	246092	73962	177125	192151	37592	42611
3. 其他存款	1287804	631658	165500	85107	15722	163418	120526	32938	72935
二、债券发行及境外筹资									
三、应付及款	125164	70219	14124	9197	2797	10082	10339	3757	4649
其中：应付及预提利息	75565	41205	8583	5904	1521	7830	6979	1698	1846
四、卖出回购资产									
五、向中央银行借款									
六、同业往来	633823	509838	14435	10354	33077	22050	32226	8941	2902
七、代理境内贷款资金									
八、各项准备	109198	52812	13646	9537	3304	12202	7054	6156	4486
其中：贷款损失准备	108971	52623	13644	9516	3304	12201	7045	6153	4485
九、所有者权益	103824	26219	24732	11026	5082	9499	13565	5439	8264
其中：实收资本									

续表

	全市合计	市区	开发区	鄞州区	奉化市	余姚市	慈溪市	宁海县	象山县
十、其他	-317178	-347507	-52795	-80518	12182	-193	-105063	153470	103248
资金来源总计	**8103005**	**3606475**	**1250773**	**709002**	**278434**	**780418**	**663259**	**375493**	**439151**
一、各项贷款	7618991	3188805	1239767	703493	270744	771447	648179	361007	435549
1. 短期贷款	2655302	1002081	458566	190429	99045	386936	267220	120134	130892
2. 中长期贷款	3996735	1828373	511796	460250	161685	248196	280310	230814	275310
3. 其他贷款	753534	296596	156969	51282	7335	131792	79705	7265	22590
4. 票据融资	194834	46512	112436	1531	2679	3818	20300	799	6758
5. 各项垫款	18586	15243				705	643	1995	
二、有价证券及投资	14768	7549	2564	1821	476	902	760	450	247
三、应收及预付款	35338	22770	2461	1702	715	2592	3177	850	1071
其中：应收利息	26002	15236	2454	1650	715	2585	1464	831	1068
四、买入返售资产									
五、存放中央银行存款	68917	63546				2873	1902	596	
六、同业往来	321435	303707	173	50	5000		2500	10000	5
七、库存现金	43556	20099	5808	1936	1500	2604	6741	2590	2279
资金运用总计	**8103005**	**3606475**	**1250773**	**709002**	**278434**	**780418**	**663259**	**375493**	**439151**

表 51

中国建设银行宁波市分行本外币信贷资金来源运用分县统计

2009 年

汇率：6.8282　　单位：万元

	全市合计	市区	开发区	鄞州区	奉化市	余姚市	慈溪市	宁海县	象山县
一、各项存款	8964609	3694748	1763852	789309	369888	839996	889921	389731	227163
1. 企事业单位存款	2965042	1154041	704137	240764	145884	252851	244263	126276	96825
（1）活期存款	2094588	797731	576406	185914	82466	194223	135319	60172	62358
（2）定期存款	870454	356311	127731	54850	63418	58628	108944	66104	34467
2. 储蓄存款	3269753	1105484	724514	375547	150731	395138	360683	86859	70798
（1）活期储蓄	1251871	435926	239066	115874	73137	133646	148464	54731	51026
（2）定期储蓄	2017882	669558	485447	259672	77593	261492	212219	32128	19772
3. 其他存款	2729814	1435222	335201	172998	73274	192007	284975	176597	59539
二、债券发行及境外筹资	1544	1544							
三、应付及款	111073	52823	15489	8147	3753	8866	13221	5317	3456
其中：应付及预提利息	59211	20481	10219	6250	2580	6637	8378	2457	2211
四、卖出回购资产									
五、向中央银行借款									
六、同业往来	450125	347209	54	5760	507	42018	25755	13760	15063
七、代理境内贷款资金									
八、各项准备	326	216	109	0	0	0		0	
其中：贷款损失准备									
九、所有者权益	13920	-72365	27483	11646	6455	12297	14086	8513	5805
其中：实收资本									

续表

	全市合计	市区	开发区	鄞州区	奉化市	余姚市	慈溪市	宁海县	象山县
十、其他	-851396	-678091	-180199	-96218	104569	-158583	-134258	109417	181966
资金来源总计	**8690201**	**3346085**	**1626787**	**718645**	**485172**	**744595**	**808726**	**526739**	**433452**
一、各项贷款	8392985	3085439	1617782	714775	482822	739139	800847	522758	429421
1. 短期贷款	2865596	879602	504304	366213	162637	283114	311026	167146	191552
2. 中长期贷款	5235578	2130361	984574	334212	317430	417691	466666	346955	237688
3. 其他贷款	82361	36599	6444	13468	2755	9082	12966	867	181
4. 票据融资	184694	15004	122459			29252	10190	7789	
5. 各项垫款	24756	23874		882					
二、有价证券及投资	16225	16225							
三、应收及预付款	38851	27293	3452	1779	1006	1419	1852	1158	892
其中：应收利息	17392	7147	2993	1448	864	1241	1758	1102	839
四、买入返售资产									
五、存放中央银行存款	46160	43939				489	1076	656	
六、同业往来	160426	159723							703
七、库存现金	35554	13465	5554	2091	1343	3547	4951	2167	2436
资金运用总计	**8690201**	**3346085**	**1626787**	**718645**	**485172**	**744595**	**808726**	**526739**	**433452**

表 52

交通银行宁波分行本外币信贷资金来源运用分县统计

2009 年

汇率：6. 8282　　　　单位：万元

	全市合计	市区	开发区	鄞州区	奉化市	余姚市	慈溪市	宁海县	象山县
一、各项存款	3390080	1599330	444441	249192	155050	424280	393783	72777	51226
1. 企事业单位存款	1872909	1007169	281262	75217	95807	207897	150521	32905	22130
（1）活期存款	1124294	594290	162287	52861	74048	117932	80261	28685	13930
（2）定期存款	748614	412880	118974	22356	21759	89965	70260	4220	8200
2. 储蓄存款	750343	258127	90729	70856	36173	131453	142199	12581	8224
（1）活期储蓄	252895	84075	27592	20845	17560	42993	48272	6362	5195
（2）定期储蓄	497447	174052	63137	50012	18613	88459	93927	6219	3029
3. 其他存款	766829	334033	72450	103119	23070	84931	101063	27290	20872
二、债券发行及境外筹资									
三、应付及款	164876	151274	2884	1356	708	5474	2326	427	426
其中：应付及预提利息	20049	8204	2362	1166	574	5173	1981	345	243
四、卖出回购资产									
五、向中央银行借款									
六、同业往来	53914	283	10000	480			5376	10228	27547
七、代理境内贷款资金									
八、各项准备	18123	18123							
其中：贷款损失准备	18123	18123							
九、所有者权益	69136	25138	10718	3764	4961	8811	9166	3513	3065
其中：实收资本									

续表

	全市合计	市区	开发区	鄞州区	奉化市	余姚市	慈溪市	宁海县	象山县
十、其他	-397193	-252225	-36583	-36238	-20731	-59873	-27803	10072	26189
资金来源总计	**3298937**	**1541923**	**431459**	**218555**	**139988**	**378692**	**382849**	**97017**	**108454**
一、各项贷款	3093523	1348534	430349	217959	139309	374960	378333	96236	107843
1. 短期贷款	1731776	680970	217263	155033	88874	258307	208307	58983	64039
2. 中长期贷款	1196013	633399	133506	57675	46665	103672	150750	35454	34892
3. 其他贷款	48318	10730	34722	1021		973	873		
4. 票据融资	93441	10086	40722	3600	3769	6149	18404	1799	8913
5. 各项垫款	23975	13349	4136	630		5860			
二、有价证券及投资									
三、应收及预付款	141503	140900	216	36	118	75	29	77	53
其中：应收利息	1307	704	216	36	118	75	29	77	53
四、买入返售资产									
五、存放中央银行存款	30766	27262				2047	1457		
六、同业往来	19490	18964						216	310
七、库存现金	13655	6264	894	561	561	1610	3030	487	247
资金运用总计	**3298937**	**1541923**	**431459**	**218555**	**139988**	**378692**	**382849**	**97017**	**108454**

表 53

中信银行宁波分行本外币信贷资金来源运用分县统计

2009 年

汇率：6. 8282　　　　单位：万元

	全市合计	市区	开发区	鄞州区	奉化市	余姚市	慈溪市	宁海县	象山县
一、各项存款	2024672	853896	186128	172176		295760	465413	51300	
1. 企事业单位存款	769974	336513	87802	68270		113796	133893	29700	
（1）活期存款	528180	213088	49879	49473		80631	111409	23700	
（2）定期存款	241794	123425	37923	18797		33165	22484	6000	
2. 储蓄存款	404939	194200	35623	21289		63182	83204	7441	
（1）活期储蓄	87492	42110	8039	2124		13727	18599	2893	
（2）定期储蓄	317448	152090	27584	19166		49455	64605	4548	
3. 其他存款	849759	323182	62703	82617		118782	248316	14158	
二、债券发行及境外筹资									
三、应付及款	26186	18296	1116	901		2302	3351	221	
其中：应付及预提利息	8133	3453	706	635		1678	1576	86	
四、卖出回购资产									
五、向中央银行借款									
六、同业往来	144341	37922		106418			2		
七、代理境内贷款资金									
八、各项准备	19316	19316							
其中：贷款损失准备	19316	19316							
九、所有者权益	28347	-1461	3538	4580		9616	11726	348	
其中：实收资本									

续表

	全市合计	市区	开发区	鄞州区	奉化市	余姚市	慈溪市	宁海县	象山县
十、其他	-267825	-36130	-48253	-69469		-33267	-89708	9003	
资金来源总计	**1975037**	**891838**	**142528**	**214606**		**274411**	**390784**	**60871**	
一、各项贷款	1889645	812806	142071	214228		273415	387150	59975	
1. 短期贷款	1322034	512667	97976	133434		217408	307346	53203	
2. 中长期贷款	359866	140094	44094	40546		54593	73767	6772	
3. 其他贷款	19860	17961				1414	485		
4. 票据融资	183350	137549		40248			5552		
5. 各项垫款	4535	4535							
二、有价证券及投资	14039	14039							
三、应收及预付款	5645	3978	216	283		450	619	99	
其中：应收利息	3308	1703	216	283		428	579	99	
四、买入返售资产	28853	28853							
五、存放中央银行存款	14893	14838				55			
六、同业往来	16238	14436					1301	501	
七、库存现金	5724	2887	242	95		491	1713	295	
资金运用总计	**1975037**	**891838**	**142528**	**214606**		**274411**	**390784**	**60871**	

表 54

中国光大银行宁波分行本外币信贷资金来源运用分县统计

2009 年

汇率：6.8282　　单位：万元

	全市合计	市区	开发区	鄞州区	奉化市	余姚市	慈溪市	宁海县	象山县
一、各项存款	2127000	1513679	345592	65527		114085	61516	26600	
1. 企事业单位存款	813591	503058	187590	40920		51842	10196	19985	
（1）活期存款	527295	334558	108127	32308		28474	6143	17685	
（2）定期存款	286296	168500	79463	8612		23368	4053	2300	
2. 储蓄存款	320367	204039	62482	20197		16078	10955	6616	
（1）活期储蓄	95720	52045	23293	6556		3712	3617	6498	
（2）定期储蓄	224648	151995	39189	13642		12366	7339	118	
3. 其他存款	993042	806582	95520	4410		46165	40365		
二、债券发行及境外筹资									
三、应付及款	23415	20974	1286	235		735	181	4	
其中：应付及预提利息	13960	11579	1227	235		735	180	4	
四、卖出回购资产									
五、向中央银行借款									
六、同业往来	4755	4413	341			1			
七、代理境内贷款资金									
八、各项准备	57839	57839							
其中：贷款损失准备	57839	57839							
九、所有者权益	29556	19049	10035	-4529		4167	824	10	
其中：实收资本									

续表

	全市合计	市区	开发区	鄞州区	奉化市	余姚市	慈溪市	宁海县	象山县
十、其他	435495	249827	-52335	189198		48862	24014	-24071	
资金来源总计	**2678061**	**1865781**	**304919**	**250431**		**167849**	**86536**	**2544**	
一、各项贷款	2529911	1722122	302786	249741		167225	86166	1871	
1. 短期贷款	1145049	835206	89020	119429		79784	20753	857	
2. 中长期贷款	1162604	675893	202889	130312		87441	65055	1014	
3. 其他贷款	44964	44964							
4. 票据融资	172145	160910	10877				358		
5. 各项垫款	5149	5149							
二、有价证券及投资	6525	6525							
三、应收及预付款	4642	3221	523	461		274	161	2	
其中：应收利息	4410	2990	522	461		274	161	2	
四、买入返售资产									
五、存放中央银行存款	68247	68247							
六、同业往来	60706	60706							
七、库存现金	8030	4961	1610	229		350	209	671	
资金运用总计	**2678061**	**1865781**	**304919**	**250431**		**167849**	**86536**	**2544**	

表 55

华夏银行宁波分行本外币信贷资金来源运用分县统计

汇率：6.8282　　2009 年　　单位：万元

	全市合计	市区	开发区	鄞州区	奉化市	余姚市	慈溪市	宁海县	象山县
一、各项存款	570680	544817		25863					
1. 企事业单位存款	284089	271934		12155					
（1）活期存款	104006	95351		8655					
（2）定期存款	180083	176583		3500					
2. 储蓄存款	61144	57237		3908					
（1）活期储蓄	7967	7064		903					
（2）定期储蓄	53178	50173		3005					
3. 其他存款	225447	215647		9800					
二、债券发行及境外筹资									
三、应付及款	16040	16037		4					
其中：应付及预提利息	2058	2054		4					
四、卖出回购资产	225913	225913							
五、向中央银行借款									
六、同业往来									
七、代理境内贷款资金									
八、各项准备	7129	7129							
其中：贷款损失准备	7129	7129							
九、所有者权益	8373	8431		-58					
其中：实收资本									

续表

	全市合计	市区	开发区	鄞州区	奉化市	余姚市	慈溪市	宁海县	象山县
十、其他	75514	86754		－11240					
资金来源总计	**903651**	**889082**		**14568**					
一、各项贷款	642845	628345		14500					
1. 短期贷款	513272	510272		3000					
2. 中长期贷款	128144	116644		11500					
3. 其他贷款	1429	1429							
4. 票据融资									
5. 各项垫款									
二、有价证券及投资	789	789							
三、应收及预付款	13261	13261							
其中：应收利息	0	0							
四、买入返售资产	227653	227653							
五、存放中央银行存款	12544	12544							
六、同业往来	6201	6201							
七、库存现金	358	290		68					
资金运用总计	**903651**	**889082**		**14568**					

表 56

广东发展银行宁波分行本外币信贷资金来源运用分县统计

汇率：6. 8282　　2009 年　　单位：万元

	全市合计	市区	开发区	鄞州区	奉化市	余姚市	慈溪市	宁海县	象山县
一、各项存款	1443289	805229	131759	286358		164317	55626		
1. 企事业单位存款	649137	354359	61769	121094		90428	21487		
（1）活期存款	406283	234593	22928	83081		50034	15647		
（2）定期存款	242854	119766	38841	38013		40394	5840		
2. 储蓄存款	187379	101897	13964	37877		21869	11772		
（1）活期储蓄	54904	28060	3245	15405		4869	3325		
（2）定期储蓄	132474	73837	10719	22472		17000	8447		
3. 其他存款	606773	348973	56026	127386		52020	22367		
二、债券发行及境外筹资									
三、应付及款	17319	10789	2198	3126		1079	127		
其中：应付及预提利息	5453	3224	663	882		584	101		
四、卖出回购资产									
五、向中央银行借款									
六、同业往来									
七、代理境内贷款资金									
八、各项准备	9693	9693							
其中：贷款损失准备	8976	8976							
九、所有者权益	20226	10405	2212	4762		2665	182		
其中：实收资本									

续表

	全市合计	市区	开发区	鄞州区	奉化市	余姚市	慈溪市	宁海县	象山县
十、其他	-295561	-164643	-57036	-68986		-4843	-53		
资金来源总计	**1194965**	**671473**	**79133**	**225259**		**163218**	**55882**		
一、各项贷款	1107260	590051	77235	222635		162138	55202		
1. 短期贷款	821379	402021	69123	176649		123728	49858		
2. 中长期贷款	199257	105527	8067	44455		37709	3499		
3. 其他贷款	11062	9157		1250		526	130		
4. 票据融资	69983	67767	45	281		175	1715		
5. 各项垫款	5579	5579							
二、有价证券及投资	637	637							
三、应收及预付款	6284	1536	1686	2324		737	2		
其中：应收利息	1092	303	218	214		355	2		
四、买入返售资产									
五、存放中央银行存款	74523	74523							
六、同业往来	3252	2771					481		
七、库存现金	3009	1956	212	301		343	198		
资金运用总计	**1194965**	**671473**	**79133**	**225259**		**163218**	**55882**		

表 57

深圳发展银行宁波分行本外币信贷资金来源运用分县统计

2009 年

汇率：6.8282　　　　单位：万元

	全市合计	市区	开发区	鄞州区	奉化市	余姚市	慈溪市	宁海县	象山县
一、各项存款	1480481	662879	210390	197808		71082	334836		3485
1. 企事业单位存款	377235	171736	92393	34861		35051	42133		1061
（1）活期存款	245976	104269	75657	12625		31341	21023		1061
（2）定期存款	131259	67467	16736	22236		3710	21110		
2. 储蓄存款	190211	74186	26291	27835		6648	53088		2163
（1）活期储蓄	49641	14951	12380	3927		3765	12455		2162
（2）定期储蓄	140570	59235	13910	23908		2883	40633		1
3. 其他存款	913034	416956	91707	135112		29383	239615		261
二、债券发行及境外筹资									
三、应付及款	20930	17344	828	931		323	1503		1
其中：应付及预提利息	6879	4042	618	754		270	1194		1
四、卖出回购资产									
五、向中央银行借款									
六、同业往来	146823	141823							5000
七、代理境内贷款资金									
八、各项准备	7770	7770							
其中：贷款损失准备	7576	7576							
九、所有者权益	28218	2015	5741	5285		2818	12362		-2
其中：实收资本									

续表

	全市合计	市区	开发区	鄞州区	奉化市	余姚市	慈溪市	宁海县	象山县
十、其他	18538	109152	-46446	-12657		-16884	-6947		-7680
资金来源总计	**1702759**	**940982**	**170513**	**191367**		**57339**	**341754**		**804**
一、各项贷款	1435725	678701	170037	190841		56938	339072		135
1. 短期贷款	757561	223509	85758	135530		21423	291341		
2. 中长期贷款	504114	289057	83811	55311		30520	45280		135
3. 其他贷款	4855	2137	266				2451		
4. 票据融资	161199	160997	202						
5. 各项垫款	7996	3001				4995			
二、有价证券及投资	50000	50000							
三、应收及预付款	10574	9280	301	338		94	562		
其中：应收利息	2326	1072	282	320		94	558		
四、买入返售资产	139949	139949							
五、存放中央银行存款	50083	48160					1923		
六、同业往来	15005	14391				164			450
七、库存现金	1423	501	174	188		143	197		219
资金运用总计	**1702759**	**940982**	**170513**	**191367**		**57339**	**341754**		**804**

表 58

招商银行宁波分行本外币信贷资金来源运用分县统计

2009 年

汇率：6.8282　　单位：万元

	全市合计	市区	开发区	鄞州区	奉化市	余姚市	慈溪市	宁海县	象山县
一、各项存款	2063491	1363453	271909	236567		57022	134540		
1. 企事业单位存款	1123589	764169	163938	132939		30726	31817		
（1）活期存款	690375	439411	99558	102087		21640	27679		
（2）定期存款	433214	324758	64380	30852		9086	4138		
2. 储蓄存款	315125	206076	26752	28541		17771	35985		
（1）活期储蓄	207413	139437	13593	20280		12986	21117		
（2）定期储蓄	107712	66639	13160	8261		4785	14868		
3. 其他存款	624777	393209	81218	75087		8525	66739		
二、债券发行及境外筹资									
三、应付及款	31388	28009	1665	701		199	814		
其中：应付及预提利息	11196	8396	1442	535		149	674		
四、卖出回购资产									
五、向中央银行借款									
六、同业往来	20195	20195							
七、代理境内贷款资金									
八、各项准备	61684	61684							
其中：贷款损失准备	61534	61534							
九、所有者权益	27649	3680	11025	7672		1266	4006		
其中：实收资本									

续表

	全市合计	市区	开发区	鄞州区	奉化市	余姚市	慈溪市	宁海县	象山县
十、其他	1099904	1066277	−2179	−2127		14284	23649		
资金来源总计	**3304311**	**2543298**	**282419**	**242813**		**72772**	**163009**		
一、各项贷款	2973034	2216849	281148	242173		71173	161691		
1. 短期贷款	1452735	965338	172794	148974		52089	113540		
2. 中长期贷款	984226	724585	107063	92209		18032	42337		
3. 其他贷款	41352	34851	1291	990		1052	3168		
4. 票据融资	494721	492075					2646		
5. 各项垫款									
二、有价证券及投资									
三、应收及预付款	5242	3974	460	412		150	247		
其中：应收利息	4719	3451	460	412		150	247		
四、买入返售资产	240654	240654							
五、存放中央银行存款	66938	66938							
六、同业往来	12700	11566				775	358		
七、库存现金	5743	3317	812	228		673	713		
资金运用总计	**3304311**	**2543298**	**282419**	**242813**		**72772**	**163009**		

表 59

上海浦东发展银行宁波分行本外币信贷资金来源运用分县统计

2009 年

汇率：6.8282　　单位：万元

	全市合计	市区	开发区	鄞州区	奉化市	余姚市	慈溪市	宁海县	象山县
一、各项存款	4972069	3039621	601017	306468	30918	507785	385104	101157	
1. 企事业单位存款	2286434	1142677	424781	192068	18199	294224	178629	35856	
（1）活期存款	1227062	577617	236843	131287	16699	196813	51263	16540	
（2）定期存款	1059372	565060	187938	60781	1500	97411	127366	19316	
2. 储蓄存款	636829	432759	57525	39547	957	51493	44074	10474	
（1）活期储蓄	187143	168839	4355	2263	770	4811	4156	1950	
（2）定期储蓄	449685	263919	53171	37284	187	46683	39918	8524	
3. 其他存款	2048806	1464185	118711	74853	11762	162068	162401	54827	
二、债券发行及境外筹资									
三、应付及款	101642	72774	12014	2311	105	8440	4813	1185	
其中：应付及预提利息	50938	32064	4020	1847		7957	4196	853	
四、卖出回购资产									
五、向中央银行借款									
六、同业往来	1393485	1259311	28569	104177		1428			
七、代理境内贷款资金									
八、各项准备	46237	22425	6108	4882	270	5325	5883	1344	
其中：贷款损失准备	44592	20860	6107	4838	270	5307	5866	1344	
九、所有者权益	81573	26640	19755	7209	-425	14888	10430	3077	
其中：实收资本									

续表

	全市合计	市区	开发区	鄞州区	奉化市	余姚市	慈溪市	宁海县	象山县
十、其他	－1981458	－1881120	3632	－84269	－3803	－80256	8358	55999	
资金来源总计	**4613549**	**2539650**	**671095**	**340778**	**27065**	**457611**	**414588**	**162762**	
一、各项贷款	3677939	1821229	572969	263794	26982	454613	412424	125928	
1. 短期贷款	2466709	1080536	407625	239849	5982	309719	338369	84629	
2. 中长期贷款	1166749	727774	143875	21045	21000	140527	71458	41070	
3. 其他贷款	16046	10017	1980	833		1461	1755		
4. 票据融资	26960	2902	19489	792		2706	842	229	
5. 各项垫款	1475			1275		200			
二、有价证券及投资	44664	44664							
三、应收及预付款	54752	42789	8611	1545		443	567	797	
其中：应收利息	11633	6941	1605	1332		423	535	797	
四、买入返售资产									
五、存放中央银行存款	144463	143546				750	167		
六、同业往来	676745	477803	88356	75000	21	10	55	35500	
七、库存现金	14985	9619	1158	438	62	1794	1376	537	
资金运用总计	**4613549**	**2539650**	**671095**	**340778**	**27065**	**457611**	**414588**	**162762**	

表 60

兴业银行宁波分行本外币信贷资金来源运用分县统计

2009 年

汇率：6.8282

单位：万元

	全市合计	市区	开发区	鄞州区	奉化市	余姚市	慈溪市	宁海县	象山县
一、各项存款	2016008	1358197	308880	130988		94962	122981		
1. 企事业单位存款	860421	509081	183685	45640		79212	42803		
（1）活期存款	447217	243011	115323	33299		24110	31473		
（2）定期存款	413204	266070	68362	12341		55102	11330		
2. 储蓄存款	268544	146861	76328	20870		11337	13147		
（1）活期储蓄	42065	25244	7938	3612		2510	2762		
（2）定期储蓄	226478	121617	68390	17257		8827	10386		
3. 其他存款	887043	702255	48867	64478		4412	67031		
二、债券发行及境外筹资									
三、应付及款	33264	27887	2442	789		405	1741		
其中：应付及预提利息	17606	13048	2025	583		295	1654		
四、卖出回购资产									
五、向中央银行借款									
六、同业往来	80053	72182					7872		
七、代理境内贷款资金									
八、各项准备	40672	40672							
其中：贷款损失准备	40391	40391							
九、所有者权益	30267	20200	4800	3504		-65	1829		
其中：实收资本									

续表

	全市合计	市区	开发区	鄞州区	奉化市	余姚市	慈溪市	宁海县	象山县
十、其他	-253284	-40857	-90627	-16924		-31928	-72948		
资金来源总计	**1946980**	**1478281**	**225494**	**118357**		**63374**	**61475**		
一、各项贷款	1925341	1459009	224507	117949		62817	61059		
1. 短期贷款	939188	689620	69852	82566		49711	47439		
2. 中长期贷款	793657	579810	154112	33383		12733	13620		
3. 其他贷款	6819	6446				373			
4. 票据融资	162034	159991	543	1500					
5. 各项垫款	23643	23143		500					
二、有价证券及投资	498	364	124	10					
三、应收及预付款	3562	2657	436	262		118	89		
其中：应收利息	2867	2018	403	257		100	89		
四、买入返售资产									
五、存放中央银行存款	12495	12495							
六、同业往来	2723	2277	125	26		160	135		
七、库存现金	2361	1479	301	111		278	192		
资金运用总计	**1946980**	**1478281**	**225494**	**118357**		**63374**	**61475**		

表 61

中国民生银行宁波分行本外币信贷资金来源运用分县统计

2009 年

汇率：6. 8282　　　　单位：万元

	全市合计	市区	开发区	鄞州区	奉化市	余姚市	慈溪市	宁海县	象山县
一、各项存款	1522265	1037360	62379	93261		168033	110119	51113	
1. 企事业单位存款	644870	398183	33996	61913		86198	37966	26614	
（1）活期存款	462490	273530	27623	33538		77972	29068	20760	
（2）定期存款	182380	124653	6374	28375		8226	8898	5855	
2. 储蓄存款	213796	116138	12563	28243		21945	20161	14747	
（1）活期储蓄	55280	28121	3120	8587		4734	3484	7234	
（2）定期储蓄	158516	88017	9442	19656		17211	16677	7513	
3. 其他存款	663599	523040	15820	3105		59890	51993	9752	
二、债券发行及境外筹资									
三、应付及款	14019	11164	360	1278		566	495	156	
其中：应付及预提利息	8806	6501	283	1094		450	391	88	
四、卖出回购资产									
五、向中央银行借款									
六、同业往来	30280	10		20000			10270		
七、代理境内贷款资金									
八、各项准备	31756	31756							
其中：贷款损失准备	31731	31731							
九、所有者权益	32129	14284	2470	8029		3534	3196	616	
其中：实收资本									

续表

	全市合计	市区	开发区	鄞州区	奉化市	余姚市	慈溪市	宁海县	象山县
十、其他	396916	266353	31211	81555		−7059	−3658	28513	
资金来源总计	**2027365**	**1360928**	**96420**	**204123**		**165074**	**120422**	**80398**	
一、各项贷款	1943894	1281353	95989	203398		164296	119219	79640	
1. 短期贷款	1120592	701241	28080	59286		160304	93050	78631	
2. 中长期贷款	813837	570647	67908	144112		3992	26169	1009	
3. 其他贷款									
4. 票据融资	1892	1892							
5. 各项垫款	7572	7572							
二、有价证券及投资									
三、应收及预付款	4663	3408	194	406		263	234	158	
其中：应收利息	3566	2346	179	395		256	233	158	
四、买入返售资产									
五、存放中央银行存款	41393	40844					549		
六、同业往来	32503	31981	161			193		168	
七、库存现金	4912	3342	76	319		322	420	432	
资金运用总计	**2027365**	**1360928**	**96420**	**204123**		**165074**	**120422**	**80398**	

表 62

浙商银行宁波分行本外币信贷资金来源运用分县统计

2009 年

汇率：6. 8282　　单位：万元

	全市合计	市区	开发区	鄞州区	奉化市	余姚市	慈溪市	宁海县	象山县
一、各项存款	950919	648814	111094	86330			104680		
1. 企事业单位存款	485247	315457	62717	45904			61168		
（1）活期存款	241890	173463	25922	25551			16954		
（2）定期存款	243357	141993	36796	20354			44214		
2. 储蓄存款	74462	33800	4573	9079			27009		
（1）活期储蓄	24433	12405	1034	1774			9221		
（2）定期储蓄	50029	21396	3539	7306			17789		
3. 其他存款	391210	299558	43803	31347			16503		
二、债券发行及境外筹资									
三、应付及款	4473	4086	110	127			149		
其中：应付及预提利息	87	87							
四、卖出回购资产									
五、向中央银行借款									
六、同业往来	112097	112097							
七、代理境内贷款资金									
八、各项准备									
其中：贷款损失准备									
九、所有者权益	9475	4554	1301	1807			1813		
其中：实收资本									

续表

	全市合计	市区	开发区	鄞州区	奉化市	余姚市	慈溪市	宁海县	象山县
十、其他	-212746	-182244	-16609	-9901			-3992		
资金来源总计	**864219**	**587307**	**95897**	**78364**			**102651**		
一、各项贷款	763698	487944	95608	78098			102048		
1. 短期贷款	523137	331007	47149	48811			96171		
2. 中长期贷款	233563	151176	48087	29300			5000		
3. 其他贷款	368	368							
4. 票据融资	5449	4212	373	-12			877		
5. 各项垫款	1181	1181							
二、有价证券及投资									
三、应收及预付款	1975	1472	154	174			175		
其中：应收利息	1411	908	154	174			175		
四、买入返售资产	10000	10000							
五、存放中央银行存款	54253	54253							
六、同业往来	33004	33004							
七、库存现金	1288	635	134	92			428		
资金运用总计	**864219**	**587307**	**95897**	**78364**			**102651**		

表 63

宁波银行宁波市本外币信贷资金来源运用分县统计

2009 年

汇率：6.8282　　　　单位：万元

	全市合计	市区	开发区	鄞州区	奉化市	余姚市	慈溪市	宁海县	象山县
一、各项存款	7650144	4601086	573077	825479	178817	568818	599121	186943	116803
1. 企事业单位存款	4580309	2947721	293600	409279	115414	317815	311363	108715	76402
（1）活期存款	3262599	2110205	219700	284664	94001	243800	164061	94165	52004
（2）定期存款	1317710	837516	73900	124615	21413	74015	147302	14550	24398
2. 储蓄存款	2133882	1179404	197229	282972	53619	173599	169924	56364	20773
（1）活期储蓄	721445	398135	49208	86294	29307	49481	51265	40835	16921
（2）定期储蓄	1412437	781269	148021	196679	24311	124118	118659	15529	3851
3. 其他存款	935952	473961	82249	133228	9784	77404	117834	21864	19629
二、债券发行及境外筹资	500000	500000							
三、应付及款	115655	84676	5586	8848	2008	4687	5796	2096	1958
其中：应付及预提利息	61650	45107	2927	4515	491	3941	3657	420	592
四、卖出回购资产	149500	149500							
五、向中央银行借款									
六、同业往来	2689984	2688299	166					1519	
七、代理境内贷款资金									
八、各项准备	86843	46206	10386	6785	3207	6614	6980	3544	3121
其中：贷款损失准备	85898	45261	10386	6785	3207	6614	6980	3544	3121
九、所有者权益	962333	886583	14537	15778	6430	10142	12811	9013	7039
其中：实收资本	250000	250000							

续表

	全市合计	市区	开发区	鄞州区	奉化市	余姚市	慈溪市	宁海县	象山县
十、其他	555552	805712	−213665	−282694	61015	−73538	23347	115009	120366
资金来源总计	**12710010**	**9762063**	**390087**	**574197**	**251476**	**516723**	**648055**	**318123**	**249287**
一、各项贷款	5488192	2560174	388478	571074	250980	515006	643199	311249	248031
1. 短期贷款	4269909	1750903	347494	504151	197727	398566	555553	279330	236184
2. 中长期贷款	969937	601193	28551	57226	49970	110530	80304	31770	10393
3. 其他贷款	103625	103625							
4. 票据融资	138846	99972	11488	9347	3283	5910	7342	50	1454
5. 各项垫款	5875	4481	945	350				99	
二、有价证券及投资	3963996	3963996							
三、应收及预付款	63649	62003	57	1512	9	40	8	12	8
其中：应收利息	59630	59586	11	1	4	12	4	8	4
四、买入返售资产	277050	277050							
五、存放中央银行存款	1970949	1970174				6	769		
六、同业往来	908913	906671	22				80	2139	
七、库存现金	37262	21995	1530	1611	487	1670	3998	4723	1248
资金运用总计	**12710010**	**9762063**	**390087**	**574197**	**251476**	**516723**	**648055**	**318123**	**249287**

表 64

上海银行宁波分行本外币信贷资金来源运用分县统计

汇率：6.8282　　2009 年　　单位：万元

	全市合计	市区	开发区	鄞州区	奉化市	余姚市	慈溪市	宁海县	象山县
一、各项存款	794696	504342		25727		161722	102905		
1. 企事业单位存款	399847	199888		11707		104673	83579		
（1）活期存款	131590	76195		9147		32471	13777		
（2）定期存款	268257	123693		2560		72202	69802		
2. 储蓄存款	77662	40388		5189		16157	15928		
（1）活期储蓄	17380	9391		1954		2980	3055		
（2）定期储蓄	60282	30997		3235		13177	12873		
3. 其他存款	317187	264066		8831		40892	3398		
二、债券发行及境外筹资									
三、应付及款	8748	6340		242		1473	693		
其中：应付及预提利息	7246	5489		43		1224	490		
四、卖出回购资产									
五、向中央银行借款									
六、同业往来	80948	80921		8		9	10		
七、代理境内贷款资金									
八、各项准备	29265	29265							
其中：贷款损失准备	29265	29265							
九、所有者权益	686	-5588		-349		4349	2274		
其中：实收资本									

续表

	全市合计	市区	开发区	鄞州区	奉化市	余姚市	慈溪市	宁海县	象山县
十、其他	10794	-76111		9474		20835	56596		
资金来源总计	**925136**	**539168**		**35102**		**188388**	**162478**		
一、各项贷款	884452	500469		34949		187366	161667		
1. 短期贷款	621266	314204		34133		133964	138965		
2. 中长期贷款	239653	168952		816		49523	20362		
3. 其他贷款	1093	1093							
4. 票据融资	16402	10183				3879	2340		
5. 各项垫款	6038	6038							
二、有价证券及投资									
三、应收及预付款	5285	4652		49		348	236		
其中：应收利息	1478	899		49		294	236		
四、买入返售资产									
五、存放中央银行存款	31338	31338							
六、同业往来	3192	2410		8		411	363		
七、库存现金	870	299		96		263	212		
资金运用总计	**925136**	**539168**		**35102**		**188388**	**162478**		

表 65

包商银行宁波分行本外币信贷资金来源运用分县统计

汇率：6.8282　　2009 年　　单位：万元

	全市合计	市区	开发区	鄞州区	奉化市	余姚市	慈溪市	宁海县	象山县
一、各项存款	461820	461820							
1. 企事业单位存款	338992	338992							
（1）活期存款	126484	126484							
（2）定期存款	212508	212508							
2. 储蓄存款	26050	26050							
（1）活期储蓄	5281	5281							
（2）定期储蓄	20769	20769							
3. 其他存款	96778	96778							
二、债券发行及境外筹资									
三、应付及款	1400	1400							
其中：应付及预提利息	1400	1400							
四、卖出回购资产									
五、向中央银行借款									
六、同业往来									
七、代理境内贷款资金									
八、各项准备									
其中：贷款损失准备									
九、所有者权益	3163	3163							
其中：实收资本									

续表

	全市合计	市区	开发区	鄞州区	奉化市	余姚市	慈溪市	宁海县	象山县
十、其他	-76019	-76019							
资金来源总计	**390364**	**390364**							
一、各项贷款	339010	339010							
1. 短期贷款	310298	310298							
2. 中长期贷款	24732	24732							
3. 其他贷款	2048	2048							
4. 票据融资									
5. 各项垫款	1932	1932							
二、有价证券及投资									
三、应收及预付款	39	39							
其中：应收利息	39	39							
四、买入返售资产									
五、存放中央银行存款	47319	47319							
六、同业往来	3870	3870							
七、库存现金	126	126							
资金运用总计	**390364**	**390364**							

表 66

临商银行宁波分行本外币信贷资金来源运用分县统计

2009 年

汇率：6.8282　　　　单位：万元

	全市合计	市区	开发区	鄞州区	奉化市	余姚市	慈溪市	宁海县	象山县
一、各项存款	317807	317807							
1. 企事业单位存款	186732	186732							
（1）活期存款	98343	98343							
（2）定期存款	88389	88389							
2. 储蓄存款	24662	24662							
（1）活期储蓄	3157	3157							
（2）定期储蓄	21505	21505							
3. 其他存款	106412	106412							
二、债券发行及境外筹资									
三、应付及款	668	668							
其中：应付及预提利息	480	480							
四、卖出回购资产									
五、向中央银行借款									
六、同业往来									
七、代理境内贷款资金									
八、各项准备									
其中：贷款损失准备									
九、所有者权益	3255	3255							
其中：实收资本									

续表

	全市合计	市区	开发区	鄞州区	奉化市	余姚市	慈溪市	宁海县	象山县
十、其他	-74769	-74769							
资金来源总计	**246961**	**246961**							
一、各项贷款	227769	227769							
1. 短期贷款	202000	202000							
2. 中长期贷款	23700	23700							
3. 其他贷款	2069	2069							
4. 票据融资									
5. 各项垫款									
二、有价证券及投资									
三、应收及预付款	14	14							
其中：应收利息									
四、买入返售资产									
五、存放中央银行存款	5140	5140							
六、同业往来	13918	13918							
七、库存现金	120	120							
资金运用总计	**246961**	**246961**							

表 67

温州银行宁波分行本外币信贷资金来源运用分县统计

2009 年

汇率：6.8282　　　　单位：万元

	全市合计	市区	开发区	鄞州区	奉化市	余姚市	慈溪市	宁海县	象山县
一、各项存款	208685	208685							
1. 企事业单位存款	191730	191730							
（1）活期存款	58019	58019							
（2）定期存款	133711	133711							
2. 储蓄存款	15999	15999							
（1）活期储蓄	4554	4554							
（2）定期储蓄	11445	11445							
3. 其他存款	956	956							
二、债券发行及境外筹资									
三、应付及款	1244	1244							
其中：应付及预提利息	941	941							
四、卖出回购资产									
五、向中央银行借款									
六、同业往来									
七、代理境内贷款资金									
八、各项准备									
其中：贷款损失准备									
九、所有者权益	285	285							
其中：实收资本									

续表

	全市合计	市区	开发区	鄞州区	奉化市	余姚市	慈溪市	宁海县	象山县
十、其他	-44088	-44088							
资金来源总计	**166126**	**166126**							
一、各项贷款	132741	132741							
1. 短期贷款	127067	127067							
2. 中长期贷款	131	131							
3. 其他贷款									
4. 票据融资	5543	5543							
5. 各项垫款									
二、有价证券及投资									
三、应收及预付款	589	589							
其中：应收利息	237	237							
四、买入返售资产									
五、存放中央银行存款	29581	29581							
六、同业往来	2927	2927							
七、库存现金	288	288							
资金运用总计	**166126**	**166126**							

表 68

浙江泰隆商业银行宁波分行本外币信贷资金来源运用分县统计

2009 年

汇率：6.8282　　　　单位：万元

	全市合计	市区	开发区	鄞州区	奉化市	余姚市	慈溪市	宁海县	象山县
一、各项存款	171028	157508					13520		
1. 企事业单位存款	118321	113645					4676		
（1）活期存款	81579	77219					4360		
（2）定期存款	36742	36426					316		
2. 储蓄存款	40708	31930					8778		
（1）活期储蓄	33190	25217					7973		
（2）定期储蓄	7518	6713					805		
3. 其他存款	11998	11932					66		
二、债券发行及境外筹资									
三、应付及款	678	539					139		
其中：应付及预提利息	198	197					1		
四、卖出回购资产									
五、向中央银行借款	377	377							
六、同业往来									
七、代理境内贷款资金									
八、各项准备	15	15							
其中：贷款损失准备	15	15							
九、所有者权益	556	696					−140		
其中：实收资本									

续表

	全市合计	市区	开发区	鄞州区	奉化市	余姚市	慈溪市	宁海县	象山县
十、其他	-62603	-56200					-6403		
资金来源总计	**110050**	**102934**					**7116**		
一、各项贷款	87986	82249					5737		
1. 短期贷款	87207	81470					5737		
2. 中长期贷款	358	358							
3. 其他贷款	27	27							
4. 票据融资	393	393							
5. 各项垫款									
二、有价证券及投资									
三、应收及预付款									
其中：应收利息									
四、买入返售资产									
五、存放中央银行存款	16255	16255							
六、同业往来	4155	3554					601		
七、库存现金	1655	877					778		
资金运用总计	**110050**	**102934**					**7116**		

表 69

杭州银行宁波分行本外币信贷资金来源运用分县统计

2009 年

汇率：6. 8282　　　　单位：万元

	全市合计	市区	开发区	鄞州区	奉化市	余姚市	慈溪市	宁海县	象山县
一、各项存款	311632	311632							
1. 企事业单位存款	182989	182989							
（1）活期存款	114430	114430							
（2）定期存款	68559	68559							
2. 储蓄存款	17740	17740							
（1）活期储蓄	3430	3430							
（2）定期储蓄	14310	14310							
3. 其他存款	110903	110903							
二、债券发行及境外筹资									
三、应付及款	1197	1197							
其中：应付及预提利息	915	915							
四、卖出回购资产									
五、向中央银行借款									
六、同业往来									
七、代理境内贷款资金									
八、各项准备	2195	2195							
其中：贷款损失准备	2195	2195							
九、所有者权益	-1270	-1270							
其中：实收资本									

续表

	全市合计	市区	开发区	鄞州区	奉化市	余姚市	慈溪市	宁海县	象山县
十、其他	-42330	-42330							
资金来源总计	**271423**	**271423**							
一、各项贷款	219250	219250							
1. 短期贷款	183901	183901							
2. 中长期贷款	28716	28716							
3. 其他贷款	3523	3523							
4. 票据融资	3110	3110							
5. 各项垫款									
二、有价证券及投资									
三、应收及预付款	36	36							
其中：应收利息									
四、买入返售资产									
五、存放中央银行存款	35601	35601							
六、同业往来	16324	16324							
七、库存现金	212	212							
资金运用总计	**271423**	**271423**							

表 70

浙江民泰商业银行宁波分行本外币信贷资金来源运用分县统计

2009 年

汇率：6. 8282　　　　单位：万元

	全市合计	市区	开发区	鄞州区	奉化市	余姚市	慈溪市	宁海县	象山县
一、各项存款	29241	29241							
1. 企事业单位存款	11656	11656							
（1）活期存款	10546	10546							
（2）定期存款	1110	1110							
2. 储蓄存款	17585	17585							
（1）活期储蓄	11483	11483							
（2）定期储蓄	6102	6102							
3. 其他存款									
二、债券发行及境外筹资									
三、应付及款	1	1							
其中：应付及预提利息	1	1							
四、卖出回购资产									
五、向中央银行借款									
六、同业往来									
七、代理境内贷款资金									
八、各项准备									
其中：贷款损失准备									
九、所有者权益	-482	-482							
其中：实收资本									

续表

	全市合计	市区	开发区	鄞州区	奉化市	余姚市	慈溪市	宁海县	象山县
十、其他	-28253	-28253							
资金来源总计	**507**	**507**							
一、各项贷款									
1. 短期贷款									
2. 中长期贷款									
3. 其他贷款									
4. 票据融资									
5. 各项垫款									
二、有价证券及投资									
三、应收及预付款	1	1							
其中：应收利息									
四、买入返售资产									
五、存放中央银行存款									
六、同业往来	23	23							
七、库存现金	483	483							
资金运用总计	**507**	**507**							

表 71

中国邮政储蓄银行宁波分行本外币信贷资金来源运用分县统计

2009 年

汇率：6. 8282　　　　单位：万元

	全市合计	市区	开发区	鄞州区	奉化市	余姚市	慈溪市	宁海县	象山县
一、各项存款	2160996	302839	552595		99328	328641	690147	107593	79854
1. 企事业单位存款	103927	32715	23278		4024	9074	24062	6134	4639
（1）活期存款	84670	29108	19145		2884	7536	18284	4834	2878
（2）定期存款	19257	3607	4134		1140	1538	5778	1300	1761
2. 储蓄存款	2049705	270123	529193		95304	312548	666014	101414	75109
（1）活期储蓄	806263	96844	104186		46381	128652	306566	72409	51224
（2）定期储蓄	1243442	173279	425007		48923	183896	359448	29006	23884
3. 其他存款	7364	1	124			7019	70	44	106
二、债券发行及境外筹资									
三、应付及款	-2571	1428	329		-1076	-2106	1618	-2059	-704
其中：应付及预提利息	16478	1909	5276		692	2212	5685	419	286
四、卖出回购资产									
五、向中央银行借款									
六、同业往来									
七、代理境内贷款资金									
八、各项准备									
其中：贷款损失准备									
九、所有者权益									
其中：实收资本									

续表

	全市合计	市区	开发区	鄞州区	奉化市	余姚市	慈溪市	宁海县	象山县
十、其他	-1911726	-246986	-518363		-75949	-293464	-646101	-77627	-53236
资金来源总计	**246699**	**57281**	**34561**		**22302**	**33071**	**45664**	**27907**	**25913**
一、各项贷款	185428	26398	25737		18349	29437	39366	22809	23332
1. 短期贷款	70432	4040	5735		10457	5910	19463	13871	10956
2. 中长期贷款	114996	22359	20001		7891	23528	19903	8937	12376
3. 其他贷款									
4. 票据融资									
5. 各项垫款									
二、有价证券及投资									
三、应收及预付款	696	20	50		214	38	149	89	136
其中：应收利息	557	20	25		147	30	148	89	96
四、买入返售资产									
五、存放中央银行存款	17729	17729							
六、同业往来	25163	10832	5223		1071	719	3220	2751	1346
七、库存现金	17684	2302	3551		2669	2877	2928	2258	1099
资金运用总计	**246699**	**57281**	**34561**		**22302**	**33071**	**45664**	**27907**	**25913**

表 72

宁波市农村合作金融机构本外币信贷资金来源运用分县统计

2009 年

汇率：6. 8282　　　　单位：万元

	全市合计	市区	开发区	鄞州区	奉化市	余姚市	慈溪市	宁海县	象山县
一、各项存款	10026213	794783	917675	3551146	406766	1250969	2410795	289529	404550
1. 企事业单位存款	667949	115568	90954	216157	17474	39317	155575	11033	21871
（1）活期存款	15525		5	7856	287	3641	3728		8
（2）定期存款	652424	115568	90949	208301	17187	35676	151847	11033	21863
2. 储蓄存款	6254100	489818	583077	1898601	299815	886140	1670898	179983	245769
（1）活期储蓄	1853611	100093	106328	476543	98623	213211	556835	116261	185718
（2）定期储蓄	4400489	389725	476749	1422058	201192	672929	1114063	63722	60051
3. 其他存款	3104165	189397	243644	1436388	89477	325512	584323	98513	136911
二、债券发行及境外筹资	65000			40000		25000			
三、应付及款	193167	13208	18859	62115	9775	35047	42511	5719	5933
其中：应付及预提利息	99399	9206	9745	28447	3928	14660	30110	1626	1677
四、卖出回购资产									
五、向中央银行借款	47117				8700			12000	26417
六、同业往来	72884		216	62544		6182	594		3348
七、代理境内贷款资金									
八、各项准备	216040	18205	36181	62184	13328	22538	37510	9818	16276
其中：贷款损失准备	216040	18205	36181	62184	13328	22538	37510	9818	16276
九、所有者权益	780695	36542	78138	226391	35192	112179	235686	23302	33265
其中：实收资本	197417	23588	32890	56316	8983	15000	40258	11704	8678

续表

	全市合计	市区	开发区	鄞州区	奉化市	余姚市	慈溪市	宁海县	象山县
十、其他	-430000	-48300	-36393	-176363	-14999	-34798	-133995	-11074	25921
资金来源总计	**10971116**	**814438**	**1014676**	**3828018**	**458762**	**1417117**	**2593101**	**329294**	**515710**
一、各项贷款	7049291	501484	669568	2398892	309044	914641	1739719	218497	297445
1. 短期贷款	6239363	472067	648131	1856811	308622	783614	1658927	218007	293184
2. 中长期贷款	219825		13094	121865	402	51133	29037	400	3894
3. 其他贷款	12967			9874		1659	1434		
4. 票据融资	574389	29417	8343	407596	20	78235	50321	90	367
5. 各项垫款	2747			2747					
二、有价证券及投资	731755	4050	18530	481504	4186	36749	171089	9575	6072
三、应收及预付款	39063	409	2564	28403	555	472	6316	221	123
其中：应收利息	4422	260	681	2560	252	12	561	65	31
四、买入返售资产	54710			54710					
五、存放中央银行存款	1804864	193759	186003	523499	85208	342263	304933	63077	106122
六、同业往来	1193203	109676	128569	315413	54098	108448	345012	32673	99315
七、库存现金	98230	5060	9442	25596	5671	14544	26032	5251	6634
资金运用总计	**10971116**	**814438**	**1014676**	**3828018**	**458762**	**1417117**	**2593101**	**329294**	**515710**

表 73

象山县绿叶城市信用社本外币信贷资金来源运用分县统计

2009 年

汇率：6. 8282　　　　单位：万元

	全市合计	市区	开发区	鄞州区	奉化市	余姚市	慈溪市	宁海县	象山县
一、各项存款	172470								172470
1. 企事业单位存款	92122								92122
（1）活期存款	39712								39712
（2）定期存款	52410								52410
2. 储蓄存款	51911								51911
（1）活期储蓄	33123								33123
（2）定期储蓄	18788								18788
3. 其他存款	28437								28437
二、债券发行及境外筹资									
三、应付及款	1295								1295
其中：应付及预提利息	614								614
四、卖出回购资产									
五、向中央银行借款									
六、同业往来									
七、代理境内贷款资金									
八、各项准备	3235								3235
其中：贷款损失准备	3179								3179
九、所有者权益	17595								17595
其中：实收资本	13900								13900

续表

	全市合计	市区	开发区	鄞州区	奉化市	余姚市	慈溪市	宁海县	象山县
十、其他	-6957								-6957
资金来源总计	**187638**								**187638**
一、各项贷款	122522								122522
1. 短期贷款	96435								96435
2. 中长期贷款	2824								2824
3. 其他贷款									
4. 票据融资	23263								23263
5. 各项垫款									
二、有价证券及投资	4199								4199
三、应收及预付款	490								490
其中：应收利息	273								273
四、买入返售资产									
五、存放中央银行存款	15317								15317
六、同业往来	41926								41926
七、库存现金	3184								3184
资金运用总计	**187638**								**187638**

表 74

宁波市村镇银行本外币信贷资金来源运用分县统计

2009 年

汇率：6. 8282　　　　单位：万元

	全市合计	市区	开发区	鄞州区	奉化市	余姚市	慈溪市	宁海县	象山县
一、各项存款	76924						53319		23606
1. 企事业单位存款	14197						13765		432
（1）活期存款	6837						6837		
（2）定期存款	7360						6929		432
2. 储蓄存款	36836						28256		8580
（1）活期储蓄	8254						2824		5430
（2）定期储蓄	28582						25432		3150
3. 其他存款	25891						11298		14593
二、债券发行及境外筹资									
三、应付及款	539						457		82
其中：应付及预提利息	341						315		27
四、卖出回购资产									
五、向中央银行借款	100						100		
六、同业往来	5000						5000		
七、代理境内贷款资金									
八、各项准备	708						520		188
其中：贷款损失准备	708						520		188
九、所有者权益	18331						10015		8316
其中：实收资本	18000						10000		8000

续表

	全市合计	市区	开发区	鄞州区	奉化市	余姚市	慈溪市	宁海县	象山县
十、其他	-141						-877		736
资金来源总计	**101460**						**68533**		**32927**
一、各项贷款	70189						51986		18203
1. 短期贷款	69789						51586		18203
2. 中长期贷款									
3. 其他贷款									
4. 票据融资	400						400		
5. 各项垫款									
二、有价证券及投资									
三、应收及预付款	132						115		17
其中：应收利息	30						30		
四、买入返售资产									
五、存放中央银行存款	7552						5363		2189
六、同业往来	22476						10570		11905
七、库存现金	1112						499		613
资金运用总计	**101460**						**68533**		**32927**

表 75

宁波市外资银行本外币信贷资金来源运用分县统计

2009 年

汇率：6.8282　　单位：万元

	全市合计	市区	开发区	鄞州区	奉化市	余姚市	慈溪市	宁海县	象山县
一、各项存款	145660	145660							
1. 企事业单位存款	29135	29135							
（1）活期存款	9307	9307							
（2）定期存款	19828	19828							
2. 储蓄存款	31463	31463							
（1）活期储蓄	11051	11051							
（2）定期储蓄	20413	20413							
3. 其他存款	85061	85061							
二、债券发行及境外筹资									
三、应付及款	1871	1871							
其中：应付及预提利息	479	479							
四、卖出回购资产									
五、向中央银行借款									
六、同业往来	26335	26335							
七、代理境内贷款资金									
八、各项准备	2255	2255							
其中：贷款损失准备	2211	2211							
九、所有者权益	127654	127654							
其中：实收资本	113888	113888							

续表

	全市合计	市区	开发区	鄞州区	奉化市	余姚市	慈溪市	宁海县	象山县
十、其他	68097	68097							
资金来源总计	**371872**	**371872**							
一、各项贷款	150239	150239							
1. 短期贷款	74408	74408							
2. 中长期贷款	24781	24781							
3. 其他贷款	51050	51050							
4. 票据融资									
5. 各项垫款									
二、有价证券及投资	2206	2206							
三、应收及预付款	2139	2139							
其中：应收利息	1382	1382							
四、买入返售资产									
五、存放中央银行存款	17997	17997							
六、同业往来	198535	198535							
七、库存现金	756	756							
资金运用总计	**371872**	**371872**							

表 76

宁波市商业银行（汇总）人民币贷款发放数分月统计

2009 年

单位：万元

项目	上年合计	一月	二月	三月	四月	五月	六月	七月	八月	九月	十月	十一月	十二月
贷款合计	78494797	8704842	15751067	26070539	33835456	40913419	51198241	60752307	68892888	78155935	84892314	92569240	102670478
1. 短期贷款	49316685	4595374	8362012	13938120	18195640	22502017	28460600	33121210	37537942	42826914	46554803	51405935	57463158
（1）工业贷款	22013885	1942727	3699185	6279710	8101151	9790456	12235255	14078308	15822294	17937962	19452580	21475698	24023026
（2）商业贷款	5504212	523651	920995	1481192	1900108	2355067	2843042	3346633	3803207	4458463	4941270	5470108	6224996
（3）建筑业贷款	1783572	151844	301581	480668	629922	778960	982145	1113237	1255167	1392257	1510456	1662723	1887308
（4）农业贷款	94638	7567	10018	26983	34464	40205	46185	56366	74445	92720	99325	106145	115308
农户贷款（农信社专用）		0	0	0	0	0	0	0	0	0	0	0	0
农业经济组织贷款（农信社专用）		0	0	0	0	0	0	0	0	0	0	0	0
农户小额信用贷款（农信社专用）		0	0	0	0	0	0	0	0	0	0	0	0
农户联保贷款（农信社专用）		0	0	0	0	0	0	0	0	0	0	0	0
（5）乡镇企业贷款	5050	500	500	500	600	600	600	1300	3800	13800	53800	53900	53900
（6）三资企业贷款	2387614	188970	323492	513398	640831	796913	942362	1069074	1222396	1419997	1539640	1685082	1850865
（7）私营企业及个体贷款	1025252	66051	161126	296684	372880	487266	610161	726895	796504	945278	1021511	1079644	1217479
（8）其他短期贷款	16502462	1714064	2945116	4858985	6515684	8252552	10800852	12729398	14560130	16566438	17936222	19872636	22090277
其中：个人短期消费贷款	6484474	634143	1174377	1911417	2591618	3296385	4141337	4938248	5705186	6581977	7302817	8217694	9284546
2. 中长期贷款	9094687	1673518	2170747	4454726	5711549	7056110	9141188	11207729	12724172	14244796	15504003	16760281	18428653
（1）基本建设贷款	3774290	663609	1085464	2267727	2732037	2973720	3617812	4312627	4988553	5506614	5919854	6296980	6850863
（2）技术改造贷款	51523	3130	8730	15130	15250	41375	42375	62775	73175	77005	84005	85005	88505
（3）其他中长期贷款	5268874	1006779	1076553	2171868	2964262	4041016	5481000	6832327	7662444	8661177	9500144	10378296	11489285
其中：个人中长期消费贷款	2529654	165858	275858	566737	857233	1362643	2016684	2663991	3092270	3626045	4114914	4715305	5453505
3. 票据融资	19653078	2388461	5098895	7520630	9732434	11117224	13312116	16095097	18264541	20678033	22393629	23936780	26279492
4. 各项垫款	430347	47489	119413	157063	195833	238068	284337	328271	366233	406193	439878	466243	499176
调整项（仅累放用）	-150292	0	0	0	0	26	-4440	-4440	-4440	-4541	-15199	-15199	-17629

（二）信托公司

表 77 **昆仑信托有限责任公司资产负债表**

2009 年 单位：元

资产	期初数	期末数	负债及所有者权益	期初数	期末数
资产：			负债：		
现金及存放中央银行存款			向中央银行借款		
存放同业存款	455308449.38	1649936322.62	同业及其他金融机构存放款项		
贵金属			拆入资金		
拆出资金			交易性金融负债		
交易性金融资产		341393021.04	衍生金融负债		
衍生金融资产			卖出回购金融资产款		
买入返售金融资产			吸收存款		
应收利息		8744729.11	应付职工薪酬	5838535.39	491848.86
发放贷款和垫款	5880000.00	647420000.00	应交税费	35379100.32	84707520.65
可供出售金融资产	21371534.05	1319379391.30	应付利息		
持有至到期投资			预计负债		
长期股权投资	63587194.65	63587194.65	应付债券		
投资性房地产			递延所得税负债		15299674.94
固定资产	18560234.11	12302031.29	其他负债	1508536.33	10352472.58
无形资产	760610.70	721173.37			
递延所得税资产	1613639.62	0.00	负债合计	42726172.04	110851517.03
其他资产	61126533.13	36465769.50			
			所有者权益：		
			实收资本	407000000.00	3000000000.00
			资本公积	4085170.98	624222067.68
			减：库存股		
			盈余公积	29205880.52	56553800.08
			一般风险准备	12354711.46	26028671.24
			未分配利润	132836260.64	262293576.85
			所有者权益合计	585482023.60	3969098115.85
资产总计	**628208195.64**	**4079949632.88**	**负债及所有者权益总计**	**628208195.64**	**4079949632.88**

表 78

昆仑信托有限责任公司损益表

2009 年

单位：元

项目	金额	项目	金额
一、营业收入	429548619.66	（一）营业税金及附加	18807083.88
（一）利息净收入	45789311.14	（二）业务及管理费	71475007.57
利息收入	45789311.14	（三）资产减值损失或呆账损失（转回金额以“-”号填列）	6444325.66
利息支出		（四）其他业务成本	
（二）手续费及佣金净收入	242168163.79	三、营业利润（亏损以“-”号填列）	332822202.55
手续费及佣金收入	242588997.12	加：营业外收入	32907659.25
手续费及佣金支出	420833.33	减：营业外支出	1061513.56
（三）投资收益（损失以“-”号填列）	68026586.04	四、利润总额（亏损以“-”号填列）	364668348.24
其中：对联营企业和合营企业的投资收益		减：所得税费用	91189152.69
（四）公允价值变动收益（损失以“-”号填列）	73570392.32	五、净利润（亏损以“-”号填列）	273479195.55
（五）其他收入	-5833.63	归属于母公司所有者的净利润	273479195.55
汇兑收益（损失以“-”号填列）	-5833.63	少数股东损益	
其他业务收入		六、其他综合收益	-2363103.30
二、营业支出	96726417.11	七、综合收益总额	271116092.25

表 79　　　　昆仑信托有限责任公司人民币信贷资金来源运用统计

2009 年　　　　单位：万元

项目	年末余额	项目	年末余额
一、各项存款	0	一、各项贷款	65400
1. 信托存款	0	1. 信托贷款	0
2. 委托存款	0	其中：中长期信托贷款	0
（1）委托存款	0	2. 委托贷款	0
（2）委托投资基金	0	3. 抵押贷款	0
3. 保证金存款	0	4. 票据融资	0
4. 其他存款	0	其中：贴现	0
二、金融债券	0	5. 融资租赁	0
三、应付及暂收款	11311	6. 各项垫款	0
其中：应付及预提利息	0	7. 其他贷款	65400
四、长期借款	0	二、委托投资	0
五、证券业务款项	0	三、投资	172500
六、卖出回购资产	0	1. 短期投资	166077
七、向中央银行借款	0	2. 长期投资	6423
八、同业往来	0	四、应收及预付款	2801
1. 同业存放	0	其中：应收利息	883
2. 同业拆借	0	五、证券业务占款	0
九、代理金融机构贷款基金	0	六、经营租赁	0
其中：人行委托专项贷款基金	0	七、买入返售资产	0
十、各项准备	813	八、缴存中央银行准备金存款	0
其中：贷款损失准备	658	九、存放中央银行特种存款	0
十一、所有者权益	396912	十、同业往来	0
其中：实收资本	300000	1. 存放同业	0
十二、其他	-168335	2. 拆放同业	0
	0	十一、代理金融机构贷款	0
	0	其中：代理人行专项贷款	0
	0	十二、库存现金	0
	0	十三、外币占款	0
资金来源总计	**240701**	**资金运用总计**	**240701**

（三）租赁公司

表 80　　**华融金融租赁股份有限公司宁波分公司资产负债表**

2009 年　　单位：元

资产	期初数	期末数	负债及所有者权益	期初数	期末数
资产：			负债：		
现金	2358.06	4395.32	银行借款	35731164.92	37283361.63
存放中央银行款项	0.00	0.00	应付帐款	0.00	0.00
存放同业款项	1119404.52	12288714.12	拆入资金	0.00	0.00
应收票据	0.00	0.00	交易性金融负债		
拆出资金			衍生金融负债		
交易性金融资产	0.00	0.00	卖出回购金融资产款	0.00	0.00
衍生金融资产			租赁保证金	297988666.67	401700340.00
买入返售金融资产	0.00	0.00	应付职工薪酬	164720.50	144372.54
应收利息	2509536.06	4139714.50	应交税费	2769282.32	7825399.00
应收融资租赁款	746392835.59	1125397931.00	应付利息	11798389.58	10173456.42
可供出售金融资产	0.00	0.00	预计负债		
持有至到期资产			应付债券	0.00	0.00
长期股权投资	0.00	0.00	递延所得税负债	0.00	0.00
投资性房地产	0.00	0.00	其他负债	412041680.68	702170757.53
固定资产	3489025.01	3310838.65	负债合计	760493904.67	1159297687.12
无形资产	0.00	0.00	所有者权益（或股东权益）：		
递延所得税资产	0.00	7204598.60	实收资本（或股本）	40000000.00	40000000.00
其他资产	46980745.43	46951494.93	资本公积	0.00	0.00
			减：库存股		
			盈余公积	0.00	0.00
			一般风险准备	0.00	0.00
			未分配利润	0.00	0.00
			所有者权益（或股东权益）合计	40000000.00	40000000.00
资产总计	**800493904.67**	**1199297687.12**	**负债及所有者权益（或股东权益）总计**	**800493904.67**	**1199297687.12**

表 81　　华融金融租赁股份有限公司宁波分公司损益表

2009 年　　单位：元

项目	本年累计数	项目	金额
一、营业收入	66462328.54	营业税金及附加	3767963.18
利息净收入	67603079.92	业务及管理费	3687548.33
利息收入	78521691.78	资产减值损失	10167945.65
利息支出	10918611.86	其他业务成本	323103.49
手续费及佣金净收入	-1221327.35	三、营业利润（损失以“—”号填列）	48515767.89
手续费及佣金收入	0.00	加：营业外收入	39567.96
手续费及佣金支出	1221327.35	减：营业外支出	90519.43
投资收益（损失以“—”号填列	0.00	四、利润总额（损失以“—”号填列）	48464816.42
其中：对联营企业和合营企业的投资影响		减：所得税费用	6754606.60
公允价值变动收益（损失以“—”号填列）	0.00	五、净利润（损失以“—”号填列）	41710209.82
汇兑收益（损失以“—”号填列）	0.00	六、每股收益	0.00
其他业务收入	80575.97	（一）基本每股收益	
二、营业支出	17946560.65	（二）稀释每股收益	

表 82　　华融金融租赁股份有限公司宁波分公司人民币信贷资金来源运用统计

2009 年　　单位：万元

项目	年末余额	项目	年末余额
一、各项存款	40170	一、各项贷款	119097
1. 信托存款	0	1. 信托贷款	0
2. 委托存款	0	其中：中长期信托贷款	0
（1）委托存款	0	2. 委托贷款	0
（2）委托投资基金	0	3. 抵押贷款	0
3. 保证金存款	40170	4. 票据融资	0
4. 其他存款	0	其中：贴现	0
二、金融债券	0	5. 融资租赁	119097
三、应付及暂收款	67857	6. 各项垫款	0
其中：应付及预提利息	1017	7. 其他贷款	0
四、长期借款	3728	二、委托投资	0
五、证券业务款项	0	三、投资	0
六、卖出回购资产	0	1. 短期投资	0
七、向中央银行借款	0	2. 长期投资	0
八、同业往来	0	四、应收及预付款	5113
1. 同业存放	0	其中：应收利息	0
2. 同业拆借	0	五、证券业务占款	0
九、代理金融机构贷款基金	0	六、经营租赁	0
其中：人行委托专项贷款基金	0	七、买入返售资产	0
十、各项准备	1870	八、缴存中央银行准备金存款	0
其中：贷款损失准备	1866	九、存放中央银行特种存款	0
十一、所有者权益	4171	十、同业往来	0
其中：实收资本	0	1. 存放同业	0
十二、其他	6414	2. 拆放同业	0
	0	十一、代理金融机构贷款	0
	0	其中：代理人行专项贷款	0
	0	十二、库存现金	0
	0	十三、外币占款	0
资金来源总计	**124210**	**资金运用总计**	**124210**

（四）保险公司

表 83

宁波市财产保险业务分机构统计表

2009 年

单位：人民币百万元；万件

	保费收入											保户储金及投资款
	合计	企业财产保险	机动车辆保险	货物运输保险	责任保险	工程保险	信用及保证保险	农业保险	短期健康保险	意外伤害保险	其他	
人保财险	1737.96	236.00	1124.12	75.79	76.50	43.10	0.00	20.55	0.00	54.54	107.36	2252.40
太保财险	1074.68	122.00	713.44	44.20	28.06	33.70	1.26	2.64	31.79	22.31	75.29	0.33
平安财险	532.90	40.48	404.97	14.14	6.57	25.51	7.46	2.36	3.51	13.61	14.30	0.00
中国信保	156.92	0.00	0.00	0.00	0.00	0.00	156.92	0.00	0.00		0.00	0.00
大众财险	121.38	7.89	104.42	1.33	1.57	-0.01	0.53	1.70	0.00	1.18	2.76	0.00
天安财险	159.48	12.82	129.81	2.48	2.92	3.48	0.00	2.92	1.44	3.52	0.09	0.00
中华联合	244.03	5.33	235.79	1.28	0.34	0.01	-0.75	0.00	0.55	0.97	0.51	0.00
大地财险	217.22	29.56	103.58	7.23	5.84	17.72	1.62	2.58	9.56	9.05	30.48	0.00
安邦财险	106.08	2.30	102.49	0.17	0.10	0.01	0.00	0.00	0.00	0.53	0.48	0.00
华安财险	66.38	1.11	62.85	0.22	0.32	0.20	0.00	0.76	0.00	0.45	0.47	0.00
华泰财险	27.28	2.88	17.40	2.42	0.85	0.06	0.01	0.00	0.00	1.78	1.88	0.00
渤海财险	18.25	1.42	15.65	0.59	0.04	0.12	0.00	0.00	0.00	0.17	0.26	0.00
阳光财险	82.37	5.01	66.99	1.30	1.33	0.58	0.00	0.00	1.02	2.99	3.16	0.00
都邦财险	74.93	4.01	65.61	0.43	0.43	0.35	0.17	0.00	0.48	3.45	0.00	0.00
太平财险	127.27	5.21	103.26	1.28	2.99	3.87	0.40	0.00	0.02	1.54	8.70	0.00
安诚财险	105.94	4.68	95.52	0.90	0.70	0.85	0.00	0.00	0.00	2.27	1.02	0.00
永安财险	48.32	4.03	41.82	0.36	0.55	0.05	-0.07	0.00	0.00	1.32	0.26	0.00
天平汽车财险	60.77	0.00	60.34	0.00	0.00	0.00	0.00	0.00	0.01	0.42	0.00	0.00
中银财险	38.87	7.32	26.95	0.76	0.22	0.00	0.00	0.00	0.05	0.39	3.18	0.00
民安财险	97.55	3.76	91.32	0.27	0.17	0.40	0.00	0.00	0.00	1.11	0.52	0.00
长安责任	42.70	1.83	39.21	0.12	0.52	0.00	0.00	0.00	0.19	0.68	0.15	0.00
人寿财产	137.39	10.22	111.85	3.12	2.41	0.68	0.00	0.00	0.00	6.83	2.28	0.00
浙商财险	6.74	0.21	6.30	0.08	0.00	0.00	0.00	0.00	0.00	0.06	0.09	0.00
合计	**5285.41**	**508.07**	**3723.69**	**158.47**	**132.43**	**130.68**	**167.55**	**33.51**	**48.62**	**129.17**	**253.24**	**2252.73**

续表

	赔付支出											赔案件数（万件）	未决赔款
	合计	企业财产保险	机动车辆保险	货物运输保险	责任保险	工程保险	信用保证保险	农业保险	短期健康保险	意外伤害保险	其他		
人保财险	764.46	95.30	546.45	20.18	26.65	4.54	0.00	15.52	0.00	19.54	36.29	11.63	437.67
太保财险	469.86	47.83	340.55	10.63	9.69	4.59	0.68	1.71	16.72	8.25	29.21	9.93	170.69
平安财险	199.04	37.56	144.23	4.66	2.01	1.16	0.00	0.83	1.81	2.69	4.09	4.87	83.82
中国信保	152.41	0.00	0.00	0.00	0.00	0.00	152.41	0.00	0.00	0.00	0.00	0.01	0.00
大众财险	75.89	1.87	65.64	0.12	0.71	0.52	2.21	0.59	0.00	0.71	3.52	2.29	38.66
天安财险	116.22	5.34	104.30	0.80	1.10	0.38	0.00	1.17	2.16	0.97	0.00	2.93	11710.13
中华联合	205.88	6.97	194.15	0.95	1.05	0.46	0.01	0.00	1.17	0.31	0.81	7.69	67.34
大地财险	124.99	9.59	85.62	2.00	3.12	0.72	0.00	0.87	5.45	2.26	15.35	2.59	1.71
安邦财险	89.06	0.37	85.25	0.11	0.28	1.09	0.00	0.00	0.00	0.48	1.48	4.07	9.02
华安财险	11.52	0.07	10.81	0.00	0.00	0.12	0.00	0.44	0.00	0.04	0.04	0.54	10.51
华泰财险	13.43	0.54	11.51	0.68	0.05	0.00	0.00	0.00	0.00	0.46	0.19	0.37	67.00
渤海财险	58.15	0.28	56.21	0.14	0.01	0.01	0.00	0.00	0.00	1.48	0.02	0.65	29.89
阳光财险	46.42	0.99	42.06	0.80	0.26	0.13	0.00	0.00	0.91	1.19	0.07	1.49	2774.67
都邦财险	49.12	1.18	46.99	0.03	0.14	0.10	0.00	0.00	0.29	0.39	0.00	1.63	12.31
太平财险	40.80	0.70	36.44	0.32	0.86	0.15	0.00	0.00	0.00	0.22	2.12	1.14	20.75
安诚财险	34.14	0.60	32.49	0.04	0.35	0.05	0.00	0.00	0.00	0.55	0.06	1.19	10.79
永安财险	40.02	2.81	35.46	0.47	0.34	0.03	0.00	0.00	0.00	0.91	0.00	1.11	11.34
天平汽车财险	27.22	0.00	27.15	0.00	0.00	0.00	0.00	0.00	0.02	0.05	0.00	0.93	1433.48
中银财险	42.78	2.45	36.78	0.22	0.09	0.00	0.00	0.00	1.13	0.42	1.71	1.27	6.67
民安财险	35.71	0.28	34.79	0.01	0.00	0.00	0.00	0.00	0.00	0.49	0.14	1.07	14.00
长安责任	12.40	0.06	11.90	0.00	0.04	0.00	0.00	0.00	0.13	0.27	0.00	0.54	337.18
人寿财产	28.11	0.58	24.89	1.26	0.23	0.00	0.00	0.00	0.00	1.01	0.14	0.76	16.86
浙商财险	0.03	0.00	0.03	0.00	0.00	0.00	0.00	0.00	0.00	0.00	0.00	0.15	188.62
合计	**2637.66**	**215.37**	**1973.70**	**43.42**	**46.98**	**14.05**	**155.31**	**21.13**	**29.79**	**42.69**	**95.24**	**58.85**	**17453.11**

表 84

宁波市人寿保险业务分机构统计表

2009 年

单位：人民币百万元；万件

	保费收入															
	合计	个人业务								团体业务							其中：新单保费
		人寿保险 Life Insurance					意外伤害险	健康险	人寿保险 Life Insurance					意外伤害险	健康险	
		小计	普通寿险	分红寿险	投资连结保险	万能保险			小计	普通寿险	分红寿险	投资连结保险	万能保险			
中国人寿	1741.77	761.19	302.66	450.60	0.00	7.93	9.37	23.21	881.70	11.56	724.68	0.00	145.46	44.71	21.59	995.98
太保人寿	774.71	625.99	144.89	475.20	0.00	5.90	49.28	32.22	53.75	1.29	34.01	0.00	18.45	10.35	3.12	368.29
平安人寿	1545.10	1365.54	126.10	604.85	128.97	505.62	6.81	116.18	22.72	0.50	22.22	0.00	0.00	4.28	29.58	538.18
泰康人寿	372.81	93.59	2.03	56.70	0.00	34.86	0.58	5.50	265.12	0.00	247.16	4.83	13.13	7.07	0.96	307.96
新华人寿	331.77	101.94	1.50	59.62	0.00	40.82	0.15	9.13	216.78	0.01	216.77	0.00	0.00	1.88	1.89	338.10
太平人寿	123.59	40.72	2.57	37.87	0.28	0.00	1.10	6.23	68.96	0.21	64.32	0.08	4.35	1.20	5.38	64.70
平安养老	12.39	0.00	0.00	0.00	0.00	0.00	0.00	0.00	0.00	0.00	0.00	0.00	0.00	7.94	4.45	12.39
中宏人寿	43.44	35.49	0.08	35.38	0.03	0.00	0.75	6.52	0.01	0.01	0.00	0.00	0.00	0.33	0.35	11.56
生命人寿	40.46	13.30	0.00	10.63	0.00	2.67	0.29	2.80	0.00	0.00	0.00	0.00	0.00	0.40	23.67	33.92
嘉禾人寿	97.32	3.20	0.00	1.44	0.00	1.76	0.03	0.10	92.96	0.05	92.09	0.00	0.82	0.31	0.72	91.17
人保寿险	149.47	133.67	0.71	129.27	0.00	3.69	0.00	0.00	13.24	0.09	13.15	0.00	0.00	1.30	1.26	15.79
民生人寿	11.83	10.44	0.02	10.42	0.00	0.00	0.06	1.24	0.01	0.00	0.01	0.00	0.00	0.07	0.01	5.04
合众人寿	19.45	15.05	0.01	12.22	0.00	2.82	0.22	1.56	2.50	0.00	2.50	0.00	0.00	0.01	0.11	10.52
信泰人寿	9.13	1.51	0.00	1.51	0.00	0.00	0.01	0.26	7.35	0.00	7.35	0.00	0.00	0.00	0.00	9.13
阳光人寿	10.35	0.27	0.00	0.06	0.00	0.21	0.00	0.01	10.07	0.00	8.74	0.00	1.33	0.00	0.00	10.07
信诚人寿	53.43	52.55	0.13	8.17	44.22	0.03	0.15	0.73	0.00	0.00	0.00	0.00	0.00	0.00	0.00	43.19
中德安联	11.36	11.03	0.01	8.17	0.59	2.26	0.09	0.24	0.00	0.00	0.00	0.00	0.00	0.00	0.00	7.04
光大永明	49.73	8.29	1.28	5.28	0.10	1.63	0.07	1.01	40.08	6.36	2.81	8.95	21.96	0.00	0.28	4.95
国泰人寿	7.44	2.32	0.39	1.93	0.00	0.00	0.08	0.45	3.03	0.00	0.15	0.00	2.88	1.03	0.53	6.09
海康人寿	18.15	0.50	0.50	0.00	0.00	0.00	0.00	0.00	17.65	0.00	1.10	4.04	12.51	0.00	0.00	18.13
联泰大都会	35.25	26.17	2.31	2.15	21.71	0.00	0.00	9.08	0.00	0.00	0.00	0.00	0.00	0.00	0.00	0.00
合计	**5458.95**	**3302.76**	**585.19**	**1911.47**	**195.90**	**610.20**	**69.04**	**216.47**	**1695.93**	**20.08**	**1437.06**	**17.90**	**220.89**	**80.88**	**93.90**	**2892.20**

续表

	有效保单件数（万件）	赔付支出									退保金
		合计	个人业务				团体业务				
			赔款支出	死伤医疗给付	满期给付	年金给付	赔款支出	死伤医疗给付	满期给付	年金给付	
中国人寿	105.55	536.81	3.54	15.82	157.47	20.25	29.61	5.49	267.38	37.25	355.14
太保人寿	34.00	142.15	14.11	7.32	79.81	23.40	3.57	0.35	12.08	1.51	209.14
平安人寿	40.42	212.32	8.92	18.52	77.56	63.96	35.86	0.10	0.00	7.40	185.43
泰康人寿	1.69	30.48	0.81	1.03	2.35	2.09	2.70	0.40	21.10	0.00	157.87
新华人寿	6.60	30.36	0.51	1.56	0.00	3.59	2.28	0.72	21.70	0.00	39.55
太平人寿	2.97	32.11	0.60	0.98	2.66	0.33	1.42	0.28	24.94	0.90	17.42
平安养老	13.31	0.60	0.00	0.00	0.00	0.00	0.58	0.00	0.00	0.00	1.88
中宏人寿	0.84	2.11	0.72	0.46	0.00	0.76	0.17	0.00	0.00	0.00	1.67
生命人寿	0.92	0.89	0.10	0.24	0.39	0.00	0.12	0.04	0.00	0.00	16.47
嘉禾人寿	0.60	0.51	0.00	0.00	0.06	0.17	0.18	0.09	0.00	0.00	4.06
人保寿险	0.57	0.65	0.01	0.00	0.00	0.00	0.57	0.07	0.00	0.00	9.15
民生人寿	0.55	3.50	0.04	0.12	0.00	0.21	0.01	0.16	2.96	0.00	2.82
合众人寿	0.99	0.85	0.38	0.11	0.00	0.17	0.19	0.00	0.00	0.00	1.58
信泰人寿	0.18	0.00	0.00	0.00	0.00	0.00	0.00	0.00	0.00	0.00	0.21
阳光人寿	0.02	0.00	0.00	0.00	0.00	0.00	0.00	0.00	0.00	0.00	0.00
信诚人寿	0.47	0.55	0.07	0.47	0.01	0.00	0.00	0.00	0.00	0.00	17.92
中德安联	0.08	13.95	0.00	0.08	0.08	13.79	0.00	0.00	0.00	0.00	11.89
光大永明	0.10	0.08	0.02	0.00	0.00	0.05	0.01	0.00	0.00	0.00	12.19
国泰人寿	0.19	1.08	0.04	0.02	0.00	0.02	0.50	0.50	0.00	0.00	0.50
海康人寿	0.15	0.00	0.00	0.00	0.00	0.00	0.00	0.00	0.00	0.00	4.80
联泰大都会	0.00	0.00	0.00	0.00	0.00	0.00	0.00	0.00	0.00	0.00	0.00
合计	**210.20**	**1009.00**	**29.87**	**46.73**	**320.39**	**128.79**	**77.77**	**8.20**	**350.16**	**47.06**	**1049.69**

·金融机构、人员、教育统计·

(一) 机构、人员

表 85 **宁波市金融系统人员、机构情况**

2009 年

	一行三局①	政策性银行②	国有商业银行③	邮政储蓄银行	股份制商业银行④	城商行、城市信用社⑤	外资银行⑥	农村合作金融机构⑦、村镇银行	信托和金融租赁⑧	保险公司（财）	保险公司（寿）	证券期货公司
年末在职人数（人）	582	281	12871	893	5352	5192	231	4991	114	4280	2250	1050
年末机构及网点数（个）	16	10	592	53	148	120	7	656	2	375	101	64

注：①一行三局：人民银行宁波市中心支行、宁波银监局、宁波证监局、宁波保监局。②政策性银行：农业发展银行、国家开发银行。③国有商业银行：工商银行、农业银行、中国银行、建设银行。④股份制商业银行：交通银行、浦发银行、兴业银行、光大银行、深发银行、招商银行、中信银行、民生银行、广发银行、浙商银行、华夏银行。⑤城商行、城市信用社：宁波银行、上海银行、包商银行、临商银行、泰隆银行、温州银行、杭州银行、民泰银行、绿叶城信社。⑥外资银行：宁波国际银行、恒生银行、汇丰银行⑦农村合作金融机构：农村合作银行、农村信用社。⑧信托和金融租赁：昆仑信托和华融金融租赁。保险公司不含销售人员。

表 86 **中国人民银行宁波市中心支行在各地机构数和人员数**

2009 年 单位：个、人

级别 / 所在地		中支机关			支行			其他		
		机构	人员	其中女性	机构	人员	其中女性	机构	人员	其中女性
同城	海曙	1	233	84						
	江东									
	江北									
	北仑				1	35	16			
	镇海									
	鄞州									
县市	余姚				1	32	8			
	慈溪				1	32	12			
	奉化				1	32	5			
	宁海				1	28	9			
	象山				1	27	9			
合计						6	186	59		

机构总数：7 人员总数：419

表 87 中国银行业监督管理委员会宁波监管局在各地机构数和人员数

2009 年

单位：个、人

所在地 \ 级别		局机关			办事处			其他		
		机构	人员	其中女性	机构	人员	其中女性	机构	人员	其中女性
同城	海曙									
	江东	1	79	35						
	江北									
	北仑				1	5	1			
	镇海									
	鄞州									
县市	余姚				1	4				
	慈溪				1	4				
	奉化				1	3				
	宁海				1	4	1			
	象山				1	3				
合计		1	79	35	6	23	2			

机构总数：7 人员总数：102

表 88 中国证券监督管理委员会宁波监管局在各地机构数和人员数

2009 年

单位：个、人

所在地 \ 级别		局机关			办事处			其他		
		机构	人员	其中女性	机构	人员	其中女性	机构	人员	其中女性
同城	海曙	1	28	8						
	江东									
	江北									
	北仑									
	镇海									
	鄞州									
县市	余姚									
	慈溪									
	奉化									
	宁海									
	象山									
合计		1	28	8						

机构总数：1 人员总数：28

表 89 中国保险监督管理委员会宁波监管局在各地机构数和人员数

2009 年 单位：个、人

所在地 \ 级别		局机关			办事处			其他		
		机构	人员	其中女性	机构	人员	其中女性	机构	人员	其中女性
同城	海曙									
	江东	1	33	12						
	江北									
	北仑									
	镇海									
	鄞州									
县市	余姚									
	慈溪									
	奉化									
	宁海									
	象山									
合计		1	33	12						

机构总数：1 人员总数：33

表 90 中国农业发展银行宁波市分行在各地机构数和人员数

2009 年 单位：个、人

所在地 \ 级别		分行			一级支行（营业部）			二级支行（营业部）			其他		
		机构	人员	其中女性	机构	人员	其中女性	机构	人员	其中女性	机构	人员	其中女性
同城	海曙	1	42	21	1	14	8						
	江东												
	江北												
	北仑				1	16	11						
	镇海				1	20	7						
	鄞州												
县市	余姚				1	21	8						
	慈溪				1	22	9						
	奉化				1	19	4						
	宁海				1	17	8						
	象山				1	20	8						
合计		1	42	21	8	149	63						

机构总数：9 人员总数：191

表 91 **国家开发银行宁波市分行在各地机构数和人员数**

2009 年 单位：个、人

所在地＼级别		分行			一级支行（营业部）			二级支行（营业部）			其他		
		机构	人员	其中女性	机构	人员	其中女性	机构	人员	其中女性	机构	人员	其中女性
同城	海曙	1	90	28									
	江东												
	江北												
	北仑												
	镇海												
	鄞州												
县市	余姚												
	慈溪												
	奉化												
	宁海												
	象山												
合计		1	90	28									

机构总数：1 人员总数：90

表 92 **中国工商银行股份有限公司宁波市分行在各地机构数和人员数**

2009 年 单位：个、人

所在地＼级别		分行			一级支行（营业部）			二级支行（营业部）			分理处			储蓄所		
		机构	人员	其中女性	机构	人员	其中女性	机构	人员	其中女性	机构	人员	其中女性	机构	人员	其中女性
同城	海曙	1	697	363	3	301	181	21	250	168	1	7	3			
	江东				4	185	117	15	171	116						
	江北				1	78	45	8	78	40				1	4	3
	北仑				4	175	111	4	32	23	1	7	6	3	19	16
	镇海				2	131	70	8	91	69	2	12	10	1	4	4
	鄞州				1	105	69	12	135	92	1	4	1			
县市	余姚				1	130	77	10	90	60	1	7	6	3	22	17
	慈溪				1	126	65	9	90	47	4	26	14			
	奉化				1	93	50	2	33	17	4	33	20	1	9	4
	宁海				1	111	62	7	73	61	1	8	7			
	象山				1	105	51	2	36	12	1	7	5	3	26	19
合计		1	697	363	20	1540	898	98	1079	705	16	111	72	12	84	63

机构总数：147 人员总数：3511

表 93　　中国农业银行宁波市分行在各地机构数和人员数

2009 年　　单位：个、人

级别 所在地		分行			一级支行（营业部）			二级支行（营业部）			分理处			储蓄所		
		机构	人员	其中女性	机构	人员	其中女性	机构	人员	其中女性	机构	人员	其中女性	机构	人员	其中女性
同城	海曙				1	96	44	8	95	61	2	6	3	3	13	8
	江东	1	397	175	2	202	120	9	114	82	2	14	12	3	16	14
	江北				1	107	52	8	155	106	3	20	18	3	14	9
	北仑				1	109	56	6	112	73	3	29	23	5	21	19
	镇海				1	86	45	3	58	36	5	60	43	3	15	12
	大榭				1	25	13				1	13	11			
	鄞州				1	170	75	18	298	197	13	107	75	4	21	15
县市	余姚				1	157	76	9	128	122	6	66	34	5	29	14
	慈溪				1	211	86	15	256	129	12	91	52	4	20	9
	奉化				1	111	49	3	46	25	7	104	53	2	13	6
	宁海				1	101	43	9	129	80	1	8	6			
	象山				1	126	46	6	101	59	1	8	6	5	26	15
合计		1	397	175	13	1501	705	94	1492	970	56	526	336	37	188	121

机构总数：201　　人员总数：4104

表 94　　中国银行股份有限公司宁波市分行在各地机构数和人员数

2009 年　　单位：个、人

级别 所在地		分行			一级支行（营业部）			二级支行（营业部）			分理处			储蓄所		
		机构	人员	其中女性	机构	人员	其中女性	机构	人员	其中女性	机构	人员	其中女性	机构	人员	其中女性
同城	海曙	1	694	386	1	94	63	5	40	33	6	45	33			
	江东				1	103	72	8	101	70	10	63	52			
	江北				1	52	36	3	25	19	3	25	16			
	北仑				1	117	58	6	76	47	6	39	34			
	镇海				1	87	53	4	51	37	3	20	13			
	鄞州				1	100	64	9	98	70	3	29	20			
县市	余姚				1	119	78	6	63	41	5	34	26			
	慈溪				1	122	71	8	95	53	3	21	15			
	奉化				1	78	47	1	11	7	4	31	19			
	宁海				1	78	46	1	12	7	3	24	17			
	象山				1	85	50	1	13	5	4	30	22			
合计		1	694	386	11	1035	638	52	585	389	50	361	267			

机构总数：114　　人员总数：2675

表 95　　中国建设银行股份有限公司宁波市分行在各地机构数和人员数

2009 年　　单位：个、人

所在地 \ 级别		分行			一级支行（营业部）			二级支行（营业部）			分理处			储蓄所		
		机构	人员	其中女性	机构	人员	其中女性	机构	人员	其中女性	机构	人员	其中女性	机构	人员	其中女性
同城	海曙	1	849	426	2	108	69	6	89	63	0	0	0	6	49	38
	江东				1	54	37	3	36	28	0	0	0	9	75	60
	江北				1	48	32	3	21	17	0	0	0	4	32	26
	北仑				1	127	71	11	139	110	0	0	0	3	21	19
	镇海				1	129	83	5	58	46	2	16	10	4	35	32
	鄞州				1	106	57	14	137	92	5	18	13	1	7	4
县市	余姚				1	136	75	7	89	60	1	7	3	5	35	28
	慈溪				1	137	55	5	66	42	4	39	21	4	27	18
	奉化				1	78	34	3	41	29	3	25	23	0	0	0
	宁海				1	91	39	0	0	0	1	9	5	4	27	25
	象山				1	91	44	0	0	0	1	11	7	3	18	17
合计		1	849	426	12	1105	596	57	676	487	17	125	82	43	326	267

机构总数：130　　人员总数：3081

表 96　　交通银行股份有限公司宁波分行在各地机构数和人员数

2009 年　　单位：个、人

所在地 \ 级别		分行			一级支行（营业部）			二级支行（营业部）			其他		
		机构	人员	其中女性	机构	人员	其中女性	机构	人员	其中女性	机构	人员	其中女性
同城	海曙	1	342	167	1	27	17	5	75	46			
	江东				1	29	19	5	66	37			
	江北				1	24	12	1	14	8			
	北仑				1	39	22	1	8	5			
	镇海				1	38	21	2	19	12			
	鄞州				2	44	25	3	28	17			
县市	余姚				1	40	24	5	59	35			
	慈溪				1	48	26	4	48	22			
	奉化				1	41	21	1	7	5			
	宁海				1	30	16						
	象山				1	28	16						
合计		1	342	167	12	388	219	27	324	187			

机构总数：40　　人员总数：1054

表 97　　上海浦东发展银行股份有限公司宁波分行在各地机构数和人员数

2009 年

单位：个、人

所在地		分行			一级支行（营业部）			二级支行（营业部）			其他		
		机构	人员	其中女性	机构	人员	其中女性	机构	人员	其中女性	机构	人员	其中女性
同城	海曙	1	239	119	3	62	41						
	江东				3	67	42						
	江北				1	15	8						
	北仑				2	52	31						
	镇海				1	20	10						
	鄞州				2	45	25						
县市	余姚				1	51	31						
	慈溪				1	48	30						
	奉化				1	8	5						
	宁海				1	22	13						
	象山												
合计		1	239	119	16	390	236						

机构总数：17　　人员总数：629

表 98　　兴业银行股份有限公司宁波分行在各地机构数和人员数

2009 年

单位：个、人

所在地		分行			一级支行（营业部）			二级支行（营业部）			其他		
		机构	人员	其中女性	机构	人员	其中女性	机构	人员	其中女性	机构	人员	其中女性
同城	海曙				1	16	8						
	江东	1	242	150	2	28	14						
	江北				1	11	3						
	北仑				1	14	10						
	镇海				1	10	5						
	鄞州				1	11	4						
县市	余姚				1	13	4						
	慈溪				1	10	1						
	奉化												
	宁海												
	象山												
合计		1	242	150	9	113	49						

机构总数：9　　人员总数：355

表 99　　中国光大银行股份有限公司宁波分行在各地机构数和人员数

2009 年　　单位：个、人

所在地 \ 级别		分行			一级支行（营业部）			二级支行（营业部）			其他		
		机构	人员	其中女性	机构	人员	其中女性	机构	人员	其中女性	机构	人员	其中女性
同城	海曙	1	225	118	3	70	50						
	江东				4	59	36						
	江北				2	23	14						
	北仑				1	30	19						
	镇海				1	28	18						
	鄞州				1	29	19						
县市	余姚				1	27	11						
	慈溪				1	21	10						
	奉化												
	宁海				1	17	11						
	象山												
合计		1	225	118	15	304	188						

机构总数：16　　人员总数：529

表 100　　深圳发展银行股份有限公司宁波分行在各地机构数和人员数

2009 年　　单位：个、人

所在地 \ 级别		分行			一级支行（营业部）			二级支行（营业部）			其他		
		机构	人员	其中女性	机构	人员	其中女性	机构	人员	其中女性	机构	人员	其中女性
同城	海曙				1	28	20						
	江东	1	194	82	2	60	38						
	江北												
	北仑				1	41	23						
	镇海												
	鄞州				2	49	29						
县市	余姚				1	27	13						
	慈溪				1	50	30						
	奉化												
	宁海												
	象山				1	22	10						
合计		1	194	82	9	277	163						

机构总数：10　　人员总数：471

表 101　　招商银行股份有限公司宁波分行在各地机构数和人员数

2009 年　　单位：个、人

所在地 \ 级别		分行			一级支行（营业部）			二级支行（营业部）			其他		
		机构	人员	其中女性	机构	人员	其中女性	机构	人员	其中女性	机构	人员	其中女性
同城	海曙				4	133	82						
	江东	1	239	129	1	32	20						
	江北				1	29	18						
	北仑				1	41	26						
	镇海												
	鄞州				1	34	22						
县市	余姚				1	32	19						
	慈溪				1	41	27						
	奉化												
	宁海				1	27	20						
	象山												
合计		1	239	129	11	369	234						

机构总数：12　　人员总数：608

表 102　　中信银行股份有限公司宁波分行在各地机构数和人员数

2009 年　　单位：个、人

所在地 \ 级别		分行			一级支行（营业部）			二级支行（营业部）			其他		
		机构	人员	其中女性	机构	人员	其中女性	机构	人员	其中女性	机构	人员	其中女性
同城	海曙	1	202	118	2	34	19						
	江东				4	76	45						
	江北				1	17	9						
	北仑				2	36	23						
	镇海												
	鄞州				1	20	9						
县市	余姚				1	54	39						
	慈溪				2	79	52						
	奉化												
	宁海				1	24	18						
	象山												
合计		1	202	118	14	340	214						

机构总数：15　　人员总数：542

表 103　　中国民生银行股份有限公司宁波分行在各地机构数和人员数

2009 年　　单位：个、人

所在地＼级别		分行			一级支行（营业部）			二级支行（营业部）			其他		
		机构	人员	其中女性	机构	人员	其中女性	机构	人员	其中女性	机构	人员	其中女性
同城	海曙	1	184	85	3	50	35						
	江东				1	16	11						
	江北												
	北仑				1	18	7						
	镇海				0	0	0						
	鄞州				2	37	22						
县市	余姚				1	29	17						
	慈溪				1	27	15						
	奉化												
	宁海				1	27	17						
	象山												
合计		1	184	85	10	204	124						

机构总数：11　　人员总数：388

表 104　　广东发展银行股份有限公司宁波分行在各地机构数和人员数

2009 年　　单位：个、人

所在地＼级别		分行			一级支行（营业部）			二级支行（营业部）			其他		
		机构	人员	其中女性	机构	人员	其中女性	机构	人员	其中女性	机构	人员	其中女性
同城	海曙	1	129	58	2	37	20						
	江东				2	41	18						
	江北				1	17	13						
	北仑				1	18	12						
	镇海												
	鄞州				1	20	11						
县市	余姚				1	28	19						
	慈溪				1	19	9						
	奉化												
	宁海												
	象山												
合计		1	129	58	9	180	102						

机构总数：10　　人员总数：309

表105 浙商银行股份有限公司宁波分行在各地机构数和人员数

2009年

所在地 \ 级别		分行			一级支行（营业部）			二级支行（营业部）			其他		
		机构	人员	其中女性	机构	人员	其中女性	机构	人员	其中女性	机构	人员	其中女性
同城	海曙	1	174	87									
	江东				1	37	13						
	江北												
	北仑				1	23	10						
	镇海												
	鄞州				1	33	19						
县市	余姚												
	慈溪				1	37	17						
	奉化												
	宁海												
	象山												
合计		1	174	87	4	130	59						

机构总数：5　　人员总数：304

表106 华夏银行股份有限公司宁波分行在各地机构数和人员数

2009年

所在地 \ 级别		分行			一级支行（营业部）			二级支行（营业部）			其他		
		机构	人员	其中女性	机构	人员	其中女性	机构	人员	其中女性	机构	人员	其中女性
同城	海曙				1	20	14						
	江东	1	128	59									
	江北												
	北仑												
	镇海												
	鄞州				1	15	6						
县市	余姚												
	慈溪												
	奉化												
	宁海												
	象山												
合计		1	128	59	2	35	20						

机构总数：3　　人员总数：163

表 107　　中国邮政储蓄银行宁波分行在各地机构数和人员数

2009 年　　单位：个、人

所在地 \ 级别		分行			一级支行（营业部）			二级支行（营业部）			其他		
		机构	人员	其中女性	机构	人员	其中女性	机构	人员	其中女性	机构	人员	其中女性
同城	海曙							5	38	36			
	江东							3	25	23			
	江北	1	67	36				3	17	13			
	北仑				1	39	27	2	25	22			
	镇海				1	33	22	3	27	24			
	鄞州				1	72	43	4	33	28			
县市	余姚				1	29	22	5	74	56			
	慈溪				1	68	46	12	157	111			
	奉化				1	26	7	2	27	4			
	宁海				1	45	30	2	24	19			
	象山				1	33	18	3	34	28			
合计		1	67	36	8	345	215	44	481	364			

机构总数：53　　人员总数：893

表 108　　宁波银行股份有限公司在各地机构数和人员数

2009 年　　单位：个、人

所在地 \ 级别		总部			分行			一级支行（营业部）			一级支行（营业部）		
		机构	人员	其中女性	机构	人员	其中女性	机构	人员	其中女性	机构	人员	其中女性
同城	海曙							5	245	137	14	151	99
	江东	1	668	294				6	1104	566	9	137	89
	江北							1	43	27	5	53	37
	北仑							2	48	29	2	41	22
	镇海							1	46	29	2	30	21
	鄞州							1	87	51	8	91	45
县市	余姚							2	89	61	5	77	38
	慈溪							2	137	77	4	58	21
	奉化							1	57	36	1	7	2
	宁海							1	69	47	2	38	25
	象山							1	57	38	0	0	0
异地					5	658	308	2	89	39	0	0	0
合计		1	668	294	5	658	308	25	2071	1137	52	683	399

机构总数：83　　人员总数：4080

表 109　　上海银行股份有限公司宁波分行在各地机构数和人员数

2009 年　　单位：个、人

所在地＼级别		分行			一级支行（营业部）			二级支行（营业部）			其他		
		机构	人员	其中女性	机构	人员	其中女性	机构	人员	其中女性	机构	人员	其中女性
同城	海曙				1	25	17						
	江东	1	119	54									
	江北												
	北仑												
	镇海												
	鄞州				1	29	17						
县市	余姚				1	31	20						
	慈溪				1	33	14						
	奉化												
	宁海												
	象山												
合计		1	119	54	4	118	68						

机构总数：5　　人员总数：237

表 110　　包商银行股份有限公司宁波分行在各地机构数和人员数

2009 年　　单位：个、人

所在地＼级别		分行			一级支行（营业部）			二级支行（营业部）			其他		
		机构	人员	其中女性	机构	人员	其中女性	机构	人员	其中女性	机构	人员	其中女性
同城	海曙												
	江东	1	165	74									
	江北												
	北仑												
	镇海												
	鄞州												
县市	余姚												
	慈溪												
	奉化												
	宁海												
	象山												
合计		1	165	74									

机构总数：1　　人员总数：165

表 111 **临商银行股份有限公司宁波分行在各地机构数和人员数**

2009 年 单位：个、人

所在地 \ 级别		分行			一级支行（营业部）			二级支行（营业部）			其他		
		机构	人员	其中女性	机构	人员	其中女性	机构	人员	其中女性	机构	人员	其中女性
同城	海曙												
	江东	1	109	53									
	江北												
	北仑												
	镇海												
	鄞州												
县市	余姚												
	慈溪												
	奉化												
	宁海												
	象山												
合计		1	109	53									

机构总数：1 人员总数：109

表 112 **浙江泰隆商业银行股份有限公司宁波分行在各地机构数和人员数**

2009 年 单位：个、人

所在地 \ 级别		分行			一级支行（营业部）			二级支行（营业部）			其他		
		机构	人员	其中女性	机构	人员	其中女性	机构	人员	其中女性	机构	人员	其中女性
同城	海曙												
	江东	1	99	48									
	江北												
	北仑												
	镇海												
	鄞州												
县市	余姚												
	慈溪							1	36	22			
	奉化												
	宁海												
	象山												
合计		1	99	48				1	36	22			

机构总数：2 人员总数：135

表 113 **杭州银行股份有限公司宁波分行在各地机构数和人员数**

2009 年 单位：个、人

所在地 \ 级别		分行			一级支行（营业部）			二级支行（营业部）			其他		
		机构	人员	其中女性	机构	人员	其中女性	机构	人员	其中女性	机构	人员	其中女性
同城	海曙												
	江东	1	84	48									
	江北												
	北仑												
	镇海												
	鄞州												
县市	余姚												
	慈溪												
	奉化												
	宁海												
	象山												
合计		1	84	48									

机构总数：1 人员总数：84

表 114 **温州银行股份有限公司宁波分行在各地机构数和人员数**

2009 年 单位：个、人

所在地 \ 级别		分行			一级支行（营业部）			二级支行（营业部）			其他		
		机构	人员	其中女性	机构	人员	其中女性	机构	人员	其中女性	机构	人员	其中女性
同城	海曙												
	江东	1	85	45									
	江北												
	北仑												
	镇海												
	鄞州												
县市	余姚												
	慈溪												
	奉化												
	宁海												
	象山												
合计		1	85	45									

机构总数：1 人员总数：85

表 115　　浙江民泰商业银行股份有限公司宁波分行在各地机构数和人员数

2009 年　　单位：个、人

所在地	级别	分行			一级支行（营业部）			二级支行（营业部）			其他		
		机构	人员	其中女性	机构	人员	其中女性	机构	人员	其中女性	机构	人员	其中女性
同城	海曙												
	江东												
	江北												
	北仑												
	镇海												
	鄞州	1	90	38									
县市	余姚												
	慈溪												
	奉化												
	宁海												
	象山												
合计		1	90	38									

机构总数：1　　人员总数：90

表 116　　象山国民村镇银行有限责任公司在各地机构数和人员数

2009 年　　单位：个、人

所在地	级别	总部			一级支行（营业部）			二级支行（营业部）			其他		
		机构	人员	其中女性	机构	人员	其中女性	机构	人员	其中女性	机构	人员	其中女性
同城	海曙												
	江东												
	江北												
	北仑												
	镇海												
	鄞州												
县市	余姚												
	慈溪												
	奉化												
	宁海												
	象山	1	11	5	1	19	13						
合计		1	11	5	1	19	13						

机构总数：2　　人员总数：30

表 117 慈溪民生村镇银行股份有限公司在各地机构数和人员数

2009 年 单位：个、人

所在地 \ 级别		总部			一级支行（营业部）			二级支行（营业部）			其他		
		机构	人员	其中女性	机构	人员	其中女性	机构	人员	其中女性	机构	人员	其中女性
同城	海曙												
	江东												
	江北												
	北仑												
	镇海												
	鄞州												
县市	余姚												
	慈溪	1	20	6	1	40	25						
	奉化												
	宁海												
	象山												
合计		1	20	6	1	40	25						

机构总数：2 人员总数：60

表 118 宁波国际银行在各地机构数和人员数

2009 年 单位：个、人

所在地 \ 级别		总部			分行			办事处			其他		
		机构	人员	其中女性	机构	人员	其中女性	机构	人员	其中女性	机构	人员	其中女性
同城	海曙												
	江东	1	53	38									
	江北												
	北仑												
	镇海												
	鄞州												
县市	余姚												
	慈溪												
	奉化												
	宁海												
	象山												
外地	上海				1	22	10						
	北京							1	2	2			
合计		1	53	38	1	22	10	1	2	2			

机构总数：3 人员总数：77

表 119　　恒生银行（中国）有限公司宁波分行在各地机构数和人员数

2009 年　　单位：个、人

所在地 \ 级别		分行			一级支行（营业部）			二级支行（营业部）			其他		
		机构	人员	其中女性	机构	人员	其中女性	机构	人员	其中女性	机构	人员	其中女性
同城	海曙	1	41	22									
	江东												
	江北												
	北仑												
	镇海												
	鄞州												
县市	余姚												
	慈溪												
	奉化												
	宁海												
	象山												
合计		1	41	22									

机构总数：1　　人员总数：41

表 120　　汇丰银行（中国）有限公司宁波分行在各地机构数和人员数

2009 年　　单位：个、人

所在地 \ 级别		分行			一级支行（营业部）			二级支行（营业部）			其他		
		机构	人员	其中女性	机构	人员	其中女性	机构	人员	其中女性	机构	人员	其中女性
同城	海曙												
	江东	1	53	36									
	江北												
	北仑												
	镇海												
	鄞州												
县市	余姚												
	慈溪												
	奉化												
	宁海												
	象山												
合计		1	53	36									

机构总数：1　　人员总数：53

表 121　　中国人民财产保险股份有限公司宁波市分公司在各地机构数和人员数

2009 年　　单位：个、人

所在地 \ 级别		分公司			支公司			营销服务部			其他		
		机构	人员	其中女性	机构	人员	其中女性	机构	人员	其中女性	机构	人员	其中女性
同城	海曙	1	188	72	1	23	10						
	江东				1	19	9	1					
	江北				1	17	11	6					
	北仑				3	35	10	12					
	镇海				1	22	10	3					
	鄞州				1	17	9	22	9	3			
县市	余姚				2	27	6	18	2				
	慈溪				2	33	10	21	5	2			
	奉化				1	17	6	9	1				
	宁海				1	20	5	6					
	象山				1	16	4	14	3	1			
合计		1	188	72	15	246	90	112	20	6			

机构总数：128　　人员总数：454

表 122　　中国太平洋财产保险股份有限公司宁波分公司在各地机构数和人员数

2009 年　　单位：个、人

所在地 \ 级别		分公司			支公司			营销服务部			其他		
		机构	人员	其中女性	机构	人员	其中女性	机构	人员	其中女性	机构	人员	其中女性
同城	海曙	1	274	91	1	17	8	1	56	28			
	江东				1	21	11	0	11	8			
	江北				1	14	6	2	5	3			
	北仑				2	61	33	8	23	15			
	镇海				1	38	17	3	12	10			
	鄞州				1	45	20	9	56	40			
县市	余姚				1	47	24	10	0	0			
	慈溪				2	114	77	15	219	130			
	奉化				1	32	20	3	0	0			
	宁海				1	32	16	5	1	1			
	象山				1	29	13	4	5	4			
合计		1	274	91	13	450	245	60	388	239			

机构总数：74　　人员总数：1112

表 123　　中国平安财产保险股份有限公司宁波分公司在各地机构数和人员数

2009 年　　单位：个、人

所在地 \ 级别		分公司			支公司			营销服务部			其他		
		机构	人员	其中女性	机构	人员	其中女性	机构	人员	其中女性	机构	人员	其中女性
同城	海曙	1	175	82									
	江东												
	江北												
	北仑				1	43	26	1	3	1			
	镇海				1	3	0						
	鄞州				1	13	8	1	8	8			
县市	余姚				1	29	15	1	1	0			
	慈溪				1	43	23						
	奉化				1	8	2						
	宁海				1	16	7						
	象山				1	13	8						
合计		1	175	82	8	168	89	3	12	9			

机构总数：12　　人员总数：355

表 124　　中国出口信用保险公司宁波分公司在各地机构数和人员数

2009 年　　单位：个、人

所在地 \ 级别		分公司			支公司			营销服务部			其他		
		机构	人员	其中女性	机构	人员	其中女性	机构	人员	其中女性	机构	人员	其中女性
同城	海曙	1	59	23									
	江东												
	江北												
	北仑												
	镇海												
	鄞州												
县市	余姚												
	慈溪												
	奉化												
	宁海												
	象山												
合计		1	59	23									

机构总数：1　　人员总数：59

表 125　　大众保险股份有限公司宁波分公司在各地机构数和人员数

2009 年　　单位：个、人

所在地 \ 级别		分公司			支公司			营销服务部			其他		
		机构	人员	其中女性	机构	人员	其中女性	机构	人员	其中女性	机构	人员	其中女性
同城	海曙												
	江东	1	65	24	1	4	2				7	38	18
	江北				1	9	5						
	北仑				1	10	6						
	镇海				1	7	7						
	鄞州				1	21	12						
县市	余姚				1	17	13						
	慈溪				1	10	6						
	奉化												
	宁海				1	10	5						
	象山							1	3	3			
合计		1	65	24	8	88	56	1	3	3	7	38	18

机构总数：17　　人员总数：194

表 126　　中华联合财产保险股份有限公司宁波分公司在各地机构数和人员数

2009 年　　单位：个、人

所在地 \ 级别		分公司			支公司			营销服务部			其他		
		机构	人员	其中女性	机构	人员	其中女性	机构	人员	其中女性	机构	人员	其中女性
同城	海曙												
	江东	1	132	69									
	江北							1	0	0			
	北仑				1	29	19	1	4	3			
	镇海				1	16	11						
	鄞州				1	43	24	5	12	7			
县市	余姚				1	41	29	6	0	0			
	慈溪				1	34	16	8	0	0			
	奉化				1	18	10						
	宁海				1	13	6	1	1	0			
	象山				1	22	16	1	2	0			
合计		1	132	69	8	216	131	23	19	10			

机构总数：32　　人员总数：367

表 127　　　中国大地财产保险股份有限公司宁波分公司在各地机构数和人员数

2009 年　　　单位：个、人

所在地 \ 级别		分公司			支公司			营销服务部			其他		
		机构	人员	其中女性	机构	人员	其中女性	机构	人员	其中女性	机构	人员	其中女性
同城	海曙				1	16	9	1	2	2			
	江东	1	172	89	2	25	15						
	江北												
	北仑				1	13	9						
	镇海				1	11	7						
	鄞州				1	22	12						
县市	余姚				1	17	10	1	1	1			
	慈溪				1	15	10						
	奉化				1	13	8						
	宁海				1	10	5						
	象山				1	11	8						
合计		1	172	89	11	153	93	2	3	3			

机构总数：14　　人员总数：328

表 128　　　华安财产保险股份有限公司宁波分公司在各地机构数和人员数

2009 年　　　单位：个、人

所在地 \ 级别		分公司			支公司			营销服务部			连锁营销门店		
		机构	人员	其中女性	机构	人员	其中女性	机构	人员	其中女性	机构	人员	其中女性
同城	海曙												
	江东	1	78	43									
	江北												
	北仑				1	5	3				1	5	3
	镇海							1	5	3	1	5	3
	鄞州												
县市	余姚				1	11	6				1	11	6
	慈溪				1	5	3				1	5	3
	奉化				1	6	3				1	6	3
	宁海							1	5	2	1	5	2
	象山												
合计		1	78	43	4	27	15	2	10	5	6	37	20

机构总数：13　　人员总数：152

表 129　　安邦财产保险股份有限公司宁波分公司在各地机构数和人员数

2009 年　　单位：个、人

所在地＼级别		分公司			支公司			营销服务部			其他		
		机构	人员	其中女性	机构	人员	其中女性	机构	人员	其中女性	机构	人员	其中女性
同城	海曙	1	81	33				1	3	2			
	江东												
	江北												
	北仑							1	8	4			
	镇海							1	6	4			
	鄞州							1	4	3			
县市	余姚				1	9	6						
	慈溪				1	9	5						
	奉化				1	7	3						
	宁海				1	7	4						
	象山				1	6	3						
合计		1	81	33	5	38	21	4	21	13			

机构总数：10　　人员总数：140

表 130　　永安财产保险股份有限公司宁波中心支公司在各地机构数和人员数

2009 年　　单位：个、人

所在地＼级别		中心支公司			支公司			营销服务部			其他		
		机构	人员	其中女性	机构	人员	其中女性	机构	人员	其中女性	机构	人员	其中女性
同城	海曙												
	江东	1	41	20									
	江北												
	北仑							1	14	6			
	镇海							1	13	8			
	鄞州				1	14	6						
县市	余姚				1	7	3						
	慈溪				1	22	13						
	奉化							1	4	2			
	宁海							1	8	3			
	象山												
合计		1	41	20	3	43	22	4	39	19			

机构总数：8　　人员总数：123

表 131　　天平汽车保险股份有限公司宁波中心支公司在各地机构数和人员数

2009 年　　单位：个、人

所在地＼级别		中心支公司			支公司			营销服务部			其他		
		机构	人员	其中女性	机构	人员	其中女性	机构	人员	其中女性	机构	人员	其中女性
同城	海曙	1	37	19									
	江东												
	江北												
	北仑												
	镇海												
	鄞州												
县市	余姚				1	5	3						
	慈溪				1	5	2						
	奉化												
	宁海												
	象山												
合计		1	37	19	2	10	5						

机构总数：3　　人员总数：47

表 132　　华泰财产保险股份有限公司宁波分公司在各地机构数和人员数

2009 年　　单位：个、人

所在地＼级别		分公司			支公司			营销服务部			其他		
		机构	人员	其中女性	机构	人员	其中女性	机构	人员	其中女性	机构	人员	其中女性
同城	海曙	1	28	13									
	江东												
	江北												
	北仑												
	镇海												
	鄞州												
县市	余姚				1	7	2						
	慈溪							1	2	1			
	奉化												
	宁海							1	3	2			
	象山												
合计		1	28	13	1	7	2	2	5	3			

机构总数：4　　人员总数：40

表 133　　阳光财产保险股份有限公司宁波市分公司在各地机构数和人员数

2009 年　　单位：个、人

所在地	级别	分公司			支公司			营销服务部			其他		
		机构	人员	其中女性	机构	人员	其中女性	机构	人员	其中女性	机构	人员	其中女性
同城	海曙	1	44	27									
	江东				1	6	2						
	江北												
	北仑							1	6	3			
	镇海				1	24	16						
	鄞州				1	9	5						
县市	余姚				1	21	11						
	慈溪				1	19	10						
	奉化				1	13	7						
	宁海				1	30	12						
	象山				1	17	9						
合计		1	44	27	8	139	72	1	6	3			

机构总数：10　　人员总数：189

表 134　　渤海财产保险股份有限公司宁波分公司在各地机构数和人员数

2009 年　　单位：个、人

所在地	级别	分公司			中心支公司			支公司			营销服务部		
		机构	人员	其中女性	机构	人员	其中女性	机构	人员	其中女性	机构	人员	其中女性
同城	海曙												
	江东												
	江北												
	北仑				1	6	4						
	镇海												
	鄞州	1	44	24							1	1	0
县市	余姚				1	6	3						
	慈溪				1	8	5						
	奉化							1	5	3			
	宁海												
	象山												
合计		1	44	24	3	20	12	1	5	3	1	1	0

机构总数：6　　人员总数：70

表 135　　中银保险有限公司宁波中心支公司在各地机构数和人员数

2009 年　　单位：个、人

所在地 \ 级别		中心支公司			支公司			营销服务部			其他		
		机构	人员	其中女性	机构	人员	其中女性	机构	人员	其中女性	机构	人员	其中女性
同城	海曙	1	40	21									
	江东				1	4	3						
	江北												
	北仑												
	镇海												
	鄞州				1	7	6						
县市	余姚				1	7	3						
	慈溪				1	6	3						
	奉化				1	2	1						
	宁海				1	4	2						
	象山												
合计		1	40	21	6	30	18						

机构总数：7　　人员总数：70

表 136　　都邦财产保险股份有限公司宁波分公司在各地机构数和人员数

2009 年　　单位：个、人

所在地 \ 级别		分公司			支公司			营销服务部			其他		
		机构	人员	其中女性	机构	人员	其中女性	机构	人员	其中女性	机构	人员	其中女性
同城	海曙							1	5	2			
	江东							1	10	3			
	江北	1	66	31				1	8	3			
	北仑				1	14	6						
	镇海				1	8	7						
	鄞州				1	10	5						
县市	余姚				1	9	6						
	慈溪				1	5	3						
	奉化												
	宁海							1	9	3			
	象山												
合计		1	66	31	5	46	27	4	32	11			

机构总数：10　　人员总数：144

表 137　　民安保险（中国）有限公司宁波中心支公司在各地机构数和人员数

2009 年　　单位：个、人

所在地 \ 级别		中心支公司			支公司			营销服务部			其他		
		机构	人员	其中女性	机构	人员	其中女性	机构	人员	其中女性	机构	人员	其中女性
同城	海曙												
	江东				1	4	4						
	江北												
	北仑												
	镇海												
	鄞州	1	39	21									
县市	余姚				1	6	4						
	慈溪				1	8	4						
	奉化												
	宁海				1	6	4						
	象山												
合计		1	39	21	4	24	16						

机构总数：5　　人员总数：63

表 138　　太平财产保险有限公司宁波分公司在各地机构数和人员数

2009 年　　单位：个、人

所在地 \ 级别		分公司			支公司			营销服务部			其他		
		机构	人员	其中女性	机构	人员	其中女性	机构	人员	其中女性	机构	人员	其中女性
同城	海曙	1	124	59									
	江东												
	江北												
	北仑												
	镇海				1	15	10						
	鄞州												
县市	余姚												
	慈溪				1	25	15						
	奉化				1	18	14						
	宁海												
	象山												
合计		1	124	59	3	58	39						

机构总数：4　　人员总数：182

表 139　　安诚财产保险股份有限公司宁波分公司在各地机构数和人员数

2009 年　　单位：个、人

级别 所在地		分公司			支公司			营销服务部			其他		
		机构	人员	其中女性	机构	人员	其中女性	机构	人员	其中女性	机构	人员	其中女性
同城	海曙												
	江东												
	江北												
	北仑				1	13	6						
	镇海				1	8	5						
	鄞州	1	68	37									
县市	余姚				1	9	3						
	慈溪				1	17	8						
	奉化				1	9	4						
	宁海				1	17	8						
	象山				1	6	2						
合计		1	68	37	7	79	36						

机构总数：8　　人员总数：147

表 140　　长安责任保险股份有限公司宁波中心支公司在各地机构数和人员数

2009 年　　单位：个、人

级别 所在地		中心支公司			支公司			营销服务部			其他		
		机构	人员	其中女性	机构	人员	其中女性	机构	人员	其中女性	机构	人员	其中女性
同城	海曙	1	46	20									
	江东												
	江北												
	北仑				1	11	5						
	镇海												
	鄞州												
县市	余姚												
	慈溪												
	奉化				1	14	8						
	宁海												
	象山				1	6	3						
合计		1	46	20	3	31	16						

机构总数：4　　人员总数：77

表 141 浙商财产保险股份有限公司宁波中心支公司在各地机构数和人员数

2009 年 单位：个、人

所在地＼级别		中心支公司			支公司			营销服务部			其他		
		机构	人员	其中女性	机构	人员	其中女性	机构	人员	其中女性	机构	人员	其中女性
同城	海曙												
	江东												
	江北	1	37	15									
	北仑												
	镇海												
	鄞州												
县市	余姚												
	慈溪												
	奉化												
	宁海												
	象山												
合计		1	37	15									

机构总数：1 人员总数：37

表 142 中国人寿保险股份有限公司宁波市分公司在各地机构数和人员数

2009 年 单位：个、人

所在地＼级别		分公司			支公司			营销服务部			其他		
		机构	人员	其中女性	机构	人员	其中女性	机构	人员	其中女性	机构	人员	其中女性
同城	海曙	1	213	136	1	8	1						
	江东				2	20	11	1	10	6			
	江北				1	10	4						
	北仑				1	18	15						
	镇海				1	19	15						
	鄞州												
县市	余姚				1	30	19						
	慈溪				1	37	20						
	奉化				1	29	17						
	宁海				1	28	22						
	象山				1	27	16						
合计		1	213	136	11	226	140	1	10	6			

机构总数：13 人员总数：449

表 143　　中国太平洋人寿保险股份有限公司宁波分公司在各地机构数和人员数

2009 年　　单位：个、人

所在地	级别	分公司			支公司			营销服务部			其他		
		机构	人员	其中女性	机构	人员	其中女性	机构	人员	其中女性	机构	人员	其中女性
同城	海曙	1	144	72	1	26	15						
	江东												
	江北												
	北仑				1	24	13						
	镇海				1	21	14						
	鄞州				1	30	21						
县市	余姚				1	36	22						
	慈溪				1	39	24						
	奉化				1	28	20						
	宁海				1	25	16						
	象山				1	24	15						
合计		1	144	72	9	253	160						

机构总数：10　　人员总数：397

表 144　　中国平安人寿保险股份有限公司宁波分公司在各地机构数和人员数

2009 年　　单位：个、人

所在地	级别	分公司			支公司			营销服务部			其他		
		机构	人员	其中女性	机构	人员	其中女性	机构	人员	其中女性	机构	人员	其中女性
同城	海曙	1	211	125				1	23	12			
	江东							1	7	3			
	江北												
	北仑							1	7	4			
	镇海							2	6	5			
	鄞州							1	2	0			
县市	余姚				1	19	9	1	1	0			
	慈溪				1	11	5	2	1	0			
	奉化							2	9	6			
	宁海							1	4	2			
	象山							2	6	2			
合计		1	211	125	2	30	14	14	66	34			

机构总数：17　　人员总数：307

表 145　　泰康人寿保险股份有限公司宁波分公司在各地机构数和人员数

2009 年　　单位：个、人

所在地＼级别		分公司			支公司			营销服务部			其他		
		机构	人员	其中女性	机构	人员	其中女性	机构	人员	其中女性	机构	人员	其中女性
同城	海曙	1	216	130									
	江东							2	5	1			
	江北												
	北仑							1	4	2			
	镇海				1	4	2						
	鄞州												
县市	余姚				1	7	4						
	慈溪				1	8	3						
	奉化				1	5	3						
	宁海				1	6	3						
	象山				1	8	4						
合计		1	216	130	6	38	19	3	9	3			

机构总数：10　　人员总数：263

表 146　　新华人寿保险股份有限公司宁波分公司在各地机构数和人员数

2009 年　　单位：个、人

所在地＼级别		分公司			支公司			营销服务部			其他		
		机构	人员	其中女性	机构	人员	其中女性	机构	人员	其中女性	机构	人员	其中女性
同城	海曙	1	203	160				1	6	4			
	江东												
	江北												
	北仑												
	镇海												
	鄞州												
县市	余姚				1	9	6						
	慈溪							1	5	1			
	奉化							1	5	1			
	宁海							1	5	2			
	象山				1	8	4						
合计		1	203	160	2	17	10	4	21	8			

机构总数：7　　人员总数：241

表 147　　太平人寿保险有限公司宁波分公司在各地机构数和人员数

2009 年　　单位：个、人

所在地 \ 级别		分公司			支公司			营销服务部			其他		
		机构	人员	其中女性	机构	人员	其中女性	机构	人员	其中女性	机构	人员	其中女性
同城	海曙	1	150	92				1	4	3			
	江东												
	江北												
	北仑							1	2	1			
	镇海												
	鄞州												
县市	余姚							1	3	2			
	慈溪							1	4	2			
	奉化							1	3	1			
	宁海							1	5	2			
	象山							1	3	2			
合计		1	150	92				7	24	13			

机构总数：8　　人员总数：174

表 148　　民生人寿保险股份有限公司宁波中心支公司在各地机构数和人员数

2009 年　　单位：个、人

所在地 \ 级别		中心支公司			支公司			营销服务部			其他		
		机构	人员	其中女性	机构	人员	其中女性	机构	人员	其中女性	机构	人员	其中女性
同城	海曙				1	15	10						
	江东												
	江北												
	北仑												
	镇海												
	鄞州												
县市	余姚												
	慈溪							1	2	0			
	奉化												
	宁海							1	4	3			
	象山												
合计		1	15	10				2	6	3			

机构总数：3　　人员总数：21

表 149　　中宏人寿保险有限公司宁波分公司在各地机构数和人员数

2009 年　　单位：个、人

所在地 \ 级别		分公司			支公司			营销服务部			其他		
		机构	人员	其中女性	机构	人员	其中女性	机构	人员	其中女性	机构	人员	其中女性
同城	海曙	1	18	9									
	江东												
	江北												
	北仑												
	镇海												
	鄞州												
县市	余姚												
	慈溪							1	3	2			
	奉化												
	宁海												
	象山												
合计		1	18	9				1	3	2			

机构总数：2　　人员总数：21

表 150　　生命人寿保险股份有限公司宁波分公司在各地机构数和人员数

2009 年　　单位：个、人

所在地 \ 级别		分公司			支公司			营销服务部			其他		
		机构	人员	其中女性	机构	人员	其中女性	机构	人员	其中女性	机构	人员	其中女性
同城	海曙												
	江东	1	69	38									
	江北												
	北仑												
	镇海												
	鄞州												
县市	余姚							1	3	2			
	慈溪							1	2	2			
	奉化												
	宁海							1	3	1			
	象山							1	4	2			
合计		1	69	38				4	12	7			

机构总数：5　　人员总数：81

表 151　中德安联人寿保险有限公司浙江分公司宁波营销服务部在各地机构数和人员数

2009 年　　单位：个、人

所在地＼级别		分公司			支公司			营销服务部			其他		
		机构	人员	其中女性	机构	人员	其中女性	机构	人员	其中女性	机构	人员	其中女性
同城	海曙							1	15	8			
	江东												
	江北												
	北仑												
	镇海												
	鄞州												
县市	余姚							1	3	2			
	慈溪												
	奉化												
	宁海							1	3	2			
	象山												
合计									3	21	12		

机构总数：3　　人员总数：21

表 152　光大永明人寿保险有限公司宁波营销服务部在各地机构数和人员数

2009 年　　单位：个、人

所在地＼级别		分公司			支公司			营销服务部			其他		
		机构	人员	其中女性	机构	人员	其中女性	机构	人员	其中女性	机构	人员	其中女性
同城	海曙												
	江东							1	7	4			
	江北												
	北仑												
	镇海												
	鄞州												
县市	余姚												
	慈溪												
	奉化												
	宁海												
	象山												
合计									1	7	4		

机构总数：1　　人员总数：7

表 153　　合众人寿保险股份有限公司宁波中心支公司在各地机构数和人员数

2009 年　　单位：个、人

所在地	级别	中心支公司			支公司			营销服务部			其他		
		机构	人员	其中女性	机构	人员	其中女性	机构	人员	其中女性	机构	人员	其中女性
同城	海曙	1	13	8				1	3	1			
	江东												
	江北												
	北仑												
	镇海												
	鄞州												
县市	余姚							1	3	1			
	慈溪							1	2	1			
	奉化												
	宁海							1	4	2			
	象山												
合计		1	13	8				4	12	5			

机构总数：5　　人员总数：25

表 154　　平安养老保险股份有限公司宁波分公司在各地机构数和人员数

2009 年　　单位：个、人

所在地	级别	分公司			支公司			营销服务部			其他		
		机构	人员	其中女性	机构	人员	其中女性	机构	人员	其中女性	机构	人员	其中女性
同城	海曙	1	51	26									
	江东												
	江北												
	北仑				1	7	3						
	镇海												
	鄞州												
县市	余姚												
	慈溪												
	奉化												
	宁海												
	象山												
合计		1	51	26	1	7	3						

机构总数：2　　人员总数：58

表 155 信诚人寿保险有限公司浙江省分公司宁波营销服务部在各地机构数和人员数

2009 年　　　　单位：个、人

级别 所在地		分公司			支公司			营销服务部			其他		
		机构	人员	其中女性	机构	人员	其中女性	机构	人员	其中女性	机构	人员	其中女性
同城	海曙												
	江东							1	37	26			
	江北												
	北仑												
	镇海												
	鄞州												
县市	余姚												
	慈溪												
	奉化												
	宁海												
	象山												
合计									1	37	26		

机构总数：1　　人员总数：37

表 156 国泰人寿保险有限责任公司浙江分公司宁波营销服务部在各地机构数和人员数

2009 年　　　　单位：个、人

级别 所在地		分公司			支公司			营销服务部			其他		
		机构	人员	其中女性	机构	人员	其中女性	机构	人员	其中女性	机构	人员	其中女性
同城	海曙							1	21	13			
	江东												
	江北												
	北仑												
	镇海												
	鄞州												
县市	余姚												
	慈溪												
	奉化												
	宁海												
	象山												
合计									1	21	13		

机构总数：1　　人员总数：21

表 157　　嘉禾人寿保险股份有限公司宁波分公司在各地机构数和人员数

2009 年　　单位：个、人

所在地＼级别		分公司			支公司			营销服务部			其他		
		机构	人员	其中女性	机构	人员	其中女性	机构	人员	其中女性	机构	人员	其中女性
同城	海曙												
	江东	1	30	17				1	2	1			
	江北												
	北仑												
	镇海												
	鄞州												
县市	余姚							1	1	1			
	慈溪							1	3	2			
	奉化												
	宁海							1	2	1			
	象山												
合计		1	30	17				4	8	5			

机构总数：5　　人员总数：38

表 158　　海康人寿保险有限公司浙江分公司宁波营销服务部在各地机构数和人员数

2009 年　　单位：个、人

所在地＼级别		分公司			支公司			营销服务部			其他		
		机构	人员	其中女性	机构	人员	其中女性	机构	人员	其中女性	机构	人员	其中女性
同城	海曙												
	江东							1	11	5			
	江北												
	北仑												
	镇海												
	鄞州												
县市	余姚												
	慈溪												
	奉化												
	宁海												
	象山												
合计									1	11	5		

机构总数：1　　人员总数：11

表 159　联泰大都会人寿保险有限公司浙江分公司宁波营销服务部在各地机构数和人员数

2009 年　　　　单位：个、人

所在地	级别	分公司			支公司			营销服务部			其他		
		机构	人员	其中女性	机构	人员	其中女性	机构	人员	其中女性	机构	人员	其中女性
同城	海曙							1	5	2			
	江东												
	江北												
	北仑												
	镇海												
	鄞州												
县市	余姚												
	慈溪												
	奉化												
	宁海												
	象山												
合计									1	5	2		

机构总数：1　　人员总数：5

表 160　　中国人民人寿保险股份有限公司宁波市分公司在各地机构数和人员数

2009 年　　　　单位：个、人

所在地	级别	分公司			支公司			营销服务部			其他		
		机构	人员	其中女性	机构	人员	其中女性	机构	人员	其中女性	机构	人员	其中女性
同城	海曙	1	36	21									
	江东												
	江北												
	北仑												
	镇海												
	鄞州				1	3	3						
县市	余姚				1	5	2						
	慈溪				1	4	1						
	奉化												
	宁海												
	象山												
合计		1	36	21	3	12	6						

机构总数：4　　人员总数：48

表 161　　阳光人寿保险股份有限公司宁波中心支公司在各地机构数和人员数

2009 年　　单位：个、人

所在地 \ 级别		中心支公司			支公司			营销服务部			其他		
		机构	人员	其中女性	机构	人员	其中女性	机构	人员	其中女性	机构	人员	其中女性
同城	海曙	1	25	16									
	江东												
	江北												
	北仑												
	镇海												
	鄞州												
县市	余姚												
	慈溪												
	奉化												
	宁海												
	象山												
合计		1	25	16									

机构总数：1　　人员总数：25

表 162　　宁波市农村合作金融机构各级机构及人员数

2009 年

	机构数（个）	职工人数（人）	其中：女性
合计	652	4901	2431
小计	289	2339	1233
县、市、区联社	9	321	98
营业部	9	371	199
信用社	74	1163	576
信用分社	159	415	291
储蓄所	38	69	69
小计	363	2562	1198
合作银行	3	413	170
营业部	3	144	86
支行	78	1287	588
分理处	235	634	296
储蓄所	44	84	58

表 163　　宁波市农村合作金融机构各地区机构数

2009 年　　单位：个

单位＼项目	法人机构			非法人机构			附：信用代办站
	合作银行	联合社	信用社	支行（信用社）	分理处（信用分社）	储蓄所	
全辖合计	3	6	0	161	394	82	
鄞州区	1			35	77	37	
慈溪市	1			24	97	2	
余姚市	1			22	61	5	
奉化市		1		17	25	8	
象山县		1		13	42		
北仑区		1		13	18	12	
市　区		1		11	39	3	
镇海区		1		7	20	7	
宁海县		1		19	15	8	

表 164　　象山县绿叶城市信用社有限责任公司机构数和人员数

2009 年　　单位：个、人

级别 / 名称	总部			分社			营业部			储蓄所		
	机构	人员	其中女性	机构	人员	其中女性	机构	人员	其中女性	机构	人员	其中女性
城信社		1	99	46	7	84	44	1	24	17		

机构总数：9　　人员总数：207

表 165　　华融金融租赁股份有限公司宁波分公司在各地机构数和人员数

2009 年　　单位：个、人

级别 / 所在地		分公司			办事处			其他		
		机构	人员	其中女性	机构	人员	其中女性	机构	人员	其中女性
同城	海曙									
	江东	1	6	3						
	江北									
	北仑									
	镇海									
	鄞州									
县市	余姚									
	慈溪									
	奉化									
	宁海									
	象山									
合计		1	6	3						

机构总数：1　　人员总数：6

表 166　　昆仑信托有限责任公司在各地机构数和人员数

2009 年　　单位：个、人

所在地 \ 级别		公司			办事处			其他		
		机构	人员	其中女性	机构	人员	其中女性	机构	人员	其中女性
同城	海曙									
	江东	1	108	53						
	江北									
	北仑									
	镇海									
	鄞州									
县市	余姚									
	慈溪									
	奉化									
	宁海									
	象山									
合计		1	108	53						

机构总数：1　　人员总数：108

（二）人员结构

表 167　　中国人民银行宁波市中心支行职工年龄、学历、专业、职称结构

2009 年　　单位：人

年龄结构			文化结构			专业结构			职称结构		
年龄档次	人数	比重(%)	学历	人数	比重(%)	专业	人数	比重(%)	职称档次	人数	比重(%)
30 岁以下	48	11.50	博　士	3	0.70	财经专业	252	60.10	高级职称	14	3.30
31～40 岁	83	19.80	硕　士	69	16.50	会计专业	65	15.50	中级职称	217	51.80
41～50 岁	197	47.00	研究生班	5	1.20	法律专业	12	2.90	初级职称	92	22.00
51～60 岁	91	21.70	本　科	168	40.10	其他专业	61	14.60	其　他	96	22.90
61 岁以上			本科以下	174	41.50	其　他	29	6.90			
合计	419	100.00	合计	419	100.00	合计	419	100.00	合计	419	100.00

表 168　　中国银行业监督管理委员会宁波监管局职工年龄、学历、专业、职称结构

2009 年　　单位：人

年龄结构			文化结构			专业结构			职称结构		
年龄档次	人数	比重(%)	学历	人数	比重(%)	专业	人数	比重(%)	职称档次	人数	比重(%)
30 岁以下	22	21.57	博　士	1	0.98	财经专业	68	66.67	高级职称	3	2.94
31～40 岁	32	31.37	硕　士	27	26.47	会计专业	18	17.65	中级职称	59	57.84
41～50 岁	34	33.33	研究生班			法律专业	5	4.90	初级职称	16	15.69
51～60 岁	14	13.73	本　科	57	55.88	其他专业	10	9.80	其　他	24	23.53
61 岁以上			本科以下	17	16.67	其　他	1	0.98			
合计	102	100.00	合计	102	100.00	合计	102	100.00	合计	102	100.00

表 169　　中国证券监督管理委员会宁波监管局职工年龄、学历、专业、职称结构

2008 单位：人

年龄结构			文化结构			专业结构			职称结构		
年龄档次	人数	比重(%)	学历	人数	比重(%)	专业	人数	比重(%)	职称档次	人数	比重(%)
30 岁以下	4	14.29	博　士			财经专业	10	35.70	高级职称	1	3.60
31～40 岁	14	50.00	硕　士	8	28.60	会计专业	9	32.10	中级职称	15	53.60
41～50 岁	7	25.00	研究生班			法律专业	1	3.60	初级职称	8	28.60
51～60 岁	3	10.71	本　科	17	60.70	其他专业	7	25.00	其　他	4	14.20
61 岁以上			本科以下	3	10.70	其　他	1	3.60			
合计	28	100.00	合计	28	100.00	合计	28	100.00	合计	28	100.00

表 170　　中国保险监督管理委员会宁波监管局职工年龄、学历、专业、职称结构

2009 年　　单位：人

年龄结构			文化结构			专业结构			职称结构		
年龄档次	人数	比重(%)	学历	人数	比重(%)	专业	人数	比重(%)	职称档次	人数	比重(%)
30 岁以下	10	30.30	博　士	1	3.00	财经专业	16	48.50	高级职称	2	6.10
31～40 岁	20	60.60	硕　士	9	27.00	会计专业	3	9.10	中级职称	5	15.20
41～50 岁	2	6.10	研究生班			法律专业	3	9.10	初级职称	2	6.10
51～60 岁	1	3.00	本　科	23	70.00	其他专业	11	33.30	其　他	24	72.60
61 岁以上			本科以下			其　他					
合计	33	100.00	合计	33	100.00	合计	33	100.00	合计	33	100.00

表 171　　中国农业发展银行宁波市分行职工年龄、学历、专业、职称结构

2009 年　　单位：人

年龄结构			文化结构			专业结构			职称结构		
年龄档次	人数	比重(%)	学历	人数	比重(%)	专业	人数	比重(%)	职称档次	人数	比重(%)
30 岁以下	26	13.61	博　士			财经专业	94	49.22	高级职称	5	2.62
31～40 岁	45	23.56	硕　士	2	1.05	会计专业	39	20.42	中级职称	84	43.98
41～50 岁	73	38.22	研究生班			法律专业	3	1.57	初级职称	52	27.22
51～60 岁	47	24.61	本　科	73	38.22	其他专业	6	3.14	其　他	50	26.18
61 岁以上			本科以下	116	60.73	其　他	49	25.65			
合计	191	100.00	合计	191	100.00	合计	191	100.00	合计	191	100.00

表 172　　国家开发银行宁波市分行职工年龄、学历、专业、职称结构

2009 年　　单位：人

年龄结构			文化结构			专业结构			职称结构		
年龄档次	人数	比重(%)	学历	人数	比重(%)	专业	人数	比重(%)	职称档次	人数	比重(%)
30 岁以下	57	63.00	博　士	5	6.00	财经专业	30	33.00	高级职称	9	10.00
31～40 岁	23	26.00	硕　士	38	42.00	会计专业	4	4.00	中级职称	27	30.00
41～50 岁	9	10.00	研究生班	4	4.00	法律专业	6	7.00	初级职称	8	9.00
51～60 岁	1	1.00	本　科	40	45.00	其他专业	50	56.00	其　他	46	51.00
61 岁以上			本科以下	3	3.00	其　他					
合计	90	100.00	合计	90	100.00	合计	90	100.00	合计	90	100.00

表 173　　中国工商银行股份有限公司宁波市分行职工年龄、学历、专业、职称结构

2009 年　　单位：人

年龄结构			文化结构			专业结构			职称结构		
年龄档次	人数	比重(%)	学历	人数	比重(%)	专业	人数	比重(%)	职称档次	人数	比重(%)
30 岁以下	1329	37.85	博　士			财经专业	1653	47.08	高级职称	49	1.40
31～40 岁	915	26.06	硕　士	59	1.68	会计专业	885	25.21	中级职称	782	22.27
41～50 岁	1075	30.62	研究生班			法律专业	135	3.85	初级职称	1165	33.18
51～60 岁	192	5.47	本　科	1457	41.50	其他专业	583	16.60	其　他	1515	43.15
61 岁以上			本科以下	1995	56.82	其　他	255	7.26			
合计	3511	100.00	合计	3511	100.00	合计	3511	100.00	合计	3511	100.00

表 174　　中国农业银行宁波市分行职工年龄、学历、专业、职称结构

2009 年　　单位：人

年龄结构			文化结构			专业结构			职称结构		
年龄档次	人数	比重(%)	学历	人数	比重(%)	专业	人数	比重(%)	职称档次	人数	比重(%)
30 岁以下	1449	35.00	博　士			财经专业	1543	38.00	高级职称	48	1.00
31～40 岁	1115	27.00	硕　士	63	1.50	会计专业	779	19.00	中级职称	860	21.00
41～50 岁	1143	28.00	研究生班	10	0.20	法律专业	88	2.00	初级职称	1220	30.00
51～60 岁	397	10.00	本　科	1458	35.50	其他专业	1031	25.00	其　他	1976	48.00
61 岁以上			本科以下	2573	62.80	其　他	663	16.00			
合计	4104	100.00	合计	4104	100.00	合计	4104	100.00	合计	4104	100.00

表 175　　中国银行股份有限公司宁波市分行职工年龄、学历、专业、职称结构

2009 年　　单位：人

年龄结构			文化结构			专业结构			职称结构		
年龄档次	人数	比重(%)	学历	人数	比重(%)	专业	人数	比重(%)	职称档次	人数	比重(%)
30 岁以下	1146	42.84	博　士	1	0.04	财经专业	1026	38.36	高级职称	8	0.30
31～40 岁	858	32.07	硕　士	33	1.23	会计专业	656	24.52	中级职称	518	19.36
41～50 岁	497	18.58	研究生班			法律专业	155	5.79	初级职称	976	36.49
51～60 岁	174	6.50	本　科	1318	49.27	其他专业	749	28.00	其　他	1173	43.85
61 岁以上			本科以下	1323	49.46	其　他	89	3.33			
合计	2675	100.00	合计	2675	100.00	合计	2675	100.00	合计	2675	100.00

表 176　　中国建设银行股份有限公司宁波市分行职工年龄、学历、专业、职称结构

2009 年　　单位：人

年龄结构			文化结构			专业结构			职称结构		
年龄档次	人数	比重(%)	学历	人数	比重(%)	专业	人数	比重(%)	职称档次	人数	比重(%)
30 岁以下	1166	37.84	博　士			财经专业	820	26.61	高级职称	46	1.49
31～40 岁	1130	36.68	硕　士	61	1.98	会计专业	920	29.86	中级职称	635	20.61
41～50 岁	571	18.53	研究生班			法律专业	95	3.08	初级职称	593	19.25
51～60 岁	214	6.95	本　科	1168	37.91	其他专业	768	24.93	其　他	1807	58.65
61 岁以上			本科以下	1852	60.11	其　他	478	15.51			
合计	3081	100.00	合计	3081	100.00	合计	3081	100.00	合计	3081	100.00

表 177　　交通银行股份有限公司宁波分行职工年龄、学历、专业、职称结构

2009 年　　单位：人

年龄结构			文化结构			专业结构			职称结构		
年龄档次	人数	比重(%)	学历	人数	比重(%)	专业	人数	比重(%)	职称档次	人数	比重(%)
30 岁以下	448	42.50	博　士			财经专业	461	43.74	高级职称		
31～40 岁	341	32.35	硕　士	35	3.32	会计专业	435	41.27	中级职称	267	25.33
41～50 岁	191	18.12	研究生班	10	0.95	法律专业	4	0.38	初级职称	329	31.21
51～60 岁	74	7.02	本　科	581	55.12	其他专业	42	3.98	其　他	458	43.45
61 岁以上			本科以下	428	40.61	其　他	112	10.63			
合计	1054	100.00	合计	1054	100.00	合计	1054	100.00	合计	1054	100.00

表 178　　上海浦东发展银行股份有限公司宁波分行职工年龄、学历、专业、职称结构

2009 年　　单位：人

年龄结构			文化结构			专业结构			职称结构		
年龄档次	人数	比重(%)	学历	人数	比重(%)	专业	人数	比重(%)	职称档次	人数	比重(%)
30 岁以下	197	31.32	博　士	1	0.16	财经专业	292	46.42	高级职称	7	1.11
31～40 岁	257	40.86	硕　士	21	3.34	会计专业	116	18.44	中级职称	210	33.39
41～50 岁	142	22.58	研究生班	2	0.32	法律专业	25	3.97	初级职称	153	24.32
51～60 岁	33	5.25	本　科	360	57.23	其他专业	143	22.73	其　他	259	41.18
61 岁以上			本科以下	245	38.95	其　他	53	8.43			
合计	629	100.00	合计	629	100.00	合计	629	100.00	合计	629	100.00

表 179　　兴业银行股份有限公司宁波分行职工年龄、学历、专业、职称结构

2009 年　　单位：人

年龄结构			文化结构			专业结构			职称结构		
年龄档次	人数	比重(%)	学历	人数	比重(%)	专业	人数	比重(%)	职称档次	人数	比重(%)
30 岁以下	161	45.00	博　士			财经专业	146	41.00	高级职称	3	1.00
31～40 岁	134	38.00	硕　士	9	3.00	会计专业	90	25.00	中级职称	106	30.00
41～50 岁	55	16.00	研究生班			法律专业	6	2.00	初级职称	138	39.00
51～60 岁	5	1.00	本　科	245	69.00	其他专业	113	32.00	其　他	108	30.00
61 岁以上			本科以下	101	28.00	其　他					
合计	355	100.00	合计	355	100.00	合计	355	100.00	合计	355	100.00

表 180　　中国光大银行股份有限公司宁波分行职工年龄、学历、专业、职称结构

2009 年　　单位：人

年龄结构			文化结构			专业结构			职称结构		
年龄档次	人数	比重（%）	学历	人数	比重（%）	专业	人数	比重（%）	职称档次	人数	比重（%）
30 岁以下	304	57.47	博　　士			财经专业	295	55.77	高级职称	7	1.32
31～40 岁	174	32.89	硕　　士	26	4.91	会计专业	133	25.14	中级职称	156	29.49
41～50 岁	45	8.51	研究生班			法律专业	21	3.97	初级职称	222	41.97
51～60 岁	6	1.13	本　　科	341	64.46	其他专业	80	15.12	其　　他	144	27.22
61 岁以上			本科以下	162	30.62	其　　他					
合计	529	100.00	合计	529	100.00	合计	529	100.00	合计	529	100.00

表 181　　深圳发展银行股份有限公司宁波分行职工年龄、学历、专业、职称结构

2009 年　　单位：人

年龄结构			文化结构			专业结构			职称结构		
年龄档次	人数	比重（%）	学历	人数	比重（%）	专业	人数	比重（%）	职称档次	人数	比重（%）
30 岁以下	254	54.00	博　　士	1	0.21	财经专业	200	42.46	高级职称	2	0.42
31～40 岁	146	31.00	硕　　士	20	4.25	会计专业	95	20.17	中级职称	56	11.89
41～50 岁	64	14.00	研究生班	2	0.42	法律专业	36	7.64	初级职称	76	16.14
51～60 岁	7	1.00	本　　科	265	56.26	其他专业	114	24.20	其　　他	337	71.55
61 岁以上			本科以下	183	38.85	其　　他	26	5.52			0.00
合计	471	100.00	合计	471	100.00	合计	471	100.00	合计	471	100.00

表 182　　招商银行股份有限公司宁波分行职工年龄、学历、专业、职称结构

2009 年　　单位：人

年龄结构			文化结构			专业结构			职称结构		
年龄档次	人数	比重（%）	学历	人数	比重（%）	专业	人数	比重（%）	职称档次	人数	比重（%）
30 岁以下	418	68.75	博　　士			财经专业	182	29.93	高级职称	5	0.82
31～40 岁	146	24.01	硕　　士	32	5.26	会计专业	147	24.18	中级职称	110	18.09
41～50 岁	44	7.24	研究生班			法律专业	37	6.09	初级职称	104	17.11
51～60 岁			本　　科	377	62.01	其他专业	242	39.80	其　　他	389	63.98
61 岁以上			本科以下	199	32.73	其　　他					
合计	608	100.00	合计	608	100.00	合计	608	100.00	合计	608	100.00

表 183　　中信银行股份有限公司宁波分行职工年龄、学历、专业、职称结构

2009 年　　单位：人

年龄结构			文化结构			专业结构			职称结构		
年龄档次	人数	比重(%)	学历	人数	比重(%)	专业	人数	比重(%)	职称档次	人数	比重(%)
30 岁以下	311	57.00	博　士			财经专业	210	38.75	高级职称	4	0.74
31～40 岁	155	29.00	硕　士	16	3.00	会计专业	150	27.68	中级职称	92	17.00
41～50 岁	74	13.60	研究生班			法律专业	17	3.14	初级职称	78	14.36
51～60 岁	2	0.40	本　科	306	56.40	其他专业	165	30.43	其　他	368	67.90
61 岁以上			本科以下	220	40.60	其　他					
合计	542	100.00	合计	542	100.00	合计	542	100.00	合计	542	100.00

表 184　　中国民生银行股份有限公司宁波分行职工年龄、学历、专业、职称结构

2009 年　　单位：人

年龄结构			文化结构			专业结构			职称结构		
年龄档次	人数	比重(%)	学历	人数	比重(%)	专业	人数	比重(%)	职称档次	人数	比重(%)
30 岁以下	236	60.82	博　士			财经专业	157	40.46	高级职称	31	7.99
31～40 岁	130	33.51	硕　士	25	6.44	会计专业	123	31.70	中级职称	59	15.21
41～50 岁	22	5.67	研究生班	1	0.26	法律专业	45	11.60	初级职称	273	70.36
51～60 岁			本　科	281	72.42	其他专业	63	16.24	其　他	25	6.44
61 岁以上			本科以下	81	20.88	其　他					
合计	388	100.00	合计	388	100.00	合计	388	100.00	合计	388	100.00

表 185　　广东发展银行股份有限公司宁波分行职工年龄、学历、专业、职称结构

2009 年　　单位：人

年龄结构			文化结构			专业结构			职称结构		
年龄档次	人数	比重(%)	学历	人数	比重(%)	专业	人数	比重(%)	职称档次	人数	比重(%)
30 岁以下	154	49.84	博　士			财经专业	189	61.17	高级职称	4	1.29
31～40 岁	120	38.83	硕　士	2	0.65	会计专业	70	22.65	中级职称	69	22.33
41～50 岁	31	10.03	研究生班	4	1.30	法律专业	20	6.47	初级职称	68	22.01
51～60 岁	4	1.30	本　科	199	64.40	其他专业	19	6.15	其　他	168	54.37
61 岁以上			本科以下	104	33.65	其　他	11	3.56			
合计	309	100.00	合计	309	100.00	合计	309	100.00	合计	309	100.00

表 186　　浙商银行股份有限公司宁波分行职工年龄、学历、专业、职称结构

2009 年　　单位：人

年龄结构			文化结构			专业结构			职称结构		
年龄档次	人数	比重(%)	学历	人数	比重(%)	专业	人数	比重(%)	职称档次	人数	比重(%)
30 岁以下	159	51.30	博　士			财经专业	139	45.72	高级职称	1	0.33
31 ~ 40 岁	100	32.90	硕　士	11	3.62	会计专业	63	20.72	中级职称	38	12.50
41 ~ 50 岁	38	12.50	研究生班			法律专业	21	6.91	初级职称	56	18.42
51 ~ 60 岁	7	3.30	本　科	178	174.51	其他专业	73	24.01	其　他	209	68.75
61 岁以上			本科以下	115	37.83	其　他	8	2.63			
合计	304	100.00	合计	304	100.00	合计	304	100.00	合计	304	100.00

表 187　　华夏银行股份有限公司宁波分行职工年龄、学历、专业、职称结构

2009 年　　单位：人

年龄结构			文化结构			专业结构			职称结构		
年龄档次	人数	比重(%)	学历	人数	比重(%)	专业	人数	比重(%)	职称档次	人数	比重(%)
30 岁以下	83	50.92	博　士	2	1.23	财经专业	8	4.91	高级职称	7	4.29
31 ~ 40 岁	53	32.52	硕　士	4	2.45	会计专业	24	14.72	中级职称	46	28.22
41 ~ 50 岁	23	14.11	研究生班	6	3.68	法律专业	11	6.75	初级职称	24	14.72
51 ~ 60 岁	4	2.45	本　科	103	63.19	其他专业	120	73.62	其　他	86	52.76
61 岁以上			本科以下	48	29.45	其　他					
合计	163	100.00	合计	163	100.00	合计	163	100.00	合计	163	100.00

表 188　　上海银行股份有限公司宁波分行职工年龄、学历、专业、职称结构

2009 年　　单位：人

年龄结构			文化结构			专业结构			职称结构		
年龄档次	人数	比重(%)	学历	人数	比重(%)	专业	人数	比重(%)	职称档次	人数	比重(%)
30 岁以下	102	43.00	博　士			财经专业	66	28.00	高级职称	8	3.00
31 ~ 40 岁	88	37.00	硕　士	8	3.00	会计专业	49	21.00	中级职称	55	23.00
41 ~ 50 岁	43	18.00	研究生班			法律专业	18	8.00	初级职称	41	17.00
51 ~ 60 岁	4	2.00	本　科	136	58.00	其他专业	101	42.00	其　他	133	57.00
61 岁以上			本科以下	93	39.00	其　他	3	1.00			
合计	237	100.00	合计	237	100.00	合计	237	100.00	合计	237	100.00

表 189　　包商银行股份有限公司宁波分行职工年龄、学历、专业、职称结构

2009 年　　单位：103 人

年龄结构			文化结构			专业结构			职称结构		
年龄档次	人数	比重(%)	学历	人数	比重(%)	专业	人数	比重(%)	职称档次	人数	比重(%)
30 岁以下	103	62.40	博　士			财经专业	87	52.70	高级职称	2	1.20
31～40 岁	47	28.50	硕　士	7	4.20	会计专业	16	9.70	中级职称	13	7.90
41～50 岁	14	8.50	研究生班	2	1.20	法律专业	14	8.50	初级职称	21	12.70
51～60 岁	1	0.60	本　科	110	66.70	其他专业	48	29.10	其　他	129	78.20
61 岁以上			本科以下	46	27.90	其　他					
合计	165	100.00	合计	165	100.00	合计	165	100.00	合计	165	100.00

表 190　　临商银行股份有限公司宁波分行职工年龄、学历、专业、职称结构

2009 年　　单位：人

年龄结构			文化结构			专业结构			职称结构		
年龄档次	人数	比重(%)	学历	人数	比重(%)	专业	人数	比重(%)	职称档次	人数	比重(%)
30 岁以下	65	59.63	博　士			财经专业	25	23.00	高级职称	3	3.00
31～40 岁	25	22.93	硕　士	2	2.00	会计专业	19	17.00	中级职称	20	18.00
41～50 岁	18	16.52	研究生班			法律专业	5	5.00	初级职称	2	2.00
51～60 岁	1	0.92	本　科	63	58.00	其他专业	60	55.00	其　他	84	77.00
61 岁以上			本科以下	44	40.00	其　他					
合计	109	100.00	合计	109	100.00	合计	109	100.00	合计	109	100.00

表 191　　浙江泰隆商业银行股份有限公司宁波分行职工年龄、学历、专业、职称结构

2009 年　　单位：人

年龄结构			文化结构			专业结构			职称结构		
年龄档次	人数	比重(%)	学历	人数	比重(%)	专业	人数	比重(%)	职称档次	人数	比重(%)
30 岁以下	115	85.00	博　士			财经专业	40	30.00	高级职称		
31～40 岁	18	13.00	硕　士	7	5.00	会计专业	23	17.00	中级职称	7	5.00
41～50 岁	2	1.00	研究生班			法律专业	11	8.00	初级职称	5	4.00
51～60 岁			本　科	77	57.00	其他专业	61	45.00	其　他	123	91.00
61 岁以上			本科以下	51	38.00	其　他					
合计	135	100.00	合计	135	100.00	合计	135	100.00	合计	135	100.00

表 192　　杭州银行股份有限公司宁波分行职工年龄、学历、专业、职称结构

2009 年　　单位：人

年龄结构			文化结构			专业结构			职称结构		
年龄档次	人数	比重(%)	学历	人数	比重(%)	专业	人数	比重(%)	职称档次	人数	比重(%)
30 岁以下	42	50.00	博　士			财经专业	15	18.00	高级职称	1	1.00
31～40 岁	33	39.00	硕　士			会计专业	22	26.00	中级职称	23	27.00
41～50 岁	9	11.00	研究生班	4	5.00	法律专业	3	4.00	初级职称	11	13.00
51～60 岁			本　科	58	69.00	其他专业	41	49.00	其　他	49	59.00
61 岁以上			本科以下	22	26.00	其　他	3	3.00			
合计	84	100.00	合计	84	100.00	合计	84	100.00	合计	84	100.00

表 193　　温州银行股份有限公司宁波分行职工年龄、学历、专业、职称结构

2009 年　　单位：人

年龄结构			文化结构			专业结构			职称结构		
年龄档次	人数	比重(%)	学历	人数	比重(%)	专业	人数	比重(%)	职称档次	人数	比重(%)
30 岁以下	47	55.00	博　士			财经专业	30	35.00	高级职称		
31～40 岁	29	34.00	硕　士	5	6.00	会计专业	12	14.00	中级职称	19	22.00
41～50 岁	9	11.00	研究生班			法律专业	9	11.00	初级职称	2	2.00
51～60 岁			本　科	53	62.00	其他专业	34	40.00	其　他	64	76.00
61 岁以上			本科以下	27	32.00	其　他					
合计	85	100.00	合计	85	100.00	合计	85	100.00	合计	85	100.00

表 194　　象山国民村镇银行有限责任公司职工年龄、学历、专业、职称结构

2009 年　　单位：人

年龄结构			文化结构			专业结构			职称结构		
年龄档次	人数	比重(%)	学历	人数	比重(%)	专业	人数	比重(%)	职称档次	人数	比重(%)
30 岁以下	26	86.67	博　士			财经专业	4	13.33	高级职称		
31～40 岁	2	6.67	硕　士			会计专业	2	6.67	中级职称		
41～50 岁	2	6.67	研究生班			法律专业	1	3.33	初级职称	2	6.67
51～60 岁			本　科	19	63.33	其他专业	23	76.67	其　他	28	93.33
61 岁以上			本科以下	11	36.67	其　他					
合计	30	100.00	合计	30	100.00	合计	30	100.00	合计	30	100.00

表 195 慈溪民生村镇银行股份有限公司职工年龄、学历、专业、职称结构

2009 年 单位：人

年龄结构			文化结构			专业结构			职称结构		
年龄档次	人数	比重(%)	学历	人数	比重(%)	专业	人数	比重(%)	职称档次	人数	比重(%)
30 岁以下	46	77.00	博士			财经专业	24	40.00	高级职称	1	1.66
31～40 岁	10	17.00	硕士	4	7.00	会计专业	13	22.00	中级职称	4	6.67
41～50 岁	3	5.00	研究生班			法律专业	4	7.00	初级职称	7	11.67
51～60 岁	1	2.00	本科	29	48.00	其他专业	19	32.00	其他	48	80.00
61 岁以上			本科以下	27	45.00	其他					
合计	60	100.00	合计	60	100.00	合计	60	100.00	合计	60	100.00

表 196 宁波国际银行职工年龄、学历、专业、职称结构

2009 年 单位：人

年龄结构			文化结构			专业结构			职称结构		
年龄档次	人数	比重(%)	学历	人数	比重(%)	专业	人数	比重(%)	职称档次	人数	比重(%)
30 岁以下	43	55.85	博士			财经专业	34	44.16	高级职称	1	1.30
31～40 岁	21	27.27	硕士	10	12.99	会计专业	11	14.29	中级职称	11	14.29
41～50 岁	7	9.09	研究生班			法律专业	1	1.30	初级职称	60	77.92
51～60 岁	6	7.79	本科	51	66.23	其他专业	27	35.06	其他	5	6.49
61 岁以上			本科以下	16	20.78	其他	4	5.19			
合计	77	100.00	合计	77	100.00	合计	77	100.00	合计	77	100.00

表 197 恒生银行（中国）有限公司宁波分行职工年龄、学历、专业、职称结构

2009 年 单位：人

年龄结构			文化结构			专业结构			职称结构		
年龄档次	人数	比重(%)	学历	人数	比重(%)	专业	人数	比重(%)	职称档次	人数	比重(%)
30 岁以下	31	75.61	博士			财经专业	19	46.34	高级职称		
31～40 岁	7	17.07	硕士	6	14.63	会计专业	8	19.51	中级职称	6	14.64
41～50 岁	1	2.44	研究生班	1	2.45	法律专业	2	4.88	初级职称	19	46.34
51～60 岁	2	4.88	本科	26	63.41	其他专业	11	26.83	其他	16	39.02
61 岁以上			本科以下	8	19.51	其他	1	2.44			
合计	41	100.00	合计	41	100.00	合计	41	100.00	合计	41	100.00

表198　中国人民财产保险股份有限公司宁波市分公司职工年龄、学历、专业、职称结构

2009年　　单位：人

年龄结构			文化结构			专业结构			职称结构		
年龄档次	人数	比重(%)	学历	人数	比重(%)	专业	人数	比重(%)	职称档次	人数	比重(%)
30岁以下	117	25.77	博　士	1	0.22	财经专业	192	42.29	高级职称	14	3.08
31~40岁	138	30.40	硕　士	18	3.96	会计专业	70	15.42	中级职称	122	26.87
41~50岁	150	33.04	研究生班			法律专业	6	1.32	初级职称	171	37.67
51~60岁	49	10.79	本　科	221	48.68	其他专业	68	14.98	其　他	147	32.38
61岁以上			本科以下	214	47.14	其　他	118	25.99			
合计	454	100.00	合计	454	100.00	合计	454	100.00	合计	454	100.00

表199　中国太平洋财产保险股份有限公司宁波分公司职工年龄、学历、专业、职称结构

2009年　　单位：人

年龄结构			文化结构			专业结构			职称结构		
年龄档次	人数	比重(%)	学历	人数	比重(%)	专业	人数	比重(%)	职称档次	人数	比重(%)
30岁以下	308	42.54	博　士			财经专业	52	7.18	高级职称	3	0.41
31~40岁	227	31.38	硕　士	3	0.41	会计专业	47	6.49	中级职称	33	4.56
41~50岁	143	19.78	研究生班	2	0.28	法律专业	34	4.70	初级职称	94	12.98
51~60岁	38	5.31	本　科	189	26.10	其他专业	591	81.63	其　他	594	82.04
61岁以上	8	0.99	本科以下	530	73.20	其　他					
合计	724	100.00	合计	724	100.00	合计	724	100.00	合计	724	100.00

表200　中国平安财产保险股份有限公司宁波分公司职工年龄、学历、专业、职称结构

2009年　　单位：人

年龄结构			文化结构			专业结构			职称结构		
年龄档次	人数	比重(%)	学历	人数	比重(%)	专业	人数	比重(%)	职称档次	人数	比重(%)
30岁以下	190	53.52	博　士			财经专业			高级职称		
31~40岁	97	27.33	硕　士	9	2.53	会计专业	52	14.65	中级职称	7	1.97
41~50岁	66	18.59	研究生班			法律专业	8	2.25	初级职称	6	1.69
51~60岁	2	0.56	本　科	123	34.65	其他专业	236	66.48	其　他	342	96.34
61岁以上			本科以下	223	62.82	其　他	59	16.62			
合计	355	100.00	合计	355	100.00	合计	355	100.00	合计	355	100.00

表 201 中国出口信用保险公司宁波分公司职工年龄、学历、专业、职称结构

2009 年 单位：人

年龄结构			文化结构			专业结构			职称结构		
年龄档次	人数	比重(%)	学历	人数	比重(%)	专业	人数	比重(%)	职称档次	人数	比重(%)
30 岁以下	43	72.90	博士			财经专业	27	45.80	高级职称	1	1.70
31～40 岁	11	18.60	硕士	17	28.80	会计专业	10	16.90	中级职称	11	18.60
41～50 岁	5	8.50	研究生班	1	1.70	法律专业	4	6.80	初级职称	23	39.00
51～60 岁			本科	26	44.10	其他专业	16	27.10	其他	24	40.70
61 岁以上			本科以下	15	25.40	其他	2	3.40			
合计	59	100.00	合计	59	100.00	合计	59	100.00	合计	59	100.00

表 202 大众保险股份有限公司宁波分公司职工年龄、学历、专业、职称结构

2009 年 单位：人

年龄结构			文化结构			专业结构			职称结构		
年龄档次	人数	比重(%)	学历	人数	比重(%)	专业	人数	比重(%)	职称档次	人数	比重(%)
30 岁以下	67	34.54	博士			财经专业	5	2.58	高级职称		
31～40 岁	58	29.90	硕士			会计专业	28	14.43	中级职称	14	7.22
41～50 岁	50	25.77	研究生班	2	1.03	法律专业	3	1.55	初级职称	10	5.15
51～60 岁	11	5.67	本科	28	14.43	其他专业	93	47.94	其他	170	87.63
61 岁以上	8	4.12	本科以下	164	84.54	其他	65	33.50			
合计	194	100.00	合计	194	100.00	合计	194	100.00	合计	194	100.00

表 203 中华联合财产保险股份有限公司宁波分公司职工年龄、学历、专业、职称结构

2009 年 单位：人

年龄结构			文化结构			专业结构			职称结构		
年龄档次	人数	比重(%)	学历	人数	比重(%)	专业	人数	比重(%)	职称档次	人数	比重(%)
30 岁以下	134	36.51	博士			财经专业			高级职称		
31～40 岁	129	35.15	硕士			会计专业	32	8.72	中级职称	16	4.36
41～50 岁	79	21.53	研究生班			法律专业	11	3.00	初级职称	20	5.45
51～60 岁	25	6.81	本科	46	12.53	其他专业	144	39.24	其他	331	90.19
61 岁以上			本科以下	321	87.47	其他	180	49.05			
合计	367	100.00	合计	367	100.00	合计	367	100.00	合计	367	100.00

表 204 中国大地财产保险股份有限公司宁波分公司职工年龄、学历、专业、职称结构

2009 年　　单位：人

年龄结构			文化结构			专业结构			职称结构		
年龄档次	人数	比重(%)	学历	人数	比重(%)	专业	人数	比重(%)	职称档次	人数	比重(%)
30 岁以下	152	46.34	博 士			财经专业	34	10.37	高级职称		
31~40 岁	94	28.66	硕 士	1	0.30	会计专业	39	11.89	中级职称	18	5.49
41~50 岁	63	19.21	研究生班	1	0.30	法律专业	17	5.18	初级职称	11	3.35
51~60 岁	19	5.79	本 科	85	25.91	其他专业	148	45.12	其 他	299	91.16
61 岁以上			本科以下	241	73.48	其 他	90	27.44			
合计	328	100.00	合计	328	100.00	合计	328	100.00	合计	328	100.00

表 205 华安财产保险股份有限公司宁波分公司职工年龄、学历、专业、职称结构

2009 年　　单位：人

年龄结构			文化结构			专业结构			职称结构		
年龄档次	人数	比重(%)	学历	人数	比重(%)	专业	人数	比重(%)	职称档次	人数	比重(%)
30 岁以下	65	56.52	博 士			财经专业	34	29.57	高级职称		
31~40 岁	31	26.96	硕 士			会计专业	13	11.30	中级职称	7	6.09
41~50 岁	18	15.65	研究生班	1	0.87	法律专业	7	6.09	初级职称	11	9.57
51~60 岁	0	0.00	本 科	27	23.48	其他专业	36	31.30	其 他	97	84.35
61 岁以上	1	0.87	本科以下	87	75.65	其 他	25	21.74			
合计	115	100.00	合计	115	100.00	合计	115	100.00	合计	115	100.00

表 206 永安财产保险股份有限公司宁波中心支公司职工年龄、学历、专业、职称结构

2009 年　　单位：人

年龄结构			文化结构			专业结构			职称结构		
年龄档次	人数	比重(%)	学历	人数	比重(%)	专业	人数	比重(%)	职称档次	人数	比重(%)
30 岁以下	55	44.70	博 士			财经专业	2	1.63	高级职称		
31~40 岁	31	25.20	硕 士			会计专业	7	5.70	中级职称	5	4.07
41~50 岁	25	20.30	研究生班			法律专业	7	5.70	初级职称	2	1.63
51~60 岁	10	8.13	本 科	15	12.20	其他专业	30	24.40	其 他	116	94.30
61 岁以上	2	1.63	本科以下	108	87.80	其 他	77	62.60			
合计	123	100.00	合计	123	100.00	合计	123	100.00	合计	123	100.00

表 207　天平汽车保险股份有限公司宁波中心支公司职工年龄、学历、专业、职称结构

2009 年　　单位：人

年龄结构			文化结构			专业结构			职称结构		
年龄档次	人数	比重(%)	学历	人数	比重(%)	专业	人数	比重(%)	职称档次	人数	比重(%)
30 岁以下	26	55.32	博　士			财经专业			高级职称	2	4.26
31～40 岁	18	38.30	硕　士			会计专业	7	14.89	中级职称	2	4.26
41～50 岁	3	6.38	研究生班	1	2.13	法律专业	3	6.38	初级职称	8	17.02
51～60 岁			本　科	11	23.40	其他专业	32	68.09	其　他	35	74.47
61 岁以上			本科以下	35	74.47	其　他	5	10.64			
合计	47	100.00	合计	47	100.00	合计	47	100.00	合计	47	100.00

表 208　华泰财产保险股份有限公司宁波分公司职工年龄、学历、专业、职称结构

2009 年　　单位：人

年龄结构			文化结构			专业结构			职称结构		
年龄档次	人数	比重(%)	学历	人数	比重(%)	专业	人数	比重(%)	职称档次	人数	比重(%)
30 岁以下	19	47.50	博　士			财经专业	9	22.50	高级职称	5	12.50
31～40 岁	12	30.00	硕　士	1	2.50	会计专业	11	27.50	中级职称	4	10.00
41～50 岁	6	15.00	研究生班	1	2.50	法律专业	3	7.50	初级职称	12	30.00
51～60 岁	3	7.50	本　科	15	37.50	其他专业	17	42.50	其　他	19	47.50
61 岁以上			本科以下	23	57.50	其　他					
合计	40	100.00	合计	40	100.00	合计	40	100.00	合计	40	100.00

表 209　阳光财产保险股份有限公司宁波市分公司职工年龄、学历、专业、职称结构

2009 年　　单位：人

年龄结构			文化结构			专业结构			职称结构		
年龄档次	人数	比重(%)	学历	人数	比重(%)	专业	人数	比重(%)	职称档次	人数	比重(%)
30 岁以下	96	50.79	博　士			财经专业	10	5.29	高级职称		
31～40 岁	69	36.51	硕　士	1	0.53	会计专业	7	3.70	中级职称	7	3.70
41～50 岁	22	11.64	研究生班			法律专业	2	1.06	初级职称	15	7.94
51～60 岁	2	1.06	本　科	22	11.64	其他专业	170	89.95	其　他	167	88.36
61 岁以上			本科以下	166	87.83	其　他					
合计	189	100.00	合计	189	100.00	合计	189	100.00	合计	189	100.00

表 210 渤海财产保险股份有限公司宁波分公司职工年龄、学历、专业、职称结构

2009 年 单位：人

年龄结构			文化结构			专业结构			职称结构		
年龄档次	人数	比重(%)	学历	人数	比重(%)	专业	人数	比重(%)	职称档次	人数	比重(%)
30 岁以下	25	35.71	博士			财经专业	15	21.43	高级职称		
31～40 岁	23	32.86	硕士			会计专业	8	11.43	中级职称	5	7.14
41～50 岁	20	28.57	研究生班	1	1.43	法律专业	4	5.71	初级职称	16	22.86
51～60 岁	2	2.86	本科	20	28.57	其他专业	43	61.43	其他	49	70.00
61 岁以上			本科以下	49	70.00	其他					
合计	70	100.00	合计	70	100.00	合计	70	100.00	合计	70	100.00

表 211 中银保险有限公司宁波中心支公司职工年龄、学历、专业、职称结构

2009 年 单位：人

年龄结构			文化结构			专业结构			职称结构		
年龄档次	人数	比重(%)	学历	人数	比重(%)	专业	人数	比重(%)	职称档次	人数	比重(%)
30 岁以下	25	35.71	博士			财经专业			高级职称	1	1.43
31～40 岁	27	38.57	硕士			会计专业	12	17.15	中级职称	1	1.43
41～50 岁	15	21.43	研究生班			法律专业	4	5.71	初级职称	3	4.29
51～60 岁	3	4.29	本科	12	17.14	其他专业	41	58.57	其他	65	92.85
61 岁以上			本科以下	58	82.86	其他	13	18.57			
合计	70	100.00	合计	70	100.00	合计	70	100.00	合计	70	100.00

表 212 都邦财产保险股份有限公司宁波分公司职工年龄、学历、专业、职称结构

2009 年 单位：人

年龄结构			文化结构			专业结构			职称结构		
年龄档次	人数	比重(%)	学历	人数	比重(%)	专业	人数	比重(%)	职称档次	人数	比重(%)
30 岁以下	52	36.11	博士			财经专业	17	11.81	高级职称		
31～40 岁	47	32.64	硕士			会计专业	22	15.28	中级职称	8	5.56
41～50 岁	40	27.78	研究生班			法律专业	2	1.39	初级职称	8	5.56
51～60 岁	5	3.47	本科	20	13.89	其他专业	103	71.53	其他	128	88.89
61 岁以上			本科以下	124	86.11	其他					
合计	144	100.00	合计	144	100.00	合计	144	100.00	合计	144	100.00

表 213　民安保险（中国）有限公司宁波中心支公司职工年龄、学历、专业、职称结构

2009 年　　单位：人

年龄结构			文化结构			专业结构			职称结构		
年龄档次	人数	比重(%)	学历	人数	比重(%)	专业	人数	比重(%)	职称档次	人数	比重(%)
30 岁以下	40	63.49	博　士			财经专业	16	25.40	高级职称		
31～40 岁	11	17.46	硕　士			会计专业	12	19.05	中级职称	5	7.94
41～50 岁	11	17.46	研究生班			法律专业	2	3.17	初级职称	7	11.11
51～60 岁	1	1.59	本　科	10	15.87	其他专业	28	44.44	其　他	10	15.87
61 岁以上			本科以下	53	84.13	其　他	5	7.94	无	41	65.08
合计	63	100.00	合计	63	100.00	合计	63	100.00	合计	63	100.00

表 214　太平财产保险有限公司宁波分公司职工年龄、学历、专业、职称结构

2009 年　　单位：人

年龄结构			文化结构			专业结构			职称结构		
年龄档次	人数	比重(%)	学历	人数	比重(%)	专业	人数	比重(%)	职称档次	人数	比重(%)
30 岁以下	59	32.42	博　士			财经专业	14	7.69	高级职称	1	0.55
31～40 岁	65	35.71	硕　士			会计专业	17	9.34	中级职称	10	5.49
41～50 岁	52	28.57	研究生班			法律专业	11	6.05	初级职称	6	3.30
51～60 岁	6	3.30	本　科	36	19.78	其他专业	66	36.26	其　他	165	90.66
61 岁以上			本科以下	146	80.22	其　他	74	40.66			
合计	182	100.00	合计	182	100.00	合计	182	100.00	合计	182	100.00

表 215　安诚财产保险股份有限公司宁波分公司职工年龄、学历、专业、职称结构

2009 年　　单位：人

年龄结构			文化结构			专业结构			职称结构		
年龄档次	人数	比重(%)	学历	人数	比重(%)	专业	人数	比重(%)	职称档次	人数	比重(%)
30 岁以下	60	40.82	博　士			财经专业	32	21.77	高级职称	1	0.68
31～40 岁	47	31.97	硕　士			会计专业	23	15.65	中级职称	5	3.40
41～50 岁	32	21.77	研究生班	1	0.68	法律专业	8	5.44	初级职称	3	2.04
51～60 岁	8	5.44	本　科	17	11.56	其他专业	20	13.61	其　他	138	93.88
61 岁以上			本科以下	129	87.76	其　他	64	43.54			
合计	147	100.00	合计	147	100.00	合计	147	100.00	合计	147	100.00

表 216　长安责任保险股份有限公司宁波中心支公司职工年龄、学历、专业、职称结构

2009 年　　单位：人

年龄结构			文化结构			专业结构			职称结构		
年龄档次	人数	比重(%)	学历	人数	比重(%)	专业	人数	比重(%)	职称档次	人数	比重(%)
30 岁以下	39	50.65	博　士			财经专业	5	6.49	高级职称		
31～40 岁	21	27.27	硕　士			会计专业	5	6.49	中级职称		
41～50 岁	17	22.08	研究生班			法律专业	3	3.90	初级职称		
51～60 岁			本　科	8	10.39	其他专业	48	62.34	其　他	77	100.00
61 岁以上			本科以下	69	89.61	其　他	16	20.78			
合计	77	100.00	合计	77	100.00	合计	77	100.00	合计	77	100.00

表 217　中国人寿财产保险股份有限公司宁波市中心支公司职工年龄、学历、专业、职称结构

2009 年　　单位：人

年龄结构			文化结构			专业结构			职称结构		
年龄档次	人数	比重(%)	学历	人数	比重(%)	专业	人数	比重(%)	职称档次	人数	比重(%)
30 岁以下	56	44.09	博　士			财经专业	22	17.32	高级职称		
31～40 岁	45	35.43	硕　士	1	0.79	会计专业	11	8.66	中级职称	11	8.66
41～50 岁	24	18.90	研究生班			法律专业	8	6.30	初级职称	7	5.51
51～60 岁	2	1.57	本　科	33	25.98	其他专业	56	44.09	其　他	109	85.83
61 岁以上			本科以下	93	73.23	其　他	30	23.62			
合计	127	100.00	合计	127	100.00	合计	127	100.00	合计	127	100.00

表 218　浙商财产保险股份有限公司宁波中心支公司职工年龄、学历、专业、职称结构

2009 年　　单位：人

年龄结构			文化结构			专业结构			职称结构		
年龄档次	人数	比重(%)	学历	人数	比重(%)	专业	人数	比重(%)	职称档次	人数	比重(%)
30 岁以下	18	48.65	博　士			财经专业	2	5.41	高级职称		
31～40 岁	7	18.92	硕　士			会计专业	1	2.70	中级职称	3	8.11
41～50 岁	9	24.32	研究生班			法律专业			初级职称		
51～60 岁	3	8.11	本　科	12	32.43	其他专业	34	91.89	其　他	34	91.89
61 岁以上			本科以下	25	67.57	其　他					
合计	37	100.00	合计	37	100.00	合计	37	100.00	合计	37	100.00

表 219　中国人寿保险股份有限公司宁波市分公司职工年龄、学历、专业、职称结构

2009 年

单位：人

年龄结构			文化结构			专业结构			职称结构		
年龄档次	人数	比重(%)	学历	人数	比重(%)	专业	人数	比重(%)	职称档次	人数	比重(%)
30 岁以下	149	33.18	博　士			财经专业	50	11.14	高级职称	1	0.22
31~40 岁	175	38.98	硕　士	4	0.89	会计专业	65	14.48	中级职称	41	9.13
41~50 岁	89	19.82	研究生班	2	0.45	法律专业	28	6.24	初级职称	24	5.35
51~60 岁	35	7.80	本　科	146	32.52	其他专业	240	53.45	其　他	383	85.30
61 岁以上	1	0.22	本科以下	297	66.15	其　他	66	14.70			
合计	449	100.00	合计	449	100.00	合计	449	100.00	合计	449	100.00

表 220　中国太平洋人寿保险股份有限公司宁波分公司职工年龄、学历、专业、职称结构

2009 年

单位：人

年龄结构			文化结构			专业结构			职称结构		
年龄档次	人数	比重(%)	学历	人数	比重(%)	专业	人数	比重(%)	职称档次	人数	比重(%)
30 岁以下	136	34.26	博　士			财经专业	80	20.15	高级职称		
31~40 岁	124	31.23	硕　士	5	1.26	会计专业	64	16.12	中级职称	24	6.05
41~50 岁	98	24.69	研究生班			法律专业	20	5.04	初级职称	169	42.57
51~60 岁	28	7.05	本　科	110	27.71	其他专业	151	38.04	其　他	204	51.39
61 岁以上	11	2.77	本科以下	282	71.03	其　他	82	20.65			
合计	397	100.00	合计	397	100.00	合计	397	100.00	合计	397	100.00

表 221　中国平安人寿保险股份有限公司宁波分公司职工年龄、学历、专业、职称结构

2009 年

单位：人

年龄结构			文化结构			专业结构			职称结构		
年龄档次	人数	比重(%)	学历	人数	比重(%)	专业	人数	比重(%)	职称档次	人数	比重(%)
30 岁以下	166	54.07	博　士			财经专业	19	6.19	高级职称	4	1.30
31~40 岁	110	35.83	硕　士	9	2.93	会计专业	39	12.70	中级职称	23	7.49
41~50 岁	28	9.12	研究生班	1	0.33	法律专业	20	6.51	初级职称	50	16.29
51~60 岁	3	0.98	本　科	190	61.89	其他专业	211	68.73	其　他	230	74.92
61 岁以上			本科以下	107	34.85	其　他	18	5.86			
合计	307	100.00	合计	307	100.00	合计	307	100.00	合计	307	100.00

表 222 泰康人寿保险股份有限公司宁波分公司职工年龄、学历、专业、职称结构

2009 年

单位：人

年龄结构			文化结构			专业结构			职称结构		
年龄档次	人数	比重(%)	学历	人数	比重(%)	专业	人数	比重(%)	职称档次	人数	比重(%)
30 岁以下	120	46.33	博士	1	0.39	财经专业	39	15.06	高级职称	1	0.39
31~40 岁	103	39.77	硕士	2	0.77	会计专业	36	13.90	中级职称	12	4.63
41~50 岁	30	11.58	研究生班			法律专业	13	5.02	初级职称	4	1.54
51~60 岁	6	2.32	本科	80	30.89	其他专业			其他	242	93.44
61 岁以上			本科以下	176	67.95	其他	171	66.02			
合计	259	100.00	合计	259	100.00	合计	259	100.00	合计	259	100.00

表 223 新华人寿保险股份有限公司宁波分公司职工年龄、学历、专业、职称结构

2009 年

单位：99 人

年龄结构			文化结构			专业结构			职称结构		
年龄档次	人数	比重(%)	学历	人数	比重(%)	专业	人数	比重(%)	职称档次	人数	比重(%)
30 岁以下	145	60.17	博士			财经专业	64	26.56	高级职称		
31~40 岁	80	33.20	硕士	4	1.66	会计专业	31	12.86	中级职称	1	0.41
41~50 岁	15	6.22	研究生班			法律专业	3	1.24	初级职称	3	1.24
51~60 岁	1	0.41	本科	152	63.07	其他专业	143	59.34	其他	237	98.35
61 岁以上			本科以下	85	35.27	其他					
合计	241	100.00	合计	241	100.00	合计	241	100.00	合计	241	100.00

表 224 太平人寿保险有限公司宁波分公司职工年龄、学历、专业、职称结构

2009 年

单位：人

年龄结构			文化结构			专业结构			职称结构		
年龄档次	人数	比重(%)	学历	人数	比重(%)	专业	人数	比重(%)	职称档次	人数	比重(%)
30 岁以下	108	62.07	博士			财经专业	30	17.24	高级职称		
31~40 岁	55	31.61	硕士			会计专业	12	6.90	中级职称	4	2.30
41~50 岁	11	6.32	研究生班			法律专业	15	8.62	初级职称	4	2.30
51~60 岁			本科	81	46.55	其他专业	111	63.79	其他	166	95.40
61 岁以上			本科以下	93	53.45	其他	6	3.45			
合计	174	100.00	合计	174	100.00	合计	174	100.00	合计	174	100.00

表 225 民生人寿保险股份有限公司宁波中心支公司职工年龄、学历、专业、职称结构

2009 年 单位：人

年龄结构			文化结构			专业结构			职称结构		
年龄档次	人数	比重(%)	学历	人数	比重(%)	专业	人数	比重(%)	职称档次	人数	比重(%)
30 岁以下	15	65.22	博　士			财经专业	1	4.76	高级职称		
31~40 岁	6	34.78	硕　士			会计专业	1	4.76	中级职称	1	4.76
41~50 岁			研究生班			法律专业	2	9.52	初级职称	2	9.52
51~60 岁			本　科	15	71.43	其他专业	17	80.96	其　他	18	85.72
61 岁以上			本科以下	6	28.57	其　他					
合计	21	100.00	合计	21	100.00	合计	21	100.00	合计	21	100.00

表 226 中宏人寿保险有限公司宁波分公司职工年龄、学历、专业、职称结构

2009 年 单位：人

年龄结构			文化结构			专业结构			职称结构		
年龄档次	人数	比重(%)	学历	人数	比重(%)	专业	人数	比重(%)	职称档次	人数	比重(%)
30 岁以下	7	33.33	博　士			财经专业	3	14.29	高级职称		
31~40 岁	11	52.38	硕　士			会计专业	3	14.29	中级职称	6	28.57
41~50 岁	3	14.29	研究生班			法律专业	2	9.52	初级职称	2	9.52
51~60 岁			本　科	12	57.14	其他专业	13	61.90	其　他	13	61.90
61 岁以上			本科以下	9	42.86	其　他					
合计	21	100.00	合计	21	100.00	合计	21	100.00	合计	21	100.00

表 227 中德安联人寿保险有限公司浙江分公司宁波营销服务部职工年龄、学历、专业、职称结构

2009 年 单位：人

年龄结构			文化结构			专业结构			职称结构		
年龄档次	人数	比重(%)	学历	人数	比重(%)	专业	人数	比重(%)	职称档次	人数	比重(%)
30 岁以下	15	71.43	博　士			财经专业	5	23.81	高级职称		
31~40 岁	6	28.57	硕　士			会计专业	2	9.52	中级职称	1	4.76
41~50 岁			研究生班			法律专业	1	4.76	初级职称	16	76.19
51~60 岁			本　科	7	33.33	其他专业	12	57.15	其　他	4	19.05
61 岁以上			本科以下	14	66.67	其　他	1	4.76			
合计	21	100.00	合计	21	100.00	合计	21	100.00	合计	21	100.00

表 228　光大永明人寿保险有限公司宁波营销服务部职工年龄、学历、专业、职称结构

2009 年

单位：人

年龄结构			文化结构			专业结构			职称结构		
年龄档次	人数	比重(%)	学历	人数	比重(%)	专业	人数	比重(%)	职称档次	人数	比重(%)
30 岁以下	2	28.57	博　士			财经专业	1	14.29	高级职称		
31～40 岁	4	57.14	硕　士			会计专业	1	14.29	中级职称		
41～50 岁	1	14.29	研究生班			法律专业	1	14.29	初级职称	7	100.00
51～60 岁			本　科	5	71.43	其他专业	4	57.13	其　他		
61 岁以上			本科以下	2	28.57	其　他					
合计	7	100.00	合计	7	100.00	合计	7	100.00	合计	7	100.00

表 229　平安养老保险股份有限公司宁波分公司职工年龄、学历、专业、职称结构

2009 年

单位：人

年龄结构			文化结构			专业结构			职称结构		
年龄档次	人数	比重(%)	学历	人数	比重(%)	专业	人数	比重(%)	职称档次	人数	比重(%)
30 岁以下	38	65.00	博　士			财经专业	8	14.00	高级职称		
31～40 岁	15	26.00	硕　士	3	5.00	会计专业	4	7.00	中级职称	2	3.00
41～50 岁	5	9.00	研究生班			法律专业	2	3.00	初级职称	2	3.00
51～60 岁			本　科	30	52.00	其他专业	44	76.00	其　他	54	94.00
61 岁以上			本科以下	25	43.00	其　他					
合计	58	100.00	合计	58	100.00	合计	58	100.00	合计	58	100.00

表 230　信诚人寿保险有限公司浙江省分公司宁波营销服务部职工年龄、学历、专业、职称结构

2009 年

单位：人

年龄结构			文化结构			专业结构			职称结构		
年龄档次	人数	比重(%)	学历	人数	比重(%)	专业	人数	比重(%)	职称档次	人数	比重(%)
30 岁以下	33	89.19	博　士			财经专业	7	18.92	高级职称		
31～40 岁	4	10.81	硕　士	1	2.70	会计专业	9	24.32	中级职称		
41～50 岁			研究生班			法律专业	1	2.70	初级职称		
51～60 岁			本　科	12	32.43	其他专业	20	54.05	其　他	37	100.00
61 岁以上			本科以下	24	64.86	其　他					
合计	37	100.00	合计	37	100.00	合计	37	100.00	合计	37	100.00

表231　　国泰人寿保险有限责任公司浙江分公司宁波营销服务部

职工年龄、学历、专业、职称结构

2009年　　单位：人

年龄结构			文化结构			专业结构			职称结构		
年龄档次	人数	比重(%)	学历	人数	比重(%)	专业	人数	比重(%)	职称档次	人数	比重(%)
30岁以下	16	76.19	博　　士			财经专业			高级职称		
31~40岁	3	14.29	硕　　士	1	4.76	会计专业	2	9.52	中级职称		
41~50岁	2	9.52	研究生班			法律专业	1	4.76	初级职称		
51~60岁			本　　科	16	76.19	其他专业	18	85.71	其　　他	21	100.00
61岁以上			本科以下	4	19.05	其　　他					
合计	21	100.00	合计	21	100.00	合计	21	100.00	合计	21	100.00

表232　　海康人寿保险有限公司浙江分公司宁波营销服务部

职工年龄、学历、专业、职称结构

2009年　　单位：人

年龄结构			文化结构			专业结构			职称结构		
年龄档次	人数	比重(%)	学历	人数	比重(%)	专业	人数	比重(%)	职称档次	人数	比重(%)
30岁以下	7	63.60	博　　士			财经专业	3	27.27	高级职称		
31~40岁	4	36.40	硕　　士			会计专业			中级职称		
41~50岁			研究生班			法律专业	2	18.18	初级职称		
51~60岁			本　　科	4	36.40	其他专业			其　　他	11	100.00
61岁以上			本科以下	7	63.60	其　　他	6	54.55			
合计	11	100.00	合计	11	100.00	合计	11	100.00	合计	11	100.00

表233　　联泰大都会人寿保险有限公司浙江分公司宁波营销服务部

职工年龄、学历、专业、职称结构

2009年　　单位：人

年龄结构			文化结构			专业结构			职称结构		
年龄档次	人数	比重(%)	学历	人数	比重(%)	专业	人数	比重(%)	职称档次	人数	比重(%)
30岁以下	3	60.00	博　　士			财经专业			高级职称		
31~40岁	2	40.00	硕　　士			会计专业	2	40.00	中级职称		
41~50岁			研究生班			法律专业	1	20.00	初级职称		
51~60岁			本　　科	5	100.00	其他专业	2	40.00	其　　他	5	100.00
61岁以上			本科以下			其　　他					
合计	5	100.00	合计	5	100.00	合计	5	100.00	合计	5	100.00

表 234　中国人民人寿保险股份有限公司宁波市分公司职工年龄、学历、专业、职称结构

2009 年　　单位：人

年龄结构			文化结构			专业结构			职称结构		
年龄档次	人数	比重(%)	学历	人数	比重(%)	专业	人数	比重(%)	职称档次	人数	比重(%)
30 岁以下	10	23.81	博　士			财经专业	8	19.05	高级职称	4	19.05
31~40 岁	22	52.38	硕　士	1	2.38	会计专业	4	9.52	中级职称	6	9.52
41~50 岁	10	23.81	研究生班			法律专业	5	11.90	初级职称	5	11.90
51~60 岁			本　科	10	23.81	其他专业	25	59.52	其　他	27	59.52
61 岁以上			本科以下	31	73.81	其　他					
合计	42	100.00	合计	42	100.00	合计	42	100.00	合计	42	100.00

表 235　阳光人寿保险股份有限公司宁波中心支公司职工年龄、学历、专业、职称结构

2009 年　　单位：人

年龄结构			文化结构			专业结构			职称结构		
年龄档次	人数	比重(%)	学历	人数	比重(%)	专业	人数	比重(%)	职称档次	人数	比重(%)
30 岁以下	15	60.00	博　士			财经专业	2	8.00	高级职称		
31~40 岁	6	24.00	硕　士			会计专业	4	16.00	中级职称	3	12.00
41~50 岁	4	16.00	研究生班			法律专业	2	8.00	初级职称	1	4.00
51~60 岁			本　科	19	76.00	其他专业	17	68.00	其　他	21	84.00
61 岁以上			本科以下	6	24.00	其　他					
合计	25	100.00	合计	25	100.00	合计	25	100.00	合计	25	100.00

表 236　信泰人寿保险股份有限公司宁波中心支公司职工年龄、学历、专业、职称结构

2009 年　　单位：人

年龄结构			文化结构			专业结构			职称结构		
年龄档次	人数	比重(%)	学历	人数	比重(%)	专业	人数	比重(%)	职称档次	人数	比重(%)
30 岁以下	20	64.52	博　士			财经专业	1	3.22	高级职称		
31~40 岁	10	32.26	硕　士	1	3.22	会计专业			中级职称	1	3.22
41~50 岁	1	3.22	研究生班			法律专业			初级职称		
51~60 岁			本　科	13	41.94	其他专业	30	96.78	其　他	30	96.78
61 岁以上			本科以下	17	54.84	其　他					
合计	31	100.00	合计	31	100.00	合计	31	100.00	合计	31	100.00

表 237　宁波市农村合作金融机构职工年龄、学历、专业、职称结构

2009 年　单位：人

年龄结构			文化结构			专业结构			职称结构		
年龄档次	人数	比重(%)	学历	人数	比重(%)	专业	人数	比重(%)	职称档次	人数	比重(%)
30 岁以下	659	13.45	博士			财经专业	1553	31.69	高级职称	49	1.00
31～40 岁	2024	41.30	硕士	45	0.92	会计专业	1340	27.34	中级职称	660	13.47
41～50 岁	1799	36.71	研究生班			法律专业	284	5.79	初级职称	2306	47.05
51～60 岁	419	8.55	本科	1363	27.81	其他专业	934	19.06	其他	1886	38.48
61 岁以上			本科以下	3493	71.27	其他	790	16.12			
合计	4901	100.00	合计	4901	100.00	合计	4901	100.00	合计	4901	100.00

表 238　象山县绿叶城市信用社有限责任公司职工年龄、学历、专业、职称结构

2009 年　单位：人

年龄结构			文化结构			专业结构			职称结构		
年龄档次	人数	比重(%)	学历	人数	比重(%)	专业	人数	比重(%)	职称档次	人数	比重(%)
30 岁以下	97	46.86	博士			财经专业	65	31.40	高级职称	2	0.97
31～40 岁	61	29.47	硕士	2	0.97	会计专业	41	19.81	中级职称	5	2.42
41～50 岁	42	20.29	研究生班			法律专业	23	11.11	初级职称	43	20.77
51～60 岁	7	3.38	本科	74	35.75	其他专业	78	37.68	其他	157	75.85
61 岁以上			本科以下	131	63.29	其他					
合计	207	100.00	合计	207	100.00	合计	207	100.00	合计	207	100.00

表 239　昆仑信托有限责任公司职工年龄、学历、专业、职称结构

2009 年　单位：人

年龄结构			文化结构			专业结构			职称结构		
年龄档次	人数	比重(%)	学历	人数	比重(%)	专业	人数	比重(%)	职称档次	人数	比重(%)
30 岁以下	42	38.89	博士	2	1.85	财经专业	63	58.33	高级职称	9	8.33
31～40 岁	42	38.89	硕士	50	46.30	会计专业	19	17.59	中级职称	36	33.33
41～50 岁	20	18.52	研究生班	2	1.85	法律专业	12	11.11	初级职称	11	10.19
51～60 岁	4	3.70	本科	37	34.26	其他专业	8	7.41	其他	52	48.15
61 岁以上			本科以下	17	15.74	其他	6	5.56			
合计	108	100.00	合计	108	100.00	合计	108	100.00	合计	108	100.00

表 240　　华融金融租赁股份有限公司宁波分公司职工年龄、学历、专业、职称结构

2009 年　　单位：人

年龄结构			文化结构			专业结构			职称结构		
年龄档次	人数	比重(%)	学历	人数	比重(%)	专业	人数	比重(%)	职称档次	人数	比重(%)
30 岁以下	1	16.67	博　士			财经专业	2	33.33	高级职称		
31～40 岁	4	66.66	硕　士			会计专业	2	33.33	中级职称	2	33.33
41～50 岁	1	16.67	研究生班			法律专业	1	16.67	初级职称	2	33.33
51～60 岁			本　科	6	100.00	其他专业	1	16.67	其　他	2	33.34
61 岁以上			本科以下			其　他					
合计	6	100.00	合计	6	100.00	合计	6	100.00	合计	6	100.00

（三）金融教育

表 241　　中国人民银行宁波市中心支行成人高等教育情况

2009 年　　单位：人

	合计			研究生			大学本科			大学专科								
										行属院校			委托代培			电视大学		
	入学	毕业	在学	入学	毕业	在学	入学	毕业	在学	入学	毕业	在学	入学	毕业	在学	入学	毕业	在学
脱产																		
业余	1	4	8	1	2	3		2	5									
合计	1	4	8	1	2	3		2	5									

表 242　　中国人民银行宁波市中心支行职工培训情况

2009 年　　单位：人次

	合计	业务培训	其他培训
岗位资格培训	124	96	28
岗位适应性培训	584	458	126
合计	708	554	154

表 243　　中国银行业监督管理委员会宁波监管局职工培训情况

2009 年　　单位：人次

	合计	业务培训	其他培训
岗位资格培训	588	576	12
岗位适应性培训	5	5	
合计	593	581	12

表 244 **中国保险监督管理委员会宁波监管局成人高等教育情况**

2009 年

单位：人

	合计			研究生			大学本科			大学专科								
										行属院校			委托代培			电视大学		
	入学	毕业	在学	入学	毕业	在学	入学	毕业	在学	入学	毕业	在学	入学	毕业	在学	入学	毕业	在学
脱产																		
业余	2			2														
合计	2			2														

表 245 **中国保险监督管理委员会宁波监管局职工培训情况**

2009 年

单位：人次

	合计	业务培训	其他培训
岗位资格培训			
岗位适应性培训	117	116	1
合计	117	116	1

表 246 **中国农业发展银行宁波市分行成人高等教育情况**

2009 年

单位：人

	合计			研究生			大学本科			大学专科								
										行属院校			委托代培			电视大学		
	入学	毕业	在学	入学	毕业	在学	入学	毕业	在学	入学	毕业	在学	入学	毕业	在学	入学	毕业	在学
脱产																		
业余			8			1			7									
合计			8			1			7									

表 247 **中国农业发展银行宁波市分行职工培训情况**

2009 年

单位：人次

	合计	业务培训	其他培训
岗位资格培训	39	39	
岗位适应性培训	2886	2886	
合计	2925	2925	

表 248 **国家开发银行宁波市分行成人高等教育情况**

2009 年

单位：人

	合计			研究生			大学本科			大学专科								
										行属院校			委托代培			电视大学		
	入学	毕业	在学	入学	毕业	在学	入学	毕业	在学	入学	毕业	在学	入学	毕业	在学	入学	毕业	在学
脱产																		
业余			7			4			3									
合计			7			4			3									

表 249 国家开发银行宁波市分行职工培训情况

2009 年 单位：人次

	合计	业务培训	其他培训
岗位资格培训	98	31	67
岗位适应性培训	2183	2017	166
合计	2281	2048	233

表 250 中国工商银行股份有限公司宁波市分行成人高等教育情况

2009 年 单位：人

	合计			研究生			大学本科			大学专科								
										行属院校			委托代培			电视大学		
	入学	毕业	在学	入学	毕业	在学	入学	毕业	在学	入学	毕业	在学	入学	毕业	在学	入学	毕业	在学
脱产																		
业余	12	15	45				7	14	32							5	1	13
合计	12	15	45				7	14	32							5	1	13

表 251 中国工商银行股份有限公司宁波市分行职工培训情况

2009 年 单位：人次

	合计	业务培训	其他培训
岗位资格培训			
岗位适应性培训	11794	11794	
合计	11794	11794	

表 252 中国农业银行宁波市分行职工培训情况

2009 年 单位．人次

	合计	业务培训	其他培训
岗位资格培训	738	738	
岗位适应性培训	22317	22317	
合计	23055	23055	

表 253 中国银行股份有限公司宁波市分行成人高等教育情况

2009 年 单位：人

	合计			研究生			大学本科			大学专科								
										行属院校			委托代培			电视大学		
	入学	毕业	在学	入学	毕业	在学	入学	毕业	在学	入学	毕业	在学	入学	毕业	在学	入学	毕业	在学
脱产																		
业余	57	168	273	7	2	9	43	91	228					9	9	7	66	27
合计	57	168	273	7	2	9	43	91	228					9	9	7	66	27

表 254　　中国银行股份有限公司宁波市分行职工培训情况

2009 年　　单位：人次

	合计	业务培训	其他培训
岗位资格培训	2691	2327	364
岗位适应性培训	23604	21997	1607
合计	26295	24324	1971

表 255　　中国建设银行股份有限公司宁波市分行成人高等教育情况

2009 年　　单位：人

	合计			研究生			大学本科			大学专科								
										行属院校			委托代培			电视大学		
	入学	毕业	在学	入学	毕业	在学	入学	毕业	在学	入学	毕业	在学	入学	毕业	在学	入学	毕业	在学
脱产																		
业余	5	145	26				5	91	21								54	5
合计	5	145	26				5	91	21								54	5

表 256　　中国建设银行股份有限公司宁波市分行单位员工培训情况

2009 年　　单位：人次

	合计	业务培训	其他培训
岗位资格培训	2450	2450	
岗位适应性培训	14393	11684	2709
合计	16843	14134	2709

表 257　　交通银行股份有限公司宁波分行成人高等教育情况

2009 年　　单位：人

	合计			研究生			大学本科			大学专科								
										行属院校			委托代培			电视大学		
	入学	毕业	在学	入学	毕业	在学	入学	毕业	在学	入学	毕业	在学	入学	毕业	在学	入学	毕业	在学
脱产																		
业余	40	40	50				28	33	36							12	7	14
合计	40	40	50				28	33	36							12	7	14

表 258　　交通银行股份有限公司宁波分行职工培训情况

2009 年　　单位：人次

	合计	业务培训	其他培训
岗位资格培训	1580	1245	335
岗位适应性培训	4241	2726	1515
合计	5821	3971	1850

表 259　上海浦东发展银行股份有限公司宁波分行成人高等教育情况

2009 年　　单位：人

	合计			研究生			大学本科			大学专科								
										行属院校			委托代培			电视大学		
	入学	毕业	在学	入学	毕业	在学	入学	毕业	在学	入学	毕业	在学	入学	毕业	在学	入学	毕业	在学
脱产																		
业余	35	30	24	5	3	4	20	15	8							10	12	12
合计	35	30	24	5	3	4	20	15	8							10	12	12

表 260　上海浦东发展银行股份有限公司宁波分行职工培训情况

2009 年　　单位：人次

	合计	业务培训	其他培训
岗位资格培训	1309	1309	
岗位适应性培训	1560		1560
合计	2869	1309	1560

表 261　兴业银行股份有限公司宁波分行职工培训情况

2009 年　　单位：人次

	合计	业务培训	其他培训
岗位资格培训	278		278
岗位适应性培训	802	577	225
合计	1080	577	503

表 262　中国光大银行股份有限公司宁波分行成人高等教育情况

2009 年　　单位：人

	合计			研究生			大学本科			大学专科								
										行属院校			委托代培			电视大学		
	入学	毕业	在学	入学	毕业	在学	入学	毕业	在学	入学	毕业	在学	入学	毕业	在学	入学	毕业	在学
脱产																		
业余	17	6	73				7	2	17							10	4	56
合计	17	6	73				7	2	17							10	4	56

表 263　中国光大银行股份有限公司宁波分行职工培训情况

2009 年　　单位：人次

	合计	业务培训	其他培训
岗位资格培训	420	380	40
岗位适应性培训	3550	2700	850
合计	3970	3080	890

表 264 招商银行股份有限公司宁波分行成人高等教育情况

2009 年　　单位：人

	合计			研究生			大学本科			大学专科								
										行属院校			委托代培			电视大学		
	入学	毕业	在学	入学	毕业	在学	入学	毕业	在学	入学	毕业	在学	入学	毕业	在学	入学	毕业	在学
脱产		23			3			16			4							
业余	9	83	69		1	3	9	72	63		2	2		1			7	1
合计	9	106	69		4	3	9	88	63		6	2		1			7	1

表 265 招商银行股份有限公司宁波分行职工培训情况

2009 年　　单位：人次

	合计	业务培训	其他培训
岗位资格培训	204	204	
岗位适应性培训	3558	1301	2257
合计	3762	1505	2257

表 266 中国民生银行股份有限公司宁波分行职工培训情况

2009 年　　单位：人次

	合计	业务培训	其他培训
岗位资格培训	1328	708	620
岗位适应性培训	1630	1280	350
合计	2958	1988	970

表 267 广东发展银行股份有限公司宁波分行成人高等教育情况

2009 年　　单位：人

	合计			研究生			大学本科			大学专科								
										行属院校			委托代培			电视大学		
	入学	毕业	在学	入学	毕业	在学	入学	毕业	在学	入学	毕业	在学	入学	毕业	在学	入学	毕业	在学
脱产																		
业余	4	12	67				4	10	67								2	
合计	4	12	67				4	10	67								2	

表 268 广东发展银行股份有限公司宁波分行职工培训情况

2009 年　　单位：人次

	合计	业务培训	其他培训
岗位资格培训	397	332	65
岗位适应性培训	2953	2470	483
合计	3350	2802	548

表 269　　浙商银行股份有限公司宁波分行职工培训情况

2009 年　　单位：人次

	合计	业务培训	其他培训
岗位资格培训	2898	2042	856
岗位适应性培训	101	101	
合计	2999	2143	856

表 270　　上海银行股份有限公司宁波分行成人高等教育情况

2009 年　　单位：人

	合计			研究生			大学本科			大学专科								
										行属院校			委托代培			电视大学		
	入学	毕业	在学	入学	毕业	在学	入学	毕业	在学	入学	毕业	在学	入学	毕业	在学	入学	毕业	在学
脱产																		
业余		4						4										
合计		4						4										

表 271　　上海银行股份有限公司宁波分行职工培训情况

2009 年　　单位：人次

	合计	业务培训	其他培训
岗位资格培训	163	163	
岗位适应性培训	1423	1423	
合计	1586	1586	

表 272　　包商银行股份有限公司宁波分行成人高等教育情况

2009 年　　单位．人

	合计			研究生			大学本科			大学专科								
										行属院校			委托代培			电视大学		
	入学	毕业	在学	入学	毕业	在学	入学	毕业	在学	入学	毕业	在学	入学	毕业	在学	入学	毕业	在学
脱产																		
业余		5	10					3	10								2	
合计		5	10					3	10								2	

表 273　　包商银行股份有限公司宁波分行职工培训情况

2009 年　　单位：人次

	合计	业务培训	其他培训
岗位资格培训	719	562	157
岗位适应性培训			
合计	719	562	157

表 274　　浙江泰隆商业银行股份有限公司宁波分行成人高等教育情况

2009 年　　单位：人

	合计			研究生			大学本科			大学专科								
										行属院校			委托代培			电视大学		
	入学	毕业	在学	入学	毕业	在学	入学	毕业	在学	入学	毕业	在学	入学	毕业	在学	入学	毕业	在学
脱产																		
业余		1	11			2		1	9									
合计	1	11			2		1	9										

表 275　　杭州银行股份有限公司宁波分行成人高等教育情况

2009 年　　单位：人

	合计			研究生			大学本科			大学专科								
										行属院校			委托代培			电视大学		
	入学	毕业	在学	入学	毕业	在学	入学	毕业	在学	入学	毕业	在学	入学	毕业	在学	入学	毕业	在学
脱产																		
业余	2	2	13					2	13				2					
合计	2	2	13					2	13				2					

表 276　　温州银行股份有限公司宁波分行职工培训情况

2009 年　　单位：人次

	合计	业务培训	其他培训
岗位资格培训	60	60	
岗位适应性培训	53	48	5
合计	113	108	5

表 277　　宁波国际银行职工培训情况

2009 年　　单位：人次

	合计	业务培训	其他培训
岗位资格培训	34	34	
岗位适应性培训	154	77	77
合计	188	111	77

表 278　　中国人民财产保险股份有限公司宁波市分公司成人高等教育情况

2009 年　　单位：人

	合计			研究生			大学本科			大学专科								
										行属院校			委托代培			电视大学		
	入学	毕业	在学	入学	毕业	在学	入学	毕业	在学	入学	毕业	在学	入学	毕业	在学	入学	毕业	在学
脱产																		
业余	11	11	14	1	1	2	2	4	4	4	3	5				4	3	3
合计	11	11	14	1	1	2	2	4	4	4	3	5				4	3	3

表 279　　中国人民财产保险股份有限公司宁波市分公司职工培训情况

2009 年　　单位：人次

	合计	业务培训	其他培训
岗位资格培训	235	205	30
岗位适应性培训	2775	2175	600
合计	3010	2380	630

表 280　　中国太平洋财产保险股份有限公司宁波分公司成人高等教育情况

2009 年　　单位：人

	合计			研究生			大学本科			大学专科								
										行属院校			委托代培			电视大学		
	入学	毕业	在学	入学	毕业	在学	入学	毕业	在学	入学	毕业	在学	入学	毕业	在学	入学	毕业	在学
脱产																		
业余	13	12	23			1	7	4	8							6	8	14
合计	13	12	23			1	7	4	8							6	8	14

表 281　　中国太平洋财产保险股份有限公司宁波分公司职工培训情况

2009 年　　单位：人次

	合计	业务培训	其他培训
岗位资格培训	3	3	
岗位适应性培训	27	24	3
合计	30	27	3

表 282　　中国平安财产保险股份有限公司宁波分公司职工培训情况

2009 年　　单位：人次

	合计	业务培训	其他培训
岗位资格培训	125	60	65
岗位适应性培训	220	100	120
合计	345	160	185

表 283　　大众保险股份有限公司宁波分公司成人高等教育情况

2009 年　　单位：人

	合计			研究生			大学本科			大学专科								
										行属院校			委托代培			电视大学		
	入学	毕业	在学	入学	毕业	在学	入学	毕业	在学	入学	毕业	在学	入学	毕业	在学	入学	毕业	在学
脱产																		
业余			4						2									2
合计			4						2									2

表 284　　大众保险股份有限公司宁波分公司职工培训情况

2009 年　　单位：人次

	合计	业务培训	其他培训
岗位资格培训	2	2	
岗位适应性培训			
合计	2	2	

表 285　　中华联合财产保险股份有限公司宁波分公司职工培训情况

2009 年　　单位：人次

	合计	业务培训	其他培训
岗位资格培训	131	131	
岗位适应性培训	522	522	
合计	653	653	

表 286　　中国大地财产保险股份有限公司宁波分公司成人高等教育情况

2009 年　　单位：人

	合计			研究生			大学本科			大学专科								
										行属院校			委托代培			电视大学		
	入学	毕业	在学	入学	毕业	在学	入学	毕业	在学	入学	毕业	在学	入学	毕业	在学	入学	毕业	在学
脱产																		
业余		6	4						1								6	3
合计		6	4						1								6	3

表 287　　中国大地财产保险股份有限公司宁波分公司职工培训情况

2009 年　　单位：人次

	合计	业务培训	其他培训
岗位资格培训	47	47	
岗位适应性培训	541	532	9
合计	588	579	9

表 288　　天平汽车保险股份有限公司宁波中心支公司成人高等教育情况

2009 年　　单位：人

	合计			研究生			大学本科			大学专科								
										行属院校			委托代培			电视大学		
	入学	毕业	在学	入学	毕业	在学	入学	毕业	在学	入学	毕业	在学	入学	毕业	在学	入学	毕业	在学
脱产																		
业余		3	6					3	5			1						
合计		3	6					3	5			1						

表 289 天平汽车保险股份有限公司宁波中心支公司职工培训情况

2009 年 单位：人次

	合计	业务培训	其他培训
岗位资格培训	10	10	
岗位适应性培训	9	9	
合计	19	19	

表 290 阳光财产保险股份有限公司宁波市分公司成人高等教育情况

2009 年 单位：人

	合计			研究生			大学本科			大学专科								
										行属院校			委托代培			电视大学		
	入学	毕业	在学	入学	毕业	在学	入学	毕业	在学	入学	毕业	在学	入学	毕业	在学	入学	毕业	在学
脱产																		
业余			1						1									
合计			1						1									

表 291 渤海财产保险股份有限公司宁波分公司成人高等教育情况

2009 年 单位：人

	合计			研究生			大学本科			大学专科								
										行属院校			委托代培			电视大学		
	入学	毕业	在学	入学	毕业	在学	入学	毕业	在学	入学	毕业	在学	入学	毕业	在学	入学	毕业	在学
脱产																		
业余			6			1			2			1						2
合计			6			1			2			1						2

表 292 渤海财产保险股份有限公司宁波分公司职工培训情况

2009 年 单位：人次

	合计	业务培训	其他培训
岗位资格培训	80	80	
岗位适应性培训	600	400	200
合计	680	480	200

表 293 中银保险有限公司宁波中心支公司成人高等教育情况

2009 年 单位：人

	合计			研究生			大学本科			大学专科								
										行属院校			委托代培			电视大学		
	入学	毕业	在学	入学	毕业	在学	入学	毕业	在学	入学	毕业	在学	入学	毕业	在学	入学	毕业	在学
脱产																		
业余		1	3			1		1	1									1
合计	1	3			1		1	1									1	

表 294 中银保险有限公司宁波中心支公司职工培训情况

2009 年 单位：人次

	合计	业务培训	其他培训
岗位资格培训			
岗位适应性培训	13	8	5
合计	13	8	5

表 295 都邦财产保险股份有限公司宁波分公司职工培训情况

2009 年 单位：人次

	合计	业务培训	其他培训
岗位资格培训	16	16	
岗位适应性培训	30	20	10
合计	46	36	10

表 296 太平财产保险有限公司宁波分公司成人高等教育情况

2009 年 单位：人

	合计			研究生			大学本科			大学专科								
										行属院校			委托代培			电视大学		
	入学	毕业	在学	入学	毕业	在学	入学	毕业	在学	入学	毕业	在学	入学	毕业	在学	入学	毕业	在学
脱产																		
业余		2	7						5								2	2
合计		2	7						5								2	2

表 297 安诚财产保险股份有限公司宁波分公司成人高等教育情况

2009 年 单位：人

	合计			研究生			大学本科			大学专科								
										行属院校			委托代培			电视大学		
	入学	毕业	在学	入学	毕业	在学	入学	毕业	在学	入学	毕业	在学	入学	毕业	在学	入学	毕业	在学
脱产																		
业余			2						2									8
合计			2						2									8

表 298 安诚财产保险股份有限公司宁波分公司职工培训情况

2009 年 单位：人次

	合计	业务培训	其他培训
岗位资格培训	36	36	
岗位适应性培训			
合计	36	36	

表 299　　长安责任保险股份有限公司宁波中心支公司成人高等教育情况

2009 年　　单位：人

	合计			研究生			大学本科			大学专科								
										行属院校			委托代培			电视大学		
	入学	毕业	在学	入学	毕业	在学	入学	毕业	在学	入学	毕业	在学	入学	毕业	在学	入学	毕业	在学
脱产		18						3			15							
业余		25						5									20	
合计		43						8			15						20	

表 300　　中国太平洋人寿保险股份有限公司宁波分公司成人高等教育情况

2009 年　　单位：人

	合计			研究生			大学本科			大学专科								
										行属院校			委托代培			电视大学		
	入学	毕业	在学	入学	毕业	在学	入学	毕业	在学	入学	毕业	在学	入学	毕业	在学	入学	毕业	在学
脱产																		
业余		16						8			5						3	
合计	16						8			5						3		

表 301　　新华人寿保险股份有限公司宁波分公司职工培训情况

2009 年　　单位：人次

	合计	业务培训	其他培训
岗位资格培训	6	4	2
岗位适应性培训	10	4	6
合计	16	8	8

表 302　　光大永明人寿保险有限公司宁波营销服务部职工培训情况

2009 年　　单位：人次

	合计	业务培训	其他培训
岗位资格培训	6	6	
岗位适应性培训	7		7
合计	13	6	7

表 303　　信泰人寿保险股份有限公司宁波中心支公司成人高等教育情况

2009 年　　单位：人

	合计			研究生			大学本科			大学专科								
										行属院校			委托代培			电视大学		
	入学	毕业	在学	入学	毕业	在学	入学	毕业	在学	入学	毕业	在学	入学	毕业	在学	入学	毕业	在学
脱产																		
业余		29	2		1			17	1		8						3	1
合计		29	2		1			17	1		8						3	1

表 304 **信泰人寿保险股份有限公司宁波中心支公司职工培训情况**

2009 年 单位：人次

	合计	业务培训	其他培训
岗位资格培训	13	13	
岗位适应性培训	18	18	
合计	31	13	

表 305 **宁波市农村合作金融机构成人高等教育情况**

2009 年 单位：人

	合计			研究生			大学本科			大学专科								
										行属院校			委托代培			电视大学		
	入学	毕业	在学	入学	毕业	在学	入学	毕业	在学	入学	毕业	在学	入学	毕业	在学	入学	毕业	在学
脱产																		
业余	85	256	327	14	27	42	56	180	171					10	13	15	39	101
合计	85	256	327	14	27	42	56	180	171					10	13	15	39	101

表 306 **宁波市农村合作金融机构职工培训情况**

2009 年 单位：人次

	合计	业务培训	其他培训
岗位资格培训	4544	2730	1814
岗位适应性培训	15900	9593	6307
合计	20444	12323	8121

表 307 **昆仑信托有限责任公司成人高等教育情况**

2009 年 单位：人

	合计			研究生			大学本科			大学专科								
										行属院校			委托代培			电视大学		
	入学	毕业	在学	入学	毕业	在学	入学	毕业	在学	入学	毕业	在学	入学	毕业	在学	入学	毕业	在学
脱产																		
业余				10		6			4									
合计				10		6			4									

表 308 **昆仑信托有限责任公司职工培训情况**

2009 年 单位：人次

	合计	业务培训	其他培训
岗位资格培训			
岗位适应性培训	22	22	
合计	22	22	

表 309　　华融金融租赁股份有限公司宁波分公司职工培训情况

2009 年　　单位：人次

	合计	业务培训	其他培训
岗位资格培训	12	6	6
岗位适应性培训	12	6	6
合计	24	12	12

第三部分

金融纪事篇

1月

6日　建行宁波市分行与奉化市政府在奉化华信国际大酒店举行银政合作协议签约仪式。

浙江泰隆商业银行总行2009年度工作会议在宁波召开。

6日　新华保险宁波分公司召开2009年度工作会议。

7日　农行宁波市分行与鄞州区政府签订银政合作协议。

7日　安诚财险宁波市奉化支公司、北仑支公司开业。

合众人寿总公司总裁助理曾海燕莅临合众人寿宁波中心支公司指导工作。

8日　建行宁波市分行与鄞州区政府签署全面深化战略合作备忘录。

光大银行宁波分行在波特曼大酒店举办2009年度客户答谢会。

中信银行总行纪委书记曹斌莅临中信银行宁波分行调研。

9日　宁波证监局组织召开辖区会计监管工作会议。

生命人寿总公司任命杨先聪为生命人寿宁波分公司总经理。

10日　民安保险宁波中心支公司2009年度工作会议在慈溪召开。

12日　中行总行按照一级分行管理模式直接管理中行宁波市分行。

13日　宁波保监局召开全市保险工作会议，传达全国保险工作会议和保险监管工作会议精神，部署2009年主要任务和工作重点。

15日　人行宁波市中心支行召开市级金融机构负责人会议，传达贯彻中国人民银行总行和上海总部工作会议精神，提出做好2009年金融工作的措施与安排。

国开行总行任命樊立新为国开行宁波市分行党委书记、行长。

建行宁波市分行与余姚市政府在余姚太平洋大酒店举行银政合作协议签约仪式。

16日　宁波银监局召开宁波市银行业金融机构负责人会议。

16～17日　人保财险宁波市分公司在召开2009年度全市支公司总经理会议。

17日　兴业银行宁波分行在宁波开元大酒店举办2009年新春团拜会。

光大银行宁波分行召开2009年度工作会议，深入贯彻落实集团年度工作座谈会和总行工作会议精神。

17～18日　宁波银行召开2009年度工作会议。

18日　深发银行宁波分行在万豪大酒店举行2008年年终总结表彰大会暨10周年庆典晚会。

招商银行宁波分行在分行金葵花财富管理中心举办金葵花客户答谢会暨新春健康养生讲座。

民生银行宁波分行在宁波东港喜来登酒店召开2008年度资产负债点评会议暨新年团拜会。

19日　宁波银监局召开2009年度工作会议暨2008年度总结表彰会。

20日　宁波证监局吕逸君局长、陆意琴副局长到宁波市政府向苏利冕副市长汇报全国证券期货监管工作会议情况和2008年辖区市场和监管工作情况。

中国人寿宁波市分公司召开2009年度全市系统工作会议。

20日～21日　人行宁波市中心支行召开2009年度中心支行工作会议，并召开全市外汇管理工作会议，人行宁波市中心支行党建例会和纪检监察工作会议，对全年工作进行部署。

22日　宁波保监局和宁波市金融办联合出台《宁波保险业保增促调、支持地方经济社会发展的若干意见》，深入贯彻中国保监会和宁波市政府有关保险业促进经济发展的文件精神。

建行宁波市分行与镇海区政府银政合作签约仪式在镇海招宝山饭店举行。

华夏银行宁波分行召开2009年度工作会议，部署2009年工作。

大众保险宁波分公司在新晶都大酒店召开2009年度工作会议，大众保险总公司陈方总经理出席会议。

大地保险集团公司董事长刘丰莅临大地保险宁波分公司视察。

孙东宇任渤海财险宁波分公司副总经理（主持工作）。

23日　交通银行宁波分行召开2008年度先进表彰大会。

28日　长安保险宁波中心支公司召开2008年度总结大会。

1月　中行宁波市分行完成宁波大碶疏港高速公路建设项目银团贷款3亿元贷款投放工作，这是该行首次作为牵头行牵头银团贷款项目。

2月

1日 泰隆银行总行副行长赵仙友莅临泰隆银行宁波分行新春慰问。

2日 人保寿险宁波市分公司开业。

3日 建行宁波市分行与东钱湖管委会银政合作签约仪式在东钱湖华茂饭店举行。

3~4日 农行宁波市分行召开全市农业银行2009年度工作会议。

4日 金港信托在宁波华侨豪生大酒店三楼召开增资扩股签约仪。

6日 宁波证监局组织召开部分拟上市公司座谈会。

中行总行任命钱建忠为中行宁波市分行管理体制调整工作组组长。

光大银行宁波慈溪支行开业。

温州银行宁波分行在南苑饭店举行开业典礼。

6~8日 兴业银行宁波分行召开2009年度工作会议。

10日 宁波证监局组织召开2009年度辖区证券期货监管工作会议。

11日 渤海财险宁波分公司辖属舟山中心支公司成立。

13日 中国金融工会“女职工建功立业标兵岗”考核组王凤芝副主席来工行宁波东门支行考核验收创建工作。

14日 中国保险集团总经理、民安保险（中国）有限公司董事长彭伟莅临民安保险宁波中心支公司指导工作。

15日 交通银行宁波分行召开2009年度工作会议。

包商银行宁波分行召开2009年度工作会议暨先进表彰大会。

16日 由人行宁波市中心支行负责编制完成的《宁波市第四方物流信用信息平台建设方案》和《宁波市第四方物流信用信息平台数据采集接口规范》通过市交通局组织的专家评审组的评审。

招商银行宁波余姚支行开业。

17日 人行宁波市中心支行会同市侨办在宁波金港大酒店联合举办“侨资企业融资银企合作恳谈会”。

新华保险总公司孙兵总裁莅临新华保险宁波分公司指导工作。

18日 建行宁波市分行财富管理中心搬迁开业庆典仪式在财富管理中心新址老外滩举行。

18~19日 交通银行总行杨东平首席风险官莅临交通银行宁波分行调研指导工作。

19日 浙商银行总行龚方乐行长莅临浙商银行宁波分行指导工作，并对分行意向办公大楼新址进行实地调研。

20日 交通银行宁波分行召开学习实践科学发展观活动情况通报暨群众满意度测评会。

大众保险总公司陈方总经理对大众保险宁波分公司进行2008年度考核。

23日 深发银行总行任命袁利明为深发银行宁波分行行长助理兼慈溪支行行长。

24日 人行宁波市中心支行党委召开深入学习实践科学发展观活动总结大会，中国人民银行总行学习实践活动指导检查组缪曼聪组长到会指导。

宁波证监局召开学习实践活动总结大会，中国证监会学习实践活动第二指导检查组陆宝珍主任到会指导。

25日 人行宁波市中心支行与宁波市金融办联合组织召开企业融资实务培训暨业务对接会，市级金融机构负责人及净资产规模3亿元以上企业负责人参加此次会议。

光大银行宁波分行和中国人寿宁波分公司2009年代理保险业务启动大会在宁波联谊宾馆举行。

包商银行总行王慧萍行长、武仙鹤行长助理莅临包商银行宁波分行指导工作。

26日 宁波保监局组织召开全市保险业信访工作会议，认真学习贯彻中国保监会信访工作会议精神。

宁波保监局召开深入学习实践科学发展观活动总结大会，中国保监会学习实践活动第三指导检查组黄先贵组长到会指导。

交通银行总行叶迪奇副行长莅临交通银行宁波分行调研指导零售业务发展工作。

3月

1~2日 建行宁波市分行召开全市建设银行工作会议。

2日 宁波银监局召开全局干部职工大会，对学习实践科学发展观活动进行总结。

4日 建行宁波市分行与市企业联合会、市企业家协会、宁波日报社联合举办的“金桥行动”——小企业专场银企洽谈会在万豪酒店举行

5~6日 农发行宁波市分行组织召开全市农发行行长会议。

6日 国开行宁波市分行牵头组建的宁波市绕

城高速公路连接线银团贷款项目成功签约，该项目是宁波市迄今为止规模最大、额度最高、参贷行最多的银团贷款，总额度70.5亿元。

华夏银行总行李翔副行长莅临华夏银行宁波分行，并宣布魏开文为华夏银行宁波分行党委书记。

温州银行宁波分行第一次党员大会暨中共温州银行宁波分行党总支成立大会在分行五楼会议室召开，温州银行总行党委书记李金寿主持会议。

9日 宁波证监局吕逸君局长到市政府汇报全国证券期货监管系统维稳工作座谈会情况，提出做好辖区市场维稳工作建议。

10日 包头市委组织部李平副部长率领包头市委组织部企业党建工作考察团，在包商银行总行监事长、党委副书记李献平陪同下莅临包商银行宁波分行指导工作。

11日 西班牙对外银行（BBVA）董事、全球资金市场部 Daxue Wang 和 Lucille Chu 一行来中信银行宁波分行进行业务交流。

12日 大众保险总公司董事长石福梁莅临宁大众保险波分公司，并宣布李恒飞为中共大众保险宁波分公司党委副书记。

13日 人行宁波市中心支行联合国家外汇管理局宁波市分局、宁波市金融学会在金港大酒店举办“把握机遇，有效防范汇率风险”报告会。

2009年宁波市保险行业表彰大会在宁波万豪大酒店举行。

15日 宁波市保险行业协会组织在甬保险公司参加市消保委发起的以“消费与发展”为主题的中山广场大型宣传活动。

16日 深发银行总行任命叶俊伟、张清为深发银行宁波分行行长助理。

浙商银行宁波分行成立学习实践科学发展观活动领导小组及办公室，正式启动参加第二批学习实践活动。

17日 宁波证监局组织召开辖区上市公司维稳工作会议。

18日 第二次全国保险业经济普查培训会议在宁波召开。

20日 宁波证监局与市委宣传部联合召开资本市场新闻宣传工作座谈会。

中信银行宁波分行荣获“省级文明单位”荣誉称号。

21日 建行宁波市分行与韵升控股集团有限公司签订银企合作协议。

22日 中行宁波市分行在南苑饭店召开全市中国银行2009年度工作会议。

24日 中国邮政储蓄银行总行副行长李财林莅临邮政储蓄银行宁波分行指导工作。

25日 工行总行任命周志方为工行宁波市分行党委书记、行长。

浙江省政协副主席王永昌在宁波市政协副主席郁义康的陪同下莅临农行宁波市分行指导工作。

浙商银行总行叶建清副行长莅临浙商银行宁波分行，并宣布潘华枫为浙商银行宁波分行副行长。

平安产险总公司总经理吴鹏、副总经理徐斌莅临平安产险宁波分公司指导工作。

25～26日 国家外汇管理局宁波市分局召开2009年全市外汇指定银行管理工作会议，传达全国、全省外汇管理工作会议精神，研究部署2009年全市外汇管理工作。

国务院派驻中国人保集团监事会主席魏礼江，在中国人保集团监事会监事姚军的陪同下，莅临人保财险宁波市分公司指导工作。

26日 光大银行宁波分行举办“阳光缴费通”产品推介会。

26～27日 中国光大银行总行专职董事林燕、段毅才、武剑，独立董事郭国庆莅临光大银行宁波分行指导工作。

27日 宁波市政府在新芝宾馆召开宁波市金融稳定协调工作领导小组第三次会议。

31日 宁波银监局召开2009年度党建暨党风廉政建设工作会议。

交通银行宁波分行人民币各项存款超300亿元。

3月 宁波保监局和人保财险宁波分公司、中国人寿宁波分公司等11家保险机构被宁波市财贸工会评为“2008年度金融系统工会重点工作目标竞赛获奖单位”。

4月

1日 包商银行总行副董事长金岩、石占才率领董事会调研组莅临包商银行宁波分行调研。

3日 农行宁波市分行“金穗惠农卡”首发仪式在象山县举行。

邮政储蓄银行宁波分行首笔二手房贷款在邮政储蓄银行宁波宁海县支行成功发放。

大地保险集团公司监事会吴小平主席在总公司蒋明总裁的陪同下，莅临大地保险宁波分公司视察。

7 日　安诚财险总公司郭林总经理出席安诚财险宁波分公司一季度经营分析会。

8 日　人行宁波市中心支行党委组织召开副处及以下领导职务和部分支行行长竞争上岗工作动员大会。

宁波市“五路四桥”项目银团贷款在万豪大酒店正式签约，该项目银团贷款总金额 53 亿元人民币、期限 10 年，由工行宁波市分行担任代理行、贷款安排行和主要资金提供行。

9 日　人行宁波市中心支行会同市科技局联合召开“金融支持科技创新型企业银企对接暨推进宁波市专利权质押贷款工作座谈会”。

太平保险宁波市分公司镇海支公司成立。

9～10 日　民生银行总行邵平副行长莅临民生银行宁波分行指导工作。

10 日　招商银行宁波分行在余姚举办“跨越藩篱，弗远无界”离岸产品推介会。

太平人寿总公司刘耀年总经理莅临太平人寿宁波分公司指导工作，并宣布罗国华为宁波分公司总经理。

11 日　我国第四方物流产业发展研讨会专家来人行宁波市中心支行现场调研。

12 日　人行宁波市中心支行联合《宁波晚报》共同开展“全民信用大体检”信用报告现场查询活动。

14 日　宁波市创建和谐企业领导小组办公室主任、宁波市总工会劳建兰副主席和市财贸工会俞敏捷主席对工行宁波市分行创建宁波市和谐企业工作进行实地考核验收。

大众保险总公司党委副书记、副总经理孙海清莅临大众保险宁波分公司，并宣布史永浩为宁波分公司市场总监。

陈峰任渤海财险宁波分公司副总经理（主持工作）。

15 日　日本邮政集团公司劳动组织访华团参观邮政储蓄银行宁波鼓楼支行。

17 日　临商银行总行任命葛仲泰为临商银行宁波分行副行长。

18～19 日　民生银行宁波分行在奉化银凤山庄召开 2009 年一季度资产负债点评会议。

19～20 日　工行总行易会满副行长莅临工行宁波市分行调研。

21 日　南京军区副司令员兼东海舰队司令员徐洪猛、南京军区副政委兼东海舰队政委岑旭视察农行宁波市分行。

22 日　人行宁波市中心支行在金融大厦 18 楼会议室召开一季度全市经济金融形势分析会。

中国人寿集团公司纪委书记、副总裁张响贤和总公司纪委书记、副总裁周英莅临中国人寿宁波市分公司调研。

23 日　中国保监会魏迎宁副主席莅临宁波保监局，并出席 2009 年保险公司合规年会。

中国证监会任命李立国为宁波证监局党委委员、副局长。

大地保险集团公司王平生副总裁在总公司郭敏副总裁的陪同下视察大地保险宁波分公司。

24 日　光大集团党委委员、纪委书记袁长清莅临光大银行宁波分行调研。

28 日　宁波银监局召开宁波市银行业风险监管暨案件防控工作会议。

交通银行宁波分行小企业服务中心授牌暨交通银行宁波邱隘支行开业。

29 日　宁波银监局召开反腐倡廉报告会，宁波市监察局陈德良副局长作反腐倡廉专题报告。

国开行总行郑之杰副行长、宁波市苏利冕副市长出席国家开发银行与宁波市政府在宁波南苑饭店召开高层联席会议。

30 日　包商银行宁波分行成功办理第一笔出口托收业务，金额为 8992.10 美元。

5 月

6 日　建行宁波市分行与宁波大榭开发区合作协议签约仪式。

7 日　永安财险总公司任命许继革为永安财险宁波中心支公司总经理。

都邦财险总公司任命陈飞为都邦财险宁波分公司总经理助理（主持工作）。

8 日　中国人民银行上海总部张新副主任莅临人行宁波市中心支行指导工作。

11 日　中国银监会批复同意金港信托有限责任公司更名为昆仑信托有限责任公司。

13 日　招商银行宁波分行在华侨豪生大酒店举办招商银行离岸银行业务推介会。

泰康人寿总公司副总裁傅杰莅临泰康人寿宁波分公司指导工作。

14 日　中行宁波市分行与宁波地区唯一法人期货公司宁波杉立期货经纪有限公司建立银期转账业务。

招商银行宁波分行和联泰大都会保险公司浙

江分公司在宁波大酒店联合举行“赢在转型”保险销售技能提升训练营开营仪式。

中共浙江省委科学发展观督导组莅临浙商银行宁波分行指导深入学习实践科学发展观工作。

太平保险宁波分公司奉化支公司成立。

宁波银监局召开纪念“五四”运动90周年座谈会。

16日　光大银行宁波分行在南都宾馆举办以“新环境下的银行营销创新”为主题的培训会。

18日　上海银行总行宁黎明董事长莅临上海银行宁波分行指导工作，并宣布沈业贵任宁波分行行长。

19日　浦发银行总行学习实践活动联络组莅临浦发银行宁波分行指导工作。

20日　杭州银行总行任命邵为民为杭州银行宁波分行行长。

21日　华夏银行总行任命魏开文为华夏银行宁波分行行长。

22日　深发银行总行任命金宗国为深发银行宁波分行财务执行官兼运营执行官。

浙商银行董事长张达洋出席浙商银行宁波分行民主生活会议，并赴浙商银行宁波慈溪支行进行调研指导。

26日　人行宁波市中心支行和市外经贸局联合举办外经贸企业银企对接会暨外经贸企业网上融资平台启动仪式。

光大银行总行在宁波召开经营性物业抵押贷款业务营销及操作培训。

杭州银行宁波分行开业，杭州市委常委、副市长沈坚与宁波市副市长苏利冕为杭州银行宁波分行揭牌。

27日　中国银监会王华庆纪委书记莅临宁波银监局视察工作，并召开领导干部座谈会。

30日　民生银行宁波分行与宁波泉州商会“战略合作协议”签约仪式在宁波开元大酒店举行。

31日　兴业银行宁波余姚支行开业。

5月　宁波市政府印发《关于全面推进政策性农业保险的若干意见》（甬政发〔2009〕43号），标志着宁波市政策性农业保险圆满完成三年试点工作，进入正式开展阶段。

6月

1日　人行宁波市中心支行行长殷兴山莅临泰隆银行宁波分行指导工作，泰隆银行总行行长王官明陪同考察。

2~3日　浦发银行总行陈辛副董事长莅临浦发银行宁波分行指导工作。

3~5日　光大银行监事会监事长南京明莅临光大银行宁波分行指导工作。

4日　农行宁波市分行与市海洋与渔业局联合举行“破解渔业中小企业融资难”新闻发布会。

中银保险总公司副董事长张焕科、副总裁周敏慧一行来中银保险宁波中心支公司调研。

9日　民生银行总行梁玉堂副行长出席民生银行宁波分行中小企业运营管理模式优化工作协调会。

平安产险总公司董事长任汇川莅临平安产险宁波分公司指导工作。

10日　人行宁波市中心支行在18楼报告厅召开副科以上干部会议暨文明创建工作再动员会。

交通银行宁波鄞州支行开业。

光大银行宁波分行与北仑区政府成功签署中长期合作协议。

10~11日　交通银行总行李军行长莅临交通银行宁波分行调研指导工作。

11日　中国证监会上市部在宁波召开上市公司独立董事座谈会。

宁波证监局联合市金融办、市科技局举办创业板上市培训班。

中德安联浙江分公司任命孙鑫为中德安联宁波营销服务部负责人。

12日　上海银行总行副行长李建国莅临上海银行宁波分行调研，并宣布夏永刚为宁波分行副行长。

13~14日　宁波市金融系统职工羽毛球比赛在宁波国际会展中心羽毛球馆举行。

14日　人行宁波市中心支行组织辖区反假货币联席会议各成员单位举行“宁波市全民普及反假货币知识”系列活动启动仪式。

15日　工行宁波市分行存贷款余额双超千亿元，成为宁波市唯一一家存贷款均超千亿元的商业银行。

16日　人行宁波市中心支行在18楼报告厅召开机关全体党员大会，选举第六届机关党委委员。

深发银行宁波明州支行开业。

17日　深发银行总行任命汪云飞为深发银行宁波分行行长助理。

杭州银行总行董事长马时雍莅临杭州银行宁波分行指导工作。

合众人寿浙江分公司任命俞永明为合众人寿宁波中心支公司副总经理（主持工作）。

18～21 日　中国人民银行新闻宣传工作座谈会在宁波召开。

18 日　象山国民村镇银行首家支行——丹城支行开业。

19 日　中信集团郭克彤董事、中信总行曹斌纪委书记莅临中信银行宁波分行指导工作。

首届计划单列市邮政储蓄银行协作交流会在宁波召开。

22 日　人行宁波市中心支行取消统一票递业务，有 20 多年历史的宁波市手工票据交换所正式退出历史舞台。

22 日　太平人寿总公司何志光董事长莅临太平人寿宁波分公司指导工作。

23 日　宁波市“机场快速干道”项目银团贷款在华侨豪酒店正式签约，该银团贷款由工行宁波市分行担任牵头行和代理行。

都邦财险总公司马鲁明副总裁莅临都邦财险宁波分公司指导工作。

太平保险宁波分公司慈溪支公司成立。

安诚财险宁波市镇海支公司开业。

24 日　人行宁波市中心支行、宁波银监局、宁波证监局、宁波保监局统计工作分管领导在宁波大酒店签订《宁波市一行三局统计信息共享备忘录》。

由宁波银监局、象山县政府主办的“金融支农创新产品展示推介月”活动启动仪式在象山石浦举行。

浙商银行宁波分行各项存款余额突破 100 亿元。

安诚财险总公司胡仲林副总经理莅临安诚财险宁波分公司指导工作。

24～25 日　人行宁波市中心支行机关召开第三届职工代表大会暨第八届会员代表大会。

25 日　宁波银行在全国银行间债券市场公开发行 50 亿元人民币金融债券。

26 日　工行总行张福荣副行长在宁波奉化银凤宾馆出席全球现金管理业务座谈会，并在工行宁波市分行调研。

浙商银行宁波分行辖属舟山支行开业，该支行是浙商银行宁波分行第一家辖属异地支行。

30 日　国开行宁波市分行举办“扬正气，促和谐”全国优秀廉政公益广告平面广告获奖作品展。

大地保险总公司赵凤祥监事长莅临大地保险宁波分公司指导工作。

生命人寿总公司俞士杰总经理莅临生命人寿宁波分公司指导工作，并出席宁波分公司三周年庆典晚会。

7 月

1 日　昆仑信托在南苑饭店举行揭牌仪式，宁波市市长毛光烈等领导出席揭牌仪式。

2 日　国开行总行郑之杰副行长莅临国开行宁波市分行指导工作。

中国人寿总公司任命张忠平为中国人寿宁波市分公司党委副书记、副总经理（主持工作）。

3 日　太保人寿总公司潘桑昌总经理莅临太保人寿宁波分公司指导工作。

7～8 日　中国人民银行行长助理李东荣在宁波调研金融 IC 卡多应用试点工作和宁波经济金融形势与货币政策执行情况。

9 日　深发银行总行肖遂宁行长莅临深发银行宁波分行指导工作。

10 日　工行宁波市分行与中国信保宁波分公司在宁波南苑饭店举行全面合作协议签约仪式。

信泰人寿宁波中心支公司开业。

11 日　深发银行宁波分行召开 2009 年度年中工作会议。

12 日　宁波保险业协会在宁波大剧院举行林萍同志事迹报告会。

14 日　深发银行总行监事会康典主席莅临深发银行宁波分行指导工作。

15 日　人行宁波市中心支行殷兴山行长会见昆仑信托总裁戴宪生。

工行宁波市分行发行国内首张商旅类借记联名卡“牡丹携程灵通卡”。

招商银行总行尹凤兰副行长莅临招商银行宁波分行指导工作。

16 日　上海银行总行对公营销推进联席会议在宁波召开。

17 日　中行宁波市分行召开 2009 年度年中工作会议。

18～19 日　泰康人寿宁波分公司在戚家山宾馆召开 2009 年年中工作会暨行风建设推进会。

20 日　全国人大常委会桑国副委员长来宁波调研，召开公立医院改革专题座谈会，并到宁波医疗纠纷调处中心视察。

27 日　泰康人寿总公司董事长陈东升莅临泰

康人寿宁波分公司指导工作，并出席宁波分公司二季度高峰表彰会。

29 日　宁波市 2009 年上半年保险工作会议召开。

30 日　人行宁波市中心支行在新芝宾馆召开 2009 年年中市级金融机构负责人会议。

宁波银监局凌敢局长、吕碧琴副局长分赴工行宁波市分行和农行宁波市分行调研。

兴业银行宁波分行与新华信托股份有限公司和宁波交通投资控股有限公司签订《新华信托·宁波交投流动资金贷款单—资金信托合同》。

华厦银行总行樊大志行长莅临华厦银行宁波分行指导工作。

人行宁波市中心支行党委召开在余姚市泗门镇组织召开以“金融支持新农村建设”为主题的中心组理论学习扩大会。

31 日　浙商银行总行任命应继红、张峰为浙商银行宁波分行行长助理。

8 月

1 日　深发银行总行党委书记王骥莅临宁波分行指导工作。

民安保险（中国）有限公司刘世宏总裁莅临民安保险宁波中心支公司指导工作。

2 日　民生银行总行监事会主席乔志敏莅临民生银行宁波分行指导工作。

3～4 日　阳光财险宁波市分公司在象山召开 2009 年上半年工作会议。

4～5 日　农行总行项俊波董事长视察农行宁波市分行。

4～11 日　包商银行总行副行长魏占元莅临包商银行宁波分行指导工作。

5 日　农行总行与宁波市政府签署《全面战略合作备忘录》。

6 日　宁波银监局召开宁波市银行业机构负责人年中监管座谈会，传达中国银监会年中工作会议精神。

国开行宁波市分行和希腊比雷埃夫斯集装箱码头有限公司就中远希腊比雷埃夫斯集装箱码头特许经营权项目签订外汇贷款合同，金额为 2.15 亿欧元。

10 日　宁波保监局江先学局长、姜国富副局长带领人保财险宁波分公司等保险机构负责人，前往受“莫拉克”台风影响损失较重的县市查看灾情，指导保险公司开展查勘理赔工作。

11 日　光大银行宁波分行召开年中工作会议。

上海银行总行行长瞿秋平莅临上海银行宁波分行指导工作。

12 日　中行宁波市分行与中国移动宁波分公司签订战略合作协议。

13～14 日　由光大银行宁波分行承办的 2009 年度中央国家机关信访工作第七协作组联席会议在镇海九龙湖开元酒店举行，光大银行纪委副书记王金生出席会议。

14 日　上海银行总行副行长张伟国来上海银行宁波分行调研，并考察鄞州支行网点建设情况。

15 日　广发银行宁波慈溪支行开业。

20～22 日　宁波银监局举办领导干部读书班，并套开局思想政治工作座谈会和局党委民主生活会征求意见会。

21 日　人行宁波市中心支行召开 2009 年宁波市金融机构反恐融资工作会议，传达《中国人民银行办公厅关于开展“护航 2009”反恐融资专项行动的通知》（银办发〔2009〕155 号）的文件精神，并对相关工作安排作具体的部署。

兴业银行宁波分行推出少儿理财知识讲座活动。

嘉禾人寿总公司任命岑必成为嘉禾人寿宁波分公司总经理。

25 日　农行总行任命钱婷为农行宁波市分行党委委员、纪委书记。

光大银行宁波分行正式挂牌营业 10 周年。

26 日　光大银行宁波分行通过发行资金信托阳光理财计划，为宁波市最大的国有企业——宁波城建投资控股有限公司成功募集 8 亿元项目资金。

26～28 日　农行宁波市分行召开 2009 年年中工作会议暨党建工作会议。

27 日　人行宁波市中心支行 2009 年度员工轮训班开班。

28 日　宁波保监局组织宁波保险业行风监督员赴平安集团全国后援运营管理中心（上海张江）开展考察调研活动，实地感受现代保险业经营管理和运营的有关情况。

31 日　由民生银行宁波分行主办的民生银行“商贷通”产品推介暨全面支持小企业成长对话会在宁波南苑饭店举行，民生银行总行毛晓峰副行长出席对话会。

9 月

1 日　德意志银行金融机构部大中华区总裁苏

昭颖董事总经理访问农行宁波市分行。

8日 宁波银监局组织全体员工参观反腐倡廉警示教育图片展。

8日 宁波保监局组织召开全市保险信访维稳工作会议。

8~9日 人保财险总公司王银成总裁、贾海茂副总裁来人保财险宁波市分公司专题调研费用资源差异化配置实施情况并指导工作。

11日 人行宁波市中心支行与宁波市外经贸局联合举办银、保、企融资对接洽谈会。

中行宁波市分行中小企业业务中心以“中小企业业务新模式”审批流程发放第一笔贷款。

12日 工行宁波市分行举行庆祝新中国成立60周年文艺汇演，宁波市副市长苏利冕等领导观看演出。

13日 兴业银行宁波分行举行“贵金属投资操作暨红酒品鉴会”。

14日 深发银行总行任命盛志鹏为深发银行宁波分行行政总监。

15日 包商银行总行王慧萍行长莅临包商银行宁波分行，并宣布陈立平为宁波分行行长。

长安保险宁波奉化支公司开业。

17日 宁波银监局凌敢局长、施先强副局长出席宁波市银行业协会换届会议。

18日 邮政储蓄银行宁波江北区车站路支行开业。

21日 阳光人寿宁波中心支公司开业。

24日 渤海财险总公司副总经理李开斌来渤海财险宁波分公司指导工作。

26日 人行宁波市中心支行举行“歌唱祖国，展我风采”歌咏比赛暨庆祝新中国成立60周年活动。

长安保险宁波中心支公司从鄞州商会大厦搬至文昌大酒店。

28日 宁波银监局召开在甬股份制商业银行行长座谈会。

中行宁波市分行在南苑饭店举办汇率市场分析及贸易金融产品介绍会。

上海银行分宁波鄞州支行开业。

29日 太平保险有限公司宁波分公司更名为太平财产保险有限公司宁波分公司。

29日 太保人寿总公司金文洪董事长莅临太保人寿宁波分公司指导工作。

10月

9日 阳光财险宁波市分公司由海曙区中山西路2号恒隆中心迁至江东区江南路39号A栋3楼。

17日 人保财险宁波市分公司在逸夫剧院举办庆祝中国人保成立60周年庆典暨“真情映辉煌”文艺演出。

22日 宁波保监局召开在甬外资寿险公司和中小寿险公司业务座谈会。

临沂市常务副市长杜德昌在临商银行总行董事长王家玉的陪同下来临商银行宁波分行考察。

23日 宁波银监局召开辖内银行业金融机构纪检监察联席会议。

中信银行总行吴北英常务副行长莅临中信银行宁波分行指导工作。

24日 人行宁波市中心支行举办宁波市人民银行系统和银行业金融机构支付结算知识竞赛。

中国银行业协会“百佳服务示范单位”检查组莅临建行宁波市分行、招商银行宁波分行进行现场检查。

26日 中国保监会副主席周延礼来宁波保监局调研。

28日 人行宁波市中心支行牵头人行绍兴市、舟山市、台州市、嘉兴市中心支行在甬召开浙东经济合作区金融专业组工作会议，并签署《浙东经济合作区维护金融稳定合作备忘录》。

中国银监会刘明康主席莅临宁波银监局视察工作并召开领导干部座谈会。

深发银行宁波分行与宁波（镇海）大宗货物海铁联运物流枢纽港管委会共同签订合作协议。

招商银行宁波分行成功竞得宁波地区第一张电子商业汇票。

29日 人行宁波市中心支行组织召开2009年宁波市房地产金融联席会议。

中国信保宁波分公司和宁波市外经贸局联合举办“2010年中国宏观经济暨外贸促进政策走势高端论坛”。

30日 全省邮政金融工作协调小组会议在宁波举行，浙江省邮政公司吴鼎钧总经理主持会议。

11月

4日 国家外汇管理局王小奕副局长来宁波调研，重点了解国际金融危机发生一年来宁波市涉外经济和外汇收支形势。

8日 招商银行宁波分行举行十周年行庆答谢晚会，招商银行总行王庆彬行长助理莅临现场。

11~12日 宁波银监局举办全局干部业务培训班。

12日 由光大银行宁波分行承办的光大集团新闻宣传工作会议暨《光大报》通讯员培训班在宁波举办，光大集团党委委员、纪委书记袁长清出席会议。

由中国保险行业协会组织的北方各省区保险行业协会交流会在宁波举行。

13日 宁波国际金融服务中心南区举行开工奠基仪式，中行宁波市分行、建行宁波市分行、交通银行宁波分行和宁波银行等金融机构参加奠基仪式。

招商银行宁波分行与宁波市港航管理局在波特曼大酒店举办航运行业研讨会。

14日 人行宁波市中心支行机关举行“我健身、我快乐”环东钱湖健步走活动。

16日 农发行总行金融形势分析暨庆祝债券发行100期会议在宁波召开。

中信银行宁波中山路支行开业。

安诚财险宁波市象山支公司开业。

17日 农行总行任命徐立君为农行宁波市分行党委委员、副行长。

中行宁波市分行辖内112家网点对私业务授权全部上收，至此中行宁波市分行形成全辖1个授权中心的运行模式。

19日 宁波保监局与市卫生局共同举办“宁波市保险业贯彻医改意见研讨会”。

泰康人寿总公司副总裁贾莉萍莅临泰康人寿宁波分公司指导工作。

20日 宁波银监局组织召开第六届沿海五城市（大连、青岛、宁波、厦门和深圳）银行监管联席会议。

24日 兴业银行宁波分行举办“成就财富梦想，共享幸福人生—贵宾客户健康与财富沙龙”。

光大银行宁波宁海支行开业。

24日 浙商银行总行陈春祥副行长莅临浙商银行宁波分行指导工作。

24日~28日 中国人寿总公司在甬举办人力发展及初级主管育成训练营推广提升班。

26日 中国人民银行工会工作座谈会在宁波召开。中国人民银行总行党委委员、纪委书记兼工会主任王洪章出席会议并作重要讲话。

国开行总行纪委书记徐宜仁出席在宁波召开的联合监督工作研讨会，并与宁波市副市长苏利冕进行会谈。

30日 宁波银监局凌敢局长与吕碧琴副局长会见兴业银行总行康玉坤副行长。

兴业银行总行康玉坤副行长莅临兴业银行宁波分行指导工作。

华夏银行宁波鄞州支行开业。

31日 泰隆银行宁波观海卫支行开业。

11月 人行宁波市中心支行承办中国人民银行上海总部党校第一期县（市）支行领导干部进修班。

12月

3日 建行总行零售网点转型验收见面会在建行宁波市分行召开。

光大银行宁波分行被全国妇联中国妇女基金会授予支持中国妇女公益事业“慈善典范奖”。

4日 临商银行总行行长赵强莅临临商银行宁波分行指导工作。

6日 兴业银行宁波分行顺利完成全国支票影像系统直连模式切换工作。

7日 深发银行宁波象山支行开业。

8日 宁波银监局凌敢局长会见恒生银行（中国）关燕萍行长一行。

温州银行总行党委书记李金寿莅临温州银行宁波分行指导工作。

新华保险宁波分公司召开2010年计划工作会。

9~10日 中国人寿总公司在宁波召开全国系统销售风险提示报告试点总结暨2010年销售督察工作研讨会。

9~12日 招商银行宁波分行在镇海九龙湖召开2010年工作务虚会。

10日 工行宁波市分行与中国移动宁波分公司在宁波移动通信枢纽大楼签订战略合作协议。

11日 工行总行钱颖一独立董事来工行宁波市分行调研。

11~12日 宁波银行召开2009年度总结会议暨2010年度工作会议。

11日 中共温州银行宁波分行委员会成立。

16日 工行宁波市分行与市交通局在新兴大酒店举行全面合作框架协议签约仪式。

浦发银行宁波分行奉化支行开业。

浙商银行总行徐仁艳副行长来浙商银行宁波分行对分行领导班子进行年度工作考核。

17日 宁波银监局向中国银监会纪委推进惩防体系建设工作检查组汇报工作开展情况。

浙江民泰商业银行宁波分行在东港喜来登酒店举行开业典礼，原省委副书记梁平波、宁波市副市长苏利冕、台州市副市长徐仁鹤等领导出席典礼。

平安产险宁波分公司周巷营业部在香苑大酒店开业。

新华保险宁波分公司迁至海曙区车轿街69号恒泰大厦。

21日 太平人寿宁波分公司2009年度总结表彰暨新年启动大会在金港大酒店举行。

22日 浙商银行宁波分行举办行庆五周年员工文艺汇演和“迎新春，庆行庆”答谢酒会。

24日 宁波银监局纪委召开2009年度行风监督员座谈会。

25日 人行宁波市中心支行召开2009年度宁波市银行信息化联席会议暨金融IC卡工作会议。

农行宁波市分行第一个小企业金融服务中心在农行鄞州支行正式挂牌营业。

临商银行总行董事长王傢玉莅临临商银行宁波分行指导工作，并出席宁波分行成立一周年暨迎新春团拜会。

泰隆银行总行任命冯贻昌为泰隆银行宁波分行行长助理。

中国人寿宁波市分公司在开元名都大酒店召开全市系统2010年工作会议。

慈溪民生村镇银行第一家分支机构——古塘支行开业。

26日 平安产险宁波分公司2009年度表彰大会暨2010年迎新联欢会在飞越大剧场举行。

26~27日 浦发银行宁波分行在宁波香格里拉大酒店召开2010年度工作会议。

27日 工行宁波市分行在宁波大剧院举办“工行之夜”新年交响音乐。

28日 民生银行宁波开明街支行开业。

28日 宁波银行第三届董事会第八次会议同意聘任顾颂东为宁波银行行长助理。

中信银行宁波分行举行中信银行宁波小企业金融中心揭牌仪式。

29~30日 浦发银行总行吉晓辉董事长莅临浦发银行宁波分行指导工作。

30日 工行总行任命蔡志文、陈霄为工行宁波市分行党委委员、副行长。

30日 国开行宁波市分行办理首笔票据贴现业务。

农行总行党委委员、副行长杨琨来农行宁波市分行调研。

第四部分

机构名录篇

·宁波市金融机构及负责人名录·

中国人民银行宁波市中心支行

行　　长：殷兴山
助理巡视员：胡茂伟
副行长：谢伟江　胡春霖　周伟军
纪委书记：刘　孟（女）
办公室
　　主任：宋建江
　　副主任：俞　罡　李巧琴（女）
宣传群工部
　　部长：叶盛青
　　副部长：杜亚萍（女）
内审处
　　处　长：贺绎奋
　　副处长：张跃群（女）
纪检监察办公室
　　主任：钱宏伟
人事处
　　处　长：谢晓杭（女）
　　调研员：陈炳潮
　　副处长：严　菊（女）
科技处
　　处　长：邬向阳
　　副处长：张文元
货币信贷管理处
　　副处长：鲍　雯（女）　田国良
统计研究处
　　处　长：孙景德
　　副处长：赵玲芳（女）　何振亚（女）
会计财务处
　　处　长：应姬臣（女）
　　调研员：孙　震
事后监督中心
　　主　任：贺永初
　　副主任：李洁芬（女）
国库处
　　处　长：梁国平
　　副处长：闻悦弋（女）
货币金银处
　　处　长：鲍贤恩
　　调研员：郦阿五　包斌伶
保卫处
　　处　长：邬　敏
后勤服务中心
　　主　任：陈鸣永
　　调研员：陈海永
　　副主任：陈明法
营业部
　　主　任：毛剑锋
　　副主任：袁冬勤
反洗钱处
　　处　长：赵国芬（女）
国际收支处
　　处　长：周　豪
　　副处长：黄肖明（女）　徐惠良
经常项目处
　　处　长：鞠志杰
　　副处长：王春晓（女）
资本项目处
　　副处长：王枚良　戈永平
钱币博物馆
副馆长：任力刚

地　址：宁波市江东北路138号
邮　编：315040
电　话：87058000

中国银行业监督管理委员会宁波监管局

党委书记、局长：凌　敢
党委委员、副局长：吕碧琴（女）　施先强
党委委员、纪委书记：曹嫣红（女）
办公室
　　副主任（主持工作）：马朝晖
　　副主任：宋三旭
监管一处
　　处　长：张亚娟（女）
监管二处
　　处　长：严　斌

副处长：陈伟国
监管三处
处　长：崔宇杰
副处长：王伟玲
监管四处
处　长：张建波
副处长：谈　晨
监管五处
副处长（主持工作）：黄春安（女）
副处长：施益波
统计信息处
副处长（主持工作）：宋宇红（女）
副处长：叶明杰
财务会计处
副处长（主持工作）：陈　唯（女）
人事处（组织部）
处长（部长）：张绪里
副处长（副部长）：吴高佩（女）
宣传部
副部长：（主持工作）：张其祥
监察室
主　任：张绪里（兼）
副主任：吴高佩（兼）
后勤服务中心
副主任：柳惠芳

地　址：宁波市江东北路138号
邮　编：315040
电　话：87978012

中国证券监督管理委员会宁波监管局

局　长：吕逸君
副局长：陆意琴（女）　李立国
办公室
主　任：余　琍（女）
党委办公室
副主任（主持工作）：吴志华
上市公司监管处
处　长：茅剑刚
机构监管处
处　长：王章明
稽查处
处　长：应飞军
期货监管处
副处长（主持工作）：朱　铮（女）

地　址：宁波市药行街139号中国银行大楼18层
邮　编：315010
电　话：87325107

中国保险监督管理委员会宁波监管局

局　长：邓俊辉
副局长：姜国富　杨立旺
办公室
副主任：耿岳
人事教育处
副处长：陈　红（女）
人身保险监管处
处　长：毛小兵
财产保险监管处
副处长：胡碧华
保险中介监管处
副处长：张　蕾（女）
统计研究处
副处长：高　柱
法制处
副处长：傅镇和

地　址：兴宁路47－48号宁波大学商务中心
邮　编：315041
电　话：87848525

中国农业发展银行宁波市分行

党委书记、行长：王全来
党委委员、副行长：徐世平　宋忠伟　应　勤

地　址：宁波市灵桥路255号
邮　编：315000
电　话：87072821

国家开发银行宁波市分行

行　长：樊立新
副行长：陈启斌　丁志宏　钟伟栋
办公室
副主任：赵国恒　陈志尚
业务发展处
副处长：逄阿强
经营管理处（信息科技处）
处　长：燕青山
副处长：陈　斌
国际合作业务处

处　长：唐忠杰
风险管理处
处　长：杜玉鼎
副处长：邓昂希
评审处
处　长：秦雪滨
副处长：袁　兢　林　求
客户一处
处　长：虞　旦
客户二处
处　长：张　禾
副处长：吴　坚
客户三处
处　长：柳培德
副处长：田玉才
人事处
处　长：阎喜武
副处长：杨莹（女）
财会处
处　长：吕　东
副处长：彭　凯
纪检监察办公室
主　任：韦良春

地　址：宁波市镇明路 36 号中信银行大厦 22－26 层
邮　编：315000
电　话：83872888

中国工商银行股份有限公司宁波市分行

行　　长：周志方
副行长：胡茂祥　王伟民　董继松　蔡志文　陈　霄
纪委书记：江甬辉
办公室（党委办公室）
主　任：董春阳
副主任：罗海宏　范国芳
管理信息部
总经理：周志芬（女）
副总经理：石学军
财务会计部
总经理：李桂珍（女）
副总经理：黄胜军　陈建武
资产负债管理部（机构业务部）
总经理：陈柳荫（女）
副总经理：方永兆
个人金融业务部
总经理：郑　晔
副总经理：唐俏蕾（女）陈艳萍（女）
银行卡业务部
总经理：胡宏伟
副总经理：孙立人　陶　颖（女）
公司业务部
总经理：王国伟
副总经理：陈淑平（女）卓国良　周朝阳
信贷管理部
总经理：胡仁义
副总经理：谢祖裕　赵晓青（女）
授信审批部
总经理：林宜国
副总经理：龚益民　江国峰　宋文军（女）
风险管理部
副总经理（主持工作）：吕　涛
副总经理：曹志明
法律事务部
总经理：郭猛进
副总经理：姚松富
运行管理部
总经理：严立群（女）
副总经理：陈　芳（女）　蒋丽君（女）
第二营业部
总经理：熊雅珍（女）
副总经理：陈国明
结算与现金管理部
总经理：傅慧群（女）
副总经理：李　红（女）
电子银行部
总经理：陈良江
副总经理：胡毓珍（女）
国际业务部
总经理：徐　艳（女）
副总经理：徐小育　庄一本　王薇（女）
内控合规部
总经理：叶丽丽（女）
副总经理：赵海萍（女）董雅珠（女）
信息科技部
总经理：林振良
副总经理：黄文俊　张天成
人力资源部
总经理：严爱兵（女）
副总经理：卢建玲（女）胡亚萍（女）

现金营运中心

总经理：熊雅珍（兼）

副总经理：吴　斌　庄升明

保卫部

总经理：汪交根

副总经理：杜海生

监察室

主　任：竺道根

副主任：王经海

工会办公室

主　任：李　勇

副主任：陈英鼎

党委宣传部

团委书记：毛虹波（女）

营业部

总经理：吴志刚

副总经理：潘海英（女）　程　鸣

通商财富中心（筹）

筹建组组长：陆信业

筹建组副组长：吕红伟

地　址：宁波市中山西路218号

邮　编：315010

电　话：87361135

中国农业银行宁波市分行

行　长：姜瑞斌

副行长：彭超英　殷志云　胡炜铭　徐立君

纪委书记：钱　婷（女）

综合管理部

总经理：娄鞠野

副总经理：曹　砡

计划财会部

总经理：夏惠君（女）

副总经理：尹玉萍（女）

风险管理部

总经理：徐文金

内控合规部

总经理：戴国平

副总经理：周建平 蒋　春

结算与现金管理部

总经理：王　军

副总经理：陆　晔（女）

运营管理部

总经理：余　萌（女）

副总经理：李松祥

公司业务部

总经理：褚春文

副总经理：俞万可

大客户部

总经理：许惠光

副总经理：姚新萍（女）

机构业务部

总经理：陆建范

副总经理：杨雪芬（女）

个人金融部

总经理：钱建伟

副总经理：叶永平

三农金融部

总经理：袁忠鹤

房地产信贷部

总经理：陈海华

信贷管理部

总经理：陈完人

资产处置部

总经理：俞三华

副总经理：凌建树

信用卡中心

总经理：毛文玉（女）

副总经理：钱正良

国际业务部

副总经理（主持工作）：吕　源

电子银行部

总经理：李志江

信息技术管理部

总经理：陈　亮

人力资源部

总经理：钱　婷（兼）

副总经理：汤冠群

工会办公室

主　任：马如伦

副主任：陈宝丰

监察部

总经理：茅壮维

副总经理：徐广法

安全保卫部

总经理：谢良江

副总经理：亓　辉

地　址：宁波市中山东路518号

邮　编：315040
电　话：87363537

中国银行股份有限公司宁波市分行

行　长：钱建忠
副行长：张　芸（女）　肖　磊　毛俊平
　　　　徐　慧（女）
纪委书记：陈先明
工会工作委员会
　主　任：张雪芬（女）
　常务副主任：王爱琴（女）
办公室
　主　任：周世菲（女）
　副主任：徐剑鸣　唐军民
人力资源部
　总经理：宣立慧（女）
培训中心
　主　任：黄伟祥
计划财务部
　总经理：叶　萍（女）
风险管理部
　总经理：孙曙光
　副总经理：姚华芳　徐　驰
资金业务部
　总经理：吴玮华（女）
公司业务部
　总经理：金玲丽（女）
　副总经理：叶　菁　庄建军　林弋钧　朱永波
授信执行部
　总经理：张建培
　副总经理：李鲁舟
个人金融部
　总经理：陈能珍
　副总经理：黄波涛　胡宇罡　黄意波（女）
银行卡部
　总经理：张良钢
　副总经理：尉敏华（女）
国际结算部
　总经理：李　海
　副总经理：钟　敏连　俊
会计结算部
　副总经理：陈　蘅（女）方　敏（女）
营业部
　总经理：叶秋华（女）
　副总经理：李群波（女）李宏惠
运营部
　总经理：尤思标
　副总经理：宫向群（女）张有金
监察内控部
　总经理：曹炯明
　副总经理：赵　敏（女）　刘　滨
保卫部
　总经理：王洪光
　副总经理：庄聪波
信息科技部
　总经理：陈　明
　副总经理：陈　宇
党务工作部
　副部长：李先荣

地　址：宁波市药行街139号
邮　编：315000
电　话：87196666

中国建设银行股份有限公司宁波市分行

行　长：刘丽华（女）
副行长：葛王杰　任国正　陈恒星
纪委书记：张依娜（女）
风险总监：叶　进
行长助理：卢　冲
办公室
　主　任：陈晓峰
　副主任：赵东海　唐再顺
人力资源部
　总经理：梁　真（女）
　副总经理：柯　健　顾有定　屠恒来
计划财务部
　总经理：陈丛笑（女）
　副总经理：俞建红（女）　陈岳辉
会计部
　总经理：王承飞
　副总经理：童铭红（女）
风险管理部
　总经理：张海郎
　副总经理：卢爱民　陈亚明　李春阳　丁建业
信贷审批部
　总经理：周红绩
　副总经理：张世英（女）
公司业务部
　总经理：张一敏

副总经理：李晓明　吕　呈
机构业务部
副总经理（主持工作）：应　平
副总经理：徐亚红（女）
国际业务部
总经理：张　威
投资银行部
副总经理（主持工作）：商国良
工程造价咨询中心
副总经理（主持工作）：包建军
个人金融部
总经理：蒋　怡（女）
副总经理：叶小康　陈　路（女）陈坚韩
房金部
副总经理（主持工作）：胡谨俊
副总经理：杨英杰　刘福娣（女）
信用卡中心
总经理：刘盛波
副总经理：黄国民
资产保全部
总经理：邬建国
副总经理：叶文龙
法律合规部
总经理：金技能
副总经理：周　宏
信息技术管理部
总经理：蔡　震
副总经理：潘武杰　周正威
营运管理部
副总经理（主持工作）：王　静（女）
副总经理：谢蓁力　陆　萍（女）
电子银行部
总经理：王剑飞（女）
副总经理：邱伟成
纪检监察部
总经理：余国海
安全保卫部
总经理：许跃南
副总经理：王惠中　宋定元　沈文正
企业文化部
总经理：沃立民
基建办公室
总经理：陈海英
系统工会
副主任：方　方（女）
营业部
主　任：韩国辉
副主任：钱建国　吴志刚　周齐齐（女）

地　址：宁波市广济街31号
邮　编：315010
电　话：87323757

交通银行股份有限公司宁波分行

行　长：熊克宁
副行长：杜希一　唐海萍（女）　方　健
办公室
主　任：宋春海
人力资源部
总经理：朱祝娟（女）
副总经理：包岳龙
预算财务部
总经理：李立雄
副总经理：张　君（女）
公司业务部
总经理：王勤勇
副总经理：商小奋（女）
业务拓展部
总经理：薛明霞（女）
国际业务部
总经理：陈　红（女）
副总经理：刘　文（女）
个人金融业务部
副总经理：金　琼（女）　徐新波
会计结算部：
总经理：姚　新（女）
副总经理：陈洁波
授信管理部
副总经理：陈卫东
零售信贷部
总经理：沈忠法
副总经理：王　彤（女）
风险监控部
副总经理：魏春风（女）
资产保全部
总经理：刘国富
副总经理：张　勇
审计部
总经理：魏　力
副总经理：徐一兵

法律合规部
　　副高级经理：吕　民
信息技术管理部
　　总经理：叶　坚
电子银行部
　　副总经理：王　睿
监察室
　　主　任：沈卫国
保卫部
　　总经理：柯国荣
　　副总经理：严海滨
工会办公室
　　主　任：张鸣凤（女）
行政部
　　总经理：卢元华
　　副总经理：朱明岳
营业部
　　总经理：张文华
　　副总经理：顾为民

地　址：宁波市中山东路55号
邮　编：315000
电　话：87363921

上海浦东发展银行股份有限公司宁波分行

行　长：楼戈飞
副行长：丁天佑　顾惠明　施　慧（女）
　　　　林伟峰
办公室
　　主　任：肖成华
　　副主任：张顺樵　谷存忠
总行审计特派办
审计特派员：白　宇
人力资源部
　　总经理：陆　明（女）
财务部
　　总经理：温海鹰（女）
　　副总经理：李　琼（女）
财务会计核算中心
　　总经理：孙宇婷（女）
运营管理部
　　总经理：俞海燕（女）
公司银行业务管理部
　　总经理：周云鹤
公司银行产品部
　　总经理：鱼东海
公司银行客户部
　　总经理：董　慧（女）
营销管理部
　　总经理：陶兆军
授信审查部
　　总经理：甘兆雯（女）
资产保全部
　　总经理：陈京生
风险管理部
　　总经理：王德华
信息科技部
　　总经理：杨华明
贸易服务中心
　　总经理：朱伟章
营业部
　　总经理：王亮平
个人银行发展管理部
　　总经理：金刚亮
银行卡及渠道管理部
　　总经理：郑　斌
财富管理部
　　总经理：张志豪
个人信贷部
　　总经理：陈碧飞（女）
个人银行风险管理部
　　总经理：何继平
合规部
　　总经理：徐之光

地　址：宁波市江厦街21号
邮　编：315000
电　话：87268111

兴业银行股份有限公司宁波分行

行　长：黄忠斌
副行长：王建元　王海青
行长助理：邹汝林
综合部
　　总经理：冯万国
计划财务部
　　总经理：卢建敏（女）
风险管理部
　　总经理：李莉莉（女）
　　副总经理：郑旭东

信用审查部
副总经理（主持工作）：毛伟杰
会计结算部
总经理：王静燕（女）
副总经理：王　薇（女）
国际业务部
总经理：茅　真
企业金融部
总经理：张　延
副总经理：陈东辉
同业业务部
总经理：卢建敏（兼）
副总经理：王大为
零售事业部
副总监：毛仁波
信息科技部
副总经理（主持工作）：柴国栋
法律与合规部
副总经理：毛伟杰
业务拓展一部
总经理：周建宏
业务拓展二部
总经理：薄永宏
业务拓展三部
总经理：叶青松
业务拓展四部
总经理：虞铭波
业务拓展五部
总经理：龚明勇

地　址：宁波市百丈东路905号
邮　编：315040
电　话：87733333

中国光大银行股份有限公司宁波分行

行　长：杨　明
副行长：卢伟龙
风险总监：李　明
行长助理：潘　锋
办公室
总经理：邵国明
副总经理：胡　洪　王秋霞（女）
计划财务部
总经理：陈　前
副总经理：贺久贞（女）
公司业务管理部
总经理：凌　华
副总经理：陈　伟
零售业务部
总经理：黄　芳（女）
副总经理：李肖军（女）　邱建威　韩将兴
风险管理部
总经理：熊国精
中小企业业务部
副总经理（主持工作）：瞿　鹰
运营管理部
总经理：史林龙
副总经理：范雄雄
贸易金融部：
总经理：徐　伟
副总经理：郁海卿　陈敏洁（女）
法律合规部
总经理：赵建廷
监察部
总经理：凌建国
信息科技部
总经理：黄　行
公司业务一部
副总经理：隋剑雄
公司业务二部
总经理：肖　剑
公司业务四部
总经理：胡建军
副总经理：林忆宁（女）
公司业务五部
副总经理：谢薛强
公司业务六部
总经理：江　锋
副总经理：傅　瞰
公司业务七部
总经理：邵竹梅
公司业务八部
总经理：张镇平（女）
营业部
总经理：周满达

地　址：宁波市福明路828号恒富大厦8楼
邮　编：315010
电　话：87311527

深圳发展银行股份有限公司宁波分行

行　长：洪　卉
财务执行官兼运营执行官：金宗国
信贷执行官：齐文波
行政总监：盛志鹏
行长助理：袁利明　叶俊伟　张清和　汪云飞

地　址：宁波市江东北路138号
邮　编：315400
电　话：87721124

招商银行股份有限公司宁波分行

行　长：王　麟
副行长：郑　锐　金伟进　陈海强
行长助理兼台州分行行长：徐跃军

地　址：宁波市百丈东路938号
邮　编：315041
电　话：87015501

中信银行股份有限公司宁波分行

行　长：夏年炉
副行长：金民强　陈舟波　朱兆良　王立民
行长助理：唐伟华
办公室
　　主　任：张水梁
　　副主任：詹蔚波
行政保卫部
　　总经理：张水梁（兼）
　　副总经理：白　敏
人力资源部（党群监察部）
　　总经理：张水梁（兼）
公司银行部
　　总经理：唐伟华
　　副总经理：黄　豪（女）
零售银行部
　　总经理：张吉军（女）
　　副总经理：王　挺
国际业务部
　　副总经理（主持工作）：漆文洪（女）
资金资本市场部
　　总经理：洪奉骏
工商企业部
　　副总经理（主持工作）：陈一健
信贷管理部
　　总经理：成　钢
法律保全部
　　总经理：朱兆良
　　副总经理：余　亮
风险管理部
　　总经理：朱兆良
　　副总经理：袁　立
计划财务部
　　副总经理（主持工作）：洪双燕（女）
会计部
　　总经理：王冠芳
审计部
　　总经理：孙常叶（女）
信息技术部
　　副总经理（主持工作）：俞建立
营业部
　　总经理：戴　薇（女）
公司银行业务一部
　　总经理：陈赛莉（女）
　　副总经理：虞雪娩（女）
公司银行业务二部
　　总经理：夏旭莹（女）
公司银行业务三部
　　总经理：胡惠珍（女）
公司银行业务四部
　　总经理：陈益华
公司银行业务六部
　　总经理：陆建烈
　　副总经理：谢胡灵　何剑海
公司银行业务九部
　　总经理：洪奉骏
　　副总经理：周　莉（女）

地　址：宁波海曙区镇明路36号
邮　编：315100
电　话：0574-87733226

中国民生银行股份有限公司宁波分行

副行长（主持工作）：方海良
副行长：孙红英（女）　刘衍友
行长助理：王育清
办公室
　　副主任（主持工作）：林　涛
机构管理中心

总经理：何忠新

保卫处

处　长：李勇

人力资源部

副总经理（主持工作）：励　嘉（女）

计划财务部

总经理：林　梅（女）

科技部

总经理：朱　康

运营管理部

副总经理（主持工作）：孔晶玲（女）

票据业务部

副总经理（主持工作）：王根宣

授信评审部

总经理：乔红涛

资产监控部

总经理：王育清（兼）

公司银行管理部

总经理：陈雨生

企业金融一部

市场总监：俞海克

企业金融三部

市场总监：项　宁

中小企业业务管理部

总经理：郑畅翔

中小企业风险管理部

华东评审派驻：林政格

零售银行市场营销部

总经理：虞　健

零售银行财富管理部

总经理：励　嘉（兼）

零售银行运营保障部

总经理：岳光春（女）

零售银行个贷管理部

总经理：陈建华

地　址：宁波市中山西路166－168号

邮　编：315010

电　话：87260535

广东发展银行股份有限公司宁波分行

行　长：王天云

副行长：周兵辉（女）　忻军辉

行长助理：邱振众　王国君

办公室

总经理：胡志浩

副总经理：孔允康

监察保卫部

总经理：胡志浩（兼）

副总经理：孔允康（兼）

人力资源部

总经理：陆建梅（女）

运营部

总经理：张伟东

信息技术部

总经理：包若夫

信贷管理部

总经理：郑永君

副总经理：卓　融

信贷审查部

总经理：王　腾

计划财务部

总经理：陈凤羽（女）

公司银行部

总经理：李哲峰

个人银行部

总经理：谢仁备

贸易融资部

副总经理（主持工作）：华晓波（女）

信用卡部

总经理：叶国光

合规部

总经理：张旸俊

稽核部

总经理：金

营业部

总经理：金大宇

副总经理：徐子恩　诸绍良

国际业务拓展部：

总经理：李京潍（女）

地　址：宁波市灵桥路473号

邮　编：315000

电　话：87289888

浙商银行股份有限公司宁波分行

行　长：张叶艺

副行长：张巧克　蒋　荣　潘华枫

行长助理：应继红（女）张　峰

办公室

主　任：王晓姣（女）

安全保卫部

副总经理：黄庆国

人力资源部

总经理：王晓姣（兼）

风险管理部（合规部）

总经理：袁志定

公司银行部（国际业务部）

总经理：卢建云

副总经理：冯晓敏（女）

投资银行部

副总经理：刘丹波

零售银行部（小企业银行部）

副总经理：章爱斌

授信评审部

总经理：杨建辉

会计科技部

总经理：吴洲雷

副总经理：王志光

计划财务部

总经理：周晓莹（女）

营业部

副总经理：张　颖（女）

业务发展一部

总经理：陈子健

业务发展二部

总经理：王　晓（女）

业务发展三部

副总经理：方　丹（女）　钱　红（女）

市场拓展一部

副总经理：李毓慧（女）　刘柏云

地　址：宁波市中山西路88号

邮　编：315010

电　话：87369802

华夏银行股份有限公司宁波分行

党委书记、行长：魏开文

党委委员、副行长：何将寅　刘光志

党委委员（负责纪检工作）：陈成天

党委委员、首席信用风险官：程　迅

办公室

主　任：孙志军

监察室

副主任：邵　新

人力资源部

总经理：孙志军（兼）

公司业务部

总经理：黄雪芳（女）

个人业务部

总经理：陈文涛

副总经理：应菊峰（女）

计划财务部

副总经理（主持工作）：胡科军

国际业务部

总经理：高朝辰

授信管理中心

副主任：韩闰芬（女）

授信审批中心

负责人：陈凤谷

资产保全中心

负责人：陈　平

会计部

总经理：齐玉霞（女）

副总经理：缪幸娜（女）

信息技术部

总经理：赵继海

合规部

总经理：阮忠荣

营业部

副总经理：李伟丽（女）

业务二部

总经理：李清彦

业务三部

总经理：孙宇星

业务四部

副总经理：姚红伟

业务五部

总经理：何　为

业务六部

总经理：程　芳（女）

业务七部

副总经理：白冬海

业务八部

副总经理：严迪飞

业务九部

总经理：袁家民

副总经理：裘肖青（女）　阮亚波（女）

票据中心

总经理：王　萍（女）

地　址：宁波市百丈东路787号利时大厦
邮　编：315040
电　话：87972515

中国邮政储蓄银行宁波分行

党委书记、行　长：陈建宏
党委委员、副行长：江传芳　陈文平
党委委员、纪委书记：江传芳（兼）
副总审计师：周永鉫
办公室
　　副总经理（主持工作）：王士忠
人力资源部
　　总经理：郑小忠
计划财务部（会计结算部）：
　　副总经理（主持工作）：王海瑛（女）
个人业务部
　　总经理：曹存炳
公司业务部
　　副总经理（主持工作）：邵　辉
信贷业务部
　　副总经理（主持工作）：倪忠良
渠道管理部
　　总经理：林伟华
科技发展部
　　总经理：刘延春
审计保卫部（风险合规部）
　　副总经理（主持工作）：邵黎红（女）

地　址：宁波市江北区桃渡路120号
邮　编：315020
电　话：27670985

宁波银行股份有限公司

董事长：陆华裕
行　长：俞凤英（女）
监事长：张　辉
副行长：洪立峰　邱少众　罗维开　陈雪峰
　　　　罗孟波

地　址：宁波市中山东路294号
邮　编：315040
电　话：87050028

上海银行股份有限公司宁波分行

行　长：沈业贵
副行长：祝文卿　夏永刚
行长助理：刘民钢　董　杰
高级主管：曹松子（女）
办公室
　　主　任：蒋勇生
　　副主任：曹　荣
资金财务部
　　总经理：韩颗萍（女）
会计结算部
　　副总经理：陈银菊（女）
信息技术部
　　总经理：徐卫民
公司金融部
　　总经理：王炳良
　　副总经理：朱　志　许小和
小企业金融部
　　负责人：张　斌
公司业务一部
　　总经理：徐晓益
　　副总经理：王维一
公司业务二部
　　副总经理：徐未汛
公司业务三部
　　副总经理：李东欣　吕　群（女）
风险管理部
　　总经理：盛晓燕（女）
　　副总经理：邵标章
个人金融部
　　总经理：夏昱强
营业部
　　副总经理：王雅芬（女）
外汇业务部
　　副总经理：杨　静（女）
审计部
　　副总经理：厉　锋

地　址：宁波市江东区朝晖路1号
邮　编：315040
电　话：87979800

包商银行股份有限公司宁波分行

行　长：陈立平
副行长：张宪胜　徐文勇
风险总监：郝春梅（女）
行长室成员：杨碧红（女）

办公室
副主任（主持工作）：刘晋瑟
副主任：戴光伟
人力资源管理部：
总经理助理（主持工作）：董淑芹（女）
财务部
副总经理（主持工作）：傅剑舜
合规部
副总经理（主持工作）：梁宏伟
授信审批部
副总经理（主持工作）：余炽炜
风险管理部
总经理助理（主持工作）：吴　斌
公司业务部
总经理：俞国民
贸易金融部
总经理：项风凯
零售业务部
副总经理：毛菁莹（女）
小企业金融部
副总经理（主持工作）：张　雯（女）
营业部
总经理：柳建军
业务发展一部
副总经理（主持工作）：姚玉堂
业务发展二部
副总经理（主持工作）：娄延海
副总经理：严　婷（女）
业务发展三部
总经理：陆海平
副总经理：工　崎
业务发展四部
总经理助理（主持工作）：李　伟
业务发展五部
总经理：蔡海伦
业务发展六部
副总经理（主持工作）：虞　军
业务发展七部
副总经理（主持工作）：潘家裕
业务发展八部
副总经理（主持工作）：汤激文
业务发展九部
副总经理（主持工作）：张荣芳（女）
业务发展十部
副总经理（主持工作）：周宏骏
业务发展十一部
副总经理（主持工作）：潘亚军
绍兴业务部
总经理：沈立民

地　址：宁波市百丈东路883－885号
邮　编：315040
电　话：8781671

临商银行股份有限公司宁波分行

行　长：卢立富
副行长：徐　俭　葛仲泰

地　址：宁波市沧海路1918－1924号上东商务中心
邮　编：315040
电　话：87860199

浙江泰隆商业银行股份有限公司宁波分行

行　长：颜利红（女）
行长助理：毛仁忠　冯贻昌

地　址：宁波市中山东路437－439号
邮　编：315040
电　话：87861100

杭州银行股份有限公司宁波分行

行　长：邵为民
行长助理：裴　烨
风险总监：张利平

地　址：宁波市惊驾路598－622号
邮　编：315040
电　话：27991101

温州银行股份有限公司宁波分行

行　长：张志勇
副行长：沈　云　钟增力

地　址：宁波市江东区世纪大道北段555－1号温州银行大厦
邮　编：315040
电　话：87860999

浙江民泰商业银行股份有限公司宁波分行

行　长：董　明
副行长：陈志远
行长助理：司徒伟龙

地　址：宁波市鄞州区钱湖北路942号
邮　编：315100
电　话：82807028

象山国民村镇银行有限责任公司

董事长：马亚芬（女）
行　长：王国俊

地　址：象山县石铺镇金山路浦港茗都街面15号
邮　编：315731
电　话：65981238

慈溪民生村镇银行股份有限公司

董事长：黄敏军
行　长：顾少军
行长助理：许冬明
监事长：朱祖强

地　址：慈溪市周巷镇兴业北路1号
邮　编：315324
电　话：63336001

宁波国际银行

董事长：黄鹏年
总经理：邓满浩
副总经理：李国源　俞　骏（女）
独立董事：吴再鸣
财务会计部（信贷管理部）
　　高级经理：周立军
办公室
　　高级经理：陈桂兰（女）
国际业务部
　　高级经理：竺　颖（女）
营业部
　　高级经理：王海芬（女）
信息技术部
　　高级经理：徐海红（女）
资金部
　　经理：李　瑾（女）
市场信贷部
　　经理：陈继杰
人力资源部
　　经理：邹小剑（女）
风险管理部
　　经理：徐　琳（女）
审计部
　　经理：牟一军
合规部
　　经理：沈　起（女）

地　址：宁波市中山东路280号
邮　编：315040
电　话：87371313

协和银行有限公司

行　长：洪建远

地　址：宁波市江东北路138号
邮　编：315040
电　话：87729968

恒生银行（中国）有限公司宁波分行

行　长：邓汉英
副行长：陈启认　王志刚

地　址：宁波市海曙药行街77－81号都市仁和首层
邮　编：315010
电　话：83876888

汇丰银行（中国）有限公司宁波分行

行　长：曹　磊
副行长：高　欣　章海婷（女）　张京华（女）

地　址：宁波市彩虹北路50号波特曼中心C座101/201单元
邮　编：315040
电　话：87059000

中国人民财产保险股份有限公司宁波市分公司

总经理：毛寄文
副总经理：洪粮钢　费剑锋　吴成丕
办公室

主 任：邵 萍（女）
副主任：沈优明（女）
人事监审部（教育培训部）
总经理：范卫东
副总经理：罗 敏（女）
信息技术部
总经理：竺伟岳
渠道管理部
总经理：费剑锋（兼）
副总经理：伍晓雄
车辆保险部
总经理：方炯杰
副总经理：潘惠长 余侠虎
财产保险部（农业保险部、船舶货运险部）
总经理：曹默君
责任信用保险部（意外健康保险部）
总经理：罗 军
大型商业风险保险部
总经理：严 巍
副总经理：傅萍萍 应 铁
财务中心
主 任：邵 萍（兼）
副主任：张 琳（女）
承保中心（再保部）
主 任：陈文勇
副主任：贺敏宏
理赔中心（法律部、合规部）
主 任：吴成丕（兼）
副主任：叶 平 王仲昆 郑一民
客户服务管理部（客户服务中心）
主 任：李振毅
副主任：罗年华
电子商务营业部
总经理：李振毅（兼）
副总经理：李欢南
后勤保障部（培训中心）
总经理：范卫东（兼）
营业部
副总经理（主持工作）：吴小荣
副总经理：陈育民 曹伟达 金红珊（女）
直属业务部
总经理：王亦先
副总经理：薛雅琴（女）

地 址：宁波市海曙区大来街50号
邮 编：315000
电 话：87196111

中国太平洋财产保险股份有限公司宁波分公司

总经理：张 渝
副总经理：虞光军 鲍理达（女） 高雅琴（女）
总经理助理：邱小友

地 址：宁波市和义路95号
邮 编：315000
电 话：87268366

中国平安财产保险股份有限公司宁波分公司

总经理：朱国平
副总经理：韩 健 张勤琴（女）
人力资源部
经理：石敬军
办公室
经理：郭丽婕（女）
财务部
经理：李 隽（女）
企划部
经理：胡秋红（女）
客户服务部
经理：陈 杰
财产险理赔部
经理：冯国兴
车险意健险理赔部
经理：沈卫国
财产险部
经理：寇国强
车险部
经理：林 霞（女）
意健险部
经理：陈 薇（女）
新渠道业务部
经理：陈丽琼（女）

地 址：宁波市开明街396号
邮 编：315000
电 话：87281888

中国出口信用保险公司宁波分公司

总经理：陈小萍（女）

总经理助理：王屹
业务管理处
处　长：赖东锋
理赔追偿处
处　长：陈　磬（女）
综合处
处长助理：叶由兵
业务一处
处长助理：沈曙寰
业务二处
负责人：张永清

地　址：宁波市江厦街21号浦发大厦14楼
邮　编：315010
电　话：87341066

大众保险股份有限公司宁波分公司

总经理、党委书记：陈燕平
副总经理：李恒飞　童　科　孙建德
综合办公室
主　任：王爱平

地　址：宁波市江东区姚隘路959号
邮　编：315040
电　话：87011016

中华联合财产保险股份有限公司宁波分公司

党委书记、总经理：周波
党委委员、纪委书记、总经理助理：周东明
党委委员：童中怡
党委、行政办公室
主　任：吴良恩
计划财务部
总经理：钱　敏（女）
副总经理：沈　坚
业务管理部
总经理：徐本吉
副总经理：应乔义
信息技术部：
副总经理（主持工作）：王建宏
稽核监察部
总经理：茅晓友
客户服务中心
副总经理（主持工作）：洪立忠
副总经理：闵　丽（女）
中介管理部
副总经理（主持工作）：刘民述
工会
副主席（主持工作）：茅晓友
直属业务二部
总经理：林惠君
直属业务四部
总经理：王立咏
直属业务六部
副总经理（主持工作）：毛荣伟
直属业务七部
总经理：黄志敏

地　址：宁波市江东区桑田路643号
邮　编：315040
电　话：87811582

中国大地财产保险股份有限公司宁波分公司

党委书记、总经理：吕家麒
党委委员、副总经理：缪解纲　孙旭虹
党委委员：陈　奋（女）
办公室
副总经理（主持工作）：邓建军
人力资源部
副总经理：邓建军（兼）
计财部
总经理：陈　奋（兼）
车险部
总经理：柳可立
非车险部
总经理：张建平
人身险部
总经理：张亚芬（女）
销售管理部
总经理：赵任立
审计部
总经理：吕炳仁
客户服务部
总经理：孙旭虹（兼）

地　址：宁波市江东区朝晖路17号9－10楼
邮　编：315040
电　话：27860006

华安财产保险股份有限公司宁波分公司

总经理：林　峰
副总经理：张　展（女）

地　址：宁波市百丈东路711弄2号9楼
邮　编：315040
电　话：87979099

安邦财产保险股份有限公司宁波分公司

副总经理（主持工作）：余煜忠

地　址：宁波市灵桥路255号中宁大厦18楼
邮　编：315000
电　话：27862888

永安财产保险股份有限公司宁波中心支公司

总经理：许继革
副总经理：张柏江

地　址：宁波市江东区新天地东区9幢28号
邮　编：315040
电　话：27882800

天平汽车保险股份有限公司宁波中心支公司

副总经理（主持工作）：蒋　蓉（女）
副总经理：武　勇

地　址：宁波市灵桥路255号中宁大厦20楼
邮　编：315000
电　话：27829900

华泰财产保险股份有限公司宁波分公司

总经理：宋正光

地　址：宁波市蓝天路9号凯悦商务大厦12楼
邮　编：315400
电　话：27890055

阳光财产保险股份有限公司宁波市分公司

副总经理（主持工作）：缪君秋
总经理助理：李雪松

地　址：宁波市江南路39号A座3楼
邮　编：315040
电　话：27896657

渤海财产保险股份有限公司宁波分公司

副总经理（主持工作）：陈　峰
副总经理：许剑锋

地　址：宁波市天童北路933号和邦大厦主楼3楼
邮　编：315192
电　话：28882999

中银保险有限公司宁波中心支公司

总经理：李孟光
副总经理：周元璋

地　址：宁波市药行街139号27层
邮　编：315000
电　话：27866668

都邦财产保险股份有限公司宁波分公司

总经理助理（主持工作）：陈　飞
总经理助理：郑惠珍（女）
人事行政部
　　经理：卢　蕾（女）
财务部
经理助理：郑若耘（女）
理赔中心
　　经理：李文胜
车险部
　　经理：周旗扬
非车险部
　　经理：周旗扬（兼）
市场部
　　经理：卢　蕾（兼）
意健险部
经理助理：柳　洪

地　址：宁波市人民路132号外滩大厦22楼
邮　编：315020
电　话：87656866

民安保险（中国）有限公司宁波中心支公司

总经理：周孟国

地　址：宁波市鄞州区天童北路 933 号 A 座 8 楼
邮　编：315192
电　话：83081681

太平财产保险有限公司宁波分公司

总经理：奚志敏

地　址：宁波市镇明路 36 号中信银行大厦 18 楼
邮　编：315000
电　话：27891918

安诚财产保险股份有限公司宁波分公司

总经理：王春生
副总经理：王工良
总经理助理：林曾荣

地　址：宁波市鄞县大道 1299 号鄞州商会大厦南楼 5 楼
邮　编：315100
电　话：83089595

长安责任保险股份有限公司宁波中心支公司

总经理：莫亦军

地　址：宁波市文昌街 2 号文昌大酒店 8 楼
邮　编：315010
电　话：28872912

中国人寿财产保险股份有限公司宁波市中心支公司

总经理：叶劲松

地　址：宁波市府桥街 3 号恒隆中心北裙楼 7－8 楼
邮　编：315000
电　话：83892520

浙商财产保险股份有限公司宁波中心支公司

总经理：栗茂文
副总经理：李再成

地　址：宁波市江北区新马路 97 号
邮　编：315020
电　话：27991906

中国人寿保险股份有限公司宁波市分公司

党委副书记、副总经理（主持工作）：张忠平
党委委员、副总经理：王立华　应建彬
党委委员、纪委书记：周玉华（女）
办公室
　　主　任：毛亚东
人力资源部
　　总经理：姚明锦
工会工作部
　　副总经理：应仁达
内控合规部（监察部）
　　副总经理：陈晓敏（女）
财务处理中心
　　总经理：胡树茂
　　副总经理：张利萍（女）
业务处理中心
　　总经理：张培华
　　副总经理：孙一苓（女）
客户服务中心
　　总经理：朱秀红（女）
个险销售部
　　副总经理：郑继勋　杨　波（女）
团体业务部
　　总经理助理：屠益俊
银行保险部
　　总经理：郑　旸（女）
销售督察部（监察部）
　　副总经理：张释予（女）
教育培训部
　　副总经理：王　伟

地　址：宁波市解放南路 65 号阳光大厦
邮　编：315010
电　话：87290125

中国太平洋人寿保险股份有限公司宁波分公司

党委书记、总经理：陈兴土
党委委员、副总经理：李　敬
党委委员、总经理助理：葛善芳
总经理助理：潘　云
财务副总监：杨志良

地　址：宁波市和义路 95 号

邮　编：315000
电　话：87248532

中国平安人寿保险股份有限公司宁波分公司

总经理：韩　晓
副总经理：徐　箫（女）　陈　挺　卞东辉（女）
　　　　　李　艳（女）

地　址：宁波市开明街396号平安大厦15－16楼
邮　编：315010
电　话：87689816

泰康人寿保险股份有限公司宁波分公司

总经理：包嘉懿（女）
副总经理：谢金玉
法人业务系列第一责任人：朱　勇
个险业务系列分管责任人：肖　敏

地　址：宁波海曙区和义路168号万豪中心10－11层
邮　编：315000
电　话：87036688

新华人寿保险股份有限公司宁波分公司

总经理：胡柏保
总监：陈　刚
办公室
　主　任：王生勇
营销培训部
　总经理：王治涛
银行业务部
　总经理：陈梁元
团体业务部
　总经理：范生法
保费部
　总经理：魏啸宇
多元行销部
　总经理：丁宇宏
人力资源部
　总经理：尹树青
财务部
　总经理：黄永平
运营管理部
　总经理：陈　刚（兼）

地　址：宁波市海曙区车轿街69号恒泰大厦12、12A层
邮　编：315010
电　话：87278721

太平人寿保险有限公司宁波分公司

总经理：罗国华
副总经理：余　俭

地　址：宁波市中山西路2号恒隆中心4－6楼
邮　编：315010
电　话：87710888

民生人寿保险股份有限公司宁波中心支公司

总经理：汪　锋

地　址：百丈东路886－892万金大厦8楼
邮　编：315041
电　话：83862665

中宏人寿保险有限公司宁波分公司

总经理：夏邦于
助理总经理：郑　燕

地　址：宁波东渡路55号华联写字楼11楼
邮　编：315000
电　话：87073322

生命人寿保险股份有限公司宁波分公司

总经理：杨先聪

地　址：宁波市江东区彩虹南路11号嘉汇国贸A座6层
邮　编：315041
电　话：27879088

中德安联人寿保险有限公司浙江分公司宁波营销服务部

负责人：孙　鑫

地　址：南站东路16号月湖银座18楼
邮　编：315000
电　话：27829958

光大永明人寿保险有限公司宁波营销服务部
负责人：石俊虎

地　址：宁波市百丈路158号世纪金贸大厦6楼
邮　编：315040
电　话：87013388

合众人寿保险股份有限公司宁波中心支公司
副总经理（主持工作）：俞永明
总经理助理：董莉娟（女）

地　址：宁波市药行街169号亚细亚商城A座五楼
邮　编：315000
电　话：27897775

平安养老保险股份有限公司宁波分公司
总经理：张　强

地　址：宁波市开明街平安大厦396号12楼
邮　编：315000
电　话：83891524

信诚人寿保险有限公司浙江省分公司宁波营销服务部
总经理：徐建华

地　址：宁波市朝晖路17号上海银行大厦11－1室
邮　编：315040
电　话：27709770

国泰人寿保险有限责任公司浙江分公司宁波营销服务部
总经理：郑廸华

地　址：宁波市和义路77号汇金大厦305
邮　编：315010
电　话：27892888

嘉禾人寿保险股份有限公司宁波分公司
总经理：岑必成

地　址：宁波市百丈东路886号万金大厦3楼
邮　编：315040
电　话：87886699

海康人寿保险有限公司浙江分公司宁波营销服务部
总经理：王　辉

地　址：宁波市百丈东路787号利时大厦B801室
邮　编：315040
电　话：27784866

联泰大都会人寿保险有限公司浙江分公司宁波营销服务部
负责人：朱胜春

地　址：宁波市海曙区中山西路布政巷16号科创大厦12楼
邮　编：315000
电　话：87687368

中国人民人寿保险股份有限公司宁波市分公司
总经理：谢海平
副总经理：胡孟雄
综合培训部
　　总经理：马学军
业管部
　　总经理：周　莹（女）
银保部
　　总经理：薛　莹（女）
团险部
　　副总经理（主持工作）：郭建东
互动部
　　副总经理（主持工作）：王　坚（女）
个险部
　　总经理：苑　威

地　址：宁波市海曙区中山西路布政巷16号科创大厦九层
邮　编：315000
电　话：83880204

阳光人寿保险股份有限公司宁波中心支公司

总经理：王 霆
总经理助理：周坚群（女）

地 址：宁波市海曙区布政巷16号科技创业大厦801室
邮 编：315000
电 话：83880687

信泰人寿保险股份有限公司宁波中心支公司

临时负责人：冯静萍（女）
副总经理：张 磊

地 址：宁波市海曙区中山东路137号5楼西侧、7楼
邮 编：315010
电 话：83899519

浙江省农村信用社联合社宁波办事处

主 任：张初础
副主任：陈海青 翁 明

地 址：宁波环城北路555号
邮 编：315016
电 话：87201280

象山县绿叶城市信用社有限责任公司

董事长：刘 元
总经理：樊虹国
副总经理：项宝通 钱延庭
总经理助理：张 伟 徐 涛

地 址：象山县丹城天安路153－161号
邮 编：315700
电 话：65656155

昆仑信托有限责任公司

总裁、党委副书记：王 亮
党委书记：李 晶（女）
副总裁：姚 飞 李效熙 董 巍 朱佳平
财务总监：刘 刚
总裁助理：石 冰 贾南征
董秘：吴 讴

地 址：宁波市江东北路138号金融大厦10楼、19楼
邮 编：315040
电 话：87033100

华融金融租赁股份有限公司宁波分公司

副总经理（主持工作）：徐高峰

地 址：宁波市江东区东郊路8弄10号2楼
邮 编：315040
电 话：87734301

·所属金融机构及负责人名录·

所属金融机构及负责人名录

2009 年

分支机构名称	主要负责人	负责人				地址	邮编	电话
中国人民银行宁波市中心支行								
开发区支行	胡菁菁（女）	戴筱琴（女）	张美婷（女）			北仑区新碶明州西路 185 号	315800	86221948
慈溪市支行	杨　奕（女）	余国南	陈春岳			慈溪市三北大街 180 号	315300	63027265
余姚市支行	龚柏新	徐勤达	王道丁			余姚市长城路 1 号	315400	62634236
奉化市支行	卓祖勇	方适梁	徐鹏飞			奉化市庄山路 38 号	315500	88524915
宁海县支行	谢幸福	柴小卡（女）	叶元超			宁海县跃龙街道中山中路 91 号	315600	65583531
象山县支行	周传聪	胡佩佩（女）	吴宇俊			象山县丹城靖南路 259 号	315700	65722571
中国银行业监督管理委员会宁波监管局								
开发区监管办事处	章　勇	郑　斌				宁波市北仑明州路 241 号	315803	86227609
慈溪监管办事处	袁亦华	叶可辉				慈溪市浒山街道孙塘南路 265 号	315300	63114007
余姚监管办事处	包学彪					余姚市长城路 1 号	315400	63633582
奉化监管办事处	陈士诚	张晓光				奉化市庄山路 38 号	315500	88523580
宁海象山监管办事处	俞伟行	孙为民				宁海县城关镇中山中路 91 号	315600	65583853
中国农业发展银行宁波市分行								
慈溪市支行	袁玲娣（女）	陈科元				慈溪市浒山镇解放西街 631 号	315300	63812356
余姚市支行	石建民	张惠明（女）	劳向东			余姚市城关镇阳明西路 32 号	315400	62639828
奉化市支行	林晓敏	周能飞（女）				奉化市大桥镇南山路 73 号	315500	88525362

续表

分支机构名称	主要负责人	负责人				地址	邮编	电话
象山县支行	罗　斌	钱静霞（女）				象山县丹城镇金鹰路 1 号	315700	65719101
宁海县支行	郭舟浩	阮　锋				宁海县城关镇桃源中路 181 号	315600	65580666
镇海区支行	巫晓峰	朱慈芬（女）				镇海区城关镇费家河头弄 158 号	315200	86292018
北仑区支行	严国强	应　俊				北仑区新矸镇明州路 239 号	315800	86870292
中国工商银行股份有限公司宁波市分行								
东门支行	吴丹浪	徐　巍	夏建明			宁波市江厦街 43 号	315000	87346431
鼓楼支行	魏向前	冯跃明	陆燕燕（女）	吴建国	俞建彪	浙江省宁波市中山西路 69 号	315010	87324899
江东支行	刘　忠	王一波	李春晓			宁波市中山东路 304 号	315040	87336286
兴宁支行	景学峰	陈　晨				宁波市兴宁路 44、44－1 号	315040	87852919
新城支行	唐剑峰	水　铭	胡红红（女）			宁波市江东区中兴路 572－578 号	315040	87727066
江北支行	林洪世	贺佩娣（女）	张伟国			宁波市人民路 73 号	315020	87356220
高新区支行	陈庆华	夏建平				宁波市江南路 5582、586 号	315040	87909870
镇海支行	朱逸文	林胜龙	虞　桢（女）	何江伟		浙江省宁波市镇海区苗圃路 28 号	315200	86298818
北仑支行	周立新	孔建国	李魁斌			浙江省宁波市北仑区中河路 15 号	315800	86882802
经济技术开发区支行	贺明国	汪　前				浙江省宁波开发区金融裙楼	315803	86223693
保税区支行	徐　明	俞宏伟				宁波市北仑区庐山西路 158 号	315800	86885119
大榭支行	孙　卫	于程纲				宁波大榭开发区行政商务区 C－5 地块	315812	86768855
镇海石化支行	范黔影	欧静刚				宁波市镇海区蛟川街道炼化路 218 号	315207	86456971
鄞州支行	郑东林	汪萍萍（女）	戴立荣	蔡寒冰		宁波市百丈路 16 号	315040	87378733
余姚支行	王焰平	胡鸢青（女）	张伟明	胡　炫		浙江省余姚市新建路 58 号	315400	62623933
慈溪支行	孙仲远	张一飞	陈万幸	劳卫东	胡鹏旭	慈溪市浒山街道三北西大街 198 号	315300	63810885
象山支行	裘建雄	邓伟定	骆班东	史伟望		象山县靖南大街 318 号	315700	65711588
奉化支行	顾放钧	孙亚儿（女）	李信海			浙江省奉化市公园路 19 号	315500	88522396

续表

分支机构名称	主要负责人	负责人				地址	邮编	电话
宁海支行	王旭东	林亚利（女）	童晓松			浙江省宁海县跃龙街道桃源中路 185 号	315600	65562130
繁景支行	王建明					浙江省宁波市江北区育才路 288 号	315016	87214212
西河支行	尤寅生					宁波市海曙区孝闻街 143 – 149 号	315010	87249591
南大支行	袁义勇					浙江省宁波市解放南路 35 号	315010	87302916
马园支行	汪树苑（女）					浙江省宁波市马园路 132 号	315010	87113739
城西支行	宋　新					浙江省宁波市环城西路北段 235 号	315010	87347082
白云支行	俞战峰					宁波市蓝天路 113 号	315020	87114188
朝阳支行	项盛华					宁波市三市路 1 号	315000	87306825
开明支行	陈　敏（女）					宁波市开明街 299 号	315010	87197877
亚城支行	罗利银					宁波市开明街 162 号	315010	87329595
世纪苑支行	陈季霖（女）					宁波市联丰路 147 – 149 号	315012	87149243
镇明支行	沈　波					宁波市镇明路 296 – 298 号	315000	87298953
彩虹支行	叶国华					宁波市彩虹北路 9 号	315040	87720260
日湖支行	张永宁					宁波市人民路 699 – 703 号（单号）	315020	87355059
慈城支行	黄光明					宁波市江北慈城镇解放路 54 号	315031	87591308
凤凰支行	王泓若					宁波市甬港南路 249 号	315040	87874189
天园支行	李　刚					宁波市惊驾路 802 号	315040	87887981
东城支行	朱继军					宁波市百丈东路 760 号	315040	87894874
甬港支行	蒋浩东					宁波市甬港南路 28 号	315040	87875097
东方支行	李善宏					宁波市彩虹南路 43 号	315040	87846824
樱花支行	朱永平					宁波市江东区宁穿路 182 号	315040	87723205
中国农业银行宁波市分行								
慈溪支行	张定伟	范　勇	韩朝阳			慈溪市青少年宫北路 777 号	315300	63899932

续表

分支机构名称	主要负责人	负责人				地址	邮编	电话
余姚支行	黄丽娟（女）	詹百定	何力威	张 冉		余姚市南滨江路 238 号	315400	62625424
奉化支行	朱国耀	吴自力	王明杰	张季明		奉化市锦屏街道体育场路 14 号	315500	88965039
象山支行	陈建明	余秀位	范航伟	徐 杰		象山丹城靖南路 218 号	315700	65724485
宁海支行	周乾文	邵 棉	杨江福			宁海县跃龙街道桃源南路 238 号	315600	65563523
鄞州支行	孙国峰	王仲辉	周科专			宁波市鄞州中心区惠风东路 188 号	315100	87973008
镇海支行	顾国平	王跃骏	郑 雷	胡祖华		宁波市镇海区城河西路 328 号	315200	86273328
北仑支行	徐立君	夏学法	张 彪	叶淑彬（女）		宁波市北仑区新矸街道明州路 195 号	315800	86863686
大榭支行	孙剑峰	陈黎珉				宁波大榭行政商务区信拓路 227 号	315812	86763299
海曙支行	陆建青	孙红峰	叶显云	孙惠刚	胡立波	宁波市中山西路 239 号	315000	87318834
江北支行	陈育新	黄 健	贝富玉	沈建强		宁波市人民路 79 号	315020	87386071
江东支行	傅 祥	蔡新伟	郑 超	张 坚		宁波市中山东路 325 号	315040	87992000
中国银行股份有限公司宁波市分行								
高新区支行	郭永辉	胡 炯	沈燕波（女）			宁波市科技园区江南路 663 号	315040	87906528
中山支行	郭钊昕	范家杰				宁波市江东区中山东路 373 －2 号	315040	87757178
余慈支行	张 琼	姜爱萍（女）	叶 翔			慈溪市周巷镇兴业北路北端平王村	315324	63305737
北仑支行	应肖萍（女）	戴秀丽（女）	徐志峰	张志宏		宁波市北仑区新矸镇华山路 245 号	315800	86883580
镇海支行	张 林	朱坚民	陈文浩			宁波市镇海区城河西路 369 号	315200	86275852
海曙支行	陈 平（女）	周文光	王艺浩	林 俐（女）	翁拥军	宁波市海曙区解放北路 11、13 号	315010	87301969
江北支行	郑 波	王云伟	刘 雁（女）			宁波市江北区人民路 725 号	315020	87385964
江东支行	石世君（女）	吕 治	郑雅梅（女）	潘宏伟		宁波市百丈路 178 号	315040	87730379
鄞州支行	方 颖（女）	张 玲（女）	黄世斌	陈开颜		宁波市江东区百丈东路 796 号	315041	87397566
宁海支行	朱晓群	石欲晓（女）	王哲明			宁海县城关中山中路 99 号	315600	65578176
奉化支行	李 静（女）	朱永盛	陈 萍（女）			奉化市南山路 159 号	315500	88594532

续表

分支机构名称	主要负责人	负责人				地址	邮编	电话
慈溪支行	黄忠富	楼勤奋（女）	吴　畅	张国平		慈溪市环城南路250号	315300	63810103
象山支行	蔡李峰	周姣华（女）	何莹萍（女）			浙江象山天安路258号	315700	65753280
余姚支行	邵德明	袁卫勇	王　波	赵又奇		余姚市舜水南路58号	315400	62662727
中国建设银行股份有限公司宁波市分行								
住房城市建设支行	王孟军	罗世耀	刘蓓芸（女）			宁波市开明街417－427号	315000	87319257
第一支行	夏　丰	王　燕（女）	汤　滢（女）			宁波市马园路29号	315000	87158099
第二支行	张琐琐（女）	王菊芬（女）	朱大勇			宁波市大庆南路6号	315000	87356931
第三支行	林佩珍（女）	陈吉才	葛虎彪			宁波市彩虹北路62号	315000	87718717
镇海支行	史优俊	邵一红	应建伟	韩　斌（女）		宁波市镇海区聪园路118号	315000	86280678
北仑支行	王宏伟	黄佩亚（女）	袁仁伟	黄旭波		宁波市北仑区新大路251号	315000	86895869
鄞州支行	胡子坚	刘　政（女）	金　山			宁波市中山东路319号	315000	87373735
慈溪支行	陈孟中	应新樟	姚海华			慈溪市浒山街道峙山路279号	315300	63800679
余姚支行	施根法	朱百奇	邹　文	胡巨明		余姚市大黄桥路2号	315400	62738806
奉化支行	韩江恩	杨雄明				奉化市长春路18号	315500	88528849
宁海支行	方伟杰	张爱国	洪　跃			宁海城关中山中路87号	315600	65580885
象山支行	蔡顺仲	徐振旭	董伟民			象山丹城靖南路320号	315700	65725692
望京路支行	沈　瑜	张　宁（女）				宁波市新芝路120号	315000	87222709
段塘支行	毛靖良	李　湛				宁波市鄞奉路534号	315000	87461038
兴宁支行	沈　军	冯德康	王丽珍（女）			宁波市甬港南路261－269号	315000	87721071
高新区支行	卢世安	余　英（女）				宁波市江南路289号	315000	87906601
交通银行股份有限公司宁波分行								
江北支行	赵　伟	楼沈军（女）				宁波市人民路138号	315020	87641900
海曙支行	卢金兵	林建明				宁波市解放南路29号	315010	87304123

续表

分支机构名称	主要负责人	负责人				地址	邮编	电话
江东支行	韩　昉	王　承（女）				宁波市百丈东路 889 号	315040	87847972
鄞中支行	江　伟（女）	潘信沛				宁波市甬港南路 83 号	315040	87872176
鄞州支行	马建波	戴文盛（女）				宁波市鄞州区贸城中路 9－19 号	315040	83089860
大河支行	应鲁晔	朱俏璐（女）				宁波市中山东路 336 号	315040	87720270
邱隘支行	张　杰	周建明				宁波市盛莫路 349 号	315121	88357200
繁丰支行	胡建静	顾文文（女）				宁波市江北区新马路 290、298 号	315020	87354883
光明支行	尹志浩	由立新（女）				宁波市曙光路 600 号	315040	87334085
孔雀支行	崔敏红（女）	方甬晨（女）				宁波市兴宁路 41 号	315040	87831786
柳汀支行	郑仁荣	周　丰				宁波市柳汀街 371 号	315012	87134823
轻纺城支行	童相才	陈　艳（女）				宁波市雅戈尔大道 91 号	315153	88150858
西门支行	邱　斌	胡骥骏				宁波市翠柏路 17 号	315016	87282990
孝闻街支行	沈　军（女）	傅燕敏（女）				宁波市孝闻街 37 号	315000	87273533
药行街支行	戴力文（女）	俞加福				宁波市药行街 61 号	315000	87312955
中山支行	汪　毅	张宇飞（女）				宁波市甬港北路 121 号	315040	87745168
中山西路支行	徐　挺	谢伟明				宁波市望春路 572 号	315016	87155926
中兴支行	郑　铭	干富友				宁波市宁穿路 398 号	315040	87801008
中心区支行	杨　扬（女）	郑　洁（女）				宁波市建兴路 50 号	315192	88101720
北仑支行	郑思南	胡其龙				北仑区明州路 245	315800	86888646
小港支行	李士海	徐　军（女）				北仑区小港东大道 6 号	315800	86154388
镇海支行	王伟方	陈卫吉（女）				镇海区城河西路 28 号	315200	86270748
骆驼支行	陆红卫	翁亚迪（女）				镇海区骆驼街道慈海北路 115 号	315200	86587686
庄市支行	何　宇（女）	戴海涛				镇海区庄市鑫隆花园综合楼一楼	315200	86303750
慈溪支行	俞　杰	严亚芬（女）	韩书军			慈溪市孙塘南路 265 号	315300	63113501

续表

分支机构名称	主要负责人	负责人				地址	邮编	电话
新城支行	黄京新	柴婷峰（女）				慈溪市新城大道北路 531 号	315300	63027098
朱家桥支行	钟高峰	叶　乾				慈溪市环城南路 348 号	315300	63895159
周巷支行	董学军	潘　狄				慈溪市周巷兴业北路 177 号	315300	63330605
观城支行	蒋百昕	宋文九				慈溪市观海卫镇南央路 2—8 号	315300	63635558
余姚支行	汪建华	朱玲玲（女）	韩　勇			余姚市南雷路 31 号	315400	62703318
联盟桥支行	周文伟	施童华（女）				余姚市新建北路 23 号	315400	62640195
城西支行	孙克萍（女）	余筱雯（女）				余姚市阳明西路 347 号	315400	62820338
大世界支行	闻人永勇	韩　斌				余姚市阳明西路 167－1 号	315400	62639438
塑料城支行	肖　峰	徐世忠				余姚市新建北路塑料城 A1－1 号	315400	62534408
东旱门支行	杨　薇（女）	王亚明（女）				余姚市东旱门路 43 号	315400	62681581
奉化支行	周小平	李和会				奉化市南山路 81 号	315500	88582821
岳林支行	曹毓华（女）	董建芳				奉化市岳林东路 55 号	315500	88929222
宁海支行	沈业强	沈秀英（女）	吴卫国			宁海县中山东路 8 号	315600	65266118
象山支行	徐美娟（女）	鲍決胜	张　敏			象山县丹西街道天安路 162 号	315700	65655965
上海浦东发展银行股份有限公司宁波分行								
鄞东支行	王伟海	麻雪英（女）				宁波市中山东路 428 号	315040	87379580
西门支行	俞仕锡	葛静波（女）				宁波市中山西路 198 号	315010	87361574
望湖支行	王之望	周　波（女）				宁波市长春路 40 号	315010	87190881
兴宁支行	朱　瑛（女）	凌　敏	毛建东			宁波市兴宁路 39 号	315010	87884125
江北支行	邱云飞	高兴波				宁波市江北区清河路 1 号	315000	87382259
解放路支行	虞亚尔	赵红玲（女）	李　波			宁波市解放路 216 号	315010	87190375
中兴支行	叶善海	吴　琦（女）				宁波市中兴路 651 号	315040	87809518
高新区支行	史松杨	刘俊萍（女）	潘　钦（女）			宁波市江南路 599 号	315010	87908569

续表

分支机构名称	主要负责人	负责人				地址	邮编	电话
镇海支行	冯建克	卢　晓				镇海城关苗圃路 185 号	315200	86251192
北仑支行	张　静（女）	孙　君（女）				北仑区新碶镇东河路 560 号	315200	86886089
开发区支行	沈际存	王　韶	沈洪亮			北仑区明州西路 185 号	315800	86899253
余姚支行	毛克勤（女）	杨建刚				余姚市新建路 18 号	315400	62629211
慈溪支行	张惠传	徐爱娟（女）	余志强			浙江省慈溪市慈甬路 201 – 203 号	315300	63119005
鄞州支行	金建红（女）	金　昱	藏秀炯			宁波市天童北路 288 号	315192	88211780
宁海支行	吴杰伟	杨优芳（女）	郁成功			宁海县时代大道 333 号	315600	65257918
奉化支行	阮立波	徐再丽（女）				奉化市中山东路 38 号	315500	88905525
兴业银行股份有限公司宁波分行								
海曙支行	朱建明	林告辉				宁波市海曙区镇明路 418 号	315010	87190584
北仑支行	周晓波	乐玥烁	周　勋			宁波市北仑区明州路 265 号	315800	86875801
鄞州支行	舒国庆	郑　波	楼文杰			宁波市鄞州区天童北路 123 号	315192	88211761
江东支行	王　俊					宁波市江东区王隘路 258 号	315040	87399689
镇海支行	余中奕	林国跃				宁波市镇海区车站路 339 号	315200	86379807
江北支行	金希耀	姚志芳（女）				宁波市江北区人民路 176 号	315020	87039507
慈溪支行	冯一青	周汗云				慈溪市慈甬路 158 号	315300	63883062
百丈支行	闻　雷					宁波市江东中兴路 676 号	315040	87740105
余姚支行	周君敏					余姚市阳明西路 299 号	315400	62858989
中国光大银行股份有限公司宁波分行								
江东支行	潘肖甬	罗　纬（女）				中山东路 585 号	315040	87721033
兴宁支行	卢彩华（女）	陈　聂（女）				镇安街 90 号	315040	87898419
联丰支行	李西杰	孙曙光（女）				宁波市蓝天路 193 号、197 号、199 号	315012	87142710
镇海支行	姚红斌	朱国海	许晓岚（女）			镇海城关清川路 181 号	315200	86295804

续表

分支机构名称	主要负责人	负责人				地址	邮编	电话
鄞州支行	徐　进	王丽萍（女）	范志芬（女）			宁波市天童北路麒麟大厦	315100	88111040
三江支行	郑维洪	沈　维（女）				槐树路 86 号	315020	27855166
科技园区支行	管　弦	陆善定	刘华平			江南路 1558 号	315040	27785200
余姚支行	吴　坚	陈卫正	冯芹平	杨肖军（女）		余姚市阳明西路 255 号	315400	62697888
宁海支行	齐中洋	王　敏	王　晓（女）	何海永		宁海气象北路 289 号	315600	25559876
深圳发展银行股份有限公司宁波分行								
海曙支行	黄志雄					宁波市解放南路 188 号（新园宾馆）	315010	87298733
江东支行	徐　军					宁波市百丈东路 886 – 992 号	315040	87882972
北仑支行	陈雁鸣					宁波北仑明州西路 177 号	315800	86877941
鄞州支行	赵开红					宁波市鄞州区天童北路 31 – 41 号	315100	88217455
慈溪支行	袁利明					慈溪市三北大街 277 – 291 号	315300	63038740
余姚支行	蔡金迪					余姚市南滨江路 53 – 58 号	315400	62759609
明州支行	郑设光					宁波市鄞州区天童南路 57 号	315100	87261326
象山支行	王汉邦					象山丹东街道靖南大街 523 号	315700	65002296
招商银行股份有限公司宁波分行								
江东支行	谢明华	徐　烨				宁波市彩虹南路 9 号	315040	87730477
北仑支行	陈才伟	俞　弘（女）	李宇栋			宁波市北仑区明州路 707 号	315800	86987886
鄞州支行	谭宇文	李　原（女）	周立刚			宁波市鄞县大道 1299 号	315192	88211066
海曙支行	翁海勇	汪伟鲲	崔　波			宁波市大沙泥街 100 号	315010	87158968
中山支行	翁　嫣（女）	章　泉（女）	林　峻			宁波中山东路 81 号	315000	87733197
江北支行	曹伟旭	邵园园（女）	陈建军			宁波市人民路 158 号	315020	87642278
天一支行	周向东	包立军（女）	郭黎军（女）			宁波市中山东路 154 号	315010	87363180
明州支行	仇卫军	王肖峰	李争雷			宁波市药行街 101 号	315010	87026505

续表

分支机构名称	主要负责人	负责人				地址	邮编	电话
慈溪支行	张新贺	孙　鸣	程　巍			慈溪市浒山街道新城中心 28 号	315300	63931119
余姚支行	翁汉铫	朱　丙	郑微微（女）			余姚市舜水南路 45 号	315400	62657713
宁海支行	陈小明	李向武（女）	胡建伟			宁海县跃龙街道中山中路 19 号	315600	83552009
中信银行股份有限公司宁波分行								
余姚支行	冯国民	魏星亮	罗敏芳（女）	褚丽萍（女）	徐繁荣	余姚市舜水南路 98 号	315400	62637710
慈溪支行	楼松竹	邹翡聪	方　涛（女）	陆汉梯	卢利芳	慈溪市三北大街 210 号	315300	63034488
桥城支行	姚小荣	陆汉梯	俞仁勇	胡全平		慈溪香格大厦	315300	63925378
宁海支行	陈朝阳	丁圭平	王国权	鲍　勇		宁河县城关区桃源中路 136 – 140 号	315600	83555058
海曙支行	唐　颖（女）	俞一阳				宁波市海曙中山东路 85 号	315010	87348116
北仑支行	张栩青	田志昂	马莉萍（女）			北仑新矸长江路 914 – 922 号	315800	86960550
大榭支行	盛玉仙（女）	张群英				宁波市大榭行政商务区 B4 – 5 号	315812	86761859
鄞州支行	朱明伟	陈　君	曹伟俭	任武伟		宁波市鄞州中心区嵩江中路 998 号	315192	88211726
江北支行	冯大庆	许浩冰	周世宏			宁波市江北区清湖路 303 号	315010	87173606
兴宁支行	冯结和	钱定燕（女）				宁波市兴宁路 30 号	315010	87854815
江东支行	黄剑芬（女）	陈晓阳	倪惠龙			宁波市江东区百丈路 176 号	315040	87733537
百丈支行	朱蓓琦（女）	葛建波				宁波市江东区百丈东路 926 – 928 号	315040	83873638
中兴路支行	薛海峰	蒋　浩				宁波市江东区中兴路 568 号	315040	89103251
中山路支行	张开宇	姚海勇	陈晓平	王　洒		宁波市海曙区中山西路 330 号	315010	87861095
中国民生银行股份有限公司宁波分行								
北仑支行	芮知晖	赵燕芬（女）				北仑明州路 279 号	315800	86809628
鄞州支行	耿文轩	徐聪波（女）				鄞州天童北路 937 号	315192	88211758
江东支行	李一彬	汪　艳（女）				百丈东路 713 – 717 号	315041	87733258
解放南路支行	朱旭红	朱玲平（女）				解放南路 67 – 1 号	315010	87303298

续表

分支机构名称	主要负责人	负责人				地址	邮编	电话
轻纺城支行	李一彬	周晓燕（女）				鄞州区石碶镇雅戈尔大道 100 号	315153	88255517
开明街支行	姜　兴	冷丽杰（女）				宁波市海曙区开明街 437 号	315000	87206196
慈溪支行	陆家东	黄建锋				慈溪市孙塘南路 257－263 号	315300	63119708
余姚支行	王　晖	黄远超	毛黎明			余姚市四明西路 326－346 号	315400	62697710
宁海支行	张定军	毛绍刚	应珍珍（女）			宁海县中山东路 6－8 号	315600	65395568
广东发展银行股份有限公司宁波分行								
宁东支行	史咏萌	王盛虹（女）	陆　萍（女）			宁波市江东区百丈路 168 号	315040	87705456
海曙支行	陈晓荣（女）	丁利宾				宁波市海曙区开明街 368 号	315000	87289988
北仑支行	孙卫祥	张红星（女）				宁波市北仑明州路 255 号	315800	86862218
马园支行	包俊伶	董海波				宁波市海曙区卖鱼路 68 号	315010	87265226
江东支行	赵盛员	钱海波（女）	朱启娄			宁波市江东区中兴路 269 号	315040	87631313
鄞州支行	翁宏杰	吕　颖（女）	张笑波			宁波市鄞州区前河南路 222 号	315181	87418222
城北支行	徐利军	陈志峰				宁波市江北区清河路 51－65 号	315020	87645500
余姚支行	叶维良	陆劲松	康　炳			余姚市阳明西路 25 号	315400	62666062
浙商银行股份有限公司宁波分行								
舟山支行	应继红（女）	蔡　伟	冯旭涛			舟山市临城海宇道 111 号 2 号馆	316021	2260302
慈溪支行	卢明龙	袁　铁	全一海			慈溪市浒山街道三北西大街 328 号	315300	63883555
鄞州支行	王剑飞	邬志强	谢育莹（女）	周海斌		宁波市鄞州区天童北路 935 号	315092	88145101
江东支行	陈学群	潘智刚	范　翀			宁波市中山东路 617－621 号	315040	87976789
北仑支行	郭幸生	陈培粱	郑兴国			宁波市北仑区长江路 968 号	615800	86986900
华夏银行股份有限公司宁波分行								
海曙支行	胡　剑	邹元霞（女）				宁波市海曙区蓝天路 207 号	315010	87103720
鄞州支行	陈宗成	陈　晖	楼旭波（女）			宁波市鄞州区天童北路 1581 号	315100	82816006

续表

分支机构名称	主要负责人	负责人				地址	邮编	电话
中国邮政储蓄银行宁波分行								
甬城支行	曹存炳					宁波市鄞州区天童北路 123 号	315192	83053500
北仑区支行	吴建立					宁波市北仑区新碶镇小路 1 号	315800	55008777
镇海区支行	李　明					宁波市镇海城河西路 136 号	315200	86383001
慈溪市支行	华冰白					宁波市慈溪市浒山街道环城南路 250 号	315300	63921001
余姚市支行	周　敏					宁波市余姚市远东工业城 CN1－6	315400	62623598
奉化市支行	王海鹏					宁波市奉化市南山路 145 号	315500	88588000
象山县支行	欧黎明					宁波市象山县莱薰路 2 号	315700	65759666
宁海县支行	钱天平					宁波市宁海县跃龙街道兴宁中路 5 号	315600	65555378
宁波银行股份有限公司								
上海分行	陈和智	姜　伟	付文生			上海市黄浦区南京西路 128 号永新广场	200003	63585559
杭州分行	贝　瑜	朱　斌	田欣雨			杭州市西湖区保俶路 146 号	310007	87206997
南京分行	顾颂东	徐震宇	沈晓驰			南京市鼓楼区汉中路 120 号青华大厦	210029	51808058
深圳分行	陆铭瑜	罗凯菱	何　波			深圳市福田区福华三路时代财富大厦	518026	22661868
苏州分行	徐正良	林　萍	谭明华			苏州市干将东路 749 号	215000	33396528
海曙支行	虞亦群	童烈红	李程明			宁波市海曙区解放南路 135 号	315040	87290864
江东支行	金幼琴	张玥明	范　荣			宁波市江东区中山东路 466 号	315040	87729509
江北支行	胡微玮	陈莉莉	陈黎明			宁波市江北区人民路 270 号	315040	87350929
湖东支行	沈中南	郑海平	张成伟			宁波市海曙区广济街 4 号	315040	87320865
西门支行	钟之巍	应志齐	张　松			宁波市海曙区中山西路 197 号	315040	87298913
东门支行	陆孝素	戴刭萍	许文伟			宁波市江东区百丈东路 868 号	315040	87843600
天源支行	陈晓辉	朱　涛	黄　维			宁波市海曙区柳汀街 230 号	315040	87302395
灵桥支行	蒋忠平	周建光	袁涌泉			宁波市江东区彩虹南路 275 号	315040	87876738

续表

分支机构名称	主要负责人	负责人				地址	邮编	电话
国家高新区支行	徐　辉	王　强	林　勇			宁波市江东区江南路651－655号	315040	87902785
四明支行	范国宇	张川阳	魏世权			宁波市海曙区蓝天路9号	315040	87320902
明州支行	张亚敏	李　晓	王小莉			宁波市江东区甬港北路19号	315040	87374550
北仑支行	叶林富	沈文彬	张科伟			宁波市北仑区新碶镇明州路221号	315800	86867006
镇海支行	吴晓红	许建明	邬凌岭			宁波市镇海区车站路18号	315200	86278775
鄞州支行	何培国	鲍君刚	杨海忠			宁波市鄞州区四明中路788号	315192	87416838
宁海支行	陆全新	胡敏建	杨文红			宁波市宁海县城关镇人民大道52号	315600	65528800
余姚支行	周　军	蔡晓达	励　弘			宁波市余姚市阳明西路28号	315400	62623700
新建支行	鲁久丰	赵尔群	诸艳红			宁波市余姚市阳明西路340－348号	315400	62835263
慈溪支行	宋军耀	陈远飞	沈利义			宁波市慈溪市慈甬路207号	315300	63113755
城东支行	屠世荣	黄　维	许银树			宁波市慈溪市新城大道483－495号	315400	63910955
象山支行	徐松丽	谢　宏	葛贵明			宁波市象山县丹城靖南路274号	315700	65768320
奉化支行	俞雪萌	单　峰	李晓英			宁波市奉化市中山路16号	315500	88589302
上海银行股份有限公司宁波分行								
海曙支行	董　杰					宁波市解放南路258号	315010	87179888
余姚支行	徐　明					余姚市舜水南路92号	315400	62789888
慈溪支行	邵园南					慈溪市三北大街589号	315300	63930306
鄞州支行	刘惠信					宁波鄞州区宁南北路917号	315192	83016009
浙江泰隆商业银行股份有限公司宁波分行								
观海卫支行	虞雪根	方淑红（女）				慈溪市观海卫镇观海卫路1号	315315	58586661
象山国民村镇银行有限责任公司								
丹城支行	章雪莲（女）					象山县丹峰东路108号	315700	65006528

续表

分支机构名称	主要负责人	负责人				地址	邮编	电话
慈溪民生村镇银行股份有限公司								
古塘支行	姚伟新	邱雅洁				慈溪市孙塘北路 1111 号	315300	63336000
宁波国际银行								
上海分行	许礼智	陈庆平				上海市浦东南路 528 号	200120	68818899
北京代表处	郭　双（女）					北京市万通新世界广场 B 座 1710 室	100037	68521105
中国人民财产保险股份有限公司宁波市分公司								
海曙支公司	金剑光	朱戈剑	崔明君（女）	李　斌		龙湾新村 26 号	315010	87308950
江东支公司	毛　颖（女）	宋立波	王斌斌			江东彩虹北路 113 号	315040	87708388
江北支公司	卓立明	张杏明				江北槐树路 36 号	315020	87668711
镇海支公司	姚　瑜	张建国	张楚铭			镇海车站路 333 号	315200	86269530
北仑（经济技术开发区、保税区）支公司	李　俊	黄晓阳（女）	吕　波			宁波市北仑区新矸中河路 96 号	315800	86828890
鄞州支公司	郑健雄	沈　进	邱禾萍（女）	杨信云		百丈东路 676 号	315040	87848328
余姚支公司	许森江	沈永利	宋云林	谷新星		余姚市舜水北路 30 号	315400	62651801
慈溪支公司	陈方平	华建新	徐丽英（女）			慈溪市浒山街道寺山路 208 号	315300	63898818
慈溪出口加工区支公司	马建军					慈溪杭州湾新区滨海大道商贸街 7 号楼	315336	63037008
奉化支公司	穆展宏	林水强	董建军	毛　斌	江海东	奉化市中山西路 20 号	315500	88523264
宁海支公司	林建平	薛建通	胡建伟	谢利敏		宁海县跃龙街道中山中路 89 号	315600	65556297
象山支公司	方洪涛	应归国	胡晓弘	陈文军		山县丹城靖南大街 285 号	315700	65730030
姚北支公司	陈文勇	黄每峰				余姚市富巷北路 558－1	315400	62851787
余慈支公司	方炯杰	余英虎				浒山金山路西乌山大厦	315300	63927311

续表

分支机构名称	主要负责人	负责人				地址	邮编	电话
中国太平洋财产保险股份有限公司宁波分公司								
鄞州支公司	徐建波	伍建胜	俞存银	王建定		宁波市鄞州中心区首南中路 588 号	315100	87708734
慈溪支公司	王杏裕	陈国芳	陈　超	岑士珍	陈　笛	慈溪市慈甬路 456 号	315300	63012278
余姚支公司	胡静波	郑瑞良	万克为	劳建国		余姚市舜水南路 28 号	315400	22688008
镇海支公司	胡　军	虞和明	周　泉	顾恩群		宁波市镇海区车站路 272 号	315200	86268567
北仑支公司	杨秀国	蔡晓曦	沈丛波	余军强		宁波市北仑区明州路 229 号	315800	86876386
开发区支公司	王成平	曹存伟				宁波市北仑区明州路 172 号	315800	86863333
奉化支公司	高小伟	李秉华	舒行孝	王钜华		奉化市大成西路 360 号	315500	88598199
宁海支公司	金成伟	储琳芬	童时参			宁海县跃龙路 23 号	315600	65208233
象山支公司	林心欢	李根水	胡小吉			象山县丹城镇新丰路 292 号	315700	65658921
杭州湾新区支公司	沈　辉	余忠岳				慈溪市浒崇路 489 号	315300	63916060
海曙支公司	俞小平	周建成	陈　磊			宁波市环城西路北段 225 号 16 楼	315010	87361398
江东支公司	鲁雄伟	朱　斌	吕　君			宁波市江东区福明路 321－325 号	315040	87376798
江北支公司	崔敏乐					宁波市江北区人民路 250 号	315020	87655552
中国平安财产保险股份有限公司宁波分公司								
慈溪支公司	任安华	吴叶挺				慈溪市浒山街道慈甬路东山路口	315000	63119100
北仑支公司	曹朝辉（女）	翁雪英（女）				北仑新矸镇恒山路 78 号	315000	86889996
余姚支公司	冯江军					余姚市阳明西路 101 号－103 号	315000	62702958
鄞州支公司	章志峰					宁波市百丈东路 852 号	315000	87680978
宁海支公司	陈武军					宁波市宁海县跃龙街道气象北路 289 号	315000	65208366

续表

分支机构名称	主要负责人	负责人				地址	邮编	电话
象山支公司	康余虎					象山县丹城天安路绿叶大厦三楼裙楼	315000	65766172
奉化支公司	吴锡刚					奉化市锦屏街道河头路119号	315000	88516978
镇海区营销服务部	章志峰					宁波市镇海区城河东路259号	315000	87275509
中国出口信用保险公司宁波分公司								
余慈办事处	宓孟挺					慈溪市市寺山路269号外贸大厦A座	315300	63886896
南三县办事处	何东风					宁海县县人民路5号宁海县大厦908	315600	65585339
大众保险股份有限公司宁波分公司								
城区支公司	江剑慈					江东区姚隘路959号	315040	87011078
鄞州支公司	李恒飞					宁波市江东区大步街9号	315040	87730786
北仑支公司	刘满富					宁波市北仑区新矸长江路639、641号	315800	86860926
镇海支公司	岑进联（女）					宁波市镇海区聪园路222号	315200	86267111
慈溪支公司	史永浩					慈溪市浒山街道孙塘南路168—172号	315300	63880839
余姚支公司	胡　军（女）					余姚市西石山南路118号德发大厦7楼	315400	62820128
江北支公司	王　勤					宁波市环城北路西段498号	315020	87200066
宁海支公司	陈培根					宁海城关时代大道355号	315600	65259200
象山营销服务部	朱丽娜（女）					象山丹东街道兴盛路228号	315700	65786996
中华联合财产保险股份有限公司宁波分公司								
镇海支公司	汪良章	朱文国				宁波市镇海区中河路151号	315200	86257899
北仑支公司	李态波	庄　君（女）				宁波市北仑区明州西路8号	315800	86897826
鄞州支公司	谢武海	徐国平	葛成杰			宁波市鄞州区麦德龙路68号	315192	88112202
慈溪支公司	孙征未	施可霞（女）				慈溪市浒山街道新城大厦10楼	315300	63100680

续表

分支机构名称	主要负责人	负责人				地址	邮编	电话
余姚支公司	秦丽萍（女）	毛皓明				余姚市长城路 2 号	315400	62667209
奉化支公司	陈远强	吴佩菲				奉化市长汀路 166 号	315500	88589062
象山支公司	柯忠良	黄英俊（女）				象山丹城靖南大街 356 号	315700	65782835
宁海支公司	胡江飞					宁海县兴宁中路 125 号	315600	65220997
中国大地财产保险股份有限公司宁波分公司								
鄞州支公司	章振飞	杜洪飞				宁波市天童北路 933 号和邦大厦 A 座	315040	27869062
海曙支公司	周建国	王　辉				宁波市海曙区丽园路号 2 弄 11 号 3 楼	315010	87826602
北仑支公司	郭志平	王　帅				新契新大路 967 号	315800	27860016
江东支公司	韩文利	孙庆锋	朱保开			宁波市江东区东胜路 7 号 4 – 12	315040	27860087
余姚支公司	钱红军	姜月新				余姚市阳明路 400 – 406 号	315400	22667825
象山支公司	徐小勇	胡佩佩（女）				象山蓬莱路 156 号—至四楼	315700	25716600
宁海支公司	金守高	张伟杰	尤常哲			宁海县气象北路 275 号	315600	25552089
慈溪支公司	沈红文（女）					慈溪市浒山街道开发大道 72 – 80 号	315300	23666020
奉化支公司	卓幼佳（女）	林永新	邬定君			奉化市中山西路 136 号	315500	28512001
镇海支公司	潘晓海	林旭驰				镇海沿江西路 306 号	315200	26267282
华安财产保险股份有限公司宁波分公司								
北仑支公司	葛选东					北仑区长江路 142 号	315800	86870210
余姚支公司	鲍军飞（女）					城区东旱门路 26 号	315400	62757559
奉化支公司	高健华（女）					华信国际中山东路 15 幢 98 室	315500	88507918
慈溪支公司	范建明					浒山街道浒山路 60 号	315300	63883523
宁海营销服务部	石学文					跃龙街道跃龙路 87 号	315600	65576599

续表

分支机构名称	主要负责人	负责人				地址	邮编	电话
镇海营销服务部	戚雪红（女）					宁波市镇海区车站路 518 号	315200	86282331
安邦财产保险股份有限公司宁波分公司								
海曙营销服务部	任　峰					宁波市环城西路南段 911 号	315012	27868502
北仑营销服务部	卢海宁					宁波市北仑区新碶明州西路 179 号	315040	86961468
镇海营销服务部	施阳春					宁波市镇海区人民路 47 号	315200	86281503
鄞州营销服务部	李后来					宁波市江东区百丈东路 892 号	330212	27863397
象山支公司	陈永康					宁波市象山县丹城镇靖南路 288 号二楼	315700	65653803
宁海支公司	韩国晓					宁波市宁海县跃龙街道学勉路 119 号	315600	25557778
余姚支公司	郑钦新					宁波余姚市三官堂路 88 号一、二楼	315400	22693990
慈溪支公司	孔海虹					宁波慈溪市浒山孙塘南路 103 号 2 楼	315300	23678801
奉化支公司	缪方雷					宁波奉化市中山东路 16 号图书馆四楼	315500	28527202
天平汽车保险股份有限公司宁波中心支公司								
余姚支公司	武　勇	施扬焱（女）				余姚市阳明西路 542 号	315400	22717088
慈溪支公司	陈辛茹（女）	王文彬				慈溪市北二环东路 92 号实验公寓	315300	23661580
华泰财产保险股份有限公司宁波分公司								
余姚支公司	韩胜姚					余姚市南滨江路 111 号环球大厦 5 楼	315400	22716088
慈溪营销服务部	韩品良					慈溪市孙塘南路金汇大厦 303 室	315300	23616262
宁海营销服务部	薛　静（女）					宁海县桃源阶街道学勉路 87 号	315600	25566067
阳光财产保险股份有限公司宁波市分公司								
宁海支公司	王江飞					宁海跃龙街道华山小学对面	315600	25566338
余姚支公司	诸立新	施　捷（女）				余姚市春晓花园北大门 12－13 号	315400	22220202

续表

分支机构名称	主要负责人	负责人				地址	邮编	电话
慈溪支公司	朱宣东					慈溪市浒山教场山路6号	315300	23717128
奉化支公司	顾玮惠	杜忠军				奉化市河头路52－56号	315500	28527589
镇海支公司	童雷杰	梅雅瑾（女）				宁波市镇海区沿江西路85号	315200	26279801
象山支公司	林炳旭	费　琳（女）				象山县丹城万象路233号	315700	25708000
鄞州支公司	陈惠斐（女）					宁波市江东区中兴南路99号	315040	27870511
江东支公司	陈　茂					宁波市江东区江南路39号A栋3楼	315040	27895581
北仑营销服务部	林　军					宁波市北仑区（新大路）岷山路165号	315800	26863955
渤海财产保险股份有限公司宁波分公司								
慈溪中心支公司	胡忠庆					慈溪市浒山街道世纪花园综合2#楼	315300	63920080
中心支公司	袁忠辉					余姚市西石山北路136号	315400	22674377
北仑中心支公司	董一鸣					北仑区新碶明州西路179号7楼	315800	86850258
奉化支公司	王　清（女）					奉化市长春路35幢底屋6－7	315500	88572521
鄞州营销服务部	朱 虎					宁波市天童北路933号和邦大厦主楼	315192	88129069
中银保险有限公司宁波中心支公司								
江东支公司	孙其平					宁波市百丈路168号会展中心	315040	27892606
鄞州支公司	周文龙					鄞州区锦寓路666号名汇大厦21楼	315192	28859292
慈溪支公司	陈瑞文					慈溪市慈甬路405号东瑞大厦11楼	315300	23667128
余姚支公司	魏立华					余姚市丰山路177号	315400	22699501
奉化支公司	陈　群					奉化市河头路99号	315500	28588301
宁海支公司	张国庆					宁海县跃龙路8号中国银行2楼	315600	25569888
都邦财产保险股份有限公司宁波分公司								
慈溪支公司	曹杭波					宁波慈溪市慈甬路405号东瑞大厦2层	315300	63119909
余姚支公司	谢洪涛					宁波市余姚丰山前村	315400	62839200

续表

分支机构名称	主要负责人	负责人				地址	邮编	电话
镇海支公司	王爱珍（女）					宁波市镇海区胜利路63号1幢西1至2层	315200	86281368
北仑支公司	田海军					宁波市北仑区新碶高凤路177#、175#	315800	86850388
鄞州支公司	钱　力					宁波市鄞州区天童北路1501号402室	315000	28878860
宁海营销部	楼文剑					宁海县城关镇跃龙路23号	315600	65121918
海曙营销部	柳　洪					宁波市海曙区解放北路138号	315000	87656813
江东营销部	徐慧琳（女）					宁波市江东区中兴路655号801室	315040	87815076
江北营销部	洪万飞					宁波市江北区人民路105号A座303	315020	27889918
民安保险（中国）有限公司宁波中心支公司								
余姚支公司	赵永江	何武军				余姚市胜山西路春晓华园8号	315400	62850513
宁海支公司	章以鑫	陈福永				宁海县县跃龙街道气象北路338－3	315600	65327096
江东支公司	高能伟	李海玲（女）				宁波市桑田路716号健康城大厦	315129	87815113
慈溪支公司	胡建英（女）	何红峰				慈溪市市南二环西路西62号	315300	63883202
太平财产保险有限公司宁波分公司								
镇海支公司	王玉国					宁波市镇海区环城西路261号	315200	26268298
奉化支公司	周杨晖					奉化市中山东路1号15幢9号－11号	315500	28512706
慈溪支公司	叶学祥					慈溪市青少年宫北路439－441号	315300	23865533
安诚财产保险股份有限公司宁波分公司								
宁海支公司	潘晓燕（女）					宁海县城关镇桃源中路127号三楼	315600	65263101
慈溪支公司	朱静风					慈溪市慈甬路418号金鹰大厦	315300	63930501
北仑支公司	董家国					北仑区新契明州西路179号	315800	86963356
奉化支公司	许　平					奉化市锦屏街道河头路71－91号3楼	315500	88509025

续表

分支机构名称	主要负责人	负责人				地址	邮编	电话
余姚支公司	孙坚强					宁波市余姚市丰山路 189 号	315400	62609979
镇海支公司	贺可儿（女）					宁波市镇海区车站路 521 号	315200	86270677
象山支公司	杨忠才					象山县丹城东谷湖路 69 号	315700	65002586
长安责任保险股份有限公司宁波中心支公司								
奉化支公司	杨　军					奉化市锦屏街道大成路 293 号	315500	88509186
象山支公司	许方正					象山县丹西街道新丰路 346 号	315700	25717587
北仑支公司	曹存光					北仑区明州路 500 号太平洋国际大厦	315800	26887801
中国人寿保险股份有限公司宁波市分公司								
海曙区支公司	王贤裕	秦　岗	沈　勇			宁波市中山西路 75—77 号	315010	87195274
江北区支公司	刘正强	徐宁昆	孙燕菲			宁波市解放南路 65 号阳光大厦	315010	87661666
江东区支公司	赵珍珍	朱　波				宁波市中山东路 489 号	315040	87854076
鄞州区支公司	高国君	陈建培	孙　虎			宁波市江东区百丈南路 18 号	315040	87843895
镇海区支公司	刘承锋	刘静君	刘　弘			宁波市镇海区车站路 331 号	315200	86265491
北仑支公司	葛建英	张　勇				宁波市北仑区新大路 98 号	315800	86860435
慈溪市支公司	应建彬	虞中年	孙立洪	俞元辉	丁文斌	慈溪市浒山街道寺山路 215 号	315300	63810430
余姚市支公司	叶　阳	黄奇国	沈晓锋			余姚市南滨江路 138 号	315400	62721921
奉化市支公司	陈　钢	夏维娜	郭蔚英			奉化市惠政西路 48 号	315500	88591755
宁海县支公司	杨铭山	舒巧灵	胡亭斐	刘科杰		宁海县桃源街道新桥路 51 号	315600	65259099
象山县支公司	钱　炯	应益敏	李　坚	程　军		象山县丹城镇建设路 216 号	315700	65718013
城区营销服务部	童世波	王高萍				宁波市中山东路 489 号	315040	87718272

续表

分支机构名称	主要负责人	负责人				地址	邮编	电话
中国太平洋人寿保险股份有限公司宁波分公司								
鄞州支公司	俞益本	马一丹（女）				鄞州区天童北路 933 号	315192	87730504
镇海支公司	洪　全	陈文军				镇海区车站路 278 号	315200	86268999
北仑支公司	陈聪芳					北仑区新碶明州路 229 号	315800	86870216
慈溪支公司	朱云山	岑孟庆				慈溪市慈甬路 456 号	315300	63018188
余姚支公司	邵立明	胡根潮	潘金钟			余姚市舜水北路 18 号	315400	62637155
奉化支公司	缪建平	潘满琴（女）				奉化惠政西路 41 号	315500	88503627
宁海支公司	俞全通	张亚玲（女）				宁海市跃龙路 12 号	315600	65225605
象山支公司	张毅君	张永福	连永成			象山县兴盛路 228 号 2 楼	315700	65225605
海曙支公司	葛善芳	马巧英（女）				宁波市假山新村 4—6 号	315000	27876688
中国平安人寿保险股份有限公司宁波分公司								
北仑区营销服务部	彭怀涛					北仑区新碶长江国际商务大厦	315800	86877670
奉化市营销服务部	王　芸					奉化市大成西路 360 号 3 楼	315500	88503656
本部营销服务部	卞东辉					宁波市中山东路 220 号中百大厦 11 楼	315010	83881318
宁海县营销服务部	于　旺					宁海县跃龙街道兴宁中路 199 号 3、4 楼	315600	65506729
象山县石浦镇营销服务部	麻芳云					宁波市象山县石浦镇火头炉路 99 号 2 楼	315731	65983072
象山县营销服务部	谭世巍					象山县丹峰东路 2 号汇金大厦 9 楼	315700	65652001
鄞州区营销服务部	章林宝					鄞州区前河南路 88 号新洲银座	315000	88371973
镇海区骆驼街道营销服务部	郑红波					宁波市镇海区骆驼街道杭甬南路 373 号	315202	86255170
镇海区营销服务部	杨霜霜					宁波市镇海区城河东路 259 号 7 楼	315200	86294766

续表

分支机构名称	主要负责人	负责人				地址	邮编	电话
慈溪市新浦镇营销服务部	陈万娟					慈溪新浦镇戚家路水湘村村政府3楼	315322	63896902
余姚市三七市营销服务部	朱振军					余姚市三七市镇金川西路109号	315412	62936100
慈溪市观城营销服务部	华雪锰					慈溪观海卫镇金慈塑料城金凤楼18号	315315	63619491
慈溪支公司	张　明					慈溪市浒山镇金星大厦4楼	315300	63896954
余姚支公司	张国志					宁波市余姚市阳明西路101－103号	315400	62665488
奉化溪口镇营销服务部	苗　挺					宁波市奉化溪口镇中兴西路8号2．3楼	315502	87689816
江东营销服务部	房圣祺					江东区桑田路716号健康城5楼	315000	87689816
泰康人寿保险股份有限公司宁波分公司								
鄞州中心支公司（筹）	汤丛平					鄞州区民惠西路88号9F	315010	88239135
余姚支公司	符文杰					余姚市阳明西路80号	315400	62730103
慈溪支公司	吴祖伦					慈溪市慈甬路418号金鹰大厦801室	315300	63041996
象山支公司	唐春梅（女）					象山县天安路5号四层、六层	315700	65760166
宁海支公司	葛月苏（女）					宁海跃龙街道气象北路277号	315600	25566288
奉化支公司	田光信					奉化市岳林街道华信国际17幢	315500	88900056
江东服务部	姚春涛					江东区兴宁路42弄1号	315040	87836179
北仑服务部	房瑞营					北仑新碶明州路500号1701－1704室	315010	86863345
镇海支公司	李　云（女）					镇海区胜利路62号6楼	315010	86373805
新华人寿保险股份有限公司宁波分公司								
象山支公司	王治涛					象山县丹城乐业路18号	315700	65763017
余姚支公司	陈颖敏					余姚市南滨江路178号	315400	62662511
中山路营销服务部	晏　飞					海曙区中山东路93号中山大厦10楼	315000	87731650
慈溪市营销服务部	褚德意					慈溪市浒山慈甬525号群丰大厦四楼	315300	63104896
奉化市营销服务部	竺红海					奉化市南山路160号商贸中心九层	315500	88517087

续表

分支机构名称	主要负责人	负责人				地址	邮编	电话
宁海县营销服务部	刘海彪					宁海县气象北路 263 号	315600	65563216
民生人寿保险股份有限公司宁波中心支公司								
慈溪市营销服务部	叶永塘					慈溪新城大道虞波大厦 3 楼	315300	63839567
宁海县营销服务部	王晓燕					宁海县北斗路 225 号保华大厦 4 层	315600	65060182
中宏人寿保险有限公司宁波分公司								
慈溪营销服务部	高　磊（女）					慈溪市白沙街道三北大街中兴大厦	315300	23611198
生命人寿保险股份有限公司宁波分公司								
宁海服务部	竺伊凡					宁海县兴宁中路 125 号 3 楼	315600	25559088
余姚服务部	刘明光					余姚市城区时代大厦 1 幢	315400	22706388
慈溪服务部	翁妍艳（女）					慈溪市慈甬路 405 号东瑞大厦	315300	23636098
象山服务部	孔仙娣（女）					象山县步峰路 11 －2 号	315700	25708559
中德安联人寿保险有限公司浙江分公司宁波营销服务部								
宁海营销服务部	黄奇国					宁海县县环城西路 36 号	315600	25552691
余姚营销服务部	张海蛟					余姚市阳明东路 50 号	315400	22699550
合众人寿保险股份有限公司宁波中心支公司								
慈溪营销服务部	邹广普					慈溪市浒山街道天九鸿业大厦	315300	23637006
宁海营销服务部	丁　伟					宁海县县兴宁北路 348 号 1 楼	315600	25566008
余姚营销服务部	俞孟立					余姚市东旱门南路 188 号多元创业大厦	315400	22691786
平安养老保险股份有限公司宁波分公司								

续表

分支机构名称	主要负责人	负责人				地址	邮编	电话
北仑支公司	王海荣					北仑区明州路泰山1号办公楼	315800	86870586
嘉禾人寿保险股份有限公司宁波分公司								
城区营销服务部	章巧云（女）					宁波市百丈东路886号万金大厦3楼	315040	87850031
宁海营销服务部	方　震					宁海县跃龙街道气象北路263号	315600	87850026
余姚营销服务部	无					余姚市城区国贸大厦	315400	62852886
慈溪营销服务部	叶庆昆					慈溪浒山街道群丰村东瑞大厦主楼	315300	63883383
中国人民人寿保险股份有限公司宁波市分公司								
慈溪支公司	苑　威					慈溪市前应路1278号金汇大厦西四楼	315300	63129518
鄞州支公司	郑亚飞					宁波市江东区百丈东路676号7楼	315000	87841758
余姚支公司	周政仕					余姚市姚北区富巷北路人保财险2楼	315400	62851708
信泰人寿保险股份有限公司宁波中心支公司								
市区营销服务部	赵玲君					宁波市海曙区中山东路137号	315010	83899514
浙江省农村信用社联合社宁波办事处								
市区联社	罗建国	汪三太	邵雄宁	周晓波		宁波市育才路17号	315016	87669680
镇海区联社	叶　军	周立伟	王勤龙	童芳琴		镇海区沿江东路552号	315200	86290247
北仑区联社	周书龙	顾永忠	应荣昌	刘永红	吕平裕	北仑区新矸街道新大路177号	315800	86887908
奉化联社	单国辉	吕伟平	蒋国忠	周国伟	曹芬芬	奉化市中山路27号	315500	88590667
宁海县联社	林嘉良	林朝阳	张晓萍（女）	胡昌国		宁海县兴宁中路290号	315600	65590942
象山县联社	沈庞飞	谢语诚	陈 叶	郑仲华	俞安君	象山县丹城靖南路342号	315700	65778839

续表

分支机构名称	主要负责人	负责人				地址	邮编	电话
慈溪农村合作银行	胡剑稚	吴政	孙国钢	宋忠茂	应利广	慈溪市三北西大街 201 号	315300	63814267
		戚建明						
鄞州农村合作银行	陈耀芳	周建斌				宁波市鄞州区民惠西路 88 号	315100	87412908
余姚农村合作银行	沈红波	万克俭	周冠毅	谢宇辉	王省三	余姚市新建路 69 - 87 号	315400	62628808
象山县绿叶城市信用社有限责任公司								
城西分社	孔晓峰	孙咏梅（女）				浙江象山丹城靖南路 194 号	315700	65656172
绿叶分社	金斌杰	高旭君（女）				浙江象山丹城建设路 235 号	315700	65656148
石浦分社	胡纪海	何齐世				浙江象山石浦金山路 121 - 127 号	315733	65985616
港北分社	黄钱海	洪　芬（女）				浙江象山石浦镇渔港中路 307 号	315733	65956901
爵溪分社	王立勇	徐小芬（女）				浙江象山爵溪新瀛大街 36 号	315708	65605199
西周分社	余叶剑	姜秋一（女）				浙江象山县西周镇西瀛大街	315722	65838006
新叶分社	陈东晖	何玲君（女）				浙江象山丹城靖南路 259 号	315700	65656198

第五部分

附　　录

重要金融学术活动简介

2009 年

时间	地点	学术活动名称	主办单位	研讨议题及成果
3 月 13 日	金港大酒店	“把握机遇 有效防范汇率风险”报告会	宁波市金融学会 人行宁波市中心支行 国家外汇管理局宁波市分局	邀请国家外汇管理局国际收支司市场汇价处处长温建东博士、中信银行资金资本市场部总经理孙炜先生、对外经济贸易大学金融学院副院长丁志杰博士讲座。来自宁波市政府经济综合部门、金融管理部门、企业、银行机构以及高校的 300 余人参加了本次报告会。
4 月 18 日	宁波新兴大酒店	黄金投资分析专题报告会	宁波市城市金融学会	邀请北京中汇安高信息咨询有限公司总经理、首席金融分析师郭晖作专题报告，部分黄金业务重点客户、个人 VIP 客户及部分学会理事等 200 余人参加。报告会气氛火爆，互动踊跃，效果良好。
6 月 5 日	宁波市委党校	新《保险法》干部研修班	宁波保监局 宁波市保险学会	邀请国务院法制办、最高人民法院汪治平法官，中央财经大学、中国保险市场研究中心副主任管贻升副教授，为各在甬保险机构干部讲解新保险法出台的背景、意义、法理依据以及新保险法中重要的法条；运用现实案例讲解新保险法中重要的修改点；评估实施后带来的影响及在诉讼中可能面临的问题。
7 月 9 日	宁波	纺织服装行业外贸风险防范专题研讨会	中国信保宁波分公司 宁波市外经贸局	“研讨当前纺织服装行业风险特点及应对措施、通报当前出口信用保险最新优惠政策、协助企业防风险、抢订单、保市场、促增长。”
7 月 30 日	宁波富邦酒店	宁波保险业巨灾风险综合防范专题讲座	宁波保监局 宁波市保险学会	邀请北京师范大学副校长史培军教授进行授课，全市 22 家市级产险机构分管副总经理及理赔部门负责人参加学习培训。通过培训提高了相关保险从业人员应对及防范巨灾风险的能力和水平。
9 月 24 日	宁波市委党校	宁波保险业高管人员新《保险法》培训班	宁波保监局 宁波市保险学会	邀请西南财大保险学院孙蓉教授和保监会法规部董炯副处长为大家讲解新《保险法》及保险合同有关方面的内容。全市各保险机构总经理室班子成员、业管部经理、理赔部经理共 150 余人参加了培训。
10 月 18 日	宁波新兴大酒店	基金投资理财报告会	宁波市城市金融学会	富国基金管理公司总监何牧作报告，部分学会会员和个人高端客户近 100 多人参加报告会。报告会在帮助投资人和从业人员准确把握投资策略，有效理清投资思路等方面起到了促进作用。

续表

时间	地点	学术活动名称	主办单位	研讨议题及成果
10月23日	联谊宾馆	金融支持小企业研讨会	宁波市金融学会	研讨会由宁波市金融学会秘书长孙景德主持，包括论文作者在内50余人参加了研讨会，宁波市社科联林崇建副主席、学会处郭春瑞副处长等领导应邀出席研讨会。与会者结合自身工作实际，从不同方面阐述了中小企业融资难的原因和金融支持中小企业的政策建议。
10月27日	奉化溪口	“思想政治工作”研讨会	农行宁波市分行	分析了股改期间员工思想上存在的问题与矛盾，提出了解决的办法和措施。对统一全行思想、提高凝聚力起了积极地作用。
12月3日	宁波宁海天明山温泉大酒店	2010年工作思路研讨会暨学会学术年会	宁波市城市金融学会	思路研讨会暨学术年会在总结2009年工作的基础上，重点研讨交流了2010年工作目标和策略措施，收到研讨论文12篇，并在会上作了交流发言。本次会议初步确定了2010年学会工作研究方向和行动步伐。
12月11日	宁波	“三农金融业务”专题研讨会	农行宁波市分行	结合当地社会主义新农村建设设想及围绕“三农”问题，对农行如何开展“三农”工作提出了许多建设性的意见。
12月15日	宁波市委党校	医疗保障制度改革及客观经济形势专题讲座	宁波保监局 宁波市保险学会	邀请南开大学经济学院风险管理与保险学系主任朱铭来教授、宁波市发展和改革委员会综合处处长金戈博士，针对《我国医疗保障制度的改革与完善——商业健康保险的地位与发展》和《我市应对金融危机的举措、成效与下阶段工作思路》等课题，分别作了分析和讲解。全市各保险机构、保险专业中介机构、市医疗保险纠纷处理中心的有关人员近200人听取了本次讲座。
12月29日	宁波	2010年中国宏观经济暨外贸促进政策走势高端论坛	中国信保宁波分公司 宁波市外经贸局	特邀中国世界贸易组织研究会常务副会长、对外经济贸易大学中国WTO研究院院长张汉林教授就当前国内外宏观经济形势对我国外贸发展的影响及当前各项稳定外需政策的解读作了主题报告。

优秀金融科研成果名单

2009 年

作者姓名	工作单位	科研成果题目	何时、何期发表	评级机关	奖项及奖级
殷兴山等	人行宁波市中支	宁波市企业劳动力成本调查		宁波市委办公厅 宁波市政府办公厅	宁波市党政系统优秀调研成果二等奖
殷兴山等	人行宁波市中支	制度变迁、不确定性、收入增长与居民储蓄率——基于宁波案例的因子分析		宁波市政府办公厅	宁波市第十一次哲学社科优秀成果三等奖
殷兴山等	人行宁波市中支	理财、金融市场与金融结构的变动		人行总行办公厅	总行办公厅 2008 年度课题优秀课题
殷兴山等	人行宁波市中支	经济周期同步性、货币政策和地区发展不平衡		人行上海总部	中国人民银行上海总部 2008 年度重点研究课题二等奖
殷兴山等	人行宁波市中支	资产价格和物价上涨：推动抑或阻止		人行杭州中支	2008 年度浙江省人民银行系统重点研究课题三等奖
殷兴山等	人行宁波市中支	融资者特性、金融结构和经济增长		人行总行	中国人民银行 2008 年度重点研究课题三等奖
余霞民等	人行宁波市中支	环境指数、政策有效性和宏观调控——新形势下提高货币政策有效性策略研究		人行总行团委	2009 年青年课题组活动获奖课题二等奖
殷海峰	人行宁波市中支	储蓄类国债发行及管理中面临的主要挑战及其解决建议		人行总行国库局	二等奖
殷兴山等	人行宁波市中支	区域潜在产出和产出缺口理论测度及预测——以浙江和宁波为例		浙江省金融学会	浙江省金融学会 2008 年度优秀调研课题
宁波保监局课题组	宁波保监局	监管创新完善兼业代理市场		中国保险报	行业聚焦栏目优秀稿件评选三等奖
宁波保监局课题组	宁波保监局	用科技手段提高监管效率		中国保险报 中国保监会统信部	保险业信息技术应用与创新征文三等奖
殷兴山等	人行宁波市中支	合同能源管理与金融支持节能：国际经验、中国实践及宁波创新		人行杭州中支	2008 年度浙江省人民银行系统重点研究课题一等奖

续表

作者姓名	工作单位	科研成果题目	何时、何期发表	评级机关	奖项及奖级
周志芬等	工行宁波市分行	民营资本与经济增长——宁波市体外循环资金的基本状况及管理对策		宁波市哲学社会科学发展规划领导小组办公室	宁波市第十一次哲学社会科学优秀成果评奖活动优秀奖
农行江东支行课题组	农行江东支行	整合资源、推进转型，加快城区行业务发展	《浙江农村金融》2008年增刊	浙江省农村金融学会	省级优秀课题三等奖
邢永春 王蕙蕙	农行宁波分行	利用产业链的相互制约来控制农贷风险—宁波象山县支行开渔启动资金贷款担保创新的实践与思考	《浙江农行金融》2008年第二期	浙江省农村金融学会	省级优秀论文三等奖
叶玉利	农行奉化支行	农行奉化支行国际业务发展滞缓的原因及对策	《宁波农村金融》2009年第一期	浙江省农村金融学会	“农行金融同业竞争”专题征文三等奖
虞太求	农行宁海支行	贵宾客户服务层次尚需提升	《中国经济与管理科学》2009年第8期	《中国经济与管理科学》杂志社	优秀论文一等奖
儒金陆	太保财险宁波分公司	宁波车险亏损的成因分析与对策		宁波市保险学会	宁波市保险学会课题研究一等奖
陈红等	宁波保监局等	建设宁波保险企业教育培训体系的构想和实施策略	2009年《宁波保险》第6期	宁波市保险学会	宁波市保险学会课题研究三等奖
张初础等	省联社宁波办	金融企业内部控制理论体系的思考和研究		中国内审协会	三等奖

金融科技各类奖项获奖名单

2009 年

项目名称	完成单位	主要完成人员	获奖等级
重大项目开发及客户经理协调机制	国家开发银行宁波市分行	张禾、秦雪滨、虞旦、柳培德	三等奖
科技进步推动	中国工商银行宁波市分行	邬一峰、孙洪辉、高高、程垦、崔莹、冯永强、王伟尧、沈健、夏嵘、刘晓刚、钱利军、黄文俊、王文昌	工行总行先进集体三等奖
安全生产运行	中国工商银行宁波市分行	邬一峰、孙洪辉、高高、程垦、崔莹、冯永强	工行总行先进集体三等奖
科技进步推动一级分行生产运行远程应急管理工程	中国工商银行宁波市分行	王伟尧	工行总行先进集体三等奖
科技进步推动产品测试投产	中国工商银行宁波市分行	沈健、夏嵘、刘晓刚、钱利军	工行总行先进集体三等奖
科技进步推动业务运营风险管理系统建设与推广工程	中国工商银行宁波市分行	黄文俊、王文昌	工行总行先进集体三等奖
农行宁波分行合规尽职管理系统	中国农业银行宁波市分行	农行宁波分行项目开发组	农行总行优秀科技成果应用开发项目奖
中国农业银行基础数据平台项目群推广应用	中国农业银行宁波市分行	农行宁波分行项目开发组	农行总行优秀科技成果推广应用奖

金融系统先进集体、先进个人名单

2009年

先进集体			先进工作者			
（单位）名称	先进项目	评定部门	姓名	所在单位	先进项目	评定部门
中国人民银行宁波市中心支行						
中心支行货币信贷处	2008年度全省货币信贷综合考核优秀奖	人行杭州中心支行	詹旭波	中心支行科技处	2008年度宁波市电子政务工作先进个人	宁波市政府办公厅
慈溪市支行 开发区支行	模范职工之家	人行上海总部	夏水春	中心支行后勤服务中心	后勤工作先进个人	人行总行
中心支行团委	青春共建和谐社区行动·金融知识进社区活动优秀组织单位	人行总行团委	金小平	中心支行办公室	2008年度上海总部青年岗位能手	人行上海总部
中心支行统计研究处	金融统计数据集中工作先进集体	人行总行				
中心支行会计财务处 统计研究处 办公室秘书科	2008年度上海总部青年文明号	人行上海总部				
中心支行人事处	离退休干部工作先进集体	人行总行				
中国银行业监督管理委员会宁波监管局						
宁波监管局	创建服务型机关、促进企业发展活动先进集体	中央文明委	施先强	宁波银监局一处	宁波市蝉联全国文明城市工作先进个人	宁波市委 宁波市政府
宁波监管局	市级社会治安综合治理先进单位	宁波市委办公厅 宁波市府办公厅	施纪明	宁波银监局宣传部	宁波市蝉联全国文明城市工作先进个人	宁波市委 宁波市政府

续表

先进集体			先进工作者			
（单位）名称	先进项目	评定部门	姓名	所在单位	先进项目	评定部门
宁波监管局一处	银监会系统2008－2009年度文明单位	中国银监会党委	谈晨	宁波银监局四处	银监会系统2009年度监管标兵	中国银监会党委
宁波监管局一处	银监会系统2009年度学习型组织标兵单位	中国银监会党委	林峰	宁波银监局一处	银监会系统2009年度监管标兵	中国银监会党委
			张亚娟	宁波银监局一处	银监会系统2008－2009年度知识型职工先进个人	中国银监会工会
			陈伟国	宁波银监局二处	创建服务型机关、促进企业发展活动先进个人	宁波市委 宁波市政府
			袁亦华	宁波银监局慈溪办事处	创建服务型机关、促进企业发展活动先进个人	宁波市委 宁波市政府
中国农业发展银行宁波市分行						
宁波市分行	财会技能竞赛团体第二名	中国农业发展银行浙江省分行	王亚平	宁海支行	中国农业发展银行财会技能竞赛单指单张点钞第五名	中国农业发展银行总行
镇海支行	2008年度青年文明号	中国农业发展银行浙江省分行	王亚平	宁海支行	中国农业发展银行浙江省分行财会技能竞赛单指单张点钞第一名、假币识别第二名	中国农业发展银行浙江省分行
象山支行	2009年度业务营销优秀团队	中国农业发展银行浙江省分行	严荣辉	宁波市分行	中国农业发展银行浙江省分行财会技能竞赛业务输入第二名	中国农业发展银行浙江省分行
奉化支行	2009年度业务营销优秀团队	中国农业发展银行浙江省分行	胡麟祥	奉化支行	感动浙江农发行人物	中国农业发展银行浙江省分行
奉化支行	宁波财贸旅游系统工人先锋号	宁波市财贸工会	王亚平	宁海支行	感动浙江农发行人物	中国农业发展银行浙江省分行

续表

先进集体			先进工作者			
（单位）名称	先进项目	评定部门	姓名	所在单位	先进项目	评定部门
市分行工会	宁波市财贸工会重点工作目标考核二等奖	宁波市财贸工会	石建民	余姚支行	2008年业务营销标兵	中国农业发展银行浙江省分行
			杨亦兴	奉化支行	2008年业务营销标兵	中国农业发展银行浙江省分行
			苏全胜	市分行	2008年度青年岗位能手	中国农业发展银行浙江省分行
			劳科尖	余姚支行	2008年度女职工成才自我达标活动先进个人	中国农业发展银行浙江省分行
			徐欣	镇海支行	2008年度女职工成才自我达标活动先进个人	中国农业发展银行浙江省分行
			朱慈芬	镇海支行	中国农业发展银行华东一省保龄球邀请赛女子第六名	中国农业发展银行上海市分行
			赵靓	宁波市分行	全省系统职工演讲比赛第三名	中国农业发展银行浙江省分行
			陈科元	宁波市分行	全省系统职工演讲比赛优秀奖	中国农业发展银行浙江省分行
国家开发银行宁波市分行						
宁波市分行工会	生活后勤保障先进单位	浙江省财贸工会	丁志宏	宁波市分行	优秀党务工作者	国家开发银行总行
宁波市分行工会	华东片区文艺汇演三等奖	国家开发银行总行工会	陆靖文	宁波市分行	获得2009年新春职工摄影比赛二等奖	国家开发银行总行工会
宁波市分行工会	市财贸工会金融旅游行业庆祝新中国成立60周年职工游泳比赛男女混合4×50接力赛第六名	宁波市财贸工会	陈伟强	宁波市分行	获得2009年新春职工摄影比赛三等奖、优秀奖	国家开发银行总行工会
宁波市分行工会	2009年度重点工作目标考核二等奖	宁波市财贸工会	杨莹	宁波市分行	获得2009年新春职工摄影比赛优秀奖	国家开发银行总行工会

续表

先进集体			先进工作者			
（单位）名称	先进项目	评定部门	姓名	所在单位	先进项目	评定部门
宁波市分行团委	宁波市直机关先进团组织	宁波市直机关团工委	孙明	宁波市分行	华东片区征文比赛一等奖	国家开发银行总行工会
宁波市分行团委	宁波市机关青年诗歌朗诵大赛三等奖	宁波市直机关团工委	岑雯奕	宁波市分行	华东片区演讲比赛三等奖	国家开发银行总行工会
宁波市分行客户三处	工人先锋号	宁波市财贸工会	阎喜武	宁波市分行	优秀员工	国家开发银行总行
宁波市分行	宁波银行业支农创新奖	宁波银监局	燕青山	宁波市分行	优秀员工	国家开发银行总行
宁波市分行	五星级团组织	宁波市直机关团工委	秦雪滨	宁波市分行	优秀员工	国家开发银行总行
			虞旦	宁波市分行	优秀员工	国家开发银行总行
			张禾	宁波市分行	优秀员工	国家开发银行总行
			孙明	宁波市分行	优秀员工	国家开发银行总行
			严鸣	宁波市分行	优秀员工	国家开发银行总行
			于红霞	宁波市分行	优秀员工	国家开发银行总行
			李燎菁	宁波市分行	优秀员工	国家开发银行总行
			汪权伟	宁波市分行	优秀员工	国家开发银行总行
			何辉渝	宁波市分行	优秀员工	国家开发银行总行
			张凯龙	宁波市分行	优秀员工	国家开发银行总行
			逄阿强	宁波市分行	优秀员工	国家开发银行总行
			陈瑶	宁波市分行	优秀员工	国家开发银行总行
			孙明	宁波市分行	优秀团员	宁波市直机关团工委
			李燎菁	宁波市分行	优秀团员	宁波市直机关团工委
			张凯龙	宁波市分行	优秀团干部	宁波市直机关团工委
			胡江平	宁波市分行	优秀统计联络员	宁波银监局
			孔常艳	宁波市分行	诚信与敬业演讲比赛优胜奖	宁波市财贸工会
中国工商银行股份有限公司宁波市分行						

续表

先进集体			先进工作者			
（单位）名称	先进项目	评定部门	姓名	所在单位	先进项目	评定部门
宁波市分行	最具竞争力银行	东南商报等	林振良	宁波市分行信息科技部	工商银行信息化建设10年杰出贡献奖	中国工商银行总行
宁波市分行	市民最满意银行	东南商报等	林振良	宁波市分行信息科技部	宁波市金融IC卡多应用试点先进个人	人行宁波市中心支行
宁波市分行	新中国成立60周年宁波最具成就企业奖	宁波晚报、甬商联合会	虞红专	宁波市分行信息科技部	工商银行信息科技工作20周年纪念奖	中国工商银行总行
宁波市分行	金牌理财团队最佳业绩奖	现代金报等	邬一峰	宁波市分行信息科技部	工商银行信息科技工作20周年纪念奖	中国工商银行总行
宁波市分行	2005－2008年全国群众体育先进单位	国家体育总局	陆滨炜	宁波市分行信息科技部	工商银行信息科技工作20周年纪念奖	中国工商银行总行
宁波市分行	宁波市和谐企业创建先进单位	宁波市委、市政府	王伟尧	宁波市分行信息科技部	工商银行信息科技工作25周年纪念奖	中国工商银行总行
宁波市分行	全国金融系统职工体育达标先进单位	全国金融工会	王群霞	宁波市分行信息科技部	银企互联推广工程先进个人	中国工商银行总行
宁波市分行	五星级治安安全单位	宁波市政府综治办、宁波市公安局	李桂珍	宁波市分行财务会计部	中间业务先进个人	中国工商银行总行
宁波市分行	省级治安安全示范单位	浙江省政府综治办、浙江省公安厅	戴立云	宁波鄞州支行	中间业务先进个人	中国工商银行总行
宁波市分行	内控管理一级行	中国工商银行总行	魏向前	宁波鼓楼支行	中间业务先进个人	中国工商银行总行
宁波市分行公司业务部	公司金融业务最具竞争力奖	中国工商银行总行	顾放钧	宁波奉化支行	中间业务先进个人	中国工商银行总行
宁波市分行公司业务部	投资银行业务优秀组织奖	中国工商银行总行	夏建明	宁波东门支行	中间业务先进个人	中国工商银行总行
宁波市分行公司业务部	投资银行业务百亿十佳项目奖	中国工商银行总行	章旭东	宁波东门支行	结算与现金管理优秀客户经理	中国工商银行总行
宁波市分行管理信息部	网讯工作先进三等奖	中国工商银行总行	梁晓黎	宁波江东支行	结算与现金管理优秀客户经理	中国工商银行总行
宁波市分行管理信息部	数据仓库先进集体三等奖	中国工商银行总行	何东	宁波鼓楼支行	结算与现金管理优秀客户经理	中国工商银行总行

续表

先进集体			先进工作者			
（单位）名称	先进项目	评定部门	姓名	所在单位	先进项目	评定部门
宁波市分行公司业务部	中间业务投资银行专业先进单位	中国工商银行总行	诸颖红	宁波东门支行	结算与现金管理优秀产品经理	中国工商银行总行
宁波市分行个人金融业务部	个人金融业务最具潜力奖	中国工商银行总行	周志芬	宁波市分行管理信息部	网讯先进工作者	中国工商银行总行
宁波市分行个人金融业务部	中间业务先进单位	中国工商银行总行	张银华	宁波市分行管理信息部	网讯先进工作者	中国工商银行总行
宁波市分行资产负债业务管理部	资产负债优秀管理先进单位	中国工商银行总行	周红儿	宁波市分行管理信息部	网讯优秀信息员	中国工商银行总行
宁波市分行资产负债业务管理部	养老金业务先进单位	中国工商银行总行	姜亮波	宁波市分行办公室	网讯优秀信息员	中国工商银行总行
宁波市分行结算与现金管理部	结算与现金管理专业经营业绩贡献奖	中国工商银行总行	齐建国	宁波市分行个人金融业务部	网讯优秀信息员	中国工商银行总行
宁波市分行结算与现金管理部	NRA 营销特等奖	中国工商银行总行	沈惠民	宁波鄞州支行	百佳服务标兵	中国工商银行总行
宁波市分行结算与现金管理部	全球现金推广月一等奖	中国工商银行总行	陈旭良	宁波余姚支行	百佳服务标兵	中国工商银行总行
宁波市分行银行卡部	银联标准信用卡发卡竞赛一等奖	中国工商银行总行	柯波	宁波市分行管理信息部	金融统计数据集中工作先进个人	中国工商银行总行
宁波市分行银行卡部	宁波市金融IC卡建设突出贡献奖	人行宁波市中心支行	郑晔	宁波市分行个人金融业务部	中国工商银行优秀青年	中国工商银行总行
宁波市分行银行卡部	宁波市银行卡联网联合突出贡献奖	人行宁波市中心支行	魏向前	宁波鼓楼支行	优秀共产党员	中国工商银行总行
宁波市分行银行卡部	新中国成立六十周年主题银联标准信用卡发卡竞赛一等奖	中国工商银行总行	胡红红	宁波市分行营业部	优秀共产党员	中国工商银行总行
宁波市分行电子银行部	电子银行业务优秀组织单位	中国工商银行总行	施建荣	宁波市分行管理信息部	金融统计数据集中工作先进个人	中国工商银行总行
宁波市分行电子银行部	电子银行业务技能比赛“优秀组织奖”	中国工商银行总行	孙仲远	宁波慈溪支行	优秀党务工作者	中国工商银行总行
宁波市分行国际业务部	宁波市外汇新政和企业汇率避险服务宣传培训月最佳活动组织奖	国家外汇管理局宁波市分局	朱黄珍	宁波市分行管理信息部	数据仓库工作先进个人	中国工商银行总行

续表

先进集体			先进工作者			
（单位）名称	先进项目	评定部门	姓名	所在单位	先进项目	评定部门
宁波市分行国际业务部	金融市场业务系统建设先进集体	中国工商银行总行	李静晔	宁波市分行管理信息部	数据仓库工作先进个人	中国工商银行总行
宁波市分行财务会计部	决算报表工作先进单位优秀管理奖	中国工商银行总行	陈旭良	宁波余姚支行	全国金融五一劳动奖章	中国金融工会
宁波市分行财务会计部	日常报表工作先进单位优秀管理奖	中国工商银行总行	范钧	宁波市分行信息科技部	2007－2008年个人金融产品创新和服务先进个人	中国工商银行总行
宁波市分行财务会计部	应税事务合规性建设先进单位二等奖	中国工商银行总行	许苏立	宁波分行营业部	2007－2008年个人金融产品创新和服务先进个人	中国工商银行总行
宁波市分行财务会计部	纳税申报及核算管理先进单位一等奖	中国工商银行总行	于小明	宁波市分行信息科技部	2007－2008年个人金融产品创新和服务先进个人	中国工商银行总行
宁波市分行财务会计部	管理会计工作应用推广与经营分析先进单位二等奖、核算管理先进单位二等奖	中国工商银行总行	周刚	宁波市分行个人金融业务部	2007－2008年个人金融产品创新和服务先进个人	中国工商银行总行
宁波市分行财务会计部	财务集中业务考核等级良好	中国工商银行总行				
宁波市分行财务会计部	集中采购考核等级良好	中国工商银行总行				
宁波市分行城市金融学会	中国城市金融学会2007－2008年度优秀团体会员	中国城市金融学会				
宁波市分行城市金融学会	宁波市社科联系统2008－2009年先进集体	宁波市社科联				
宁波市分行保卫部	先进保卫组织	宁波市公安局				
宁波市分行工会	保增长、促发展竞赛活动先进集体	宁波市财贸工会				

续表

先进集体			先进工作者			
（单位）名称	先进项目	评定部门	姓名	所在单位	先进项目	评定部门
宁波市分行工会女工委	我为科学发展献一策优秀组织奖	中国工商银行总行				
宁波市分行团委	中国工商银行青年职业礼仪大赛二等奖	中国工商银行总行				
宁波鼓楼支行	全国工人先锋号、全国金融五一劳动奖状	全国金融工会				
宁波东门支行	全国女职工建功立业标兵岗、全国金融“五一劳动奖状”	全国金融工会				
宁波东门支行	百佳服务机构	中国工商银行总行				
宁波镇海胜利桥支行	百佳服务机构	中国工商银行总行				
宁波东门支行	中国工商银行文明单位	中国工商银行总行				
宁波东门支行	创建四好领导班子先进集体	中国工商银行总行				
宁波鄞州支行	工人先锋号	宁波市财贸工会				
宁波鄞州支行	中国工商银行精神文明建设先进单位	中国工商银行总行				
宁波生宝支行	工人先锋号	浙江省总工会				
宁波北仑支行工会	浙江省党建带工建三级联创模范职工之家	浙江省委组织部、省工会				
中国农业银行宁波市分行						
分行营业部营业中心	学习型组织先进班组	中国金融工会	张定伟	慈溪支行	五一劳动奖章	中国金融工会
分行营业部营业中心	学习型组织标兵班组	中国农业银行总行				
余姚支行营业部	工人先锋号	宁波市财贸工会				

续表

先进集体			先进工作者			
（单位）名称	先进项目	评定部门	姓名	所在单位	先进项目	评定部门
中国银行股份有限公司宁波市分行						
象山支行	创建学习型组织，争做知识型职工先进单位	中国银行总行	钱同月	象山支行	中国银行先进工作者	中国银行总行
宁波市分行财富中心	创建学习型组织，争做知识型职工先进班组	中国银行总行	石世君	江东支行	中国银行首届职工之友	中国银行总行
镇海支行营业部	总行级巾帼文明示范岗	中国银行总行	李静	奉化支行	中国银行首届职工之友	中国银行总行
宁波市分行	宁波市开展创建服务型机关，促进企业发展活动先进集体	宁波市委市政府	韩伟国	宁波市分行	2009 年度中国银行教育培训先进工作者	中国银行总行
宁波市分行	宁波市财贸金融旅游系统保增长保发展主题竞赛活动先进单位	宁波市财贸工会	庄培	宁波市分行	创建学习型组织，争做知识型职工先进个人	中国银行总行
北仑支行	宁波市财贸金融旅游系统工人先锋号	宁波市财贸工会	高洁	鄞州支行	中国银行优秀工会干部	中国银行总行
宁波市分行	2009 年度金融宣传工作先进集体	人行宁波市中心支行	童丽娜	鄞州支行	宁波市文明优质服务标兵	宁波市文明办
宁波市分行	2009 年度金融统计工作优胜单位	人行宁波市中心支行				
宁波市分行保卫部	先进保卫组织	宁波市公安局				
宁江东支行	2008 年度宁波市治安安全示范单位	宁波市公安局				
江东支行营业部	全国巾帼示范岗	全国妇联				

续表

先进集体			先进工作者			
（单位）名称	先进项目	评定部门	姓名	所在单位	先进项目	评定部门
江东支行新天地分理处	全国巾帼示范岗	全国妇联				
鄞州支行营业部	浙江省巾帼示范岗	浙江省妇联				
邱隘支行	浙江省巾帼示范岗	浙江省妇联				
宁波市分行营业部	浙江省巾帼示范岗	浙江省妇联				
中国建设银行股份有限公司宁波市分行						
宁波市分行	文明单位	浙江省委省政府	胡子坚	鄞州支行	全国金融系统五一劳动奖章	中国金融工会
宁波市分行	2009 年度治安示范单位	浙江省公安厅	周志芬	北仑支行	全国金融青年服务明星	中央金融团工委
宁波市分行	2008 年度先进造价咨询单位	浙江省造价管理协会	董宇 袁国芳	宁波市分行营运部	宁波市金融机构现金出纳专业先进个人	人行宁波市中心支行
宁波市分行	宁波市劳动关系和谐企业	宁波市总工会	金宝根 李方遒	宁波市分行个金部	宁波市民卡金融 IC 卡工作先进个人	人行宁波市中心支行
宁波市分行	2007 – 2008 年度宁波市优秀工程造价咨询企业	宁波市建设工程造价管理协会	潘武杰	宁波市分行技术部	宁波市金融 IC 卡多应用试点工作先进个人	人行宁波市中心支行
宁波市分行	宁波市外汇业务综合考评 A 级行	国家外汇管理局宁波市分局	竺栋	宁波市分行技术部	宁波市金融 IC 卡多应用试点工作先进个人	人行宁波市中心支行
宁波市分行	宁波城市金融展 2009 年最受信赖的网上银行	宁波市金融办宁波日报报业集团	周正威 孙岳永	宁波市分行技术部	宁波市信息安全等级保护先进个人	宁波市信息安全等级保护工作领导小组办公室
宁波市分行	宁波优势金融产品展 2009 年最方便使用的网上银行	宁波市金融办宁波日报报业集团	曹慧毅 周冬 张颖 张静儿 孟炫 金莹	分行会计部 二支行 奉化支行 北仑支行 鄞州支行 分行会计部	宁波市银行业金融机构支付结算知识竞赛分别获二等奖和三等奖	人行宁波市中心支行

续表

先进集体			先进工作者			
（单位）名称	先进项目	评定部门	姓名	所在单位	先进项目	评定部门
宁波市分行	市人行现金存取业务管理工作单项考核先进集体	人行宁波市中心支行	赵敏 任巧雁 司徒银儿	余姚支行 鄞州支行 奉化支行	第二届综合业务技能竞赛分别获： 人民币反假第二名 单指单张散把点钞第三名 传票输入第四名	宁波市银行业同业协会
宁波市分行	2009年宁波市银行业月均新增小企业贷款考核四大银行第一名，金融业第三名	宁波市政府金融办 市财政局 人行宁波市中心支行 宁波银监局	潘武杰	宁波市分行技术部	突出贡献员工	建行总行
宁波市分行	2009年宁波市最具竞争力银行借记卡	宁波市金融办	徐晓明 郑炼红	宁波市分行审批部	总行级优秀审批人	建行总行
宁波市分行	宁波金融IC卡项目特殊贡献奖	人行宁波市中心支行	袁仁伟 岑孟焕 孙卫娣 毛靖良	宁波市分行	2008年百佳外汇业务能手	建行总行
宁波市分行	宁波市ATM服务质量竞赛评比活动二等奖	中国银联宁波分公司	郑晓明	宁波市分行电子部	2008年全国建行流程优化及标准化建设优秀项目人员	建行总行
宁波市分行	信息安全等级保护安全建设整改工作先进单位	宁波市信息安全等级保护工作领导小组办公室	陆幼君 项亦莹	宁波市分行电子部	2009年全国建行个人电子银行客户营销能手	建行总行
宁波市分行	宁波市银行业金融机构支付结算知识竞赛团体第一名	宁波市银行业同业协会	周亚荣 张宏广 刘小海 殷均 楼百裕 王维	宁波市分行	2009年全国建行企业网上银行客户营销能手	建行总行
宁波市分行	宁波同业协会第二届综合业务技能竞赛团体第二名	宁波市银行业同业协会	刘蓓芸	宁波市分行房金部	房金条线业务发展带头人	建行总行
宁波市分行	2009宁波市最受欢迎的银行信用卡大奖	宁波市银行业同业协会	虞刚	宁波市分行风险部	2008年度总行优秀风险经理	建行总行

续表

先进集体			先进工作者			
（单位）名称	先进项目	评定部门	姓名	所在单位	先进项目	评定部门
宁波市分行	2008年优秀内部审计项目三等奖	宁波市内审协会	赵敏 周丽燕	余姚支行 北仑支行	青年岗位能手	建行总行团委
宁波市分行	庆祝新中国成立60周年活动二等奖	宁波市财贸工会	王沛炯 梅芳芳 吕挽	宁波市分行	优秀团干部和优秀团员	建行总行团委
宁波市分行	2008年度工程造价咨询业务先进单位	建行总行	王海萍	宁波市分行个金部	十家财富中心个人优秀奖	建行总行
宁波市分行	2008年外汇业务综合业务三等奖、国际结算（双超型）三等奖	建行总行	郑理丹	鄞州支行	巾帼建功标兵	建行总行工会
宁波市分行	2009年企业网上银行112竞赛营销优秀分行奖（三等奖）	建行总行	任巧雁	鄞州支行	知识型员工	建行总行工会
北仑华山支行 北仑支行营业部 分行营业部 慈溪支行营业部 宁海支行营业部	2009年全国建行个人电子银行客户营销百强网点	建行总行	苏国平 赵蕾	宁波市分行房金部	个人贷款业务标兵	建行总行
鄞州万达支行 余姚城建支行 奉化城建支行	2009全国建行个人电子银行客户营销优秀网点	建行总行	邱斌 苏云 毛慈挺	宁波市分行	CMISII先进推广个人	建行总行
北仑港支行	总行级青年文明号	建行总行团委	葛王杰	建行宁波市分行	新中国成立60周年书画摄影展摄影作品金奖	建行总行
分行机关团委	五四红旗团委	建行总行团委	陈亚明 任立爱	宁波市分行办公室	分别荣获：《建设银行报》优秀通讯员《每日动态》优秀信息员	建行总行
分行财富管理中心	十家财富中心优秀组织奖	建行总行	史杰敏 苏汲	咨询中心	2007－2008年度宁波市优秀造价工程师	宁波市建设工程造价管理协会

续表

先进集体			先进工作者			
（单位）名称	先进项目	评定部门	姓名	所在单位	先进项目	评定部门
分行个金部	牵手建行，轻松理财暑期教育市场主题营销活动中获精准营销组织奖	建行总行	谢蓁力	建行宁波市分行	新中国成立60周年书画摄影展摄影作品银奖	建行总行
北仑支行营业部	总行级女职工文明示范岗	建行总行工会	王盛波 钱美珍	建行宁波市分行	新中国成立60周年书画摄影展摄影作品优秀奖	建行总行
望京支行	学习型组织先进单位	建行总行工会	万正元	建行宁波市分行	新中国成立60周年书画摄影展书法作品银奖	建行总行
北仑华山支行	学习型组织先进班组	建行总行工会	周维勇 陈逸民 王惠中 王琛琳 胡余刚 裘义正	建行宁波市分行	新中国成立60周年书画摄影展书法作品优秀奖	建行总行
宁波市分行	总行二季度质量提升贡献奖、三季度资产质量活动优胜奖	建行总行	董美丽 万正元	建行宁波市分行	新中国成立60周年书画摄影展美术作品优秀奖	建行总行
宁波市分行	总行公司客户中间业务产品创意征集活动中，获构思创意三等奖	建行总行				
宁波市分行	总行级个贷业务发展贡献奖、个人贷款资产质量风范奖	建行总行				
交通银行股份有限公司宁波分行						
慈溪支行	总行先进基层党组织	交通银行总行	郑思南	北仑支行	总行先进党务工作者	交通银行总行
镇海支行前台业务科	总行级青年文明号	交通银行总行	陈洁	办公室	总行级优秀档案工作者	交通银行总行
慈溪支行营业室	总行级青年文明号	交通银行总行	叶坚	技管部	宁波市人民银行同城电子交换优化项目先进个人	人行宁波市中心支行

续表

先进集体			先进工作者			
（单位）名称	先进项目	评定部门	姓名	所在单位	先进项目	评定部门
办公室	2009 年金融宣传工作先进集体	人行宁波市中心支行	龚艳君	技管部	宁波市人民银行同城电子交换优化项目先进个人	人行宁波市中心支行
预算部	统计工作优胜单位	人行宁波市中心支行	王意红	会计部	2009 年度宁波市区金融机构现金出纳专业先进个人	人行宁波市中心支行
技管部	宁波市人民银行同城电子交换优化项目先进集体	人行宁波市中心支行	余向阳	会计部	2010 年度宁波市区金融机构现金出纳专业先进个人	人行宁波市中心支行
预算部	统计工作优秀单位	宁波银监局	胡志磊	中兴支行	2009 年度金融机构反假货币工作先进个人	人行宁波市中心支行
技管部	宁波市银行业信息科技风险奥运专项工作先进集体	宁波银监局	刘敏	镇海支行	支付结算知识竞赛优秀个人三等奖	人行宁波市中心支行
分行工会	宁波市银行业综合业务技能大赛第五名	宁波市银行业协会	叶坚	技管部	公安部计算机信息安全等级保护工作宁波市先进个人	宁波市公安局
分行	2007 - 2008 年度宁波市文明单位	宁波市精神文明委员会	胡薇薇	技管部	公安部计算机信息安全等级保护工作宁波市先进个人	宁波市公安局
余姚支行	宁波市治安安全合格单位	宁波市公安局	严亚芬	慈溪支行	三八红旗手	宁波市妇联
镇海支行	宁波市治安安全合格单位	宁波市公安局				
保卫部	宁波市创安合格单位	宁波市公安局				
北仑支行	市级创安星级单位	宁波市公安局				
技管部	公安部计算机信息安全等级保护工作宁波市先进集体	宁波市公安局				

续表

先进集体			先进工作者			
（单位）名称	先进项目	评定部门	姓名	所在单位	先进项目	评定部门
北仑支行	2009年度市级工人先锋号	宁波市总工会				
北仑支行前台业务科	2009年度市级文明服务窗口	宁波市财贸工会				
分行工会	宁波市贸易金融旅游系统先进职工之家	宁波市财贸工会				
分行工会	宁波市贸易金融旅游系统和谐企业	宁波市财贸工会				
保卫部	市级社会治安综合治理先进单位	宁波市政府治安办				
上海浦东发展银行股份有限公司宁波分行						
慈溪支行营业部外汇会计柜	工人先锋号	宁波市总工会	沈洪亮	开发区支行	2007－2008年度总行系统先进工作者	浦发银行总行
宁波分行	浙江省银行机构学业务、强能力、促服务支付结算知识竞赛决赛二等奖	人行杭州中心支行	吕铮	余姚支行	2007－2008年度总行系统先进工作者	浦发银行总行
分行信息科技部	2009年信息科技工作优秀奖	浦发银行总行	林钢	业务八部	2007－2008年度总行系统先进工作者	浦发银行总行
慈溪支行营业科	2009年度运营服务先进团队	浦发银行总行	朱州波	高新区支行	宁波市文明优质服务标兵	宁波市总工会
余姚支行营业科	2009年度运营内控先进团队	浦发银行总行	董素波	鄞东支行	2009年度先进运营工作者	浦发银行总行
西门支行营业科	2009年度6S管理先进团队	浦发银行总行	林红霞	鄞州支行	2009年度先进运营工作者	浦发银行总行
台州分行营业部	2009年度沟通协同先进团队	浦发银行总行	朱珊珊	营业部	2009年度运营内控标兵	浦发银行总行
宁波分行	2009年度风险经营考核优胜单位	浦发银行总行	庞文丽	运营管理部	2009年度运营内控标兵	浦发银行总行
宁波分行营业部	轻松理财杯——赢在2009百强网点	浦发银行总行	张玲燕	运营管理部	2009年度运营创新标兵	浦发银行总行

续表

先进集体			先进工作者			
（单位）名称	先进项目	评定部门	姓名	所在单位	先进项目	评定部门
宁波分行	2009 年度公司银行业务十佳分行	浦发银行总行	徐纬	营业部	2009 年度运营产能标兵	浦发银行总行
			林伟峰	分行行长室	2009 年度优秀风险主管行长	浦发银行总行
			金美丽	分行六部	2009 年度公司银行优秀客户经理	浦发银行总行
			王武	余姚支行	2009 年度公司银行优秀客户经理	浦发银行总行
			乐权平	产品部	2009 年度全行优秀产品客户经理	浦发银行总行
			史松杨	高新区支行	2009 年度全行优秀经营管理人员	浦发银行总行
			饶英	贸易金融部	2009 年度全行优秀支撑服务人员	浦发银行总行
中国光大银行股份有限公司宁波分行						
宁波分行	宁波市窗口服务行业创三优一满意文明优质服务竞赛活动优秀单位	宁波市财贸工会	杨明	宁波分行	优秀党务工作者	光大银行总行
宁波分行	爱国歌曲合唱比赛获奖单位三等奖	宁波市财贸工会	管弦	科技园区支行	优秀共产党员	光大银行总行
宁波分行	支持中国妇女公益事业慈善先锋奖	中国妇女发展基金会	许晓岚	镇海支行	优秀共产党员	光大银行总行
宁波分行	2009 年度宁波市 ATM 服务质量竞赛评比活动三等奖	中国银联宁波分公司	胡慧	运营管理部	支付结算知识竞赛优秀个人	人行宁波市中心支行

续表

先进集体			先进工作者			
（单位）名称	先进项目	评定部门	姓名	所在单位	先进项目	评定部门
余姚支行党支部	先进基层党组织	光大银行总行	陈慧波	办公室	优秀共青团员	光大银行总行
宁波分行团委	五四红旗团委创建单位	光大银行总行	骆圆圆	余姚支行	优秀共青团员	光大银行总行
宁波分行工会	2009 年度工会重点工作考核一等奖	宁波市财贸工会	乐凌	监察部	优秀共青团员	光大银行总行
			胡琼	兴宁支行	光大优秀青年服务明星	光大银行总行
			顾迟播	北仑支行	光大优秀青年服务明星	光大银行总行
			赵建廷	法律合规部	弘扬合规文化，不越合规底线，推动业务健康发展系列合规教育征文活动二等奖	光大银行总行
深圳发展银行股份有限公司宁波分行						
北仑支行营业部	工人先锋号	宁波市总工会	余宙 张宇琼 朱卫军	宁波分行	2008 年 零售精英	深发银行总行
分行营业部	青年文明号	共青团宁波市委	金宗国 童小龙 余宙 钱敏 庞丹 吴燕 施炯 陈文俊 孙维	宁波分行	深圳发展银行 2008 年度杰出员工	深发银行总行
宁波分行	深圳发展银行 2008 年度特殊资产管理奖	深发银行总行	张清和 赵开红	宁波分行	深圳发展银行 2008 年度优秀支行行长	深发银行总行
宁波分行	深圳发展银行 2008 年机构建设先进单位	深发银行总行	陈莲萍 潘一波 傅建芬 张宇琼	宁波分行	深圳发展银行 2008 年度百佳客户经理	深发银行总行

续表

先进集体			先进工作者			
（单位）名称	先进项目	评定部门	姓名	所在单位	先进项目	评定部门
宁波分行党委机关第二党支部	2008 年度先进基层党组织	深发银行总行	卢晓怡 史曼娜 韩楠	宁波分行	深圳发展银行2008 年度百佳会计柜员	深发银行总行
宁波分行	传帮带促进活动团队组织奖	深发银行总行	盛志鹏	宁波分行	深圳发展银行机构建设先进个人	深发银行总行
			袁利明 林有兰 徐燕华 周浩峰	宁波分行党委	2008 年度优秀共产党员	深发银行总行党委
			孙维	宁波分行党委	2008 年度优秀党务工作者	深发银行总行党委
			洪卉	宁波分行工会	2008 年度优秀职工之友	深发银行总行工会
			林有兰	宁波分行工会	2008 年度先进工会工作者	深发银行总行工会
			黄志雄 励静 孙维	宁波分行工会	2008 年度工会工作积极分子	深发银行总行工会
			潘一波 范吉晨 陈建军 钱海潮 麻育红 宋芳芳 孙艳	宁波分行工会	传帮带优秀导师	深发银行总行工会
			欧华静	宁波分行	全省支付结算知识竞赛个人一等奖	人行杭州中心支行
			杨波	宁波分行	全省支付结算知识竞赛个人二等奖	人行杭州中心支行
			卢伟	宁波分行	全省支付结算知识竞赛个人三等奖	人行杭州中心支行
			卢伟	宁波分行	结算专管员优秀奖	人行宁波市中心支行
			卢伟	宁波分行	宁波市银行业金融机构支付结算知识竞赛二等奖	人行宁波市中心支行

续表

先进集体			先进工作者			
（单位）名称	先进项目	评定部门	姓名	所在单位	先进项目	评定部门
			史曼娜	宁波分行	宁波市银行业第二届综合业务技能大赛单指单张点钞第六名	宁波市银行业协会
			金烈兴	宁波分行	优秀经济文化保安队干部	宁波市经济文化保安支队
招商银行股份有限公司宁波分行						
宁波分行营业部	中国银行业文明规范服务百佳示范单位	中国银行业协会	陈静炯	分行营业部	优质服务明星－高柜柜员	招商银行总行
宁波分行	宁波市最佳服务银行	宁波市银行业协会 宁波市金融办 东南商报社	韩旭东	海曙支行	优质服务明星－会计柜员	招商银行总行
宁波分行	金融统计工作优胜单位	招商银行总行				
宁波分行	2009 年度统计与信息管理先进单位	招商银行总行				
宁波分行	2009 年度票据业务竞赛突出贡献奖	招商银行总行				
宁波分行	离在岸联动综合营销突出贡献奖	招商银行总行				
宁波分行	离岸网上银行营销突出贡献奖	招商银行总行				
宁波分行	国际业务贸易融资最佳进取奖	招商银行总行				
宁波分行	2009 年永隆整合工作先进单位最佳执行奖	招商银行总行				
宁波分行	支付清算工作优胜奖	人行宁波市中心支行				
宁波分行	宁波市银行卡工作先进单位	人行宁波市中心支行				

续表

先进集体			先进工作者			
（单位）名称	先进项目	评定部门	姓名	所在单位	先进项目	评定部门
宁波分行	提升金融服务、激活沉淀硬币活动优胜奖	人行宁波市中心支行				
中信银行股份有限公司宁波分行						
宁波分行	2008 年度中信银行内审先进单位	中信银行总行	孙常叶	宁波分行	2008 年度中信银行内审先进个人	中信银行总行
慈溪支行	2008 年全行对公存款先进支行	中信银行总行	谢胡灵	天一支行	2008 下半年公司业务优秀客户经理	中信银行总行
余姚支行	2008 年下半年公司银行业务优秀营销团队	中信银行总行	陈舟波	宁波分行	2008 年资金资本市场业务最佳业务组织奖	中信银行总行
宁波分行	2008 年度银联标准信用卡推广优胜奖	人行宁波市中心支行	唐勇	宁波分行	2008 年度资金资本业务优秀资金经理奖	中信银行总行
中信银行宁波分行	2008 年度投资银行业务组织推动奖	中信银行总行	黄剑芬 周莉	江东支行 百丈支行	国际业务精英客户经理	中信银行总行
中信银行宁波分行	2008 年度国际业务综合实力二等奖	中信银行总行	洪丹 岑旭波 王华 徐均均	北仑支行 桥城支行 江东支行 慈溪支行	2008 年度宁波市贸易系统青年岗位能手荣誉称号	中信银行总行
中信银行宁波分行	2008 年度托管业务进步奖	中信银行总行	唐颖 赵小慧	海曙支行 余姚支行	获评总行 2009 年公司银行业务优秀客户经理	中信银行总行
中信银行宁波分行	2008 年度资金资本市场业务优秀分行、业务示范奖、结售汇业务优秀奖	中信银行总行	张玲玲	宁波分行	宁波市银行业第二届综合业务技能计算机传票输入比赛第一名	宁波市总工会、宁波市劳动和社会保障局、宁波市银行业协会
国际业务部	2008 年度国际业务优秀结算团队	中信银行总行	严洁	宁波分行	第二届光大杯市财贸金融旅游系统职工诚信与敬业演讲比赛二等奖	宁波市财贸工会

续表

先进集体			先进工作者			
（单位）名称	先进项目	评定部门	姓名	所在单位	先进项目	评定部门
宁波分行	2008年宁波银行业金融机构监管统计工作考核一等奖	宁波银监局	虞雪娩	宁波分行	中信银行优秀工会干部	中信银行总行
宁波分行	2008年宁波市治安安全示范单位	宁波市公安局				
宁波分行放款中心	2008年度优秀放款中心	中信银行总行				
宁波分行工会	2008年度市财贸工会重点工作考核一等奖	宁波市财贸工会				
宁波分行	2008年度宣传工作优秀分行	中信银行总行				
分行经济文化保安小队	2008年度市优胜经济文化保安队	宁波市经济文化保安支队				
宁波分行	2008年度中信银行信息技术奥运信息安全保障贡献奖	中信银行总行				
信用卡中心	2008年度优秀营销服务中心	中信银行总行				
鄞州支行	2009年公司银行业务优秀营销团队	中信银行总行				
慈溪支行	2009年上半年对公存款先进支行	中信银行总行				
宁波分行	2009年度计划财务工作二等奖	中信银行总行				
宁波分行	宁波市银行业第二届综合业务技能大赛团体第四名	宁波市总工会 宁波市劳动和社会保障局 宁波市银行业协会				
宁波分行	银行业金融机构综合考评二等奖	宁波市政府				
慈溪支行 江东支行营业部	2008年度总行级青年文明号	中信银行总行				

续表

先进集体			先进工作者			
（单位）名称	先进项目	评定部门	姓名	所在单位	先进项目	评定部门
中国民生银行股份有限公司宁波分行						
宁波分行	宁波市银行业第二届综合业务技能大赛团体第三名	宁波银监局	岑焕春 李伟五 吴文锡	宁波分行	2009年度风险管理先进单位个人	民生银行总行
宁波分行	浙江省银行机构学业务、强能力、促服务支付结算知识竞赛决赛优胜单位三等奖	人行杭州中心支行	马云杰	宁波分行	2009年度运营系统先进工作者名单	民生银行总行
宁波分行	2009年先进公司银行管理部	民生银行总行	龚旭丹	宁波分行	2009年度运营风险控制能手	民生银行总行
宁波分行	2009年公司业务细分市场开发先进单位	民生银行总行	陆娴 陈波	宁波分行	2009年度运营操作能手	民生银行总行
宁波分行	2009年度有问题及不良资产清收处置先进集体	民生银行总行	徐辚	宁波分行	2009年金融宣传工作先进个人	人行宁波市中心支行
宁波分行保安队	2009年度全市优胜经济文化保安队	宁波市公安局	徐叶敏	宁波分行	2009年度金融统计工作先进个人	人行宁波市中心支行
宁波分行	2009年金融宣传工作先进集体	人行宁波市中心支行	张根荣	宁波分行	2009信息安全等级保护先进个人	宁波市信息安全等级保护工作领导小组
宁波分行	2009信息安全等级保护先进单位	宁波市信息安全等级保护工作领导小组	李小林	宁波分行	2008年3季度以来全行清收处置有问题及不良贷款突出贡献个人	民生银行总行
宁波分行	2009年度金融统计工作优胜单位	人行宁波市中心支行	周慧 高云	宁波分行	中国民生银行团委纪念五四运动90周年主题征文活动优秀奖	民生银行总行团委
慈溪支行	工人先锋号柜组	宁波市总工会 宁波市文明办	黄居良	宁波分行	总行核心项目组表彰	民生银行总行

续表

先进集体			先进工作者			
（单位）名称	先进项目	评定部门	姓名	所在单位	先进项目	评定部门
			余彦斌	宁波分行	宁波市银行业第二届综合业务技能大赛假币鉴别第一名	宁波银监局
			冯晓晓	宁波分行	宁波市银行业第二届综合业务技能大赛手工点钞第一名	宁波银监局
			陆娴	宁波分行	浙江省银行机构学业务、强能力、促服务支付结算知识竞赛决赛对私业务一等奖	人行杭州中心支行
广东发展银行股份有限公司宁波分行						
宁波分行	运营集中工作先进单位	广发银行总行	陆建梅	分行办公室	优秀党务工作者	广发银行总行
宁波分行	小企业贷款奖	宁波市政府	贺刚	国际业务拓展部	优秀团干部	广发银行总行
宁波分行营业部	中国银行业文明规范示范单位	中国银行业协会	陈新	分行营业部	优秀团员	广发银行总行
宁波分行	2009 年度人民币流通管理工作单项考核先进集体	人行宁波市中心支行	刘翔	计划财务部	2009 年度优秀统计员	人行宁波市中心支行
宁波分行	2009 年度宁波银行业监管统计竞赛一等奖	宁波银监局	吴芳芳	城北支行	宁波市银行业金融机构支付结算知识竞赛优秀个人二等奖	人行宁波市中心支行
			竺乐梅	江东支行	2009 年度辖区金融机构反假货币工作先进个人	人行宁波市中心支行
上海银行股份有限公司宁波分行						
会计结算部	会计检查辅导工作先进单位	上海银行总行	曹松子	分行	优秀工会工作者	上海银行总行
营业部	共青团文明号巾帼文明岗位	上海银行总行	韩颗萍	资金财务部	优秀工会积极分子	上海银行总行

续表

先进集体			先进工作者			
（单位）名称	先进项目	评定部门	姓名	所在单位	先进项目	评定部门
慈溪支行	巾帼文明岗位	上海银行总行	潘修龄	会计结算门部	优秀会计检查辅导员	上海银行总行
			徐舒舒	营业部	巾帼文明服务标兵	上海银行总行
			苗蓉	慈溪支行	巾帼文明服务标兵	上海银行总行
包商银行股份有限公司宁波分行						
业务发展三部	先进部室	包商银行总行	周钟阳	办公室	信息安全等级保护先进个人	宁波市公安局
业务发展九部	先进部室	包商银行总行	胡青青	财务部	宁波市银行业金融机构支付结算知识竞赛优秀个人	人行宁波市中心支行
财务部	先进部室	包商银行总行	金丹	财务部	2009年度金融机构反假货币工作先进个人	人行宁波市中心支行
			陆海平	业务发展三部	先进部长	包商银行总行
			张荣芳	业务发展九部	先进部长	包商银行总行
			傅剑舜	财务部	先进部长	包商银行总行
			沈立民	绍兴业务部	先进工作者	包商银行总行
			姚玉堂	业务发展一部	先进工作者	包商银行总行
			虞军	业务发展六部	先进工作者	包商银行总行
			刘晋瑟	办公室	先进工作者	包商银行总行
			毛菁莹	个人金融部	先进工作者	包商银行总行
			严婷	业务发展二部	先进工作者	包商银行总行
			王崎	业务发展三部	先进工作者	包商银行总行
			贺灵敏	贸易金融部	先进工作者	包商银行总行
			张维力	授信审批部	先进工作者	包商银行总行
			胡凤霜	微小企业金融部	先进工作者	包商银行总行
			陈彤雯	营业部	星级柜员	包商银行总行
临商银行股份有限公司宁波分行						
公司业务一部	先进集体	临商银行总行	葛贤桥	风险管理部	先进个人	临商银行总行
公司业务二部	先进集体	临商银行总行	胡晓亮	授信管理部	先进个人	临商银行总行

续表

先进集体			先进工作者			
（单位）名称	先进项目	评定部门	姓名	所在单位	先进项目	评定部门
			蔡洪波	公司业务二部	先进个人	临商银行总行
			孙坚	公司业务一部	先进个人	临商银行总行
			糜七灵	办公室	先进个人	临商银行总行
			孙挺	营业部	先进个人	临商银行总行
			葛贤桥	风险管理部	优秀共产党员	临商银行总行
			余源舟	授信管理部	优秀共产党员	临商银行总行
			葛宏辉	公司业务二部	优秀共产党员	临商银行总行
			郑佳艳	办公室	优秀共产党员	临商银行总行
浙江泰隆商业银行股份有限公司宁波分行						
			颜利红	宁波分行	2008 年度全行先进管理者	泰隆银行总行
			梁倩倩	分行业务二部	2008 年度先进个人	泰隆银行总行
			唐凯	分行办公室	2008 年度主人翁先进个人	泰隆银行总行
温州银行股份有限公司宁波分行						
分行团总支	先进团组织	宁波市财贸工会	张益波	公司金融业务三部	优秀业务部经理	温州银行总行
分行团总支	2009 年度宁波市先进团组织	共青团宁波市委	刘晓军	会计财务部	优秀管理员	温州银行总行
分行公司金融业务三部	十佳业务部	温州银行总行	罗兴佑	公司金融业务二部	优秀客户经理	温州银行总行
			毛科圆	公司金融业务三部	优秀客户经理	温州银行总行
			强蕾	会计财务部	优秀统计员	温州银行总行
			项丹露	营业部	优秀团干部	宁波市财贸工会
			王叶妮	营业部	优秀团员	宁波市财贸工会
			毛科圆	公司金融业务三部	优秀团员	宁波市财贸工会
宁波国际银行						
宁波总行	2009 年度金融统计工作优胜单位	人行宁波市中心支行	王磊	宁波总行	2009 年度优秀统计员	人行宁波市中心支行

续表

先进集体			先进工作者			
（单位）名称	先进项目	评定部门	姓名	所在单位	先进项目	评定部门
宁波总行	宁波市外汇指定银行外汇业务综合考评A级行	国家外汇管理局宁波市分局	吴伟琦	上海分行	上海外汇市场诚信兴商宣传月、银行外汇管理实务知识竞赛荣誉证书	国家外汇管理局上海市分局
上海分行	我和我的祖国—庆祝新中国成立60周年文艺会演优秀奖。	上海侨外资银行工会	丁一虹	上海分行	上海外汇市场诚信兴商宣传月、银行外汇管理实务知识竞赛荣誉证书。	国家外汇管理局上海市分局
上海分行	上海市银行业金融机构非现场监管一等奖	上海银监局				
恒生银行（中国）有限公司宁波分行						
宁波分行	2009年度金融统计调查表彰单位	人行宁波市中心支行				
中国人民财产保险股份有限公司宁波市分公司						
宁波市分公司	宁波市和谐企业创建先进单位	中共宁波市委 宁波市政府	沈红波	宁波市分公司	全国保险系统劳动模范	人力资源和社会保障部 中国保险会
宁波市分公司	市贸易金融旅游系统首批和谐企业称号	宁波市贸易金融旅游系统和谐企业创建工作小组	黄晓阳	北仑支公司	2008年责任信用保险营销精英	人保财险总公司
宁波市分公司	宁波市诚信守法企业创建先进单位	宁波市普法教育小组	王利华	宁海支公司	中国人保成立60周年职工书画摄影展书法作品类二等奖	人保集团公司
宁波市分公司	保增长促发展主题竞赛活动优秀组织单位	宁波市财贸工会	杨信云	鄞州支公司	2009年度宁波保险业文明服务先进个人	宁波保监局

续表

先进集体			先进工作者			
（单位）名称	先进项目	评定部门	姓名	所在单位	先进项目	评定部门
宁波市分公司	2009年重点工作目标考核一等奖	宁波市财贸工会	金永明	宁波市分公司	宁波保险业2009年度服务三农先进个人	宁波保监局
宁波市分公司	宁波市财贸金融旅游系统工人先锋号	宁波市财贸工会	卢山	北仑支公司	中国人保先进工作者	人保集团公司
余姚支公司	中国人保先进集体	人保集团公司	毛颖	江东支公司	中国人保先进工作者	人保集团公司
象山支公司党支部	中国人保财险先进基层党组织	人保财险总公司	李俊	北仑支公司	中国人保劳动模范	人保集团公司
宁波市分公司	中国人保财险女职工文明示范岗	人保财险总公司	金邦兴	宁海支公司	中国人保成立60周年职工书画摄影展书法作品类三等奖	人保集团公司
宁波市分公司95518呼叫中心	工人先锋号	宁波市总工会	郑经恩	宁波市分公司	中国人保成立60周年职工书画摄影展书法作品类三等奖	人保集团公司
宁波市分公司	市级金融机构优质服务先进奖	宁波市政府办公厅	严巍	宁波市分公司	2008年责任信用保险营销精英	人保财险总公司
宁波市分公司	市财贸系统庆祝新中国成立60周年合唱比赛一等奖	市财贸工会	毛颖	江东支公司	中国人保财险优秀共产党员	人保财险总公司
宁波市分公司	宁波保险业庆祝新中国成立60周年文艺汇演最佳表演奖	宁波保监局	翁旭亚	鄞州支公司	中国人保财险先进女职工	人保财险总公司
宁波市分公司	2009年度电子商务落地服务标杆团队	人保财险总公司	李俊	北仑支公司	全国金融五一劳动奖章	中国金融工会
宁波市分公司	2009年金牌服务竞赛优秀单位”二等奖	人保财险总公司	李帆	宁波市分公司	中国人保系统优秀团干部	人保集团公司
宁波市分公司	宁波保险业2009年度民主评议行风工作先进单位	宁波保监局 市政府纠风办	吴定宝 谢春伟 胡佳英	宁波市分公司	金牌管家先进个人	人保财险总公司

续表

先进集体			先进工作者			
（单位）名称	先进项目	评定部门	姓名	所在单位	先进项目	评定部门
宁波市分公司95518专线	宁波保险业文明服务示范窗口	宁波保监局	周红 谢静静 乐芳芳 江波	宁波市分公司	2009年金牌服务竞赛服务明星	人保财险总公司
宁波市分公司95519专线	95518语音天使杯风采大赛优秀客服中心	人保财险总公司	孙玉瑛	宁波市分公司	95518语音天使杯风采大赛优秀主管	人保财险总公司
慈溪支公司	2009年服务地方经济优秀金融单位	慈溪市人民政府	汪佳妍	宁波市分公司	95518语音天使杯风采大赛优秀客服代表	人保财险总公司
奉化支公司	2009年度奉化市保险行业先进工作奖	奉化市人民政府	罗云斐	宁波市分公司	财务工作先进个人	人保财险总公司
宁波市分公司	2008年度财会工作先进单位二等奖	人保财险总公司	杨学红 沈珠君 郑依 卢庆方 马育儿	江东 鄞州 北仑 余姚支公司	2008年度精英逐梦之实现梦想个代营销展业竞赛奖	人保财险总公司
宁波市分公司	总公司2009年挂钩货运险专业团队	人保财险总公司	方炯杰	人保财险宁波市分公司	车险经营管理精英奖先进个人	人保财险总公司
北仑支公司	2008年度宁波市卫生先进单位	宁波市卫生局				
宁波市分公司系统工会	2008年度市财贸金融旅游系统先进职工之家	宁波市财贸工会				
宁波市分公司	2003－2008年费用管理奖	人保财险总公司				
北仑支公司、宁波市分公司营业部	地市级分公司2004－2008年上市5年经营业绩五十强	人保财险总公司				
北仑支公司、大型商业风险保险部、余姚支公司	2008年度标杆县区支公司	人保财险总公司				
北仑支公司	2008年度明星县区支公司	人保财险总公司				

续表

先进集体			先进工作者			
（单位）名称	先进项目	评定部门	姓名	所在单位	先进项目	评定部门
奉化支公司大桥营销服务部	2008年度总公司营销标杆团队	人保财险总公司				
宁波市分公司	车险经营管理精英奖	人保财险总公司				
中国太平洋财产保险股份有限公司宁波分公司						
宁波分公司	最佳表演奖	宁波市保险协会	夏丽娟	业务管理部	文明服务先进个人	宁波保监局
市场开发部	保险建议书设计比赛项目团体一等奖	太保财险总公司	庄春美	客户服务部	全国95500客服服务代表业务技能竞赛二等奖	太保财险总公司
客户服务部	2009年十佳服务团队	太保财险总公司	周建红	客户服务部	长三角地区分支机构迎世博窗口服务技能竞赛95500电话服务个人三等奖	太保财险总公司
宁波分公司	宁波市第九批消费者信得过单位	宁波市消费者权益保护委员会	侯忆权	经纪人业务部	优秀共产党员称号	太保财险总公司
宁波分公司	宁波市市级文明单位	宁波市政府				
宁波分公司	民主评议行风工作先进单位	宁波保监局				
宁波分公司	宁波保险业2009年度文明服务示范窗口	宁波保监局				
慈溪支公司	宁波保险业2009年度文明服务窗口	宁波保监局				
余姚支公司	宁波保险业2009年度文明服务窗口	宁波保监局				
余姚支公司	宁波市财贸金融旅游系统工人先锋号	宁波保监局				
中国平安财产保险股份有限公司宁波分公司						

续表

先进集体			先进工作者			
（单位）名称	先进项目	评定部门	姓名	所在单位	先进项目	评定部门
北仑支公司	优秀三级机构奖	平安集团公司	郑潇潇	财产险理赔部	总公司优秀财产险理赔人	平安产险总公司
北仑支公司客户服务大厅	宁波保险业2009年度文明服务窗口	宁波保监局	朱彩波	分公司客服部	产险优秀员工	平安产险总公司
宁波分公司团体业务管理部	总公司2009年优秀财产险部	平安产险总公司	张华韬	财产险部	总公司优秀财产险核保人	平安产险总公司
新渠道业务部	2009年平安产险新渠道业务竞赛夏日激情奖B组第一名	平安产险总公司	林霞	车险部	宁波保险业先进个人	宁波保监局
新渠道业务部	2009年新渠道综合KPI年度大奖B组第一名	平安产险总公司				
宁波分公司	2009年度宁波保险业民主评议行风建设先进单位荣誉称号	宁波市政府纠风办 宁波保监局				
宁波分公司客户服务理赔中心	宁波保险业2009年度文明服务示范窗口	宁波保监局				
宁波分公司	宁波市第九届消费者信得过单位	宁波市消费者权益保护委员会				
宁波分公司	2009年度合规工作突出表现奖	平安产险总公司				
中国出口信用保险公司宁波分公司						
宁波分公司	精神文明建设工作先进单位	中国保监会	金辉	业务二处	全国优秀共青团员	共青团中央
宁波分公司	金融机构优质服务先进奖	宁波市政府	金辉	业务二处	优秀共青团干部	中国保监会
宁波分公司	行风建设先进单位	宁波保监局 宁波市政府纠风办	金辉	业务二处	优秀共青团干部	信保总公司
宁波分公司	一级发展奖状	信保总公司	景昊	理赔追偿处	文明服务先进个人	宁波保监局
宁波分公司	优秀单位	信保总公司	宓孟挺	余慈办事处	十佳展业标兵	信保总公司

续表

先进集体			先进工作者			
（单位）名称	先进项目	评定部门	姓名	所在单位	先进项目	评定部门
大众保险股份有限公司宁波分公司						
宁海支公司	先进集体	大众保险总公司	程国红	镇海支公司	十佳服务明星	大众保险总公司
中华联合财产保险股份有限公司宁波分公司						
宁波分公司工会	市财贸工会重点工作目标考核二等奖	宁波市财贸工会				
中国大地财产保险股份有限公司宁波分公司						
宁波分公司	宁波保险业2009年度文明服务窗口	宁波保监局	潘振桥	公司业务部	2009年度展业明星	大地保险总公司
宁波分公司	2009年度金融系统工会重点工作目标竞赛三等奖	宁波市财贸工会	毛进	营业部	2009年度展业明星	大地保险总公司
			童心芳	公司业务部	2009年度展业明星	大地保险总公司
			林永新	奉化支公司	2009年度展业明星	大地保险总公司
			俞大凯	海曙支公司	2009年度展业明星	大地保险总公司
华泰财产保险股份有限公司宁波分公司						
宁波分公司	最佳创意奖	宁波保监局	叶旗军	车险管理部	优秀员工	华泰财险总公司
阳光财产保险股份有限公司宁波分公司						
			蒋静静	财务部	明星员工	阳光财险总公司
			姚欣蔚	车险部	明星员工	阳光财险总公司
渤海财产保险股份有限公司宁波分公司						

续表

先进集体			先进工作者			
（单位）名称	先进项目	评定部门	姓名	所在单位	先进项目	评定部门
			郑小东	综合管理部	优秀员工	渤海保险总公司
			朱虎	销售管理部	优秀员工	渤海保险总公司
			李群欢	台州中心支公司	优秀员工	渤海保险总公司
			徐军舰	营业部	优秀员工	渤海保险总公司
都邦财产保险股份有限公司宁波分公司						
			陈松良	营业部	优秀员工	都邦保险总公司
民安保险（中国）有限公司宁波中心支公司						
中心支公司营业总部	优秀展业团队	中国太平保险集团	周孟国	中心支公司	优秀管理人员	中国太平保险集团
中心支公司财务部	先进集体	民安保险总公司	陈林	宁波中心支公司	优秀员工	民安保险总公司
余姚支公司	先进集体	民安保险总公司	林姗静	宁波中心支公司	优秀员工	民安保险总公司
			金晶	中心支公司直销营业三部	杰出展业人员	民安保险总公司
			阮晟	慈溪支公司	杰出展业人员	民安保险总公司
			苏娟	民中心支公司直销营业六部	第一届销售精英俱乐部会员	民安保险总公司
			金晶	中心支公司直销营业三部	第一届销售精英俱乐部会员	民安保险总公司
太平财产保险有限公司宁波分公司						
			奚志敏	宁波分公司	优秀管理者	太平财险总公司
			袁也锋	直销及个销部	优秀员工	中国太平保险集团
			叶学祥	慈溪支公司	优秀员工	太平财险总公司
安诚财产保险股份有限公司宁波分公司						
宁波分公司	先进集体	安诚财险总公司	王春生	宁波分公司	先进个人	安诚财险总公司
宁波分公司	经营达标单位	安诚财险总公司	舒炯	市场发展部	销售优秀经理	安诚财险总公司
宁波分公司	财产险竞赛优胜单位	安诚财险总公司	张丽	计划财务部	先进个人	安诚财险总公司工会

续表

先进集体			先进工作者			
（单位）名称	先进项目	评定部门	姓名	所在单位	先进项目	评定部门
宁波分公司	意外险竞赛优胜单位	安诚财险总公司	邵隽	人事行政部	先进个人	安诚财险总公司工会
宁波分公司	承保一等奖	安诚财险总公司				
宁波分公司	理赔二等奖	安诚财险总公司				
宁波分公司	销售优胜单位	安诚财险总公司				
宁波分公司工会	先进集体	安诚财险总公司工会				
中国人寿保险股份有限公司宁波分公司						
江东支公司	金花建功集体	中国人寿总公司	虞简萍	慈溪支公司	全国保险系统劳动模范	中国保监会
江东支公司	精神文明建设先进单位	中国人寿总公司	郑阳	分公司银行保险部	百朵金花	中国人寿总公司
			叶剑峰	象山支公司	知识型职工先进个人	中国人寿总公司
中国太平洋人寿保险股份有限公司宁波分公司						
营运部	亚太最佳顾客服务中心	亚太顾客服务协会	林萍	镇海支公司	全国道德模范提名奖	中宣部 中央文明办 总政治部 全国总工会 共青团中央 全国妇联
			林萍	镇海支公司	三八红旗手	全国妇联
			林萍	镇海支公司	浙江省道德模范助人为乐奖	中共浙江省委 浙江省人民政府
			林萍	镇海支公司	2009 年浙江骄傲年度最具影响力十大人物	浙江省宣传部
			林萍	镇海支公司	杰出员工	太平洋保险集团公司
			林萍	镇海支公司	模范业务员	太保人寿总公司
			林萍	镇海支公司	60 位为宁波建设作出突出贡献的先进模范人物	中共宁波市委

续表

先进集体			先进工作者			
（单位）名称	先进项目	评定部门	姓名	所在单位	先进项目	评定部门
			林萍	镇海支公司	宁波市助人为乐道德模范	中共宁波市委
			林萍	镇海支公司	三八红旗手	宁波市妇联
			林萍	镇海支公司	大爱无私优秀保险营销员	宁波市保险协会
			林萍	镇海支公司	当地宁波最感人的十大慈孝故事（人物）	中国伦理学会 中共宁波市江北区委 宁波市江北区人民政府
中国平安人寿保险股份有限公司宁波分公司						
海曙销售服务支持中心	青年文明号	宁波市财贸工会	李波	客户服务部	宁波市文明优质服务标兵称号	宁波市总工会 宁波市文明办
客户服务部客户服务中心	青年文明号	宁波市财贸工会	姚莹莹	客户服务部	客户服务形象大使称号	平安寿险总公司
宁波分公司	宁波市第九届消费者信得过单位	宁波市消费者权益保护委员会				
宁波稽核监察地区	2009 年寿险公司制度竞赛优秀组织奖	平安寿险总公司				
新华人寿保险股份有限公司宁波分公司						
营销培训部	业务系列团体铜奖	新华人寿总公司	马彪	运营管理部	个人贡献三级勋章	新华人寿总公司
太平人寿保险有限公司宁波分公司						
宁海营销服务部	先进集体	太平人寿总公司	曹长林	银保销售支援部	优秀员工	中国太平保险集团
综合管理党支部	先进党支部	太平人寿总公司	于颖	人力资源部	优秀员工	太平人寿总公司
运营服务部	先锋管理团队	太平人寿总公司	范柳红	财务部	优秀员工	太平人寿总公司
宁波业务总部	服务品质明星奖	太平人寿总公司	史燕萍	个人业务部	优秀员工	太平人寿总公司
			曹军	办公室	优秀党员	太平人寿总公司
			黄灿辉	人力资源部	优秀党务工作者	太平人寿总公司
			唐寅君	运营服务部	优秀经理人	太平人寿总公司
			毛丽莉	运营服务部	优秀核保人	太平人寿总公司

续表

先进集体			先进工作者			
（单位）名称	先进项目	评定部门	姓名	所在单位	先进项目	评定部门
			黄静	运营服务部	优秀理赔人	太平人寿总公司
			吴丽华	企划部	优秀企划个人	太平人寿总公司
			计丽萍	保费部	优秀续收专员	太平人寿总公司
			金媛媛	保费部	优秀保费内勤	太平人寿总公司
			谢爱红	宁海营销服务部	优秀寿险营销员	宁波市保险协会
			冯雪英	象山营销服务部	优秀寿险营销员	宁波市保险协会
			周虹飞	银保业务发展部	优秀银代客户经理	宁波市保险协会